国家物流与供应链系列报告

中国陆港发展报告（2020）

中国开发区协会陆港分会　编

中国财富出版社有限公司

图书在版编目（CIP）数据

中国陆港发展报告. 2020 / 中国开发区协会陆港分会编. —北京：中国财富出版社有限公司，2021. 8

（国家物流与供应链系列报告）

ISBN 978 - 7 - 5047 - 7509 - 2

Ⅰ. ①中…　Ⅱ. ①中…　Ⅲ. ①陆路运输—运输经济—研究报告—中国—2020　Ⅳ. ①F54

中国版本图书馆 CIP 数据核字（2021）第 171302 号

策划编辑	郑欣怡	**责任编辑**	白　昕　晏　青	**版权编辑**	李　洋
责任印制	梁　凡	**责任校对**	杨小静	**责任发行**	敬　东

出版发行	中国财富出版社有限公司		
社　　址	北京市丰台区南四环西路 188 号 5 区 20 楼	**邮政编码**	100070
电　　话	010 - 52227588 转 2098（发行部）		010 - 52227588 转 321（总编室）
	010 - 52227566（24 小时读者服务）		010 - 52227588 转 305（质检部）
网　　址	http://www.cfpress.com.cn	**排　　版**	宝蕾元
经　　销	新华书店	**印　　刷**	宝蕾元仁浩（天津）印刷有限公司
书　　号	ISBN 978 - 7 - 5047 - 7509 - 2/F · 3403		
开　　本	787mm × 1092mm　1/16	**版　　次**	2021 年 12 月第 1 版
印　　张	32　彩　页　3. 5	**印　　次**	2021 年 12 月第 1 次印刷
字　　数	715 千字	**定　　价**	390. 00 元

编　委　会

特别鸣谢单位（排名不分先后）

成都国际陆港运营有限公司

新疆国际陆港（集团）有限责任公司

合肥国际内陆港发展有限公司

宝湾产城发展（安徽）有限公司

中国中元国际工程有限公司

同方威视技术股份有限公司

深圳市平方科技股份有限公司

华远国际陆港集团有限公司

深圳市盐田港集团有限公司

赣州国际陆港发展集团有限公司

义乌市国际陆港集团有限公司

满洲里市口岸管理办公室

中国外运东北有限公司沈阳分公司

山西东义煤电铝集团煤化工有限公司

前　言

2013 年，习近平总书记提出建设“新丝绸之路经济带”和“21 世纪海上丝绸之路”的构想，得到国际社会高度关注。2015 年 3 月 28 日，国家发展改革委、外交部、商务部联合发布了《推动共建丝绸之路经济带和 21 世纪海上丝绸之路的愿景与行动》。

为抓住“一带一路”建设沿线地区尤其是广大内陆地区带来的发展机遇，有效提升内陆地区开放能力和水平、加快建设陆港成为重要的内容和举措。陆港（也称“内陆港”“无水港”“国际陆港”）是设在内陆经济中心城市、区域中心城市产业聚集区的重要的具备类似沿海港口功能的基础设施，往往居于内陆铁路、公路通道交会处，具有口岸、保税、通关、物流、仓储等功能，是利于货物集散、运输、仓储业务规模运作和相关要素高度聚集的综合组织与服务枢纽，是依照有关国际运输法规、条约和惯例设立的对外开放的国际商港，是海港功能的延伸或在内陆城市的腹地港，能为内陆地区的货物进出境提供港口综合服务。

近年来，随着“一带一路”建设、西部大开发、长江经济带及西部陆海贸易新通道建设等的深入推进，我国陆港建设不断提速，以陆港为依托的枢纽产业不断发展。特别是自 2018 年《国家物流枢纽布局和建设规划》发布并明确建设 41 个陆港型国家物流枢纽以来，我国陆港建设加快推进，并与周边地区要素禀赋相融合，陆港发展进入全面打造特色鲜明的枢纽经济新阶段。随着重庆、遂宁、贵阳、延安、格尔木、太原、乌兰察布—二连浩特、长沙、南宁、成都、西安、兰州、乌鲁木齐 13 个陆港型国家物流枢纽的批准建设，在保持基础设施特质的同时，陆港作为枢纽产业也进入了发展的快车道。尤其是以西安、成都、重庆、郑州、乌鲁木齐、合肥、武汉、兰州、太原、长沙、义乌等陆港为代表的中欧班列集结中心、区域中心的建成和运营，打通了连接主要边境口岸和欧亚大陆的重要物流与贸易通道，为全球贸易增添了巨大活力。

2020 年，受新冠肺炎疫情全球蔓延的影响，国际海运、空运遇阻，部分海运、空运货物加速向铁路运输转移，中欧班列实现逆势增长，全年开行 1.24 万列，构建了连接中亚、辐射欧洲腹地的黄金物流和国际贸易大通道。2021 年中欧班列开行数量继续大幅增长，相关数据显示，2021 年上半年，中欧班列累计开行 7377 列、发送 70.7 万标准箱。

中共十九届五中全会明确提出“要加快构建以国内大循环为主体、国内国际双循环相互促进的新发展格局”，给陆港及枢纽产业发展带来新的重大机遇。为深入贯彻落实“一带一路”倡议，引导和推进陆港和陆港型国家物流枢纽建设，中国开发区协会陆港分会主导编写了《中国陆港发展报告》（以下简称《报告》），为国家和各地政府相关部门推动陆港建设和发展提供重要参考，并通过对陆港建设和陆港枢纽经济与产业理论的探索，推动国内陆港及陆港枢纽经济学术研究。

中国开发区协会陆港分会是中国开发区协会的二级分支机构，由国家发展改革委主管，是我国陆港领域唯一一个国家级行业组织。陆港分会的宗旨是指导、规范陆港行业建设，研讨陆港发展趋势和热点问题，推进陆港建设和陆港型国家物流枢纽发展，提高陆港建设发展水平，并通过搭建陆港行业交流平台，促进会员间的信息交流与合作。

《报告》系统地对我国陆港的产生、运营模式、存在问题及未来发展趋势进行了全面总结和分析，介绍了国内各地陆港创新发展模式与成功运营经验，正式提出了陆港的概念、分类和功能；同时，《报告》还对我国陆港、海关特殊监管区域、全国口岸班列、跨境电商综试区、自贸区等的运营数据进行了深度剖析，对未来发展趋势进行了展望。

《报告》分为四部分。第一部分为陆港综述。包括我国陆港形成的因素、我国陆港发展现状、我国陆港建设与发展、我国陆港发展趋势、高质量推动陆港型国家物流枢纽发展及欧洲陆港发展现状与未来趋势。第二部分为数据统计分析。包括我国陆港发展回顾与数据统计分析以及全国保税物流中心（B 型）、全国海关特殊监管区域、国际货运班列、全国口岸班列、我国跨境电商综试区、我国自贸区的发展现状与运营数据分析。第三部分为典型陆港。包括成都国际陆港等典型陆港创新模式与成功运营经验介绍。第四部分为附录。包括陆港大事记、全国陆港基本情况统计、全国保税物流中心（B 型）基本情况统计、全国现有海关特殊监管区域分布及名单统计、我国跨境电商综试区基本情况统计、全国对外开放口岸分地区情况统计、我国自贸区基本情况统计、我国进境冰鲜水产品指定监管场地名单、我国进境粮食指定监管场地名单、我国进境食用水生动物指定监管场地名单、我国进境原木指定监管场地名单、我国进境植物种苗指定监管场地名单、2018 年至 2021 年 2 月我国陆港部分相关政策一览表。

《报告》各章节内容都得到了业内相关领域专家的大力帮助和支持。其中，第一章撰稿人：李笑红、徐金辰；第二章撰稿人：邢虎松、刘晓雷；第三章第一节撰稿人：吴雪瑾；第二节撰稿人：黄剑炜、丁勇、曹瑞江；第四章撰稿人：李志辉、贾宇雄、刘羽；第五章撰稿人：陆成云；第六章撰稿人：邢虎松；第十二章第六节撰稿人：熊涛。第二篇数据统计分析部分除第十二章第六节外由李笑红、任珺、吴一枝、徐金辰完成。

《报告》在编写过程中得到了相关政府部门、科研院所、高校、行业协会、广大陆港企业的大力支持，对此我们表示衷心的感谢！

我国陆港产业发展时间尚短，涉及领域广、发展形式多样。自 2011 年“渝新欧”始运，至今正好十年。十年间，中欧班列自成品牌，成为穿梭亚欧大陆的一道亮丽风景线，在共商共建共享基础上，为各国贸易往来提供了重要途径。

自 2014 年开始，陆港分会就开始筹备编撰行业发展报告，供各地政府建设陆港、各企业了解陆港、各行业研究陆港使用。在海关总署原党组成员、国家口岸办原主任、中国口岸协会原会长叶剑先生指导下，在国家发展改革委综合运输研究所汪鸣所长、国务院发展研究中心市场经济研究所王微所长支持下，《报告》编委会成立，邀请行业专家和陆港企业主要负责人加入，搭建架构、细分章节，整理行业数据，编撰《报告》内容。

在此，特别感谢叶剑先生、汪鸣所长、王微所长、西安国际港务区管委会原主任杨明瑞先生、海关总署原加贸司司长张皖生先生、海关总署自贸区与特殊区域发展司一级巡视员李志辉先生、商务部研究院学术委员会主任李钢先生、交通运输部科学院副总工程师徐萍女士、中国电子口岸数据中心技术管理部副主任熊涛先生、国家发展改革委综合运输研究所物流室副主任陆成云先生、交通运输部水运科学研究院物流中心副总工邢虎松先生、交通运输部科学研究院副研究员刘晓雷先生、国防大学联合勤务学院副教授黄剑炜先生、一拖集团有限公司副总经理王克俊先生、一拖（洛阳）物流有限公司总经理黄晓康先生、华远国际陆港集团有限公司副总经理李东刚先生、郑州国际陆港开发建设有限公司原董事长袁卫东先生、新疆国际陆港（集团）有限责任公司董事长马春雷先生、合肥国际内陆港发展有限公司原董事长沈校根先生、武威保税物流中心董事长方红明先生、中国中元国际工程有限公司总工程师李志辉先生、河北省海运口岸代表处主任吕伟革先生、满洲里口岸办副主任帅振莲女士、北京交通大学副教授李笑红女士、西安国际陆港投资发展集团有限公司常务副总经理李钊先生、宝湾产城发展（安徽）有限公司原总经理向雄飞先生在《报告》编撰过程中给予的支持和帮助！

由于《报告》编撰周期长、涉及内容多，部分资料来源于网络公开信息或企业提供，统计分析工作量大，难免会有瑕疵，敬请各位读者批评指正。

编委会

二〇二一年八月

加快陆港代际更替　服务构建新发展格局

国家发展改革委综合运输研究所所长、研究员　汪鸣

陆港是内陆地区形成港口服务功能、延伸港口服务网络的重要基础设施和要素聚集载体，对内陆地区不断降低物流成本、完善物流服务体系、加快形成良好和有竞争力的产业布局环境、推动内陆地区经济产业发展等具有战略性、支撑性和引领性作用。长期以来，陆港是作为沿海港口的集货点、向港口喂给出口货物而存在和发展的，是港口国际物流网络的延伸。中共十九届五中全会明确提出了加快构建以国内大循环为主体、国内国际双循环相互促进的新发展格局，这对于地处内陆具有延伸沿海沿江港口功能、陆海联动功能的陆港而言，使其功能出现由单向向双向、由聚集向辐射、由节点向网络的代际更替，将给陆港发展带来巨大的机遇。陆港应按照“大循环”“双循环”新发展格局的要求，从加快供给侧结构性改革入手，加快降本增效，更好服务产业空间布局调整，培育服务现代化生活的强大国内市场，以更好服务和融入构建新发展格局，加快高标准市场体系建设、陆港布局建设为重要目标，把握正确的功能定位和服务网络建设方向，抓住新阶段、新理念、新格局赋予陆港建设发展的新机遇。

一、加快构建陆港为枢纽的物流供应链体系

充分认识新格局下的现代物流发展方向。在《中华人民共和国国民经济和社会发展第十四个五年规划和2035年远景目标纲要》（简称“十四五”规划）中，“物流”一词出现了21次，“供应链”出现了14次，“产业链”出现了23次，“产业链供应链”出现了10次，尤其是在“制造强国战略，服务业繁荣发展，畅通国内循环，建设数字中国，乡村振兴和新型城镇化”中，对现代物流发展提出了更高的服务要求，物流发展地位和作用得到空前提升。按照现代产业链供应链发展规律，高质量的现代物流系统建设已经成为我国实施现代化战略的重要支撑和引领。对于陆港而言，就是在内陆地区创新我国港口、临港产业发展模式，以在内陆地区形成“大循环”“双循环”战略支点为方向，完善陆港功能和构建陆海双向物流大通道，为内陆地区形成经济发展

和产业布局环境创造条件。

把握陆港物流服务系统建设发展重点。国家“十四五”规划对现代物流体系建设和发展提出了新要求，发展的重点体现在物流网络、物流系统、冷链物流、农村物流、智慧物流等多个方面，这些既是近些年互联网、大数据、云计算、物联网和人工智能技术在物流领域广泛应用的结果，也是现代物流业态、模式创新的发展重点。由于物流体系建设已经成为现代产业链供应链的有机组成部分，内陆地区作为经济后发地区，不能简单服务沿海港口和临港产业发展模式，必须高起点实现基于产业链供应链的产业布局发展，把依托陆港构建完整和高效的物流服务链条作为发展重点。为此，要从现代物流充分服务于“十四五”规划的高质量实施出发，加快依托陆港的现代物流智慧化、组织化、网络化发展，加快营造内陆地区具有强大国际竞争力的物流供应链服务系统。

提升陆港物流发展能力和水平。改革开放 40 多年来，我国已经成为“世界工厂”，在全国沿海地区形成了众多各具特色的制造业基地，在服务国际贸易发展中，物流服务创新发展取得了规模和技术领先优势。“十四五”期间，我国需要在国际大循环现代物流体系建设成就的基础上，在服务强大国内市场、产业规模发展和跨区域产业分工合作方面，提升物流服务功能和能力，积极构建“大循环”“双循环”新物流服务网络，使内陆地区物流发展能力和水平上到一个全新的台阶。要按照新发展格局下制造业发展、消费扩张、流通现代化产业布局空间重构的新要求，加快以陆港为依托的现代物流服务系统建设，提高内陆地区物流供应链嵌入产业、消费、流通的质量，加快经济产业融合发展步伐，不断提升价值创新功能，使物流服务供给与需求之间的适配性更强，更好服务我国产业迈向全球价值链的中高端。

提高陆港物流服务的组织化水平。现代产业链供应链的紧密结合对构成供应链重要组成部分的现代物流发展提出了规模经济的新要求，长期以来，内陆地区经济产业发展规模较沿海小，约束了内陆物流规模扩张，在新发展格局下，必须按照物流降本增效全链条性和系统性特征，主要通过物流技术、业态和模式创新，为内陆地区产业链供应链降本增效延链补链服务，通过物流服务的网络化组织创新，培育内陆地区发展物流网络规模经济环境，提高物流运作效率、降低物流全过程服务成本，增强内陆地区产业布局发展和产品辐射竞争力。需要加快推进国家物流枢纽尤其是陆港型国家物流枢纽的建设和枢纽互联互通，构建国家顶层骨干物流网络，为提升物流服务的组织化水平提供强大的基础设施网络条件，承载内陆地区物流要素聚集和支撑物流服务运行。

明确“十四五”陆港物流发展任务。“十四五”规划实施，对现代物流体系建设发展提出了新要求，必须从国家层面进一步明确陆港为载体的现代物流业发展任务。

一是加快构建“通道＋枢纽＋网络”的现代物流运行体系，提升对内陆地区产业布局发展和经济运行具有重要支撑的海陆、陆陆物流走廊功能。二是建立安全可靠的现代供应链物流体系，提高物流与产业发展和消费服务的融合性。三是发展集约高效的现代物流服务体系，消除物流各个环节有机衔接的堵点，提高物流服务分工合作的能力和水平。四是培育发展创新赋能的现代物流经济，尤其是加快发展陆港枢纽经济，发展物流和制造业、物流和商贸流通业融合的新业态和新模式。五是打造陆港内联外通的现代国际物流体系，打通内陆地区服务国内国际两个方向的物流通道，培育内陆国际物流组织中心。六是健全保障有力的现代物流应急体系，用制度化的、体系化的应急物流服务应急。七是培育分工协作的物流市场体系，形成统一物流市场进而服务高标准市场体系建设。八是夯实科学完备的现代物流发展基础体系，使标准统计、环境、人才成为加快现代物流体系建设的保障。

二、形成陆港为载体的现代物流发展新突破

深刻领会新发展格局的产业创新发展要求。中共十九届五中全会明确提出构建以国内大循环为主体、国内国际双循环相互促进的新发展格局，其核心实质是要把满足国内需求作为发展的出发点和落脚点，加快构建完整的内需体系，着力打通生产、分配、流通、消费各个环节，并积极扩大开放，培育新形势下我国参与国际合作和竞争新优势，通过加快实施扩大内需战略，提升科技创新能力，推动产业链、供应链现代化，加快农业农村现代化，推动区域协调发展，建设现代流通体系，牢牢守住安全底线等一系列有效举措，加快构建新发展格局。深刻领会新发展格局对产业布局发展的新要求，有利于明确内陆地区现代物流体系建设发展的新任务，就是强化提升内陆地区物流组织功能，为产业空间布局重构提供现代物流体系支撑，在内陆地区现代物流发展上取得新突破。

扩大需求规模壮大物流市场。我国在 14 亿人口庞大基数上推进现代化建设，在已经具备 4 亿多较强消费能力群体的前提下，需要超前准备好物流规模经济发展的条件。按照我国超级经济规模和强大国内市场所创造的物流规模经济环境，战略性推进“大循环”“双循环”产业链供应链重构进程，需要加快内陆地区依托陆港的强大物流网络建设，充分挖掘我国经济发展韧性强、市场纵深大的优势和潜能，培育强大的物流服务市场需求，不断发展壮大物流服务市场，为物流高效组织和规模经济发展创造条件。要在高效物流服务组织能力的基础上，继续扩大对外开放，以产业链供应链物流服务创新构建引领新一轮的全球化，使我国在扩大改革开放与全球化之间形成良性互动，使内陆地区与沿海地区双向互动，高质量推动我国经济转型发展和融入全球化，不断扩大国际物流市场规模，有效提升我国国际物流产业链和服务链。

加快“大循环”国内物流供应链服务系统重构。要按照构建新发展格局的内在要求和扩大物流服务市场的方向，从提高国内经济运行物流效率和降低物流成本出发，从发挥区域物流系统促进区域产业空间布局优化与分工合作深化层面，加快我国内陆地区基于网络化的物流供应链系统重构。一是要积极推动互联网、移动互联、大数据、云计算、物联网、5G、人工智能等技术在物流领域应用，为工业互联网、新零售和物流转型升级提供高效支撑和奠定模式创新基础，使“大循环”国内物流供应链重构建立在技术、业态和模式创新的基础之上，提高物流供应链服务系统重构的质量和水平。二是要遵循和把握物流网络化、规模化发展规律和趋势，加快关键物流节点设施尤其是陆港和骨干物流网络建设，提高物流基础设施的绿色化、智能化水平，切实提高物流服务要素聚集功能和发挥效率提升、服务增值效能。三是按照满足国内消费需求和降低国内大循环运行成本的要求，加快建设重点陆海、陆陆物流大通道和打造具有规模物流效率、成本优势的产业走廊，形成全新的服务国内消费的“干支仓配”有机衔接的物流服务运行系统，疏通生产、流通、消费物流服务运行堵点。四是要精准对接区域发展战略，梳理国内国际运输、物流大通道布局，调整物流通道建设重点和辐射方向、功能，形成支撑引领国内“大循环”、合理布局和高效运行的区域物流系统和陆港物流辐射网络系统。

提升“双循环”国际物流供应链系统建设质量。要以国内“大循环”为支点，以国内国际两个市场、两种资源利用能力提升为方向，积极对接和加强“大循环”物流服务系统，提升国内国际“双循环”国际物流供应链的建设品质，为提升我国产业附加值提供强大的国际供应链支撑。一是要利用我国主导的消费品、原材料进口规模优势，转变传统的仅以获取资源为目的的物流供应链建设发展理念，加快基于产业链和强大国内市场的供应链物流服务“走出去”步伐，确保产业链安全和稳定，不断挖掘产业价值链增值潜力。二是密切我国物流与进出口产业的供应链服务关系，提升服务功能，为产业迈向价值链中高端提供服务创新支持，提高我国产业和物流竞争力。三是发挥沿海港口的陆海衔接功能，密切沿海港口与内陆陆港的物流联系，打造国内国际双向辐射的产业组织、物流服务组织平台，无缝对接国内大循环物流网络系统，为“双循环”高效物流网络的构建奠定枢纽衔接基础。四是合理布局和打造陆港物流枢纽，以产业空间布局重构和陆港物流服务提升为双轮驱动，为“大循环”“双循环”下满足高端消费、先进制造业产品辐射提供具有内陆纵深的全球物流供应链服务功能和能力。五是抓住新零售培育发展机遇，加快内外供应链物流服务网络延伸，培育引领新消费和扩大内需消费的新动能，实现物流服务供需高质量适配。六是加快“大循环”“双循环”物流供应链金融服务创新，密切金融和产业链供应链之间的联系，寻求实体经济支撑的金融服务创新和规模扩张新路径。

三、支撑高标准市场体系建设加快要素聚集

找准陆港物流体系建设的切入点。“十四五”规划出台前夕，中共中央、国务院印发了《建设高标准市场体系行动方案》，提出了51条涉及基础制度、要素市场、市场开放等多个方面的举措，为高标准市场体系建设指明了方向。自中共十八大以来，充分发挥市场在资源配置中的决定性作用，更好发挥政府作用，一直是我国经济体制改革和国家治理能力治理体系现代化的基本方向。在我国实施“十四五”规划和经济发展进入现代化建设新阶段的背景下，强调高标准市场体系建设，有新意更有深意，为我国现代物流体系建设指明了方向。新意在于将高质量发展与高标准的市场体系紧密结合，有利于加快构建更加成熟、更加定型的高水平社会主义市场经济体制。深意在于进一步激发各类市场主体活力，有利于加快构建以国内大循环为主体、国内国际双循环相互促进的新发展格局。《建设高标准市场体系行动方案》给出的是现代化建设背景下的资源高效配置方向和方式，对于我国现代物流发展而言，尤其是经济相对后发的内陆地区，给出的是通过市场资源配置加快构建高质量的现代物流服务体系切入点，陆港在物流要素聚集中作用巨大，必须通过要素的合理高效聚集，加快陆港物流体系的建设。

提高陆港物流服务体系运行效率。现代物流作为一头连着生产，一头连着消费的先导性、基础性、战略性产业，是现代流通的有机组成部分和发展前提。由于我国物流长期处于较为传统的运输、仓储业态竞争发展环境，创新力量在价格竞争为基本模式的物流市场中显得较为薄弱，现代物流应有的战略作用不强，发展形态与发展理念之间缺乏资源高效配置导引，内陆地区因物流需求规模小，这种特征更为明显。从建设高标准市场体系入手，努力营造良好的利于市场配置资源的物流发展环境，将打通资源高效配置的“瓶颈”约束，随着我国强大内需释放引致的物流服务市场规模的不断扩大，以及“大循环”“双循环”物流空间布局逐步走向通道化和网络化，高效物流服务组织将在市场配置资源中得到不同层级高效物流服务网络支撑，尤其是以陆港为载体的物流要素聚集和服务网络的构建，从根本上解决物流效率的提升“瓶颈”问题。《建设高标准市场体系行动方案》提出了牢牢把握扩大内需这个战略基点，坚持平等准入、公正监管、开放有序、诚信守法，畅通市场循环，疏通政策堵点，打通流通大动脉，推进市场提质增效，通过5年左右的努力，基本建成统一开放、竞争有序、制度完备、治理完善的高标准市场体系，为陆港辐射区域物流业实现资源高效配置奠定了制度基础、指明了政策方向。

提高陆港物流资源配置能力和效率。《建设高标准市场体系行动方案》要求高效率配置物流资源，以便提升物流市场体系建设水平，为生产、流通和消费提供高质量的

服务，物流资源配置必须由分散的传统运作向网络化服务体系建设方向发展，加快提升基于物流资源配置的发展能力与效率。总结近些年来我国物流转型升级发展经验可以看出，必须加快物流网络建设才能促进物流资源的合理和高效配置，对于内陆地区而言，必须加快要素承载能力强、网络辐射范围广的陆港建设。为此，需要从提高物流资源配置能力和效率层面，明确陆港物流网络建设和资源配置的三大方向：一是完善依托陆港的跨区域干线物流网络建设，加快完成满足构建“大循环”“双循环”需要的联通国内各个区域、密切国内与国际间要素流动的陆港骨干物流网络建设，包括在既有综合运输大通道的基础上，通过陆港功能完善和辐射方向的能力匹配，重构基础设施大通道、加快建设国家陆港型物流枢纽，形成支撑物流要素、产业要素高效流动的现代物流网络系统，服务和支撑国内高标准市场体系建设需要。二是加快城市群高效畅通物流网络建设，按照不同城市群特征和城市群内部各个城市的产业分工关系，形成高效的以陆港为依托的、物流园区为网络节点的城市群物流服务体系，为构建城市群内部的高效市场体系提供低成本、高效率的物流服务。三是提升都市圈物流网络功能，按照都市圈生产、生活高效运行需求，形成以陆港为核心的区域分拨、城市配送、城乡配送有机衔接的多层级一体化运行网络。

以陆港为依托的国内国际物流供应链体系建设发展，以及高标准市场体系建设对陆港物流要素聚集的新要求，已经成为以陆港为载体的现代物流发展新的突破方向，要抓住陆港代际更替的新的历史机遇，在陆港规划、布局、建设、运营，以及在跨区域的陆港之间、陆港与海港之间紧密联系的物流通道和服务网络的建设方面，需要各级政府和各类企业在体制机制、合作发展、网络构建上具有协同性，需要站在构建新发展格局的大局上，为陆港的发展营造良好的环境。

目 录

中国陆港发展报告

（2020）

第一篇 陆港综述

第二篇　数据统计分析

第三篇　典型陆港

第一篇

陆港综述

2020年是我国“十三五”规划的收官之年，是决战决胜脱贫攻坚、实现全面小康的关键一年，更是站在新的历史起点上，对“十四五”与2035远景目标的规划之年。这一年，受错综复杂的国际环境变化和新冠肺炎疫情影响，全球产业链、供应链遭受重大冲击。

面对国际环境变化带来的新矛盾新挑战，2020年，党中央立足于百年未有之大变局，提出加快形成“以国内大循环为主体、国内国际双循环相互促进的新发展格局”。以国内大循环为主体，通过发挥内需潜力，使国内市场和国际市场更好联通，更好利用国际国内两个市场、两种资源，将实现更加强劲可持续的发展。2020年，全球最大的自贸协定——区域全面经济伙伴关系协定（RCEP）正式签署，极大提振全球经贸信心，将更好地推动全球贸易投资自由化和便利化，同时也更好地促进我国改革开放。

2020年，在以习近平同志为核心的党中央坚强领导下，按照党中央、国务院关于推动高质量发展的要求和中央经济工作会议精神，我国交通强国建设脚步持续加快，不断完善综合运输大通道和综合交通枢纽；继续深入推进物流高质量发展，促进形成强大国内市场，提升行业效率效益水平，畅通物流全链条运行，陆港发展迎来新一轮的机遇期。

据中国开发区协会陆港分会不完全统计，我国目前已建设和正在建设的陆港数量有200多个，陆港在快速发展和创新经营模式等方面取得了初步成效。2020年，陆港在建设发展与运营工作中，始终坚持稳中求进的总基调，全面贯彻新发展理念，严格落实高质量发展要求，在种种挑战下取得了新的发展成果。在新冠肺炎疫情全球大流行导致国际海运、空运受阻，许多海运、空运货物加速向铁路运输转移的情况下，全年中欧班列实现逆势增长，“生命通道”功能凸显。疫情带来的防控物资运输与复产复工要求，使得陆港所承担的国际物流发挥了关键作用，为维护国际供应链产业链稳定提供了重要支撑。

2020年，陆港建设得到国家相关部门的高度重视。7月，国家发展改革委下达中央预算内投资2亿元，支持郑州、重庆、成都、西安、乌鲁木齐5个中欧班列枢纽节点城市开展中欧班列集结中心示范工程建设。10月，2020年国家物流枢纽建设名单正式对外发布，共有22个物流枢纽入选2020年国家物流枢纽建设名单，其中陆港型国家物流枢纽有5个。国家相关部门一系列相关政策的支持推动我国陆港发展开启了新的篇章。

本篇对我国陆港建设从产生到快速发展的现状进行了全面阐述，在业内首次提出了陆港的概念、分类、主要特征；阐述了国内陆港建设发展的具体情况、当前存在的主要问题及行业未来发展趋势；分析了如何高质量推动陆港型国家物流枢纽发展；概述了国外陆港发展的主要现状与未来趋势等。具体包括我国陆港形成的因素、我国陆港发展现状、我国陆港建设与发展、我国陆港发展趋势、高质量推动陆港型国家物流枢纽发展、欧洲陆港发展现状与未来趋势等几部分。

第一章　我国陆港形成的因素

21 世纪初，陆港开始在我国各地建设形成，并保持着较快的发展速度。陆港的建设和发展增强了内陆地区与全球经济的联系，促进了我国中西部地区外向型经济与产业发展。为深入了解陆港的产生与发展，本章对我国陆港形成的因素进行了系统分析和阐述，主要包括政策环境、经济环境、市场环境等方面。

第一节　政策环境

2013 年 5 月，联合国亚太经社会（ESCAP）第 69 届年会正式通过了《政府间陆港协定》文本，同年 11 月 7 日 14 个成员国在泰国曼谷签署了联合国亚太经社会《政府间陆港协定》。《政府间陆港协定》对陆港的含义进行了规范，并对各国境内陆港的确定、建设与发展作出了约定。

2016 年 3 月，我国向联合国递交了《政府间陆港协定》核准书，宣布 2016 年 4 月 23 日对我国正式生效，同时声明该协定适用于澳门特区，暂不适用于香港特区。这标志着《政府间陆港协定》内容正式生效，我国陆港建设的大幕正式开启。

陆港建设属于物流基础设施建设，投资回收期相对较长，但拉动地方经济效果显著，具有一定公益性。近几年来，我国中央与地方各级政府以及相关企业，对陆港的建设和运营给予了一系列政策支持。这些政策为陆港营造了良好的发展环境，有效促进了陆港的快速发展。

近年来，我国中央与地方各级政府以及相关企业出台的与陆港建设和运营相关的政策文件整理如下。

一、中央政策文件

（一）良好的政策发展环境

改革开放以来，我国沿海地区经济依托港口实现了高速发展，但中西部内陆地区发展相对落后。

实施西部大开发战略、中部地区崛起战略以加快中西部地区发展，这是党中央、国务院作出的重大决策部署。2000 年 10 月，中共十五届五中全会通过的《中共中央关于制定国民经济和社会发展第十个五年计划的建议》，把实施西部大开发、促进地区协调发展作为一项战略任务。2004 年 3 月，时任国务院总理温家宝在政府工作报告中首次明确提出中部地区崛起战略。实施西部大开发战略，加快中西部地区发展关系到经济发展、民族团结、社会稳定，关系到地区协调发展和最终实现共同富裕，是推动形成东中西区域良性互动协调发展的客观需要，是优化国民经济结构、保持经济持续健康发展的重大战略举措。

中共十八大以来，我国进入中国特色社会主义新时代。2013 年 9 月和 10 月，习近平总书记分别提出建设“新丝绸之路经济带”和“21 世纪海上丝绸之路”的合作倡议，即共建“一带一路”倡议。2015 年 3 月，国家发展改革委、外交部、商务部联合发布了《推动共建丝绸之路经济带和 21 世纪海上丝绸之路的愿景与行动》。共建“一带一路”倡议依靠中国与有关国家既有的双多边机制，借助既有的、行之有效的区域合作平台，共同打造政治互信、经济融合、文化包容的利益共同体、命运共同体和责任共同体。

西部大开发与中部崛起战略拉开了内陆地区经济腾飞的大幕。乘着“一带一路”的东风，我国内陆地区不断深化改革，持续扩大开放，外向型经济和产业迎来了历史性的发展机遇。表 1－1 列出了近年来与我国陆港建设相关的部分中央政策文件。

表 1－1　中央支持我国陆港建设的部分政策文件

发布时间	发布单位	文件名称	文件号
2014 年 10 月	国务院	《国务院关于印发物流业发展中长期规划（2014—2020 年）的通知》	国发〔2014〕42 号
2015 年 3 月	国家发展改革委、外交部、商务部	《推动共建丝绸之路经济带和 21 世纪海上丝绸之路的愿景与行动》	—
2016 年 6 月	国务院办公厅	《国务院办公厅关于转发国家发展改革委营造良好市场环境推动交通物流融合发展实施方案的通知》	国办发〔2016〕43 号
2016 年 10 月	国家发展改革委	《中欧班列建设发展规划（2016—2020 年）》	—
2016 年 10 月	国务院口岸工作部际联席会议办公室	《国务院口岸工作部际联席会议办公室关于印发〈国家口岸管理办公室关于国际贸易“单一窗口”建设的框架意见〉的通知》	署岸函〔2016〕498 号

续　表

发布时间	发布单位	文件名称	文件号
2016 年 11 月	国家发展改革委办公厅、交通运输部办公厅、中国铁路总公司办公厅	《关于启动实施交通物流融合发展第一批重点项目的通知》	发改办基础〔2016〕2293 号
2017 年 2 月	国家发展改革委办公厅、交通运输部办公厅、中国铁路总公司办公厅	《关于印发〈推动交通物流融合发展近期重点工作及分工方案〉的通知》	发改办基础〔2016〕2722 号
2017 年 2 月	商务部、国家发展改革委、国土资源部、交通运输部、国家邮政局	《商务部等 5 部门关于印发〈商贸物流发展“十三五”规划〉的通知》	—
2017 年 2 月	国务院办公厅	《国务院办公厅关于促进开发区改革和创新发展的若干意见》	国办发〔2017〕7 号
2017 年 8 月	商务部	《商务部批准〈商贸物流园区建设与运营服务规范〉等 17 项国内贸易行业标准的公告》	商务部公告 2017 年第 42 号
2017 年 8 月	国务院办公厅	《国务院办公厅关于进一步推进物流降本增效促进实体经济发展的意见》	国办发〔2017〕73 号
2018 年 5 月	国务院	《国务院关于做好自由贸易试验区第四批改革试点经验复制推广工作的通知》	国发〔2018〕12 号
2018 年 10 月	国务院	《国务院关于印发优化口岸营商环境促进跨境贸易便利化工作方案的通知》	国发〔2018〕37 号
2018 年 12 月	国家发展改革委、交通运输部	《国家发展改革委 交通运输部关于印发〈国家物流枢纽布局和建设规划〉的通知》	发改经贸〔2018〕1886 号
2019 年 1 月	国务院	《国务院关于促进综合保税区高水平开放高质量发展的若干意见》	国发〔2019〕3 号

续 表

发布时间	发布单位	文件名称	文件号
2019 年 4 月	国务院	《国务院关于做好自由贸易试验区第五批改革试点经验复制推广工作的通知》	国函〔2019〕38 号
2020 年 1 月	国务院办公厅	《国务院办公厅关于支持国家级新区深化改革创新加快推动高质量发展的指导意见》	国办发〔2019〕58 号
2020 年 1 月	海关总署	《共同推进“智慧海关、智能边境、智享联通”建设与合作的倡议》	—
2020 年 2 月	交通运输部	《交通运输部关于加强中欧班列运行保障工作的通知》	交规划明电〔2020〕74 号
2020 年 4 月	交通运输部、商务部、海关总署、国家铁路局、中国民用航空局、国家邮政局、中国国家铁路集团有限公司	《交通运输部 商务部 海关部署 国家铁路局 中国民用航空局 国家邮政局 中国国家铁路集团有限公司关于当前更好服务稳外贸工作的通知》	交水明电〔2020〕139 号
2020 年 5 月	中共中央、国务院	《中共中央 国务院关于新时代推进西部大开发形成新格局的指导意见》	—
2020 年 6 月	国务院办公厅	《国务院办公厅转发国家改革委 交通运输部关于进一步降低物流成本实施意见的通知》	国办发〔2020〕10 号
2020 年 6 月	海关总署	《关于开展跨境电子商务企业对企业出口监管试点的公告》	海关总署公告 2020 年第 75 号
2020 年 7 月	国务院	《国务院关于做好自由贸易试验区第六批改革试点经验复制推广工作的通知》	国函〔2020〕96 号
2020 年 10 月	国家发展改革委、交通运输部	《关于做好 2020 年国家物流枢纽建设工作的通知》	发改经贸〔2020〕1607 号
2020 年 11 月	国务院办公厅	《国务院办公厅关于推进对外贸易创新发展的实施意见》	国办发〔2020〕40 号

（二）政策推动陆港发展

从具体内容来看，相关政策在多个层面对我国陆港的快速发展起到了推动作用。

2014 年 10 月，国务院印发的《物流业发展中长期规划（2014—2020 年）》中明确指出，要“加强境内外口岸、内陆与沿海、沿边口岸的战略合作，推动海关特殊监管区域、国际陆港、口岸等协调发展，提高国际物流便利化水平”，“国际陆港”作为专有名词被正式提出。

2015 年 3 月，国家发展改革委、外交部、商务部联合发布的《推动共建丝绸之路经济带和 21 世纪海上丝绸之路的愿景与行动》中明确提到“支持郑州、西安等内陆城市建设航空港、陆港，加强内陆口岸与沿海、沿边口岸通关合作”。

2016 年 6 月，国务院办公厅发布的《国务院办公厅关于转发国家发展改革委营造良好市场环境推动交通物流融合发展实施方案》中指出，创建协同联动的交通物流新模式：构建线上线下联动公路港网络、推广集装化标准化运输模式、发展广泛覆盖的智能物流配送，营造交通物流融合发展的良好市场环境。

2016 年 10 月，为贯彻落实《国务院办公厅关于转发国家发展改革委营造良好市场环境推动交通物流融合发展实施方案的通知》，促进交通物流融合发展，针对存在的主要短板和问题，在港口及物流枢纽集疏运铁路建设、铁路物流基地、铁路货场周边道路畅通、国家交通运输物流公共信息平台、公路港建设 5 个方面，启动 63 项重点项目，以打通全链条、构建大平台、创建新模式。

2016 年 10 月，国家发展改革委“一带一路”建设领导小组办公室制定了《中欧班列建设发展规划（2016—2020 年）》。该规划提出：按照铁路“干支结合、枢纽集散”的班列组织方式，在 12 个内陆主要货源地、17 个主要铁路枢纽、10 个沿海重要港口、4 个沿边陆路口岸等地规划设立 43 个枢纽节点。

2017 年 2 月，《国务院办公厅关于促进开发区改革和创新发展的若干意见》中明确指出：促进海关特殊监管区域整合优化，将符合条件的出口加工区、保税港区等类型的海关特殊监管区域逐步整合为综合保税区。

2018 年 5 月，国务院发布的《国务院关于做好自由贸易试验区第四批改革试点经验复制推广工作的通知》中指出，在海关特殊监管区域复制推广“海关特殊监管区域‘四自一简’监管创新”“‘保税混矿’监管创新”2 项措施，在海关特殊监管区域及保税物流中心（B 型）复制推广“先出区、后报关”措施。

2018 年 10 月，国务院印发《国务院关于印发优化口岸营商环境促进跨境贸易便利化工作方案的通知》，提出 20 条措施，要求各口岸管理相关部门通过深化“放管服”改革，采取一系列有力措施，推动口岸营商环境持续优化，提升通关便利化水平。

2018 年 12 月，国家发展改革委和交通运输部联合印发的《国家发展改革委 交通运输部关于印发〈国家物流枢纽布局和建设规划〉的通知》首次在国家层面提出“物流枢纽”专项规划，并提出要求：合理布局国家物流枢纽，优化基础设施供给结构；整合优化物流枢纽资源，提高物流组织效率；构建国家物流枢纽网络体系，提升物流运行质量；推动国家物流枢纽全面创新，培育物流发展新动能和加强政策支持保障，营造良好发展环境。该规划结合“十纵十横”交通运输通道和国内物流大通道基本格局，选择 127 个具备一定基础条件的城市作为国家物流枢纽承载城市，规划建设 212 个国家物流枢纽，包括 41 个陆港型、30 个港口型、23 个空港型、47 个生产服务型、55 个商贸服务型和 16 个陆上边境口岸型国家物流枢纽。

2019 年 1 月，《国务院关于促进综合保税区高水平开放高质量发展的若干意见》指出综合保税区是开放型经济的重要平台，对发展对外贸易、吸引外商投资、促进产业转型升级发挥着重要作用。运用智能监管手段，创新监管模式，简化业务流程，实行数据自动比对、卡口自动核放，以实现保税货物点对点直接流转，降低运行成本，提升监管效能。

2019 年 9 月，国家发展改革委、交通运输部联合发布了 2019 年国家物流枢纽建设名单，23 个城市榜上有名。国家物流枢纽建设涵盖陆港型、空港型、港口型、生产服务型、商贸服务型、陆上边境口岸型 6 种类型，其中东部地区 10 个、中部地区 5 个、西部地区 7 个、东北地区 1 个。区域和类型分布的相对均衡，有利于支撑“一带一路”建设、京津冀协同发展、长江经济带发展、粤港澳大湾区建设、长三角区域一体化发展、西部陆海新通道等的实施，促进形成强大国内市场。

2020 年 1 月，海关总署发布《共同推进“智慧海关、智能边境、智享联通”建设与合作的倡议》。世界海关组织（WCO）推出了“21 世纪海关”战略文件，积极倡导为无缝连接的贸易、旅行和运输打造智能边境，以此引领国际海关界聚焦海关现代化建设，维护全球贸易安全与便利。在此背景下，中国海关为积极响应 WCO 而制定了此倡议，以应对新一轮科学技术变革，适应国际贸易新业态新模式，促进贸易便利，保障供应链安全，维护全球自由贸易体系和开放型世界经济。

2020 年 2 月，交通运输部发布《交通运输部关于加强中欧班列运行保障工作的通知》，指出在新冠肺炎疫情防控的紧迫形势下，发挥交通运输“先行官”作用，打通“大动脉”，畅通“微循环”，推动中欧班列在疫情防控期间发挥更好的战略通道作用，促进中欧班列高质量发展。

2020 年 5 月，《国务院办公厅转发国家发展改革委 交通运输部关于进一步降低物流成本实施意见的通知》提出推动物流业提质增效，推进物流基础设施网络建设。该通知还指出，研究制定 2021—2025 年国家物流枢纽网络建设实施方案，整合优化存量物流基础设施资源，构建“通道 + 枢纽 + 网络”的物流运作体系，系统性降低全程运输、仓储等物流成本。继续实施示范物流园区工程，示范带动骨干物流园区互联成网。布局建设一批国家骨干冷链物流基地，有针对性地补齐城乡冷链物流设施短板，整合冷链物流以及农产品生产、流通资源，提高冷链物流规模化、集约化、组织化、网络化水平，降低冷链物流成本。加强县乡村共同配送基础设施建设，推广应用移动冷库等新型冷链物流设施设备。加强应急物流体系建设，完善应急物流基础设施网络，整合储备、运输、配送等各类存量基础设施资源，加快补齐特定区域、特定领域应急物流基础设施短板，提高紧急情况下应急物流保障能力。

2020 年 5 月，中共中央、国务院发布《中共中央 国务院关于新时代推进西部大开发形成新格局的指导意见》文件，提出积极参与和融入“一带一路”建设，强化开放大通道建设，支持在西部地区建设无水港，优化中欧班列组织运营模式，加强中欧班列枢纽节点建设，并鼓励重庆、成都、西安等加快建设国际门户枢纽城市。

2020 年 6 月，为贯彻落实党中央、国务院关于加快跨境电子商务新业态发展的部署要求，充分发挥跨境电商稳外贸保就业等积极作用，进一步促进跨境电商健康快速发展，海关总署发布了《关于开展跨境电子商务企业对企业出口监管试点的公告》，对跨境电商企业的出口试点作出了规定。

2020 年 10 月，国家发展改革委、交通运输部联合印发《关于做好 2020 年国家物流枢纽建设工作的通知》，有 22 个物流枢纽入选 2020 年国家物流枢纽建设名单。国家物流枢纽设施区位优势突出，空间布局、建设运行等基础条件较好，枢纽建设方案及推进国家物流枢纽落地的总体思路相对成熟；区域分布相对均衡，其中，东部地区 7 个、中部地区 4 个、西部地区 9 个、东北地区 2 个，覆盖了《国家物流枢纽布局和建设规划》确定的 6 种国家物流枢纽类型。

2020 年 11 月，国务院办公厅发布《国务院办公厅关于推进对外贸易创新发展的实施意见》，指出要支持中西部地区深度融入共建“一带一路”大格局，构筑内陆地区效率高、成本低、服务优的国际贸易通道。

可以看出，我国政府的一系列政策大力推动了陆港的建设和发展。尤其是通过国家物流枢纽的布局和规划，为加快构建“通道 + 枢纽 + 网络”的现代物流运作体系，促进形成以国内大循环为主体、国内国际双循环相互促进的新发展格局提供了有力支撑；通过海关制度创新，不断推进现代物流创新发展模式，提升综合服务能力；通过对自贸区、跨境电商、中欧班列以及推进物流业降本、加快物流通道建设等多领域的专项政策支持，不断推进物流业提质增效，带动陆港产业实现快速创新发展。

二、地方政策文件

为积极响应国家相关支持政策，进一步促进地方区域经济发展，各地政府部门相继出台了加快陆港建设的有关政策制度。以下选取其中部分省区市的政策进行说明，如表1－2所示。

表1－2 地方支持陆港建设的政策文件

省区市	发布时间	文件名称
河南省	2016年10月	《河南省人民政府办公厅关于印发河南省推动交通物流融合发展工作方案的通知》
新疆维吾尔自治区	2017年2月	《丝绸之路经济带核心区商贸物流中心建设规划（2016—2030年）》
湖南省	2017年8月	《湖南省人民政府办公厅关于转发省发改委〈湖南省物流业降本增效专项行动方案（2017—2020年）〉的通知》
甘肃省	2018年2月	《甘肃省人民政府办公厅关于印发甘肃省合作共建中新互联互通项目南向通道工作方案（2018—2020年）的通知》
湖北省	2018年2月	《湖北省人民政府关于进一步加快铁路建设发展的若干意见》
辽宁省	2018年8月	《中共辽宁省委 辽宁省人民政府关于印发〈辽宁"一带一路"综合试验区建设总体方案〉的通知》
陕西省	2018年10月	《陕西省人民政府关于积极有效利用外资推动经济高质量发展的实施意见》
安徽省	2018年9月	《安徽省人民政府关于积极有效利用外资推动经济高质量发展的实施意见》
内蒙古自治区	2018年12月	《内蒙古自治区人民政府办公厅关于扩大进口促进进口结构优化发展的实施意见》
陕西省	2019年1月	《陕西省人民政府印发关于大力发展"三个经济"的若干政策的通知》
江苏省	2019年2月	《中共江苏省委 江苏省人民政府关于高质量推进"一带一路"交汇点建设的意见》
重庆市	2020年4月	《重庆市人民政府关于印发重庆市推进西部陆海新通道建设实施方案的通知》

2016 年 10 月，河南省发布《河南省人民政府办公厅关于印发河南省推动交通物流融合发展工作方案的通知》，该通知明确提出建设陆桥国际物流通道工程。依托国家陆桥通道，向东开通连接青岛、连云港、日照、天津、上海等沿海港口群的五定班列，向西开辟加密郑州—土耳其—卢森堡、郑州—汉堡等中欧班列（郑州）线路，增加俄罗斯、白俄罗斯、北欧等境外集疏网点。到 2020 年，中欧班列（郑州）实现每日往返对开各一班，形成贯通欧亚主要经济体的国际物流通道。加快推进郑州铁路集装箱中心站二期建设，完善中转调度、仓储分拨、多式联运等功能，积极开展换装、集批和分拨业务。建设郑州铁路国际枢纽口岸，支持郑州多式联运监管中心先行先试创新发展，建成汽车整车进口口岸二期工程，推动铁路一类口岸转型升级。支持国际陆港公司与沿海港口共建联运专用设施。加快建设中欧班列（郑州）“一干三支”铁路海运公路多式联运工程，不断提升中欧班列（郑州）运营能力，推动将其培育成为具有国际竞争力和信誉度的国际著名物流品牌，在“一带一路”建设中发挥更大作用。

2017 年 2 月，新疆维吾尔自治区发布《丝绸之路经济带核心区商贸物流中心建设规划（2016—2030 年）》，明确了今后加快丝绸之路经济带核心区商贸物流中心建设目标、任务和措施。该建设规划提出，将打造环乌鲁木齐商贸物流核心圈，强化乌鲁木齐商贸物流枢纽和国际化城市的主体地位。在全疆商贸物流中心空间布局上，全疆将形成“一核九区多节点”的商贸物流中心布局，其中“一核”就是环乌鲁木齐商贸物流核心圈。在环乌鲁木齐商贸物流核心圈建设上，将加快乌吐机场一体化进程，构建乌昌石吐城市群，建设功能互补、协同发展的环乌鲁木齐商贸物流核心圈。为突出环乌鲁木齐商贸物流核心圈的地位，乌鲁木齐市要发挥交通枢纽基础优势，加快建设多式联运海关监管中心、中欧国际货运班列新疆集结中心、国际纺织品交易中心等重大工程；重点建设国际商品展示交易中心；引进和培育国际、国内大型物流企业，建设区域物流总部集聚中心；加快建成商贸物流创新服务平台；依托正在申报的中国亚欧经贸合作试验区，探索建设中国（新疆）自由贸易试验区。

2017 年 8 月，湖南省发布《湖南省人民政府办公厅关于转发省发改委〈湖南省物流业降本增效专项行动方案（2017—2020 年）〉的通知》。该专项行动方案中提出了畅通物流通道、加快建设物流通道，依托“七纵七横”的公路网，加快“公路港”建设，重点解决周边集疏通道拥堵问题。持续推进中欧班列常态化运行，适时增设境内外站点，不断扩大货源品种及辐射范围。鼓励湖南省重点企业建设国际分拨中心、海外仓，拓展国际市场。

2018 年 2 月，甘肃省发布《甘肃省人民政府办公厅关于印发甘肃省合作共建中新互联互通项目南向通道工作方案（2018—2020 年）的通知》。该工作方案提出在中（国）新（加坡）互联互通项目框架下，以重庆为运营中心，以广西、贵州、甘肃为关键节点，利用铁路、公路、水运、航空等多种运输方式，由重庆向南经贵州等省，通过广西北部湾等沿海沿边口岸，通达新加坡及东盟主要物流节点，进而辐射南亚、中东、澳洲等区域；向北与中欧（渝新欧、兰州号）班列连接，利用兰渝铁路及甘肃的主要物流节点，连通中亚、南亚、欧洲等地区，通过国际合作打造有机衔接“一带一路”的复合型国际贸易物流通道。

2018 年 2 月，湖北省发布《湖北省人民政府关于进一步加快铁路建设发展的若干意见》，该意见要求努力构建多式联运新优势，建成蒙华等干线货运铁路，加快建设重点港口疏港铁路，加快发展铁水、铁公联运，积极探索铁空联运，全面发挥立体交通、多式联运优势，努力降低社会物流成本。加快建设全国性和区域性铁路物流中心，继续培育中欧班列（武汉），发挥长江黄金水道优势，拓展中欧班列辐射纵深，依托铁路和水陆运输网络，构建湖北省沟通国内、通江达海、直达欧亚的综合运输新格局。

2018 年 8 月，辽宁省发布《中共辽宁省委 辽宁省人民政府关于印发〈辽宁“一带一路”综合试验区建设总体方案〉的通知》，该方案第五条提出深入推进大连、营口、丹东、锦州、盘锦、葫芦岛等沿海港口整合，打造大连东北亚国际航运中心和世界级港口集群，高质量建设沈阳国际陆港；构建“辽满欧”“辽蒙欧”“辽新欧”“辽珲俄”铁路通道、“辽海欧”北极东北航道、“辽海欧”印度洋航道、辽宁“空中丝路”通道。该方案第九条还提出畅通“陆上丝路”欧亚陆桥大通道，方案中第十条提出推动中欧班列市场化可持续运营。

2018 年 10 月，陕西省发布《陕西省人民政府关于积极有效利用外资推动经济高质量发展的实施意见》，该意见第八条提出提高货物进出口通关效率。减少企业进出口单证办理申报材料，缩减审批环节，落实最多跑一次的改革，实行容缺办理。优化货物通关流程、压缩通关时间、降低通关成本、提高通关效率，在陕西自贸区实行货物预检验制度，探索进口食品“空检陆放”查验模式，对低风险的进出口动植物产品降低抽查检验频次，实施审单放行改革。加快推进国际贸易“单一窗口”建设和应用，促进“单一窗口”与金融、保险、电商、物流、邮政、民航、铁路港口等相关行业对接，全方位提升跨境贸易便利化。加快铁路口岸建设，拓展口岸功能，促进中欧班列（西安）高效运行。

2018 年 9 月，安徽省发布《安徽省人民政府关于积极有效利用外资推动经济高质量发展的实施意见》，该意见第十四条提出降低外商投资企业物流成本。推动建设陆空联合开放口岸和多式联运枢纽，加快发展江海、铁空、铁水等联运。统筹协调中欧班列发展，加强规划设计，优化发展环境。推动合肥中欧班列铁路口岸开放。加强场站、通关等基础设施建设。鼓励具有全程提单的外地货物搭乘合肥中欧班列进口，推动班列加挂、集拼、内外贸货物混载混装。推动国际快件监管中心运行，提升合肥中欧班列通关监管便利化水平。完善市场调节机制，调整运输结构，提高运输效率，加强公路、铁路、航空、水运等领域收费行为监管，进一步降低物流成本。

2018 年 12 月，内蒙古自治区发布《内蒙古自治区人民政府办公厅关于扩大进口促进进口结构优化发展的实施意见》。该意见第十二条提出发挥口岸大通道作用。发挥内蒙古自治区口岸和中欧班列重要通道优势，鼓励企业积极采购欧洲、中亚等国家和地区的农产品和日用消费品。合理规划中欧国际货运班列运营线路，扩大货运班列辐射面和业务量。积极推动呼和浩特航空口岸国际快件业务快速发展。

2019 年 1 月，陕西省发布《陕西省人民政府关于印发大力发展“三个经济”的若干政策的通知》。该政策指出，支持西安国际港务区建设成为海铁与公铁联运基地，对开通的中欧班列按财政部规定给予适当补助，由省、市财政按 1∶2 比例分担。支持西安国际港务区、中铁西安局集团，加强与青岛、天津、连云港、宁波等沿海港口业务合作，开通“五定班列”，对从新筑站开出的“五定班列”全程运费，由陕西省、市、区财政结合开行情况给予适当补助。开展物流园区省级示范园区创建工作，认定一批具有多式联运功能、中转集散效率高、特色突出的知名品牌示范园区，对认定为省级示范园区以上的，根据示范效应和规模给予 100 万～300 万元一次性奖励。鼓励在口岸货物转运集中区建设货物堆场，在西安国际港务区、西咸新区以及一级节点城市宝鸡、榆林、安康建设 1 万平方米以上的标准化物流仓储库，对符合国家标准的新建设施，按不高于建设投资额（不含征地费用）的 10% 给予最高不超过 300 万元的补助。鼓励两家以上快递公司联合在政府机关、高校、住宅小区共建共用智能取货柜，对每个取货柜给予 5000 元一次性奖励。

2019 年 2 月，江苏省发布《中共江苏省委 江苏省人民政府关于高质量推进“一带一路”交汇点建设的意见》。该意见提出江苏实施“五大计划”推进“一带一路”交汇点建设，在“丝路贸易”促进方面，将重点开拓多元化国际市场。加快跨境电商综合平台建设。大力培育跨境电商等新业态新模式，积极发展“丝路电商”。推动中欧班列优化整合。探索在中欧班列沿线重要节点布局加工组装基地、物流枢纽等，放大中欧班列集聚辐射效应等。

2020 年 4 月，重庆市作为西部陆海新通道建设的发起者和倡导者之一，按照国家发展改革委《西部陆海新通道总体规划》，结合重庆实际，发布了《重庆市人民政府关于印发重庆市推进西部陆海新通道建设实施方案的通知》。该方案明确了总体目标：到 2025 年，基本建成经济高效、智能便捷的西部陆海新通道。重庆两条主通道集装箱运量达到 30 万标准箱；铁海联运班列、国际铁路联运班列、跨境公路班车开行数年均增长超过 15%；通道沿线国家（地区）客货运航线达到 50 条；建成与东盟国家产业合作示范区 3 个。到 2035 年，西部陆海新通道将全面建成。该方案还提出，要加强通道物流和运营组织中心建设、强化通道能力建设、提升通道物流服务效能、促进通道与区域经济融合发展、提升通道对外开放水平、强化政策保障和组织实施，以加快西部陆海新通道建设，充分发挥“三个作用”，推动形成陆海内外联动、东西双向互济的开放格局。

可以看出，全国很多省份都在相关工作方案或意见中对陆港发展提出了具体的规划、要求和建设目标，这为各地陆港的建设与发展提供了有力的政策保障。

三、企业政策文件

除中央与地方各级政府制定的政策外，相关企业也制定了一系列政策文件。这些文件也对陆港的发展起到了积极作用。

2014 年 8 月，中国铁路总公司（现中国国家铁路集团有限公司，以下简称“国铁集团”）发布《中欧班列组织管理暂行办法》，从品牌管理、运输组织、价格管理、客户服务、职责分工、机制保障等方面对中欧班列的组织提出了相关要求及管理办法。

2018 年 12 月，中国铁路总公司制定《中欧班列宽轨段集并运输组织暂行办法》，以实现中欧班列在宽轨段充分利用俄罗斯、哈萨克斯坦、蒙古国、白俄罗斯等国宽轨铁路列车编组能力，在宽轨段起始口岸站换装时将国内始发的三列中欧班列合并为两列，或两列中欧班列合并为一列，集并运输到宽轨段终点口岸站换装时再拆分成原三列或两列中欧班列的运输组织方式，推动中欧班列降本增效。

2018 年 12 月，中国铁路总公司制定《中欧班列运力保障和开行计划管理办法》以充分利用中欧班列通道能力，保证境内外铁路运输计划衔接有序，提高班列开行质量，维护“中欧班列”品牌长期可持续发展。文件从中欧班列运力保障、计划制订、计划兑现率考核等方面提出了要求。

2019 年 9 月，中欧班列运输协调委员会第四次会议在北京召开，国铁集团携手全国中欧班列运营企业，总结中欧班列建设进展和成效，研究中欧班列高质量发展举措，共同签署了《推进中欧班列高质量发展公约》。该公约旨在强化市场化运作机制，坚持共商共建共享原则，不断加强和优化运输组织，进一步降低物流成本等。

2020 年 8 月，国铁集团出台《新时代交通强国铁路先行规划纲要》。该规划纲要提出，完善国际铁路物流服务体系，将中欧班列打造成为具有国际影响力的世界知名铁路物流品牌。提出了明确任务，主要涉及构建便捷高效的国际铁路联运网络、加强统一品牌建设、提高班列发展质量效益、完善班列国际合作机制等方面。后续将进一步细化，明确责任分工，以系统化建设、集约化运营、市场化经营、便利化服务、国际化发展为目标，进一步提升质量效益和品牌效应，全面推动中欧班列高质量发展，同时参照中欧班列模式，统一组织陆海新通道班列开行，为“一带一路”建设提供有力保障。

第二节 经济环境

陆港作为沿海港口在内陆经济中心城市的窗口，是内陆地区承接国际资本、沿海产业向内地转移以及通向国际市场的直通大门，是建设“一带一路”的先行领域和重要基础设施。我国宏观经济环境、国际贸易的持续向好，特别是在共建“一带一路”倡议下，与“一带一路”相关国家的贸易往来日趋频繁、对外贸易总体增长，为我国陆港产业的形成与发展提供了需求动力。

一、改革开放以来，我国宏观经济环境持续向好

改革开放以来，我国国民经济不断迈上新台阶，综合国力和国际影响力不断提高，形成了持续向好的经济发展环境。为陆港的形成打下了坚实的基础，也为陆港的进一步发展提供了良好的条件。中共十八大以来我国历年国内生产总值变化与增速如图 1－1 所示。

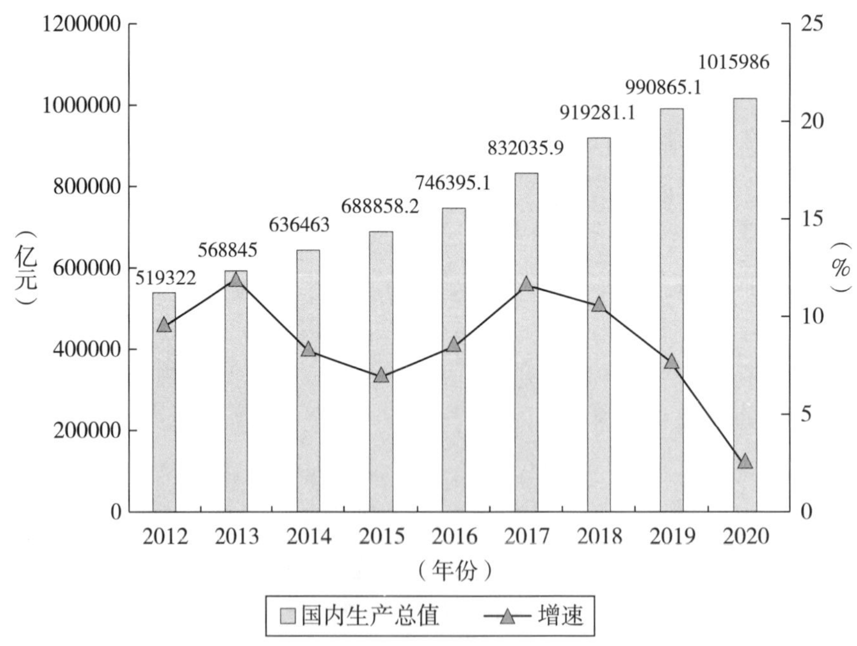

图 1－1 中共十八大以来我国历年国内生产总值变化与增速

资料来源：国家统计局。

从图 1 - 1 可以看出，中共十八大以来，我国综合国力持续提升。2016—2018 年，我国经济总量连续跨越 70 万亿元、80 万亿元和 90 万亿元大关。2019 年超过 99 万亿元，占世界经济的比重接近 16%。2020 年面对全球新冠肺炎疫情大流行的严重冲击，我国始终坚持高质量发展方向不动摇，统筹疫情防控和经济社会发展。全年 GDP 达 101.5986 万亿元，突破 100 万亿元大关，在全球主要经济体中唯一实现经济正增长。按不变价计算，我国 GDP 年均增速达 9.29%，远高于同期世界经济 2.9% 左右的年均增速。

与经济快速发展伴随而来的是我国财政收入与支出的大幅增长。1999 年，全国财政收入首次突破 1 万亿元。进入 21 世纪后，财政收入实现连续跨越，到 2012 年达到了 11.73 万亿元。中共十八大以来，我国财政收入继续保持总体较快增长的形势。2019 年我国财政收入达到 19.04 万亿元，同比增长 3.8%，2020 年为 18.29 万亿元，虽比上年下降 3.9%，但整体上依然保持了增长态势。在财政支出方面，中共十八大以来，我国加大了各项建设投资，财政支出连年增长，2019 年达到 23.89 万亿元，同比增长 8.1%。2020 年我国进一步加大财政支出，达到 24.56 万亿元，同比增长 2.8%。在抗击新冠肺炎疫情的同时，有效维护了社会经济稳定运行。

我国近年来加快交通强国建设，对交通运输、物流的基础建设投资呈现增长趋势。2012—2019 年全国财政支出与交通运输支出情况如图 1 - 2 所示。可以看出，政府在交通运输建设方面投资尽管在 2016 年出现了小幅下降，但在次年迅速回升，并一直保持增长态势。

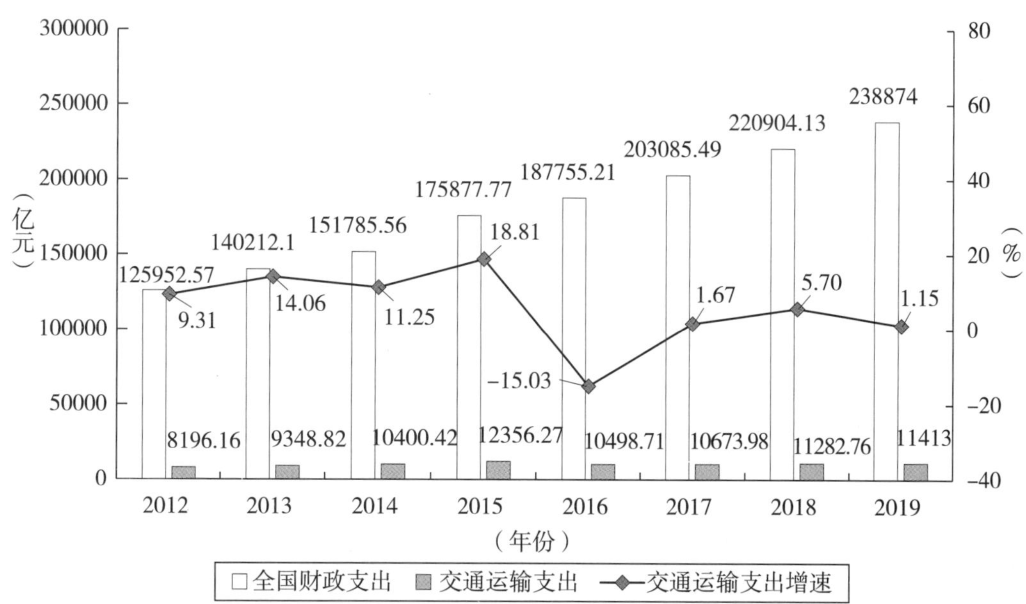

图 1 - 2 2012—2019 年全国财政支出与交通运输支出情况

资料来源：国家统计局。

财政收入与支出的增长，特别是在交通运输与物流基础建设方面的财政支出增长，为各地陆港的基础设施建设提供了有力的资金保障。

从东部沿海地区到中西部内陆地区，40 多年来我国大力推进改革，持续扩大开放，逐渐形成了全方位、多层次、宽领域的对外开放格局。我国内陆地区经济的飞速发展也为陆港的建设营造了良好的经济环境。

二、国际贸易持续向好，从“贸易大国”迈向“贸易强国”

陆港的形成与发展离不开国际贸易市场的持续快速发展，即足够的经济供给与需求。2013—2020 年我国对外贸易进出口情况如图 1－3 所示。

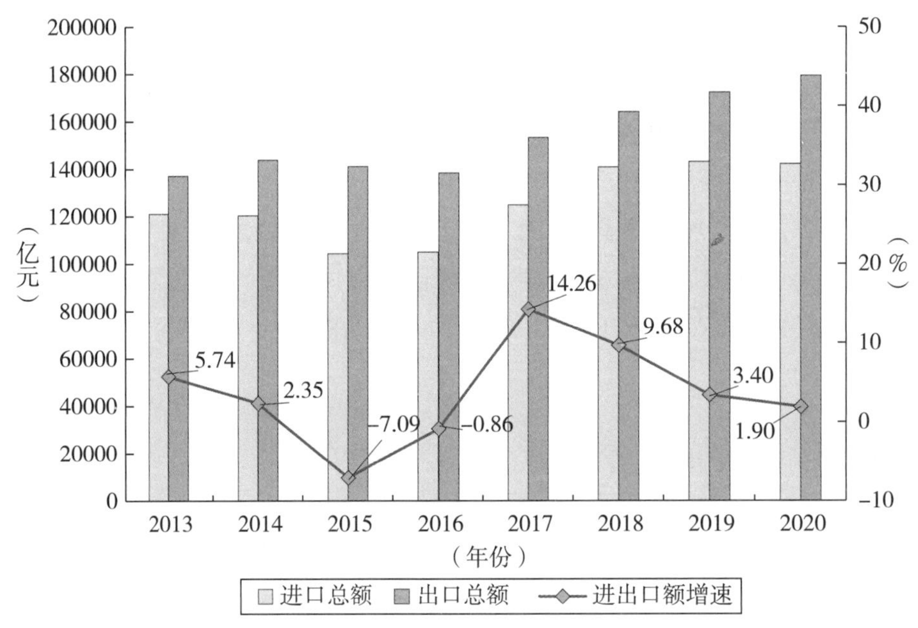

图 1－3　2013—2020 年我国对外贸易进出口情况

资料来源：国家统计局。

受复杂多变的国际形势影响，我国对外贸易虽有小幅波动，但整体呈现增长的态势。2019 年，我国全年进出口总额达 31.54 万亿元人民币。其中，出口 17.23 万亿元，进口 14.31 万亿元。

2020 年，据海关统计，我国货物贸易进出口总值 32.16 万亿元人民币，比 2019 年增长 1.9%。其中，出口 17.93 万亿元，增长 4%；进口 14.23 万亿元，下降 0.7%；贸易顺差 3.7 万亿元，增加 27.4%。此外，我国外贸进出口从 2020 年 6 月起连续 7 个月实现正增长，全年进出口、出口总值双双创历史新高。

总体而言，改革开放以来，我国贸易质量水平在波动中有所提高，其积极变化主要体现在贸易结构不断优化，贸易整体朝着可持续的方向发展，国际地位持续提高。其中，贸易结构的优化主要表现在进出口贸易基本平衡、国际市场集中度降低，向多元化方向发展，贸易主体结构进一步优化，国内区域发展的不平衡性有一定程度的弱化，现代服务贸易在服务贸易中的比重提高等方面。中共十九大报告中提出了拓展对外贸易，培育贸易新业态新模式，推进贸易强国建设，这意味着我国将要从数量扩展型的“贸易大国”向质量提升型的“贸易强国”转变。

贸易伙伴多元化方面：我国外贸多元化发展步伐进一步加快。海关总署公布的最新数据显示，2020 年我国前五大贸易伙伴依次为东盟、欧盟、美国、日本和韩国，对上述贸易伙伴进出口分别为 4.74 万亿元、4.5 万亿元、4.06 万亿元、2.2 万亿元和 1.97 万亿元，分别增长 7%、5.3%、8.8%、1.2%和 0.7%。此外，我国对“一带一路”沿线国家进出口 9.37 万亿元，增长 1%。

贸易商品多元化方面：1986 年我国的第一大类出口产品是纺织品和服装，1995 年机电产品出口首次取代纺织和服装，成为第一大类出口商品，这标志着我国出口商品由劳动密集型为主向资本技术密集型为主转变。2003 年机电产品出口首次占我国出口总值的半壁江山，2011 年机电产品出口突破万亿美元大关，2017 年机电产品出口增长至 1.32 万亿美元，占我国出口总额的将近 60%，达到了历史的最高点。随着中国市场向世界进一步开放、共享，2019 年我国外贸商品结构继续升级，集成电路、汽车整车等高质量高技术高附加值产品出口分别较上一年增长 25.3%和 8.2%。2020 年，传统优势产品出口继续保持增长。我国机电产品出口 10.66 万亿元，增长 6%，占出口总值的 59.4%，同比提升 1.1 个百分点。其中，笔记本电脑、家用电器、医疗仪器及器械出口分别增长 20.4%、24.2%、41.5%。同期，纺织服装等 7 大类劳动密集型产品出口 3.58 万亿元，增长 6.2%，其中包括口罩在内的纺织品出口约 1.07 万亿元，增长 30.4%。

外贸市场主体方面：2008 年以来民营企业表现日益突出，2019 年我国民营企业进出口增长 11.6%，占比达 42.8%，较上年提高 3.1 个百分点，跃居我国进出口第一大经营主体。2020 年，有进出口实绩企业 53.1 万家，增加 6.2%。其中，民营企业进出口 14.98 万亿元，增长 11.1%，占我国外贸总值的 46.6%，比 2019 年提升 3.9 个百分点，第一大外贸主体地位更加巩固，成为稳外贸的重要力量。外商投资企业进出口 12.44 万亿元，占 38.7%。国有企业进出口 4.61 万亿元，占 14.3%，外贸主体活力持续增强。

一直以来，我国产品凭借其物美价廉的优秀品质和独具特色的形象，逐步打开了海外市场，受到广大海外消费者的欢迎与喜爱。中共十八大以来，我国全面提高开放型经济水平，形成以技术、品牌、质量、服务为核心的出口竞争新优势，推动对外贸易平衡发展。我国作为世界工厂，过去在海外市场以走中低端路线为主，以价格低廉取胜。而随着我国经济实力的增强、国际地位的提升，我国产品在海外激烈的市场竞争中地位凸显，其品牌和形象逐渐为海外消费者所了解，贸易的创新能力增强，形成外贸竞争新优势。

三、共建“一带一路”成果显著，中欧班列快速增长，运输网络持续拓展

自“一带一路”倡议提出以来，我国与“一带一路”相关国家不断深化经贸合作，提升贸易投资自由化和便利化水平，持续推进更高水平对外开放，催生了世界经济新格局，越来越多的国家和国际组织加入共商共建共享“朋友圈”。

2019 年，我国与 138 个签署“一带一路”合作文件的国家和地区货物贸易总额达 1.9 万亿美元，占我国货物贸易总额的 41.5%。世界银行等国际机构最新研究表明，“一带一路”合作将使全球贸易成本降低 1.1% ~2.2%，推动中国—中亚—西亚经济走廊上的贸易成本降低 10.2%，还将促进 2019 年全球经济增速至少提高 0.1%。

在“一带一路”建设方面，2020 年以来，面对新冠肺炎疫情冲击，共建“一带一路”合作呈现出十足韧性。据商务部 2021 年 1 月 29 日对外公布数据显示，我国已与 171 个国家和国际组织签署了 205 份共建“一带一路”合作文件。各方面工作取得积极进展。

2020 年以来，中国同有关国家守望相助、共克时艰，推动共建“一带一路”取得了新进展、新成效。其中，2020 年全年与“一带一路”沿线国家货物贸易额为 1.35 万亿美元，同比增长 0.7%，占我国总体外贸的比重达到 29.1%。

中欧班列的贸易大通道作用更加凸显，2020 年全年开行 12406 列，同比上升 50%，通达境外 21 个国家的 92 个城市，比 2019 年年底增加了 37 个。国际陆海贸易新通道建设加快，合作规划编制等相关工作扎实推进。

对“一带一路”沿线国家投资合作稳步推进。2020 年我国企业对“一带一路”沿线国家非金融类直接投资 177.9 亿美元，同比增长 18.3%，占同期总额的 16.2%，较 2019 年提升 2.6 个百分点；在沿线国家承包工程完成营业额 911.2 亿美元，占全国对外承包工程的 58.4%。一大批境外项目和园区建设在克服新冠肺炎疫情中稳步推进。

第三节　市场环境

由于流通体系在国民经济中发挥着基础性作用，构建新发展格局，必须把建设现代流通体系作为一项重要战略任务。陆港成为我国物流业大发展推动下的新兴业态，前景广阔。

一、物流产业快速发展，运输行业市场繁荣

作为支撑国民经济发展的基础性、战略性、先导性产业，近年来，我国物流业一直处于快速发展的进程中。图 1 -4 和图 1 -5 分别显示了我国 2012—2020 年以来的社会物流总额和社会物流总费用变化情况。2019 年全年全国社会物流总额达到了 298. 0 万亿元，按可比价格计算，累计增长 5. 9%，增速比上年同期回落 0. 5 个百分点，其中一季度增长 6. 4%，上半年增长 6. 1%，前三季度增长 5. 7%，全年社会物流总额缓中趋稳，四季度小幅回升。2019 年全年全国社会物流总费用达到了 14. 6 万亿元，累计增长 7. 3%，增速比上年回落 2. 5 个百分点。社会物流总费用与 GDP 的比率为 14. 7%，比上年下降 0. 1 个百分点。

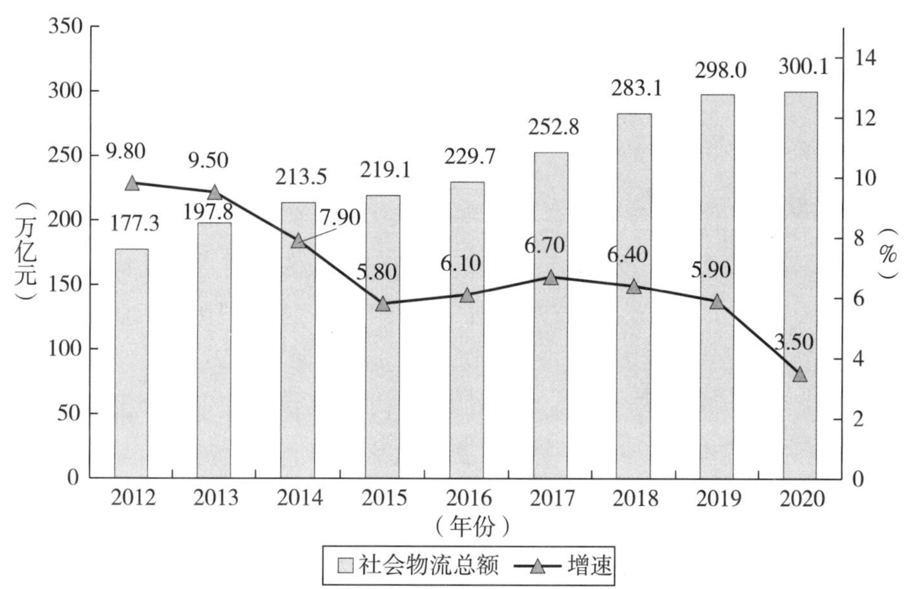

图 1 -4　2012—2020 年我国社会物流总额

资料来源：中国物流与采购联合会。

2020 年，全国社会物流总额为 300. 1 万亿元，按可比价格计算，同比增长 3. 5%，增速比 1—11 月提高 0. 5 个百分点。其中，工业品物流总额为 269. 9 万亿元，同比增长 2. 8%，增速比 1—11 月提高 1 个百分点；进口货物物流总额为 14. 2 万亿元，同比增长 8. 9%，增速比 1—11 月降低 0. 1 个百分点；单位与居民物品物流总额 9. 8 万亿元，同比增长 13. 2%，增速比 1—11 月下降 0. 7 个百分点；农产品物流总额 4. 6 万亿元，同比增长 3. 0%，增速比 1—11 月提高 2. 1 个百分点。

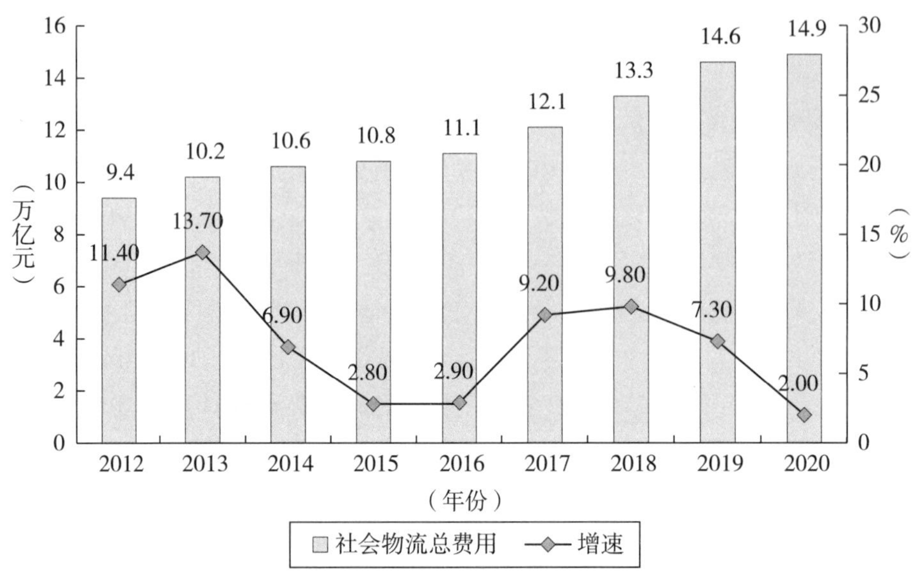

图 1－5　2012—2020 年我国社会物流总费用

资料来源：中国物流与采购联合会。

以物流业景气指数 LPI 反映物流业经济发展的总体变化情况（以 50% 作为经济强弱的分界点，高于 50% 时，反映物流业经济扩张；低于 50% 时，则反映物流业经济收缩），根据中国物流与采购联合会发布数据显示，2019 年全年我国物流业景气指数保持在 49% ~59%，这反映了我国物流业经济处于稳步扩张阶段。2020 年 11 月中国物流业景气指数达 57. 5%，升至年内最高点。2020 年 12 月中国物流业景气指数为 56. 9%。12 月物流业景气指数虽略有回落，但仍在高景气区间运行。物流业的强大韧性，为我国经济运行率先由负转正作出了重要贡献。

货物运输量方面，2020 年全年货物运输总量 463. 4 亿吨，货物运输周转量 196618. 3 亿吨公里。表 1－3 显示了 2020 年各种运输方式完成的货物运输量及其增长速度。

表 1－3　　2020 年各种运输方式完成的货物运输量及其增长速度

指标	单位	绝对数	增长速度（%）
货物运输总量	亿吨	463. 4	－0. 5
铁路	亿吨	44. 6	3. 2
公路	亿吨	342. 6	－0. 3
水运	亿吨	76. 2	－3. 3

续　表

指标	单位	绝对数	增长速度（%）
民航	万吨	676.6	-10.2
货物运输周转量	亿吨公里	196618.3	-1.0
铁路	亿吨公里	30371.8	1.0
公路	亿吨公里	60171.8	0.9
水运	亿吨公里	105834.4	-2.5
民航	亿吨公里	240.2	-8.7

资料来源：国家统计局。

2020年全年港口完成货物吞吐量145亿吨，比上年增长4.3%，其中外贸货物吞吐量45亿吨，增长4.0%。港口集装箱吞吐量26430万标准箱，增长1.2%。全国集装箱吞吐量持续稳步增长，集装箱物流发展势头良好。2014—2020年全国港口集装箱吞吐量情况如图1-6所示。

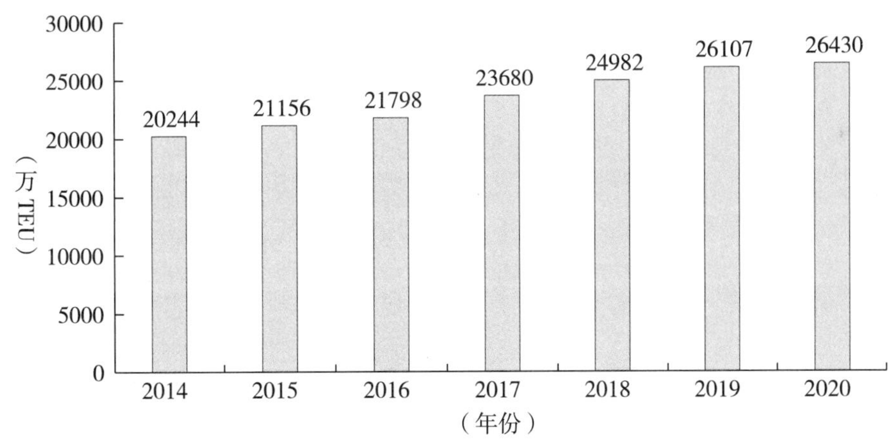

图1-6　2014—2020年全国港口集装箱吞吐量情况

资料来源：交通运输部。

根据中国民用航空局发布的数据，2020年全国机场完成货邮吞吐量1607.9万吨，比上年下降6%。全年完成货邮周转量240.2亿吨公里，比上年下降8.7%（见图1-7）。其中，国内航线完成货邮周转量67.9亿吨公里，比上年下降13.6%；国际航线完成货邮周转量172.3亿吨公里，比上年下降6.7%。

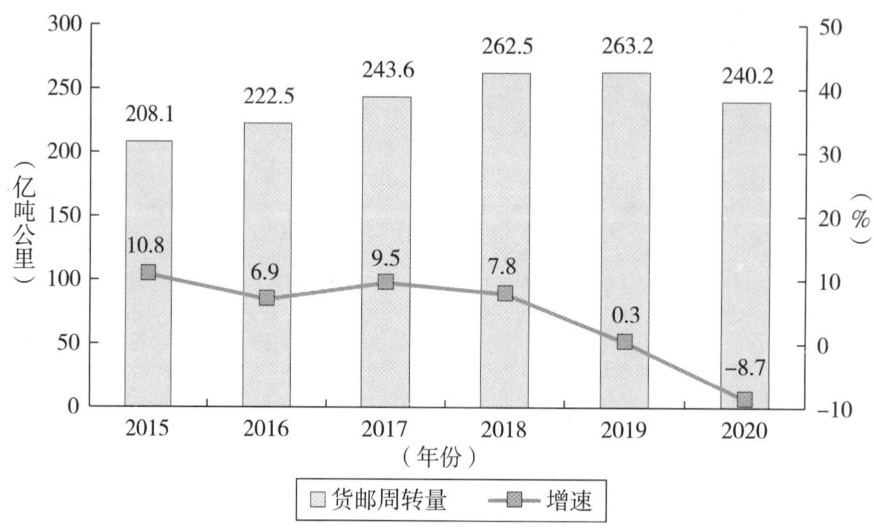

图 1－7　2015—2020 年全国民航货邮周转量及增速

资料来源：中国民用航空局。

快递业务量方面，2020 年我国快递业务与快递收入实现连续增长，全年快递服务企业业务量 833.6 亿件，同比增长 31.2%；快递业务收入达 8795 亿元（见图 1－8 和图 1－9）。

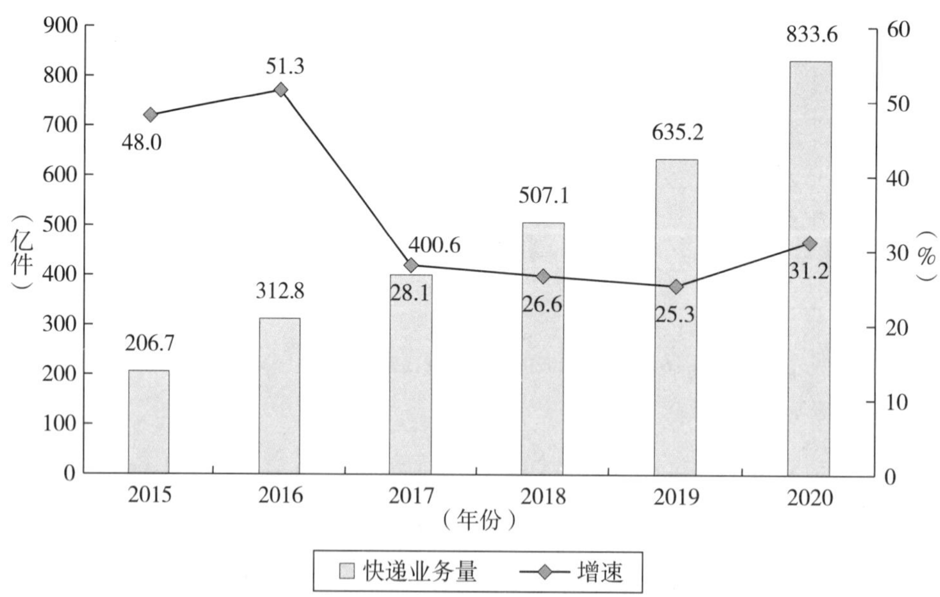

图 1－8　2015—2020 年全国快递服务企业业务量及增速

资料来源：国家统计局。

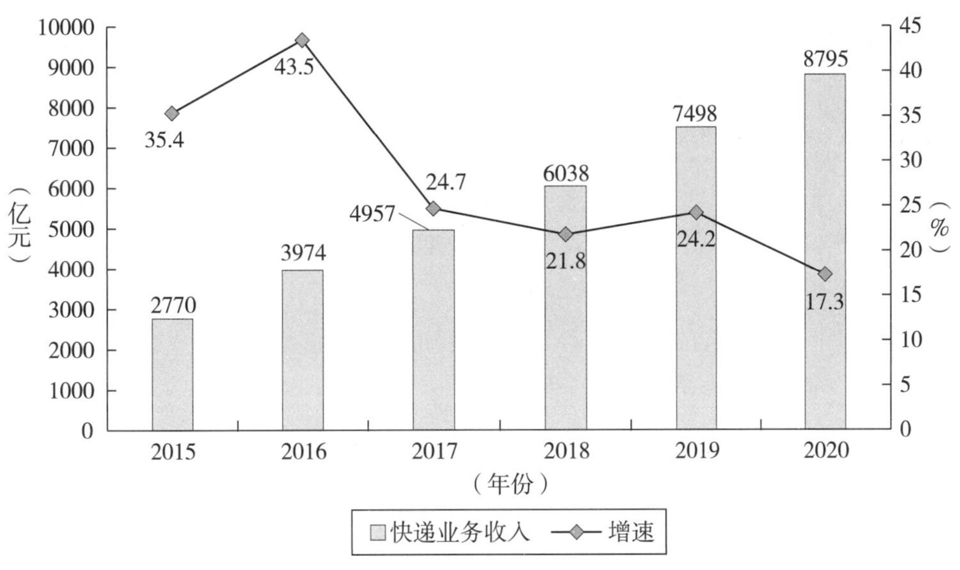

图 1－9　2015—2020 年全国快递业务收入及增速

资料来源：国家统计局。

二、内陆地区对外开放程度持续扩大，外向型经济规模增长，物流提速发展

内陆地区的外向型经济规模逐渐扩大也是陆港形成的主要推动因素之一。改革开放 40 多年来，我国通过全面深化改革、扩大对外开放，在沿海地区率先发展出口加工业，实现了外向型经济的快速增长。而在全面开放新格局下，我国的开放格局更加多元，内陆腹地在我国新一轮对外开放中成为开放前沿，并依托土地、劳动力等要素比较优势，在外向型经济发展方面具备新比较优势。图 1－10 为 2013—2019 年我国内陆

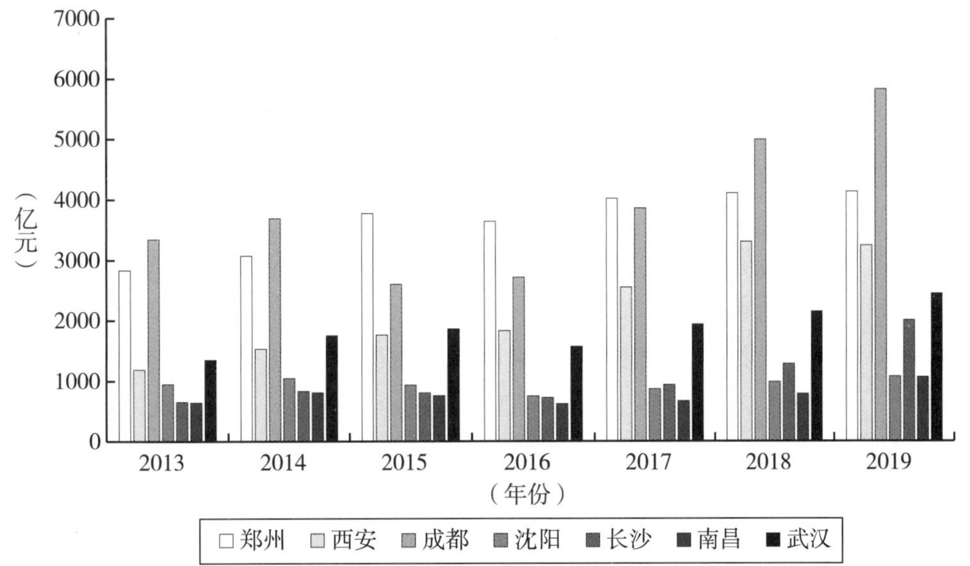

图 1－10　2013—2019 年我国内陆地区主要城市进出口总额的变化情况

地区主要城市进出口总额的变化情况。

可以看出，虽然受到错综复杂的国际形势影响，2013 年以来我国内陆地区主要城市的进出口总额呈现上下波动，但总体上是呈增长趋势的。中西部内陆地区进出口贸易占我国贸易总体的比重也有一定程度的提高。与沿海城市相比，内陆地区城市虽然存在对外交通不便的劣势，但是在对外开放程度逐渐加深的大环境下，对外贸易依然处于发展的状态，具备了建设形成陆港的潜力。

内陆地区外向型经济的增长带动了外贸运输需求的增加，陆港成为现代贸易供应链中的重要一环，大幅提速国际物流发展。

三、区域协调发展战略促区域物流崛起，利于构建东中西协调发展、统筹国际国内的现代物流服务体系

中共十八大以来，以习近平同志为核心的党中央将首都北京及其周边区域的协同发展摆到重要位置。2015 年 10 月，中共中央关于制定“十三五”规划的建议中提及以“一带一路”建设、京津冀协同发展、长江经济带建设为引领，形成沿海沿江沿线经济带为主的纵向横向经济轴带的三大区域发展战略。

2018 年发布的《中共中央 国务院关于建立更加有效的区域协调发展新机制的意见》中明确提出推动国家重大区域战略融合发展。提出以“一带一路”建设、京津冀协同发展、长江经济带发展、粤港澳大湾区建设等为引领，以西部、东北、中部、东部四大板块为基础，促进区域间相互融通补充。以“一带一路”建设助推沿海、内陆、沿边地区协同开放，以国际经济合作走廊为主骨架加强重大基础设施互联互通，构建统筹国内国际、协调国内东中西和南北方的区域发展新格局。

具体而言，建立以中心城市引领城市群发展、城市群带动区域发展新模式，推动区域板块之间融合互动发展。以北京、天津为中心引领京津冀城市群发展，带动环渤海地区协同发展。以上海为中心引领长三角城市群发展，带动长江经济带发展。以香港、澳门、广州、深圳为中心引领粤港澳大湾区建设，带动珠江—西江经济带创新绿色发展。以重庆、成都、武汉、郑州、西安等为中心，引领成渝、长江中游、中原、关中平原等城市群发展，带动相关板块融合发展。加强“一带一路”建设、京津冀协同发展、长江经济带发展、粤港澳大湾区建设等的协调对接，推动各区域合作联动。推进海南全面深化改革开放，着力推动自由贸易试验区（以下简称“自贸区”）建设，探索建设中国特色自由贸易港。

随着重大区域协调发展战略的深入推进，2019 年，我国区域协同发展成果初显。从各区域数据看，2019 年全年东部地区生产总值 511161 亿元，比上年增长 6.2%；中部地区生产总值 218738 亿元，比上年增长 7.3%；西部地区生产总值 205185 亿

元，比上年增长 6.7%；东北地区生产总值 50249 亿元，比上年增长 4.5%。全年京津冀地区生产总值 84580 亿元，比上年增长 6.1%；长江经济带地区生产总值 457805 亿元，比上年增长 6.9%；长江三角洲地区生产总值 237253 亿元，比上年增长 6.4%。

重大区域经济在规模扩大的同时，产业结构不断优化。这进一步加大了内陆地区的外贸市场需求，也对外贸运输与物流提出了更高的要求，尤其是构建有利于东中西协调发展、统筹国际国内的现代物流服务体系已成为区域协调快速发展的迫切要求。这些要求吸引了物流地产商在内陆地区的某中心城市进行物流地产的开发，吸引了物流企业进行物流设施的建设，吸引了制造企业建立物流配送中心，吸引了商贸企业、批发零售企业设立采购中心等，使内陆地区的各中心城市产生巨大的集聚效应，从而加速推进了陆港的形成。

四、物流产业网络化布局和组织模式创新发展加快，“通道 + 枢纽 + 网络 + 平台”成为规模企业发展的重要战略

改革开放 40 多年来，在沿海港口的交通区位优势下，我国沿海城市实现了经济腾飞，并形成了一套完整的港口经济与产业集群。沿海港口带来的低物流成本与高物流效率是这一发展格局形成的重要原因之一。而随着我国内陆经济的发展，我国物流业快速发展并出现了新动向，带来了发展新趋势。

2019 年 3 月，国家发展改革委、交通运输部等 24 个部门联合发布《关于推动物流高质量发展促进形成强大国内市场的意见》，明确提出构建高质量物流基础设施网络体系。围绕“一带一路”建设、京津冀协同发展、长江经济带发展、粤港澳大湾区建设、长三角一体化发展等的实施，依据国土空间规划，在国家物流骨干网络的关键节点，选择部分基础条件成熟的承载城市，启动国家物流枢纽布局建设，培育形成一批资源整合能力强、运营模式先进的枢纽运营企业，促进区域内和跨区域物流活动组织化、规模化、网络化运行。

在国家大力推进区域物流整体快速发展的条件下，近年来，我国物流组织模式也发生了新的变化。物流产业依托物流枢纽、中心城市聚集等发展特点凸显。首先是电商网购与快递的节点聚集，其次是物流园区、运输枢纽、多式联运中心等物流资源集聚场所和平台发展迅速，为物流业转型升级和网络化、规模化发展奠定了较为坚实的基础。另外城市物流发展战略思路调整，打造区域商贸、物流中心，培育增量物流成为城市重要目标。

在这一态势下，物流产业组织模式创新和网络化布局发展不断加快。国家物流枢纽、物流园区、区域分拨中心、物流配送中心、多式联运枢纽等的基础设施布局建设进入加速期，凸显了区域物流业竞争的新形式，“通道＋枢纽＋网络＋平台”成为规模企业发展的重要战略方向，因而具有国际国内双向辐射功能的陆港成为当前以及未来发展具有巨大潜力的重要物流基础设施。

第二章　我国陆港发展现状

近年来，我国沿海港口为了提高市场竞争力、扩大经济腹地，不断与中西部地区城市展开合作，内陆地区为提升外向型开放程度、集聚产业，通过多种途径规划和建设了相当数量的陆港，并发挥了集聚货源、优化运输、简化环节、带动区域等作用，与港口双向互济。同时，部分内陆城市积极依托国际陆港提升对外开放水平，大力发展外向型经济，打造综合开放平台，提升城市综合竞争能力。本章从界定陆港的概念入手，研究陆港的功能和作用，评估我国陆港发展阶段、主要特征和存在问题，并提出相应建议，为支撑我国陆港发展提供重要参考。

第一节　陆港的概念与分类

一、陆港的概念

陆港又称内陆港、国际陆港、无水港或干港，是一个与“沿海港”相对的概念。自陆港理论发展以来，至今还未形成统一的定义。国内外比较有代表性定义主要有以下几种。

（一）欧美国家关于陆港概念的研究

20 世纪七八十年代，集装箱运输率先在欧美出现，对于在内陆地区建设的具有港口服务功能的物流节点，不同的学者有不同的称谓，欧美学者一般称为 Dry Port 或 Inland Port。欧洲委员会（European commission）认为 Dry Port 是与海港在地理上直接相连的内陆场站。Leveque 和 Roso 认为 Dry Port 是与海港有铁路线相连的内陆多式联运终端，它和海港一样，能为货主提供收货、取货、报关等一系列服务。与欧洲不同，美国习惯于将内陆地区建设的具有港口服务功能的物流节点称为 Inland Port（内陆港），认为内陆港是位于远离海港、空港或陆地边界的内陆地区，能够为国际贸易提供国际服务、货物通关服务和其他物流增值服务以及多式联运服务的节点。内陆港概念的提出是为了解决进出口贸易中出现的物流阻塞。

从上面定义可以看出，由于所处的国情和环境不同，这些定义的侧重点各有不同，其中有些定义还存在着一定的局限性。欧盟委员会的定义较好地阐述了 Dry Port 的空间属性，但没有阐述其核心的功能特点，具有一定的局限性。Leveque 和 Roso 的 Dry Port 的定义是基于欧洲陆港发展和内陆运输现状而给出的。虽然欧洲铁路和公路运输系统都较为发达，但公路运输在内陆集装箱运输市场占主导地位，铁路运输份额较小。由于铁路运输比公路运输污染小，环保优势明显，因此欧洲政府倾向于提高铁路运输在内陆集装箱运输市场的份额。而作为内陆集装箱运输终端的陆港，需要有铁路与港口相连。所以 Leveque 和 Roso 在陆港的定义中除了强调陆港的功能外，还强调了陆港与海港必须有的铁路线相连。而美国学者提出的内陆港概念是基于美国国情提出的，美国海铁联运较为发达，作为内陆集装箱运输终端的内陆港一般都有专有铁路与港口相连，因此在内陆港定义中没有突出强调运输方式，而是强调了内陆港的功能，内陆港除了没有港口装卸船功能外，要具备与港口一样的其他功能。

（二）国内关于陆港的概念的研究

随着多式联运和综合运输体系的完善，国内沿海港口与内陆地区联系和互动更为紧密，各大沿海港口纷纷在内陆地区设置了集装箱转运站或物流中心。与之相应，国内对陆港概念的研究不断深入，出现了“国际陆港”“无水港”“干港”“内陆港”等名称。

（三）我国陆港概念的界定

与欧美国家不同，我国海铁联运在港口集装箱吞吐量中所占比例非常小，很难短时间大幅提高海铁联运在港口集装箱吞吐量的比例，因此我国在陆港的定义都没有强调运输能力，而更多强调其作为内陆运输枢纽的功能，将沿海港口国际贸易功能内移是陆港发展的重要特征。虽然陆港的定义缺乏统一认识，但总结上述国内外典型定义的主要特征可看出：陆港多位于沿海港口的经济腹地，通过多式联运衔接前方沿海港口，服务功能是沿海港口全部功能的延伸，服务内容主要是“一关两检”以及集装箱运输拆装、中转、通关、储存等，服务行业主要是外贸、物流行业，服务一定的内陆腹地，服务的实现需要良好的综合交通条件。

综合以上分析，我们将陆港概念定义为陆港是建立在经济环境、对外贸易、交通运输条件良好、具有比较优势的内陆城市，具备报关、报验、签发提单等集装箱货物综合服务等口岸服务功能，具备提升内陆地区的开发开放水平、便利外向型经济产业的集聚、提高货物的国际流通能力、扩大沿海港口吸引辐射能力的现代综合物流枢纽。

陆港是外向型经济产业的集聚区；是依照有关国际运输法规、条约和惯例设立的对外开放的国际商港。

二、陆港的分类

到目前为止，国内对陆港的类型并无严格意义上的分类，为了方便对陆港的认识，本书试图从国际陆港建设发展模式和建设选址依托两个角度对陆港进行分类，在陆港的不断建设发展中，有的陆港兼具多种模式及服务功能，在此仅作交流探讨。

（一）按照建设发展模式分类

基于建设发展模式角度，我国陆港主要分为以下几类。

1. 港口货源驱动型陆港

港口货源驱动型陆港多以港口企业驱动发展为主，我国最早发展的一批陆港也多采用此种建设发展模式。由于港口腹地高度重叠，五大区域内的港口之间也形成了激烈的竞争，各大港口采取多种手段扩大腹地，争取货源，提升内陆腹地占有率，在内陆货源丰富的地区通过自建、共建、合作的形式建设陆港并开行班列，这已成为争取货源的重要途径。如天津港通过主动与地方政府或当地企业合资建设石家庄、宁夏惠农和包头等陆港，从而为港口自身提供更多货源、提高运输效率及自身竞争力。我国长三角地区布局了上海港、宁波舟山港、苏州港、南通港、镇江港和南京港，这些港口均在一定程度上具有相同的腹地，即上海市、浙江省、江苏省、安徽省和江西省。因此，宁波舟山、天津等港口纷纷采取在主要货源地合作建设陆港的措施，通过建设陆港加强与腹地经济产业的联系，从而确保自身港口货源的稳定和吞吐量的提升。

专栏　宁波舟山港

宁波舟山港自然条件得天独厚，地处我国南北沿海航线和长江黄金水道的交汇点，具有通江达海、承东启西、连南贯北的地理区位优势，是世界少有的深水良港。目前，宁波港舟山港已建成了功能齐全的深水泊位群，港口集疏运便捷、口岸通畅、服务完善，已成为我国最繁忙的港口之一。然而，宁波舟山港周边分布着上海港、厦门港等港口，这些港口具有相同的经济腹地，宁波港的直接经济腹地浙江、江西等地的货物受到上海港、厦门港等港口的吸引，港口间竞争相对激烈，内陆腹地货物被分流现象明显。

因此，宁波舟山港通过构建陆港，加强与经济腹地的联系，大幅降低内陆地区货物出口经过港口的综合物流成本，为内陆地区货主提供了优质、高效、便捷、无缝的物流服务，提升港口对腹地的吸引力。据不完全统计，宁波舟山港已建设或合作建设了 13 个陆港，分别是杭绍地区的萧山、绍兴、柯桥、新昌、慈溪、富阳，浙中、浙西地区的义乌、金华、衢州，江西的上饶、鹰潭、新余、萍乡，其中比较典型的陆港为义乌陆港。同时，利用陆港的集货作用开设集装箱班列，为提升港口的辐射能力发挥了重要的作用。

2. 政府经济刺激型陆港

政府经济刺激型陆港多为地方政府为推动当地外向型经济发展而推动建设的，当前很多陆港采用这种模式建设而成。为了营造良好的营商环境，内陆地区城市不断地改善物流区位条件，通过降低企业物流成本来提升对企业的吸引集聚能力，进而达到快速刺激当地经济发展的目的。因此，内陆城市政府部门积极与铁路、港口企业合资建设或者独立建设陆港，通过陆港的建设为当地企业提供良好的物流服务，从而更好地提升企业市场竞争力。这种类型的陆港由地方政府负责建设，与多港口进行协同合作，增强运输组织效率，改善城市的交通区位，提升开放能力，进而推动当地经济的快速发展。如赣州、合肥、兰州、西安、南昌、邢台等内陆城市建设的陆港，很大程度上调整了当地货源结构、提升了产业集聚能力，增加了当地物流活力，提高了当地经济发展水平。

专栏　赣州国际陆港

赣州位于江西省南部，是江西省面积最大、人口最多的地级市。赣州市政府积极贯彻落实《国务院关于支持赣南等原中央苏区振兴发展的若干意见》，在海关总署等相关部门对赣州大力支持的基础上，赣州市政府积极作为，大力推进赣州国际陆港建设。

赣州国际陆港位于江西省赣州南康区龙岭镇，于 2015 年正式运营，占地面积 3500 亩，完成投资 130 余亿元，已建成铁路赣州国际港站、国际铁路集装箱中心、海关监管作业场所、现代物流分拨中心、冷链物流产业园、跨境电商海关监管中心、进口汽车检测中心以及国际木材集散中心八大核心功能区，目前已发展成为集外贸、物流、仓储、金融等多元口岸经济为一体的综合性开放口岸。赣州国际陆港积极谋求与沿海港口的战略合作，不仅连通北京、深圳、厦门、成都等国内 12 个重要城市，而且成为盐田港、厦门港、广州港的腹地港，先后开通了 17 条内贸和铁海联运班列。同时，打通了满洲里、霍尔果斯、阿拉山口和二连浩特四个出境通道，成为通达中亚五国、中欧重点城市的起点港口之一，是全国开行目的国和打通沿海沿边通道较多、运行速度较快的内陆口岸，率先开行中欧蔬菜班列，实现赣南苏区农产品送出国门、走向世界。

赣州国际陆港补齐了赣南苏区对外开放的短板，使赣州乃至全省对接融入了“一带一路”，成为全省双向开放的新高地和对外开放的“南大门”、全市对外开放和经济增长的重要“引爆点”，标志着内陆赣州步入了口岸时代，提高了赣州经济发展的外向度，促进了赣州产业转型升级，带动了赣南老区脱贫攻坚。

专栏 合肥国际陆港

合肥地处我国华东地区、安徽中部、江淮之间，是长三角城市群副中心，也是“一带一路”和长江经济带双节点城市。为贯彻落实国家“一带一路”倡议，2017 年合肥市委、市政府积极推动合肥国际陆港建设，按照打造内陆开放平台、融入区域协调发展和扩展经济腹地目的，批准设立国有运营公司，负责合肥国际内陆港的建设与运营。按照合肥市委市政府决策部署，合肥国际内陆港发展有限公司在合肥原有中欧班列运营平台基础上，以“新起点、高标准”模式重新组建，按照海陆空联运立体化模式运作。

合肥国际陆港占地面积为 1600 多亩，定位为合肥产业发展的供应链服务中心、对外开放的国际物流中心、长三角与中西部区域协同发展的物流集散中心以及长江经济带与“一带一路”衔接的多式联运中心。合肥国际陆港按照“五团十区”的功能布局，即多式联运组团、国际物流服务组团、大宗散物流组团、供应链集成服务组团、配套服务组团；十区分别是集装箱装卸作业区、集装箱调拨区、综合货场区、分拨配送区、口岸服务区、保税服务区、仓储管理区、专项物流区、商贸采购区以及综合配套区。

专栏 兰州国际陆港

兰州位于我国西部咽喉要道，自古就是中国东西交流的中转站，交通区位优势明显。2014 年年初，在国家“一带一路”和西部大开发战略背景下，甘肃省委、省政府考虑到兰州的区位、交通、枢纽、能源、产业等综合优势，在东川铁路物流中心建设基础上，谋划和推动兰州国际陆港建设。目前，兰州国际陆港已成为甘肃乃至西部重要的物流枢纽，甘肃开放发展的新名片，兰州也从内陆城市一跃成为国际港口城市、对外开放的前沿。

兰州国际陆港规划建设用地面积 14 平方公里，目前兰州国际陆港已建成陆港多式联运物流园、陆港物流信息中心（联检中心）、B 型陆港保税物流中心以及铁路口岸等。兰州国际陆港多式联运物流园占地 640 亩，建有物流通道基础设施、物流节点设施、智能化装卸与转运、信息平台、跨境电商实验区、联运一体化服务专项提升、多式联运服务标准体系 7 大工程。陆港物流信息中心（联检中心）占地 90 亩，重点建设智慧陆港、打造国际化信息发布平台。国际陆港保税物流中心（B 型）占地面积 750

亩，已成为开放程度最高、优惠政策最多、功能最齐全的海关特殊监管区。兰州铁路口岸主要包括海关和检验检疫查验区、集装箱堆放区、监管仓库等设施。

兰州国际陆港是甘肃省扩大对外开放、服务国家向西开放战略的重要平台，对周边地区发展意义重大。同时，兰州国际陆港先后被确定为甘肃国际陆港的龙头、甘肃实施“十三五”规划的标志性工程和兰州市“一号工程”，是“一带一路”上重要的国际物流中转枢纽和国际贸易物资集散中心，我国面向欧洲和中西亚、南亚陆路进出口货运班列编组枢纽。

专栏　晋江国际陆地港

泉州晋江国际陆地港（简称“晋江陆地港”）是福建省委省政府研究确定的推动外经贸发展方式转型升级的四大陆地港项目之一。按照“政府支持、规划先行、市场运作、企业主体”的原则，由福建陆地港集团开发运营。项目于2012年3月正式开港运营。经过几年的探索与创新，晋江陆地港落地了国际陆港、保税物流、国际快件、跨境电商、国际邮件、冷链物流、产业园等功能，构建了完整的外贸及跨境物流服务场景，形成了以“国际陆港口岸”和“跨境服务口岸”双口岸并行的服务体系。并于2019年升级为国际港口。

国际陆港口岸。国际陆港口岸是晋江陆地港的基础服务功能，也是泉州地区最大的通关业务现场。企业可在功能区内实现进出口货物的报关、排载订舱、物流配送、直通关验放、集装箱提卸、进出口拼箱、货物存储等服务。

跨境服务口岸。线上搭建泉州跨境通公共服务平台，实现与出口跨境电商9610全国统一版系统和直购进口全国统一版系统对接，线下以“泉州国际快件监管中心”“泉州跨境电商通关服务中心”“泉州国际邮件互换局”“虚拟空港”四大平台为支撑，以多式联运口岸物流服务体系为网络，形成了完善的跨境服务体系，为进出口跨境电商的上下游企业提供专业的解决方案。

3. 战略合作型陆港

战略合作型陆港是目前最常见的建设发展模式。随着陆港的建设对当地经济的促进作用被社会各界认可后，地方政府积极建设陆港，并积极寻求与港口的合作发展。同时，港口为获取货源，也加大力度与内陆地区的政府企业合作建设陆港。此外，部分西部地区为促进外向型经济的发展积极与亚欧国家建立战略合作关系。可见，港口与内陆地区寻求各自发展，形成了同频共振的协同发展模式，联盟合作建立的陆港，如大连港与东北地区的长春、沈阳、哈尔滨等城市共同合作建设的陆港，不仅使大连港获得巨大的经济收益，地处内陆的省会城市也因为陆港的建设而延伸了贸易链条，快速融入国际物流中，物流中心城市的作用显著。

专栏 义乌国际陆港

2016 年以前，义乌国际陆港的建设发展模式为政府经济刺激型，主要是为了更好地促进小商品市场的开放发展，由义乌市政府所属企业义乌市国际陆港集团有限公司负责整合义乌市物流资源，负责相关场站的建设实施与运营，该陆港集团是一家 5A 级物流企业，拥有义乌港、保税物流中心（B 型）、跨境电子商务园区、铁路口岸物流中心等大型物流场站。

2016 年之后，义乌国际陆港的建设发展模式为战略合作型。2016 年 11 月与浙江省海港集团战略融合成立浙江义乌港有限公司，助力与宁波舟山港一体化发展，更加强了义乌与宁波舟山港的联系。目前，义乌每年可为港口输送货物达百万标箱。

（二）按照建设选址依托分类

国际陆港是具有国际和国内物流服务功能的综合物流节点，是国际物流功能在内陆的集成。总体来讲，陆港目前主要依托集装箱货运站、物流园区、内陆口岸、专业市场、交通枢纽等节点设施建设。

1. 依托集装箱货运站建设陆港

集装箱货运站分为集装箱公路中转站和铁路中转站，其中铁路集装箱中转站是国际陆港建设选择的重要载体。集装箱中转站是铁路集装箱运输过程中的重要作业点，国铁集团依托集装箱中心站、办理站开展铁路集装箱作业，其基本功能是接受托运人托运的整箱货及其暂存、装车并集中组织向其他堆场的运输或集中组织其他场站向该站的疏运、暂存及交付；接受拼箱货，装箱或拆箱、发放；受各类箱主的委托承担集装箱代理人业务，对集装箱及集装箱设备的使用、租用、调运保管、回收、交接等行使管理权；集装箱的检验、修理、清洗等业务功能。

通过集装箱中转站，内陆地区的企业不必将货物运往港口的码头堆场交货，而只要把集装箱货物交给附近的集装箱中转站，然后由中转站将众多托运人的集装箱货物集中起来，通过铁路班列，以较大的运输批量有组织地运往集装箱码头堆场或其他集装箱中转站。可见，从集装箱中转站在集疏运系统中的地位和作用来看，集装箱中转站具备集装箱码头堆场和集装箱货运站的双重功能，各集装箱运输承运人和集装箱租赁公司，可以像在集装箱码头堆场一样，委托中转站作为集装箱代理人或者在中转站设立分支机构，完成集装箱的堆存、发放、回收及装、拆箱业务。

虽然集装箱中转站能够起到很好的支撑港口和集装箱运输的作用，但是由于不具备通关功能，所以进出口货物必须在口岸办理通关手续，成本较高。因此，在现实需求的推动下，部分不具备通关功能的集装箱中转站，积极推动功能拓展，不断完善“一关两检”等功能。而部分原来具有通关功能的中转站，在海关的支持下，通过与沿海港口合作或沿边口岸合作，实现货物在中转站办理完报关等相关手续后，不需要在港口或沿边口岸办理二次通关手续。

集装箱中转站大力推进将原有的集装箱中转站功能与通关功能相结合，中转站转变成为具有集装箱集散、口岸监管等综合功能的国际陆港。在国内，许多地方的陆港均是通过这种方式建设而成，并发展得较好。

专栏　重庆国际陆港（重庆国际物流枢纽园区）

重庆地处我国内陆西南部，是长江上游地区的经济、金融、科创、航运和商贸物流中心，国家物流枢纽，西部大开发重要的战略支点、“一带一路”和长江经济带重要联结点以及内陆开放高地。重庆国际陆港即重庆国际物流枢纽园区，是依托团结村铁路集装箱中心站和兴隆场特大型铁路编组站设立的内陆保税国际物流园区，是“渝新欧”、中新互联互通国际陆海贸易新通道起始站、重庆铁路口岸所在地，是重庆自贸区重要组成部分，是国家发展改革委批复重庆设立的“三基地三港区”物流总体规划中的铁路物流基地、国家服务标准化试点园区和首批市级重点物流园区，荣获首批“全国示范物流园区”称号。

团结村铁路集装箱中心站是全国 18 个铁路集装箱中心站之一，年办理量 165 万标准箱，是当前中国铁路货运设备、设施及信息装备最具现代化和国际化的场站之一。兴隆场铁路编组站是西南地区规模最大、设施最全、功能最先进的编组站。目前，重庆国际陆港已形成了团结村铁路集装箱中心站、兴隆场铁路编组站、重庆铁路口岸、重庆整车进口口岸、重庆生物制品口岸和首次药品进口口岸、重庆铁路保税物流中心（B 型）以及服务大厅等综合口岸服务体系，重点发展保税物流、中转分拨、国际贸易、供应链金融等。

专栏　沈阳陆港（沈阳东站陆港）

为了促进汽车、机器人等高端产业的进一步集聚，沈阳市大力发展交通运输业，高速铁路、高速公路和城际铁路网密集，拥有东北地区最大的铁路编组站（沈阳东站）和航空港。沈阳东站陆港的产生完全是基于海港和内陆城市产业集聚发展的需要。一方面，外向型的经济社会发展模式客观需要出海口；另一方面，大连港是东北走向世界最近的主要依托港口。因此，建设陆港可以使港口和内陆城市实现双赢。

沈阳东站陆港的建设是依托铁路沈阳东站而建立的，而促进陆港建设最直接的原因是2001年10月正式开通的东北地区最早的“五定”集装箱班列之一——沈阳东—大窑湾直达快运班列。2002年4月，大连港与沈阳铁路局合作，共同在该班列上推行公共班列经营人模式，并由大连港以承包方式委托大连集益物流有限公司负责班列的经营管理和货源组织。为进一步推动沈阳东—大窑湾班列发展，经与沈阳铁路局协商，2003年8月1日起由大连港全面承包沈阳班列，沈阳东—大窑湾班列将班期增至每天一班，实现“天天班”，从而最大限度上满足了客户对班列班期的要求，为客户提供更加便捷的服务，对降低货主运输成本起到十分重要的作用。

2007年以前，沈阳东站陆港的建设发展模式为港口货源驱动模式。2003年7月，大连港集团对沈阳东站东货场进行投资改造，建立了沈阳第一个陆港，注册资本1600万元，主要由合资公司辽宁集铁国际物流有限公司负责运营，当初建立陆港的目的只是单一地为华晨宝马、沈阳北盛汽车和华晨金杯等一些沈阳汽车企业提供物流方案的规划和运输服务，具有集装箱仓储、运输、装卸、拆装箱、修理、清洗及相关服务和功能。

2007年之后，沈阳东站陆港的建设发展模式为战略合作模式。沈阳市政府、沈阳铁路局主动加强与大连港集团的合作，开始扩建南侧场地，对东站陆港实行扩建。现在的服务对象不仅是沈阳当地的一些汽车产业，还为沈阳远大、三一重装、特变电工等沈阳及周边地区广大客户提供运输服务。

目前，沈阳东站陆港已经成为我国最大的内陆集装箱铁路场站之一，国内外知名的物流企业纷纷入驻陆港，内陆客户通过沈阳陆港，可以实现从内陆到港口的无缝对接。

2. 依托物流园区建设陆港

物流园区是指在物流作业集中的地区，在多种运输方式衔接地，将多种物流设施和不同类型的物流企业在空间上集中布局的场所，也是一个有一定规模和具有多种服务功能的物流企业的集结点，主要包括综合服务、集约、信息交易、集中仓储、配送加工、多式联运、辅助服务、停车等功能。其中，综合服务功能的内容主要是指具有综合各种物流方式和物流形态的作用，可以全面处理储存、包装、装卸、流通加工、配送等作业方式以及不同作业方式之间的相互转换。

部分位于内陆经济较为发达以及进出口贸易需求旺盛地区的物流园区，提供传统的运输、仓储、包装等基础物流功能已不能满足进出口企业的需求。同时，沿海港口企业为了大力拓展内陆腹地，增加港口的货源，积极与内陆相关的物流园区合作。因此，在供需旺盛的基础上，一方面，物流园区积极拓展服务功能，通过设立海关功能，建设海关监管场所，方便内陆进出口企业的进出口；另一方面，沿海港口积极发挥港口优势，推动物流园区设立相关海关监管功能。在现实需求的推动下，部分物流园区开始拓展物流服务功能，重点开展商品检验、卫生检疫和动植物检疫、保税仓储、出口监管以及集装箱业务，同时吸引海关等相关机构进驻，使物流园区逐渐演变成为具有海关功能、保税仓储、出口监管、集装箱业务、国际货代功能的陆港。在国内，许多陆港均是通过此种方式建设发展而成。

专栏 石家庄内陆港

石家庄市地处华北平原，是全国25个物流枢纽中心城市之一，也是“环京津冀”和“环渤海”经济圈的重要节点。石家庄内陆港依托石家庄国际集装箱多式联运园区建设而成，2007年正式开港。陆港位于石家庄经济技术开发区，地处交通枢纽地带，距市中心15公里，北临石德线、307国道和石黄高速，西临京珠高速和石环线，南临青银高速，距石家庄机场25公里，占地400余亩，仓储面积2.8万平方米，保税监管区1.5万平方米，堆场、道路面积10万平方米，海关联检大楼9585平方米，并配有铁路专用线、汽运车辆和吊装设备，设施设备齐全、经营结构完善。港区具备港口口岸功能、现代物流功能、多式联运功能、管理信息系统应用功能和生产生活服务功能。通过联检大楼一站式服务，可开展报关、报检、通关、查验、仓储、堆存、订舱、配货、运输等业务。下设河北冀津国际物流有限公司、河北四诚贸易有限公司、报关行公司三个子公司，分别负责公司物流、贸易与报关业务等。

按照河北省委、省政府建设沿海经济社会发展强省的目标，石家庄内陆港将建成华北地区最大的国际物流园，形成汽车及零配件、药品及纺织、服装、粮油、建材等多项目、多内容的物流中心，实现真正意义上的沿海港口与边境口岸功能向内陆地区的延伸。同时，石家庄内陆港作为沿海港口的“喂给港”，与天津港、青岛港、黄骅港可以实现无缝对接，业务辐射全国各大港口，区域经济和外向型经济发展前景十分广阔。

专栏 太原中鼎物流园

2016年，太原铁路局为贯彻落实国家和山西省物流业发展中长期规划及“互联网+流通”行动计划，加快培育新的发展动能，全力塑造山西美好形象，实现山西振兴崛起，与省内外企业共同打造了现代化的中鼎物流园。中鼎物流园位于山西转型综改示范区的核心区域，是山西省现代物流业标志性工程，其于2016年11月7日正式开园运营。先后开通了前往俄罗斯、哈萨克斯坦的中欧、中亚班列，开发了鸣李至佛山东、大同至京津冀、临汾北至广州小塘西等近20项“点到点”快速货物班列产品，推出太原至天津港、太原至包头东等12条公路及多式联运专线。

园区总占地4800亩，共分“四区十一港”。其中，核心区“A区七港”分布着铁路港、多式联运港、公路港、城市配送港、综合集散港、国际保税港和信息服务港，B区包括冷链港、特货港，C区为商品汽车港，D区为农副产品港。为保证多种运输方式高效衔接，太原铁路局与运输企业合作，组建了拥有500余辆汽车的公路“运力池”，同时与航空公司达成协议，可组织空铁联运。中鼎物流园也与“秦皇岛港、曹妃甸港、京唐港、东港、天津港、日照港”六大港进行产供销一体化合作，开展水铁联运业务。

3. 依托内陆口岸建设陆港

口岸是由国家指定对外往来的门户。通常情况下，口岸原来是指由国家指定的对外通商的沿海港口，但随着陆、空交通运输的发展，对外贸易的货物、进出境人员及其行李物品、邮件包裹等，可以由国家在内陆特定的口岸通过铁路和航空直达一国腹地。可见，口岸具有基础设施和查验、监管机构，是对人员、货物和交通工具合法出入国（关、边）境进行检查检验和提供服务的交通枢纽、不同运输方式的交通网络运输线路的交会点、国家或地区对外交通运输系统的重要组成部分，具有优越的地理位置和方便的交通运输条件。

按照出入境的过境交通方式划分，可将口岸分为港口口岸、陆路口岸和航空口岸。其中陆路口岸又分为边境口岸和内陆口岸。内陆口岸主要有边防检查，海关监管及服务，商品检验、卫生检疫和动植物检疫等功能。传统的陆运口岸作为国际物流的通过型节点，功能相对单一，主要为货主提供通关性服务。部分进出口量较大的内陆口岸，为了向进出口商提供一体化的物流服务，壮大区域物流产业，以此带动区域经济的发展，纷纷进行仓储、货代、集配、流通加工以及保税仓储和出口货物监管服务等物流功能的拓展，经过功能拓展的陆运口岸就逐渐演化成国际陆港。目前，仅仅依托口岸建设的国际陆港相对较少，例如阿拉山口综合保税区，多数依托口岸建设的国际陆港往往也具有集装箱中心站和交通枢纽。

专栏 成都国际陆港

成都是四川省省会、成渝地区双城经济圈核心城市，国务院批复确定的中国西部地区重要的中心城市，国家重要的高新技术产业基地、商贸物流中心和综合交通枢纽。为抢抓“一带一路”建设、长江经济带发展、西部大开发、成渝地区双城经济圈建设、西部陆海新通道建设历史机遇，成都市着力提升开发开放水平，依托成都国际铁路港和成都公路口岸，打造了成都国际陆港，并与成都空港、泸州港、宜宾港合作，形成了水、陆、空立体的多式联运体系。

成都国际陆港按照“一港一平台，三网三通道多线路”的网络布局，不断强化口岸服务能力，持续推进国内外通道建设，加速完成全程物流服务体系，逐步形成“贯通南北、连接东西、通江达海、覆盖全球”的多式联运网络，打造具有“无水港”和“无轨站”双重功能的新陆港。2020 年 8 月 30 日，中欧班列（成都）累计开行量在全国率先突破 6000 列。2013 年 4 月，首班中欧班列在成都国际铁路港始发，从 0 ~ 6000 列，中欧班列（成都）运行七年多来，带动形成了以成都为中转枢纽的通边达海、内畅外联国际陆海联运通道体系，极大地拓宽了物流渠道，提高了跨境贸易通关便利化水平。

成都国际陆港的建设与发展加强了国家物流枢纽间的业务对接、标准协调和信息互联，加快了构建联通内外、交织成网、高效便捷的“通道 + 枢纽 + 网络”物流运作体系，推动形成国家物流枢纽网络框架和基础支撑，促进区域均衡协调发展和全国统一市场建设，为经济高质量发展奠定了坚实基础。

4. 依托专业市场建设陆港

专业市场是一种以现货批发为主，集中交易某一类商品或者若干类具有较强互补性或替代性商品的场所，是一种大规模集中交易的坐商式的市场制度安排。专业市场的主要经济功能是通过可共享的规模巨大的交易平台和销售网络，节约中小企业和批发商的交易费用，形成具有强大竞争力的批发价格。专业市场的优势，是在交易方式专业化和交易网络设施共享化的基础上，形成了交易领域的信息规模经济、外部规模经济和范围经济，从而确立商品的低交易费用优势。

改革开放以后，专业市场开始逐步发展起来，成为我国经济发展的一个新的增长点。目前，全国已初步形成了以小商品批发市场、建筑装饰材料市场、农副产品批发市场、生产资料市场等为主的各类综合性专业市场。大型专业市场交易量大，货运需求量也大，特别是一些影响较大的专业市场，商品进出口量也较大，对进出口物流需求很大。部分陆港就是依托专业市场形成的。义乌国际陆港是依托义乌国际小商品市场而形成的一个典型的国际陆港。

专栏　义乌市国际小商品市场

义乌市是浙江省中部的一个县级市，经过多年的发展，商贸产业集聚，已成为全球最大的小商品集散中心，被联合国、世界银行等国际权威机构确定为世界第一大市场。义乌小商品批发市场（以下简称义乌小商品）创建于 1982 年，是我国最早创办的专业市场之一，商品辐射 210 多个国家和地区，行销东南亚、中东、欧美等地。为了提升义乌小商品的全球竞争力，义乌市致力于打造高效、便捷的国际物流体系，以建设陆港为抓手和驱动力，为义乌商品“买全球、卖全球”提供高效、有竞争力的物流支撑。

面对全球贸易一体化和义乌小商品日益增加的进出口物流需求，义乌积极建设国际陆港。首先，义乌市积极争取列入陆港城市，并且是作为浙江省唯一、我国首批陆港城市，这意味着义乌已成为国际级陆港城市，在亚太地区享受更优惠、更便捷的通关政策。其次，义乌市积极争取大通关试点城市，是浙江省政府确定的三个“大通关”试点城市之一，是浙江省运营最繁忙、业务量最大的四大物流枢纽之一。最后，义乌市积极构建以陆港为核心的区域性物流中心，接轨全球物流网络，无缝对接上海、杭州、宁波舟山等海空港，积极推动订舱、提箱等口岸港功能延伸至义乌，实行跨关区和跨检区的“一次申报、一次查验、一次放行”，积极打造义乌国际陆港。

义乌国际陆港包括义乌国内公路港物流中心、青口物流中心、福田物流中心、义务保税物流中心、义乌铁路口岸以及义务快件监管中心。义乌国际陆港内设了海关监管点、检验检疫现场办公室等机构，以及配套船务、船代、货代、外代、报检、报关等服务单位，并设有集装箱空箱、重箱、冷藏箱堆场和外贸仓库，为外贸企业降低了总体成本、提高了竞争力，也降低了在贸易活动上的投资。

5. 依托交通枢纽建设陆港

交通枢纽是国家或区域交通运输系统的重要组成部分，是不同运输方式的交通网络运输线路的交会点，是由若干种运输方式所连接的固定设备和移动设备组成的整体，共同承担着枢纽所在区域的直通作业、中转作业、枢纽作业以及城市对外交通的相关作业等功能，具有运输组织、中转、装卸、仓储、信息服务以及其他服务功能的综合性设施。其中，服务于一种交通运输方式的枢纽称为单式交通枢纽，如单一的公路枢纽、铁路枢纽、航空枢纽等；服务于两种或两种以上交通运输方式的枢纽称为复式交通枢纽，也叫综合交通枢纽。

交通枢纽具有完善的交通基础设施，方便货物进行快速集散，具有开展国际陆港运营良好的交通条件。特别是一些规模较大的铁路枢纽，具有开展集装箱多式联运的条件。许多陆港都是依托铁路枢纽形成的，例如长春国际陆港，它能够充分利用铁路运输的成本优势，通过开展海铁联运，提高陆港的综合竞争力，增强对货主的吸引力。

专栏 乌鲁木齐国际陆港区

乌鲁木齐地处我国西北地区、新疆中部以及亚欧大陆中心，是我国国际性综合交通枢纽城市，是中欧班列线路的重要节点。2015 年，为认真贯彻落实第二次中央新疆工作座谈会精神，结合优势和特点，乌鲁木齐经济技术开发区谋划建设了以中欧（中亚）班列发运为主要业务支撑的乌鲁木齐国际陆港区。同时打造中欧班列乌鲁木齐集结中心，积极开行国际货运班列，大力吸引产业聚集，带动新疆发展更高层次、更高质量的开放型经济，推动新疆由“通道经济”向“港口经济”迈进。

乌鲁木齐国际陆港区（以下简称陆港区）位于乌鲁木齐经济技术开发区（头屯河区），是丝绸之路经济带交通枢纽中心和商贸物流中心的主要承载区。规划建设面积67平方公里，地处新疆最具发展实力的天山北坡经济带，是承东启西的重要核心节点，拥有中欧班列西通道最后一个编组站，是我国西出通道中距离中亚、西亚、欧洲最近的铁路枢纽。陆港区以火车西站、北站片区为核心，涵盖八钢铁路场站区、三坪集装箱中心站及乌鲁木齐综合保税区范围约67平方公里的产城联动发展区域，主要由“四场站四中心四园区”组成：“四场站”包括乌鲁木齐火车西站（含八钢铁路场站）、火车北站、乌鲁木齐铁路集装箱中心站、国际机场，构成陆港区硬件载体基础；“四中心”包括铁路口岸服务中心、多式联运海关监管中心、中欧班列乌鲁木齐集结中心、铁路国际快件中心，构成陆港区先导核心区以及重要功能平台；“四园区”包括综合保税区、北站商贸物流聚集区、国际纺织品服装商贸中心综合配套服务区、铁路口岸服务聚集区，构成陆港区未来产业发展格局。

截至2020年12月，陆港区累计开行中欧班列——新疆西行国际货运班列4000余列。运载货物由最初的日用百货、服装产品拓展至汽车零件、机械设备、水暖建材、电子配件以及地产农产品等200多个品类。初步形成了乌鲁木齐集结中心至哈萨克斯坦（阿腾科里）“枢纽对枢纽”的“全国集结、重装倒短”班列组织模式。

第二节　陆港的功能与作用

一、陆港的功能

微观上，陆港是内陆对外的通商口岸，具有单证办理、报关查验、检验检疫、多式联运、运输组织、中转换装、装卸储存、运输代理、信息服务、配套服务等功能，为内陆地区进出口企业在本地提供直接进入国际运输网络和国际市场的通道入口。宏观上，陆港是内陆城市直接融入“一带一路”的必要大门，是丝绸之路经济带陆地国际运输网络的节点，规划建设陆港是为了促进内陆城市外向型经济发展，为国际资本和东部优质资本向内陆双转移提供国际物流平台。

（一）微观业务服务功能

陆港以大型集装箱枢纽港或中欧班列为依托，通过铁路、公路、内河运输等多种运输方式向内陆地区延伸，将部分港口和边境口岸功能扩展到内陆地区，内陆地区客户可在陆港办理一系列海运及口岸货物进出口手续及相关运输业务。通常情况下，陆港通过铁路和公路运输网络直接与海运枢纽港或支线港相连，进出口集装箱将由港口、班轮公司或代理统一协调安排，主要采取海铁联运的方式（五定班列），近距离运输采用公路运输方式，实现海港与陆港的衔接。

可见，陆港是在内陆地区建设的具有报关、报检、签发提单等港口及国际货物通关服务功能的物流中心。通常，陆港内设置有海关等监管机构，为进出口货物通关提供服务；货代、船代、班轮公司和班列公司也在陆港内设立分支机构，以便收货、装箱、拆拼箱、还箱以及签发以陆港为起运港或目的港的多式联运提单。因此，内陆地区的进出口商均可在陆港内完成订舱、报关、报检等一系列通关手续，并可在陆港内实现货物的存储、包装、流通加工、保税、配送等服务。陆港具有集装箱港口除装卸船以外的各项功能，如图 2－1 所示。

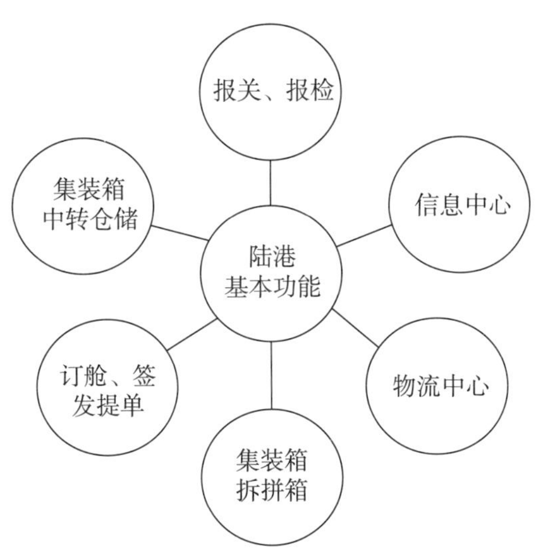

图 2－1　陆港基本功能示意

除此之外，陆港还具有为通关服务提供支持的必要设施及一些辅助功能，诸如：必须配备海关查验熏蒸所要求的专门场地及设备；提供集装箱的清洁、维修服务；提供其他金融、保险、办公等商务服务及满足供应链一体化需求的增值服务等功能。

专栏 义乌国际陆港基本情况及功能

义乌国际陆港规划用地1050亩，设计年货运量110万TEU，分两期建设，一期主要建成海关及商检办事大厅、综合写字楼和外贸仓库，可一站式受理义乌海关所有行政审批事项，能容纳494个集装箱同时装柜。二期主要包括海关、商检监管场及集装箱堆场、停车场等设施，两层拥有416个车位的施封等待区，拥有56个人工查验平台和平面集装箱堆位300余个。义乌国际陆港配备了先进的高科技管理设施，安装了FS3000、H986大型集装箱检查系统，智能卡口系统，监控系统，互联互通的物流信息化系统等设施，海关监管效率达到全国先进水平。目前有大量知名企业入驻义乌港，一期外贸仓库有151家货代公司、外贸企业入驻，商务办公区有200家进出口、货代、船公司、供应链、报关等从事国际物流业务的企业入驻，可以为客户提供代理采购、金融、保险、订舱、报关、报检、仓储、提箱、拼箱、海陆联运等在内的一条龙服务。据统计，年均完成集装箱作业量约为100万TEU。

未来，义乌国际陆港将逐步完善港口功能，增加义乌国际陆港配载及码头结算等港口功能，打造义乌国际陆港航运服务中心，鼓励更多船公司在义乌设立分支机构和还箱点，提供更完善的订舱、运费结算、签发提单等服务，实现"始发港"功能，推进义乌物流信息化平台建设，实现与宁波舟山港信息的交换、共享与集成，复制宁波跨境贸易电子商务服务试点、舟山江海联运服务中心等适用的政策，实现"同港同策"。

（二）宏观社会服务功能

陆港的作用不仅体现在海港业务的延伸拓展、集装箱多式联运及内陆运输的效率提高，更体现在其科学有效的规划能充分优化资源配置、大幅降低成本费用、集散覆盖区域的丰富货物、招商引资、推动区域经济发展。具体表现为以下几方面。

1. 促进内陆集装箱运输的有效管理与运作

静态来看，大量的堆存场地能实现集装箱和货物在内陆的统一管理和调配；动态来看，陆港开辟铁路专列来整合曾经大量通过公路来集散的集装箱和货物运输，形成规模运作。两方面共同实现管理优化。

2. 提高陆港城市及依托港口的竞争力

第一，提升了陆港城市的竞争力。陆港拥有完善的通关程序和齐全的物流设施设备，可使收发货人倾向于选择陆港作为货物集散的枢纽。第二，提升了沿海港口竞争力。陆港与沿海港口联动，释放港口的通过能力，方便货主和船公司，吸引贸易流向，增强了沿海港口的服务功能。

3. 促进区域经济协调发展

陆港的建设和发展增强了内陆地区与全球经济的联系，重新定位所在城市在全球化中的分工，港口业务的拓宽和作为交通枢纽的地位可以促进相关产业的建设发展、改善投资环境、促进区域经济提升。

二、陆港的作用

我国陆港的作用分为以下三个方面。

（一）通往世界市场的门户

陆港是拉动区域经济发展的发动机。内陆经济中心城市规划建设陆港，开启直通世界各国市场的大门，构建国际经贸平台，与世界各国融为一体，相互促进、共同发展。

（二）“一带一路”的支点

1. 推动内陆区域发展的重要平台

陆港发展能够有效改变我国西部、中部和东北等“一带一路”重点区域外贸投资环境，促进内陆城市国际化和产业结构调整，提高国内消费需求，缓解内陆地区与沿海地区经济发展不平衡问题。

2. 助力城市发展的重要驱动力

陆港建设打开了制约内陆地区国际贸易发展的瓶颈——国际物流通道，实现陆地国际物流与海洋国际物流的无缝连接，减少进出口货物的中转环节、加快通过速度，使内陆经济中心城市具有完备齐全的国际港口运行机制和方便快捷的外运操作体系，推动内陆中心城市成为“国际港口城市”。

3. 促进大陆桥连接的重要节点

陆港具备国际港口的功能，为“一带一路”大陆桥建设引入以港口为基础的多边国际物流操作机制，为亚欧大陆经济中心城市之间建立国际贸易网络、实现亚欧经济一体化打下基础。同时，也使国际海洋物流网与陆地物流网连为一体，国际物流直接深入内陆地区和国际的经济中心城市，为全球经济一体化打下基础。

4. 提升民生就业的重要手段

内陆地区的能源、土地、原材料和劳动力价格等生产要素较沿海地区有一定的优势，在国际物流条件相当的情况下，陆港建设相比沿海地区建设投入少、产品成本低、利润回报高；同时，陆港建设也为“一带一路”多条经济走廊上重点城市增加就业岗位，提高工资收入；由陆港建设带来的建设项目使所在区域农村城镇化建设和农民生活条件得到提升。

（三）“人类命运共同体”的支撑

1. 陆港搭建了内陆国家经贸发展的平台

在谋求自身发展中促进世界各国共同发展是构建人类命运共同体的责任。与我国相邻的蒙古国、哈萨克斯坦、吉尔吉斯斯坦、塔吉克斯坦、阿富汗、尼泊尔、不丹、老挝8个内陆国家没有直接出海港口，而我国与这些国家之间有畅通的公路、铁路。因此，在经济中心城市规划建设陆港，构建起了我国与邻国共同发展的通道和经贸平台。

2. 陆港促进国际经济中心城市融入世界大市场

世界上有30多个内陆国家没有出海口，世界上有数以万计的内陆城市距海港千里之远，不利于其经济的开放发展。陆地国际运输网络和陆港可以深入广袤的内陆地区和内陆国家的经济中心城市，使其直接融入世界大市场。因此，内陆经济中心城市要直接融入世界经济发展之中，陆港是唯一的选择，在这一过程中，陆港担当人类命运共同体的基石。

三、陆港的通关模式

目前，我国国际陆港主要采取区域通关方式，主要包括跨关区转关和不同辖域海关之间的“属地申报、口岸验放”两种模式。

区域通关转关运输是指符合海关规定条件的企业在申请进出口货物转关时，口岸海关简化转关手续，实现计算机自动审核放行，进出口货物从一个设关地点直通式运往另一个设关地点。海运集装箱货物进出口转关一般采取提前报关及直转两种方式。区域通关转关可以“简化和规范转关运输监管”，适用于所有进出口企业。

区域通关“属地申报、口岸验放”是指符合海关规定条件的信用水平较高的企业，在其货物进出口时，可以自主选择向其属地海关申报纳税，在口岸海关办理货物验放手续的一种通关方式。

目前，根据海关总署的统一部署，落实全国通关一体化改革，推进通关流程“去繁就简”，深化“提前申报、货到验放”通关模式，推广企业“自报自缴”、属地纳税人管理等改革措施，并在海关总署风险防范中心和税收征管中心“两中心”的统一处置下，全国通关的政策和规定在执行标准上更加一致，简化了海关通关环节的手续。海关通关措施及效果如表2－1所示。

表 2－1 海关通关措施及效果

时间	措施	效果
2006 年	属地申报、口岸验放	简化了通关的程序，为企业降低了通关管理行政费用
2014 年	区域通关一体化	极大地提升了通关效率，一体化通关进口、出口比以往平均节省 9 小时和 18 分钟
2017 年	全国通关一体化	将口岸查验部门的 1781 个数据元减少到 731 个，综合简化率达 59%，实现数据“一次录入、多次使用，横向复用”

专栏 义乌国际陆港与宁波舟山港的业务联系及通关模式

1. 与宁波舟山港业务联系

义乌国际陆港积极对接宁波舟山港，大力完善陆港功能，已初步形成货代、订舱、船务、仓储、报检、报关、堆场、运输、查验、通关、电子口岸等服务功能，基本满足国际物流的需要。义乌国际陆港依托仓储区、综合办公区和海关监管区，从而在功能及业务上实现与宁波港的对接与联系。

仓储区具有集装箱中转、仓储以及拆拼箱的功能，并且能够满足货物的装箱掏箱、装卸称重等功能，可为宁波港节省场地和集货。海关监管区设有查验平台、集卡停车场、H986 机检设备、集装箱堆场、运抵中心、驾驶员服务中心等设施设备，能完全满足外贸货物查验、施封、吊箱、过磅等业务需求，具备了海关监管的口岸功能，可以在义乌查验和通关，能够为宁波港进行高效集货。综合办公区可以为货主寻找货代、货代订舱，办理进出口流程，开展费用结算，为航运公司签发提单提供场所。

2. 通关模式

为了提升通关效率，义乌市积极进行通关改革，2002 年义乌设立海关办事机构，形成了具有鲜明义乌特色的小商品出口海关监管模式；2004 年取得了海关总署批复的“旅游购物商品”贸易方式；2009 年义乌海关被海关总署正式批准设立，小商品监管工作成为海关总署着重研究和支持的首要案例；2010 年杭州海关率先启动小商品出口监管改革，先行先试监管措施；2011 年海关总署与浙江省签订合作备忘录，成为首个出台正式文件支持义乌综合改革的部委，杭州海关迅速拟定并下发支持义乌综合改革的“789 三年行动计划”；2013 年义乌国际陆港海关监管场所正式通过杭州海关验收。

义乌海关现已成为全国监管集装箱量最大的内陆海关之一。单个集装箱查验时间由原来的 4 小时缩短到现在的最短 5 分钟，全年可节约车辆查验滞留时间约 3 万小时，整体物流效率提高了近十倍，海关监管效率达到全国先进水平，货代、物流企业反映良好。

目前，义乌国际陆港根据实际情况，主要采用的通关方式为“属地申报、口岸验放”，海关业务流程相对简化。货物在义乌港报关查验后，可直接到宁波港装船；或者货物在义乌港报关后，到宁波港查验，真正实现了“一次申报、一次查验、一次放行”。同时，为了更加促进通关便利，义乌海关推行通关作业无纸化改革，义乌货物出口实现了24小时申报、放行。此外，义乌国际陆港为宁波港引进的电子进港信息预录入系统投入运行，该系统可以为所有进入宁波港集装箱码头的集装箱在进闸口前提供准确、完整的电子装箱单数据信息，提升了义乌国际陆港集成港口物流综合服务功能，进一步实现了物流信息化。

专栏 沈阳东站陆港与大连港的业务联系及通关模式

1. 与大连港的业务联系

只要了解大连港陆港集装箱海铁联运的运作组织机制和运作模式，就可以清楚沈阳陆港与大连港的业务联系。为了更好地适应陆港的运作和集装箱运输的发展，大连港建立了独特的集疏港网络架构体系，成立了投资管理公司、海铁联运运营公司和专门的铁路中转中心，共同协同发展陆港和海铁联运。

大连港港口海铁联运的操作体系是由大连港集装箱码头物流有限公司和大连铁路集装箱中心站来承担的。在海铁联运服务中，主要负责大连口岸集装箱货物铁路的发运工作。大连铁路集装箱中心站是东北地区唯一的港口型中心站，通过大连中心站可以与大连港各集装箱码头实现海铁联运无缝连接。内陆海铁联运的操作体系是由大连港陆港来承接的，大连港陆港主要负责内陆地区的海铁联运装卸操作。班列的运作与经营模式主要由大连集装箱码头物流有限公司下属部门海铁联运服务中心全程负责，负责班列的组织工作。

为了加快陆港集装箱海铁联运发展，开行了“客车化班列”和“路港直通模式”两种运作模式。“客车化”是实行“定时间、定地点、定线路、定运价、定编组”模式运作的集装箱班列。“路港直通模式”是通过减少班列运行过程中的编组、停车等待、集结等作业环节来实现无缝衔接，使班列运输过程更为顺畅。目前，“客车化班列”模式在大连港至沈阳东站陆港集装箱班列应用得十分理想、顺畅，大连港至延吉、图们、安图集装箱班列已经按照“路港直通模式”来运行。

2. 通关模式

包括沈阳东站陆港在内的陆港，均采用“一站式”联合办公方式，即铁路、海关、商检及相关单位进驻场站内合署办公，客户可在场站内完成班列发运和交付、报关、报检、审单、验货、仓储、堆存、订舱、配货和放行等手续，为客户提供了方便。目前，沈阳东站陆港申请了海关和商检监管场站资质并得到批准，海关设置了放行闸口、地磅等设施。同时，为进一步加快通关效率，大连港与海关合作，在沈阳班列上推行海铁联运直通关的操作模式，为客户提供“一次报关、一次托运、一次结算”等优质服务，运营实践证明这一模式确实方便了客户通关，得到了客户的广泛认可。

第三节 总体规模与主要特征

一、发展起源

我国陆港的建设发展起步于2000年，在北京朝阳区建成了陆港。2002年，天津港在北京朝阳口岸开通陆港，北京朝阳区和天津港集团正式签订了合资合作协议，实行京津口岸直通的跨区域口岸合作模式，具有了“海关监管通道”和“海运集装箱中转站”双重功能，标志着北京朝阳陆港成为我国第一个真正意义上的国际陆港。

1994年10月，北京朝阳口岸正式获批开放，是唯一承担北京市海运集装箱货物进出口的内陆口岸。1994年10月，北京海关、天津海关联合发布《京津塘高速公路“口岸直通式”监管模式实施方案》，取消转关申报单和联系函。1999年5月，成立了北京陆港国际物流有限公司作为陆港新的运营主体。2001年海关总署开始在全国推广跨关区快速通关模式，实现了从国外启运港口指定运输目的地为朝阳口岸。2002年10月，北京朝阳口岸与天津海港口岸签订了《北京朝阳口岸与天津海港口岸直通协议书》。2003年3月，由东方海外货柜航运有限公司承运的第一票进口“CIF北京”的集装箱到达北京朝阳口岸，标志着朝阳陆港真正成为国际海运的目的港和起运港，朝阳陆港集装箱中转站正式启用。2003年8月起，海关审定的船公司代理人可以凭起运地为北京的纸面舱单代替海运提单办理港口提箱手续，正式开通了京津陆海中转联运业务。这一模式的启动实现了朝阳陆港换单、理货、提货等一系列港口功能，标志着朝阳陆港成为真正意义上的陆港。

北京朝阳陆港的发展史，正是我国早期国际陆港发展的真实写照。自此以后，我国开始进入大范围陆港建设的进程。

二、总体成果

（一）陆港发展总量

自北京朝阳陆港建设之后，各省区市及沿海港口积极推动陆港建设，20多年来我国陆港迎来了高速发展期。从陆港的发展进程上看，2002—2007 年陆港发展缓慢，到 2007 年进入快速发展阶段，沿海港口与内陆地区纷纷开始签订陆港发展及通关协议，我国进入沿海港口与陆港协同发展的加速期，从分散状态转变成了网面状态。随着 2011 年第一趟中欧班列“渝新欧”从重庆出发，到 2020 年中欧班列全国共开行超过 1 万列，我国内陆地区陆港建设迅速。据中国开发区协会陆港分会不完全统计，目前我国的规划、在建及运营的陆港已达 200 多个。整体上，我国东部、西部地区已经运营的陆港数量较多，中部和西部地区规划建设的陆港数量相对较多，南部地区陆港在规模效应和建设速度上正在悄然赶上。

（二）陆港发展总体布局

从陆港演化时序来看，陆港发展呈现由北至南拓展，我国北方地区最早开始陆港建设，自北京朝阳陆港建成后，大连港、青岛港等环渤海港口也相继建设陆港，而南方港口除宁波港外都较晚才与内陆腹地合作建设陆港。同时，随着中欧班列的快速发展，我国内陆经济较发达的城市也纷纷布局建设国际陆港。目前，我国沿海主要港口已基本完成各自在内陆地区的陆港布局，同时，内陆重点地区也基本完成了陆港的规划布局。结合陆港发展的模式与选址，从整体发展区域布局情况来看，我国从北到南、从东到西已经形成了四大陆港群。一是以环渤海经济圈主要港口为母港的陆港群，主要包括沈阳、长春、哈尔滨、满洲里、二连浩特、乌鲁木齐、郑州、石家庄、洛阳、西安、包头、邢台、侯马、临沂、淄博、德州等。二是以长三角经济圈主要港口为母港的陆港群，主要包括西安、金华、义乌、绍兴、合肥、衢州等。三是以珠三角经济圈主要港口为母港的陆港群，主要包括韶关、长沙、衡阳、南昌、赣州、吉安、河源、龙岩、南宁、昆明等。四是以成渝城市群以及关中城市群为代表的内陆城市的陆港群，主要包括重庆、成都、西安、宝鸡、遂宁等。

从布局的空间距离来看，陆港发展呈现由东向西拓展，由于与近距离地区已建立较为固定的贸易形式，沿海港口开始都是从周边地区摸索陆港的建立。在与港口、城市关系方面，沿海地区的陆港多以海港支持型陆港为主，主要服务港口，而中部和西部的陆港多以独立经营陆港为主，同时面对多个港口提供服务。从建设主体来看，我国大多数陆港以当地政府和国有企业投资为主，在距离海港比较远的一些城市，比如成都、长春、哈尔滨、昆明、临沂、满洲里、乌鲁木齐、西宁、郑州，铁路公司也参与了陆港的建设，还有的陆港是由当地政府直接投资，比如西安和兰州。从陆港的功能上看，我国陆港大都具备清关和仓储功能，一般具备转运功能，部分具备加工、包装、集货、分拨等功能，个别具备保税功能。

（三）列入《政府间陆港协定》的陆港

经国务院批准，我国于2016年3月24日向联合国递交了《政府间陆港协定》，协定于2016年4月23日对我国生效。我国在《政府间陆港协定》中已经列入的陆港分布在黑龙江、内蒙古、广西、云南、新疆、吉林和浙江等省区市，具体情况如表2－2所示。

表2－2 列入《政府间陆港协定》的陆港

陆港名称	所在地
长春市兴隆保税国际物流港	长春
二连浩特市南国际物流中心	二连浩特
哈尔滨公路货运主枢纽站（哈尔滨龙运物流园区）	哈尔滨
霍尔果斯国际物流园	霍尔果斯
景洪勐养国际物流商贸中心	景洪
腾俊国际陆港	昆明
南宁保税物流中心	南宁
瑞丽货运中心	瑞丽
新疆铁路国际物流园	乌鲁木齐
樟木口岸仓储式物流交易中心	樟木
河口口岸交通物流园	河口
珲春国际物流园区	珲春
喀什国际物流园区	喀什
满洲里新国际货场	满洲里
凭祥市边境贸易物流中心	凭祥（友谊关）
绥芬河货运中心	绥芬河
义乌内陆口岸场站	义乌

国家发展改革委、外交部、商务部于2015年3月联合发布的《推动共建丝绸之路经济带和21世纪海上丝绸之路的愿景与行动》中提出了“支持郑州、西安等内陆城市建设航空港、国际陆港”，河南省和陕西省也具有了未来写入《政府间陆港协定》的陆港。

三、主要特征

我国陆港现阶段发展的主要特征有以下几点。

（一）陆港已成为产业集聚的物流中心

陆港在其发展过程中不断进行功能和业务拓展，符合“一带一路”发展思路。在初始成长阶段，陆港实践主要是投资改造交通条件良好的内陆集装箱场站、物流园区等或是在交通干线交会影响地带投资新建，进而基于不同载体进行功能拓展。经过初期发展，陆港将成为具有内陆口岸功能的重要交通节点，并具备初步多式联运功能，能提供简单物流服务。在成长阶段，重点提升物流服务，主要是低附加值的物流服务，陆港将逐步发挥物流网络节点效应，成为区域物流配送中心。在成熟阶段，陆港与陆港物流园区实现联动发展，实现陆港的国际化发展并带动区域经济一体化发展，这时陆港基于保税仓储等基本保税功能，全面争取更多的保税优惠政策，推动陆港向综合物流中心发展。现阶段，我国尚没有陆港成为成熟的综合物流中心，探索仍在不断进行。

（二）陆港建设具备全国范围内的广泛性与普遍性

通过梳理我国陆港建设的基本情况，可以看出陆港已成为内陆城市在贸易全球化时代发展的重要战略，以及海港向第三代、第四代港口转型的重要支撑，陆港发展不仅得到当地省区市支持，更得到了国家决策层面的支持。从陆港的发展进度来看，大致呈现从北方地区向南方地区推进的趋势，且我国较早投入运营的多位于东部省份的内陆地区，然后向中西部地区推进。从陆港的全国布局来看，依托沿海集装箱枢纽港，在内陆地区逐步形成相应的陆港群。陆港作为新的物流组织与运作模式，对沿海与内陆的交通、城市格局、贸易格局都会产生一定影响。

（三）陆港与区域经济发展的互动性显著增强

陆港与区域经济发展有着显著的互动性，比如西安国际陆港建设就提出“先建内陆港，再建开发区，最后建设东部新城”的陆港发展路径，为城市发展开辟重要的战略空间。目前，我国陆港发展主要以现代服务业、生产性服务业为主，在信息化、国际贸易、国内贸易等方面形成一定规模。在更广范围上，陆港对区域经济发展也有较强带动作用，比如重庆国际陆港面向西南地区开发，形成长江上游地区重要的现代物流枢纽和产业化基地。西安国际港务区成为关中—天水城市群的开放高地，并作为西北地区首个综合保税区，带动整个区域国际贸易发展。

（四）陆港普遍依托重要的国际大通道

良好的交通区位条件是陆港发展的基础，调研显示，我国陆港布局多位于“一带一路”倡议中重要的经济通道，一般都处于多条国家级交通干线的交通影响区，且基本都位于铁路干线沿线。同时，陆港倾向于布局在产业发达、货源丰富的市辖区范围，大都位于多个行政区的交接地带，这些陆港中，半数以上都纳入城市现代物流发展体系中的重点物流园区或中心。在空间布局上，陆港多位于主城边缘或稍远的地区。另外，部分陆港选择布局在多省交界区或边境口岸的交通节点，或是具有很好的产业基础与较强的外贸需求，比如霍尔果斯、二连浩特等口岸型陆港。

第四节　问题与建议

一、存在的问题

由于国际陆港对内陆城市发展外向型经济、沿海港口拓展内陆货源都具有重要作用，因此在内陆地区政府和沿海港口的支持下，出现了国际陆港的建设高潮。我国国际陆港的规划和建设还处于起步和探索阶段，部分建成的陆港没有进行详细的调研和论证，部分成为政府的“形象工程”，致使建成后没能产生预期的经济和社会效益。总体而言，我国国际陆港规划建设还存在着以下问题。

（一）我国陆港布局规划缺乏统筹协调

目前，我国陆港建设起步较晚且涉及部门多，国家层面上较少对陆港进行宏观的规划布局与发展指导，各省区市纷纷结合自身需求建设陆港。目前，以政府为主导规划建设的国际陆港中，陆港的规划主要以市一级政府为主，缺乏市与市之间的协调与沟通，缺乏在省级范围内的统筹规划。以港口企业为主导推动建设的国际陆港，其建设主要以服务主导港口的货物集散物流网络为主，港口之间的陆港网络缺乏一定的协调。由于陆港都有一定的覆盖半径和区域效应，如果各省区市从自身利益出发规划建设陆港，各港口以自身的需求推动建设陆港，必然会造成陆港覆盖范围的重叠与投资浪费，不利于陆港的可持续发展。因此，陆港的规划建设应合理布局，避免重复建设和资源浪费等。

（二）对国际陆港功能规划标准缺乏整体认识

建设陆港最为核心的目的是通过一站式服务提高货物物流服务的便捷性，完成绝大多数企业所需的进出口货物流通需求。但我国陆港规划建设发展时间短，人们对于陆港的相关知识、功能定位、布局规划、运营规律，以及相关协调体系掌握不充分，必然会影响我国陆港的科学规划及建设发展，而在国家发展层面关于陆港的标准也尚未出台，陆港建设缺乏相应的法规政策指导，导致部分国际陆港的功能定位不清晰、功能规划不合理，致使其不能很好地发挥应有的作用。同时，陆港标准化建设处于起步阶段，存在着各类运输的方式、装备标准不一致等问题，例如，缺乏专业化的铁路转换设备，铁路集装箱运输优势没有充分发挥出来，运输网络系统化建设不充分，未能形成相互贯通的系统化、网络化体系等。由于对陆港功能认识的不到位，还导致部分陆港在规划建设初期没有科学考虑其功能体系，从而影响其为企业提供便捷、高效的服务。

（三）缺乏相应的专项政策及资金支持

由于我国区域经济发展不平衡，各地区政府、口岸等行政职能部门对陆港发展的认识水平也不相同。相对于陆港的快速发展，我国陆港多式联运的政策还比较滞后。从微观来看，陆港的规划建设需要当地政府、海关等职能部门，沿海港口、各航运企业以及货主的通力合作，如果各个环节的参与主体只顾局部和短期利益，陆港就难以健康发展。因此亟须出台相关政策和法规，构建和完善法规制度体系，以便能够指导陆港的科学发展。同时，陆港的建设需要大规模投资，属于资本密集型建设项目。而目前我国的陆港建设投资方较少、投资回收期长，大多以内陆城市政府和沿海港口为主，一方面增加了地方政府的财政负担，另一方面也削弱了企业参加陆港建设的热情。投资方式相对单一、缺乏多元化的建设投资渠道，是制约我国陆港发展的重要因素。因此，国家层面应加大对陆港建设的专项资金支持，同时鼓励更多的社会资本投资国际陆港。

（四）陆港物流设施规模小、功能简单，增值服务较少

目前，我国大多数陆港的各项业务开展尚处于探索阶段，且陆港基础设施投资巨大，因此普遍存在物流设施配套差、规模较小、作业功能简单、信息化程度低等问题。对比目前已建成或者运营的陆港，其建设发展水平参差不齐，部分陆港仅为某个集装箱场站或保税物流企业，公共服务平台的开放性严重不足。公共服务平台的开放性和统一性不足导致了严重的资源浪费现象，不利于陆港提升自身的运行效率和管理能力。目前部分陆港装卸设备相对简单，在功能上也较为单一，陆港主营业务多为口岸通关业务、提还箱业务、拼箱业务、仓储业务、进出口代理报关报检业务，较少开展物流金融、保税物流、保险、供应链物流等增值服务，对外贸集装箱的吸引力上有待进一步提高。

（五）陆港运营各方协调不平衡

陆港的发展涉及地方政府、港口、铁路、海关、船公司、银行、货代、货主等多

个利益主体，需要多方的通力合作与配合才能为陆港发展营造良好的运营环境。但目前由于参与各方均寻求自身利益最大化，对于陆港的建设持不同的态度，因而各方的协调工作相当困难。通常情况下，港口增加吞吐量有两种方式：一是将港口周边地区直接作为自己的经济腹地；二是通过在内陆地区选择建立陆港作为间接经济腹地。但由于各地政府各自为政，为了自身利益经常会同时选择多个港口作为出海口，港口之间为了竞争，更多货物容易出现恶性压低运价等不良竞争行为；同时，陆港的重复建设也浪费了大量资金，政府应发挥其引导作用，推动协调好各方利益，为陆港的建设创造公平有序的环境。

二、发展建议

针对以上我国陆港建设存在的问题，结合实际发展情况，总结我国陆港现状，提出以下建议。

（一）加快国际大通道建设，促进与周边国家互联互通

结合国家发展战略以及互联互通地缘政治、地缘经济发展环境，先易后难，分步有序推进国际运输通道建设，进而提升沿线陆港的服务能力。重点推进中欧通道建设，复兴古丝绸之路，支撑新亚欧大陆桥经济走廊发展；推进中蒙俄通道建设，巩固区域能源、资源合作；推进中巴通道和孟中印缅通道建设，打通面向印度洋的战略出海口，服务中巴、孟中印缅经济走廊建设；推进陆海贸易新通道和大湄公河次区域通道建设，促进中国和东盟区合作升级。

抓住与陆港衔接的关键节点和重点工程，优先打通缺失路段，畅通瓶颈路段，提升国际运输通道的基础设施保障能力。推进与西安、霍尔果斯、阿拉山口等陆港联系的中欧通道双西公路、中塔公路二期、中吉乌公路、中吉乌铁路等项目建设；推进与二连浩特等陆港联系的中蒙俄通道二连浩特—乌兰巴托—乌兰乌德铁路复线电气化改造、甘其毛都—塔本陶勒盖铁路等项目建设；推进与昆明等陆港联系的中缅公路、中缅陆水联运通道陇川—巴莫公路、中老铁路、老泰铁路等项目建设。

（二）完善陆港合作机制，打造开放新平台

充分利用好上合组织、中国—东盟合作机制、联合国亚太经社会、中亚区域经济合作、大湄公河次区域经济合作等区域经济合作机制，配合国家外交、经贸、能源、资源、区域发展等战略，建立健全与周边国家的双边、多边、区域和次区域陆港合作机制，同“一带一路”沿线国家交通部门共同组建陆港建设协调委员会，扩大同各方利益的汇合点，在国际陆港合作机制中扮演更加重要的角色。

强化中央、地方各级政府行业部门间的横向联动，推动建立“一带一路”倡议下陆港建设协调机制，明确外交、交通、海关、边检、口岸等多个部门在相关工作中的职责，统筹协调陆港重大问题，形成工作合力，加大推进力度，为陆港合作创造良好内部机制和环境，构建统筹配合、监管有序的格局；将海关和运管部门的工作协调机制引入陆港运营中，推动中央和地方之间的纵向互动，明确中央和地方的职责、权限，完善中央和地方之间的沟通协调机制。

（三）研究制定相关标准，推进陆港企业走出去

加强“一带一路”倡议下相关标准的协调，利用境外项目合作机会，对我国陆港建设的相关标准进行宣介，有针对性地提高基础设施建设、运输装备、运输组织等标准在相关国家的采标率，增强我国标准的国际影响力，做好我国与国际标准的对接工作，把握好国内陆港相关标准的修订时机，在有实施条件的情况下，提高国际标准的采用比例，为提高陆港运营效率、降低运营成本、更好参与“一带一路”倡议下陆港合作提供有效支撑。

推动国内陆港企业规模化、集约化发展，通过参股、控股、兼并、合作等多种形式进行资产重组，培育一批服务水平高、国际竞争力强的大型现代物流企业。充分发挥行业协会作用，为国内外陆港企业跨境合作搭建平台，鼓励国内陆港企业和国外企业成立联盟，或共同组建跨国物流公司，开发区域陆港服务网络，建设国际陆港物流系统。积极帮助从事陆港业务的物流企业学习、掌握对方国家有关海关、车辆担保等方面的法律法规和市场环境。

（四）营造良好政策环境，促进人员等对外交流

统筹利用好国内国外两种资源、两个市场，坚持互利共赢、通过与有关国家签订交通合作协议、制定区域交通发展规划等方式，积极为国内陆港企业在更高层次上参与国际竞争创造条件；配合有关部门完善并落实支持国际陆港建设的优惠政策；完善国际物流企业的进入、监管和退出制度，完善跨国运输管理制度；建立区域性国际物流信息平台，加深与周边国家的物流信息共享和合作；支持陆港企业技术标准、装备产品、工程建设、运营管理等“走出去”。

利用各类科研院所、高校等科研机构，定期举办国际交通运输论坛、展览、座谈会等，从民间层面促进“一带一路”沿线国家的人员往来。面向经营陆港的企业、管理部门，定期开展专业化的外语培训，国际贸易、国际物流相关政策法规等职业培训，提高从业人员的专业能力。同时，面向国外主要陆港企业员工，开展免费或低价汉语培训，增强我国在这一领域的影响力。

未来，国际陆港的发展将主要呈现以下几方面的特征。

（1）多元化。陆港不仅仅能够增加港口货源量，而且在业务增值、产品衍生方面具有得天独厚的优势，能够在物流运送的基础上，开展信息服务、金融和保险服务、包装和质检服务等，甚至可以建立销售平台来方便货物的集散等。

（2）智能化。可以利用先进的网络技术，结合物流运输建立综合信息平台，提供货物查询、跟踪、状态及预期等服务，将沿海港口与陆港串联一起，通过先进的综合信息平台，实现各类服务功能的对接，同时协同海关、海事等执法部门，银行、保险、金融融资等服务部门，切实掌握货物进出口的操作以及运输安全，提高运输效率，减少工作环节。

（3）绿色服务。通过陆港的发展能够进一步整合各类业务，在统筹全局的基础上，以更经济、更环保、更高效的方式来开展业务，同时通过推广“无纸化”“电子化”，一方面使业务环节更加环保，另一方面也使货物的运输方式向着环境友好型的方向发展，多发展铁路、水路运输，减少公路运输。

（4）共商共建。陆港的发展不仅仅依靠沿海港口，更重要的是自身经济的发展，同时还要结合公路、铁路、水运以及航空等交通网络。不仅仅是一个陆港或一个城市，还是一个地区甚至是国家与国家之间的联合发展，以期最大限度地发展陆港，提高效率，促进内陆城市及内陆国家的经济发展。

第三章　我国陆港建设与发展

近年来，我国陆港建设和发展进入快车道。特别是在规划与运营、智能化建设、应急物流体系建设等方面发展尤为突出。本章主要就当前我国陆港建设与发展进行分析和阐述，主要包括智慧陆港建设、应急物流建设等方面。

第一节　智慧陆港建设现状与未来趋势

陆港作为典型的现代物流服务产业聚集平台，是近年来内陆地区发展外向型经济的重要承载模式。随着物联网、大数据、云计算、区块链、5G 等新一代信息技术的快速更新迭代，陆港建设与新一代信息技术深度融合，统筹各方资源，透彻感知、广泛连接、高效协同各个物流系统，逐步实现了物流资源的互联互通、智慧发展。智慧陆港不仅是新的信息技术应用解决方案，更是新的理念和创新发展模式。

一、智慧陆港兴起的背景

（一）大数据、云计算、物联网、人工智能等信息技术催生陆港智慧化

近年来，我国物流业在“互联网＋”战略的推动下快速创新发展，并与新一代信息技术深度融合，传统物流模式开始向高科技、智能化的智慧物流模式转变。

2008 年 11 月，IBM 在美国纽约发布的《智慧地球：下一代领导人议程》，首次提出“智慧地球”概念，将“智慧”赋予非生命体概念。智慧陆港是在这一大背景下形成的新概念，可以看成智慧地球的一个子系统。它通过物联网、传感网、云计算、决策分析优化等技术，统筹陆港各个物流系统的相关信息，实现物流资源的互联互通。

在 2016 年 7 月 20 日召开的国务院常务会议上，李克强总理提出要推动互联网、大数据、云计算等信息技术与物流深度融合，推动物流业乃至中国经济的转型升级。目前，大数据、云计算、人工智能、5G 等新一代信息技术不断融入陆港建设与发展的方方面面，推动新兴的智慧陆港模式逐渐形成。

（二）国家利好政策不断推动智慧陆港快速发展

在传统的陆港业态下，以纸面单证、独立系统等为载体的信息数据流转混乱，没有统一的执行标准，各职能部门对业务数据内容形式存在不同的要求，各个企业、职能部门信息不共享，相同的数据又重复录入，使得物流信息无法互联互通，物流全链条流程难以实现数据交互融合。严重降低了物流效率、增加了物流成本、加大了物流过程中不必要的风险，故而以高科技、高效率、高智能为特点的新兴物流模式迅速崛起，并呈现出全覆盖、高速率、持久性的发展态势。

智慧陆港在传统陆港的基础上，采用新一代信息技术把陆路物流运输、陆港口岸作业场所、陆港货物仓储等物流系统有机整合起来，并通过信息技术使车辆信息、货物信息、港口现场信息、物流节点信息等各种信息资源互联互通，构建节能、高效智慧的现代物流陆路港口。

2009 年，时任国家总理温家宝在无锡提出了“感知中国”的理念。进入 2010 年后，物联网更成为当年全国“两会”的热门话题，“积极推进‘三网’融合，加快物联网的研发应用”也首次写入政府工作报告。此后，国家多次出台“互联网 +”相关政策，在“互联网 +”的创新驱动下，物流业开始新一轮智慧化变革，为智慧陆港发展营造了良好的政策环境。

2015 年 7 月，国务院发布《国务院关于积极推进“互联网 +”行动的指导意见》，该意见明确了包括“互联网 + 高效物流”的 11 项重点行动。自国务院发布“互联网 + 高效物流”等重点行动以来，物流业信息化、自动化、智能化进入快速发展新阶段。2016 年 7 月，为贯彻落实《国务院关于积极推进“互联网 +”行动的指导意见》，国家发展改革委正式出台《“互联网 +”高效物流实施意见》，推动传统物流活动向信息化、数据化方向发展，利用互联网等先进信息技术手段，重塑企业物流业务流程，创新企业资源组织方式，促进线上线下融合发展，提高仓储、配送等环节运行效率及安全水平等成为重点任务。

2017 年 2 月，商务部等 5 部门印发《商贸物流发展“十三五”规划》，进一步加强商贸物流信息化建设。2017 年 10 月，国务院办公厅印发《国务院办公厅关于积极推进供应链创新与应用的指导意见》，强调加快人机智能交互、工业机器人、智能工厂、智慧物流等技术和装备的应用，提高敏捷制造能力。

2018 年 12 月，由国家发展改革委、交通运输部印发的《国家物流枢纽布局和建设规划》，明确提出加强综合信息服务平台建设。鼓励和支持国家物流枢纽依托现有资源建设综合信息服务平台，打破物流信息壁垒，推动枢纽内企业、供应链上下游企业信息共享，实现车辆、货物位置及状态等信息实时查询；加强交通、公安、海关、市场监管、气象、邮政等部门公共数据开放共享，完善数据交换、数据传输等标准，进一步提升不同枢纽信息系统的兼容性和开放性。进一步加强新技术、新装备的创新应用，促进现代信息技术与国家物流枢纽运营管理深度融合，提高在线调度、全流程监测和货物追溯能力。《国家物流枢纽布局和建设规划》的发布，大大加速了陆港型国家物流枢纽的信息化、智能化建设。

2019 年 2 月，国家发展改革委、中央网信办等 24 个部门和单位出台《关于推动物流高质量发展促进形成强大国内市场的意见》，进一步明确实施物流智能化改造行动。大力发展数字物流，加强数字物流基础设施建设，推进货、车（船、飞机）、场等物流要素数字化。加强信息化管理系统和云计算、人工智能等信息技术应用，提高物流软件智慧化水平。支持物流园区和大型仓储设施等应用物联网技术，鼓励货运车辆加装智能设备，加快数字化终端设备的普及应用，实现物流信息采集标准化、处理电子化、交互自动化。

2020 年 6 月，国务院办公厅发布《国务院办公厅转发国家发展改革委 交通运输部关于进一步降低物流成本实施意见的通知》，加强信息开放共享，降低物流信息成本。同时加快发展智慧物流，积极推进新一代国家交通控制网建设，加快货物管理、运输服务、场站设施等数字化升级。推进新兴技术和智能化设备应用，提高仓储、运输、分拨配送等物流环节的自动化、智慧化水平。

在一系列国家利好政策支持下，我国智慧陆港建设与发展进入了快车道。近年我国政府相关部门出台的部分促进智慧物流发展政策如表 3－1 所示。

表 3－1　近年我国政府相关部门出台的部分促进智慧物流发展政策

发布时间	发布部门	政策名称	主要内容
2015 年 7 月	国务院	《国务院关于积极推进“互联网＋”行动的指导意见》	加快建设跨行业、跨区域的物流信息服务平台，提高物流供需信息对接和使用效率。鼓励大数据、云计算在物流领域的应用，建设智能仓储体系，优化物流运作流程，提升物流仓储的自动化、智能化水平和运转效率，降低物流成本
2016 年 7 月	国家发展改革委	《国家发展改革委关于印发〈“互联网＋”高效物流实施意见〉的通知》	推动传统物流活动向信息化、数据化方向发展，促进物流相关信息特别是政府部门信息的开放共享，夯实“互联网＋”高效物流发展的信息基础，形成互联网融合创新与物流效率提升的良性互动。利用互联网等先进信息技术手段，重塑企业物流业务流程，创新企业资源组织方式，促进线上线下融合发展，提高仓储、配送等环节运行效率及安全水平。依托互联网等先进信息技术，创新物

续 表

发布时间	发布部门	政策名称	主要内容
			流企业经营和服务模式，将各种运输、仓储等物流资源在更大的平台上进行整合和优化，扩大资源配置范围，提高资源配置有效性，全面提升社会物流效率
2017年2月	商务部、国家发展改革委、国土资源部、交通运输部、国家邮政局	《商贸物流发展“十三五”规划》	加强商贸物流信息化建设。深入实施“互联网+”高效物流行动，构建多层次物流信息服务平台，发展经营范围广、辐射能力强的综合信息平台、公共数据平台和信息交易平台。运用市场化方式，提升商贸物流园区、仓储配送中心、末端配送站点信息化、智能化水平。推广应用物联网、云计算、大数据、人工智能、机器人、无线射频识别等先进技术，促进从上游供应商到下游销售商的全流程信息共享，提高供应链精益化管理水平。鼓励有条件的地区开展政府物流信息共享平台建设，将交通运输、海关、税务、工商等部门可公开的电子政务信息进行整合后向社会公开，实现便民利企
2017年10月	国务院办公厅	《国务院办公厅关于积极推进供应链创新与应用的指导意见》	促进制造供应链可视化和智能化。推动感知技术在制造供应链关键节点的应用，促进全链条信息共享，实现供应链可视化。推进机械、航空、船舶、汽车、轻工、纺织、食品、电子等行业供应链体系的智能化，加快人机智能交互、工业机器人、智能工厂、智慧物流等技术和装备的应用，提高敏捷制造能力
2018年12月	国家发展改革委、交通运输部	《国家发展改革委、交通运输部关于印发〈国家物流枢纽布局和建设规划〉的通知》	加强综合信息服务平台建设。鼓励和支持国家物流枢纽依托现有资源建设综合信息服务平台，打破物流信息壁垒，推动枢纽内企业、供应链上下游企业信息共享，实现车辆、货物位置及状态等信息实时查询；加强交通、公安、海关、市场监管、气象、邮政等部门公共数据开放共享，完善数据交换、数据传输等标准，进一步提升不同枢纽信息系统的兼容性和开放性。进一步加强新技术、新装备的创新应用，促进现代信息技术与国家物流枢纽运营管理深度融合，提高在线调度、全流程监测和货物追溯能力

续 表

发布时间	发布部门	政策名称	主要内容
2019年2月	国家发展改革委、中央网信办、工业和信息化部、公安部、财政部、自然资源部、生态环境部、住房城乡建设部、交通运输部、农业农村部、商务部、应急部、人民银行、海关总署、市场监管总局、统计局、气象局、银保监会、证监会、能源局、铁路局、民航局、邮政局、铁路总公司	《关于推动物流高质量发展促进形成强大国内市场的意见》	大力发展数字物流，加强数字物流基础设施建设，推进货、车（船、飞机）、场等物流要素数字化。加强信息化管理系统和云计算、人工智能等信息技术应用，提高物流软件智慧化水平。支持物流园区和大型仓储设施等应用物联网技术，鼓励货运车辆加装智能设备，加快数字化终端设备的普及应用，实现物流信息采集标准化、处理电子化、交互自动化
2020年6月	国务院办公厅	《国务院办公厅转发国家发展改革委 交通运输部关于进一步降低物流成本实施意见的通知》	加强信息开放共享，降低物流信息成本。同时加快发展智慧物流，积极推进新一代国家交通控制网建设，加快货物管理、运输服务、场站设施等数字化升级。推进新兴技术和智能化设备应用，提高仓储、运输、分拨配送等物流环节的自动化、智慧化水平

二、智慧陆港的发展现状

新一代信息技术给陆港的智慧发展带来极大的机遇，同时也为陆港的业务功能开辟了广大的空间，陆港物流技术装备自动化、物流运作管理和流程信息化及多种技术和软硬件平台集成化成为智慧陆港建设的核心。

（一）智慧陆港的特点

陆港以现有铁路、公路等运输手段为依托，以与沿海港口、机场合作为基础，在内陆地区形成水水、公水、海陆、空陆联运的聚集地或转拨点。在陆港的智慧发展中，开放、互通、智能、融合成为智慧陆港建设发展的重要方向。同时，信息化、智能化在推进陆港一体化协同、提效降本、提升服务质量、完善监管职能等方面也发挥了重要作用。

1. 信息化、智能化成为陆港创新发展新引擎

信息化、智能化是现代物流业发展的重要特征。随着大数据、云计算、物联网、区块链、人工智能、5G 等信息技术的快速发展和不断更新迭代，信息化、智能化也成为陆港创新发展的新引擎。在全国运营的陆港中，信息化手段为陆港各项业务的顺利开展起到了重要的基础性支撑作用。

2019 年 4 月，乌鲁木齐国际陆港打造的智慧陆港平台——智能场站平台系统试运行。智能场站平台系统整合了口岸联运各方的数据，将数字技术与作业班列深度融合。可实现境内外班列运行数据的实时动态显示，提供货物追踪、共享境外段班列运行信息、平台订舱等服务。

四川宜宾临港国际物流园区高度重视先进技术应用，大力推进先进信息技术和设备在园区的应用，并建立了园区数据决策支撑系统。为大力促进园区信息化、数字化运营，临港经开区还搭建了具备孵化、投融资、科技信息、商务服务、政务服务、物业服务等功能的公共服务平台和公共技术平台。占地面积约 555 亩的科技创新中心，引进国内知名科技园开发与运营商，进行专业化、市场化、品牌化的运营管理，全力打造一流的创新创业平台，成为助推园区高质量发展的新引擎、新动能。

2. 信息化软件系统建设与智能装备技术等硬件设施全面布局

智慧陆港建设主要体现在智能办公系统和信息化平台等信息化软件建设以及基础设施和智能装备等硬件建设的现代化等，特别是新一代信息技术与陆港业务深度融合创新，实现运营组织和服务的智能化、协同一体化、敏捷柔性化等。在智慧陆港建设中，智能装备技术等硬件设施与信息化软件体系呈现出全面布局的特点。

一是无人驾驶智能卡车、自动导引车、智能穿梭车、智能机器人、无人机等智能装备技术成为智慧陆港建设的热点。仓储机器人、码垛机器人、全自动化码头、无人场站等智能化仓储现代物流设施开始应用。与此同时，多式联运装备技术创新得以快速推进。二是物流平台建设大发展。以义乌国际陆港为例，为积极推进智慧物流建设，义乌国际陆港整合多方优势资源，成立了“义乌好运”城市配送平台。该平台通过区块链、人工智能、大数据、云计算等先进技术，将闲散的货源、同城运力以及干线物流等物流资源进行整合，实现车货匹配、智能调度、动态集拼等智能化功能，提升货物物流效率。同时搭建“1556”国内物流信息平台，对车辆、货物、道路、司机、商家、物流园区等业务要素进行数字化赋能，将发货需求、社会运力、运输线路等情况进行实时智能化分析与匹配，实现智能调度、订单分单等功能，进一步提升物流智能化服务水平。

3. 整合物流资源，多方高效协同，全流程透明化、可视化

在智慧物流发展模式下，陆港发挥着统筹口岸等各类物流要素的职能，实现业务全流程智能定位、智能识别、智能跟踪、可视化监管等的快速融合发展，从而使各个方面的资源提升整体效益。

成都国际陆港自成立以来就承担了统筹口岸和各种物流要素的职能，自主开发了单一窗口信息系统，通过EDI电子数据交换整合口岸、铁路、公路、港口和船公司等窗口功能，同时不断完善班列订舱、场站操作、货物追踪等信息系统，拓展境内、境外合作。通过信息化手段实现物流全过程对货物的可控可溯、透明管理。

山东港口物流集团依托先进的数据中台技术，搭建“陆海通”公共服务平台，其中多式联运操作平台引进3D云可视化技术，实现3D云堆场的配置与数据的实时更新，模拟现实环境下的集装箱堆码场景，为箱管人员提供第一和第三视角的集装箱盘存功能，有效减少翻倒、提高场地的周转率和利用率。多式联运操作平台还与海关、码头、铁路无缝对接，实现海关全程监管、智慧化高效协同全覆盖。

4. 新一代信息技术创新应用催生供应链金融等多种融资新模式

近年来，物流与供应链金融业务在我国快速发展。新一代信息技术的创新应用，在管控供应链金融风险、保证信息的真实性、提升融资效率等方面发挥了重要作用。智慧陆港建设日益成熟，催生了供应链金融等多种融资新模式，不仅解决了产业链上小微企业融资难的问题，也进一步强化了供应链上企业的协同共赢。

以西安国际港务区为例，2019年3月4日，由西安国际陆港集团、工商银行西安分行牵头多家金融机构共同搭建的“西安港供应链金融服务平台”正式启动，西安国际陆港集团与工商银行西安分行达成战略合作，针对西安陆港的供应链融资业务展开全方位的合作。平台以客户需求为导向，在国际物流贸易服务的基础上，依托陆港集团“运贸融”体系，整合各类临港产业资源，在真实贸易背景下通过平台入驻企业的货物流、信息流及资金流的大数据积累为入驻企业提供信用背书，让入驻企业的生产贸易规模快速发展壮大。同时结合中欧班列“长安号”上下游客户群，定制专属金融产品，促进贸易资源在西安港聚集，为西安开放型经济发展提供有力支撑。

成都国际陆港通过探索“一单制”，创新“提单”金融服务。结合供应链金融公司、银担联合体、区块链平台等，建立多方协同、风险共担的陆上贸易结算融资新机制。成都国际陆港与金融机构合作以“一单制”为切入点探索多层次的单证融资，相继开发出“一单制”+“银保联合”“银担联合”利用货物质押融资、“一单制”+区块链平台利用贸易真实性和贸易数据融资、“一单制”+供应链金融平台利用行业核心企业融资等多种融资模式。

（二）目前存在的主要问题

当前，国内智慧陆港的建设发展还处于探索阶段，在不断提升和创新过程中，一些存在的问题也不容忽视，特别是信息孤岛、标准化体系不统一等。

近年来，在中央及地方政府利好政策支持下，陆港信息化建设步伐加快，信息化程度普遍较高，但仍存在对内交互频繁而对外条块分割的现象，制约了陆港业务各方协同联动发展。

2020 年 8 月，在陕西省政协围绕“推进口岸经济基础信息化建设”召开的月度协商座谈会上，西安国际陆港集团总经理屈锦薇指出了西安国际陆港集团在信息化建设上存在的问题：作为“一带一路”重要的物流、贸易集散地，西安国际陆港通过构建一系列口岸自动化管理系统，已初步实现了港口的智能化、信息化。“长安号”作为陕西省外向型经济发展的重要平台，对信息化需求度较高，但班列发运平台与铁路局、中心站、海关等单位在业务数据上暂未联通，集装箱进站、装车等信息只能通过人力现场调取，无法通过信息手段第一时间反馈给班列发运平台和客户。同时缺少与各大物流节点的联动信息平台，相关信息需运营公司一家一家洽谈，影响发运时效和客户满意度。

标准化体系不统一、不完善对陆港的智慧发展也有一定的制约作用。智慧陆港的建设需要统一标准，建立物流过程数据库并形成数据维护、共享机制。在具体业务操作流程中，也应不断推进标准化建设。例如在多式联运中，应形成联运方式的操作流程、时间衔接、环节匹配、单证使用及信息系统的标准化统一等。

三、智慧陆港未来发展展望

（一）无人化作业模式将越来越普遍

在人工智能、物联网、5G 等新一代信息技术的推动下，智慧陆港的发展朝着传统陆港 + 人工智能的模式不断发展。未来，无人化作业模式将越来越普遍。

目前，福建自贸区厦门自贸片区通过大数据在智慧港口无人化作业的创新做法成效初显。在厦门国际航运科创中心，船边理货已实现从现场转移到室内远程作业。通过远程控制区、智能监控区和智能闸口远程控制区实现了办公区域可视化，让工作人员在科创中心办公室，就能对码头装卸货情况进行实时跟踪。工作人员通过桥吊远程操控系统可完成远处码头上的集装箱装卸任务。厦门集装箱码头集团海天码头，也已经实现了远程桥吊作业，让无人码头作业成为现实。

乌鲁木齐陆港的智能无人装卸载系统，则利用5G、物联网等技术实现集结中心水平运输、垂直运输以及中欧班列进出集结中心等系统的智慧化转型升级。该智能系统重点开展了现场多路视频回传的远程控制，完成集结中心和多联中心自动理货、封闭区域内集卡自动驾驶等，实现降本增效。

（二）信息技术推动物流新模式、新业态不断涌现

新一代信息技术的快速发展，推动物流业新业态、新模式不断出现。以苏州工业园区航港物流有限公司园区“空运直通港”为例，航港物流以搭建虚拟海陆空港一体化、载体功能完善、运作规范高效的物流平台为目的，通过强化与苏州周边港口、机场的合作，全国首创虚拟空港（SZV）快速通关模式。进一步创新物流模式，结合自贸区产业发展对物流时效和成本的新要求，创新园区空运直通港快速物流模式。该物流模式将上海浦东机场货站服务前移至苏州工业园区，苏州虚拟空港作为东航物流唯一指定的苏州货站平台，代替现有上海货代监管仓库功能，海关放行后即可通过卡车航班转至园区“空运直通港”进行分拨后送往企业，助力企业降本提效。

未来，智慧陆港将更加关注智能技术在协同共享上发挥的作用，通过重塑产业分工、再造产业结构、转变产业发展方式，形成高效、协同的新业态。

（三）促产业集聚，形成以智慧陆港为核心的供应链生态圈

信息化为陆港高效运行提供强有力支撑，也为产业聚集发展提供了必要条件。智慧陆港通过先进信息技术手段，实现各个功能系统间的数据交互与决策共享，提升贸易便利化水平，形成更有活力、更富效率、更加开放、更具便利的营商环境，加速推动产业集聚与当地经济的融合发展与转型。以苏州工业园区综合保税区为例，其围绕苏州着力打造生物医药产业的目标，不断强化提升苏州生物医药产业冷链运输服务，极大满足了生物医药产业对产品冷链运输的需求，从而带动冷链运输产业在综合保税区集聚；此外，为持续优化口岸营商环境，苏州工业园区综合保税区以信息化、智能化为杠杆，加快“智慧海关”建设，依托原有的制造业集聚优势，继续吸引高科技、高附加值、新兴产业模式的企业，进一步促进产业集聚，形成以智慧陆港为核心的供应链生态圈。

第二节 陆港应急物流网络发展现状与未来趋势

2020年2月14日，习近平总书记在中央全面深化改革委员会第十二次会议上强调，要健全统一的应急物资保障体系，把应急物资保障作为国家应急管理体系建设的

重要内容；要优化重要应急物资产能保障和区域布局，做到关键时刻调得出、用得上。2020 年 9 月 9 日，习近平总书记在中央财经委员会第八次会议上强调要认真研究应对新冠肺炎疫情的经验，加快建立储备充足、反应迅速、抗冲击能力强的应急物流体系。因此，必须高度重视加强顶层设计，研究并构建高效有力的应急物流体系。陆港作为现代物流的重要组成部分，加强应急物流网络研究与建设，对于应对突发事件和重大公共卫生事件、保持社会安全稳定具有重大现实意义。

一、陆港应急物流网络建设的时代背景

随着国家物流枢纽建设的全面展开，作为内陆物流网络重要节点的陆港枢纽将越来越发挥其辐射区域广、集聚效应强的作用。在新冠肺炎疫情防控中，陆港应急物流网络作为国家应急物流体系的重要组成部分，在应急筹措、物资输送、外联内通、严密防护、支撑复产等方面发挥了巨大的作用。客观认识陆港应急物流网络发展的时代背景，有利于充分认识其在国家应急物流体系中的重要作用，有利于更好地规划陆港未来发展蓝图。

（一）国家高度重视

陆港作为新兴的国家应急物流力量，从需求论证之初就纳入国家建设发展规划范畴，在国家各相关部委的高度关注下稳步推进。一是统筹整合国家应急职能。2018 年 3 月，根据第十三届全国人民代表大会第一次会议批准的国务院机构改革方案，组建应急管理部作为国务院组成部门，同期组建国家粮食和物资储备局，为防范化解重特大安全风险、健全公共安全体系、整合优化应急力量和资源，充分整合防汛、消防、抗震、安全、卫生等部门的职能，充分整合国家战略物资和应急储备物资，实现应急力量和物流储备资源的统筹建设和集中统一调度，提升我国应对突发事件的能力。可以说，这从国家层面上推动了应急物流网络的统筹规划和协调运行。二是统筹规划应急物流网络布局。2018 年，国家发展改革委和交通运输部出台《国家物流枢纽布局和建设规划》，明确要发挥国家物流枢纽网络功能和干线转运能力优势，构建应对突发情况能力强、保障效率和可靠性高的应急物流服务网络。优化存量应急物资储备设施布局，完善枢纽综合信息平台应急功能，提升统一调度、信息共享和运行协调能力。研究制定枢纽应急物流预案，建立制度化的响应机制和协同机制，确保应急物流运行迅速、精准、顺畅。强调在构建国家物流枢纽网络体系中，要打造包括应急物流在内的高效专业的物流服务网络，进一步明确了陆港的功能定位和发展方向。三是鼓励支持应急物流产业发展。2019 年 7 月，应急管理部在《应急管理标准化工作管理办法》中明确指出，鼓励支持应急管理相关协会、学会等社会团体聚焦应急管理新技术、新产业、

新业态和新模式。作为应急管理的重要物力支撑，应急管理部对应急物流尤为重视，为应急物流的相关产业发展提供了较好的政策支持。

（二）行业快速发展

应急物流是现代物流的一种特殊物流形式，是以应对突发事件为主要指向，主要用于应急的一种特殊物资保障活动，与常态条件下的物流活动相比，应急物流通常具有不确定性、弱经济性、高时效性、非常规性等特点。2003 年“非典”暴发后，我国著名军事物流专家王宗喜教授在国内率先提出“应急物流”这一概念并进行系统研究，开创了国内应急物流理论研究的先河，经过十多年的发展创新，我国应急物流事业正在逐步壮大完善。一是成立应急物流专业委员会。2006 年，经国家民政部批准，正式成立中国物流与采购联合会应急物流专业委员会，作为我国第一个应急物流行业协会组织，促进和推动了应急物流的科学发展。二是应急物流得到充分重视。2008 年，国家经济动员办公室按照“平时服务、急时应急、战时应战”的总要求，首次依托商业企业，在武汉成立了湖北物流配送应急保障动员中心，建成了整个湖北省的物流配送应急保障中心。2009 年，国务院发布《物流业调整和振兴规划》，在“主要任务”中将应急物流列为重点发展的物流领域，明确“加强应急物流体系建设，提高应对战争、灾害、重大疫情等突发性事件的能力”，并将“应急物流工程”列为九大重点工程之一，要求“建立应急生产、流通、运输和物流企业信息系统，以便在突发事件发生时能够紧急调用。建立多层次的政府应急物资储备体系，保证应急调控的需要。加强应急物流设施设备建设，提高应急反应能力。选择和培养一批具有应急能力的物流企业，建立应急物流体系”。这标志着应急物流的地位作用得到广泛认可。三是应急物流专业力量亟待壮大。2013 年，我国首个应急物流实验基地——三峡应急物流中心在宜昌授牌，作为中国物流与采购联合会应急物流专委会重点培育对象。《国家物流枢纽布局和建设规划》中指出，陆港主要为保障区域生产生活、优化产业布局、提升区域经济竞争力，提供畅通国内、联通国际的物流组织和区域分拨服务。表明陆港不仅是沿海港口在内地的集中服务区，也是国家应急物流的重要力量，用以保障区域内广大民众的生产生活需要。由此可见，应急物流伴随着我国物流产业的发展而不断进步。

（三）突发事件频发

随着城市化进程的加快和社会经济的高速发展，在城市人口、产业、财富加速聚集的同时，城市也变得越来越脆弱，遭受各种突发事件危害的形势日趋严峻。一是自然灾害。例如，2008 年南方低温雨雪冰冻灾害和汶川大地震中，由于运输通道不畅，致使应急物资无法第一时间顺利进入灾区，极大影响了应急处置时效。二是社会灾难。例如，2015 年天津港爆炸事故、2016 年利比亚港口袭击事件、2020 年黎巴嫩首都贝鲁特港口爆炸事故等，都给人们以惨痛教训：在作为超大量的物资存储、转运区的港口，建立高效的应急管控机制非常重要。三是公共卫生事件。例如，1988 年的上海甲肝、2003 年的非典、2004 年的禽流感、2020 年的新冠肺炎等疫情，都极大考验着特需物资储备供应能力和应急物流网络响应速度。此外，各类突发事件具有多元和次生的特征，在特定的情景下还可能相互转化，带来连锁反应。客观上要求国家应急物流体系必须在有限的时间、空间和资源约束下，快速提供应对突发性事件所需的应急物资。作为内陆城市应急体系的重要组成部分，以陆港为枢纽，不仅能够更有效地整合运输、包装、装卸、搬运、仓储、流通加工、配送及相关信息处理等各种功能，而且能够统筹国际和国内资源实现外联内通，为有效应对各类突发事件提供及时、足量、高效的物资供应保障。因此，构建陆港应急物流网络，充实完善国家和各地区应急物流体系势在必行。

二、陆港应急物流网络建设的现状

（一）陆港应急物流网络建设取得的成就

目前，我国陆港应急物流网络建设已经具备良好的基础设施条件。陆港布局在交通便利、产业发达、货源丰富的城市范围，具备沿海港口和沿边口岸功能，能够有效实现应急物资的快速集散。2019 年 9 月，首批 23 个入选国家物流枢纽建设城市名单中，陆港型物流枢纽有 8 个，在 6 类国家物流枢纽中占到了近 35%。据中国开发区协会陆港分会不完全统计，全国陆港建设运营城市共有 204 个，形成了东北、华北、西北、山东半岛、华东、华南及西南地区的大型陆港群，多种交通运输线路连接陆港，构建了四通八达的物资集散物流网络。

我国陆港应急物流网络建设已经初见成效。在 2020 年全球暴发的新冠肺炎疫情中，陆港物流网络在国内外应急物资保障方面均发挥了重要的作用。从 2020 年 2 月 9 日起，万科集团旗下成员企业万纬物流积极协调并调动部署在全国的仓储资源，在国内 27 个城市无偿开放 59 个物流园，用于应急周转仓储及多温区食品物流运营服务。中欧班列在海运物流周期拉长及国际航班大幅取消、减少的背景下，向国外运送大量防疫物资、生活必需品等紧急货物，有效发挥了战略通道作用，凸显其在国际应急物流中的地位。

（二）陆港应急物流网络建设存在的不足

一是应急物流组织体系不够完善。当前国内运营的陆港分属于不同的管理机构与部门，多数为单体运作，彼此之间尚未实现互联互通，部分陆港存在同质化竞争。在突发事件发生后，陆港应急物流协调机构大多是临时抽组，缺乏有效的协同机制以及专业人才，导致各自为政、各管一摊，整体保障效能难以发挥。例如，2020 年新冠肺炎疫情暴发后，由于缺乏统一的协调管控，多方无法整体联动，新冠肺炎疫情初期整个陆港应急物流体系出现多头指挥、各自为战等现象，严重制约了各方的有效合作，影响了陆港应急物流的效率和效果。

二是应急物流规划布局有待优化。当前，我国陆港应急物流规划布局针对性不强，与各地区的灾害类型不匹配，疏密程度难以把握。我国西南地区泥石流、地震等自然灾害多发，对生活必需品、救灾物资、专用应急物资与装备等的潜在需求量较大，对保障的时效性要求较高，但是受地区经济发展的限制，陆港枢纽少、布局密度低，难以快速筹集与转运物资；我国东部地区经济发达、人口密集，爆发重大公共卫生事件的概率大，该地区陆港建设密度较大，各类物资数量充足，能够满足应急物流筹措要求，但是陆港存在重复建设的问题，部分陆港功能高度重合。

三是应急物流功能模块严重不足。当前，陆港功能多元化，普遍设置装卸、运输、仓储、加工、保税、海关等功能，但是在集疏运体系、场地、工具、运输方式、多式联运衔接等方面缺乏应急保障功能的设计。在应急物资储备功能上，陆港内仓库大多为临时储存的中转物资所设计，没有专为应急物资储备设计的库房，或者没有在仓库内为应急物资储备划定专门的区域。在应急物流作业区域功能上，缺乏专门的绿色通道，大多数陆港作业区的划分难以满足大批量应急物资装卸、储存、加工、装运和快速集散的要求。

四是应急物流信息平台亟待搭建。目前，陆港物流信息化快速发展，行业内综合服务信息平台较多，但是缺乏可供应急物流运作调度的专用信息平台，导致各自为政、整体保障效能低下。物资需求信息难获取，陆港园区内各企业无法及时了解应急需求；物流行动信息难掌握，临时组建的应急物流协调部门，难以及时掌握陆港应急物资的来源、需求和供给，以及运力的数量和能力等信息，无法对物资运输做到实时掌控，导致物资供应、调度、配送效率低。

五是应急物流法规标准亟须完善。目前，陆港应急物流网络建设还处于初级阶段，法治化、规范化、标准化的进程刚刚起步。在宏观层面，陆港应急物流可依据的法规，大多分散于国家应急管理法规中，针对性、体系性不强，难以作为参考和指导。在操作层面，陆港应急物流的技术标准和管理规范尚不完善，各参与主体权责、主要物资存储及运输配送、基础设施使用、多式联运衔接等方面缺乏相应的标准规范，导致各部门权责不清、沟通协调不畅，难以保证应急物流网络高效运作。

三、国内陆港应急物流网络运行的特点

在新冠肺炎疫情防控过程中，全国大部分陆港承担了大量的物资筹措、保税仓储、出口转运、救援输送、严密防护等任务，搭建了较为完善的陆港应急物流网络，而且在运行过程中逐步形成了一整套经得起考验、可以复制的应急物流运行模式，为我国持续应对新冠肺炎疫情以及多种突发事件奠定了坚实的基础。

（一）陆港应急物流网络的急速搭建运行

应急物流网络是发挥陆港应急物流功能的关键，陆港对内连接我国内地各地区大中城市，对外直接与口岸对接进出口业务，是地方物流网络的核心枢纽。在突发情况下，紧急启动陆港应急物流组织职能，利用陆港网络资源优势，快速搭建陆港应急物流网络至关重要。

各级陆港相关管理机构和行业协会快速启动联防联控机制，发挥了应急物流的统筹集成作用。在2020年新冠肺炎疫情防控初期，国家发展改革委指导全国56家示范物流园区，积极参与应急物资组织、运力保障、仓储配送等工作，保障了区域医疗和生活物资供应，有序推进复工复产。甘肃（兰州）国际陆港管理委员会第一时间成立疫情联防联控领导小组，科学部署疫情防控工作，制定《防控新冠肺炎疫情及复工复产工作方案》，细化职责清单、优化工作流程、强化科学管控，确保责任压实到各方面、压紧到各时段。

采取多种手段，打通应急物流堵点。黄石新港作为湖北省及黄石市公铁水物流集聚的重要平台，肩负着保障国计民生的重担，在2020年新冠肺炎疫情防控的特殊时期，用不足原来20%的生产人员牢牢守护腹地民生及华电、新冶钢等国家重点产业运输生命线，在无一名员工感染的情况下，确保水运通道的畅通。在新冠肺炎疫情发生之初，黄石新港在收到装有运往武汉防疫物资的“江海之福”号卸船计划后，突击队各岗位人员协作联动，争分夺秒地进行船舶作业，圆满完成装卸和出运任务，为防疫物资能及时运往武汉争取了宝贵时间。重庆国际物流枢纽园区，针对湖北方向铁路车流出现大量积压的问题，兴隆场编组站多管齐下，8台调车机加速穿梭于编组场与出发场之间，加强对发往湖北省的各类车流的解编作业，保证了灾区货流畅通无阻。为提高国际航运效率，晋江陆地港创新启动“超级干线计划”服务，与泉州晋江机场签署战略合作协议，开通跨境电商及国际货运包机航线，并设立“城市货站”，简化货运服务流程，提高紧急救援物资的保障效率。陆港应急物流网络在政府、行业协会以及各级管理层和一线作业人员的共同努力下，创造性地快速搭建并高效运行，有效地支援了我国应急救援物资的进出口和复工复产。

各级相关应急物流政策的不断出台固化网络。2020 年 3 月 3 日，国务院常务会议通过了对新冠肺炎疫情防控期间执行应急运输任务的交通运输、物流企业减免各项收费的规定；交通运输部先后出台新冠肺炎疫情防控期间免收收费公路车辆通行费以及加强中欧班列运行保障工作的政策；各省区市先后出台降低受疫情影响较大的物流运输等行业的中小微企业新增贷款利率，对蔬菜和部分鲜活肉蛋品流通环节免征增值税，对储备管理公司免征印花税、房产税和城镇土地使用税，对受疫情影响较重的民航、水路运输、公路运输等物流行业依法免征增值税，补助鼓励医药流通企业采购、供应急需防疫物资，对配送疫情防控急需物资的企业给予就业补贴，允许物流配送（快递）等企业将在疫情防控期间产生的直接损失或增加的相关防控费用纳入成本费用核算等政策。针对疫情防控期间应急物流企业面临的矛盾和困难，国家和各级政府部门及时出台各项优惠政策和保障措施，有效地强化了陆港应急物流网络的不断构建和完善。

（二）陆港应急物流节点的严密高效防护

面对具有突然性暴发、无差别攻击、指数级传染、多元化影响、毁灭性危害等特点的重大传染病疫情，要保证应急物流网络节点的陆港正常运行，必须要做到严密高效的安全防护。

扎实做好疫情监测、消杀以及细致的防控工作。在新冠肺炎疫情防控过程中，各陆港管理单位扎实开展食品、环境及从业人员核酸检测、环境卫生消杀等工作，科学指导物流企业和从业人员做好疫情防控工作；各陆港区域内采取设立疫情防控点、增设党员先锋岗等措施，增派口岸执勤人员，每日巡逻检查，严密做好疫情防控，保证境内外人员频繁流动口岸的安全与可控。

建立信息及时更新共享机制。疫情防控期间，各陆港管理部门和查验单位提前做好分析研判疫情风险，建立铁路、公路、水运口岸运行数据共享机制和口岸重大信息报送制度，每日汇总上报疫情信息，严格按照国家要求实现信息报送。

优化陆港通关运作流程。为严防境外疫情的渗入，部分陆港采取疫情防控点向园区出入境前置，开放绿色通道实现重车、空车分流，优化通关业务流程的措施；针对通关限制造成国内车辆大量滞留高速公路的问题，紧急开辟车辆停放场所缓解拥堵，管控外来人员，做好体温监测和信息登记，提供餐饮、住宿条件，既解决了外来司乘人员的后顾之忧，又达到了集中管控，避免出现扩散情况。

创新“不见面”的运作方式。改变过去进出口货物收发货人或其代理人应当到场的要求，外贸企业通过“网上办”“邮寄办”“自助办”“预约办”等方式，委托口岸人员“不见面”办理关务，有效减少人员聚集，提升海关查验效率，保障进出境货物的快速验放。

（三）陆港应急物资筹措的进口业务优化

紧急筹措各类应急救援物资是陆港发挥国际应急物流网络重要功能的体现。我国陆港具有应急物资进口的业务职能。在2020年新冠肺炎疫情暴发初期，我国陆港充分发挥了应急进口业务功能，从国外筹集了大量救援物资，提高了通关和质检效率，有力地支持了重灾区疫情救援和防护。

组织应急采购，打通海外进口渠道。在2020年新冠肺炎疫情暴发初期，为扩大各类防疫物资进口，重庆国际物流枢纽园区组建采购工作组，面向全球采购防疫物资，全天候与国外对接，承受住了多国出口管制的考验，成功打通近20条进口渠道，覆盖东亚、东欧、北美、中亚等地区，快速筹措大量医用防护服、医用级口罩、额温枪等医疗防疫设备。

建立绿色通道，保证防疫物资快速通关。广西凭祥综合保税区管理委员会协调联检部门开辟“绿色通道”，友谊关口岸国际道路运输管理处优化运输车辆监管流程，对持有防控物资运输证明的运输疫情防控物资车辆一律快速放行，出入境边防检查站保持货检通道24小时民警值班留守，做到防疫物资随到随检、随到随放，保障防疫物资能在第一时间运往国内。2020年1月24日至3月15日，友谊关海关货运渠道验放口罩6460.39万只，还有防护服、护目镜、手套、测温仪等一大批防疫物资运往国内。

增设核酸检测，提速物流相关作业。为保障食品安全，海关需要对进口的每一个冻柜中的包装、货物、货柜的表面取样，进行核酸检测，再对每一柜货物进行全面消毒。针对这道工序可能造成大量货物滞留与积压的风险，厦门万纬物流冷链园区延长工作时间，每当有冻柜完成核酸检测显示安全后，立刻协调货物消毒，督促工人进行高效装卸，保证了进口货物的通关速度，有力保障了一线防疫，并充实市场。

（四）陆港应急出口转运的绿色通关服务

应急救援物资出口转运是陆港开展国际救援、拓展国际贸易的重要渠道。陆港组织救援物资应急出口，对于我国发挥国际应急援助职能、彰显人道主义精神、加强国际合作具有重要的作用。在世界各国持续暴发新冠肺炎疫情的情况下，我国积极组织各类救援物资生产，快速通过陆港组织物资发运。

了解国际救援物资需求，快速启动出口业务。2020年4月，重庆国际物流枢纽园区及时了解到日本防疫物资需求后，迅速启动对日出口业务，建立口罩货源“出海”渠道，采用西部陆海新通道铁海联运线路，将20.4万只一次性防护口罩运抵日本博多港。

加强国际沟通协调，畅通各类紧急救援物资的口岸通关。2020 年 3 月，广西凭祥综合保税区领导多次带队与越南同登—谅山口岸经济区管委会举行会晤，加强与越方在疫情防控及口岸畅通方面的沟通协调，同时加强与园区联检部门的沟通协调，有效保证了疫情防控期间口岸畅通工作。2020 年 3 月，一批华为技术有限公司履行泰国工程项目合同而急需的原材料，运输中被交通事故耽误时间，华为面临巨额赔偿和信誉损失，凭祥海关采取急事急办，加强沟通协调，将需要 2 ~ 3 天通关的手续压缩到 20 分钟，避免了企业遭受更大损失。

开通国际班列，组织集货疏运。受新冠肺炎疫情全球蔓延影响，海运物流周期拉长且不稳定，空运舱位锐减且成本急剧上升，中欧班列运输的综合优势不断凸显。2020 年 2 月 18 日，中欧班列（义乌）率先恢复运行，成为全国首条复工复产的中欧班列；2020 年 3 月 21 日，全国首趟搭载援外防疫物资的中欧班列从义乌启程前往西班牙。同时，杭州海关推出出境邮件“中欧班列集货疏运”模式，在海关监管下，由义乌组织国际邮件转关运输，通过中欧班列运输出境，该模式成功汇集了浙江、江苏、上海、福建四省市的出境邮件，经波兰后分拨至西班牙、英国、德国、意大利等 23 个欧洲国家，进一步提升了我国国际救援的影响力，同时拓展了国际贸易渠道。

四、陆港应急物流网络建设未来展望

未来国内陆港应急物流网络建设，应当以问题为导向，在总结 2020 年防控新冠肺炎疫情应急物流行业成功做法的基础上，从宏观规划到微观功能设计，全面加强陆港应急物流网络体系建设，具体建议如下。

修订完善陆港物流枢纽发展规划。兼顾地区经济发展需要和应对突发事件应急物流的社会责任，尤其应加大中西部地区的陆港比例，围绕“一带一路”辐射内陆二、三线城市，带动应急物流网络成体系建设。

健全陆港应急指挥协调机构。依托陆港管委会或者政府管理部门建立常设机构，结合当地实际，制定陆港应急物流预案，适时组织应急物流演练活动，让各层级人员明确责任和流程，尤其要常态化抓好新冠肺炎疫情防控的物流组织协调。

搭建完善国家应急物流综合信息服务平台。嵌入陆港应急物流网络信息模块，联通国际国内应急救援和应急物流需求资源平台，便于及时掌握紧急救援物资需求，快速组织陆港物资筹措、储存和通关转运等应急业务。

适度建立陆港应急物资储备。与国家储备和省区市应急救援储备相对接，也可以承接一定量的省区市应急救援物资储备业务，提升陆港在应急物流网络体系中的功能作用。

制定和修订陆港应急物流政策制度和行业标准。梳理近年来国家部委、各省区市出台的应急物流相关政策，制定和修订适合陆港的应急物流制度规定；加强与国家应急管理部、中国物流与采购联合会应急物流专业委员会的联系，立项制定陆港应急物流相关技术标准，进一步规范陆港应急物流网络建设与运行的规范化水平。

第四章　我国陆港发展趋势

在当前以国内大循环为主体、国内国际双循环相互促进的新发展格局下，陆港发展要不断提高贯彻新发展理念、构建新发展格局能力和水平，依托创新型经济，开辟增长源泉、拓展发展空间、凝聚合力、夯实基础，谋划高质量发展。本章以创新发展理念为引领，重点阐述了陆港未来发展趋势，提出了推进陆港高质量发展的主要途径。

第一节　创新理念引领

一、创新发展理念的时代背景

（一）陆港发展的对外开放时代

中共十九大报告提出要以“一带一路”倡议为重点，形成陆海内外联动、东西双向互济的全面开放新格局。陆港是连接国内国外两种资源、两个市场的重要纽带，是国内国际双循环的关键节点。在“一带一路”倡议深入实施的背景下，抓住双循环的契机对陆港功能进行升级和拓展，有利于实现区域经济协调发展。

当前以国内大循环为主、国内国际双循环的新发展格局中，陆港的升级与拓展是新格局的重要保障，物流供应链能力和体系建设应该成为陆港物流发展的关键战略方向之一；要尽快补齐我国国际物流能力、结构和网络的短板；高度重视新基建和新科技，推动陆港和国际物流供应链建设；结合我国自贸区功能建设，建设以陆港为核心的国际物流供应链枢纽。

（二）陆港发展的多式联运时代

陆港是“一带一路”倡议的基础设施，是连接我国内陆地区和沿海港口和沿边口岸的重要桥梁。以陆港为平台、以多式联运为依托，与海港的联动发展，对促进我国内陆地区经济对外开放，助推内陆区位优势转变为经济优势和推动“一带一路”相关地区的互联互通具有重要的战略意义。随着经济全球化、"一带一路"倡议实施和交通运输行业的快速发展，多式联运也在不断创新升级。国家物流枢纽网络、陆水空铁联运、中欧班列、无车承运人等新兴业态蓬勃发展，已经成为国家经济建设新的增长点和营商环境改善的重要领域。

（三）陆港发展的信息智能时代

随着5G、AI、IoT、大数据等新兴技术的不断发展，物流成为了实现互联互通的重要渠道和载体，成为推动经济高质量发展不可或缺的重要力量，成为新时代经济社会发展的重要基础设施。将新型的物联网技术与物流活动结合起来，可以极大地提高我国陆港建设的信息化与自动化水平与效率。5G的建设应用推动陆港型物流设施设备的智能化应用普及，加速了自动化仓储、自动驾驶的布局和发展，加快物流效率的提升。在物联网（IoT）应用领域，通过将物联网设备和货运设施设备、平台连接，收集实时数据，提高设施设备的准确性及多式联运运输效率，进而提升陆港型物流枢纽的现代化水平。

当前我国陆港信息管理流程比较复杂，物联网技术在物流活动中的应用，能够实现对相关物流功能的进一步整合，不仅提高了陆港管理系统的运行效率，而且通过陆港物流信息与流通渠道的整合，优化了整个陆港的资源配置，有效地改善了陆港内物流流通环境。

（四）陆港发展的产业融合时代

目前，各种产业向陆港的融合正在走向深入，由最初的制造业与陆港的"两业联动"，逐步走向商贸业、金融业等"多业联动"，合作共赢的"产业生态圈"正在形成，协同发展的"产业融合体"逐步显现。

陆港服务不断向供应链两端延伸，逐渐与制造业建立深度合作。从最初只承担简单的物流运输服务，逐步拓展到全面介入企业的生产、销售阶段，并通过整合供应链上下游信息，优化企业各阶段的产销决策，物流企业专业化服务水平和效益显著提高。在国家政策的鼓励和引导下，更多陆港在向提供供应链服务方向延伸发展。

（五）陆港发展的标准化时代

随着"一带一路"的不断推进和中欧班列的常态化运行，陆港作为海港、空港联运的重要环节，其功能和地位正在逐步提高。陆港和陆港产业的持续增长，使我国陆港建设进入全新发展时期。标准化作为国民经济建设的技术基础设施，分类编码标准是基础运行标准，开展我国陆港分类编码体系研究，确立权威、有效的陆港代码及编码体系，更好地将陆港与海港、空港紧密联系，并在国际贸易与运输体系中有效区分陆港、海港、空港，科学规范发展陆港。

（六）陆港发展的绿色环保时代

2018 年 4 月 2 日，中央财经委员会第一次会议明确提出要调整运输结构，减少公路运输量，增加铁路运输量。三年多以来，从公铁市场冷热失衡到铁路货运量逐年提升，从铁路端“一车皮难求”到主动增质降费、向货主让利，一场交通运输结构领域的深刻变化已然发生。

陆港作为物流运输可持续发展的新模式，要通过结构调整拓展绿色发展空间，优化物流基础设施布局；要通过技术进步推动绿色发展，推进绿色物流基础设施建设；要通过制度设计引导绿色发展，形成推动绿色物流发展的长效机制。此外，通过发挥陆港功能，调整我国货运运输结构、增加铁路货运量实现“公转铁”，促使更多的大宗商品从公路运输转到铁路运输上来，坚决执行“打赢蓝天保卫战”政策，推进大宗货物运输“公转铁”，促进物流运输结构调整，构筑高效、绿色、环保的物流运输体系。

二、创新发展主要趋势

（一）陆港产业的重要作用

1. 陆港是内陆经济供给侧改革的重要支撑

从我国供给侧改革来看，推进供给侧结构性改革，是当前和今后一个时期我国经济发展和经济工作的主线。供给侧结构性改革，就是要从经济系统的供给端发力，通过体制改革和结构调整，提高生产要素配置效率，消除无效供给，扩大有效供给，激发经济增长新的内生动力，最终目的是满足需求。

陆港与其所处的经济区具有经济系统供给端属性，一方面作为消费性服务业，在满足人民群众不断增长的个性化、多样化、高端化出行，网购和其他消费需求方面扮演着十分重要的角色；另一方面作为生产性服务业，是现代产业分工和现代贸易不可或缺的环节，与经济内在活力、要素配置效率、产业结构调整息息相关。

陆港及其经济区将成为带动周边地区高端生产要素投入的活跃因素，促使区域产业不断完善和功能布局、空间布局、产业布局不断优化，驶入产业发展的快车道。尤其是在新旧动能转换方面，陆港及其经济区作为高端要素集聚区，严格制定产业准入标准，把控产业进入，滤除低端、高耗能产业，积极发展高端、绿色产业，提升整体产业在全球价值链分工中的地位。充分依托其科技创新优势，积极完善创新创业环境，努力优化产业结构，大力培育和发展新兴业态，发展了一大批包括战略性新兴产业在内的高新技术产业，在优化区域产业结构、培育新的经济增长点等方面发挥着巨大作用，成为中国战略性新兴产业的重要聚集地。

2. 陆港是沿海港口拓展内陆货源的重要途径

我国经济战略的调整使得中西部地区经济发展具有较大潜力，货源地往内陆地区大量迁移，该地区的外贸企业渴望在内陆就能完成通关、托运等手续。建设陆港、实现海港功能的前移，有利于港口争取内地货源、提高沿海港口在内地的竞争力。

建设陆港后，内陆地区的货物可以实现一站式报关、报检、订舱、集疏运、储运、包装、分送等，实现内陆地区与沿海港口的“无缝对接”。方便内地外贸企业办理进出口业务，并有效降低物流成本，此外，陆港作为多式联运物流枢纽，可以提供仓储、配套等供应链增值服务，并提供大量就业需求，这种不靠海、不靠江的陆港，使沿海港口的运输、装卸、物流服务功能进一步延伸至货源腹地，给港口、货主、铁路、内陆城市等各方带来利好。

3. 陆港是打造陆地物流通道的空间载体

在“一带一路”倡议下，近年来我国海陆两大物流通道快速发展，陆港作为陆地物流通道的重要空间载体，集合“一带一路”节点城市的优势产业对其进行合理的功能布局，具有重要的意义。陆港要想更好地发展，必须结合相关产业的发展，不断完善自身功能，提升综合竞争力。因此，在国际陆港的规划中应通过统筹集装箱多式联运服务、通关服务、保税仓储和供应链增值服务等功能及文化娱乐、创意研发、金融办公、贸易交易等业态，进行合理分区，形成顺畅的货物集散、存储、中转、海关通关和检验检疫等流线，提高整体效率，实现当场报关、报检、签发提单、一票到底的“直通式”全程服务，进而推动内陆地区的外向型经济发展。

（二）陆港产业未来发展趋势

1. 陆港产业将成为内陆经济发展的新引擎

“十三五”时期以来，中国发展的动力源可归结为六大动力：创新驱动发展动力、绿色发展动力、新型城镇化动力、区域经济动力、参与经济全球化动力和包容性发展动力。中国经济发展进入新常态，呈现出速度变化、结构优化和动力转换三大特点。在动力转换方面，“双创”蓬勃发展，创新驱动产业迈向中高端。创新驱动战略既有利于传统产业的优化升级，也有助于形成新产业、新技术、新业态、新模式，促进旧动能焕发生机活力和新动能孕育成长，为经济稳定增长提供了有力支撑。“十四五”时期是我国转型高质量发展关键阶段，可以说，陆港产业成为内陆经济发展一个新引擎是必然的趋势。

2. 陆港产业将成为内陆对外开放的交流试验田

我国区域经济发展不均衡，尤其是内陆地区一直缺少高端生产要素和资源通道的支撑，内陆地区要实现快速崛起，必须尽快完成新旧动能的转换，增添一个具有强大聚集效应和倍增效应的发展引擎，而现在能够承担起新引擎功能的就是陆港及其经济区。陆港及其经济区既是高端生产要素的组成部分，又是高端生产要素投入的重要载体和条件，对一个城市或区域具有很强的带动作用。

我国近年来以“一带一路”为对外开放大背景，通过在全国部署自贸区实现内陆对外开放，而内陆自贸区对外开放需要陆港作为基础性支撑，因此陆港及其经济区是内陆对外开放的主要节点。可以看出，陆港及经济区是实现对外开放与国家内陆发展的转换器，是内陆地区对外开放的高地。伴随着各地陆港及其经济区设施的逐步完善，建立以陆港为依托的陆港型自由贸易园区将成为扩大对外开放的重要途径。

3. 陆港产业将成为内陆区域经济融合发展的典型示范

按照区域经济学的观点，生产效率是衡量一个地区核心竞争力高低的重要标志。这是因为生产要素往往具有向生产效率相对较高的区域流动的特点，只有在取得较高生产效率的情况下，才能吸引高端生产要素向特定区域流动，使相互联系的企业、供应商以及相关产业和组织机构在特定的区域形成集群，从而占据全球产业链的上游，反过来对要素流动产生更强的作用力。

因此，陆港及其经济区对周边地区具有较强的带动作用，具有较深的经济腹地、经济网络覆盖面广等特征，符合高生产效率特点，使得在这一区域内，众多城市及陆港联系紧密、高度一体，经济密度高、生产效率高、科技含量高、开放程度高，充满活力。当今世界，那些具区域竞争优势的地区往往呈现“城市群”的特征。城市群对公路、铁路运输需求旺盛，不同功能、不同规模的陆港及经济区有机地分布于城市群中的各个区域，支撑着城市群不同需求的各类活动，对提高区域的对外开放程度、促进产业结构调整与优化具有非常重要的作用。

第二节　推进陆港高质量发展

一、陆港高质量发展的重要意义

陆港是现代物流体系的重要组成部分，推动陆港高质量发展有利于陆港城市物流业及相关服务业快速发展，是推进物流业发展方式转变、结构优化和动力转换，实现物流业自身转型升级的必由之路；建设陆港有利于扩大沿海港口的经济腹地，保证沿海港口物流供应链顺畅，进一步提升沿海港口城市的集聚和辐射功能；有利于拉动当地经济，实现区域间的协同发展。

伴随着改革开放的进程，物流业已成为支撑国民经济发展的基础性、战略性产业。2020 年，陆港主要发展指标处于平稳增长区间，新基建、高新技术产业、战略性新兴产业及电商、快递和冷链等促进陆港快速发展，我国陆港发展仍然处于重要的战略机遇期，同样也面临着新的挑战。要坚持新发展理念，进一步深化改革、扩大开放，以供给侧结构性改革为主线，全面推进高质量发展。

二、推进陆港高质量发展的举措

（一）规划引领、科学布局，促进陆港健康可持续发展

积极发挥政府和相关部门职能作用，加快国家陆港型物流枢纽网络布局和建设，通过科学规划指导全国陆港整体布局和建设，推动物流资源向有市场需求的枢纽进一步集聚，支持和引导具备条件的陆港健康可持续发展。发挥系统规划优势，总体规划、统筹建设，以全国一盘棋思想，突出政府组织骨干作用，强化各陆港之间及与其他物流枢纽间的组织协同，形成顺畅便捷的陆港服务辐射网络。促进区域协调发展，缩小东西部陆港发展水平不均衡现状，补足西部滞后地区发展短板。加快推进要素聚集、资源整合，避免同质化竞争、低水平重复建设和资源浪费问题。

（二）提速物流枢纽建设，构建基础设施网络支撑体系

内陆地区国际经贸的发展需要便利的国际物流通道作为支撑，要围绕“一带一路”建设、京津冀协同发展、长江经济带发展、粤港澳大湾区建设、长三角一体化发展等的实施，依据国土空间规划，在国家物流骨干网络的关键节点，选择部分基础条件成熟的承载城市，加快国家物流枢纽布局建设，培养形成一批资源整合能力强、运营模式先进的枢纽运营企业，构建高质量陆港基础设施网络体系。

要加强转运联动衔接设施补短板建设。发挥政府投资的示范带动作用，积极推进综合货运枢纽站场建设，大力支持港口、公路、铁路各种方式货运枢纽场站的联合布局，以促进货运的“无缝衔接”，提高货运效率。陆港对内陆集装箱运输过程的优化具有重大作用，不仅可以大大降低货主企业库存、减少流动资金占用，还可以降低流通费用，从而保证内陆集装箱物流有序运转。

（三）发挥集聚功能，推进港产城一体化，打造枢纽经济

陆港作为物流枢纽，其集聚辐射功能是显而易见的，具有效率与利益的双重优越性，可以有效促进现代物流业与制造业深度融合。陆港的建设有利于整合分散的物流

资源，使物流资源得以集中，并发挥协同效应。同时，利用陆港的聚合力，可以吸引各类物流企业入驻陆港，为社会提供各种物流服务，吸引工商企业在陆港设立配送中心、采购中心、物流中心等分支机构，为企业自身及客户提供相关服务。通过陆港这个平台，能够吸引和集聚各类物流资源，促使区域的物流资源得到有效整合，为客户提供一体化的物流服务。通过物流资源的整合和集聚，形成较大规模的物流产业集聚，提高区域物流业的发展水平，从而降低物流服务交易成本、提高物流服务交易效率。

以陆港高效物流服务为核心，充分发挥国家物流枢纽辐射广、成本低、效率高的优势，带动区域农业、制造、商贸等产业集聚发展，打造形成各种要素大聚集、大流通、大交易的枢纽经济。依托陆港型国家物流枢纽，形成一批具有国际影响的枢纽经济增长极，将陆港打造成为产业转型升级、区域经济协调发展和国民经济竞争力提升的重要推动力量。促进陆港与区域内相关产业协同联动和深度融合发展，打造以国家物流枢纽为核心的现代供应链。鼓励和引导制造、商贸、物流、金融等企业，依托陆港实现上下游各环节资源优化整合和高效组织协同，发展供应链库存管理、生产线物流等新模式，满足敏捷制造、准时制生产等精益化生产需要，提升全物流链条价值创造能力，实现综合竞争力跃升。

（四）智能协同，增强陆港高质量发展内生动力

打造智能化陆港。大力发展数字物流，加强数字物流基础设施建设，推进货、车（船、列车、货车）、场等物流要素数字化。加强信息化管理系统和云计算、人工智能等信息技术应用，提高物流软件智慧化水平。支持陆港基础设施应用物联网技术，鼓励货运车辆加装智能设备，加快数字化终端设备的普及应用，实现物流信息采集标准化、处理电子化、交互自动化。

促进陆港供应链创新发展。充分发挥物流供应链系统化组织、专业化分工、协同化合作和敏捷化调整的优势，在陆港内实现内陆货物一体式报关、订舱、集疏运、储运、包装、分送等，实现内陆地区与沿海港口的“无缝对接”，使沿海港口的运输、装卸、物流服务功能进一步延伸至货源腹地。

（五）典型示范，大力推广陆港创新典型成功经验

积极发挥示范引领作用。推广成都、郑州等陆港创新经营模式经验，充分发挥典型陆港标杆示范作用，引领陆港产业创新发展水平提升；强化陆港在供应链层面深度协同，深入推进物流降本增效，加快制造业转型升级步伐；探索符合我国国情的陆港产业发展模式，为推动构建以国内大循环为主体、国内国际双循环相互促进的新发展格局，促进实体经济高质量发展提供有力支撑。

如成都陆港型国家物流枢纽将打造蓉欧枢纽、泛欧泛亚经济高地，以创新、协同、绿色、开放、共享的发展理念为引领，加快推进“蓉欧+”战略，强化陆港型国家物流枢纽全球要素配置功能，打造国际领先、亚洲一流的内陆铁路枢纽，通过“蓉欧+快铁网络”服务一带一路沿线城市，形成连接泛欧泛亚速度最快、距离最近的陆路环线网络，依托铁路枢纽、快铁网络，以发展适铁适欧产业为重点，打造高端产业聚集区，创新培育发展陆港型枢纽经济。

（六）推进改革，不断优化陆港高质量发展营商环境

深化陆港型物流领域改革。简化物流企业开展业务的行政审批手续，最大限度减少对物流企业业务创新的制约。规范、简化铁路专用线接轨审查手续、压缩审查时间。推进铁路货运服务提质增效，支持铁路运输企业开展载运工具共管共用试点，降低企业自备载运工具运用成本。完善铁路运价灵活调整机制，进一步清理规范铁路货运经营服务性收费，推动货物运输由公路向铁路转移。

提高陆港通关和保税监管能力，支持枢纽结合自身货物流向拓展海运、空运、铁路国际运输线路，密切与全球重要物流枢纽、能源与原材料产地、制造业基地、贸易中心等的合作，为构建“全球采购、全球生产、全球销售”的国际物流服务网络提供支撑。深入推进通关一体化改革，建立现场查验联动机制，推进跨部门协同共管，鼓励应用智能化查验设施设备，推动口岸物流信息电子化，压缩整体通关时间，提高口岸物流服务效率，提升通道国际物流便利化水平。

提升陆港管理水平。科学制定城市物流政策，提高城市间配送车辆通行管理的精细化水平，合理规划城市货运通道。指导企业按照新近发布的《物流建筑设计规范》等标准要求，建设大型物流仓储设施，应用大型分拣作业流水线，便利企业经营。

（七）完善标准规范，建立陆港高质量发展配套支撑体系

构建陆港高质量发展评价体系。研究编制并适时发布“中国陆港发展指数”，在陆港发展质量、效率、动力、贡献等方面，对我国陆港发展质量进行客观、全面、可量化的综合性评价，为有针对性地研究制定政策措施提供可量化的参考依据。

健全陆港型物流标准规范体系。完善物流标准规范体系，对不适应陆港经济运行和行业发展需要的标准进行修订、转化或废止。积极推进物流标准化试点示范和供应链体系建设试点等工作，加强已发布物流标准在物流领域陆港试点示范中的应用，提升陆港型物流标准化水平。

（八）协同创新，健全陆港高质量发展政策支持体系

加强投融资支持方式创新。研究设立国家陆港型物流枢纽中央预算内投资专项，支持国家陆港型物流枢纽的物流基础设施建设。鼓励符合条件的金融机构或大型物流企业集团等发起物流产业发展投资基金，按照市场化原则运作，加强陆港型物流设施建设。

加强政府政策支持与相关部门协同配合。政府作为宏观经济调控者和引导者，应加快相关政策的制定，予以积极的支持政策，统筹协调口岸、铁路、海关、检验检疫等部门，优化多方联动，形成长效合作机制，为真正实现国际陆港协同发展、畅通物流通道、提高供应链效率打下坚实基础。

创新用地支持政策。加强陆港发展规划与国土空间规划的协同衔接。指导地方加大土地政策支持力度，鼓励地方政府利用有效载体和多种渠道整合盘活存量闲置土地资源，作为物流用途。探索建立政府负责土地平整并建设道路、管网等基础设施，企业负责建设经营性物流基础设施，约定土地物流用途并长期租赁的新型物流用地供应保障模式。

（九）绿色环保，推动陆港向环境友好型方向发展

加快绿色物流发展。要树立绿色物流发展理念，运用科技创新支撑陆港产业绿色转型，完善绿色物流基础设施建设，创新环境友好型陆港运作模式。要通过绿色能源技术逐步优化能源结构，为物流行业走低碳、绿色发展之路打下坚实基础，可以借助改良技术增加能效来提高能源利用率，或者提升新型清洁能源在能源消耗中的比例。要加速“互联网＋”、物联网技术、大数据、云计算、无人配送服务等科技在陆港的应用，有效减少冗余物流活动，提升陆港作业效率。要进一步鼓励新材料技术、生物技术、垃圾处理及废物利用技术等在物流领域的应用，更好地促进循环经济和可持续发展。

通过物流活动的减量化模式、循环化模式和绿色化模式等来实现陆港绿色运作模式的创新。通过产业集群、企业联盟运作模式、共同配送、多式联运、甩挂运输等模式来实现物流活动减量化模式；基于可回收资源的再利用，提升绿色物流资源利用效率，降低成本和节能减排，通过逆向物流、生态园区等来实现物流活动循环化模式；通过建立绿色指标和绿色标准来实现绿色化模式。

（十）完善响应和协同机制，建立陆港应急物流服务网络

建立健全应急物流体系，充分利用陆港储备现有资源及各类社会物流资源，加快

陆港内应急物流基地和配送中心建设，逐步建立多层级的应急物资中转配送网络；大力推动应急物资储运设备集装单元化发展，加快形成应急物流标准体系，逐步实现应急物流的标准化、模块化和高效化。充分利用物流信息平台和互联网、大数据等技术，提高应急物流调控能力。

探索完善陆港城市应急联动综合管理模式，加快陆港城市应急指挥调度平台和应急联动工作机制建设，提高多部门联合协调行动能力，实现统一调度、部门联动、资源共享、快速响应、高效处置。

建设陆港应急资源保障信息服务系统，整合陆港城市应急物资储备、社会生产能力、应急物流资源、应急专业服务等保障信息，加强跨部门、跨地区、跨行业的协同保障和信息共享，作为陆港应急平台的应急资源支撑系统，向有关部门、地方和企业提供供需衔接、调度指挥、决策参考、科学评估等服务，提高各类应急资源的综合协调、科学调配和有效利用水平。

（十一）推动人才培养，加快建立陆港多层次人才保障体系

支持高等教育机构、商会、协会和企业加强合作，推动学科建设，完善陆港理论体系。着力完善专业人才培养体系，通过学历教育、职业教育、继续教育、社会培训等多种方式培养市场急需的陆港管理人才和技术操作人才。加强校企合作，积极开展职业培训，职业院校可采取“订单式”人才培养模式，与企业共同研究制订人才培养方案，校企共同组织针对性教学，确保学以致用，全面提高物流从业人员的业务素质。积极推进产学研用结合。以提高实践能力为重点，开展陆港内物流标准化、电子商务物流、冷链物流等重点领域技能培训，提高管理和操作能力。支持政策创新，鼓励陆港在人才培养方面积极开展试点试验。

第五章　高质量推动陆港型国家物流枢纽发展

以2018年《国家物流枢纽布局和建设规划》发布为标志，我国物流基础设施迈入通过整合资源、打造顶层枢纽、助推构建现代物流体系的新发展阶段。当前，我国加快构建新发展格局，经济发展动力、空间布局关系、经济循环结构深入调整，为具有强大资源禀赋和庞大内需消费潜力的内陆地区，创造了良好发展环境，也提出了进一步加快物流网络建设、强化物流对经济循环支撑能力的要求。陆港型国家物流枢纽是内陆地区开展物流活动的关键物流基础设施，需要坚持供给侧结构性改革主线，围绕新发展格局构建为区域经济发展带来的战略机遇，把握现代物流体系构建重要窗口期，紧扣区域经济和物流发展特色，推动物流枢纽高质量发展。

一、国家物流枢纽发展及陆港型国家物流枢纽特点

国家物流枢纽是支撑我国物流体系顶层设计的关键设施，具有明确的发展要求和任务，陆港型国家物流枢纽是国家物流枢纽的六大类型之一，充分认识其在基本布局、发展路径等方面的特点，有利于更好聚焦发展重点。

（一）国家物流枢纽发展的总体要求

国家物流枢纽在支撑引领全国物流体系构建和物流与经济产业发展系统方面，具有明确的发展要求。一是支撑构建国家顶层物流网络框架。构建“通道 + 枢纽 + 网络”的国家顶层物流网络框架，形成跨区域物流网络系统，最终实现物流组织结构的系统性优化，加快物流降本增效提质，是布局建设国家物流枢纽的重要出发点和最终目标。二是支持引导枢纽经济创新发展。现代物流是派生性服务供给产业，其运作组织模式的本质是产业组织的实物流转反应，因此，以现代产业组织在物流角度的要素空间、融合等形态为导向，构建物流枢纽网络体系，依托枢纽和网络环境聚集物流要素，形成高效供给服务发展格局，推动枢纽经济高质量发展，是布局建设国家物流枢纽的重要落脚点。

（二）国家物流枢纽发展形态及功能

从发展形态角度来看，与以往以城市为落脚点的物流枢纽概念不同，国家物流枢纽是实体形态的枢纽设施，具有清晰的空间边界、产业边界、功能要求，需要搭建统一的物流服务运营主体平台。从枢纽功能角度来看，国家物流枢纽必须具备顶层组织设施的相应功能，包括干线物流组织功能、支线物流组织功能、多式联运功能、平台整合功能、国际物流服务功能、供应链服务组织功能等。为区分枢纽的功能差异和突出整合资源路径特色，国家物流枢纽分为陆港型、港口型、空港型、生产服务型、商贸服务型、陆上边境口岸型六类。

（三）陆港型国家物流枢纽发展特点

陆港型国家物流枢纽重点依托铁路、公路等陆路交通运输大通道和场站（物流基地）等，衔接内陆地区干支线运输，主要为保障区域生产生活、优化产业布局、提升区域经济竞争力，提供畅通国内、联通国际的物流组织和区域分拨服务。陆港型国家物流枢纽是国家物流枢纽的六种类型之一，在功能、空间、发展路径上体现了自身发展特色。

从枢纽基本功能角度来看，陆港型国家物流枢纽在干线运输方式上，强调围绕铁路为核心的干线组织方式特色，牵引形成枢纽干支仓配功能体系，体现与港口型、空港型枢纽的发展差异。在空间布局方面，基于陆港型国家物流枢纽功能特点形成以内陆地区布局为主的格局。《国家物流枢纽布局和建设规划》明确布局建设 41 个陆港型国家物流枢纽，全部位于内陆地区，其中中西部、东北地区的枢纽占绝大多数。从整合资源路径角度来看，陆港型国家物流枢纽与布局于内陆的生产服务型、商贸服务型国家物流枢纽并无功能构成角度的差异，但在资源整合路径上体现以高质量的物流通道网络构建引导增量产业集聚的牵引发展路径特色，强调以铁路干线运输的规模网络组织和运行为核心，集聚相关物流要素，培育低成本、高效率、广辐射的陆上骨干物流通道网络，进而营造发展环境，提升对关联经济和产业的集聚布局引导能力，实现枢纽发展。

（四）陆港型国家物流枢纽建设推进

2019 年国家启动国家物流枢纽建设，2019—2020 年累计选择涵盖六大类型 45 个国家物流枢纽纳入建设名单，其中陆港型国家物流枢纽入选个数达到 13 个，从枢纽类型的结构上，陆港型成为各类国家物流枢纽中推进发展数量最多的类型。一方面，前两批国家物流枢纽的选择遵循存量整合为主、质量优先的发展原则，陆港型国家物流枢纽的快速推进，说明了相比其他类型物流基础设施，陆港型枢纽的存量设施发展基础与条件总体较为成熟；另一方面，从政策导向角度来看，体现了国家侧重对中西部地区重大物流基础设施的优先支持政策导向，以加快补齐短板、促进区域均衡发展、适应新发展格局要求。

二、高质量推进陆港型国家物流枢纽发展

（一）理顺推进国家物流枢纽的发展关系

国家物流枢纽采用国家规划引导发展、承载城市主导策划推进、企业运行落地的协同推进发展模式，应理顺发展关系，发挥不同主体作用，推进枢纽高质量发展。

发挥顶层规划引导作用。《国家物流枢纽布局和建设规划》是国家对骨干物流网络的顶层设计，为推动国家物流枢纽的建设，必须充分发挥国家规划的引导作用。一是引导枢纽的整体布局，明确枢纽的类型、数量、功能定位、承载城市、发展目标，提出枢纽的规划建设和培育发展要求；二是引导物流枢纽的选定和建设，确定发展的方向和重点，提供有关政策保障支持，营造良好发展环境；三是对承载城市进行统筹协调和工作指导，确保顶层布局的系统性、合理性，保障推进的同步、配套和有序。

突出城市主导枢纽推进工作。国家物流枢纽承载城市政府负责枢纽发展的规划、方案制订和建设推进。城市政府需要确定国家物流枢纽的发展思路，结合城市总体规划和地区实际，编制枢纽系统规划和枢纽的具体建设方案，落实枢纽的空间布局、资源整合、运营主体、推进安排等。推进国家物流枢纽发展建设，既需要对全市物流资源和相关的土地、产业发展等要素进行整合，也需要对城市功能、空间格局、产业布局进行统筹考虑，城市政府是开展体现城市区位、经济、产业特色枢纽建设的关键主体。

强化企业开展枢纽运营能力。国家物流枢纽建设和运营主体承担枢纽设施的建设和统筹运营管理。在具体的枢纽建设发展过程中，要形成统一的枢纽运营主体，落实物流枢纽资源整合、协同干支配仓要素聚集和运行。枢纽运营主体需要积极开展枢纽的业务设计、业务经营等工作，负责提高枢纽服务能力和质量，引导物流企业集群发展，并完善统计制度，加强数据收集和分析，及时掌握并定期报送枢纽相关运营情况。

（二）把握新发展格局下的陆港枢纽发展机遇

立足我国经济发展阶段，应对复杂的外部环境，发挥我国超大经济体优势，当前，我国确立了构建以国内大循环为主体、国内国际双循环相互促进的新发展格局。内需体系的培育以及围绕内需的全面开放发展，为内陆地区发展创造了新的战略环境，以

内陆布局为主的陆港型国家物流枢纽的发展，既面临战略性发展机遇，也需要把握机遇实现突破发展。

围绕国内大循环为主体，我国加快了内需体系建设，强调进一步对接东、中、西部区域，发挥各自资源、市场优势，提高区域经济循环水平；要求发挥内陆地区庞大的人口规模条件与消费潜力，培育强大的国内市场；要求围绕新的经济循环空间结构，加速产业在全国空间更为均衡的布局。这些发展特征均对构建串接内陆与沿海的高效率、低成本、大能力国家骨干物流通道网络提出了新的更高要求，也为物流通道的规模化运行和经营创造了发展条件。陆港型国家物流枢纽承担构建国家骨干物流通道网络支点功能，必须把握好发展机遇，根据内陆地区物流方向、功能、模式、规模等的新需求，有针对性地推动枢纽高质量发展，促进内陆地区融入国家物流网络。

国际国内双循环，明确我国将统筹内外，坚持实施更大范围、更宽领域、更深层次的对外开放，特别是突出了国际化发展动力的变革，即强调以国内大循环为动力，吸引全球资源要素，充分利用国内、国际两个市场两种资源的平衡发展，这将在具有消费能力的国土空间上，相对均衡地形成围绕消费的国际产业布局条件，中西部等内陆地区的人口集聚地将成为满足国内大市场消费增量的国际产业重要布局空间，加快形成内陆和沿海全面开放发展格局。国际产业的内陆布局和进出双向辐射等发展趋势，将为陆港型国家物流枢纽深入推进国际化发展，加快构建国内国际一体化的物流通道网络，并实现双向均衡组织与规模化经营，创造战略性发展环境。

（三）找准陆港型国家物流枢纽特色定位

国家物流枢纽是构建“通道 + 枢纽 + 网络”现代物流运行体系的核心载体，对于主导推进枢纽建设的承载城市而言，科学确立城市视角的国家物流枢纽定位，既是城市在推进枢纽发展中真正落实枢纽宏观定位的基础，也是城市把握国家物流枢纽建设和国家物流运行体系重构的战略机遇，实现本地区物流和经济高质量发展的关键。

国家物流枢纽由于承载顶层的干支配仓运作和对接功能，因而在城市物流体系中必然具有核心组织平台定位、在区域经济发展中具有明确的顶层供应链集成组织中枢定位，需要站在城市物流系统建设和城市经济发展系统谋划的高度，科学确立国家物流枢纽发展定位。陆港型国家物流枢纽的载体城市，应把握新发展格局带来的战略机遇，紧密结合自身区位条件、通道走向、市场方向、产业特色等，突出陆港型国家物流枢纽在我国物流骨干通道网络构建中的作用，形成枢纽在支撑引领载体城市有效融入大循环、双循环的多维度特色定位。

（四）确立供给侧结构性改革的发展路径

围绕实现陆港型国家物流枢纽特色发展定位，承载城市应确立供给侧结构性改革思维，统筹谋划推进国家物流枢纽发展路径。应强化供需匹配融合发展，重点梳理和研究载体城市经济产业在新发展格局下具有比较优势的发展方向，统筹物流与经济融合发展系统，有效发挥物流支撑、引领经济发展的作用，精准聚焦国家物流枢纽发展要求与方向。应遵循现代物流规模网络经济规律，围绕物流降本增效发展导向，统筹城市物流资源，着力提高国家物流枢纽的要素集聚和规模化运行水平，促进形成物流网络运行效率，营造物流运行的良好成本效率环境，优化物流供给，促进增量经济发展，形成循环互促的枢纽发展路径。

三、聚焦陆港型国家物流枢纽发展重点任务

（一）加快推进资源整合

为提高物流网络化发展能力，形成物流规模经济，陆港型国家物流枢纽尤其需要突出以铁路干线为核心牵引的关联资源整合发展，着力将分散的设施资源和服务资源向枢纽进行空间和运作的有效整合，实现集约化发展，支持其衔接干线、支线、配送、仓储等环节开展网络化服务。一是推动枢纽集中集约布局。陆港型国家物流枢纽载体城市应加快全市物流设施的布局统筹，以具备铁路运输能力的场站为核心，加快关联干支配仓等资源的集中布局，推动设施集约连片发展；同时，深化枢纽空间与产业布局的协同统筹，提高枢纽服务区域产业发展能力。二是推动枢纽功能要素集聚。按照干支配仓功能体系框架，加快引导铁路运输、区域分拨、共同配送、统一仓储等为核心的顶层物流服务企业集聚发展。三是促进枢纽运作一体化。枢纽的功能要素集聚，不仅要实现枢纽具备干支配仓等功能，更要实现运作上的一体化，特别是按照供应链集成的逻辑，强化枢纽平台衔接各功能运行组织能力，实现干支配仓一体化枢纽服务与产业组织需求的高度融合。

（二）精准构建网络体系

构建物流网络是枢纽整合资源推进建设的目标指向，加强国家物流枢纽间业务联系，组建全国骨干物流通道网络和区域辐射网络，是国家物流枢纽发展在运行视角的核心任务。陆港型国家物流枢纽必须围绕新发展格局的重大战略方向，以承载城市及区域经济主要联系方向为对接要求，精准构建物流通道网络系统。首先，应突出串接东中西、贯通南北，有效沟通资源、市场、生产力布局的物流通道方向，以及内陆与

沿海沿边协同的国际联运通道方向，以国家物流枢纽间的互动与联系为基础，培育通道化物流服务产品，打造支持内陆地区有效融入大循环、双循环的骨干物流通道网络。其次，应对接骨干物流通道，广泛集聚区域分拨、共同配送等资源，发挥国家物流枢纽的节点组织功能，构建辐射周边区域的支线网络和城市配送网络，适应区域内需市场发掘需要。此外，应强化陆港型国家物流枢纽公铁联运等服务能力建设，提升枢纽干支网络对接运行水平，营造支线加密促进干线规模组织、干线低成本支持辐射网络提升的互促发展环境。

（三）强化供应链服务体系建设

供应链集成服务既是枢纽干支配仓产业组织在物流需求角度的集成体现，也是枢纽更好集聚需求资源、提升服务水平的需要。因此，加快依托枢纽培育物流供应链服务、密切供应链与产业链协同关系、营造枢纽承载城市产业集聚环境、优化区域产业布局、发展枢纽经济，是国家物流枢纽发展的最终任务。载体城市应围绕国家物流枢纽构建干线运输、区域分拨、现代仓储、城市配送一体化衔接的物流系统，优化产业布局和提升产业竞争力，努力打造现代产业链供应链协同发展系统，探索现代产业链供应链高质量发展新模式，实现产业链供应链上下游企业间的物流信息共享和物流资源共用，提高产业链供应链整体竞争水平，推动国家物流枢纽向供应链服务组织中心转变，增强对承载城市产业发展的支撑能力和促进作用。

第六章　欧洲陆港发展现状与未来趋势

一、欧洲陆港发展概况

（一）欧洲对陆港的认识

国外将陆港称为 Dry Port 或 Inland Port。根据欧洲陆港联合会（European Federation of Inland Ports）的界定，陆港被视为一种多式联运物流枢纽，是欧洲运输网络的核心组成部分，其作用是连接海港和欧洲大陆货运运输，具有优化水路、公路和铁路运输环节的能力，是欧盟保持贸易竞争力和供应链可靠性的重要因素。

Dry Port 或 Inland Port 狭义上是指具备海港检验检疫和集装箱功能的多式联运节点，广义上是指与沿海港口协同运作的内陆型物流枢纽、内陆物流中心、分拨中心，其性质、内涵和功能与目前我国常用的陆港类似。

（二）多式联运枢纽总体发展情况

在欧洲，多式联运枢纽通常被称为货运站，是指以至少两种运输方式或两种不同铁路系统之间的转运以及临时储存货物的场所，主要包括港口、内陆港、机场和铁路、公路物流中心。多式联运枢纽衔接了不同的运输方式，集聚了不同类型企业，主要包括物流企业、提供增值服务的企业以及工业和商贸企业。据不完全统计，目前欧洲有1204 个多式联运枢纽，对于支撑欧洲经济和产业体系发展发挥了巨大的作用，详见表 6－1。

表 6－1　　欧洲多式联运枢纽基本情况

国家	联运码头数量（个）	国家	联运码头数量（个）
奥地利	23	卢森堡	2
白俄罗斯	20	摩尔多瓦	1
比利时	44	黑山	1

续 表

国家	联运码头数量（个）	国家	联运码头数量（个）
保加利亚	13	北马其顿	2
克罗地亚	15	挪威	34
捷克共和国	22	波兰	44
丹麦	11	葡萄牙	28
爱沙尼亚	7	罗马尼亚	28
芬兰	19	俄罗斯	104
法国	101	塞尔维亚	7
塞尔吉亚	1	斯洛伐克	18
德国	214	斯洛文尼亚	5
希腊	7	西班牙	51
匈牙利	23	瑞典	92
爱尔兰	7	瑞士	50
意大利	76	荷兰	30
哈萨克斯坦	1	土耳其	13
拉脱维亚	6	乌克兰	19
立陶宛	7	英国	58
合计	1204		

欧洲多式联运枢纽的分类与我国有所不同，其主要按照以下几种方式进行分类。

一是按照市场细分，根据枢纽能够作业的联运单元划分，主要可以分为作业集装箱、交换箱体和拖车等多式联运枢纽。

二是按照枢纽的规模分，根据枢纽的作业能力、铁路专用线长度、占地面积、集装箱装卸设备配置等，主要分为小型、中型、大型和超大型多式联运枢纽。

三是按照提供的服务分，根据枢纽能够为铁路、公路、水运提供的增值服务，如代理、集装箱作业、清关、危险品作业、提还箱点、冷藏、维修等增值服务。其中，具备清关及相应的集装箱提还箱，以及相关辅助作业的多式联运枢纽即为国际陆港。

（三）欧洲陆港发展情况

根据 Judit Oláh 等 2017 年发表的 *Ranking of Dry Ports in Europe—Benchmarking*《基于基准化分析的欧洲陆港排名》，第一次对欧洲陆港发展水平进行了排名，该研究为市场提供了有效的信息，并且为各陆港的发展指明方向和提供持续的动力。

从目前欧洲陆港的发展途径来看，主要有以下三个途径。

一是陆港早期是在东欧国家发展起来的，主要由私人企业推动。市场需求是欧洲陆港发展的主要驱动力，主要是由私人企业来推动发展的。在英国可以找到这种方法的最佳实践。私人企业根据铁路货运互换战略政策，按照公共服务指南、公共开发标准，自行推动建立物流服务结算区、开发物流地产等。

二是陆港是由区域当局推动建设的。在大多数情况下，区域当局与国家负责的利益相关方合作。这种模式主要集中在意大利，但目前很少被使用。

三是陆港是由公私伙伴关系（PPP）开发和运营的，这种模式主要集中在德国。通常情况下，土地的租赁是由一个拥有使用权的管理公司负责的，仓库、集装箱储存区和安全停车位等物流设施的租金也是一种可能的收入来源，只要管理公司拥有设施或有足够的股本基础。

专栏　马德里陆港

西班牙首都马德里是西班牙主要的陆上交通枢纽，在南边通过直布罗陀海峡可抵达非洲；在北边越过比利牛斯山可抵达欧洲腹地。马德里也是西班牙铁路网的中心，有多条铁路经过马德里，不仅连接西班牙国内各城市，而且有几条还直接连接法国和葡萄牙。马德里是西班牙的中央经济区，产业广泛而密集。

马德里陆港是欧盟第一个内陆海关区域。其位于西班牙马德里郊外30公里处，是私人经营的陆港，成立于1995年，占地面积6公顷，其中1.1公顷用来装卸集装箱、1.3公顷是集装箱堆场，总共有一个门吊、三个正面吊运机以及一辆铲车用来处理空箱。该陆港总共只有5个员工进行包括通关、集装箱维护、拖车等所有的日常操作和管理，每天有定时的班列直达巴塞罗那港（600公里）、毕尔巴鄂港（400公里）以及桑坦德港（400公里）。2007年该陆港共运输了18000个标准集装箱。

马德里陆港是与沿海港口体系密切相关的多式联运公共物流平台，通过铁路和传统沿海港口连接起来，为没有海的内陆区域打开了大门。从功能上说，马德里港是西班牙主要港口的内陆延伸，它通过铁路运输接收和分发沿海港口以及世界其他港口的货物。作为一个陆港，马德里陆港是海关监管活动的枢纽，能够执行完整的海关流程，它已是世界上重要的分发货物的门户。

马德里陆港由海关局和税务局共同管辖，采用的是与传统沿海港口相同的海关和税务管制方式，在马德里陆港内可以直接进行完整的海关流程的操作，全新的海关管理流程使海关能一直对国际贸易进行控制。此外，它还采用信息平台运营模式，利用互联网来简化操作员的指令和提高在海关处报关的机动性，这种新的运营模式促进了国际贸易的发展。

马德里陆港的建成有效地连接了西班牙的主要港口和内陆区域，目前，西班牙1/5的海运货物都流经马德里陆港。

二、 欧洲陆港发展的特点

根据上述欧洲陆港的一些基本信息和服务，通过分析可以发现欧洲陆港的发展具有以下几个特点。

（1）在经营主体上，国际陆港的所有者主要以私人企业、铁路公司和当地政府为主。这样一方面可以保证铁路运力，另一方面陆港同时向周边几个港口进行运输也保证了陆港的盈利状况，此外还加快了当地工业的发展。

（2）在地理位置上，陆港都位于多种交通模式的交接点，绝大多数陆港都能保证日班铁道直接通到周边港口，一方面可以最大限度地降低港口拥堵和环境污染，另一方面能保证运输的可靠性，同时多数陆港也位于内陆的经济贸易中心。

（3）在功能上，陆港一般具备分拨、仓储、加工等功能。绝大部分都能完成海关清关。大多数陆港都和海港相隔中长距离，并且不局限于服务单一港口，这样可以提高陆港效率。

（4）陆港规模都不大，一般都在10公顷以下，人员配备很少，但是设备自动化程度比较高、功能比较齐全，相比国内陆港，其单位面积集装箱处理效率要高出很多。

（5）在组织管理上，行业协会是重要的推动力量。欧洲陆港联合会成立于1994年，是欧洲内陆港发展的唯一行业组织。该组织以提供绿色、智能、高效运输和物流服务为愿景，制定陆港发展政策战略，推动实现未来的可持续发展。目前该组织有超过250个内陆港加入，连接了主要的海港、城市和工业中心。

三、欧洲陆港发展的趋势

经过多年的发展，欧洲陆港在运作上已经基本成熟。但随着第四次科技革命的兴起，欧洲陆港呈现了新的发展趋势。

（1）数字化，大力推进智慧陆港的建设。大力推动建立和规范陆港的相关统计数据与港口统计的协调，以便能够共用信息系统。大力推进无纸化，推动陆港与港口的联动，实现单一窗口。推动跟踪信息允许地理围栏服务，以监督港口设施和河流泊位的使用。

（2）联合化，建立协同发展系统。陆港的发展不仅仅要依靠沿海港口，更重要的是要与当地经济、产业协调发展，并且将陆港系统纳入公路、铁路、水运以及航空网络等，加强跨国家的陆港之间的协同，以期最大限度地发展陆港，提高效率，支撑欧盟国家的发展。

（3）立法化，推动陆港的相关立法工作。陆港重视发挥铁路货运的作用。欧洲立法要求港口和内陆港要与铁路网相连。欧盟《泛欧运输网络发展指南》（第 1315/2013 号条例）第 41 条第 2 款规定海港必须与 TEN－T 铁路网连接起来，海港应在 2030 年 12 月 31 日前与跨欧洲的铁路、公路运输网连接，并且在可能情况下与内陆水道运输基础设施连接。该条例第 15 条要求欧盟成员国确保内陆港应与公路和铁路基础设施网络连接，尽管目前大多数内陆港都与铁路网相连，但仍有一些内陆港由于缺乏投资、政治问题或其他当地问题而缺少铁路连接。

第二篇

数据统计分析

2020 年，面对严峻复杂的国内外形势和新冠肺炎疫情的严重冲击，在以习近平同志为核心的党中央坚强领导下，我国成为全球唯一实现经济正增长的主要经济体，外贸进出口明显好于预期，外贸规模再创历史新高。据海关统计，2020 年，我国货物贸易进出口总值 32.16 万亿元，比 2019 年增长 1.9%。此外，我国对“一带一路”沿线国家进出口 9.37 万亿元，增长 1%。本篇内容就我国陆港发展、全国保税物流中心（B 型）、全国海关特殊监管区域、国际货运班列、全国口岸班列、我国跨境电商综试区、我国自贸区等的发展现状与未来趋势进行了回顾和展望，并对近几年的运营数据进行了全面统计和分析。

第七章　我国陆港发展回顾与数据统计分析

2020年，我国陆港始终坚持稳中求进的总基调，全面贯彻新发展理念，严格落实高质量发展要求，紧跟党中央决策部署，扎实做好“六稳”工作、全面落实“六保”任务，取得了新的发展突破。

本章对陆港在2020年的发展情况进行了回顾，分析了我国陆港当前存在的主要问题，展望了未来发展趋势；对全国陆港的分布、建设、投资、企业性质等基本情况进行了阐述；根据实际发放的调查问卷，对全国50余个陆港的经营情况进行了数据分析。

第一节　2020年陆港发展回顾

一、2020年我国陆港发展特点

（一）利好环境政策为陆港提速发展创造新机遇

2020年，推动陆港发展的利好政策不断。

2020年2月，交通运输部对外发布《交通运输部关于加强中欧班列运行保障工作的通知》，深入贯彻落实党中央、国务院决策部署，统筹做好新冠肺炎疫情防控和经济社会发展工作，发挥交通运输“先行官”作用，打通“大动脉”，畅通“微循环”，推动中欧班列在疫情防控期间发挥更好的战略通道作用，促进中欧班列高质量发展。该通知将中欧班列集装箱运输车辆纳入应急运输“绿色通道”，保障中欧班列集装箱运输车辆不停车、不检查、不收费，优先便捷通行。并强调要加强部门协作，提升中欧班列运输便利化水平，减少中转换装、降低损耗、提高中欧班列货物运输服务水平和运营效率。

2020年4月，《交通运输部　商务部　海关总署　国家铁路局　中国民用航空局　国家邮政局　中国国家铁路集团有限公司关于当前更好服务稳外贸工作的通知》发布，从畅通外贸运输通道、促进外贸运输便利化、降低进出口环节物流成本、营造良好外部环境、强化机制保障五大方面，全力保障国际国内运输通道畅通便利，优化运输市场环境，提高运输服务效率，更好地服务稳外贸工作。并提出了推动中欧班列高质量发展、积极发展集装箱铁水联运、促进外贸运输便利化、深化国际贸易“单一窗口”建设等多项具体措施。

2020 年 5 月，《中共中央 国务院关于新时代推进西部大开发形成新格局的指导意见》正式印发，该指导意见专门提出以共建“一带一路”为引领，加大西部开放力度。在积极参与和融入“一带一路”建设、强化开放大通道建设、构建内陆多层次开放平台、发展高水平开放型经济、拓展区际互动合作等多方面提出利好陆港建设发展的举措。特别强调鼓励重庆、成都、西安等加快建设国际门户枢纽城市，提高昆明、南宁、乌鲁木齐、兰州、呼和浩特等省会（首府）城市面向毗邻国家的次区域合作支撑能力。支持西部地区自贸区在投资贸易领域依法依规开展先行先试，探索建设适应高水平开放的行政管理体制。加快内陆开放型经济试验区建设，研究在内陆地区增设国家一类口岸等。

此后，海关总署发布了《海关总署关于开展跨境电子商务企业对企业出口监管试点的公告》，国家发展改革委、交通运输部联合印发了《关于做好 2020 年国家物流枢纽建设工作的通知》、国务院办公厅印发了《国务院办公厅关于推进对外贸易创新发展的实施意见》，诸多政策的不断推出为 2020 年陆港建设和快速发展营造了良好的政策环境。

2020 年，面对新冠肺炎疫情带来的冲击，我国政府相关部门还及时出台了一系列务实举措，帮助国内陆港企业积极抗击疫情和恢复生产经营；港口和铁路运输企业也纷纷出台措施，以缓解合作企业运营压力。帮扶政策总体上分为两类：一类涉及补助，包括资金和物资补助等；另一类涉及减免，包括费用、税收、利息减免等。具体来看，推动陆港企业复工复产和积极运营的政策和措施包括以下几方面。

一是为企业提供防疫物资以及帮助企业接回外地员工等；二是针对受疫情影响较大的交通运输企业 2020 年度发生的亏损，延长结转年限，最长结转年限由 5 年延长至 8 年；三是开展跨地区海关查验合作，为陆港企业开展业务提供便利；四是对纳税人运输疫情防控重点保障物资取得的收入免征增值税；五是减半收取铁路保价、集装箱延期使用、货车滞留等费用；六是对疫情防控期间执行应急运输任务的交通运输、物流企业，属于政府购买公共服务的，各级财政给予补偿；七是从 2020 年 2 月 17 日零时起至疫情防控工作结束，免收全国收费公路车辆通行费；八是对短期向疫情重点区域运送物资的中欧班列集装箱运输车辆司机、装卸工等提供保障的人员，经过体温检测符合规定的，在采取戴口罩等必要防护措施的前提下，原则上不需采用隔离 14 天的措施。

这些利好政策和措施为陆港在新冠肺炎疫情中保持良好的运营发展提供了有力保障。

（二）企业积极抗疫，陆港应急物流网络发挥重要作用

2020 年，新冠肺炎疫情肆虐全球。作为疫情重点防控区域，广大陆港在做好自身疫情防控工作基础上，积极参与应急物资组织、运力保障、仓储配送等工作，在保障区域医疗和生活物资供应，满足上下游生产、商贸企业物流需求和居民消费需要中发挥了重要作用。

为防疫物资开辟快速转运通道。对内，陆港企业第一时间开放物流资源，全力协调物资运送，牢牢守护国家重点产业运输生命线，确保抗疫物资通道畅通。陆港企业主动加强与海关、交通、公安等相关部门的沟通，多方协同、精准对接，为各地驰援疫区的防控物资开通绿色通道。例如，广西凭祥综合保税区协调口岸联检部门，指派专人为黄冈市中心医院等 70 家医院医护人员使用的乳胶手套办理通关手续，快速通行；深圳市前海湾保税物流园区完成多批防疫物资运输清关工作，形成高效快捷的“前海防疫物资绿色通道”。

做好医疗物资采购通关工作。陆港企业发挥自身优势，通过组织园区内企业生产、利用全球供应链渠道境外采购等方式，积极应对区域内医用物资等短缺局面。2020 年 2 月，重庆国际枢纽物流园区在我国新冠肺炎疫情暴发初期依托中欧班列（重庆）等国际物流通道，全力联系对接海外资源，面向全球采购防疫物资，成功打通近 20 条进口渠道，覆盖东亚、东欧、北美、中亚等地区。入驻园区企业渝新欧（重庆）物流有限公司则发挥了国际物流通道运营平台的作用，全力确保防疫救援物资快速清关。在国外新冠肺炎疫情不断蔓延时，陆港企业积极履行国际义务，发挥全球抗疫物资最大供应国作用，向“一带一路”沿线国家提供力所能及的物资和技术援助，成为中欧之间抗疫合作的“生命通道”。

创新服务，确保国际货运班列开行。新冠肺炎疫情防控期间，中欧班列充分发挥战略通道作用，为保障国际供应链产业链稳定提供了重要支撑。以兰州国际陆港为例，为确保国际货运班列顺利开行，甘肃（兰州）国际陆港管理委员会采取全程对接的方式创新业务办理模式，通过优化多式联运海关监管模式和进出口业务办理模式，推行“非接触式办公”，加大“单一窗口”使用效率，迅速为国际班列办理通关手续等多项措施，确保国际班列平稳运行。

（三）中欧班列在疫情中体现重要战略价值

受新冠肺炎疫情全球蔓延影响，海运物流周期拉长且不稳定，空运仓位锐减且成本

急剧上升，中欧班列运输的综合优势不断凸显。2020 年，中欧班列发挥独特优势和战略通道作用，安全顺畅稳定运行，开行数量逆势增长。全年开行中欧班列 1.24 万列、发送 113.5 万标箱，同比分别增长 50%、56%，综合重箱率达 98.4%。其中防疫物资 939 万件、7.6 万吨。全年运输货值达 500 亿美元，是 2016 年的 6.3 倍。通达 21 个国家 92 个城市，较上年同期增加 37 个，铺设中欧班列专用运行线 73 条，较上年增加 6 条。

中欧班列犹如定海神针，打通了与世界交流合作的便捷通道，构建了联结中亚、辐射欧洲腹地的黄金物流、国际贸易大通道，坚定了“中国制造”战胜新冠肺炎疫情、走向世界的信心。

（四）国家物流枢纽建设势头迅猛

2019—2020 年，国家发展改革委、交通运输部共布局建设了 45 个国家物流枢纽，覆盖全国 27 个省区市，为加快构建“通道 + 枢纽 + 网络”的现代物流运作体系，促进形成以国内大循环为主体、国内国际双循环相互促进的新发展格局提供了有力支撑。

2020 年 10 月，国家发展改革委、交通运输部联合印发《关于做好 2020 年国家物流枢纽建设工作的通知》，共有 22 个物流枢纽入选 2020 年国家物流枢纽建设名单。其中，东部地区 7 个、中部地区 4 个、西部地区 9 个、东北地区 2 个，覆盖了《国家物流枢纽布局和建设规划》确定的 6 种国家物流枢纽类型。2020 年公布的陆港型国家物流枢纽建设名单中，重庆、四川遂宁、贵州贵阳、陕西延安、青海格尔木 5 个物流枢纽入选。山西太原、内蒙古乌兰察布—二连浩特、湖南长沙、广西南宁、四川成都、陕西西安、甘肃兰州、新疆乌鲁木齐 8 个物流枢纽 2019 年入选陆港型国家物流枢纽。总共有 13 个陆港型国家物流枢纽。表 7-1 显示了 2019—2020 年陆港型国家物流枢纽建设名单。

表 7-1　　2019—2020 年陆港型国家物流枢纽建设名单

2019 年陆港型国家物流枢纽建设名单	
所在地	**国家物流枢纽名称**
山西省	太原陆港型（生产服务型）国家物流枢纽
内蒙古自治区	乌兰察布—二连浩特陆港型（陆上边境口岸型）国家物流枢纽
湖南省	长沙陆港型国家物流枢纽
广西壮族自治区	南宁陆港型国家物流枢纽
四川省	成都陆港型国家物流枢纽
陕西省	西安陆港型国家物流枢纽
甘肃省	兰州陆港型国家物流枢纽
新疆维吾尔自治区	乌鲁木齐陆港型国家物流枢纽

续 表

2020 年陆港型国家物流枢纽建设名单	
所在地	国家物流枢纽名称
重庆市	重庆陆港型国家物流枢纽
四川省	遂宁陆港型国家物流枢纽
贵州省	贵阳陆港型国家物流枢纽
陕西省	延安陆港型国家物流枢纽
青海省	格尔木陆港型国家物流枢纽

2020 年 11 月 17 日，陆海新通道跨区域综合运营平台——陆海新通道运营有限公司在重庆成立，按照“统一品牌、统一规则、统一运作”经营原则，创新运用跨区域平台管理模式，统筹陆海新通道建设发展。西部陆海新通道已开通渝桂、川桂、滇桂、黔桂、陇桂、陕桂 6 条海铁联运班列线路，2020 年 1 月至 10 月累计开行 3655 列，同比增长 113%。

2020 年 12 月 18 日，由河南省物流与采购联合会承建的全国首个推动物流枢纽互联成网的省级协作机制——河南省物流枢纽（园区）联盟在郑州正式成立，发布《河南省发展和改革委员会 河南省交通运输厅关于加快实施开封等 18 个区域物流枢纽建设方案的通知》。

不论是国家物流枢纽还是各地区的物流枢纽联盟，都推动了陆港的发展，拓展了国内、国际物流通道，为“大循环、双循环”注入了新动能。

（五）“集拼集运”“一单制”等创新经营模式在全国复制推广

陆港运作模式不断创新。特别是“集拼集运”“一单制”等创新经营模式开始在全国复制推广。例如，乌鲁木齐海关与当地陆港集团提出的中欧班列“集拼集运”实践。所谓“集拼集运”是指海关对中欧班列的监管从原来的整列监管，细化为对一节车厢监管，允许中欧班列由始发地加挂“内贸箱”，在乌鲁木齐开展“内贸箱”换“外贸箱”等补货作业操作，之后直接发运至欧洲。“集拼集运”可降低中欧班列空载率、降低运输成本、提高班列经济效益和竞争力。

成都国际陆港与成都铁路局及其他相关部门合作，通过整合供应链物流资源、金融资源，成为取得银行和贸易方认可的监管运输方，签发了全国第一单针对中欧班列的多式联运提单，实现了“一单到底 + 全程负责 + 金融创新”。

（六）多式联运等货运方式快速发展

近年来，国家大力推进多式联运发展。2019 年，国家发展改革委等 24 部门和单位发布的《关于推动物流高质量发展促进形成强大国内市场的意见》中专门提出，总结多式联运示范工程工作经验，研究制定统一的多式联运服务规则，完善多式联运转运、装卸场站等物流设施标准，依托国家物流枢纽网络开发“一站式”多式联运服务产品，加快实现集装箱多式联运“一单制”。

在推进多式联运发展方面，陆港企业也进行了积极探索，并取得了初步成果。成都国际陆港自成立以来就承担了统筹口岸和各种物流资源的职能，以成都为枢纽，建立了东连日韩、南接东盟、西达欧洲、北至蒙俄的国际物流网络，串联起国际铁路、国内铁路、公路、水运、海运等多种运输方式。2019 年成都国际陆港运营有限公司申报的四川省成都国际铁路港集装箱公水多式联运示范工程成为首批被授予“国家多式联运示范工程”称号的企业。宁波舟山港在推进海铁联运方面也成效显著。近年来，宁波舟山港通过加快网络布局、大力推进多式联运、打造海铁联运品牌、助推海铁联运业务迈上新台阶。2020 年，宁波舟山港集装箱海铁联运业务量突破 100 万标准箱，历年来首次迈上“百万箱”台阶，比 2019 年同期增长 25%。2020 年，“宁波舟山港—浙赣湘（渝川）”集装箱海铁公多式联运示范工程被交通运输部、国家发展改革委正式命名为“国家多式联运示范工程”。

（七）新技术赋能，陆港企业迈向智能化发展

在“互联网 +”战略的推动下，我国陆港不断与新一代信息技术深度融合，向智慧的高科技、智能化运作模式迈进。目前，许多陆港企业根据自身需求，运用物联网、大数据、人工智能、区块链等智慧化技术与手段，构建了空间信息数据库、物流信息共享交换服务平台等智能化系统，提高了物流系统分析决策和智能执行的能力。通过搭建智能无人装卸系统、智慧货场管理系统等提升了物流系统的智能化、自动化水平。

例如，乌鲁木齐国际陆港在建设发展中，利用大数据创新应用推进中欧班列发展，取得了显著成效。乌鲁木齐国际陆港开发的智能场站平台系统成为其开展中欧班列集拼集运业务的重要支撑。该系统实现了海关、铁路、企业等部门信息数据的互联互通、共享共用，以及企业线上办理报关、报检、订舱等相关业务的需求。借助该平台，海关智能监管实现了“一次开箱、联合查验、分别处置”，监管信息同步传输，口岸监管部门做到“信息互换、执法互助、监管互认”，班列减少了装卸车和转场次数，通关流程优化、效率显著提升。

（八）陆港功能更加完善，港产城一体化模式提速发展

陆港的一项重要功能是把港口的功能前置到内陆城市的“家门口”，用班列将海与陆联结，为腹地进出口企业提供更便捷的服务。陆港除了具有内陆口岸的基本功能之外，拓展了仓储、加工、分拨、冷链物流、物流信息和订舱代理等物流代理服务，以

及衍生出的商品展示、贸易交流、金融贸易、期货交割等辅助服务，已发展成为集物流、贸易、海关、金融、信息为一体的内陆运输枢纽。

随着陆港经济的快速发展，港产城一体化模式不断加速推进。目前西安、义乌、成都、重庆、赣州等国际陆港在产城一体化发展上成效初显。

作为向西开放重要陆路运输的中欧班列（成渝），已发展成为推动成渝地区双城经济圈建设的先手棋。2020 年 1 月，中央财经委员会第六次会议提出推动成渝地区双城经济圈建设。在成渝地区双城经济圈建设中，成都国际铁路港与重庆国际物流枢纽园区构成双城经济圈的陆港“双核”，推动全川共建“亚蓉欧”产业基地，加快大港区一体化发展，形成协同发展合力。2020 年 3 月，成都市青白江区国际铁路港管委会与重庆国际物流枢纽园区管委会达成战略合作协议，成渝两大铁路港战略共振、行动同频的融合发展正式开启。大大促进了国际物流城产城生态更新，加快形成了双城经济圈中产业承载力、要素吸附力协调均衡的格局。

陆港与海港之间的产城一体化合作发展迅速。2020 年，深圳市盐田港集团有限公司与赣州市南康区人民政府、赣州国际陆港集团有限公司签署《深赣港产城一体化合作区项目协议书》，并共同见证了“深赣欧”中欧班列从深圳盐田港首发启程。标志着“特区 + 老区”合作共建的深赣港产城一体化合作区项目正式落地。

在这一模式下，盐田港集团充分发挥港口资源带动效应和盐田港国际航线密集优势，通过海关监管方式创新，为“赣（州）盐（田）组合港”定制“一关两港”监管模式，形成以盐田港为枢纽、赣州国际陆港为支线的“组合港”，将盐田港的“闸口”延伸至赣州国际陆港，同时通过海铁联运平台，带动海港对陆港的有效牵引以及陆港对海港的有效补给，打造国际多式联运综合物流枢纽，实现海港、陆港、临港产业、城区的一体化融合发展。

（九）大力推进中欧班列集结中心建设

2020 年 6 月，推进“一带一路”建设工作领导小组办公室召开会议提出，开展中欧班列集结中心建设。支持在运输组织、货源组织、金融和信息服务等方面先行先试，打造一批具有较强国际影响力的现代物流枢纽。大力促进中转集结，加快形成“干支结合、枢纽集散”的班列组织方式，促进班列开行由“点对点”向“枢纽对枢纽”转变。

2020 年 7 月，国家发展改革委下发中央预算内投资 2 亿元，支持郑州、重庆、成都、西安、乌鲁木齐 5 个中欧班列枢纽节点城市开展中欧班列集结中心示范工程建设。促进中欧班列开行由“点对点”向“枢纽对枢纽”转变，加快形成“干支结合、枢纽集散”的高效集疏运体系。自此，中欧班列集结中心建设迈上了新的发展台阶。

二、陆港发展存在的问题

（一）标准化体系建设待完善

标准化体系的建立对行业健康发展的引导和规范作用至关重要。近年来，陆港取得快速发展，但陆港业界尚无完善的标准化建设体系，仍然缺乏在国家和地方经济发展、产业布局与协作、陆港作业与运营、国际经贸及金融协同等方面的系统性思考和顶层设计。在陆港标准化建设方面，目前业界仅有交通运输部于2018年发布的《陆港设施设备配置和运营技术规范》行业标准。

（二）多式联运发展待加强

目前，我国多式联运在取得突出发展的同时仍存在以下问题。

（1）未形成无缝衔接。大部分地区当前处于多式联运起步阶段，还未构成一个完整的多式联运运输系统，公路、铁路、海运、航空等不同运输方式之间衔接还不够畅通，部分领域、环节的市场化程度还不高，一定程度上影响了物流效率。在多式联运过程中大多采用运输分段结算、分段开票、分段保险，并未实现真正意义上的“一次结算、一票到底”的多式联运。

（2）集装箱化率较低。当前内陆部分地区货物运输基本由公路承担，而公路运输主要是整车和零担两种方式，我国集装箱卡车多数只是用在港口、车站的集疏运中，并没有大量使用在公路干线运输中。

（3）运输管理规则及标准不统一。多式联运涉及铁、公、水等不同的运输方式，各自有不同的管理制度、规则及标准，尤其在硬件方面，不同的标准会限制和影响多式联运的优势发挥。

（三）金融创新服务等增值服务不足

物流业对资金量的需求非常大，而且投资回收期较长。根据中国物流与采购联合会物流与供应链金融分会调研显示，我国物流行业仅运费垫资一项，每年就有约6000亿元的资金需求。但仅有不到5%的资金是通过银行贷款的方式获得的，外部融资困难大、资金不足成为制约物流企业发展的重要瓶颈。在这一形势下，如何创新金融服务也是陆港发展需要解决的问题。

（四） 口岸拥堵问题亟待缓解

2020年，更多的城市开行中欧班列，加上新冠肺炎疫情影响，部分海运、空运订单转移至铁路，造成了上半年中欧班列的运力增长迅速，超过了口岸的换装能力。从6月下旬开始，阿拉山口、霍尔果斯口岸开始出现了严重的积压、拥堵，大量班列积压在口岸无法准时出境。在国铁集团的要求下，多个中欧班列公司削减了6—7月的部分运力，以“缓堵保畅”。此外，中欧班列从国境驶出前，需要在换装站进行车底板换装，部分宽轨国家在口岸的车底板紧缺，这也是造成积压的原因之一。

（五）过多依赖政策扶持需改变

近几年，陆港企业在基础设施建设以及招商引资方面快速成长壮大，其经营模式仍然依靠政府的既定模式，过分依赖政府扶持，并未完全进入市场，缺乏创新，没有建立起以市场为导向的国际物流供应链系统。此外，为促进中欧班列发展，各地政府都投入大量财力给予补贴以降低企业的运输成本，然而，随着我国与沿线国家贸易额的不断增长，政府财力难以长期支撑补贴额度。中欧班列需改变过多依赖政策扶持的现状，实现市场化发展。

（六）应急物流体系建设待强化

2020年新冠肺炎疫情的暴发，是对我国应急物流体系的一次艰巨考验。尤其是疫情初期，出现了短暂的物流通道关闭、货物滞留、口岸拥堵等问题，特别是应急物资中转场站分拨转运处理能力、末端分发配送能力不足，导致物流成本上升、物流效率下降等。此外，应急物流的组织体系、规划布局等也有待进一步优化，亟待建立分级响应和应急保障体系。

（七）陆港物流人才较为缺乏

近年来，国内外市场对现代物流需求日益强烈，物流整体水平有所提高。而且，随着科学技术的进步，需要更多具有国际视野和先进理念的物流人才对“一带一路”背景下国际陆港物流发展市场、发展模式进行研究，形成国际陆港物流方面的智库储备和智库资源。但目前国际陆港物流人才较为缺乏，亟待吸纳众多物流人才，支撑国际陆港物流体系建设。

三、陆港未来发展趋势

（一）政府关注度和支持力度增加

2020年7月，国家发展改革委下发中央预算内投资2亿元，支持郑州、重庆、成都、西安、乌鲁木齐5个中欧班列枢纽节点城市开展中欧班列集结中心示范工程建设，这是中欧班列开行以来，国家层面首次明确对区位条件优越、设施基础良好、经济承载力较强、运营规范有潜力的中欧班列枢纽节点予以支持。未来，国家发展改革委将会同有关部门研究制定政策文件，在一些关键环节和重点领域推动物流业、制造业深度融合、创新发展，进一步促进陆港总体发展水平的提升。

（二） 陆港的物流枢纽地位更加凸显

2020 年，共有 22 个物流枢纽入选国家物流枢纽建设名单，为加快构建“通道 + 枢纽 + 网络”的现代物流运作体系，为形成以国内大循环为主体、国内国际双循环相互促进的新发展格局提供了有力支撑。到 2035 年，我国基本形成与现代化经济体系相适应的国家物流枢纽网络，全社会物流总费用与 GDP 的比率继续显著下降，物流运行效率和效益达到国际先进水平。

陆港作为国家物流枢纽的重要组成部分，是辐射区域更广、集聚效应更强、服务功能更优、运行效率更高的综合性物流枢纽，在全国物流网络中发挥关键节点和重要平台的作用。未来，陆港企业的数量将会明显增多，带动周边地区产业发展的效应将显著增强，将更好地发挥物流枢纽的规模经济效应，推动物流组织方式变革，提高物流整体运行效率和现代化水平。

（三） 创新中欧班列模式， 助力多式联运发展

中欧班列实现了集装箱联运的国际化，集装箱多式联运将成为港口集疏运和战略性物流通道的主攻方向。铁路部门将通过骨干平台，以集装箱为载体，实现跨运输方式、跨服务企业类型、跨区域的合作。未来，中欧班列将会往智能运输、智慧物流的方向优化升级。

（四） 行业标准化体系建设提上日程

随着陆港产业的快速发展，陆港行业的标准建设将提上日程。2021 年，由中国开发区协会陆港分会牵头，将对各种与物流活动相关的国家标准、行业标准进行深入研究，并在此基础上全面梳理现行标准，以加快制定陆港行业标准化体系。

第二节 2020 年陆港运营数据分析

一、陆港基本情况分析

根据中国开发区协会陆港分会对全国陆港情况的不完全统计，截至 2021 年 3 月，

全国陆港数量达到了200余个。其区域分布、运营时间、投资情况和企业性质等情况分析如下。

（一）区域分布

全国陆港企业数量由高到低分布情况如表7－2所示。

表7－2 全国陆港企业数量分布

地区	陆港企业数量（个）	地区	陆港企业数量（个）
山东省	16	辽宁省	5
河南省	15	广东省	5
黑龙江省	14	福建省	5
内蒙古自治区	14	重庆市	4
浙江省	12	新疆维吾尔自治区	4
河北省	12	吉林省	4
山西省	10	安徽省	4
贵州省	10	江苏省	3
四川省	9	青海省	2
广西壮族自治区	8	北京市	2
陕西省	7	香港特别行政区	0
湖南省	7	西藏自治区	0
湖北省	7	天津市	0
江西省	7	台湾省	0
云南省	6	上海市	0
甘肃省	6	海南省	0
宁夏回族自治区	5	澳门特别行政区	0

从表7－2可以看出，山东省的陆港企业数量最多，达到了16个，中部的河南省陆港有15个，位于我国边境的黑龙江省和内蒙古自治区的陆港企业均有14个；华东、华北、西南等地区，如浙江省、河北省、山西省和贵州省，作为国内横纵交通的枢纽，陆港数量均超过或达到了10个。根据我国七大地理区域对陆港数量进行的统计如表7－3所示。

表 7 - 3　　我国七大地理区域陆港数量分布

地区	陆港数量（个）	比重（%）
华东地区（上海市、江苏省、浙江省、安徽省、江西省、山东省、福建省）	47	23.15
华北地区（北京市、天津市、山西省、河北省、内蒙古自治区）	38	18.72
华中地区（河南省、湖北省、湖南省）	29	14.29
西南地区（重庆市、四川省、贵州省、云南省、西藏自治区）	29	14.29
西北地区（陕西省、甘肃省、青海省、宁夏回族自治区、新疆维吾尔自治区）	24	11.82
东北地区（黑龙江省、吉林省、辽宁省）	23	11.33
华南地区（广东省、广西壮族自治区、海南省、香港特别行政区、澳门特别行政区、台湾省）	13	6.40

从表 7 - 3 中可以看出，华东地区陆港数量最多，占总数的 23.15%；华南地区数量较少，其数量仅占到总数的 6.40%；内陆地区是陆港发展的主要区域。具体区域的陆港分布信息如表 7 - 4 至表 7 - 10 所示。

表 7 - 4　　华东地区陆港分布信息

区域	省区市	陆港名称	年份		投资金额（亿元）	园区性质
			规划	运营		
华东地区	江苏省	徐州淮海国际陆港	—	2019	425	国有
		江苏太仓港苏州高新区无水港	—	2010	0.1	国有
		苏州工业园区陆港（苏州综合保税区）	—	2009	0.7	国有
	浙江省	台州智慧陆港新区	2021	—	51.7	国有
		余姚无水港	—	2002	0.1	国有
		丽水无水港	—	2017	2	国有
		浙西铁路物流园区	2020	—	12.02	国有
		金华无水港	2002	2003	0.1	国有
		衢州无水港	2006	2009	1.2	国有
		义乌国际陆港	—	2005	134.15	国有
		萧山无水港	2012	2013	5	国有
		绍兴无水港	—	2002	0.2	国有
		慈溪无水港	—	2006	6	国有

续　表

区域	省区市	陆港名称	年份		投资金额（亿元）	园区性质
			规划	运营		
华东地区	浙江省	柯桥无水港	2008	2010	4	国有
		永康无水港	2014	2015	0.1	股份
	安徽省	合肥国际内陆港	2017	2018	10	国有
		蚌埠（皖北）铁路无水港	2013	2014	0.51	国有
		淮北青龙山铁路无水港	2015	2020	1	国有
		宣城无水港	2015	2016	1	国有
	江西省	南昌向塘国际陆港	2020	—	115.5	国有
		赣州国际陆港	2014	2015	100	国有
		鹰潭无水港	—	2008	1	国有
		上饶无水港	2008	2009	0.35	国有
		吉安陆地港	—	2014	3	国有
		鹰潭市现代物流园区	—	2012	40	国有
		江西鹰潭国际综合港经济区	2020	—	55	国有
	山东省	临沂国际陆港	2019	—	191	国有
		聊城冠县内陆港	2020	—	65	国有
		阳信县陆港物流园区	2019	—	10	国有
		枣庄内陆港	2018	2019	1	国有
		济宁内陆港	2016	2019	5.2	国有
		淄博内陆港	2018	2020	38	国有
		港汇国际物流园	2020	2021	20.5	股份
		德州内陆港	2013	2016	1	民营
		青岛国际陆港	2016	2017	50	国有
		济南国际内陆港	2018	—	300	国有
		滨州（博兴）内陆港	2019	2020	0.89	合资
		兖州国际陆港	2018	2020	20	国有
		潍坊国际陆港	2016	2019	8.36	民营
		菏泽陆港产业新城	2019	—	50	国有
		泰安陆港	—	2019	10	国有
		泰山内陆港	—	2020	5.37	国有

续 表

区域	省区市	陆港名称	年份		投资金额（亿元）	园区性质
			规划	运营		
华东地区	福建省	福建泉州晋江陆地港	—	2009	70	民营
		龙岩陆地港	2013	—	2.3	国有
		三明陆地港	2012	—	20	国有
		福建武夷山陆地港	—	2010	50	民营
		福建翔孚国际物流园	—	2015	18	民营

表 7－5　　华北地区陆港分布信息

区域	省区市	陆港名称	年份		投资金额（亿元）	园区性质
			规划	运营		
华北地区	北京市	平谷国际陆港	2008	2010	2	国有
		北京通州物流产业园区	2002	2003	10	国有
	山西省	大同国际陆港	2017	2018	56	民营
		侯马宝特无水港	2017	2019	1.26	合资
		五台陆港	2020	2021	21	民营
		方略保税国际陆港	2018	2020	56.34	民营
		平鲁内陆港	2017	2018	200	国有
		中鼎物流园	2016	2018	60	国有
		山东港口集团中铁集介休无水港	2019	2019	—	—国有
		山西能投蔡家崖无水港	2019	2019	—	—
		晋北铁路物流园	2019	—	23	国有
		孝义现代物流园无水港	2019	2019	10	国有
	河北省	石家庄内陆港	—	2003	1.6	国有
		石家庄国际陆港	—	2018	52	国有
		邯郸国际陆港	—	2011	11.4	国有
		武安保税物流中心	—	2014	26.3	国有
		邢台内陆港	2010	2013	10	国有
		保定陆港物流产业园	—	2009	0.5	民营
		张家口内陆港	2010	2011	5.24	国有
		承德内陆港物流产业聚集区	—	2011	10.72	国有

续　表

区域	省区市	陆港名称	年份		投资金额（亿元）	园区性质
			规划	运营		
华北地区	河北省	衡水内陆港	2013	2014	6.6	国有
		衡水国际陆港	2020	—	37	民营
		青岛保税港区邯郸（鸡泽）功能区	—	2016	25	国有
		定州陆港	2020	—	20.6	民营
	内蒙古自治区	内蒙古北方陆港国际物流中心	2015	2017	11.35	国有
		乌兰察布万益综合物流园区	2015	2017	9.7	国有
		乌兰察布综合物流产业园区	2010	2015	400	国有
		七苏木中欧班列物流枢纽基地	2017	2020	9.76	国有
		赤峰国际陆港（红山物流园）	—	2012	1.13	国有
		包头国际陆港物流园区	2009	2011	300	国有
		九原（国际）物流园区多式联运中心	—	2019	2.4	国有
		二连浩特公路口岸汇通进口物流园	2011	2018	9.86	国有
		二连浩特铁路国际物流园	2010	2017	30	国有
		巴彦淖尔陆港（现代农畜产品物流园区）	2016	2017	1	国有
		阿拉善国际陆港	—	2019	1.87	国有
		乌海国际陆港公用型保税仓	2016	2020	0.2	国有
		科尔沁工业园区陆港保税物流园	2015	2019	30	国有
		盘锦港通辽内陆港	2010	2017	2.6	国有

表7-6　华中地区陆港分布信息

区域	省区市	陆港名称	年份		投资金额（亿元）	园区性质
			规划	运营		
华中地区	河南省	郑州国际陆港	2013	2013	60	国有
		郑州“无水港”（河南保税物流中心）	2012	2012	20	国有
		郑州上街中部陆港	2019	—	180	国有
		开封国际陆港	2019	—	5	国有
		东方红（洛阳）国际陆港中心	2017	2017	10	国有
		南阳国际陆港	2020	—	10	国有
		商丘国际陆港	2020	—	45	国有
		鹤壁国际陆港	2010	2011	6	民营

续 表

区域	省区市	陆港名称	年份		投资金额（亿元）	园区性质
			规划	运营		
华中地区	河南省	平顶山国际陆港	2020	—	50	国有
		国家（安阳）陆港物流枢纽新区	2019	—	12.2	民营
		安阳象道无水港	2019	—	12	民营
		新乡国际陆港	2017	2018	17.8	国有
		巩义无水港	2020	—	—	股份
		濮阳无水港	2018	—	20.2	国有
		豫中陆路口岸综合物流港	2020	—	50	国有
	湖北省	汉口北商贸物流枢纽区	2012	2020	400	国有
		汉口北国际多式联运物流港	2020	—	30	国有
		武汉汉欧国际综合物流园	2016	—	23	国有
		武汉卓尔陆港	2016	—	40	股份
		潜江无水港	2019	—	2	股份
		襄阳国际陆港	2015	2017	5.1	国有
		荆门国际内陆港	2019	2020	18.12	国有
	湖南省	长沙国际铁路港	2015	2018	26	国有
		中南国际陆港集装箱拼箱基地	2020	—	3.16	国有
		怀化国际陆港	2018	2019	30	国有
		衡阳铁路口岸综合物流园	2018	2020	7	国有
		郴州湘南国际物流园（无水港）	2008	—	41.4	国有
		衡阳无水港	—	2012	1.2	国有
		株洲中车物流基地	—	2019	3.63	国有

表 7－7　　西南地区陆港分布信息

区域	省区市	陆港名称	年份		投资金额（亿元）	园区性质
			规划	运营		
西南地区	重庆市	重庆国际物流枢纽园区	—	2010	120	国有
		重庆东盟国际物流园	2014	—	38	国有
		重庆两路寸滩保税港区（果园港）	—	2019	500	国有
		泸州港务荣昌无水港	—	2015	15	国有

续 表

区域	省区市	陆港名称	年份		投资金额（亿元）	园区性质
			规划	运营		
西南地区	四川省	成都国际铁路港	—	2010	500	国有
		西南（自贡）国际陆港	2020	—	360	国有
		德阳国际铁路物流港	2017	—	30	国有
		西部铁路物流园	2018	—	12	民营
		秦巴（达州）国际无水港	2020	—	1	国有
		广安无水港	2019	—	60	国有
		雅安市无水港凤鸣物流园	2019	—	3.95	国有
		峨眉无水港	—	2017	1	民营
		内江国际物流港	2020	—	50	国有
	贵州省	贵阳改貌铁路口岸	2018	2021	5.18	国有
		清镇陆海国际物流港	2020	—	15	国有
		贵州铁投都拉营国际陆海通物流港	2018	2021	25	国有
		贵州昌明国际陆港	2015	2018	15	国有
		福泉无水港（国际陆港）	2015	—	5	国有
		贵州毕节国际内陆港	2016	—	60	国有
		贵州东部陆港	2016	2017	2.2	股份
		黔东南州陆港	2014	2017	3.5	股份
		贵州黔北现代物流新城	2016	—	152	国有
		贵州（安顺）国际商旅陆港	2018	—	23	国有
	云南省	滇西祥云国际物流港	2018	—	160	国有
		昆明南亚国际陆港物流园	2014	2020	72.29	国有
		昆明宝象万吨冷链港	2019	—	25	国有
		腾俊国际陆港	2012	2019	90.6	民营
		磨憨口岸国际物流园	2014	—	9	国有
		瑞丽陆港新城	2020	—	194	国有

表 7-8 西北地区陆港分布信息

区域	省区市	陆港名称	年份		投资金额（亿元）	园区性质
			规划	运营		
西北地区	陕西省	西安国际港务区	2008	2010	900	国有
		宝鸡港务区	—	2019	31.6	国有
		延安高新区现代物流园区	2019	—	7.79	国有
		商洛陆港（商山物流园）	—	2015	10.69	国有
		靖边现代综合物流园区（西北国际陆港）	2012	2020	300	国有
		榆林陆港口岸海荣物流园区	2016	2021	10.35	民营
		安康上港无水港	—	2020	13.98	国有
	甘肃省	巨龙农业物流港	2013	—	18.4	民营
		甘肃（兰州）国际陆港	—	2016	362	国有
		兰州新区中川北站物流园	—	2014	20	国有
		甘肃（天水）国际陆港	2016	—	167.4	民营
		甘肃（武威）国际陆港	2016	—	43	国有
		甘肃（岷州）国际陆港	2018	—	58.48	国有
	青海省	青海双寨丝绸之路（国际）物流城	2016	—	96.98	—
		格尔木陆港	2020		114.1	国有
	宁夏回族自治区	银川国际公铁物流港	2009	2020	0.76	国有
		灵武陆港物流园区	2008	2019	3.04	民营
		银川陆港物流中心金桥物流园区	—	2008	0.05	民营
		中卫国际陆港	—	2017	1	民营
		惠农陆港口岸	—	2009	0.1	民营
	新疆维吾尔自治区	霍尔果斯口岸国际物流中心	2012	—	3	国有
		南疆国际陆港（库尔勒）	—	2017	0.45	国有
		乌鲁木齐国际陆港区	—	2018	3	国有
		哈密北公铁联运物流园	2020	—	0.6	国有

表7－9 东北地区陆港分布信息

区域	省区市	陆港名称	年份		投资金额（亿元）	园区性质
			规划	运营		
东北地区	黑龙江省	哈尔滨国际陆港	2016	2018	7.35	国有
		齐齐哈尔国际陆港	2020	2023	6.2	国有
		黑河月星中俄跨境物流枢纽	2019	—	30	国有
		营口港绥化陆港（北林物流内陆港）	2012	—	4.2	国有
		牡丹江陆港物流园区	2020	—	23	国有
		绥芬河国际综合物流园区	2020	2021	3.98	国有
		齐齐哈尔国际物流园区	2020	—	7.2	国有
		绥芬河富民铁路互市贸易物流园区	2020	2020	0.8	国有
		东宁互市贸易物流园区	2020	2021	2	国有
		绥芬河互市贸易加工物流园区	2021	—	4	国有
		黑河国际综合物流园区	2021	2023	7.2	国有
		黑河公铁水联运物流园区	2021	2023	2	国有
		同江公铁换装联运物流园区	2021	2025	8.54	国有
		哈尔滨国际空港物流园区	2021	2025	3.9	国有
	吉林省	通化国际内陆港务区	—	2016	53	国有
		长春国际陆港	—	2015	202	民营
		四平内陆港	—	2016	100	国有
		珲春国际港	2019	—	10	国有
	辽宁省	沈阳国际陆港快递物流区	2018	—	—	国有
		沈阳综合保税区（近海园区）	—	2011	10	国有
		营口港法库内陆港	2011	—	10	国有
		铁岭国际陆港	—	2014	0.6	国有
		沈阳东站陆港	—	2014	1.5	国有

表 7－10　　华南地区陆港分布信息

区域	省区市	陆港名称	年份		投资金额（亿元）	园区性质
			规划	运营		
华南地区	广东省	梅州国际无水港	2017	—	5.3	国有
		韶关无水港	—	2015	15	国有
		佛山国际陆港	2019	—	12	合资
		鹤山国际陆港	2020	—	4.73	国有
		廉江陆港物流产业新城	2020	—	20	国有
	广西壮族自治区	南宁国际铁路港	—	2018	130	国有
		中新南宁国际物流园	2018	—	100	合资
		南宁国际综合物流园	2008	2010	25	国有
		南丹陆港保税物流园区	2020	—	21.02	国有
		柳州铁路港	2019	—	142.91	国有
		河池无水港	2011	—	25	民营
		桂林苏桥无水港	2020	—	10	民营
		广西崇左（东盟）国际物流园	2015	—	30	民营

（二）运营时间

根据统计，最近五年是陆港行业发展的高峰期，投入运营的陆港共有 86 家，仅 2019 年和 2020 年投入运营的陆港就有 34 家。运营时间超过 10 年的陆港约有 28 家，其中，石家庄内陆港成立于 1998 年，绍兴无水港成立于 2002 年，北京通州物流产业园区与金华无水港均成立于 2003 年，它们是我国创立较早的陆港。目前，约有 60 家以上的陆港正在建设中。

（三）投资情况

据不完全统计，41.39% 的陆港总投资额在十亿元以下，总投资额在十亿元以上百亿元以下的企业占到了 44.82%，而总投资额在百亿元以上的企业仅占 13.79%。投资额最大的陆港为西安国际港务区，投资额达到 900 亿元，于 2010 年投入运营；成都国际铁路港和重庆两路寸滩保税港区（果园港）次之，投资额均为 500 亿元，分别于 2010 年和 2019 年投入运营。

（四）企业性质

由于政府大力支持物流行业发展，我国陆港企业性质归属情况如下：据不完全统计，79.31%的陆港企业属于国有企业；14.29%的企业属于民营企业；仅有6.4%的企业属于其他企业。

二、陆港企业运营情况统计分析

为了深入了解全国陆港企业经营情况，中国开发区协会陆港分会与北京交通大学交通运输学院共同设计，一对一地向国内陆港企业发放了调查问卷，收回有效问卷50余份，从运输方式、设施设备、主营业务、进出口和货运班列等方面对陆港企业进行了深入调查。下面是根据这些调查结果进行的数据分析。

（一）货物运输方式

我国公路成网、铁路密布。根据调查，铁路和公路运输是首选货物运输方式，多式联运成为多数陆港越来越重视的运输方式。陆港企业普遍采用的运输方式有公路、铁路、水运、航空和多式联运几种，其比例如图7－1和图7－2所示。可以看出，82.86%的陆港企业使用铁路运输，77.14%的陆港企业使用公路运输，同时，多式联运也是大多数企业选择的货运方式。其中，公铁联运是应用最多的多式联运组合，占到了85.71%；其次是铁水联运，由于很多陆港企业国际业务辐射的国家和地区较为广泛，且多数贸易途径海上丝绸之路，因此，铁水联运以57.14%的比重成为陆港企业多式联运的第二大运输方式。

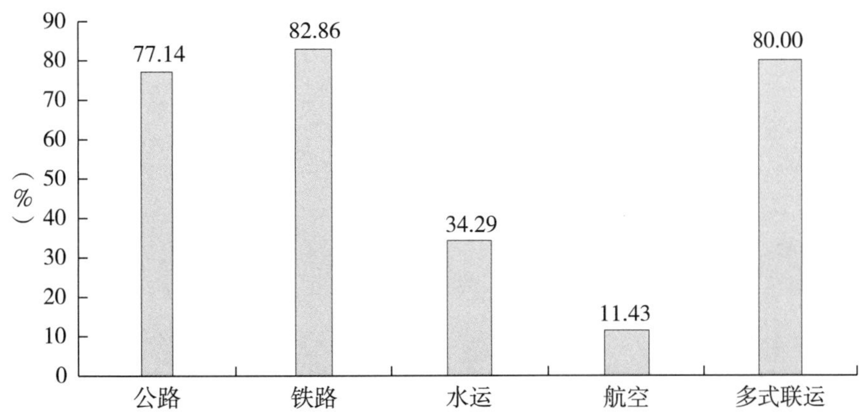

图7－1　陆港企业货物运输方式选择情况

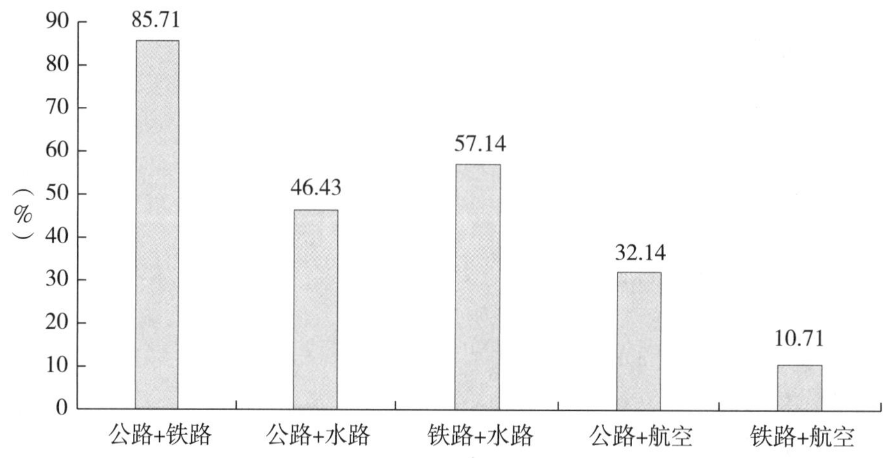

图7－2　陆港企业不同多式联运方式选择情况

（二）智慧园区

数字经济和实体经济的深度融合发展，推动经济按照新发展理念高质量发展。智慧园区将综合驱动物流过程信息化进入全面互联、综合集成、智慧应用的发展新阶段。陆港企业智慧园区建设情况如图7－3所示。可以看出，60.00%的企业拥有信息化的办公条件；54.29%的企业使用公共物流信息平台，使物流过程更加清晰、顺畅、可控；电子商务平台、智慧口岸查验中心、智慧物流分拣中心和无车承运平台、数据服务中心也成为智慧园区的重要组成部分。然而，作为我国进出口贸易过程中重要模式之一的单一窗口平台普及率较低，需加快平台技术的研发和应用。

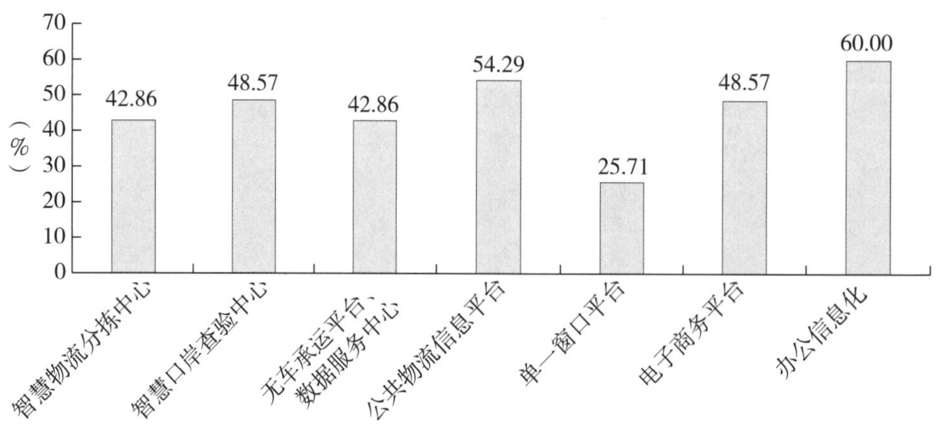

图7－3　陆港企业智慧园区建设情况

（三）设施设备

集装箱以其容积大、强度高、方便装载等特点成为现代物流主要装载工具，相关设备的使用也带来了作业效率的提高。陆港企业设施设备拥有情况如图 7－4 所示。可以看出，85.71% 的陆港企业拥有配套的集装箱装卸机械；62.86% 的企业拥有件杂货装卸设备。多数企业具有口岸的功能，并且 65.71% 的企业拥有专业的海关查验设备，以保障进出口货物的安全。

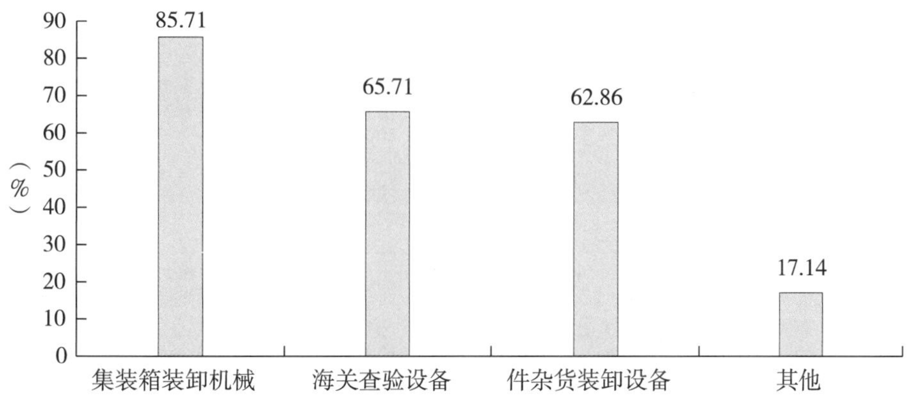

图 7－4 陆港企业设施设备拥有情况

（四）主营业务类型

陆港企业涉及的业务类型广泛，进出口贸易、国际物流配送和保税仓储是多数企业的主营业务；而 60.00% 的企业提供的物流信息处理业务，使国际国内贸易更加安全、顺畅。作为国内物流枢纽，陆港还具备分销与配送、跨境电子商务和商品展示等功能。陆港企业主营业务类型情况如图 7－5 所示。

（五）货物进出口

陆港企业以货运班列为主要的进出口途径。目前，国际货运班列开行趋于稳定，在货运市场中形成稳固的竞争力。不少企业已开通中欧班列、中亚班列和陆海贸易新通道班列，班列数稳定增长，极大地拓宽了海外贸易市场。

班列进出口货物种类日益丰富。进口货物除原有的板材、木浆、建材等传统商品外，还增加了白砂糖、葵花籽、亚麻籽、葵花籽油等农副产品，出口货物在纺织品、日用品、家电产品等基础上增加了机电产品、小轿车、汽车成套散件、光伏产品等高附加值商品。

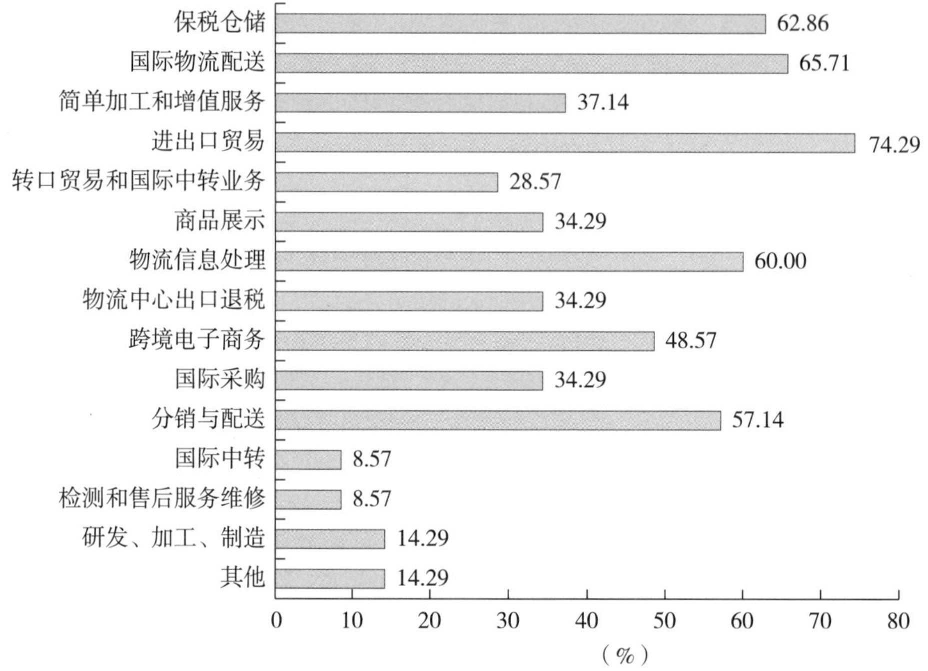

图7-5 陆港企业主营业务类型情况

受新冠肺炎疫情影响，只有部分企业进出口总值在2020年实现增长，不少企业利用跨境电子商务平台维持了正常贸易，电子商务对于促进疫情下的跨国贸易发展起到了重要作用。预计未来陆港企业会更多地借助跨境电商平台拓展国外业务，中国的跨境电商贸易将会实现“一带一路”沿线国家和地区的全覆盖，进出口商品种类更加丰富，货物来源更加广泛，进出口总值稳定上涨，“一带一路”沿线国家和地区的贸易潜力将得到充分挖掘。

（六）营业收入

据统计，2020年受新冠肺炎疫情影响，大约有60%的陆港企业营业收入实现正增长，而实现营业收入100%以上增长的企业仅有27%。2019年平均营业收入约为5.6亿元，2020年平均营业收入约为8.3亿元，增长率为48%。

目前，全球新冠肺炎疫情正逐步缓解，大多数企业回归正常生产。随着“一带一路”建设的不断推进，国内外贸易需求将保持稳定增长，陆港企业通过中欧班列与国外市场建立起的贸易纽带将更加牢固。陆港作为国际物流枢纽和贸易中心，在政府相关部门的大力支持下，势必会吸引大量外贸企业入驻，增加陆港业务的多样性，提升企业的营业收入水平。

第八章　全国保税物流中心（B型）发展现状与运营数据分析

保税物流中心是推进跨国企业货物进出和发展跨境电子商务的重要物流支撑。通过保税物流中心可以吸引产业集聚、加快产业结构优化、促进产业链延伸、带动区域经济快速发展。在内陆地区设立保税物流中心，形成货物在内陆的中转站和连接国际市场的物流枢纽，将促进全球产业链供应链形成和发展。

第一节　全国保税物流中心发展概述

一、保税物流中心的含义

保税物流中心是指封闭的海关监管区域并且具备口岸功能，分 A 型和 B 型两种。A 型保税物流中心，是指经海关批准，由中国境内企业法人经营、专门从事保税仓储物流业务的海关监管场所；B 型保税物流中心，是指经海关批准，由中国境内一家企业法人经营、多家企业进入并从事保税仓储物流业务的保税监管场所。我国海关审批设立的保税物流中心基本都是 B 型，因此在本章中主要讨论保税物流中心(B 型)。

2005 年 6 月 23 日，海关总署正式颁布《中华人民共和国海关对保税物流中心（B 型）的暂行管理办法》。2015 年 4 月 28 日、2017 年 12 月 20 日、2018 年 5 月 29 日和 2018 年 11 月 23 日，我国海关对保税物流中心（B 型）的暂行管理办法分别进行了四次修订。

进入保税物流中心（B 型）的货物可享受一线免税、二线入境退税、仓储货物保税、仓储货物简易加工、增值服务等优惠政策；中心内企业具有一般纳税人资格，可享受代理报关和独立报关双重身份。

此外，进入保税物流中心（B 型）出口货物可享受出口退税、进口保税、中心内企业之间货物交易不征增值税和消费税等特殊优惠政策。

二、保税物流中心（B型）的功能与作用

（一）功能

保税物流中心（B型）具有保税仓储、国际物流配送、简单加工和增值服务、检验检测、进出口贸易和转口贸易、商品展示、物流信息处理、口岸功能、入物流中心出口退税九大功能。

（1）保税仓储：保税物流中心既包含了保税仓库的功能，也包含了出口监管仓的功能，功能比较强大，既可以存放进口货物，也可以存放出口货物。可以存放未办结海关手续的一般贸易进口货物和已办结海关手续的出口货物，可以完美解决货物到达后由于无处卸货而造成的质保问题。

（2）国际物流配送：货物可自由配送给境内、外企业，也可以在国内其他海关监管的特定区域间进行转移，操作十分灵活。

（3）简单加工和增值服务：可从事不改变货物化学性质和不超过海关规定增值率的简单加工；经主管海关同意，可以在仓库内开展品级和质量检验、分级分类、分拣分装、加刷唛码等流通性增值服务。

（4）检验检测。

（5）进出口贸易和转口贸易：中心内企业可与境外自由开展进出口贸易和转口贸易。

（6）商品展示。

（7）物流信息处理。

（8）口岸功能：实现内陆地区保税物流中心与港口（海港或空港）的联动，企业直接在保税物流中心海关报关。

（9）入物流中心出口退税：境内货物进入保税物流中心视同出口，可享受出口退税政策，并在进入物流中心环节退税。

（二）主要作用

保税物流中心主要作用有四点：解决一般贸易出口商品入中心退税问题，解决一般贸易进口商品保税问题，解决加工贸易中的深加工和结转货物问题，降低物流成本并增加物流服务价值。

三、建立保税物流中心（B型）的意义

（一）对保税物流中心（B型）内企业的意义

对保税物流中心（B型）内的企业而言，通过保税物流中心的信息化管理，提高

了通关效率、缩短了流通时间、大大降低了企业的费用和成本、增强了企业的竞争力。尤其对制造企业而言，提高了其物流效率。深加工结转货物只要报关进入中心即可享受退税，避免了过去“一日游”的现象。保税物流中心（B 型）内有政策优势，进入中心视同进出口，中心内注册的企业可自动获得进出口经营权、国际货运代理权、货物境内运输权等。

（二）对保税物流中心（B 型）所在地区的经济意义

在一个地区筹建保税物流中心（B 型），从地区经济社会战略层面上来看，首先可以提高该地区的竞争力。从保税物流中心所在的园区来看，可以完善园区的功能，促进园区招商，有利于引进跨国公司、知名企业、国际新兴产业等大型项目到本地投资，提高招商引资档次和水平。从保税物流中心（B 型）建设与优化的战略意义来看，通过保税物流中心可以有效整合物流资源，推进一个地区物流中心服务水平，促进全球供应链形成，加快产业结构优化，对促进地区经济和社会发展有着重要的作用。此外，还可以节约利用土地，同时减轻出口退税对地方财政的压力。

（三）对全国经济贸易发展的意义

为供应链企业提供综合物流服务。随着经济的发展，过去主要依靠减免税等优惠政策吸引外资的做法已经不能完全适应投资者的需求。产业聚集、区域聚集等效应和物流环境，包括物流基础设施、物流管理政策和制度以及物流服务质量和水平等，已成为投资者评价一个地区投资环境的重要内容。而保税物流中心主要依靠两个仓库的基本功能，突破两个仓库的限制，结合、整合和扩展仓库功能，并根据现代物流的发展赋予新的功能，使其能在进出口物流中心发挥“采购中心、配送中心、分销中心”的作用。通过优化产业链间的深加工结转，为供应链企业提供辐射国内外的多功能、一体化的综合物流服务，进一步促进产业集聚和区域集聚，为中国的投资提供一个良好的软环境。

优化产业链间的深加工结转，扩大加工贸易的国内增值链。首先，保税物流中心（B 型）通过深加工结转等政策及功能优势，以保税形式吸引跨国公司将物流配送中心入驻并开展以加工贸易为主的物流服务，推进加工贸易转型升级。一方面，大量的传统产业逐渐过渡到过度竞争的情形，形成买方市场，产品竞争的焦点逐渐转向生产环节的产品技术创新和流通环节的渠道创新。另一方面，高质量、高档次、高附加值和高新技术的跨国制造企业采用以顾客为导向的“网络订单”和“按订单生产”模式，追求“零库存”“VMI 供应商库存管理”等现代物流管理及生产经营模式。

其次，在港口或陆地口岸地区建立保税物流中心（B 型），提高我国国内物流增值链和货物国产化率，以增加国内加工贸易增值链。在陆地口岸地区设立保税物流中心，可将口岸业务进行合理分流，内移到保税物流中心，在有效缓解日益增长的贸易需求与口岸的超负荷运作之间矛盾的同时，提高了产业的配套能力和商品的国产化率，延长了产业链、丰富了增值含量，以便克服加工贸易的“无根工业”“飞地工业”，赋予加工贸易更强的生命力。在内陆地区设立保税物流中心（B 型），将形成货物在内陆的中转站和连接国际市场的物流枢纽。

第二节　全国保税物流中心（B 型）发展现状

一、首个获批的保税物流中心（B 型）

苏州工业园区海关保税物流中心是经海关总署批准设立的全国首家“海关保税物流中心（B 型）”试点。2004 年 5 月 11 日，海关总署批准在苏州工业园区进行全国首家“海关保税物流中心（B 型）”试点；2004 年 8 月，苏州工业园区海关保税物流中心（B 型）开始运行；正式封关运作后的苏州工业园区海关保税物流中心可提供连接国内、国外两个市场的物流服务。同时，作为苏州与上海方向，乃至整个华东地区重要的物流枢纽，该海关保税物流中心具备了保税仓储、国际物流配送、简单加工和增值服务、进出口贸易和转口贸易、口岸功能和出口退税、物流信息处理六大功能。园区保税物流中心的主要政策包括：境外进入保税物流中心的货物给予保税；境内货物进入保税物流中心视同出口离境，入中心即退税；货物在中心内可自由组配、转移、无存放期限。

2006 年 12 月 17 日，经国务院批准设立，在苏州工业园区海关保税物流中心（B 型）和原园区陆路口岸通关点、出口加工区的基础上整合发展成为苏州工业园区综合保税区，开展具有保税港区综合保税功能的海关特殊监管区域试点，这也是国内首个综合保税区。

二、保税物流中心（B 型）发展现状

保税物流可以降低国际物流成本费用，间接地为我国国际贸易的货物进出口作出贡献。保税物流是物流分类中的一种，符合物流学的普遍规律，但同时具有不同于其他物流类别的典型特点。各级政府都对保税物流的建设寄予厚望，希望能借此带动本地区的国际业务、推动本地区域经济发展，增强对周边地区的辐射能力和影响力。

截至 2020 年年底，我国建成 94 个保税物流中心（B 型），其分布及名单如表8 -1 所示。

表 8－1 保税物流中心（B 型）的分布及名单

序号	省区市	名　称
1	北京市	北京亦庄保税物流中心
2	天津市	天津经济技术开发区保税物流中心
3		蓟州保税物流中心
4	河北省	河北武安保税物流中心
5		唐山港京唐港区保税物流中心
6		辛集保税物流中心
7	山西省	山西方略保税物流中心
8		山西兰花保税物流中心
9		大同国际陆港保税物流中心
10	内蒙古自治区	巴彦淖尔市保税物流中心
11		包头市保税物流中心
12		七苏木保税物流中心
13		赤峰保税物流中心
14	辽宁省	营口港保税物流中心
15		盘锦港保税物流中心
16		铁岭保税物流中心
17		锦州港保税物流中心
18	吉林省	吉林市保税物流中心
19		延吉国际空港经济开发区保税物流中心
20	黑龙江省	黑河保税物流中心
21		牡丹江保税物流中心
22	上海市	西北物流园保税物流中心
23		虹桥商务区保税物流中心
24	江苏省	连云港保税物流中心
25		徐州保税物流中心
26		如皋港保税物流中心
27		大丰港保税物流中心
28		江苏海安保税物流中心
29		新沂保税物流中心
30		靖江保税物流中心

续　表

序号	省区市	名　称
31	江苏省	南京空港保税物流中心
32	浙江省	杭州保税物流中心
33		义乌保税物流中心
34		温州保税物流中心
35		湖州保税物流中心
36		湖州德清保税物流中心
37		宁波栎社保税物流中心
38		宁波镇海保税物流中心
39	安徽省	蚌埠（皖北）保税物流中心
40		安庆（皖西南）保税物流中心
41		合肥空港保税物流中心
42		安徽皖东南保税物流中心
43		铜陵（皖中南）保税物流中心
44	福建省	厦门火炬（翔安）保税物流中心
45		漳州台商投资区保税物流中心
46		泉州石湖港保税物流中心
47		翔福保税物流中心
48	江西省	龙南保税物流中心
49	山东省	青岛西海岸新区保税物流中心
50		烟台福山回里保税物流中心
51		菏泽保税物流中心
52		淄博保税物流中心
53		鲁中运达保税物流中心
54		青岛保税港区诸城功能区保税物流中心
55	河南省	河南德众保税物流中心
56		河南保税物流中心
57		河南商丘保税物流中心
58		河南民权保税物流中心
59		河南许昌保税物流中心

续 表

序号	省区市	名 称
60	湖北省	黄石棋盘洲保税物流中心
61		宜昌三峡保税物流中心
62		襄阳保税物流中心
63		仙桃保税物流中心
64		荆门保税物流中心
65	湖南省	长沙金霞保税物流中心
66		株洲铜塘湾保税物流中心
67	广东省	佛山国通保税物流中心
68		东莞保税物流中心
69		东莞清溪保税物流中心
70		深圳机场保税物流中心
71		汕头保税物流中心
72		中山保税物流中心
73		湛江保税物流中心
74		江门大广海湾保税物流中心
75	广西壮族自治区	防城港保税物流中心
76		柳州保税物流中心
77	海南省	三亚市保税物流中心
78	重庆市	重庆铁路保税物流中心
79		重庆南彭公路保税物流中心
80		重庆果园保税物流中心
81	四川省	成都空港保税物流中心
82		泸州港保税物流中心
83		成都铁路保税物流中心
84		宜宾港保税物流中心
85		天府新区成都片区保税物流中心
86		南充保税物流中心
87	云南省	昆明高新保税物流中心
88		腾俊国际陆港保税物流中心
89	陕西省	陕西西咸保税物流中心

续 表

序号	省区市	名　称
90	甘肃省	甘肃武威保税物流中心
91	青海省	青海曹家堡保税物流中心
92	宁夏回族自治区	石嘴山保税物流中心
93	新疆维吾尔自治区	新疆奎屯保税物流中心
94		伊宁保税物流中心

中国保税物流中心（B型）的区域分布如表8－2所示。

表8－2　　中国保税物流中心（B型）的区域分布

地区	省区市	保税物流中心个数	地区	省区市	保税物流中心个数
中东部地区	内蒙古自治区	4	中西部地区	陕西省	1
	北京市	1		宁夏回族自治区	1
	河北省	3		青海省	1
	山西省	3		甘肃省	1
	河南省	5		新疆维吾尔自治区	2
	湖南省	2		西藏自治区	0
	湖北省	5		云南省	2
	广西壮族自治区	2		贵州省	0
	江西省	1		重庆市	3
	安徽省	5		四川省	6
东部沿海地区	上海市	2	东北地区	吉林省	2
	天津市	2		辽宁省	4
	江苏省	8		黑龙江省	2
	浙江省	7			
	福建省	4			
	广东省	8			
	山东省	6			
	海南省	1			

各地区保税物流中心（B型）所占百分比如图8－1所示。

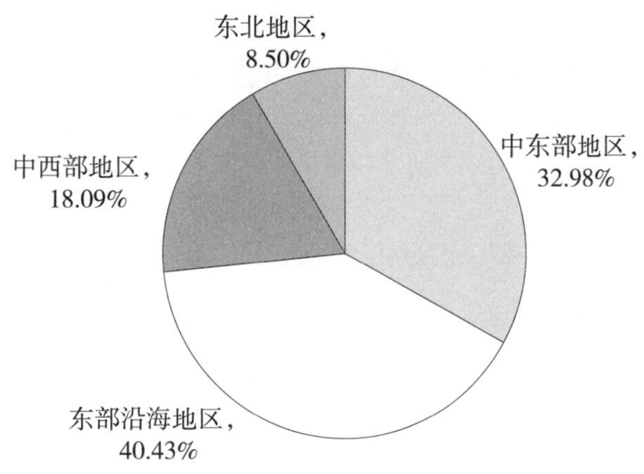

图 8－1　各地区保税物流中心（B 型）所占百分比

从图 8－1 可以看出，我国保税物流中心（B 型）分布呈现出以下两个特点。

一是目前我国保税物流中心（B 型）主要集中在东部沿海地区，占全国总数量的 40. 43%。这些地区处于我国经济最为活跃的珠江三角洲、长江三角洲、环渤海三大经济圈。这一分布特点与地区经济发展水平及外向型经济发展程度一致，也与我国国际物流活跃的区域分布一致。

二是中西部地区保税物流中心（B 型）发展迅速。从图 8－1 可以看出，中西部地区保税物流中心（B 型）个数占全国数量的 18. 09%。这些地区设置相应的保税物流区域具有一定的合理性，反映出国家对中西部地区发展的高度重视与扶持，同时也反映出中西部地区有发展外向型经济的需求。

第三节　全国保税物流中心（B 型）存在问题与未来展望

一、发展中遇到的问题

（一）保税物流中心（B 型）的定位与实际发展不一致

保税物流中心（B 型）以整合“保税仓库和出口监管仓库”功能为基础，弥补“两仓”功能单一的缺陷，适应现代物流的发展要求。其主要功能包括保税仓储、国际物流配送、简单加工和增值服务、进出口贸易和转口贸易等，实行国外货物入中心保税、国内货物入中心退税等优惠政策。就一般意义而言，保税物流中心（B 型）的定位应是一般进口商品的退税、保税问题，解决加工贸易中的深加工和结转货物问题，目的是降低物流成本以及提供物流增值服务。

但目前，我国大部分的保税物流中心（B 型）在设计中往往过度偏重退税、保税这两大基本功能，对其他极具发展前景的重要功能，特别是国际货物结转和相关增值服务等业务的开发，无论在组织管理和运行条件上都缺乏前瞻性的准备，使保税物流中心实现的功能过于单一，没有充分发挥其作用。

（二）保税物流中心（B 型）信息化管理有待提高

保税物流和非保税物流的主要区别在于，保税物流企业做的是国际物流，可以实现真正意义上的现代物流，是现代社会中最完整的物流模式。美国、日本等一些发达国家的保税物流产业较为发达，保税政策较为健全，物流成本控制更为有效，物流信息化应用程度较高。条码、二维码、RFID、实时监控、快速响应等物流信息技术在保税物流企业中得到了广泛应用。而且，欧美企业的物流软件在设计和实施中会更多地考虑物流作业效率、仓储空间利用率和运输效率的提高以及更有效的物流成本管理和控制。

21 世纪以来，我国保税物流中心（B 型）的物流信息化取得了较大的进步。

二、未来展望

（一）保税物流中心（B 型）将不断扩容升级为综合保税区

保税物流中心是保税物流发展的新业态，2004 年 5 月国家海关总署批准在苏州工业园区设立全国首家海关保税物流中心试点以来，保税物流中心（B 型）的仓库保税、出口退税及其在解决加工贸易中的深加工和结转货物问题等功能，彰显出其在促进产业集聚、降低成本生产企业以及带动区域及周边地区开放与开发等方面的优势。全国各地市踊跃申报保税物流中心，以发挥其对区域经济尤其是对外贸易经济的引领和推动作用。今后，符合条件的保税物流中心（B 型）将扩容升级为功能更多、更具优势的综合保税区。截至 2020 年年底，全国共有 94 个保税物流中心（B 型），分布在 29 个省、市、自治区。这 94 个保税物流中心（B 型）在各省区市的分布情况如图 8－2 所示。

（二）保税物流中心（B 型）的布局范围逐步向西、北部扩展，物流形式日趋多样化

2003 年以前，我国保税物流中心大部分建立在沿海、沿江或道路枢纽等地，中西部地区保税物流中心的数量偏少，且分布在基础条件比较好的省会城市及周边市区。这种布局决定了保税物流中心的形式和业态绝大多数是沿海沿港口物流，铁路、公路及航空主导的保税物流中心数量较少。借助丝绸之路经济带建设、跨境电商快

速发展以及物流的时效性要求更高等有利条件，截至2020年年底，我国审批设立的保税物流中心（B型）数量增至94个。这些保税物流中心的布局从东南沿海地区向西北内陆地区逐步渗透与延伸，基本上覆盖了全国一些有代表性、前期基础较好且辐射范围较宽的城市（见图8-2）。既兼顾了东部和中西部经济发展对保税物流的要求，又有利于推进发达的地区市场经济理念在中西部地区的引入和融合，加速国内经济的国际化趋势。保税物流中心区域布局的变化推进了物流形式与业态结构的不断优化调整。

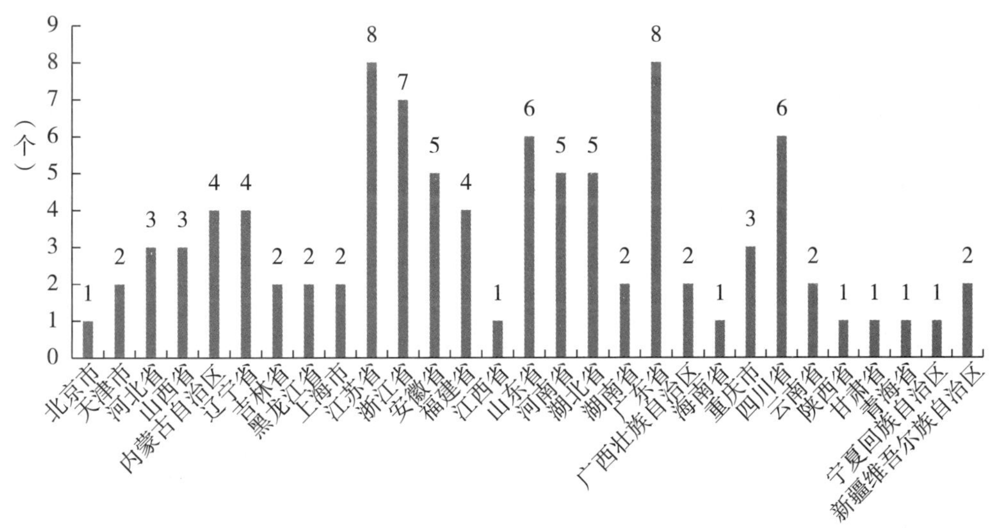

图8-2 各省区市保税物流中心（B型）数量统计

（三）保税物流中心（B型）各具特色的差异化发展有利于不同保税物流形式的协调互补

保税物流中心（B型）是位于内陆地区的海关特殊监管场所，是延伸到内陆地区的出口口岸，其主要有保税仓储、国际物流配送、简单加工和增值服务、检验检测、进出口贸易和转口贸易、商品展示、物流信息处理、口岸、入物流中心出口退税九大功能。鉴于各级保税物流中心（B型）所在区域的产业支撑条件、物流条件和口岸资源差异较大，不同保税物流中心（B型）的功能侧重点、主营产品、发展优势和特色应各不相同。建设最早的苏州工业园区保税物流中心（B型）在发展之初立足电子、精密机械等产业基地需求，功能定位特色突出园区生产链管理、开展了深加工结转以及税收优惠等业务；天津经济技术开发区保税物流中心（B型）以特殊监管区域功能最齐全为亮点；河南保税物流中心（B型）以支撑中国跨境电商发展为新的经济增长点；成都保税物流中心（B型）在西南地区吸引外资最强劲；杭州保税物流中心（B

型）以通关服务创新彰显吸引力。各具特色的保税物流中心（B 型）形成差异化发展与布局，并且与区域其他形式的保税物流形成了协调发展的良好局面。

第四节　全国保税物流中心（B 型）运营数据分析

一、保税物流中心（B 型）进出口总额及增速

（一）年度分析

根据海关总署统计，2020 年全年保税物流中心（B 型）进出口总额 1602. 27 亿元，比 2019 年进出口总额增长 27. 1%。其中进口 845. 42 亿元，比 2019 年进口总额增长 9. 6%；出口 756. 85 亿元，比 2019 年出口总额增长 54. 8%。2020 年保税物流中心（B 型）进出口总额如图 8 –3 所示。

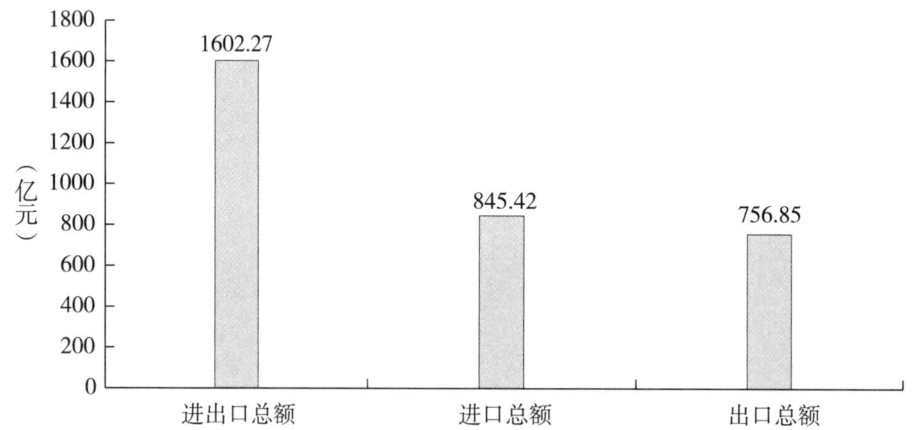

图 8 –3　2020 年保税物流中心（B 型）进出口总额

资料来源：海关总署。

2015—2020 年保税物流中心（B 型）的进出口额及增速如图 8 –4 所示。从图 8 –4 不难看出，近几年保税物流中心（B 型）的进出口额逐年增加，逐步从 2015 年的 330. 05 亿元增长到 2020 年的 1602. 27 亿元，但增长幅度呈现为大写的“M”形折线状，2016 年增长幅度达到 70. 9%，2018 年增长幅度仅为 3. 6%，但均为正增长。

2015—2020 年保税物流中心（B 型）的出口额及增速如图 8 –5 所示。从图 8 –5 可以看出，近几年保税物流中心（B 型）的出口额总体呈现增长的趋势，从 2015 年的 162. 12 亿元增长到 2020 年的 756. 85 亿元。前几年增长幅度较缓慢，2018 年呈现负增

长，但是从 2019 年开始出口额增长迅猛，2019 年增速一度达到 103.1%，2020 年增速较 2019 年有所降低，为 54.8%。

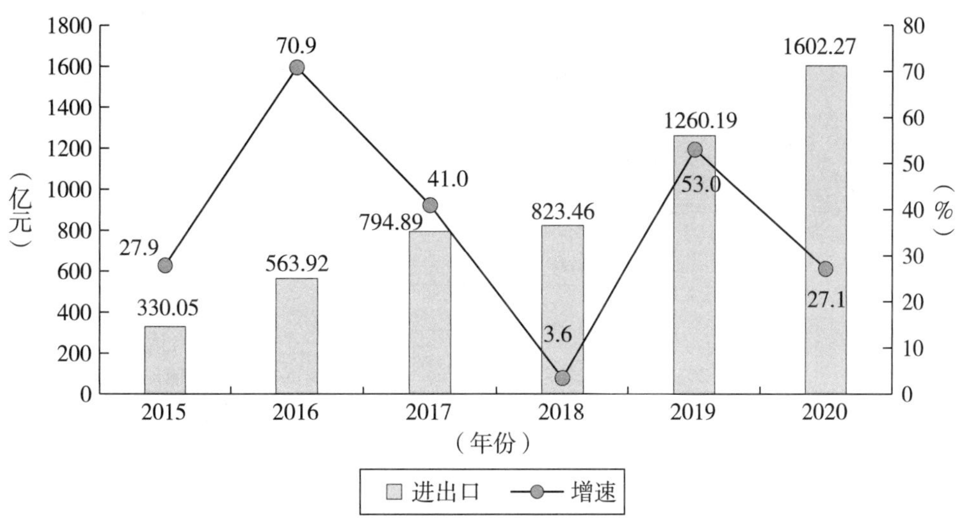

图 8-4　2015—2020 年保税物流中心（B 型）的进出口额及增速

资料来源：海关总署。

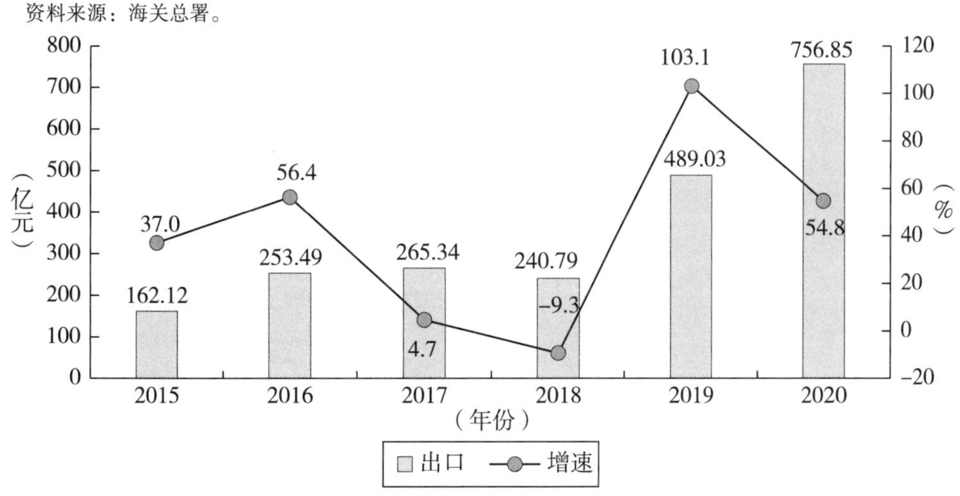

图 8-5　2015—2020 年保税物流中心（B 型）的出口额及增速

资料来源：海关总署。

2015—2020 年保税物流中心（B 型）的进口额及增速如图 8-6 所示。从图 8-6 可以看出，近几年保税物流中心（B 型）的进口额逐年增长，从 2015 年的 167.93 亿元增长到 2020 年的 845.42 亿元，但近年增长幅度有所下降，这与我国改善进出口结构有很大的关系。

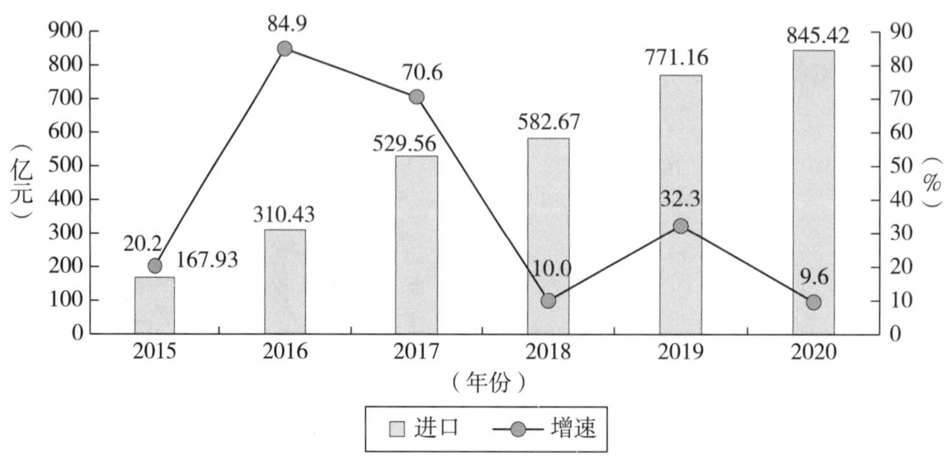

图 8－6　2015—2020 年保税物流中心（B 型）的进口额及增速

资料来源：海关总署。

（二）季度分析

根据海关总署统计，2020 年全年保税物流中心（B 型）进出口总额 1602. 27 亿元，增长 27. 1%。2020 年各季度保税物流中心（B 型）进出口总额及增速如图 8－7 所示。

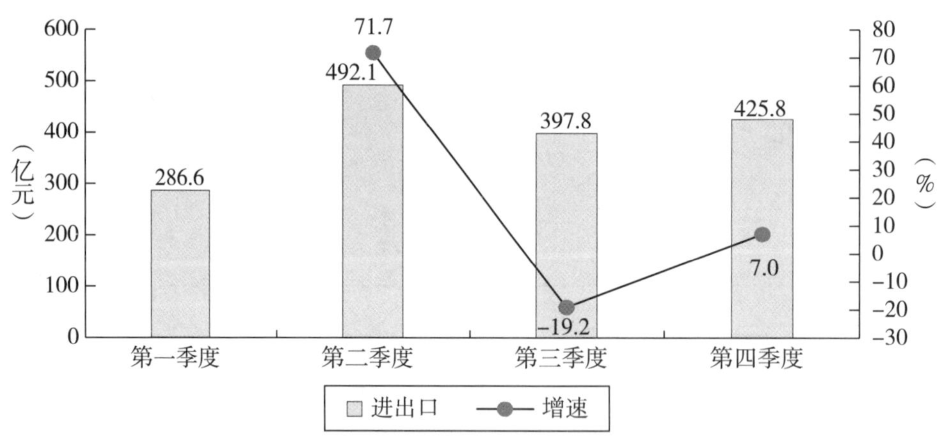

图 8－7　2020 年各季度保税物流中心（B 型）进出口总额及增速

资料来源：海关总署。

从图 8－7 可以看出，2020 年第一季度进出口总额 286. 6 亿元，第二季度进出口总额达 492. 1 亿元，增速达到 71. 7%；第三季度进出口总额较第二季度有所下降，增速为－19. 2%，进出口总额为 397. 8 亿元；第四季度与第三季度相比，增速较缓，仅为 7. 0%，进出口总额为 425. 8 亿元。

图 8－8 为 2020 年各季度保税物流中心（B 型）出口额与进口额，出口与进口趋势相同，整体呈现增长趋势，其中第二季度进口和出口均为全年最高。此外，从图 8－8 不难看出，第一季度进口与出口差距非常大，进口额几乎是出口额的 2 倍，而第二季度、第三季度进口额虽然也高于出口额，但差距明显减小，进口额与出口额近乎相同，而在第四季度，“进口额 > 出口额”的形势发生转变，实现了“出口额 > 进口额”。

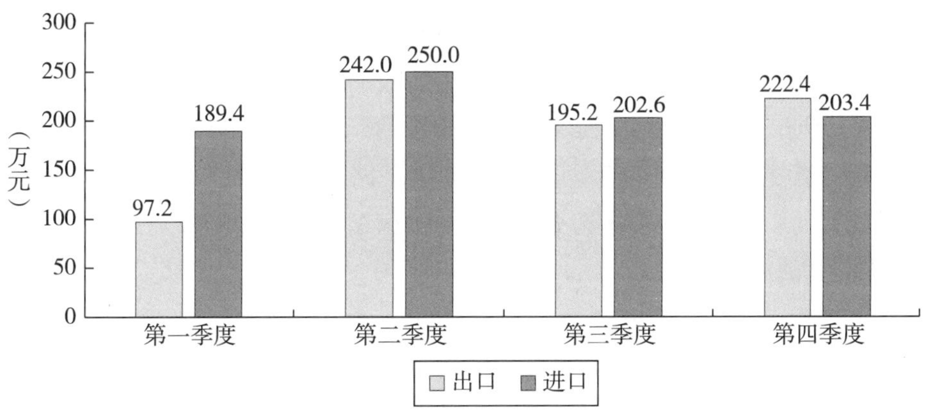

图 8－8　2020 年各季度保税物流中心（B 型）出口额与进口额

资料来源：海关总署。

二、经营数据所表现的特点与趋势分析

从近几年我国保税物流中心（B 型）的经营数据可以看出，保税物流中心（B 型）发展势头较好，进出口额逐年增长，2015—2018 年，进口与出口比例差额逐年增大，出口比例持续降低，进口比例持续增加；到 2019 年，进出口格局有明显改变，进口与出口比例差额减小，较 2018 年出口比例增加，进口比例降低。

第五节　开通班列的保税物流中心发展概况

以下对部分开通班列的保税物流中心进行简要概述。

一、重庆南彭公路保税物流中心（B 型）

重庆南彭公路保税物流中心（B 型）（以下简称“南彭 B 保”）于 2015 年 11 月 25 日获得海关总署、财政部、国家税务总局、国家外汇管理局正式设立批复，2017 年 3 月 10 日获得海关总署等四部委的正式验收批复，2017 年 4 月 10 日获得关区代码，2017 年 4 月 26 日封关运行。项目位于巴南区重庆公路物流基地，占地面积 205

亩，规划建筑面积约10.5万平方米，含保税仓库约9万平方米、办公楼及车库约1.5万平方米，可开展保税仓储、国际物流配送、简单分装、进出口贸易、转口贸易、出口退税、跨境电子商务等业务。南彭B保的投用将推动国际贸易通道的常态化运行，助推中新（重庆）战略性互联互通示范项目建设，奠定巴南在重庆向南开放中的战略支撑地位。

项目已引进30家企业签约入驻，租仓面积共约2万平方米。2017年4月26日正式封关运行至2020年12月31日，南彭B保累计实现进出区货值约101.56亿元。2020年全年南彭B保累计实现进出区货值约50.06亿元，同比增长66%。

近年来，重庆巴南区公路物流基地主动谋划了覆盖中南半岛国家的东盟公路班车，开拓了一条跨境公路物流大通道。其中重庆南彭公路保税物流中心（B型）是该基地的重要组成部分。从重庆公路物流基地始发的重庆东盟公路物流班车，已与中欧班列（重庆）对接贯通。

二、四川南充保税物流中心（B型）

2020年11月，四川南充保税物流中心（B型）获得海关总署验收合格批复，12月获得成都海关通关代码（蓉南保B7933）。四川南充保税物流中心（B型）是川东北地区唯一的保税物流中心。项目规划面积310亩，分两期建设，总投资10亿元；一期项目占地125亩，总投资约4.2亿元，现已初步建成保税仓储、卡口、查验区域、办公大楼、监控安防设备及信息系统等设施设备，是集海关现场监管、保税仓储、跨境电商三大功能于一体的对外开放综合平台。

依托进口保税和出口退税的独特外贸功能，四川南充保税物流中心（B型）主要开展保税仓储、转口贸易、出口拼箱、进口分拨、简单加工五大业务。已与中深创、三环电子、嘉美印染等20余家企业达成入驻意向，并与成都中欧班列首批代理企业丝路里公司合作运营，依托保税中心网上商城，采取“前店后仓”跨境电商模式，实现“买全球”目标。打造南充出口电商平台，汇聚南充乃至川东北制造产品走向世界，实现“卖全球”愿景。

正式封关运营后，四川南充保税物流中心（B型）将提供外贸大通道，增强南充产业集聚效益。引领大产业有效延长区域产业链条，开展跨境大电商，助推本地制造走向世界。下一步，四川南充保税物流中心（B型）将加快推进保税产业园建设，集聚川东北进出口企业，借势中欧班列和陆海新通道，早日开通“中亚班列全国基地”，力争在2年内成功创建“中国跨境电商综合试验区”、川东北首个综合保税区，最终建成以保税物流、国际联运服务、现代金融、会展服务为核心的川东北自贸区。

三、成都铁路保税物流中心（B型）

青白江是西部最大、四川唯一的国际铁路货运商贸中心。成都铁路保税物流中心（B型）位于青白江区成都国际集装箱物流园区内，验收面积为0.18平方公里，建有封闭式隔离围网和中心卡口、待检停车区、查验仓库、监管仓库、集装箱堆场等。

2020年成都铁路保税物流中心进出口货值持续攀升，与中欧班列（成都）的快速发展密不可分。2020年以来，成都海关紧紧抓住新冠肺炎疫情防控期间中欧班列（成都）逆势增长的发展机遇，推动成都铁路保税物流中心业务量稳步发展。

四、长沙金霞保税物流中心（B型）

长沙金霞保税物流中心于2008年12月获得国家海关总署、财政部、税务总局、外汇管理局四部委批准，2009年4月通过国务院四部委联合验收，8月10日正式封关运行。

金霞保税物流中心位于长沙市开福区金霞现代物流园的核心区，中心西侧紧邻全国内河一流的现代化港口——长沙新港，东侧距长沙铁路货运新北站和申报中的长沙出口加工区仅1公里，距黄花国际机场仅20分钟车程，中心周边路网完善，京广线贯穿南北，石长线连接东西，经芙蓉北路及三环线与京珠高速、107、319等国道相通，处水、陆、空交通枢纽中心，地理位置得天独厚，区位交通优势明显。

金霞保税物流中心（B型）高效的通关时间，为长沙中欧班列的开行创造了条件，企业的平均通关时间大大缩短。

五、义乌保税物流中心（B型）

义乌保税物流中心（B型）批准建设面积0.13平方公里，目前已建成综合业务用房、卡口智能化物流信息系统、恒温恒湿仓库等，总建筑面积5万平方米，其中仓库面积为4.7万平方米，投资7100万元。二期规划建设5.3万平方米仓库。

义乌保税物流中心（B型）依托“义新欧”中欧班列，“义新欧”中欧班列为义乌众多企业的小商品出口提供了便捷的物流通道，凸显铁路运输的优势。

六、新疆奎屯保税物流中心（B型）

新疆奎屯保税物流中心（B型）是新疆重点建设项目，于2013年8月8日由国家海关总署、财政部、税务总局、外汇管理局四部委正式批准设立。中心规划总面积1009亩，项目总投资3.5亿元。

自 2014 年 11 月正式封关运营以来，奎屯保税物流中心开通了全国首趟奎屯—格鲁吉亚班列，在全疆率先开通了吉尔吉斯斯坦整车钢材班列，实现了哈萨克斯坦回程班列常态化运行。

第九章　全国海关特殊监管区域发展现状与运营数据分析

海关特殊监管区域是我国乃至世界各国区域经济发展的重要形式。海关特殊监管区域的设立对促进我国对外贸易，引进外来资本、先进技术和提升管理水平，实现产业转型升级，起到了重要的窗口作用。

截至 2020 年年底，全国 31 个省、自治区、直辖市有海关特殊监管区域 160 个。其中，综合保税区 147 个、保税区 9 个、保税港区 2 个、出口加工区 1 个、珠澳跨境工业区（珠海园区）1 个。全国海关特殊监管区域总规划面积超 445 平方公里。为我国承接国际产业转移、推进区域经济协调发展、促进对外贸易和扩大就业等作出了积极贡献。

本章对海关特殊监管区域的产生与发展、作用与贡献等方面进行了概述，分析了 2020 年海关特殊监管区运营的整体情况，并以保税港区、保税区、综合保税区为重点进行数据分析。介绍了开通班列的综合保税区发展概况，提出了存在的问题及未来发展路径。

第一节　全国海关特殊监管区域发展现状

一、产生与发展

海关特殊监管区域是指经国务院批准，设立在中国关境内，赋予承接国际产业转移，连接国内、国际两个市场的特殊功能和政策，由海关为主实施封闭监管的特定经济功能区。虽然海关特殊监管区域的首次提出是在 2005 年发布的《中华人民共和国海关对保税物流园区的管理办法》中，但是实际上 1990 年上海外高桥保税区的设立，就已标志着我国进入了以海关特殊监管区域为载体的开放发展阶段。

为适应中国不同时期对外开放和经济发展的需要，1990 年至今，我国先后设立了保税区、出口加工区、保税物流园区、保税港区、综合保税区和跨境工业区 6 种类型的海关特殊监管区域。

2012 年 11 月 2 日，国务院发布了《国务院关于促进海关特殊监管区域科学发展的指导意见》（国发〔2012〕58 号），提出要稳步推进特殊监管区域整合优化，新设立的特殊监管区域，原则上统一命名为“综合保税区”；在基本不突破原规划面积的前提下，逐步将现有出口加工区、保税物流园区、跨境工业区、保税港区及符合条件的保税区整合为综合保税区。该指导意见明确，整合工作要从实际出发，在充分听取省、自治区、直辖市人民政府意见的基础上实施。目前不具备整合条件的特殊监管区域，可暂予保留。

2015 年 9 月 6 日，国务院办公厅发布了《国务院办公厅关于印发加快海关特殊监管区域整合优化方案的通知》（国办发〔2015〕66 号）。该方案明确了海关特殊监管区域整合优化的总体要求、推进方向、整合优化的具体内容以及具体的实施步骤。该方案指出，逐步将现有出口加工区、保税物流园区、跨境工业区、保税港区及符合条件的保税区整合为综合保税区。新设立的海关特殊监管区域统一命名为综合保税区；逐步整合海关特殊监管区域保税功能，使其具有服务外向型经济发展和改革开放、连接国际国内两个市场、支持企业创新发展、满足产业多元化需求、发挥集约用地和要素集聚辐射带动作用等基本功能；规范、完善海关特殊监管区域税收政策，促进区内企业参与国际市场竞争，同时为其参与国内市场竞争创造公平的政策环境；逐步统一海关特殊监管区域信息化管理系统，统一监管模式。整合管理资源，加快完善管理部门间的合作机制，实现相关管理部门信息互换、监管互认、执法互助（简称“三互”），加强事中事后监管。从而推进海关特殊监管区域在类型、功能、政策、管理等方面的整合。

2019 年 1 月 25 日，国务院印发《国务院关于促进综合保税区高水平开放高质量发展的若干意见》（国发〔2019〕3 号）（以下简称《意见》）。《意见》强调，要以习近平新时代中国特色社会主义思想为指导，坚持稳中求进工作总基调，坚持新发展理念，坚持高质量发展，解放思想，创新发展，赋予综合保税区改革开放新使命，打造具有国际竞争力和创新力的海关特殊监管区域。《意见》明确，要完善政策、拓展功能、创新监管，培育综合保税区产业配套、营商环境等综合竞争新优势。推动综合保税区发展成为具有全球影响力和竞争力的加工制造中心、研发设计中心、物流分拨中心、检测维修中心、销售服务中心。

为推动综保区高水平开放、高质量发展，海关总署积极推进海关特殊监管区域整合优化，推动各类型符合条件的海关特殊监管区域转型为综保区。2020 年以来，国务院批准同意天津东疆等 26 个其他类型海关特殊监管区域整合优化为综保区。截至 2020 年 10 月，全国综保区共 144 个，占海关特殊监管区域总数的 91.7%。到 2020 年年底，综合保税区达 147 个。

二、作用与贡献

海关特殊监管区域的设立对促进我国经济产业转型升级，引进外来资本、先进技术和提升管理水平起到了重要的窗口作用，具有以下重要意义。

承接国际产业转移。通过承接国外加工贸易制造业，为我国国际产业转移提供了重要平台。

推进加工贸易转型、升级。我国的加工贸易技术含量相对较低、附加值较小，通过建设海关特殊监管区域，可以推进其转型、升级。

优化产业结构。我国的进出口贸易以加工贸易为主，服务贸易比重低且结构不合理，通过建设海关特殊监管区，可以对产业结构进一步优化。

扩大对外贸易，拉动经济发展。建设海关特殊监管区的一个重要目的就是推动开放型经济和对外贸易的发展，从而带动我国经济进一步发展。

促进就业。建设海关特殊监管区可以吸引国内外众多生产制造企业和现代物流、服务企业入驻，从而带来更多的就业机会。

通过近几年的统计分析数据，可以对海关特殊监管区域的发展和贡献有一个了解。

截至 2018 年年底，全国共有海关特殊监管区域（以下简称特殊区域）140 个，数量同比增长 4.48%。其中，有进出口业务数据的特殊区域 127 个。2018 年，全国特殊区域共实现进出口 7840 亿美元，同比增长 13.85%，比同期全国进出口总值增长率高 4.15 个百分点。其中，进口 3992 亿美元，同比增长 15.56%；出口 3848 亿美元，同比增长 12.13%。

2019 年，全国特殊区域进出口值 5.52 万亿元，同比增长 7.17%，占全国进出口外贸值的 17.49%。进出口外贸增速高于全国外贸增速 3.77 个百分点。

2019 年，全国综合保税区进出口值 2.9 万亿元，同比增长 11.9%。综合保税区在稳外贸中的作用凸显。据海关总署统计，2019 年全国综合保税区对我国外贸增长的贡献度达 30%。综合保税区以占全国两万分之一的土地面积，实现了我国约六分之一的外贸总量。吸引了国内外众多生产制造企业和现代物流、服务企业入驻，创造了 200 多万个直接就业岗位。

2020 年 6 月底，我国海关特殊监管区域已经达到 155 个，布局到 31 个省区市，建成投入运行的有 139 个，其中综合保税区 97 个。海关总署发布的数据显示，2020 年前 8 个月，我国综保区进出口值 2.03 万亿元，同比增长 15.7%，高于全国外贸进出口增速 16.3 个百分点，占全国外贸进出口总值的 10.1%，对我国外贸增长贡献度超过 30%，中西部地区综保区进出口值增长 26.2%，在中西部地区外贸整体增速 8% 中贡献了 6.6 个百分点，在中西部地区外贸中占比近三成。截至 2020 年 10 月 7 日，全国 144

家综保区年内新增注册登记企业 5452 家，增长 13.3%，进出口活跃企业 3170 家，增长 26.5%。

截至 2020 年年底，海关特殊监管区域达 160 个，其中综合保税区达 147 个。其中有进出口统计的 145 个海关特殊监管区域进出口总值约 6.26 万亿元，其中出口 3.00 万亿元，进口 3.26 万亿元。

根据海关总署 2018—2020 年统计的特殊区域进出口总值（见表 9－1）我国特殊区域进出口，可以了解变化情况。

表 9－1 我国特殊区域进出口情况

年度	特殊区域统计数量（个）	特殊区域进出口总值（万亿元）
2018	127	5.15
2019	132	5.52
2020	145	6.26

以上显示出我国海关特殊监管区域在稳外资外贸基本盘和稳就业、促进产业转型升级、服务中西部地区开放等方面作出了积极贡献，发挥了重要作用。

三、基本特征与功能

海关特殊监管区域作为我国的特定经济功能区具有以下基本特征。

一是需要经过国务院审批，纳入国家级开发区范畴，同时享受所在地区国家赋予开发区的优惠政策。

二是采取封闭围网管理。海关特殊监管区域基础和监管设施验收有严格的标准。

三是具有“一线放开，二线管住”的通关特征。

四是具备保税功能，即对区内的货物实施保税政策。

五是实行“境内关外”的特殊政策。

六是不允许自由进出，不允许商品零售，不允许设居民生活区（上海自贸区除外）。所有人员、货物和交通工具进出海关特殊监管区域都需要接受海关等常规监管。

保税港区、保税区、综合保税区有各自的功能和特点。

（一）保税港区

保税港区是经国务院批准在特定港区及其附近区域设立的海关监管特定区域。具有仓储物流，对外贸易，国际采购、分销和配送，国际中转，检测和售后服务维修，商品展示，研发、加工、制造，港口作业等功能。

保税港区享受与保税区、出口加工区、保税物流园区相关的税收和外汇管理政策，主要为国外货物入港区保税。货物出港区进入国内销售按货物进口的有关规定办理报关，保税港区叠加了保税区和出口加工区税收和外汇政策，在区位、功能和政策上优势更明显。

监管方面，保税港区内货物可以自由流转；对保税港区与境外之间进出的货物，不实行进出口许可证件管理；对诚信等级高的企业所申报的危险货物，可视为内陆直接装船，不再开箱查验；对境外进入保税港区的货物，检验检疫部门只检疫不检验；对进入保税港区的国际航行船舶，实施电讯检疫或者码头检疫，一般不再实施锚地检疫。

（二）保税区

保税区，也称保税仓库区，级别低于综合保税区。这是一个海关设置的或经海关批准注册、受海关监督和管理的可以较长时间存储商品的区域。在我国，保税区是经国务院批准设立的、海关实施特殊监管的经济区域。

保税区的功能定位为“保税仓储、出口加工、转口贸易”三大功能。保税区具有进出口加工、国际贸易、保税仓储商品展示等功能，享有“免证、免税、保税”政策，实行“境内关外”运作方式，是中国对外开放程度高、运作机制便捷、政策优惠的经济区域。

保税区能便利转口贸易，增加收入。进入保税区的货物可以进行储存、改装、分类、混合、展览，以及加工制造，但必须处于海关监管范围内。外国商品存入保税区，不必缴纳进口关税，可自由进出，只需缴纳存储费和少量费用，但如果要进入关境则需缴纳关税。各国的保税区都有不同的时间规定，逾期货物未办理有关手续，海关有权对其拍卖，拍卖后扣除有关费用，余款退回货主。

（三）综合保税区

综合保税区是设立在内陆地区的具有保税港区功能的海关特殊监管区域。由海关参照有关规定对综合保税区进行管理，执行保税港区的税收和外汇政策，集保税区、出口加工区、保税物流区、港口的功能于一身，可以发展国际中转、配送、采购、转口贸易和出口加工等业务。其总体功能包括口岸作业、保税物流、保税加工、生产服贸等。

口岸作业功能包括口岸服务功能和海关集中查验功能，提供包括集装箱和散货的装卸搬运以及海关查验区的通关、查验等服务。

保税物流是指在海关监管范围内，将保税货物进行空间移动的过程，包括从港口到各保税仓库、保税加工区域之间分拨、中转配送活动，以及为周边加工制造企业提供库存服务。保税物流功能主要为开展国际采购、国际配送、保税仓储业务服务。

保税加工功能是指对境外的进口原材料、元件可以在保税的状态下进行加工，加工完成后可以直接运到境外销售，而不需要缴纳关税和增值税的功能。保税加工功能为在综合保税区内开展来料加工、进料加工提供了便利。

区内企业发展研发业务，属于自用的业务设备都可享受区内税收优惠；国外和保税区外货物送到保税区内企业检测维修也可享受税收优惠。这为综保区开展保税检测维修、技术研发业务提供了便利。

第二节　全国海关特殊监管区域存在的问题与未来展望

一、存在的问题

在我国现有的海关特殊监管区域六种模式中，综合保税区是我国开放层次高、优惠政策多、功能最齐全的海关特殊监管区域。随着我国海关特殊监管区的整合和功能完善，早期的保税区、出口加工区、保税物流园区、保税港区等纷纷向综合保税区转型升级，原则上不再新设上述海关特殊监管区域。为此，综合保税区在内陆地区外向型经济发展中具有不可替代的作用，也成为国家重视、规模仍在增长的海关特殊监管区域。

综合保税区建设近年来虽然取得了显著成绩，但也面临制约其高质量发展的一些问题。

（一）低水平重复建设

全国部分地市把综合保税区的建设发展作为拉动本地外向型经济发展的主要抓手，在尚未确定综合保税区的主导产业、目标企业情况下，盲目申报和建设，导致内陆地区综合保税区存在业务不足现象。

（二）投资大、效益不高

综合保税区属于海关特殊监管区域，在获得建设批复后，由于围网验收等硬性规定，导致综合保税区投资规模较大，但内陆地区特别是中西部地区部分综合保税区外向型产业空心化较为严重，总体经济效益不高。

（三）国际资源要素聚集能力不强

综合保税区担负着区域外向型经济发展的平台作用，但诸多内陆地区外向型经济规模较小、内生国际资源要素不多，短期内大规模聚集增量外向型资源具有一定挑战性。

（四）产业结构不尽合理

目前综合保税区内创新型的产业较少，通过招商引资引入的企业多数是以生产型为主的进出口食品加工企业，或者是二次加工型企业，缺乏高新技术型企业，在国际竞争中缺乏竞争力。创新型项目没有得到应有的重视，创新型产品和高新技术产业得不到充分发展。

（五）缺乏统一的立法

到目前为止，我国并没有针对综合保税区专门统一的立法。对我国综合保税区进行约束的相关法律依据仅仅是海关总署第 164 号令《中华人民共和国海关保税港区管理暂行办法》和一些地方性法规。由于海关总署令和地方性法规非中央统一立法，立法级别相对较低，对其他部门的协调能力有限，造成在一些政策问题的理解上海关、外汇管理、工商和税务等部门经常会产生不一致，给综合保税区内的企业带来了一定的困扰。

（六）招商引资制度不完善

综合保税区的建设过程中，在招商引资方面也有一些问题。如向企业做出空头或不符合法律法规的承诺；没有结合当地的基础设施、产业优势、区位条件等发展环境因素而进行盲目的招商引资；以低成本引入一些企业，这些企业既没有高新技术，也不能充分利用当地资源，不能带动地区经济发展。

（七）基础设施不完备，运营成本较高

部分综合保税区口岸功能不完备、物流网络不够畅通，限制了综合保税区产业和业务范围的拓展，企业运营成本较高。在部分综合保税区内，企业用地成本、厂房费用、物流成本偏高，对企业进入综合保税区形成制约。

二、发展路径及未来展望

2020 年以来，我国海关特殊监管区域特别是综合保税区的复工复产，得到了各方

面的高度关注和支持，在应对新冠肺炎疫情冲击，复工复产，稳外贸、稳外资、保就业等方面都取得了一定成效。逆全球化的国际经贸环境大变局将会是后疫情时期的严峻挑战。这对处于国际贸易最前沿的特殊区域而言，是考验也是机遇。为应对这种挑战，特殊区域应注重以下发展路径，促进特殊区域高质量发展。

（一）综合保税区的发展路径

1. 优化综合保税区空间布局，适度控制综合保税区的数量规模

我国内陆地区综合保税区数量规模的持续攀升，造成了内陆地区诸多综合保税区基础设施上的大规模投资，加之业务不足，增加了地方政府的财政负担并带来新的债务风险。为此，应从综合保税区地理空间分布的顶层规划入手，结合城市承载国家战略实施情况，以及城市的区位交通条件、经济规模、产业基础等情况，优化内陆地区综合保税区空间布局，适度控制综合保税区的数量规模。从而减少内陆综合保税区的重复建设、无序投资和过度竞争，以及对经济体量小、外向型经济基础薄弱的城市造成的负担。

为引导内陆地区综合保税区有序建设发展，应科学把控综合保税区的申建节奏，在总量控制的基础上分步骤、分阶段地审批和实施，保障地方政府外向型经济健康发展。

2. 注重综合保税区外向型产业的差异化发展

一方面，要注意内陆地区综合保税区之间的差异化。由于内陆地区综合保税区普遍存在的产业同质化，造成综合保税区普遍业务不足。针对此问题，应结合综合保税区所在城市的产业基础、市场需求和自身的区位交通条件，合理确定外向型产业发展方向，并要避免与周边综合保税区产业发展雷同，既保证内陆地区综合保税区外向型产业的合理聚集，也实现内陆地区综合保税区差异化发展。

另一方面，内陆地区综合保税区的外向型产业发展要与沿海地区相区别。内陆地区综合保税区外向型产业发展要围绕丝绸之路经济带建设，利用中欧班列和航空货运优势，发展附加值相对较高的外向型产业，也要瞄准我国中西部地区的巨大市场需求，结合国内国际市场情况，大规模进口国外资源性产品并进行保税加工，从而形成双向开放和双向辐射。

3. 强化综合保税区绩效评估

为有效抑制发展基础薄弱城市申建综合保税区的冲动，并督促各地存量和新建综合保税区加快外向型产业聚集和业务拓展，实现我国综合保税区不断向外向型产业链、价值链高端迈进，应通过对综合保税区进行合理评估的办法实现。

2020 年 5 月，根据《国务院关于促进海关特殊监管区域科学发展的指导意见》

(国发〔2012〕58号)、《国务院办公厅关于印发加快海关特殊监管区域整合优化方案的通知》(国办发〔2015〕66号)和《国务院关于促进综合保税区高水平开放高质量发展的若干意见》(国发〔2019〕3号)等文件精神,海关总署会同国家发展改革委、财政部、自然资源部、商务部、税务总局、市场监管总局和外汇局研究制定了《综合保税区发展绩效评估办法(试行)》(以下简称《办法》)。《办法》要求发展绩效评估要以海关统计数据、省级主管部门自评数据和各综合保税区报送数据为基础,通过客观、科学的量化方法测算评分,开展定量分析和管理工作。

按照《办法》要求,发展绩效评估指标体系坚持全面客观、科学合理、规范统一和导向引领的原则,涵盖了五类27项量化指标和8项辅助指标。围绕规模效益、质量效益、开发利用、辐射服务和业态创新等核心指标,以及地方落实主体责任情况等辅助指标开展,评估综合保税区的发展水平。指标充分体现国家战略和创新发展导向,重点考量规模和质量效益,同时考量不同地区综合保税区的功能定位和业态差异,鼓励各地综合保税区结合本地实际,选择有特色的产业方向和发展目标;鼓励东部地区优势综合保税区和中西部地区落后综合保税区发挥互补优势加强合作,提升管理水平。

此外,《办法》中首次提出了综合保税区的退出机制,标志着我国将加大综合保税区优胜劣汰,这将进一步促进综合保税区高水平开放、高质量发展,打造具有国际竞争力和创新力的对外开放新高地。

(二)综合保税区的未来展望

多元化发展和智慧综保区的建设将成为综合保税区的未来发展趋势。

1. 综合保税区的多元化发展

近些年,我国综合保税区在做大做强传统制造业的基础上,积极拓展新业态,促进多元发展,融资租赁、研发设计、检测维修、期货保税交割等生产性服务业增长迅猛。据有关统计,2020年以来,综合保税区全国新增研发机构23家,多为生物医药、电子产品等行业。此外,检测中心、大宗商品交易平台、文化艺术品交易平台相继落户综合保税区,综合保税区多元化发展格局初步形成。

2020年2月25日,海关总署发布通知,就支持综合保税区高水平开放、高质量发展,推出6条措施,将对综合保税区多元化发展起到进一步推动作用。未来综合保税区的多元化发展将体现在以下方面。

一是综合保税区将进一步进行制度创新。如在自贸区优先设立综合保税区,发挥自贸区在全面深化改革中的“试验田”作用,积极对标国际自由贸易园区,进一步创新制度、拓展功能、优化管理;在符合条件的国家级新区、经济技术开发区、高新技术产业开发区设立综合保税区,发挥综合保税区和国家级新区等各类型区域的政策功能叠加效应。

二是新设综合保税区将向中西部地区倾斜，形成陆海统筹、东西互济的开放新格局。其他类型的海关特殊监管区域将逐渐转型升级为综合保税区，以享受相关政策红利，发挥综合保税区连接国内国际两个市场的平台作用，更好地服务中西部地区承接产业转型升级，促进开放发展。

三是综合保税区将吸引全球维修和再制造业务在区内的落户。海关总署正积极协调相关部门，研究制定支持维修和再制造业务发展的相关措施，明确产品目录和准入条件，进一步优化产业形态和贸易结构，提升区内企业综合竞争力，为综合保税区打造"检测维修中心"奠定基础。

四是综合保税区的营商环境将更加优化。运用科技手段实现海关信息化系统与企业内部管理系统的无缝对接，实现综合保税区的网上"隐性"监管，减少对企业正常经营行为的干预；采取"互联网+保税"监管方式，区内企业可以网上办理向海关申请的注册登记、备案或变更，实现全流程无纸化业务办理，为企业减负增效，助力企业防控疫情；通过 AEO（Authorized Economic Operator，经认证的经营者）制度构建海关与商界之间的伙伴关系，加大对综合保税区内企业的信用培育。区内企业成为 AEO 企业后，将在与我国有 AEO 互认安排的国家或地区享受高级信用企业的便利化措施，提升外贸企业的国际市场竞争力。

2. 建设智慧综合保税区

在当前国际服务贸易高速发展、信息化浪潮席卷全球的形势下，建设智慧综合保税区非常必要。建设智慧综合保税区，可以提升综合保税区海关治理能力、提升综合保税区通关便利化水平。

综合保税区作为海关特殊监管区域，具有"境内关外"的特殊定位，监管理念、监管制度、监管模式也相应具有特殊性。当前，依靠人力、依靠卡口围网的传统监管模式已不能适应综合保税区贸易便利化改革的方向，应积极推进智慧综合保税区建设，通过5G、物联网等科技创新手段，建立严密监管与高效服务有机统一的智慧管理模式，实现海关作业智能化与管理服务自动化，有效提升综合保税区海关治理水平，提升通关效率和企业获得感，凸显综合保税区优势。

推进智慧综合保税区建设，还可以实现多维数据的全方位采集，发挥"智慧大脑"的数据分析能力，建立健全风险快速处置机制，营造健康可持续的进出口环境。

海关特殊监管区域是我国特有的功能政策区，是借鉴国际自由贸易园区而设立的过渡性区域，它们在我国对外开放、加快地区转变发展中，担当试点和先行者的角色。自由贸易园区相比传统的海关特殊监管区域在监管上更为优化、在政策上更为优惠、在职能上更为多元、在贸易上更加自由。国内外经济形势和外贸发展格局已经发生重大变化，原有的海关特殊监管区域的政策功能已经不能很好地适应社会经济发展的需要，我国海关特殊监管区向自由贸易园区升级、转型将成为必然之路。

第三节 2020年全国海关特殊监管区域运营数据分析

一、运营主体及分布

截至2020年6月底，全国31个省、自治区、直辖市现有海关特殊监管区域155个，其中，保税港区8个、综合保税区134个、保税物流园区1个、保税区9个、出口加工区1个、珠澳跨境工业区（珠海园区）1个、中哈霍尔果斯国际边境合作中心中方配套区1个。

从海关特殊监管区域在各地区的分布来看，华东地区数量最多，为69个，占现有海关特殊监管区域的44.5%。其次是华南地区，为21个，占现有海关特殊监管区域的13.6%。东北地区数量最少，为9个，占现有海关特殊监管区域的5.8%。全国现有海关特殊监管区域在各地区分布情况（截至2020年6月底）如表9-2所示。

表9-2 全国现有海关特殊监管区域在各地区分布情况（截至2020年6月底）

地理分区	各地区数量（个）	数量总计（个）	占比（%）
华东地区	上海10、江苏21、浙江10、江西4、安徽5、福建7、山东12	69	44.5
华南地区	广东15、广西4、海南2	21	13.6
华北地区	北京1，天津5，河北4，山西1，内蒙古3	14	9.0
华中地区	河南4、湖北4、湖南5	13	8.4
西南地区	重庆4、四川6、贵州3、云南2、西藏1	16	10.3
西北地区	陕西6、甘肃1、青海1、宁夏1、新疆4	13	8.4
东北地区	辽宁5、吉林2、黑龙江2	9	5.8

2020年7—10月，国务院批准设立深圳前海综合保税区、广州南沙综合保税区、青岛前湾综合保税区、重庆两路寸滩综合保税区、上海外高桥港综合保税区、大连大窑湾综合保税区、淄博综合保税区、厦门海沧港综合保税区、霍尔果斯综合保税区、绍兴综合保税区。截至2020年10月底，全国31个省、自治区、直辖市现有海关特殊监管区域157个，其中，保税港区2个、综合保税区144个、保税区9个、出口加工区1个、珠澳跨境工业区（珠海园区）1个。

2020年11月5日，国务院批复同意设立北京大兴国际机场综合保税区；12月17

日，国务院批复同意设立开封综合保税区、湛江综合保税区。

截至2020年年底，全国31个省、自治区、直辖市现有海关特殊监管区域160个。其中，保税港区2个、综合保税区147个、保税区9个、出口加工区1个、珠澳跨境工业区（珠海园区）1个。全国海关特殊监管区域总规划面积超445平方公里。2020年全国现有海关特殊监管区域分布及名单如表9－3所示，其在各地区分布情况如表9－4所示。

表9－3　　2020年全国现有海关特殊监管区域分布及名单

序号	省区市	关区	名称
1	北京	北京	北京天竺综合保税区
2			北京大兴国际机场综合保税区
3	天津	天津	天津东疆综合保税区
4			天津滨海新区综合保税区
5			天津港综合保税区
6			天津港保税区
7			天津泰达综合保税区
8	河北	石家庄	曹妃甸综合保税区
9			秦皇岛综合保税区
10			廊坊综合保税区
11			石家庄综合保税区
12	山西	太原	太原武宿综合保税区
13	内蒙古	呼和浩特	呼和浩特综合保税区
14			鄂尔多斯综合保税区
15		满洲里	满洲里综合保税区
16	辽宁	大连	大连大窑湾综合保税区
17			大连湾里综合保税区
18			大连保税区
19			营口综合保税区
20		沈阳	沈阳综合保税区
21	吉林	长春	长春兴隆综合保税区
22			珲春综合保税区
23	黑龙江	哈尔滨	绥芬河综合保税区
24			哈尔滨综合保税区

续 表

序号	省区市	关区	名称
25	上海	上海	洋山特殊综合保税区
26			上海浦东机场综合保税区
27			上海外高桥港综合保税区
28			上海外高桥保税区
29			松江综合保税区
30			金桥综合保税区
31			青浦综合保税区
32			漕河泾综合保税区
33			奉贤综合保税区
34			嘉定综合保税区
35	江苏	南京	张家港保税港区
36			苏州工业园综合保税区
37			昆山综合保税区
38			苏州高新技术产业开发区综合保税区
39			无锡高新区综合保税区
40			盐城综合保税区
41			淮安综合保税区
42			南京综合保税区
43			连云港综合保税区
44			镇江综合保税区
45			常州综合保税区
46			吴中综合保税区
47			吴江综合保税区
48			扬州综合保税区
49			常熟综合保税区
50			武进综合保税区
51			泰州综合保税区
52			南通综合保税区
53			太仓港综合保税区
54			江阴综合保税区
55			徐州综合保税区

续 表

序号	省区市	关区	名称
56	浙江	宁波	宁波梅山综合保税区
57			宁波保税区
58			宁波北仑港综合保税区
59			宁波前湾综合保税区
60		杭州	舟山港综合保税区
61			杭州综合保税区
62			嘉兴综合保税区
63			金义综合保税区
64			温州综合保税区
65			义乌综合保税区
66			绍兴综合保税区
67	安徽	合肥	芜湖综合保税区
68			合肥经济技术开发区综合保税区
69			合肥综合保税区
70			马鞍山综合保税区
71			安庆综合保税区
72	福建	厦门	厦门海沧港综合保税区
73			泉州综合保税区
74			厦门象屿综合保税区
75			厦门象屿保税区
76		福州	福州保税区
77			福州综合保税区
78			福州江阴港综合保税区
79	江西	南昌	九江综合保税区
80			南昌综合保税区
81			赣州综合保税区
82			井冈山综合保税区
83	山东	济南	潍坊综合保税区
84			济南综合保税区
85			东营综合保税区

续 表

序号	省区市	关区	名称
86	山东	济南	济南章锦综合保税区
87			淄博综合保税区
88		青岛	青岛前湾综合保税区
89			烟台综合保税区
90			威海综合保税区
91			青岛胶州湾综合保税区
92			青岛西海岸综合保税区
93			临沂综合保税区
94			日照综合保税区
95			青岛即墨综合保税区
96	河南	郑州	郑州新郑综合保税区
97			郑州经开综合保税区
98			南阳卧龙综合保税区
99			洛阳综合保税区
100			开封综合保税区
101	湖北	武汉	武汉东湖综合保税区
102			武汉经开综合保税区
103			武汉新港空港综合保税区
104			宜昌综合保税区
105	湖南	长沙	衡阳综合保税区
106			郴州综合保税区
107			湘潭综合保税区
108			岳阳城陵矶综合保税区
109			长沙黄花综合保税区
110	广东	广州	广州南沙综合保税区
111			广州白云机场综合保税区
112		深圳	深圳前海综合保税区
113			深圳盐田综合保税区
114			福田保税区
115			深圳坪山综合保税区

续 表

序号	省区市	关区	名称
116	广东	黄埔	广州黄埔综合保税区
117			广州保税区
118			广东广州出口加工区
119			东莞虎门港综合保税区
120		拱北	珠海保税区
121			珠澳跨境工业区珠海园区
122			珠海高栏港综合保税区
123		汕头	汕头综合保税区
124			梅州综合保税区
125		湛江	湛江综合保税区
126	广西	南宁	钦州综合保税区
127			广西凭祥综合保税区
128			北海综合保税区
129			南宁综合保税区
130	海南	海口	海南洋浦保税港区
131			海口综合保税区
132	重庆	重庆	重庆西永综合保税区
133			重庆两路寸滩综合保税区
134			重庆江津综合保税区
135			重庆涪陵综合保税区
136	四川	成都	成都高新综合保税区
137			成都高新西园综合保税区
138			绵阳综合保税区
139			成都国际铁路港综合保税区
140			泸州综合保税区
141			宜宾综合保税区
142	贵州	贵阳	贵阳综合保税区
143			贵安综合保税区
144			遵义综合保税区

续 表

序号	省区市	关区	名称
145	云南	昆明	昆明综合保税区
146			红河综合保税区
147	陕西	西安	西安综合保税区
148			西安关中综合保税区
149			西安高新综合保税区
150			西安航空基地综合保税区
151			宝鸡综合保税区
152			陕西西咸空港综合保税区
153	甘肃	兰州	兰州新区综合保税区
154	宁夏	银川	银川综合保税区
155	新疆	乌鲁木齐	阿拉山口综合保税区
156			乌鲁木齐综合保税区
157			霍尔果斯综合保税区
158			喀什综合保税区
159	青海	西宁	西宁综合保税区
160	西藏	拉萨	拉萨综合保税区

表 9－4　　2020 年全国现有海关特殊监管区域在各地区分布情况

地理分区	各地区数量（个）	数量总计（个）	占比（%）
华东地区	上海 10、江苏 21、浙江 11、江西 4、安徽 5、福建 7、山东 13	71	44.3
华南地区	广东 16、广西 4、海南 2	22	13.8
华北地区	北京 2，天津 5，河北 4，山西 1，内蒙古 3	15	9.4
华中地区	河南 5、湖北 4、湖南 5	14	8.8
西南地区	重庆 4、四川 6、贵州 3、云南 2、西藏 1	16	10.0
西北地区	陕西 6、甘肃 1、青海 1、宁夏 1、新疆 4	13	8.1
东北地区	辽宁 5、吉林 2、黑龙江 2	9	5.6

自2020年6月至12月的半年间，在华东地区的浙江、山东，华南地区的广东，华北地区的北京，华中地区的河南各增加了一个海关特殊监管区域，2020年全国现有海关特殊监管区域在各地区分布情况如图9－1所示。

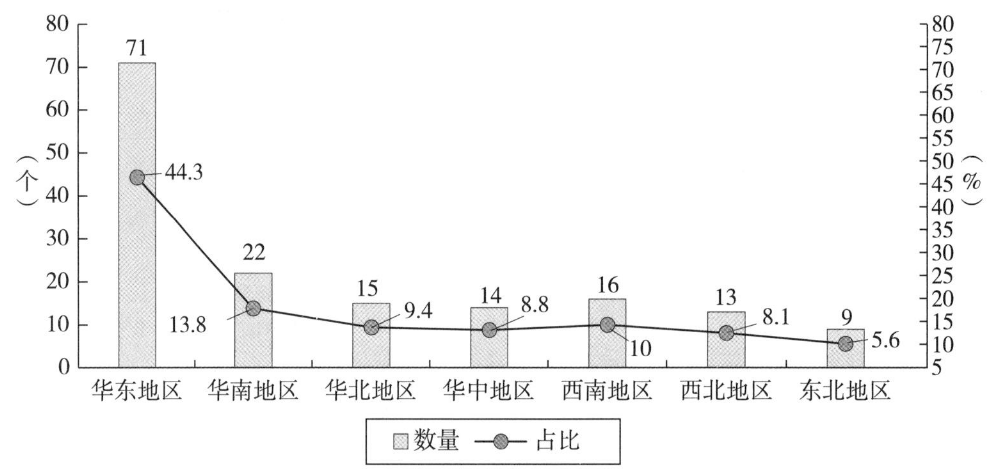

图9－1　2020年全国现有海关特殊监管区域在各地区分布情况

资料来源：海关总署。

二、2020年综合保税区等海关特殊监管区域进出口情况分析

通过对海关统计数据的整理分析（见表9－5），2020年，我国有进出口统计的包括保税港区、综合保税区、保税物流园区、保税区、出口加工区、珠澳跨境工业区（珠海园区）、中哈霍尔果斯国际边境合作中心（中方配套区）等145个海关特殊监管区域的进出口情况如下。

一是累计进出口总值约62608.0亿元，其中出口30027.4亿元，进口32580.6亿元。

二是与同期全国进出口总值、出口和进口总值相比，海关特殊监管区域的进出口总值、出口和进口分别占比为19.5%、16.7%和22.9%。

三是与上年同期相比，保税港区、综合保税区、保税区无论是进出口总值还是出口、进口单项都有不同程度的增长，其中综合保税区最为显著。97个综合保税区实现进出口34284.1亿元，其中出口19401.1亿元，进口14883.0亿元，分别同比增长17.4%、13.3%和23.2%。

四是97个综合保税区中排名前20的进出口总值计29115.6亿元，其中出口17195.6亿元，进口11920亿元，分别占97个综合保税区进出口总值、出口和进口的84.9%、88.6%和80.1%；分别占同期全国进出口总值、出口和进口的9.1%、9.6%和8.4%。2020年排名前20的综合保税区进出口情况如表9－6所示。

表 9－5　　2020 年 145 个海关特殊监管区域进出口总值　　单位：亿元

区域名称（数量/个）	进出口	出口	进口	累计比上年同期（±%）		
				进出口	出口	进口
保税港区（14）	8148.3	3144.1	5004.2	8.7	17.3	4.0
综合保税区（97）	34284.1	19401.1	14883.0	17.4	13.3	23.2
保税物流园区（4）	690.5	398.1	292.4	1.9	6.9	-4.2
保税区（11）	15754.4	5069.6	10684.8	5.3	6.0	5.0
出口加工区（17）	3701.1	2002.9	1698.2	4.1	-0.5	10.1
珠澳跨境工业区（珠海园区）（1）	19.2	7.6	11.6	-11.8	-7.7	-14.3
中哈霍尔果斯国际边境合作中心（中方配套区）（1）	10.3	4.0	6.3	164.3	119.5	203.9
海关特殊监管区域合计（145）	62608.0	30027.4	32580.6	—	—	—
同期全国货物贸易	321557.0	179326.4	142230.6	1.9	4.0	-0.7

资料来源：海关总署。

表 9－6　　2020 年排名前 20 的综合保税区进出口情况　　单位：亿元

排名	综合保税区	进出口	出口	进口
1	成都高新综合保税区	5491.7	2995.1	2496.6
2	新郑综合保税区	4103.5	2343.3	1760.2
3	昆山综合保税区	3561.7	2536.6	1025.1
4	重庆西永综合保税区	2857.9	1963.7	894.2
5	松江综合保税区	2058.7	1512.5	546.2
6	苏州工业园综合保税区	1747.4	1030.4	717.0
7	无锡高新区综合保税区	1573.9	799.3	774.6
8	苏州高新技术产业开发区综合保税区	1197.2	723.4	473.8
9	西安高新综合保税区	835.6	317.0	518.6
10	深圳盐田综合保税区	801.3	582.9	218.4
11	广西凭祥综合保税区	785.2	407.3	377.9
12	上海浦东机场综合保税区	674.2	346.8	327.4
13	北京天竺综合保税区	621.9	22.7	599.2

续 表

排名	综合保税区	进出口	出口	进口
14	南京综合保税区	543.5	412.7	130.8
15	长沙黄花综合保税区	509.5	273.9	235.6
16	南宁综合保税区	417.1	212.6	204.5
17	吴江综合保税区	369.5	349.4	20.1
18	漕河泾综合保税区	357.4	166.1	191.3
19	东莞虎门港综合保税区	335.6	105.8	229.8
20	杭州综合保税区	272.8	94.1	178.7
	前20位综合保税区总计	29115.6	17195.6	11920.0
	97个综合保税区总计	34284.1	19401.1	14883.0

资料来源：海关总署。

三、2020年海关特殊监管区域物流货物企业性质分析

2020年，我国出口总值为179326.4亿元，进口总值为142230.6亿元，与2019年同期累计比，出口总值增长了4%，进口总值减少了0.7%。

（一）不同企业进出口商品人民币总值变化情况

与2019年同期比，2020年在出口方面，只有私营企业实现了总值的增长，为13.1%；外商投资企业中的中外合作企业有较大的减幅，减少了21.1%。

在进口方面，私营企业、外商投资企业中的中外合作企业和外商独资企业都实现了总值的增长，国有企业减少了14.2%。

总体上，私营企业不管在出口还是进口方面都表现良好，实现了稳定的增长；而国有企业在出口及进口方面都出现了下滑。

（二）海关特殊监管区域物流货物在不同企业性质下情况分析

2020年，海关特殊监管区域物流货物出口总值及进口总值分别为9874.26亿元、15920.82亿元。与2019年同期比，出口总值及进口总值都实现了正增长，分别为12.3%和9.9%。在不同企业性质下，则有不同的表现。在出口方面，私营企业和其他企业实现了显著的正增长，分别为29.2%和19.8%，而国有企业和中外合作、中外合资企业都出现了负增长；在进口方面，国有企业、外商投资企业中的中外合作企业和

外商独资企业、私营企业都实现了正增长，增幅最大的是国有企业和私营企业，分别为 12.7% 和 14.5%。

在全国进口总值同期减少 0.7% 的情况下，海关特殊监管区域物流货物进口总值实现了 9.9% 的正增长。

（三）不同性质企业海关特殊监管区域物流货物出口、进口总值分布情况

2020 年，不同性质企业海关特殊监管区域物流货物出口、进口总值及占比如图 9－2、图 9－3 和图 9－4 所示。从图中可以看出，不管是出口还是进口方面，海关特殊监管区域物流货物总值中，私营企业几乎占据一半，其次为外商独资企业，占将近 1/3，再次为国有企业占 10% 左右，中外合作及其他企业占比最小。

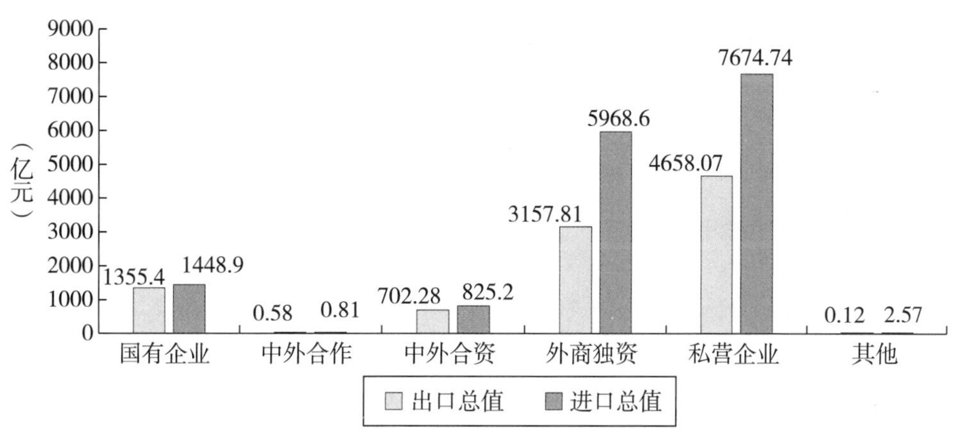

图 9－2　2020 年不同性质企业海关特殊监管区域物流货物出口、进口总值

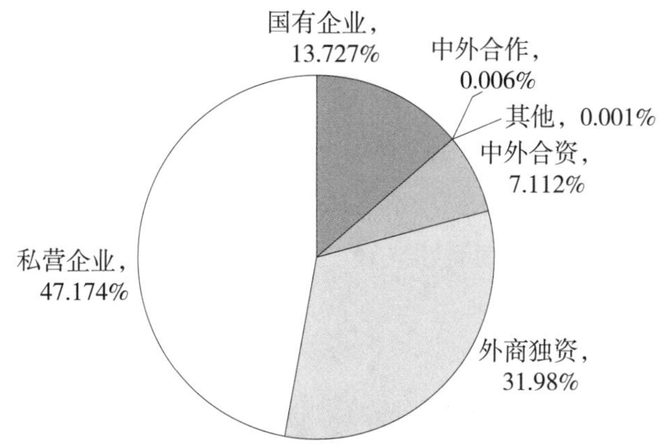

图 9－3　2020 年不同性质企业海关特殊监管区域物流货物出口总值占比

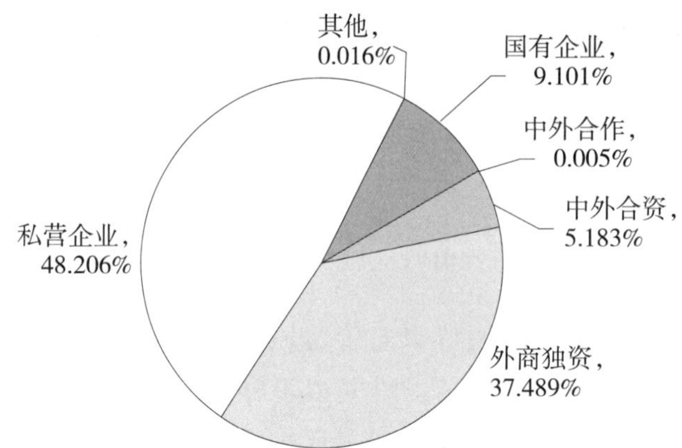

图 9－4　2020 年不同性质企业海关特殊监管区域物流货物进口总值占比

第四节　开通班列的综合保税区发展概况

以下对开通班列的部分综保区及班列情况进行简要介绍。

一、石家庄综合保税区

（一）基本情况

石家庄综合保税区于 2014 年 9 月 15 日正式获国务院批复设立，规划面积 4.64 平方公里。

石家庄综合保税区位于石家庄空港工业园起步区东北片区，西邻石家庄正定国际机场。分两期建设：一期规划面积为 2.86 平方公里，其中项目用地 1.78 平方公里；二期建设将在一期建设的基础上，向南、向北各拓展一个产业单元。

石家庄综合保税区周边拥有集航空、高速公路、高速铁路于一体的立体交通网络。107 国道、京深高速公路、京昆高速公路南北纵横，石太、石张、青银高速公路东西贯通；距京广高铁客运专线石家庄机场站约 3 公里，列车运行到北京西客站仅需 45 分钟；规划的太行大街北延、东三环北延建成后，将有 5 条通道直达石家庄市区。

（二）功能定位

石家庄综合保税区划分为海关检查区、保税服务区、口岸物流区、保税物流区、出口加工区共 5 大功能片区。部分功能如下。

（1）口岸作业功能。接收、发送、存储、中转通过石家庄综合保税区进出境的货物以及其他未办结海关手续的货物，开展货物装卸、接驳、托运、存储等基本的货运口岸作业业务。

(2) 保税物流功能。发展现代物流业，吸引国际及国内著名物流公司前来设立区域性物流中心、分拨中心、配送中心，运用现代化信息手段在综合保税区内大力发展保税货物存储、综合集拼、国际采购、国际分拨等业务，重点发展第三方和第四方物流，开展国际买家指定集运业务，推广实施VMI和零库存服务，为周边的加工贸易企业提供全面供应链管理服务，延伸物流供应链和分销链。

以保税方式进行航空、陆路、水路、铁路多式联运，满足货物的国际中转/转口、转关、转区的需求。

(3) 保税加工功能。在综合保税区内发展先进制造业，有选择地承接我国东部沿海地区尤其是京津地区的高新技术产业转移，打造生物医药、装备制造等优势产业加工贸易服务链，以及其他适合本地发展的特色优势产业，辐射周边形成产业集聚。

(4) 保税服务功能。发展与保税加工、保税物流相关的研发、设计、检测、维修、展览展示等功能，并逐步拓展国际交易结算、综合信息服务、设备租赁、医药试剂检测、认证、供应链管理、经济法律咨询等业务，拓展服务外包、后台服务和创新金融等相关的生产性和流通性服务贸易。

（三）产业定位

石家庄综合保税区产业定位为保税加工类、保税物流类、保税服务类三类。

(1) 保税加工类。承接临空高技术产业的加工制造环节，如国际知名生物医药产业的终端生产环节、装备制造业的高端零部件的生产环节，以及高档服装产业的终端生产环节、特色农产品的精深加工环节等；引进原有优势产业的研发、维修、检测环节，如生物医药产业的检测、装备制造业的新增研发环节，以及高档服装、电子信息等产业的售后服务维修环节等。

(2) 保税物流类。发展为区内产业配套的保税物流业务，发展服务于石家庄市乃至整个冀中南经济区外贸产业发展的物流服务。

(3) 保税服务类。重点服务于石家庄优势产业发展的展示、贸易等环节，并拓展软件服务外包、训练机体验等新兴服务产业。

（四）贸易及货运量

自2016年正式封关运行以来，石家庄综合保税区共有80余家企业完成海关注册顺利入区。业务范围包含保税物流、保税仓储、保税加工、国际转口贸易等多种业务，进出区商品涉及纺织品、机械设备、电子元器件、光伏产品等。

2020 年上半年，石家庄综合保税区注册企业进出口 61.8 亿元，同比增长 3.3 倍。正定海关累计监管货运量 7.20 万吨，货值约 27.75 亿元。新冠肺炎疫情防控期间，正定海关设立“进口疫情防控物资快速通关绿色通道”，确保进口疫情防控物资通关“零延时”。共验放出口防疫物资 11 批，货值 718.51 万元；进口防疫物资 19 批，货值 3207.80 万元。

正定海关通过简化备案手续、推行“单一窗口”申报模式、自助打印证书等，不断提高签证便利化水平。在石家庄首次开通“特殊区域跨境电商进口”业务模式，助力企业降低通关成本、提升通关效率。落实支持中欧班列发展十项措施，支持利用中欧班列开展跨境电商、快件、邮件的运输业务，2020 年上半年累计监管石家庄综合保税区企业出口货物 183 票。

二、长春兴隆综合保税区

（一）基本情况

2011 年 12 月 16 日，长春兴隆综合保税区获得国务院的正式批准，规划面积 4.89 平方公里，分三期建设，一期面积 1.536 平方公里。

长春兴隆综合保税区位于长春市东北部、长春经济技术开发区兴隆山镇内，处于长吉图开发开放先导区的核心位置，也是长吉图发展战略主轴线的起点。兴隆综合保税区依托吉林，南联辽宁，西接内蒙古，北连黑龙江，东部与朝鲜、俄罗斯接壤，是黑、吉、辽、蒙四省区交通枢纽，具备公路、铁路、航空三位一体的综合交通优势。此外，借助中俄铁路、中俄海港、中朝海港，辐射东北亚、面向国际的物流通道已经打通。

2013 年 10 月 31 日一期基础和监管设施通过了国家十部委的联合验收。

（二）功能分区

长春兴隆综合保税区由海关按照“一线放开、二线管住、区内自由、入区退税”的监管原则，实行封闭化、信息化、集约化监管，规划保税加工区、保税物流区、口岸作业区和综合服务区，主要具备保税加工、保税物流、货物贸易、服务贸易、口岸通关等功能。

（1）保税加工区。区内生产企业可利用国内外两种资源面向国内、国际两个市场开展保税加工业务。外向型加工制造类企业可利用园区标准厂房开展各类保税加工业务。

（2）保税物流区。可为进出口企业提供货物保税状态下的仓储、配送、增值加工、国际中转、进口复出口等物流服务。利用最低的物流成本，实现企业的利润最大化。

一期围网内建设60万平方米保税物流区，包括保税仓库、海关监管仓库。

(3) 口岸作业区。区内企业可利用航空、铁路、公路等运输方式进行口岸互动，实现无缝对接。所有进出口货物进入综合保税区即可办理申报、查验、放行等手续。在园区南部集中建设16万平方米陆路口岸作业区，开展集装箱装卸、运输、堆存等口岸作业和检验通关业务，具备15万~20万TEU年处理能力。

(4) 综合服务区。允许注册贸易公司，区内各类企业均享有进出口经营权，可从事全球或地区性采购、分销、配送业务。对入区的货物可进行进出口集运的综合处理或商业性的增值加工，包括分级分类、分拆分拣、分装、加刷唛码等。区内可开展与保税加工、保税物流相关的研发设计、产品测试、售后维修、服务外包、设备租赁等服务贸易业务。

（三）战略定位、产业特色和发展目标

长春兴隆综合保税区以引领区域产业升级和自主创新为主线，以构建区域协同发展新机制为动力，确定“提升经济外向度，创建吉林对外开放的新窗口；依托国家战略，打造区域产业优化升级的新引擎；辐射东北亚，构筑国际贸易与经济技术合作的新平台”为其战略定位；以重点发展“现代物流及保税展示与国际贸易”两大现代服务业和“高端制造业和特色产品加工业”两大制造业为核心，形成具有兴隆特色的“2+2”产业体系；以建设“一个平台、两个中心、三个基地”作为其发展目标，即以运营最佳、服务最优为宗旨，构建区域贸易通关新平台；以区域市场为导向，建设东北地区重要的国际商品展览展示交易中心；以公路港、铁路港、航空港为主体，建设三位一体的辐射东北亚区域的现代化物流中心；以汽车关键零部件加工、精密机械制造为基础，打造吉林高端制造产品出口加工基地；以粮食深加工、特色资源产品加工为龙头，打造吉林特色产品出口加工基地；以新一代信息技术、新材料等为重点，打造吉林重要的战略新兴产业培育基地。

（四）海铁联运

2019年7月4日，长春兴隆综合保税区与天津港股份有限公司签署《无水港合作协议》，正式设立了天津港在东北地区的货物集结中心，也使长春在出海通道上新增了一个合作港口。

2019年7月22日，长春至天津海铁联运班列在长春兴隆综合保税区首发，实现长春与天津港之间海铁联运“零”突破。首发班列搭载50车货物，经沈阳铁路局、北京铁路局管段，行程1000余公里。天津港长春无水港设在长春兴隆铁路口岸（长春国际陆港）。目前，由长春兴隆铁路口岸始发的“长满欧”班列已成为吉林省对外开放名片。

长春至天津海铁联运班列的开通，为吉林省对外通道增添了“陆路运输+海上运输”新的国际物流路径；为天津、长春两地企业“走出去”“引进来”提供了新的物流运输解决方案，有力提升了吉林内陆地区的开放水平。未来，长春兴隆综合保税区与天津港（集团）有限公司将联手推进无水港建设，共同将无水港打造成为东北物流集散中心，服务东北外向型经济发展新通道，以及陆港型国家物流枢纽。

三、日照综合保税区

2018年5月31日，国务院批复设立日照综合保税区。规划面积2.88平方公里。位于日照市主城区东南部，东至日照港区、南至深圳路、西至临沂路、北至疏港高速。

日照综合保税区是山东省第六家国家级综合保税区，是日照市加快构建对外开放新格局作出的一项战略举措，对推进“一带一路”和《山东半岛蓝色经济区发展规划》的实施，加快发展全市对外贸易、吸引外商投资、促进产业转型升级具有重要意义。

2015年6月，日照市人民政府正式提出设立日照综合保税区的申请，2018年5月31日，国务院批复设立日照综合保税区。日照综合保税区按照《国务院关于同意设立日照综合保税区的批复》《海关总署关于日照综合保税区规划建设有关事宜的函》《海关特殊监管区域基础和监管设施验收标准》等相关要求进行基础和监管设施建设，于2019年7月16日顺利通过国家验收、8月20日开关试运行、10月16日正式封关运营。

日照综合保税区自通过国家验收以来，陆续开展了“一带一路”海铁联运欧亚班列业务、葡萄酒保税加工业务、保税仓储等业务，完成报关180票，进出区值近6000万元。坚持项目招引与工程建设同步推进、坚持围绕“五个中心”、坚持突出“四新”、坚持“亩产论英雄”导向四个原则，精心选择优质项目进区入驻。目前，共有25个项目入区发展或确定入区意向，其中已开工项目2个，已签约（注册）项目13个；已在日照综合保税区注册的企业有21家。

日照综合保税区作为日照市加快新旧动能转换，实现高质量发展的新平台、新载体，将利用国家“一带一路”倡议带来的重大机遇，以新旧动能转换重大工程为引领，深入实施“一三五”总体发展战略，按照“瞄准一个目标、打造两部引擎、强化三个支撑”的发展定位，一手抓高起点“筑巢”，一手抓高标准“引凤”，充分发挥日照综合保税区“区港联动、区港一体”的优势，着力构建“3+5+N”产业体系，以高水平开放推动高质量发展，推动日照综合保税区成为亚欧大陆贸易链接的新支点、加快新旧动能转换的新引擎、开放型经济发展的新高地和“港产城海”融合发展的新示范，力争三年内跻身山东省综合保税区前列，着力打造山东省一流、国内领先的对外开放新平台、新高地。

四、太原武宿综合保税区

太原武宿综合保税区于2012年8月26日经国务院批准设立，规划面积2.94平方公里。太原武宿综合保税区位于太原市东南部，处于城市布局“南移西进”的中心地带，园区北起电子街，南至龙盛街，西起马练营路、唐槐路，东至武宿机场。

太原武宿综合保税区是山西省首个、也是唯一一个综合保税区，是山西转型综合改革示范区的分园区。作为山西综改示范区重要的政策功能区，是山西省展示外贸综合服务水平的窗口。

太原武宿综合保税区具有口岸、物流、加工等功能，主要开展保税加工、保税物流、保税服务等业务，设有生产中心、销售中心、结算中心、物流配送中心、检测和售后服务维修中心及研发中心六大中心。

太原武宿综合保税区具备海关特殊监管区域企业增值税一般纳税人资格试点、进境水果和冰鲜水产品指定口岸、省级跨境电商公共服务平台等功能，同时出台的《促进外向型产业集聚发展扶持办法》，叠加国家、山西省、太原市对太原武宿综合保税区的一系列优惠政策，使其具备了加速发展的软硬件条件。

2016年8月18日，太原武宿综合保税区跨境贸易电子商务平台正式上线运行，这是山西省首个跨境贸易电子商务平台。该平台的上线运行，标志着山西省跨境贸易电子商务发展正式进入实施阶段，对山西省用“互联网+外贸”实现优进优出、促进企业和外贸转型升级、打造新的经济增长点发挥促进作用。同时，对山西省参与“一带一路”建设、推动开放型经济发展具有重要意义。

2019年12月15日，国务院批复同意设立中国（太原）跨境电子商务综合试验区。当月，山西省省级跨境电子商务公共服务平台在太原武宿综合保税区投入试运行。该平台在推广和复制中国（杭州）跨境电子商务综合试验区“六体系两平台”模式的基础上，实现了全省域、无纸化、阳光化的通关服务和业务监管，山西省省内其他地市开展跨境贸易电子商务业务（1210和9610模式）的企业都可对接该平台，真正实现在家门口“买全球、卖全球”，加快促进山西“大通关、大物流、大外贸”格局的形成。

太原武宿综合保税区未来将充分发掘和释放政策红利，深化服务理念，优化营商环境，实现高水平开放、高质量发展。太原武宿综合保税区也将与华远国际陆港合作，与晋豫陕三省中欧班列携手打造一条高效、便捷、低成本的“一带一路”物流运输通道，架起黄河流域中欧班列的“黄金三角”。

五、郑州经开综合保税区

郑州经开综合保税区于2017年1月13日正式获批设立。是河南省继郑州新郑综合保税区、南阳卧龙综合保税区之后的第三个综合保税区。

郑州经开综保区由封关运行的海关特殊监管区域——河南郑州出口加工区、河南保税物流中心（B 型）整合升级而成，规划面积 3. 204 平方公里。

郑州经开综保区将依托中国（郑州）跨境电子商务综合试验区、郑州国际陆港、多式联运监管中心以及周边铁路口岸、汽车口岸、粮食口岸、国际邮件转运口岸等资源集聚优势，重点发展进出口商品的国际多式联运、集散分拨、保税采购、供应链管理等业务，努力打造“一带一路”沿线重要的跨境电子商务与多元化贸易中心、外向型高端制造与生产性服务集聚中心、进出口商品集散分拨与物流配送中心。

1993 年成立、2000 年获批的郑州经济技术开发区为河南省首个国家级经济开发区。目前，已发展成为河南省对外开放的前沿和高质量发展的高地。2019 年，中欧班列（郑州）开行 1000 班，同比增长 33%，货值 33. 63 亿美元，同比增长 3. 7%，货重 54. 1 万吨，同比增长 56. 1%。郑州经开综合保税区作为郑州经济技术开发区的开放平台之一［其他平台有中国（河南）自由贸易试验区、中国（郑州）跨境电子商务综合试验区、郑州国际陆港（汽车、粮食、邮政三大口岸）］也助推郑州经济技术开发区走在了河南省乃至中部地区的开放前沿。

六、成都国际铁路港综合保税区

成都国际铁路港综合保税区于 2019 年 12 月 20 日经国务院批准设立，规划面积 1. 03 平方公里。

成都国际铁路港综合保税区位于成都市青白江区，紧邻中欧班列始发站，具有公、铁、空、水多式联运优势，也是四川省唯一一个以铁路口岸为依托和特色的综合保税区。将重点发展智能家电、物流智能装备、计算机外设保税加工等先进制造业，配套发展以跨境电商及“适欧适铁”大宗商品为重点的国际贸易，以平行车及汽车零配件等为重点的保税物流业，以机电检测维修、艺术品保税展示、国际结算为重点的保税服务业，打造面向亚欧大陆桥和国际陆海贸易新通道开放需求的“一带一路”外向型产业聚集区。

2020 年 3 月 3 日，海关总署复函同意为成都国际铁路港综合保税区增设关区代码“7928”，用于办理成都国际铁路港综合保税区的各项海关业务。关区代码的确定，为入区企业进口自用机器设备、生产所需原材料物资等，在海关监管下提前适用综合保税区税收政策进一步提供便利，将加快企业开展生产经营活动的步伐。

按照《综合保税区基础和监管设施设置规范》的相关规定，成都国际铁路港综合保税区已全部完成基础设施、隔离设施、道路设施、信息化系统和相关配套设施建设，并于 2020 年 12 月 25 日正式通过验收。这是四川省首个通过视频“云”验收的综合保税区。

依托国际班列、中欧班列，成都国际铁路港不断拓展开放平台，先后获批铁路保B、整车口岸、肉类口岸、进境粮食指定监管场地、木材进口、平行车进口、二手车出口等资质，其开放功能在全国内陆港领先。2020 年 1 月至 11 月，成都铁路保税物流中心（B 型）监管货值达 225.8 亿元，同比增长 2.5 倍。目前，成都国际铁路港综合保税区已签约引进诺伏克—明宇生物健康保税加工、厦门建发进出口贸易结算中心、长久整车进出口基地等项目 30 个。

至 2020 年年底，成都国际铁路港已经形成 7 条国际铁路通道，5 条国际铁海联运通道持续拓展，已连接境外 58 个城市、境内 20 个城市。以成都为主枢纽，西向形成至罗兹、蒂尔堡、纽伦堡等的泛欧铁路大通道；南向稳定运行经广东、广西北部湾，联通粤港澳大湾区、东南亚、南亚的铁海联运班列和经广西凭祥至越南河内的跨境铁路班列，建设西部陆海新通道；东向打通连接京津冀、长三角等的东向通道，辐射日韩地区；北向稳定开行经二连浩特直达蒙古、俄罗斯、白俄罗斯的国际铁路运输通道，对接中蒙俄经济走廊。

七、乌鲁木齐综合保税区

乌鲁木齐综合保税区于 2015 年 7 月 20 日由国务院正式批复设立，规划面积 2.41 平方公里。乌鲁木齐综合保税区位于乌鲁木齐市西北面、新疆生产建设兵团第 12 师三坪区域，紧邻乌鲁木齐铁路集装箱中心站、乌奎高速公路、乌鲁木齐国际机场。

乌鲁木齐综合保税区在原乌鲁木齐出口加工区的基础上异地新建，是继阿拉山口综合保税区和喀什综合保税区之后，新疆建设的第三个综合保税区，也是目前新疆建设速度最快、起点最高的综合保税区。建设运营好乌鲁木齐综合保税区，是落实国家“一带一路”倡议，发挥乌鲁木齐作为丝绸之路经济带黄金节点区位优势和先导作用的重要举措，对加快外向型经济发展，开创对外开放新局面，打造区域经济发展增长极，进一步巩固和深化兵地合作，互利共赢，建设特色鲜明、运转高效、辐射带动强的创新型新区和兵地融合示范先行先试区，实现乌鲁木齐市经济高质量发展，具有重大的战略意义。

乌鲁木齐综合保税区于 2015 年 9 月开工建设，2016 年 12 月 30 日顺利通过国家十部委联合验收，2017 年 1 月 25 日海关总署批复增设关区代码，2017 年 11 月 1 日乌鲁木齐综合保税区封关试运行，2018 年 6 月 22 日，乌鲁木齐综合保税区正式封关运营。

乌鲁木齐综合保税区封关运营后，企业进出口原料通过中欧班列运至毗邻的三坪集装箱中心站或多式联动中心，可就近转运并便捷通关进入乌鲁木齐综合保税区，享受进口保税和产品出口退税的特殊政策，这将大大降低企业的生产成本。

作为丝绸之路经济带核心区外向型经济发展的重要承载，乌鲁木齐综合保税区将努力打造成集保税加工、保税物流、口岸作业和综合服务等功能于一体的海关特殊监管区域，并依托乌鲁木齐国际陆港和中欧班列，积极参与丝绸之路经济带核心区建设，形成区港联动，按照“集货、建园、聚产业”的思路，实现产城融合发展。

乌鲁木齐综合保税区依托的乌鲁木齐国际陆港区于2015年11月启动规划建设，是新疆着力打造的丝绸之路经济带核心区标志性工程。2019年，乌鲁木齐国际陆港区被确定为国家23个物流枢纽之一，全国首批中欧班列集结中心5个示范工程之一。截至2020年9月，乌鲁木齐国际陆港区累计投资约70亿元，相继完成了综合保税区、多式联运中心、中欧班列（乌鲁木齐）集结中心等一批支撑性项目。先后引进商贸物流企业、国际大型跨境电商企业等入驻，现有企业2200余家，其中2020年新增注册28家。

2020年，全国首单“跨境电商（9610）+TIR”监管模式在陆港区测试成功。2020年1月至7月，陆港区跨境电商（9610）出口商品达170余万件，已超2019年全年总量的2倍有余。目前，乌鲁木齐国际陆港区开行班列线路达20条，通达中亚及欧洲18个国家、25个城市，班列开行已实现常态化、规模化。运载货物也由最初的日用百货、服装产品拓展至机械设备、水暖建材等200多个种类。

乌鲁木齐国际陆港区智能场站平台已正式上线运营，该平台实现了中欧班列运行体系跨国家、跨关区、跨场站、跨公司的无缝连通和智能高效运行，实时动态显示境内外班列运行数据，提供货物追踪、共享境外段班列运行信息、平台订舱等服务，构建从源头到终点，连接海内外的铁路、口岸、海关等的全程信息链条。

第十章　国际货运班列发展现状与运营数据分析

在“一带一路”倡议下，中国国际货运班列连接起“一带一路”沿线各国，推动了各国的基础设施联通、贸易畅通，并取得了显著的成果。目前，国际货运班列发展迅猛，开行数量逐年增长、开行城市不断增多，以中欧（中亚）班列为代表的中国国际货运班列已经成为深化我国与沿线国家经贸合作的重要载体和推进“一带一路”建设的重要抓手。随着沿线贸易量的不断增大，更多的企业对安全稳定的供应链有了更高的需求，而国际货运班列为“一带一路”沿线各国的产业链、供应链提供了安全稳定的运输物流保障。

第一节　国际货运班列发展概述

一、发展历程

回顾中国国际铁路货运班列的发展历程，可将其分为 4 个阶段。

2011—2012 年，积极探索时期：伴随着 2011 年重庆至杜伊斯堡铁路班列的首次开行，中国国际货运班列展开了初步探索。各国开始合作，简化通关流程，助力班列发展。

2013—2015 年，高速建设时期：2013 年，习近平总书记提出“一带一路”倡议，“一带一路”沿线各国逐步开始积极合作，开启了共商、共建、共享的新时代。2013 年，从德国杜伊斯堡发车的“渝新欧”首趟回程试验班列抵达重庆，国际班列打开“双向开行”的新局面。随着《推动共建丝绸之路经济带和 21 世纪海上丝绸之路的愿景与行动》发布，“一带一路”建设开始全面实施，中欧班列将“一带一路”沿线各国紧密连接到了一起。

2016—2018 年，蓬勃发展时期：国际货运班列在这一时期实现快速发展，各地多举措响应，制定利好推动政策；货物品类多样化，开行列数全面提升。2016 年中国铁路正式启用中欧班列统一品牌。同年，推进“一带一路”建设工作领导小组办公室印发了《中欧班列建设发展规划（2016—2020 年）》，从顶层设计角度明确了中欧铁路运输通道、枢纽节点和运输线路的空间布局。这一时期，南亚班列开行，陆海贸易新通道开始建设。

2019—2020 年，稳定提升时期：国际货运班列开行趋于稳定，在货运市场中形成了稳固的竞争力。国家物流枢纽规划一锤定音，集结中心建设如火如荼，在新冠肺炎疫情背景下中欧班列呈逆势增长势头，国际货运班列走上高质量发展道路。

图 10－1 显示了国际货运班列的发展历程。

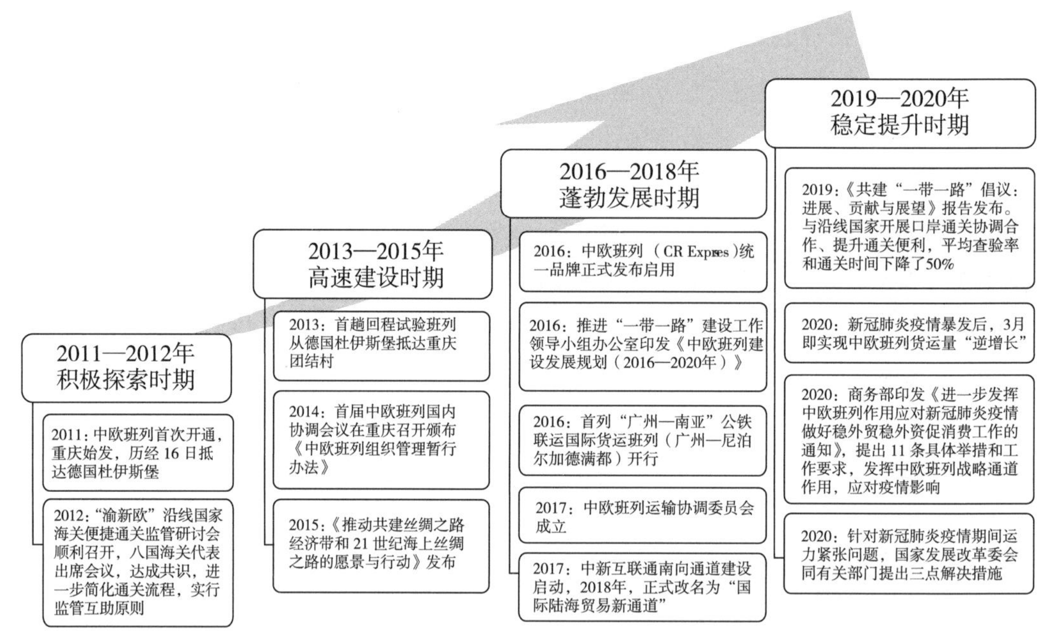

图 10－1　国际货运班列的发展历程

二、发展特点与存在的问题

随着"一带一路"建设不断推进，我国与沿线国家的经贸往来发展迅速，贸易通道和贸易方式进一步丰富和完善，物流需求旺盛。与此同时，我国政府相关部门出台了大量利好政策，在这些利好因素带动下，中国国际货运班列取得快速发展。目前，中欧（中亚）班列、南亚班列、国际陆海贸易新通道等已成为推进国家"一带一路"建设和促进中国与欧洲及"一带一路"沿线国家贸易发展的重要载体。

近年来，中国国际货运班列开行数量快速增长、开行范围不断扩大、返程货源逐年增多、运输能力不断加强、服务体系逐步完善，这些方面的明显改善和大幅提升，使得中国国际货运班列在国际运输市场上占据了一席之地。

此外，国际货运班列在发展过程中，初期仅是运输市场除海运、空运以外的"新选择”，现已变成了企业合作、民心相通的坚实纽带。尤其在2020年新冠肺炎疫情期间，由于人员流动受限、企业生产和商贸受阻，一部分依靠空运和海运进行的物流活动转移到国际铁路。这个时期，国际货运班列在维护国际供应链稳定方面发挥了巨大作用，与“一带一路”沿线国家携手同心，运送的货物包括大量的口罩、呼吸机等疫情防控物资。

但伴随着国际货运班列的快速发展，一些问题逐步凸显。

（一）口岸拥堵问题亟待解决

2020年新冠肺炎疫情期间，许多海运、空运货物加速向铁路运输转移，急剧增长的市场需求使中欧班列出现运能紧张，口岸拥堵问题也进一步凸显。以进出境口岸为例，2020年，满洲里、二连浩特、阿拉山口等主要口岸曾多次出现拥堵现象，大量班列在口岸超时积压。这对2020年班列的正常开行和运行效率造成了严重影响。

（二）运力短缺，物流成本上涨

2020年，随着国际铁路集装箱运输需求的激增，集装箱供应短缺等问题也逐渐暴露。

由于宽轨集装箱平车无法及时从欧盟边境周转回中国边境，这让中国出口欧洲的集装箱在出境口岸换装前只能等待数日至数周，导致中欧班列箱源紧缺、运费飙升、周转延迟，物流成本上涨。

（三）未来影响货源的不确定因素增加

中欧班列自开行以来呈现逐年快速增长的态势，尤其是2020年，在新冠肺炎疫情全球蔓延的态势下，中欧班列逆势增长，年度开行数量首次突破万列大关，同比增长50%。

2020年中欧班列增长的原因在于新冠肺炎疫情使境外对抗疫物资产生了大量的运输需求，推高了中欧班列的去程运量。另外，海运、空运业务因疫情影响受阻，使一部分货源转向陆路运输。2021年在新冠肺炎疫情仍然持续的情况下，国际环境以及海外市场会出现哪些变化，中欧班列的回程货源以及组织与运输能力会有哪些调整，部分航空公司推行“客改货”以后对中欧班列部分货源的分流作用会怎样，这些因素对中欧班列的开行都会产生不确定性影响，对运输市场和相关城市也会带来较大的考验。

（四）补贴依赖与补贴退坡之间的矛盾

长久以来，各地政府为了从海运市场吸引货源，通过财政补贴的方式，将中欧班列的运价压低到和海运相近的价格。当前在财政部门已明确各地对班列的补贴将逐年退坡的情况下，中欧班列或将面临剧烈的市场调整。

当前，班列发展依然处于市场培育阶段，各地普遍维持着对班列的补贴，通过补贴降低运费使一部分本应走海运的低货值进出口货物转而通过班列运输。未来，若完全撤掉补贴，一些低货值、对时效要求不高的货物或将重回海运，开行班列数和货运量可能出现下滑，班列市场格局或面临洗牌。

（五）境内外的协调合作依然存在部分障碍

一直以来，我国在境外段运价协商方面处于被动地位。班列沿线一些处于必经之路的国家，几乎拥有过境垄断权力，在运费议价方面具有较强话语权。如班列绝大部分货运要通过哈萨克斯坦，该国实施较高运价，运费明显高于俄罗斯等周边国家。在境外段运价谈判上，我国班列公司与境外铁路公司、货运公司分别谈判，降低了我方议价能力。

此外，在信息互换、监管互认、执法互助等方面，我国与其他国家仍存在海关监管流程不对接、检验检疫标准不统一、信息互换不及时、通关便利化措施不足、工作语言不统一等现实问题。这些问题加剧了班列运行成本的提高、运行效率的降低。

三、对策建议及未来展望

如今，“一带一路”建设已经从“求数量”转向“高质量”发展，国际货运班列作为“一带一路”建设的标志性项目，要处理好上述突出困难和问题，就要立足全局，前瞻性谋划解决之策。为提升中国国际货运班列的高质量发展，今后应在以下几个方面做出努力。

（一）在运输通道方面

国际货运班列应进一步提升系统能力，通过顶层设计实现各方协调，克服眼下设施设备能力不足的问题，包括口岸站的能力、通道的能力等。加强口岸站改造升级，在远期，可充分开发西通道中的三个子通道的能力。进一步加强各国之间在中欧班列通道多元化方面的协作，与有关国家共同努力加快推进中吉乌铁路等项目建设。提早规划中欧班列南部大通道，打通中吉乌经伊朗、土耳其至中东欧的战略新通道。

（二）在运输组织方面

可以通过在国内优化编组、优化集结，减轻邻国铁路和口岸的负担。进一步探索推进“三并二”的运输组织模式，即把三列车通过增加列车长度和编组数量改编成两列车，从而提高过境效率。加强与周边国家的合作，在运输流程中的关键节点实现统一标准。协调好各国之间铁路调度，联合铺画运行图。配合相关国家优化空车流输送方案，协调解决空车调运问题。对于空箱资源不均衡问题，或可尝试与海运加大配合程度，完成空箱调运。

（三）在货源组织方面

在大力建设集结中心的基础上，将国际货运班列的货源进行合理组织，形成分层分类的集结体系。各地将客观理性评估产业结构及企业性质，兼顾与班列的适配性。进一步把铁路网和物流网、铁路货运场站和物流枢纽相结合，把干线运输和支线分拨配送相衔接，实现仓干配一体和运输物流融合，提供更为优质的供应链综合服务。推进班列“数字化”建设，并尝试拓展全程物流，将服务拓展至货物产品的拆零、拣选、组配和包装等环节。

（四）在补贴方面

相关部门需把握好补贴的节奏和方式方法，引导运营企业形成市场预期。可采取更加灵活的方式方法。例如，针对去程货源相对充裕但回程货源短缺问题，可采用去程补贴先退坡、回程缓退坡的方式；再如，针对货运规模欧洲方向相对较大但中亚方向较小问题，可采用欧洲方向先退坡、中亚方向缓退坡的方式；等等。但无论采取哪种退坡方式，都必须坚持全国一盘棋，各地采取共同的退坡方式和标准，形成公平竞争的良性市场。

（五）在国内协调方面

要加强统筹协调，充分发挥好中欧班列运输协调委员会的作用，各地共同开展对沿线铁路公司的议价谈判，坚决避免各地分别议价的单打独斗行为。

（六）在国际合作方面

继续推进沿线通关一体化和便利化。要加强沿线国家通关制度衔接，统一货物编码，加强检验检疫标准互认，简化查验手续，统一工作语言，推行互认更多“经认证经营者”（AEO）企业，商签更多班列沿线海关合作协定，形成更加便利化的通关制度安排。

2020年，新冠肺炎疫情在全球范围暴发，在疫情反复以及供应链不稳定、空运、海运运力极大受阻的背景下，中欧班列实现逆势增长，取得了令人振奋的成绩。展望未来，对国际班列而言，未来将迎来难得的发展机遇。

为助力高水平对外开放，2021年中国国家铁路集团有限公司（简称“国铁集团”）围绕发挥中欧班列战略通道作用，深化中欧班列国际合作机制，协调推动签署《中欧班列全程时刻表编制与协作办法》，构建班列集疏运体系，推进便利化通关服务，提高班列集约化运营水平。

虽然新冠肺炎疫情对国际空运、海运的负面影响以及同处于国际货运物流市场的国际班列增加了不确定性，但可以确定的是，在我国及“一带一路”沿线各国政府和企业的不懈努力下，中国国际货运班列必将克服新冠肺炎疫情下的重重困难，实现高质量发展。

第二节　我国中欧（中亚）及南亚班列运营数据分析

一、中欧（中亚）班列发展概述

中欧班列是由国铁集团组织，按照固定车次、线路、班期和全程运行时刻开行，运行于中国与欧洲以及“一带一路”沿线国家间的集装箱国际铁路联运班列。中亚班列是往来于中国至哈萨克斯坦、乌兹别克斯坦等中亚各国的班列。自2011年首次开行以来，中欧（中亚）班列规模数量呈现井喷式增长。2020年，新冠肺炎疫情在全球蔓延，海运和空运受到较大影响，中欧（中亚）班列凭借时效快、全天候、分段运输的独特优势，受到“一带一路”沿线国家和企业的青睐。2011—2020年中欧（中亚）班列开行情况如表10－1、图10－2和图10－3所示。

表10－1　　2011—2020年中欧（中亚）班列开行情况

年份	去程		回程		总计	
	开行数量（列）	运量（万TEU）	开行数量（列）	运量（万TEU）	开行数量（列）	运量（万TEU）
2011	17	0.14	0	0	17	0.14
2012	42	0.37	0	0	42	0.37
2013	80	0.7	0	0	80	0.7
2014	280	2.39	28	0.23	308	2.62
2015	550	4.71	265	2.18	815	6.89

续 表

年份	去程		回程		总计	
	开行数量（列）	运量（万 TEU）	开行数量（列）	运量（万 TEU）	开行数量（列）	运量（万 TEU）
2016	1130	9.74	572	4.3	1702	14.04
2017	2399	21.2	1274	10.59	3673	31.79
2018	3696	31.9	2667	22.3	6363	54.2
2019	4525	40.2	3700	32.3	8225	72.5
2020	7858（折算）	64.5	5776（折算）	49.2	13634（折算）	113.7

资料来源：根据媒体公开报道及中欧班列运输协调委员会数据整理而成。

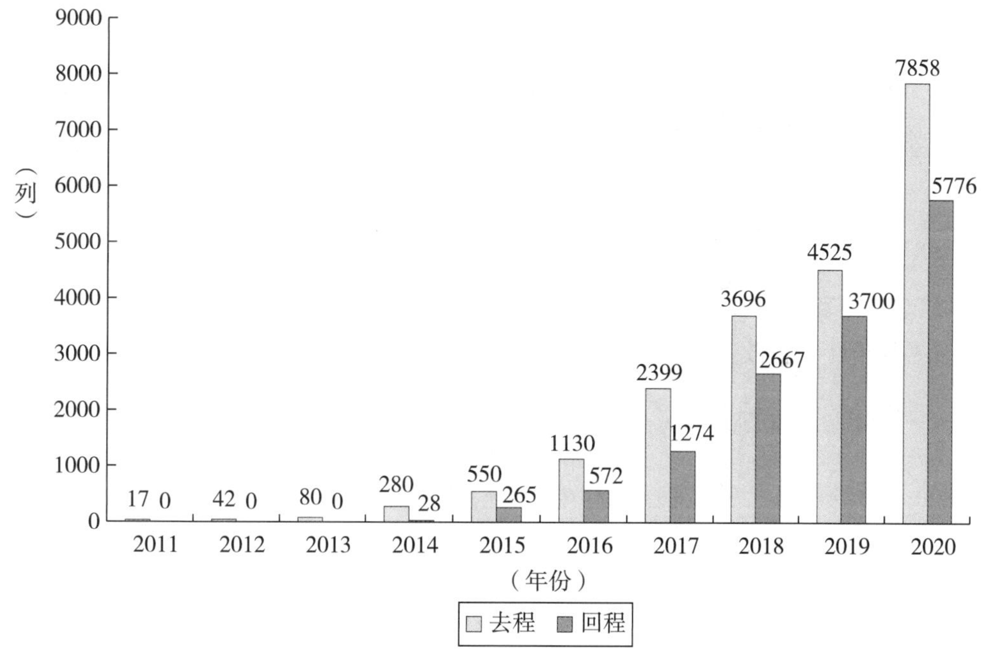

图 10－2　2011—2020 年中欧（中亚）班列去程、回程开行数量及趋势

注：2020 年数据为折算列数。

资料来源：中欧班列运输协调委员会。

可以看出，中欧（中亚）班列开行的 10 年间，开行数量逐年增长，由 2011 年的 17 列增加到 2020 年的 13634 列（折算），运量由 0.14 万 TEU 增长到 113.7 万 TEU；不仅去程开行列数和运量逐年增长，由 2011 年的 17 列、0.14 万 TEU 增长到 2020 年的 7858 列（折算）、64.5 万 TEU，返程开行列数和运量也同步逐年增长，从 2014 年开始有返程货源，由此年的 28 列、0.23 万 TEU 增长到 2020 年的 5776 列（折算）、49.2 万 TEU。

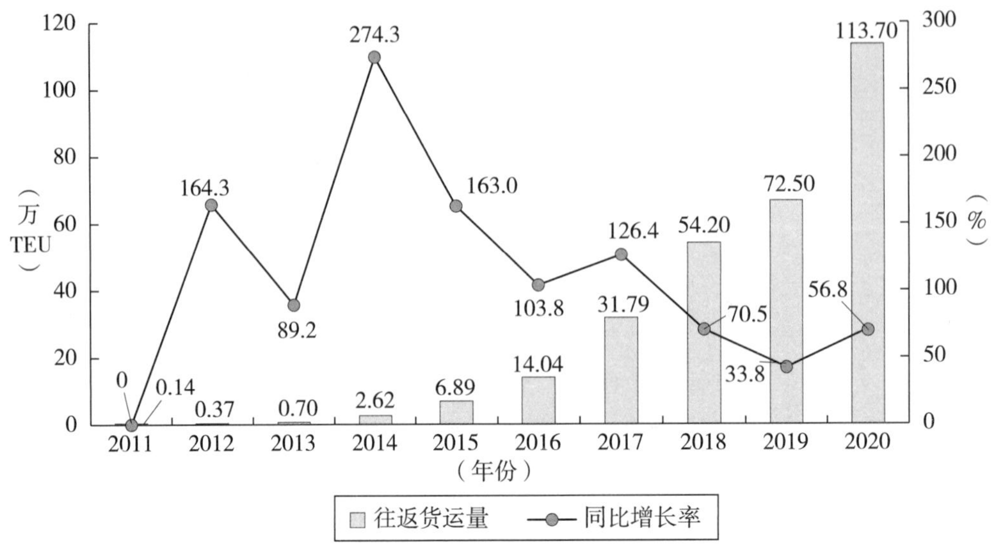

图 10－3　2011—2020 年中欧（中亚）班列往返货运量与同比增长率

资料来源：中欧班列运输协调委员会。

二、2020 年中欧（中亚）班列运营数据分析

在 2020 年新冠肺炎疫情全球蔓延的背景下，与空运、海运相比，铁路集装箱运输发挥了独特优势。亚欧铁路运输通道始终保持安全畅通，班列始终保持稳定运营。

（一）年度总体情况

2020 年全年开行中欧班列 1.24 万列，同比增长 50%，年度开行数量首次突破 1 万列，单月开行均稳定在 1000 列以上，将《中欧班列建设发展规划（2016 — 2020 年）》中提出的 5000 列开行目标翻了一番，再次创造新纪录。全年发送集装箱 113.5 万 TEU，同比增长 56.6%，综合重箱率达 98.4%。铁路集装箱运输网络拓展至欧洲 21 个国家、92 个城市。

（二）去回程货运量与重箱率情况

2020 年各月中欧（中亚）班列去程、回程货运量与重箱率情况如图 10－4 和图 10－5所示。全年去程、回程货运量平均比例为 1.31∶1，保持了“去 4 回 3”的基本结构。由于国内疫情等原因，去程（出口）货运量在 2 月出现骤减，但由于疫情防控措施的有效实施，运量很快恢复，并在欧洲、中亚等国疫情防控物资与复产复工供应链的需求下持续增长，重箱率保持在 99.83% 以上。回程（进口）货运量稳步增长，没有出现明显波动，受新冠肺炎疫情影响较小，重箱率保持在 93.28% 以上。

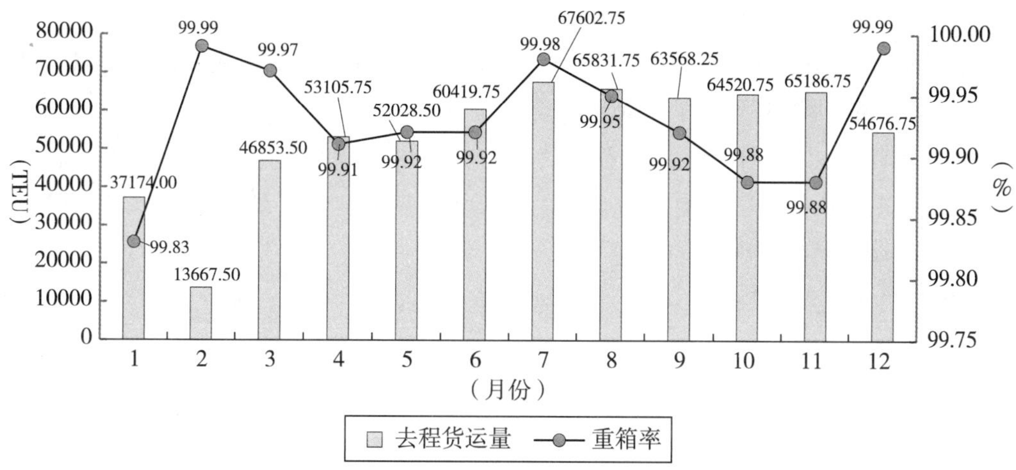

图 10-4 2020 年各月中欧(中亚)班列去程货运量与重箱率

资料来源:中欧班列运输协调委员会。

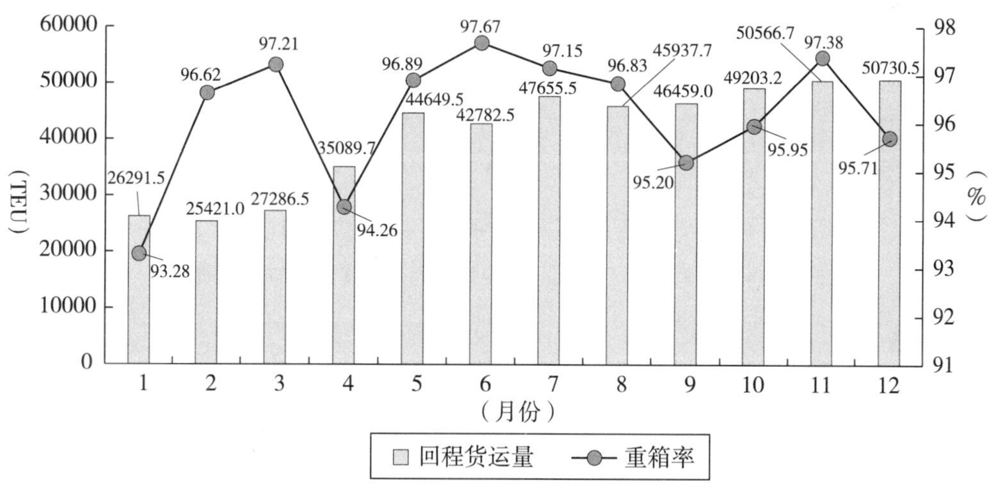

图 10-5 2020 年各月中欧(中亚)班列回程货运量与重箱率

资料来源:中欧班列运输协调委员会。

(三)各月(季)往返货运量与折算列数

据中欧班列运输协调委员会数据显示,2020 年各月中欧(中亚)班列往返货运量与折算列数如图 10-6 所示。按折算列数统计可以看出,2020 年第一季度初期,尽管受新冠肺炎疫情影响,部分中欧(中亚)班列的开行遇阻,但其稳定性的特点获得充分发掘,该季度末全国往返班列达 2113 列。进入第二季度,中欧(中亚)班列的优势进一步发挥,稳步回升,其标志是 4 月中欧(中亚)班列的单月往返量首次突破 1000 列,到第二季度结束,中欧(中亚)班列单月往返量增长到 1246 列,上半年累计往返量达到5571列。第三季度，中欧（中亚）班列的开行量进一步增长，达到4048列，前三季度累计达到9619列。第四季度，尽管受沿途口岸拥堵以及集装箱短缺等影响，中欧（中亚）班列往返量依然达到了4016列，全年完美收官。

逐月来看，中欧（中亚）班列往返货运量在2020年2月出现下降波动后，随即反弹，随后在上半年呈现稳步增长的态势。进入下半年后，货运量稳定在11万TEU左右，折算列数稳定在1300列左右。

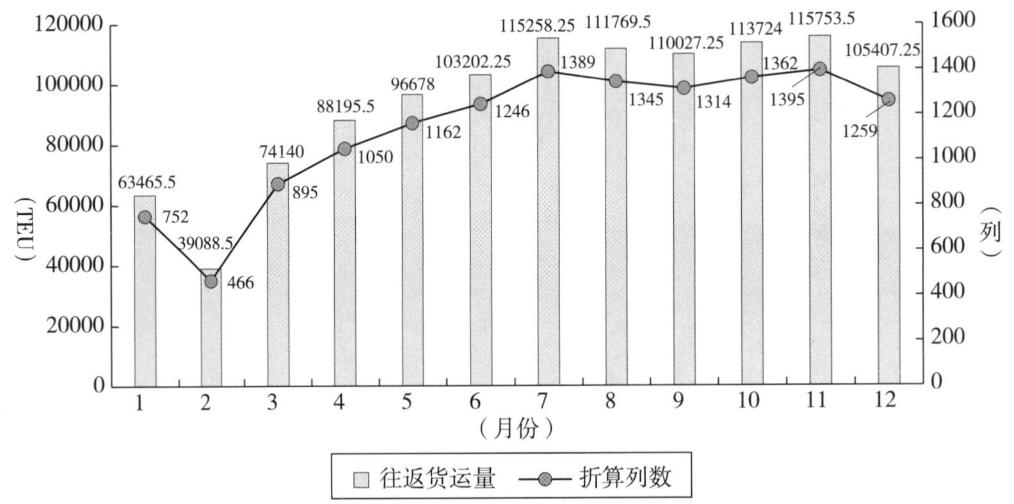

图10－6 2020年各月中欧（中亚）班列往返货运量与折算列数

资料来源：中欧班列运输协调委员会。

三、南亚班列运营情况分析

南亚班列的主要方式为公铁联运。货物由国内货源地组织装车后，通过铁路班列发往边境铁路车站，随后转换为公路运输，自公路口岸出境抵达南亚国家。南亚班列开行基本情况如表10－2所示。

表10－2 南亚班列开行基本情况

名称	开通时间	终点（国家）	路径	商品类型	备注
粤藏中南亚货运班列	2016年	尼泊尔	广州—(铁路)—日喀则—(公路)—吉隆—加德满都	服装、家具、电器以及电子产品等	—

续 表

名称	开通时间	终点（国家）	路径	商品类型	备注
“长安号”南亚班列	2020 年	尼泊尔	西安—（铁路）—日喀则—（公路）—吉隆—加德满都	—PVC 管、钻机模块、注浆管、服装鞋子、打印机等	—
	2018 年	巴基斯坦	西安—（铁路）—红其拉甫—（公路）—伊斯兰堡	—瓷砖	—
“兰州号”南亚公铁联运国际货运列车	2016 年	尼泊尔	兰州—（铁路）—日喀则—（公路）—吉隆/樟木—加德满都	—日用百货、服装鞋帽、汽车配件及建筑材料等	截至 2020 年 5 月，已累计发运 11400 余车、380 余列，贸易额近 40 亿元人民币

第三节 我国西部陆海新通道运营数据分析

一、西部陆海新通道概述

西部陆海新通道是以共建“一带一路”为统领，以重庆为运营中心，以广西、贵州、甘肃、青海、新疆等西部省区市为关键节点，利用铁路、海运、公路等运输方式，向南经广西北部湾通达世界各地，是中国西部省区市与新加坡等东盟国家合作打造的国际陆海贸易新通道。

自 2017 年 3 月启动建设以来，已迅速成为我国“一带一路”建设的大通道骨架，2019 年 8 月，国家发展改革委印发了《西部陆海新通道总体规划》，国际陆海贸易新通道正式上升为国家战略。之后，通道沿线各级地方政府纷纷出台西部陆海新通道建设实施方案。截至 2020 年上半年，广西、重庆、四川、贵阳、青海 5 省区市先后印发西部陆海新通道建设实施方案，统筹推进本地区通道建设工作，区域内各省区市、各部门精诚合作，建机制、拓线路、降成本、畅通关、搭平台、补短板，形成了沿线地区广泛参与、具有重大国际影响力的贸易与运输新通道。

为贯彻党的十九届五中全会精神，落实国家《西部陆海新通道总体规划》，由中国国家铁路集团有限公司倡议，中铁集装箱运输有限责任公司、中远海运集装箱运输有限公司、中国外运股份有限公司、广西北部湾国际港务集团有限公司、成都国际铁路港投资发展有限公司、陆海新通道运营有限公司6家单位发起成立“西部陆海新通道班列运输协调委员会”，按照“自主发起、自愿参加、务实合作”的原则，吸引了从事通道物流服务、货源组织、政策研究等相关企事业单位参加入会。并于2020年12月4日，召开了西部陆海新通道班列运输协调委员会成立会议暨第一次全体会员大会。协调委员会将从优化运输组织和物流方案、推进各方信息共享互认、培育多式联运全程经营人、推动海铁联运通关便利化、建立全程议价机制、推进境外经营网络和设备资源共享共用、强化装备保障、加强欧亚过境货源宣传和开发八个方面推进工作。

二、西部陆海新通道运营数据

数据显示，2020年全年，西部陆海新通道铁海联运班列共开行4596列，较2019年的2243列有大幅增长。2017—2020年西部陆海新通道铁海联运班列数量如图10－7所示。

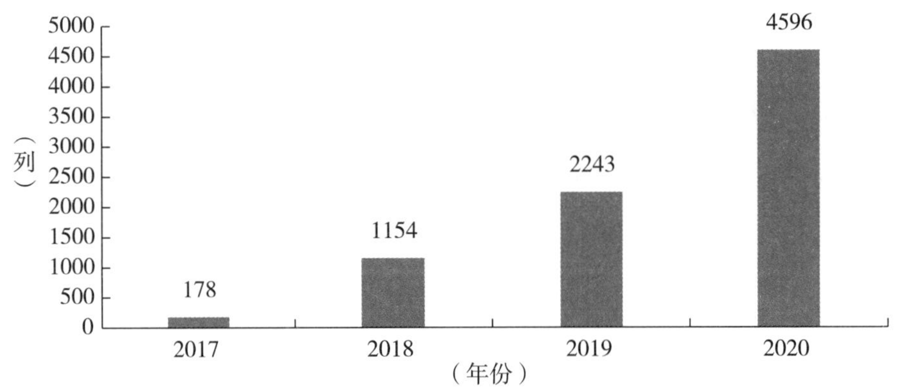

图10－7　2017—2020年西部陆海新通道铁海联运班列数量

资料来源：中国集装箱协会。

2020年，广西大力推进西部陆海新通道基础设施互联互通建设。一是随着2020年4月铁山港进港专用线开通运营，北部湾重要港区实现铁路进港全覆盖；二是不断推出价格优惠政策，实现班列“一口价”覆盖中西部主要省区市。

其中，2020年1—9月，北部湾港货物吞吐量累计2.02亿吨，在全国港口吞吐量普遍下滑或同比持平的环境下，实现逆势增长，同比增长18.7%。港口集装箱吞吐量表现不俗，1—9 月完成 375. 36 万标准箱，同比增长 31. 24%。北部湾港航线增加迅速，截至 2020 年第三季度总数达到 53 条，比 2019 年增加了 7 条，北部湾港港口枢纽地位进一步提升。

统计数据显示，2021 年第一季度，铁海联运班列（重庆始发）开行 393 列，同比增长 133%，运输 19588 标准箱，同比增长 130%；跨境公路班车（重庆—东盟）开行 743 车次，同比增长 84%，运输 1672 标准箱，同比增长 84%；国际铁路联运班列（重庆—越南）运输 410 标准箱，同比增长 55%。

西部陆海新通道辐射范围不断拓展。截至 2021 年第一季度，西部陆海贸易新通道已辐射 96 个国家（地区）的 264 个港口，货物品类超过 500 个；跨境公路班车常态化运行 8 条线路，实现中南半岛全覆盖。

第十一章　全国口岸班列发展现状与运营数据分析

口岸是具有基础设施和查验、监管机构，对人员、货物和交通工具合法出入国（关、边）境进行检查检验和提供服务的交通枢纽。口岸不仅是经济贸易往来的商埠，还是包括政治、外交、科技、文化、旅游和移民等方面往来的门户。我国有 2.2 万公里的陆地边境线、1.8 万公里的海岸线，陆域与 14 个国家（从鸭绿江口到北仑河口依次为朝鲜、俄罗斯、蒙古、哈萨克斯坦、吉尔吉斯斯坦、塔吉克斯坦、阿富汗、巴基斯坦、印度、尼泊尔、不丹、缅甸、老挝、越南）接壤，隔海与 6 个国家（韩国、日本、菲律宾、马来西亚、文莱、印度尼西亚）相望。随着陆、空交通运输的发展，对外贸易的货物、进出境人员及其行李物品、邮件包裹等，通过铁路、公路和航空可直达一国腹地。如今口岸早已不受限于地理位置，成为一种特殊的国际物流节点。

第一节　全国口岸概述

按出入境的交通运输方式划分，可将口岸分为水运口岸、陆路口岸和航空口岸。水运口岸是国家在江河湖海沿岸开设的供货物和人员进出国境及船舶往来挂靠的通道，其中水运口岸又分为河港口岸和海港口岸；陆路口岸是国家在陆地上开设的供货物和人员进出国境及陆上交通工具停站的通道，其中陆运口岸又分为公路口岸和铁路口岸；航空口岸是国家在开辟有国际航线的机场上开设的供货物和人员进出国境及航空器起降的通道。

截至 2020 年年底，全国共有经国务院批准的对外开放口岸 313 个。其中水运口岸 129 个，航空口岸 80 个，铁路口岸 22 个，公路口岸 82 个。

陆港应具备海关查验的通商口岸功能，陆港所发运和承接的进出口货物必须经过这些口岸最终抵达目的地。因此按照各条主要运输通道，可整理出与货运班列运输相关的主要口岸。陆港货运通道途径主要口岸的基本情况如表 11－1 所示。

表 11－1 陆港货运通道途经主要口岸的基本情况

口岸名称	口岸类型	批准开放时间	位置	运输通道
阿拉山口	铁路	1990 年	新疆阿拉山口市	中欧（中亚）班列西通道
霍尔果斯	铁路/公路	公路 1983 年/铁路 2014 年	新疆霍尔果斯市	中欧（中亚）班列西通道
二连浩特	铁路/公路	铁路 1989 年/公路 1990 年	内蒙古二连浩特市	中欧（中亚）班列中通道
满洲里	铁路/公路/航空	铁路和公路 1989 年/航空 2009 年	内蒙古满洲里市	中欧（中亚）班列东通道
绥芬河	铁路/公路	铁路 1952 年/公路 2000 年	黑龙江绥芬河市	中欧（中亚）班列东通道
郑州	铁路/航空	铁路 1997 年/航空 1988 年	河南郑州市	中欧（中亚）班列西通道、中通道
哈尔滨	铁路/航空/水运	铁路 1996 年/公路 1987 年/水运 1989 年	黑龙江哈尔滨市	中欧（中亚）班列东通道、海铁联运通道
河口	铁路/公路	铁路 1953 年/公路 2011 年	云南红河州河口县	中亚班列通道
凭祥	铁路	1953 年	广西凭祥市	西部陆海贸易新通道
防城港	水运	1983 年	广西北部湾北岸	西部陆海新通道
钦州	水运	1994 年	广西钦州市	西部陆海新通道
北海	水运/航空	水运 1950 年/航空 1993 年	广西南端、北部湾东北部	西部陆海新通道
东兴	公路	1994 年	广西防城港市东兴市	西部陆海新通道
友谊关	公路	1992 年	广西凭祥市友谊关	西部陆海新通道
吉隆	公路	1961 年	西藏日喀则市	南亚班列通道（公铁联运）
樟木	公路	1961 年	西藏日喀则市	南亚班列通道（公铁联运）
红其拉甫	公路	1982 年	新疆喀什地区	南亚班列通道（公铁联运）

资料来源：根据网络公开信息整理。

上述陆港货运通道途经的主要口岸包括了中欧（中亚）班列通道、南亚班列通道、西部陆海新通道上途经的铁路、公路、水运等口岸，它们开放时间的跨度较大，位于我国的新疆、内蒙古、黑龙江、河南、云南、广西、西藏等区域，连接哈萨克斯坦、俄罗斯、蒙古、尼泊尔、巴基斯坦、越南等境外国家。

第二节　我国边境铁路口岸运营数据分析

以下对中欧班列途经的主要边境铁路口岸进行分析，这些口岸包括阿拉山口、霍尔果斯、二连浩特、满洲里、绥芬河五个口岸。

一、2020 年全国各主要口岸班列年度运量情况

2020 年全国各主要口岸通行班列数量、班列去（回）程发送箱量（货运量）如图 11－1 和图 11－2 所示。

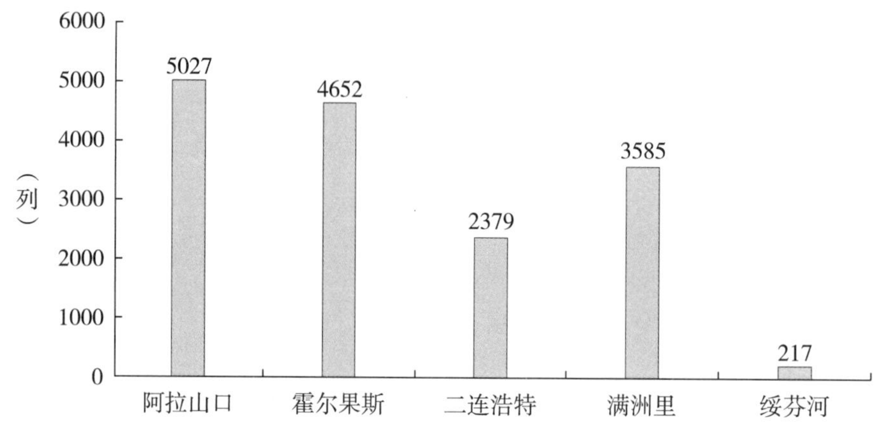

图 11－1　2020 年全国各主要口岸通行班列数量

由图 11－1 和图 11－2 可知，2020 全年经阿拉山口口岸进出境班列达 5027 列，同比增长 41.8%。阿拉山口口岸全年去程班列集装箱发送量为 237126.5TEU，回程班列集装箱发送量为 130812.8TEU。阿拉山口口岸是中欧（中亚）班列西通道的主要出入境口岸，也是目前大部分途经哈萨克斯坦、俄罗斯、白俄罗斯的班列必经之路。其承担的进出口货流最多，是名副其实的“第一大口岸”。

2020 年全年经霍尔果斯口岸进出境班列达 4652 列，同比增长 37%。霍尔果斯口岸全年去程班列集装箱发送量为 131031TEU，回程班列集装箱发送量为 52603TEU。

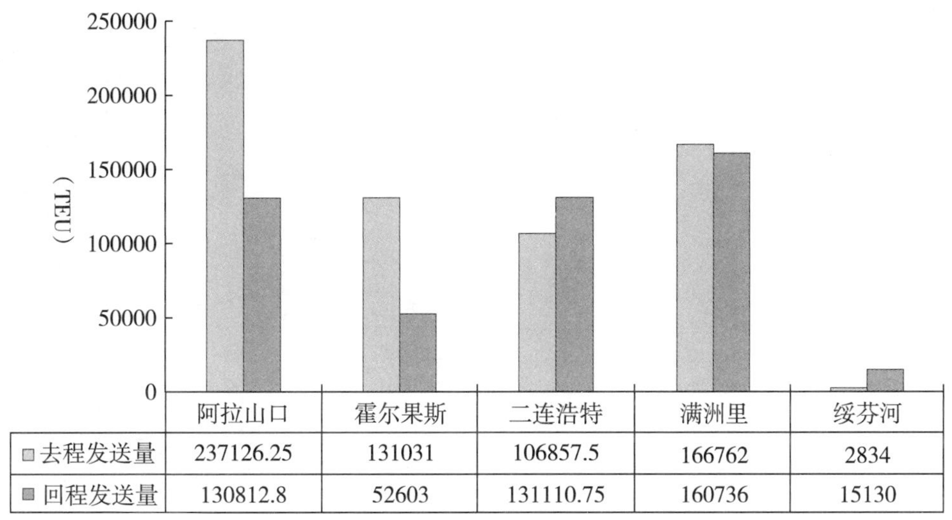

	阿拉山口	霍尔果斯	二连浩特	满洲里	绥芬河
□去程发送量	237126.25	131031	106857.5	166762	2834
■回程发送量	130812.8	52603	131110.75	160736	15130

图 11－2　2020 年全国各主要口岸班列去（回）程发送箱量（货运量）

资料来源：中欧班列运输协调委员会。

2020 年全年经二连浩特口岸进出境班列 2379 列，同比增长 53.3%。二连浩特口岸承担的回程（进口）货流大于去程（出口）货流。二连浩特口岸全年去程班列集装箱发送量为 106857.5TEU，回程班列集装箱发送量为 131110.75TEU。

2020 年全年经满洲里口岸进出境班列 3585 列，同比增长 34.4%。满洲里口岸全年去程班列集装箱发送量为 166762TEU，回程班列集装箱发送量为 160736TEU，其承担进出口货运量仅次于阿拉山口口岸，但由于编成辆数大于霍尔果斯口岸，因此实际班列数量少于霍尔果斯口岸。

2020 年全年经绥芬河口岸进出境班列 217 列，同比增长 77.9%，绥芬河口岸全年去程班列集装箱发送量为 2834TEU，回程班列集装箱发送量为 15130TEU。作为通行班列的东通道新口岸，绥芬河口岸可作为满洲里口岸的有效补充。

二、2020 年全国各主要口岸班列月度运量情况

2020 年各月全国各主要口岸班列进出口货运量如图 11－3 所示。

图 11－3 显示，绥芬河作为新开通的班列口岸，进出口货运量较小，2020 年全年波动也较小。其余 4 大口岸受新冠肺炎疫情影响，2 月进出口货运量明显降低。其中霍尔果斯口岸受影响最为严重，其 2 月进出口货运量仅为 4654.75TEU。此后，伴随着国内疫情防控局势的逐渐好转，以及我国国际班列在世界各国供应链、产业链中逐渐凸显的重要作用，各大口岸在 3—4 月进出口货运量出现巨大的反弹回升。其中阿拉山口口岸回升最为明显，3 月较 2 月进出口货运量增加 14687.25TEU，增幅达 134.8%；霍

尔果斯口岸 3 月较 2 月进出口货运量增加 4832. 5TEU，增幅达 103. 8%；满洲里口岸 3 月较 2 月进出口货运量增加 10508TEU，增幅达 86. 7%；二连浩特口岸 3 月较 2 月进出口货运量增加 4840. 75TEU，增幅达 45. 8%。

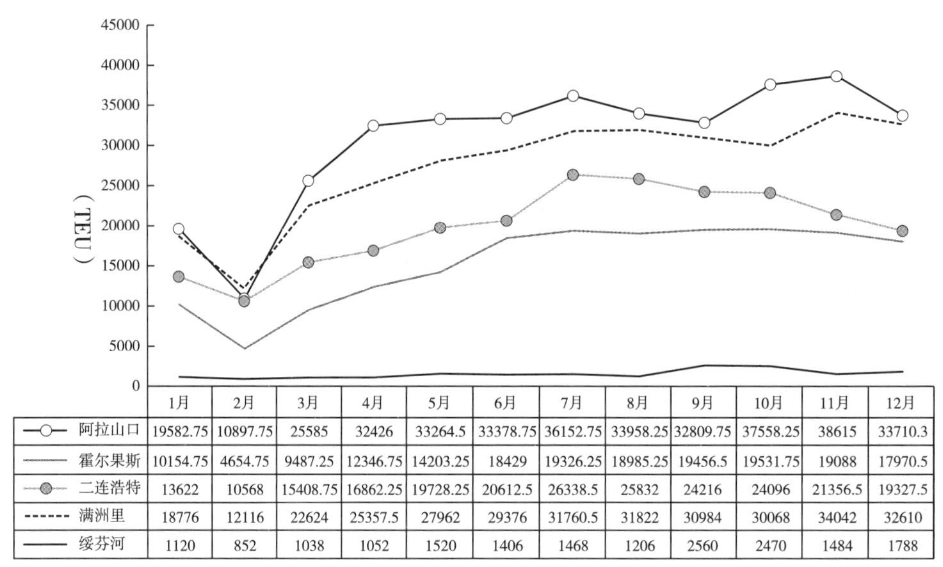

	1月	2月	3月	4月	5月	6月	7月	8月	9月	10月	11月	12月
阿拉山口	19582.75	10897.75	25585	32426	33264.5	33378.75	36152.75	33958.25	32809.75	37558.25	38615	33710.3
霍尔果斯	10154.75	4654.75	9487.25	12346.75	14203.25	18429	19326.25	18985.25	19456.5	19531.75	19088	17970.5
二连浩特	13622	10568	15408.75	16862.25	19728.25	20612.5	26338.5	25832	24216	24096	21356.5	19327.5
满洲里	18776	12116	22624	25357.5	27962	29376	31760.5	31822	30984	30068	34042	32610
绥芬河	1120	852	1038	1052	1520	1406	1468	1206	2560	2470	1484	1788

图 11 -3　2020 年各月全国各主要口岸班列进出口货运量

资料来源：中欧班列运输协调委员会。

2020 年 4—7 月，各口岸基本保持增长态势，而随着运量增加，口岸拥堵的问题也开始逐渐显现，各大口岸的进出口货运量也因此出现波动。阿拉山口口岸的进出口货运量在 8 月、9 月出现连续下降；霍尔果斯口岸、二连浩特口岸在 8 月迎来了连续 5 个月增长以来的首次下降，其中二连浩特口岸由于与蒙方协调不畅、沿线设施设备的老旧等问题，其单月进出口货运量在 7 月达到 26338. 5TEU 全年顶峰后，直至 2020 年年末一直呈下降趋势。

2020 年随着缓解口岸拥堵问题一系列措施的推出，阿拉山口口岸、霍尔果斯口岸在 10 月出现不同程度的回升，满洲里口岸在 11 月出现回升。霍尔果斯口岸在 10 月达到全年单月进出口货运量顶峰 19531. 75TEU。阿拉山口口岸与满洲里口岸在 11 月达到全年单月进出口货运量顶峰，分别为 38615TEU 和 34042TEU。

总体而言，各大口岸的进出口货运量在 2020 年年初由于新冠肺炎疫情影响，出现了短时下降，但随着国际班列大量开行，货运量立即反弹并猛增。而连续多个月的运量猛增也使得潜在的问题暴露，导致口岸拥堵，并因此出现了第二波下降趋势。针对这一问题，部分口岸能够通过采取措施及时调整，使货运量再次回升达到全年高峰。

三、2020 年全国各主要口岸班列分去向运量情况

2020 年 7 月，国家发展改革委下达中央预算内投资 2 亿元，支持郑州、重庆、成都、西安、乌鲁木齐 5 个中欧班列枢纽节点城市开展中欧班列集结中心示范工程建设，下面对这 5 个城市及义乌、长沙、沈阳等城市在全国各主要口岸去程、回程班列的发送情况进行分析，并按月度分析运量的变化情况。

（一）阿拉山口口岸

2020 年途经阿拉山口口岸部分城市中欧班列去（回）程发送箱量如图 11－4 所示。

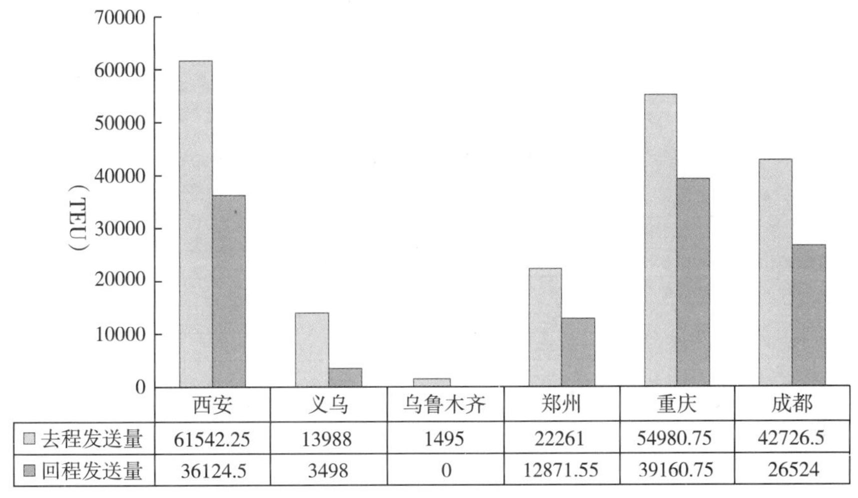

	西安	义乌	乌鲁木齐	郑州	重庆	成都
去程发送量	61542.25	13988	1495	22261	54980.75	42726.5
回程发送量	36124.5	3498	0	12871.55	39160.75	26524

图 11－4 2020 年途径阿拉山口口岸部分城市中欧班列去（回）程发送箱量

资料来源：中欧班列运输协调委员会。

在途经阿拉山口口岸出境的主要去程班列开行城市中，发送箱量前三位分别为西安、重庆与成都，分别发送了 61542. 25TEU、54980. 75TEU 和 42726. 5TEU，折算 752 列、669 列和 518 列。郑州、义乌等城市紧随其后。作为五大中欧班列集结中心示范工程之一的乌鲁木齐去程发送箱量与西安、重庆、成都及郑州四个明显拉开差距，货量有待进一步提升。去程货源城市辐射范围主要集中在我国中部地区和南部地区（包括东南沿海地区、华南部分地区以及西南部分地区）。

在途经阿拉山口口岸入境的主要回程班列去向城市中，发送箱量重庆位列第一，西安位列第二，成都位列第三，分别发送了 39160. 75TEU、36124. 5TEU 和 26524TEU，折算 423 列、441 列和 276 列。紧随其后的是郑州，义乌回程班列数量较少，乌鲁木齐回程班列则处于发送量为零的状态。回程货流辐射范围主要集中在我国中部地区以及

西南部分地区。

可以看出，阿拉山口口岸的货物集疏范围在《中欧班列建设发展规划（2016—2020 年）》中对西通道的相关规划的基础上，在我国中西部地区大力拓展。以成都、重庆、西安为代表的集结中心建设城市的班列开行情况明显优于其他城市，同时阿拉山口口岸也是成都、重庆两地开行班列最主要的出入境口岸。

2020 年各月途经阿拉山口口岸的集装箱发送量如图 11 -5 所示。

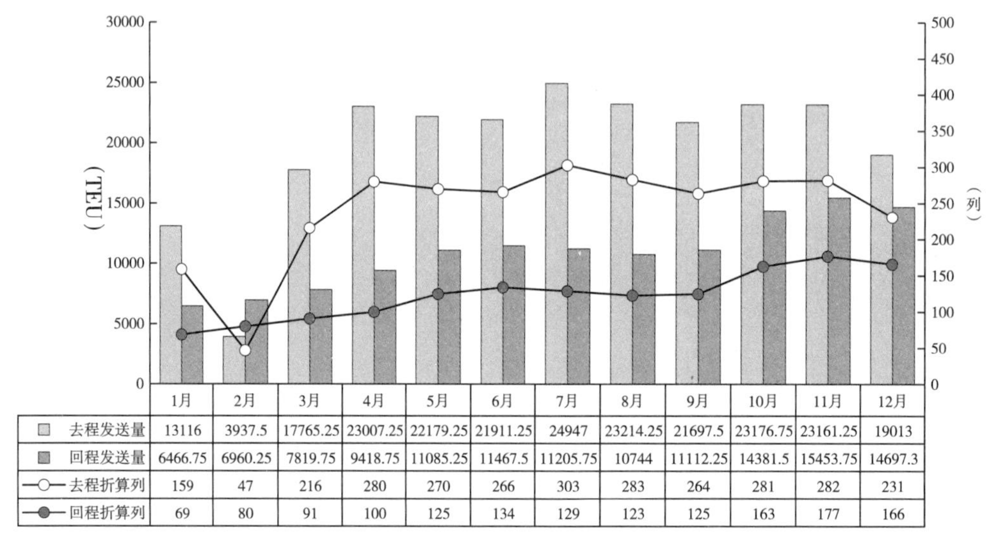

	1月	2月	3月	4月	5月	6月	7月	8月	9月	10月	11月	12月
去程发送量	13116	3937.5	17765.25	23007.25	22179.25	21911.25	24947	23214.25	21697.5	23176.75	23161.25	19013
回程发送量	6466.75	6960.25	7819.75	9418.75	11085.25	11467.5	11205.75	10744	11112.25	14381.5	15453.75	14697.3
去程折算列	159	47	216	280	270	266	303	283	264	281	282	231
回程折算列	69	80	91	100	125	134	129	123	125	163	177	166

图 11 -5　2020 年各月途经阿拉山口口岸的集装箱发送量

资料来源：中欧班列运输协调委员会。

整体上，2020 年阿拉山口口岸去程出口大于回程进口量，平均往返比例约为 1. 81∶1。

去程发送量在 2020 年 2 月受新冠肺炎疫情影响，出现剧烈下降，为 2020 年全年最低，一度低于回程进口量，随后又在 3 月迅速反弹，并持续增长，并在 7 月迎来单月发送量的全年最高峰，达到 24947TEU，折算 303 列。随后由于口岸拥堵问题的加剧，单月发送量出现回落。

回程发送量整体上呈上涨趋势，但在 7 月、8 月出现了连续下降，然后继续增长，直至 11 月达到单月回程发送量的全年最高峰，达到 15453. 75TEU，折算 177 列。

（二）霍尔果斯口岸

2020 年途经霍尔果斯口岸部分城市中欧班列去（回）程发送箱量如图 11 -6 所示。

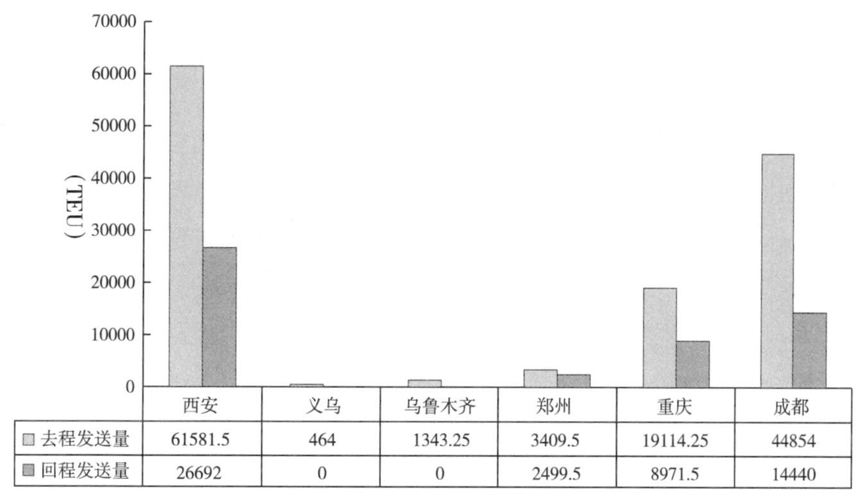

	西安	义乌	乌鲁木齐	郑州	重庆	成都
□ 去程发送量	61581.5	464	1343.25	3409.5	19114.25	44854
■ 回程发送量	26692	0	0	2499.5	8971.5	14440

图 11 -6 2020 年途经霍尔果斯口岸部分城市中欧班列去（回）程发送箱量

资料来源：中欧班列运输协调委员会。

在途经霍尔果斯口岸出境的主要去程班列开行城市中，西安与成都的发送箱量分别位列第一与第二，分别发送了 61581. 5TEU 和 44854TEU，折算 750 列和 548 列。重庆位列第三，发送了 19114. 25TEU，折算 232 列。霍尔果斯口岸货源辐射城市范围主要集中在我国西部地区以及义乌等地。

途经霍尔果斯口岸入境的主要回程班列去向城市的发送箱量整体较少。其中西安位列第一、成都位列第二，分别发送了 26692TEU 和 14440TEU，折算 324 列和 136 列。

可以看出，霍尔果斯口岸的货物集疏范围基本与《中欧班列建设发展规划（2016—2020 年）》中对西通道的相关规划一致。自西安开行的去程、回程班列途经霍尔果斯口岸数量最多。

2020 年各月途经霍尔果斯口岸的集装箱发送量如图 11 -7 所示。

整体上，2020 年霍尔果斯口岸去程出口大于回程进口量，也是各大口岸中平均往返比例最为悬殊的口岸，往返比例约为 2. 49∶1。

途经霍尔果斯口岸的去程集装箱发送量在 2 月剧烈下降，为全年最低，随后又在 3 月迅速反弹，并持续增长，在 6 月迎来单月发送量的短期高峰，达到 13562TEU，折算 166 列。在这之后以小幅波动的形式基本保持平稳趋势，在 10 月达到单月发送量的全年最高峰，达到 14068TEU，折算 171 列，最终在 12 月出现小幅下降。

2020 全年回程发送量整体呈上升趋势，其中在 2—3 月出现了明显波动，最后实现快速增长，至 7 月达到单月回程发送量的全年最高峰，达到 6143. 5TEU，折算 67 列。在这之后基本保持平稳趋势。

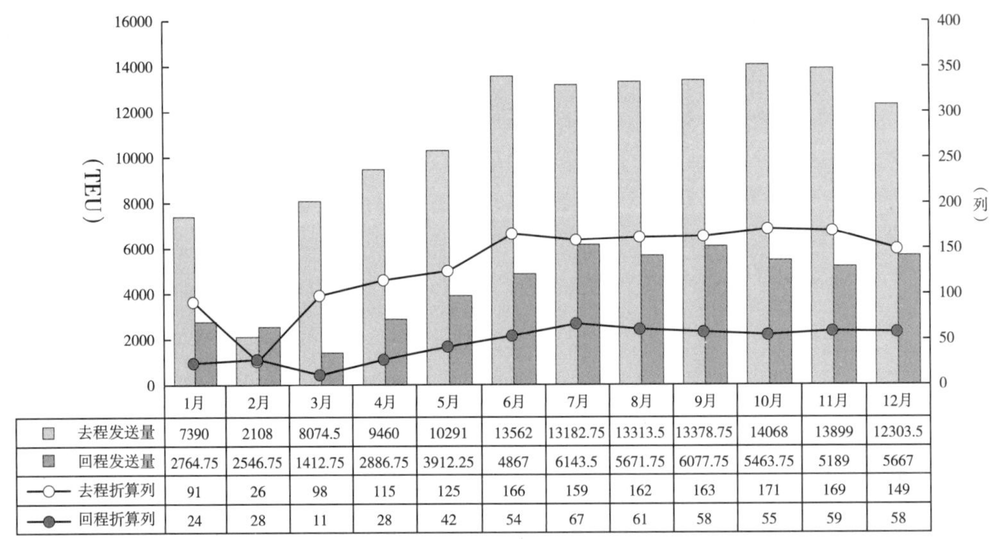

	1月	2月	3月	4月	5月	6月	7月	8月	9月	10月	11月	12月
去程发送量	7390	2108	8074.5	9460	10291	13562	13182.75	13313.5	13378.75	14068	13899	12303.5
回程发送量	2764.75	2546.75	1412.75	2886.75	3912.25	4867	6143.5	5671.75	6077.75	5463.75	5189	5667
去程折算列	91	26	98	115	125	166	159	162	163	171	169	149
回程折算列	24	28	11	28	42	54	67	61	58	55	59	58

图 11－7　2020 年各月途经霍尔果斯口岸的集装箱发送量

资料来源：中欧班列运输协调委员会。

（三）二连浩特口岸

2020 年途经二连浩特口岸部分城市中欧班列去（回）程发送箱量如图 11－8 所示。

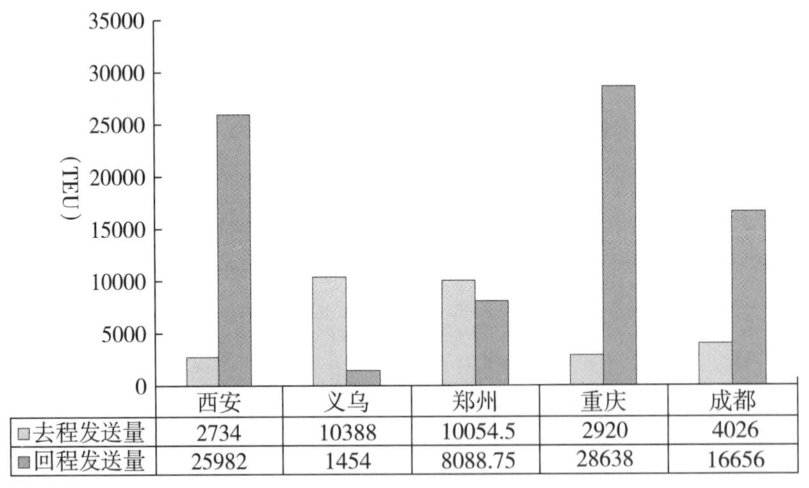

	西安	义乌	郑州	重庆	成都
去程发送量	2734	10388	10054.5	2920	4026
回程发送量	25982	1454	8088.75	28638	16656

图 11－8　2020 年途经二连浩特口岸部分城市中欧班列去（回）程发送箱量

资料来源：中欧班列运输协调委员会。

在途经二连浩特口岸出境的主要去程班列开行城市中，义乌与郑州分别位列第一与第二，分别发送了 10388TEU 和 10054. 5TEU，折算 128 列和 121 列。与其他口岸相比，来自成都、重庆、西安的货流较小，但依然有部分货流在此出境。去程货源城市辐射范围主要集中在我国华北地区和东部地区（包括东南沿海地区以及华中部分地区）。

在途经二连浩特口岸入境的主要回程班列去向城市中，重庆和西安的发送箱量分别位列第一和第二，分别发送了28638TEU和25982TEU，折算350列和317列。回程货流辐射范围较为分散，在我国中部地区、东部地区以及西南部分地区均有分布。

可以看出，二连浩特口岸的货物集疏范围在《中欧班列建设发展规划（2016—2020年）》中对中通道的相关规划的基础上，在我国东部地区有所拓展。由于二连浩特口岸回程货流大于去程货流，因此其回程班列的货流辐射范围较广。

2020年各月途经二连浩特口岸的集装箱发送量如图11－9所示。

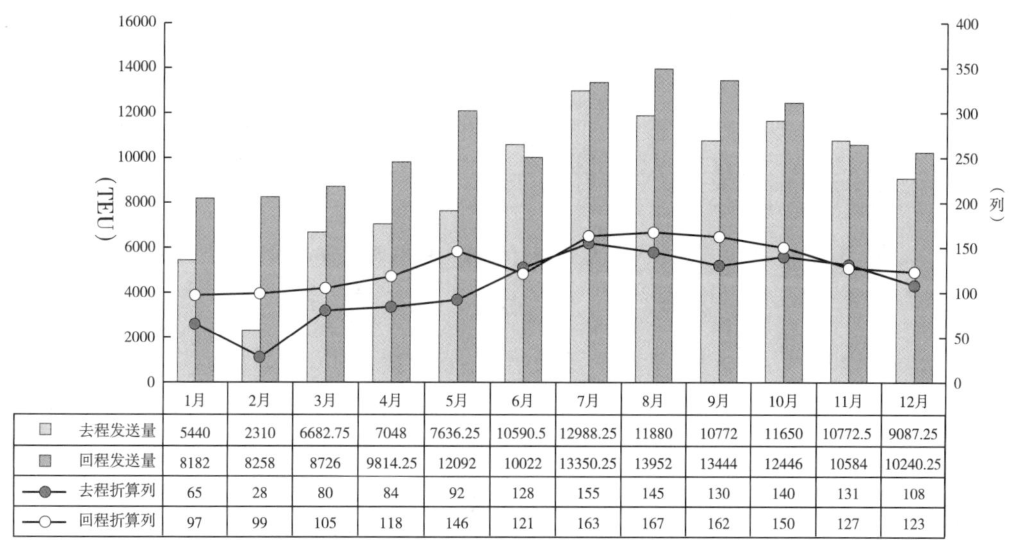

	1月	2月	3月	4月	5月	6月	7月	8月	9月	10月	11月	12月
去程发送量	5440	2310	6682.75	7048	7636.25	10590.5	12988.25	11880	10772	11650	10772.5	9087.25
回程发送量	8182	8258	8726	9814.25	12092	10022	13350.25	13952	13444	12446	10584	10240.25
去程折算列	65	28	80	84	92	128	155	145	130	140	131	108
回程折算列	97	99	105	118	146	121	163	167	162	150	127	123

图11－9　2020年各月途经二连浩特口岸的集装箱发送量

资料来源：中欧班列运输协调委员会。

与西通道的两个口岸不同，二连浩特口岸2020年基本上各月的去程出口量小于回程进口量，仅在6月和11月出现了小幅反转。全年平均往返比例约为1∶1.23。

途经二连浩特口岸的去程集装箱发送量在2020年2月出现下降，为全年最低，随后反弹，呈增长趋势，并在7月迎来单月发送量的全年高峰，达到12988.25TEU，折算155列。在这之后由于口岸拥堵问题加剧，呈现下降趋势。

2020年，二连浩特口岸回程发送量在1—5月呈上升趋势，但在6月出现了下降波动，随后反弹回升。8月达到单月回程发送量的全年最高峰，达到13952TEU，折算167列。在这之后呈下降趋势，直至2020年年末。

（四）满洲里口岸

2020 年途经满洲里口岸部分城市中欧班列去（回）程发送箱量如图 11－10 所示。

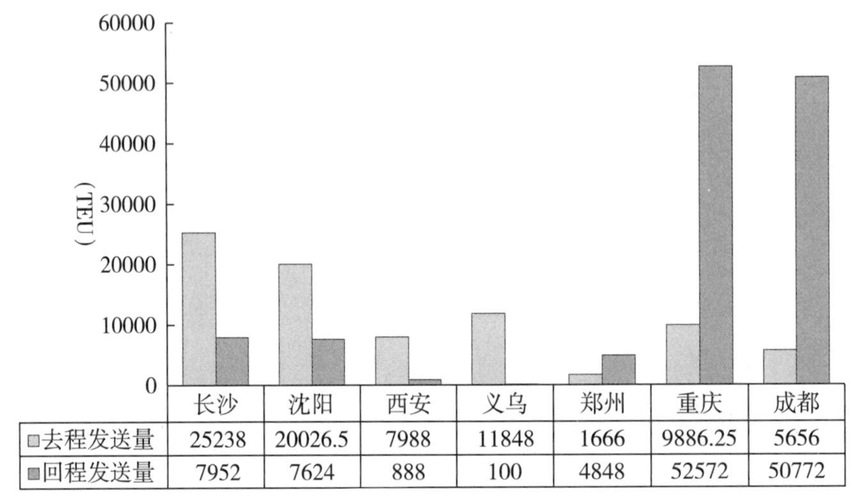

	长沙	沈阳	西安	义乌	郑州	重庆	成都
□去程发送量	25238	20026.5	7988	11848	1666	9886.25	5656
■回程发送量	7952	7624	888	100	4848	52572	50772

图 11－10　2020 年途经满洲里口岸部分城市中欧班列去（回）程发送箱量

资料来源：中欧班列运输协调委员会。

在途经满洲里口岸出境的主要去程班列开行城市中，长沙与沈阳的发送箱量分别位列第一与第二，分别发送了 25238TEU 和 20026.5TEU，折算 306 列和 245 列。义乌紧随其后，发送箱量在 1 万 TEU 以上。货源辐射范围较广，在我国东北地区、东部地区（包括东南沿海地区）以及华中、华南部分地区，甚至西南地区均有分布。

在途经满洲里口岸入境的主要回程班列去向城市中，重庆、成都分别位列第一、第二，分别发送了 52572TEU 和 50772TEU，折算 644 列和 620 列。随后是长沙和沈阳，分别发送了 7952TEU 和 7624TEU，折算 96 列和 94 列。回程货流辐射范围也较为分散，在我国东北地区、中部地区以及西南地区均有分布。

可以看出，满洲里口岸的货物集疏范围在《中欧班列建设发展规划（2016—2020 年）》中对东通道的相关规划的基础上，在我国中部地区和西南地区有所拓展。长沙与沈阳是满洲里口岸往返班列的主要开行城市，此外满洲里口岸也是成都、重庆两地回程班列最主要的入境口岸之一。

2020 年各月途经满洲里口岸的集装箱发送量如图 11－11 所示。

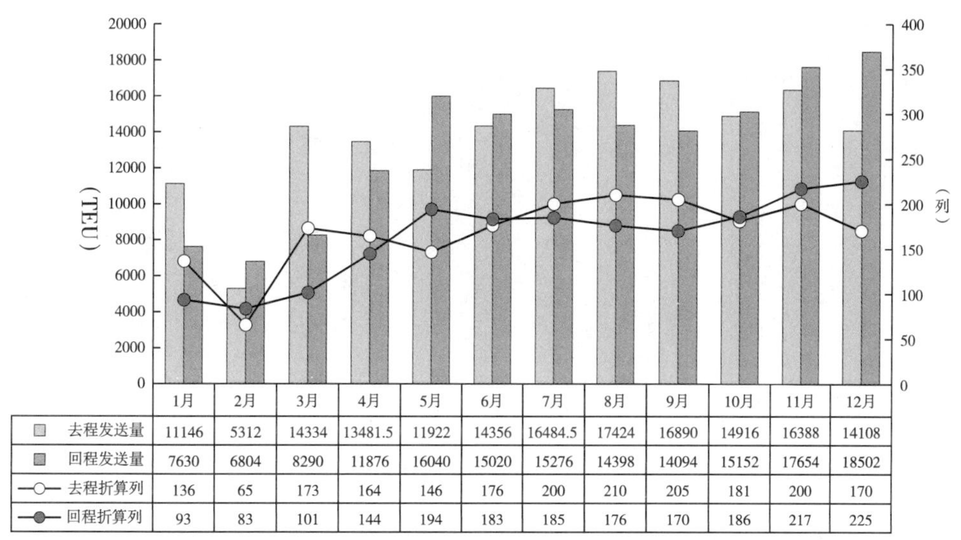

	1月	2月	3月	4月	5月	6月	7月	8月	9月	10月	11月	12月
去程发送量	11146	5312	14334	13481.5	11922	14356	16484.5	17424	16890	14916	16388	14108
回程发送量	7630	6804	8290	11876	16040	15020	15276	14398	14094	15152	17654	18502
去程折算列	136	65	173	164	146	176	200	210	205	181	200	170
回程折算列	93	83	101	144	194	183	185	176	170	186	217	225

图 11－11　2020 年各月途经满洲里口岸的集装箱发送量

资料来源：中欧班列运输协调委员会。

2020 年，满洲里口岸各月的回程进口量与去程出口量大小呈现相互交替的形式，其中 1 月、3 月、4 月、7 月、8 月、9 月去程出口量大于回程进口量，其他月份反之。全年平均往返比例较为平均，约为 1.04∶1。

途经满洲里口岸的去程集装箱发送量在 2020 年 2 月达到全年最低，随后反弹，但在 5 月迎来第二轮低谷。在 6 月出现回升后，于 8 月迎来单月发送量的全年高峰，达到 17424TEU，折算 210 列。在这之后由于口岸拥堵问题，出现了新一轮波动。

满洲里口岸回程发送量也在 2020 年 2 月达全年最低，随后小幅回升。在 5 月和 11 月涨幅最大，最终在 12 月达到单月回程发送量的全年最高峰，达到 18502TEU，折算 225 列。

（五）绥芬河口岸

2020 年途经绥芬河口岸部分城市中欧班列去（回）程发送箱量如图 11－12 所示。

绥芬河口岸作为开通不久的“新口岸”，在绥芬河口岸出境的去程班列较少，在发送城市中，沈阳独占鳌头，发送了 1738TEU，折算 22 列。重庆、成都各发送了 164TEU，折算 2 列。

在途经绥芬河口岸入境的主要回程班列去向城市中，重庆、郑州的发送箱量分别位列第一和第二，分别发送了 5900TEU 和 4896TEU，折算 70 列和 56 列。发往成都 3930TEU，折算 45 列；发往沈阳 712TEU，折算 8 列。

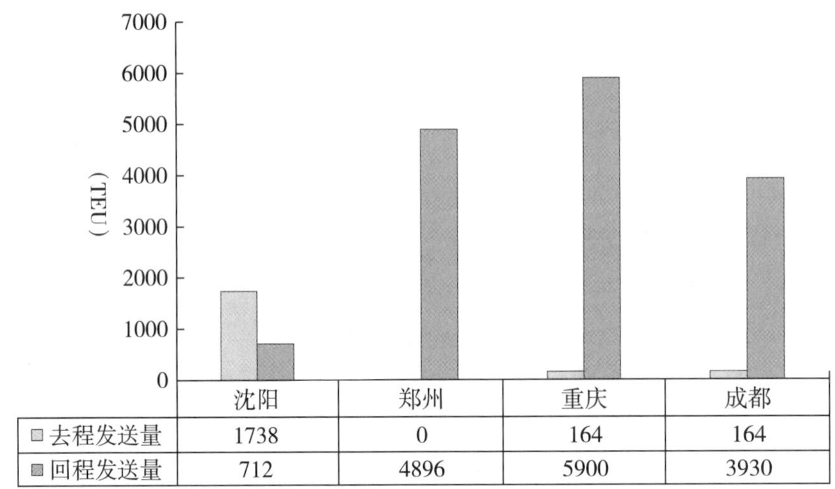

	沈阳	郑州	重庆	成都
去程发送量	1738	0	164	164
回程发送量	712	4896	5900	3930

图 11－12　2020 年途径绥芬河口岸部分城市中欧班列去（回）程发送箱量

资料来源：中欧班列运输协调委员会。

可以看出，绥芬河口岸是在东通道中对满洲里口岸的有效补充，在其他各大口岸陷入拥堵状态下，成为郑州、成都、重庆等地回程班列的入境口岸之一。2020 年各月途经绥芬河口岸的集装箱发送量如图 11－13 所示。

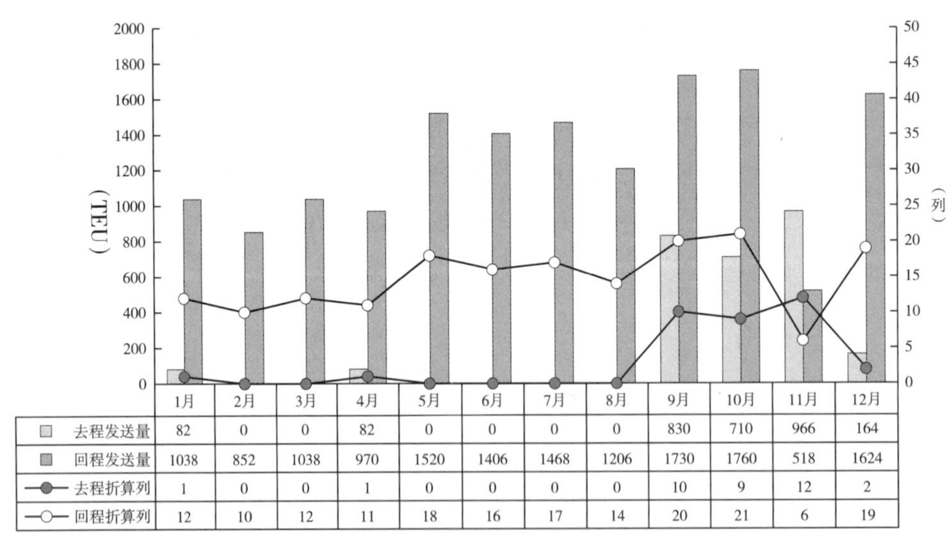

	1月	2月	3月	4月	5月	6月	7月	8月	9月	10月	11月	12月
去程发送量	82	0	0	82	0	0	0	0	830	710	966	164
回程发送量	1038	852	1038	970	1520	1406	1468	1206	1730	1760	518	1624
去程折算列	1	0	0	1	0	0	0	0	10	9	12	2
回程折算列	12	10	12	11	18	16	17	14	20	21	6	19

图 11－13　2020 年各月途经绥芬河口岸的集装箱发送量

资料来源：中欧班列运输协调委员会。

2020 年绥芬河口岸各月的回程进口量远大于去程出口量（11 月除外），全年平均往返比例约为 1∶5.34。

2020 年途经绥芬河口岸的去程集装箱发送量在 2 月、3 月、5 月、6 月、7 月、8 月为 0。单月发送量的全年高峰出现在 11 月，为 966TEU，折算 12 列。

绥芬河口岸回程发送量在 9 月达到单月回程发送量的全年最高峰，达到 1730TEU，折算 20 列。

第十二章　我国跨境电商综试区发展现状与运营数据分析

2020年受新冠肺炎疫情影响，传统外贸模式遭遇“寒冬”，我国跨境电子商务逆势上扬，政府相关部门不断推出利好政策，跨境电子商务综合试验区（简称跨境电商综试区）的发展迎来新的机遇。

本章回顾了我国跨境电商综试区发展现状、创新举措及存在的问题与未来展望，对2015年以来我国跨境电商综试区运营数据进行了分析，对未来发展进行了展望，并对国际贸易“单一窗口”建设情况与运营数据进行了单独阐述。

第一节　我国跨境电商综试区发展现状

一、产生与发展

近年来，我国政府对跨境电子商务的发展高度重视，2012年以来，海关总署先后在上海、重庆、杭州、宁波、郑州、广州、深圳、福州、天津、平潭十个城市建设跨境电商试点城市，目的是探索适应跨境电子商务发展的管理制度以及相关部门业务协同及数据共享。此后，为进一步推进各部门协同、协调，破解跨境电商发展的各种矛盾，跨境电商综试区应运而生。

在跨境电子商务快速发展的背景下，我国根据发展情况，积极创新发展方式，先后设立五批跨境电商综试区。2015年3月，李克强总理批准了第一个跨境电商综试区——中国（杭州）跨境电商综试区。2016年1月，国务院印发《国务院关于同意在天津等12个城市设立跨境电子商务综合试验区的批复》，鼓励12个跨境电商综试区借鉴杭州综试区的经验做法，突出自己的发展优势。2017年11月，商务部等14部门决议复制推广杭州跨境电商综试区与其他12个跨境电商综试区的经验，2018年7月国务院同意在北京、呼和浩特、沈阳等22个城市设立跨境电商综试区，复制推广前两批综合试验区的成熟经验做法，因地制宜，突出本地特色，进一步探索新经验、新做法。

2019 年 12 月，又增设石家庄、太原、赤峰等 24 个跨境电商综试区。

2020 年在新冠肺炎疫情影响下，中国传统外贸受到较大冲击，为了发挥跨境电商独特优势，以新业态助力外贸克难前行，2020 年 4 月 7 日召开的国务院常务会议决定，在雄安新区、大同、满洲里等 46 个城市和地区设立跨境电商综试区。至此，我国跨境电商综试区批复了五个批次，扩容至 105 个，覆盖了 30 个省、自治区、直辖市，形成了陆海内外联动、东西双向互济的发展格局。

五年多来，我国跨境电商综试区建设取得了积极成效，初步建立起一套适应跨境电商发展的政策体系，探索形成了一批可复制、可推广的经验做法，逐步形成一套适应和引领全球跨境电商发展的规则，实现生产要素和产业集聚，促进跨境电商与制造业融合发展，推进了外贸转型升级，有力支撑了一系列国家重大发展战略。

我国 105 个跨境电商综试区设立时间及批次情况如表 12－1 所示，这 105 个跨境电商综试区在各省区市的分布情况如图 12－1 所示。

表 12－1　　105 个跨境电商综试区设立时间及批次情况

时间	批次	数量（个）	地区名称
2015 年 3 月	第一批	1	杭州市
2016 年 1 月	第二批	12	天津市、上海市、重庆市、郑州市、合肥市、成都市、广州市、大连市、青岛市、宁波市、苏州市、深圳市
2018 年 7 月	第三批	22	北京市、呼和浩特市、沈阳市、长春市、哈尔滨市、南京市、南昌市、武汉市、长沙市、南宁市、海口市、贵阳市、昆明市、西安市、兰州市、厦门市、唐山市、无锡市、威海市、珠海市、东莞市、义乌市
2019 年 12 月	第四批	24	石家庄市、太原市、赤峰市、抚顺市、珲春市、绥芬河市、徐州市、南通市、温州市、绍兴市、芜湖市、福州市、泉州市、赣州市、济南市、烟台市、洛阳市、黄石市、岳阳市、汕头市、佛山市、泸州市、海东市、银川市
2020 年 4 月	第五批	46	雄安新区、大同市、满洲里市、营口市、盘锦市、吉林市、黑河市、常州市、连云港市、淮安市、盐城市、宿迁市、湖州市、嘉兴市、衢州市、台州市、丽水市、安庆市、漳州市、莆田市、龙岩市、九江市、东营市、潍坊市、临沂市、南阳市、宜昌市、湘潭市、郴州市、梅州市、惠州市、中山市、江门市、湛江市、茂名市、肇庆市、崇左市、三亚市、德阳市、绵阳市、遵义市、德宏傣族景颇族自治州、延安市、天水市、西宁市、乌鲁木齐市

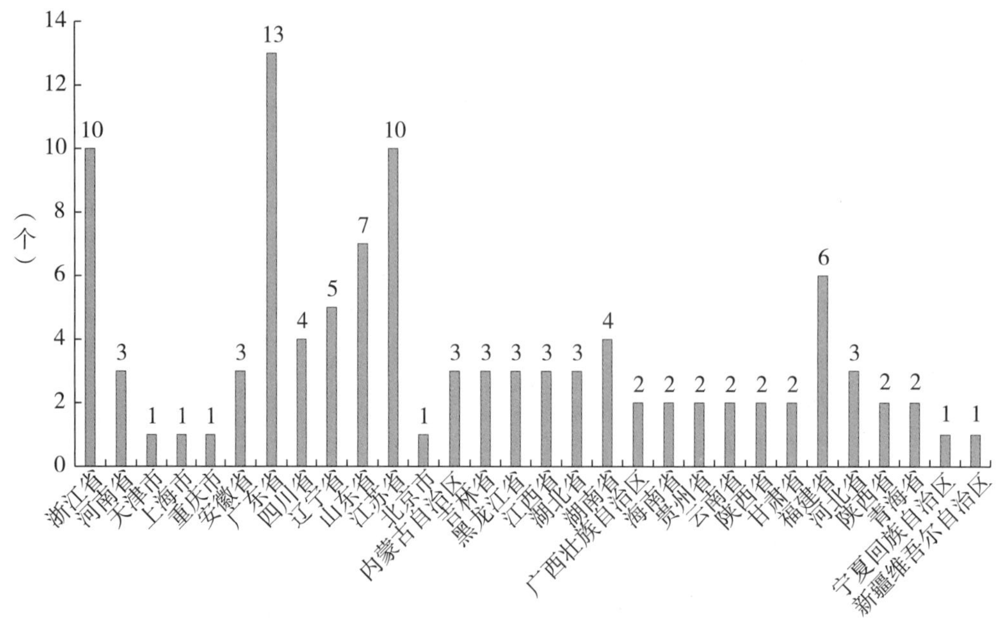

图 12－1 各省区市跨境电子商务综合试验区分布情况

可以看出，各批次批复的城市个数逐次增加，从第一批的 1 个城市，到第五批的 46 个城市，显示了国家对发展跨境电商综试区的重视程度。再从城市分布来看，第一批和第二批的 13 个试点城市主要位于东部大中型城市，第三批 22 个综试区开始向中西部地区和东北地区倾斜，第四批 24 个综试区中，中西部和东北部地区城市占了 13 个，第五批 46 个综试区中，中西部和东北部地区占了 19 个。一方面因为最初我国跨境电商区域发展并不平衡，东南沿海城市发展明显好于中西部城市，另一方面也充分显示了国家推进西部大开发、东北全面振兴和中部地区崛起的力度。

二、主要特征

作为国际贸易的新模式新业态，在全球贸易保护主义升级、新冠肺炎疫情形势严峻的背景下，跨境电商已成为我国外贸发展的新引擎，我国跨境电商综试区取得进一步发展。总体来看，我国跨境电商综试区发展呈现以下三个方面特征。

（一）跨境电商综试区试点城市向中西部地区倾斜

自 2015 年跨境电商综试区设立以来，我国跨境电商综试区快速发展，成为推动跨境电商发展的重要助力。结合目前设立的五批跨境电商综试区来看，从第三批跨境电商综试区开始，综试区的选址开始向中西部地区和东北地区倾斜，充分显示了国家推进西部大开发、东北全面振兴和中部地区崛起的力度。这也是根据各地区经济发展程度和实际需要，兼顾全面开放和总量平衡的基本原则，突出政府宏观指导、统筹规划、资源整合的特殊作用，以跨境电商自由化、便利化和规范化为改革重点，推动监管创新、业务创新和服务创新，实现外贸更大范围的开放和更高质量发展双重目标。

（二）跨境电商综试区布局海外市场

近年来，在“一带一路”倡议下，跨境电商综试区积极布局海外市场，不断开拓与“一带一路”沿线国家和地区的贸易往来，积极开展政策、技术和贸易标准的对接，探索了专线物流的跨境电商物流新模式，海外仓和跨境电商基础设施联通合作也不断深入。数据显示，全国跨境电商综试区在“一带一路”沿线 80 个国家和地区建设了 200 多个海外仓，民间企业通过跨境电商平台将商品销往“一带一路”沿线 50 多个国家，商贸往来日益频繁。

2020 年上半年，杭州、广州、青岛等跨境电商重点试点城市，跨境电商进出口交易额与上年同期相比，均呈现快速发展趋势。其中广州交易额尤为突出，据广州海关统计，2020 年上半年，广州海关通过跨境电商管理平台监管进出口商品达到了 198. 5 亿元，占全国 21. 4%，与上年同期相比增长 7. 8%，继续领跑全国海关。广州海关关区内，广州市经海关跨境电商管理平台进出口同比增长 3. 8%，达 175. 2 亿元，位列全国首位，占全国 105 个跨境电商综试区进出口总值约 20%。各地区跨境电商综试区根据自身区位优势，纷纷拓展布局海外市场，如表 12 – 2 所示。

表 12 – 2　　跨境电商综试区布局海外市场情况

典型城市	主要进出口国家和地区
杭州	欧盟、东盟、拉丁美洲、非洲、美国、韩国
广州	东盟、欧盟、日本、美国、韩国、马来西亚等
上海	传统以欧盟、美国、英国、日本等为主，目前“一带一路”沿线国家占据越来越重要的地位，如马来西亚、新加坡、菲律宾等
青岛	“一带一路”沿线国家、东盟、欧盟、韩国、美国、日本
南京	“一带一路”沿线国家、东盟、欧盟、韩国、美国、日本
武汉	东盟、欧盟、韩国、美国、日本、中国台湾、中国香港
长沙	东盟、欧盟、中国香港、美国、韩国、中国台湾、澳大利亚、日本、越南
西安	韩国、中国台湾、美国、日本、中国香港

（三）因地制宜，借助本地特色和优势

各个跨境电商综试区因地制宜，借助本地特色和优势，实现互补发展。例如，东

北地区的跨境电商综试区借助工业基础雄厚的优势，发展能源、化工、钢铁等行业的跨境贸易，助力传统制造业转型升级；中部地区的跨境电商综试区凭借“一带一路”重要节点城市及“中部崛起”战略，借助区位优势发展联运业务，利用高校资源加大跨境电商人才培养力度。

三、发展模式

根据王坤、吴崑在2020年发表的《基于扎根理论的跨境电商综合试验区发展模式研究》一文，跨境电商综试区的发展模式有三种类型，即“互联网企业+大数据应用”驱动模式、“自贸区+保税区+综试区”政策叠加驱动模式、“多式联运”协同联动驱动模式。

（一）“互联网企业+大数据应用”驱动模式

“互联网企业+大数据应用”驱动模式的主要特征：拥有发达的互联网产业集群，尤其是拥有互联网独角兽企业；基于互联网企业催生的大数据产业，利用大数据的分析处理技术更精准地发现潜在客户以及消费需求的行业，提高管理的决策水平；利用大数据更精准的监管、预警与服务，推动跨境电商产业的持续健康发展，继而带动产业的外贸发展。代表综试区为杭州。该模式运作机理如图12-2所示。

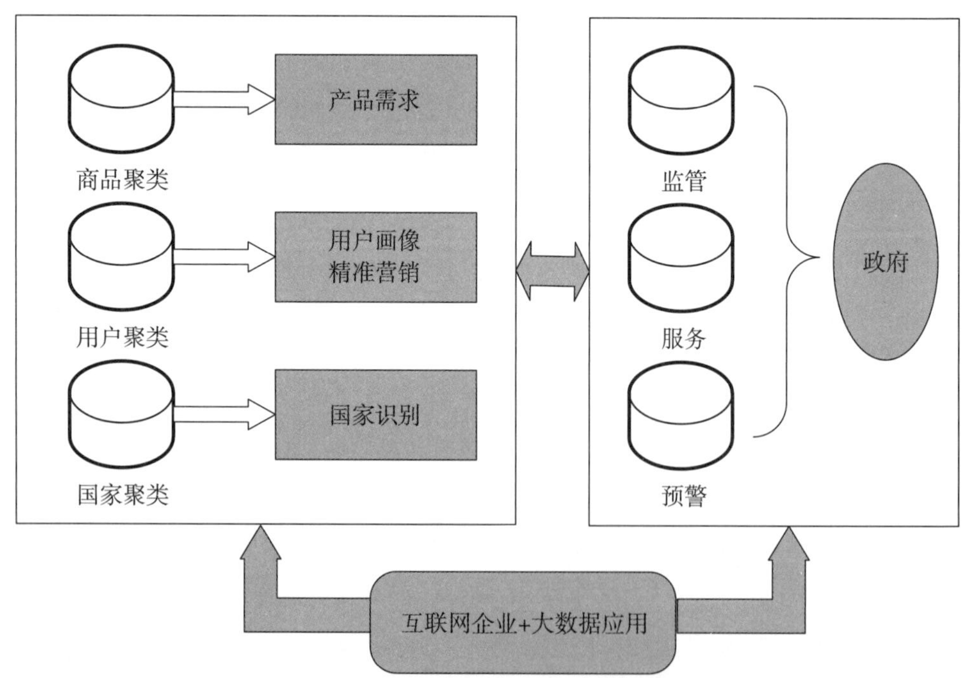

图12-2 “互联网企业+大数据应用”驱动模式运作机理

这种模式的主要优势：对于企业而言，第一，利用大数据可以发现新市场需求，进行市场细分，拓宽企业的目标市场；第二，可以发现潜在消费者，识别消费者需求及其发展变化，提供优质体验与个性化产品，达到精准营销；第三，根据消费者的需求变化，改进产品设计，提升质量，塑造品牌，优化仓储与物流。从政府角度来看，通过大数据对企业进行商品监管，描述产业发展现状，为企业提供风险预警与识别等服务。

这种模式的主要难点：要拥有良好的互联网产业基础，特别是知名的跨境电商平台，集聚大量的企业，相关技术企业应用大数据能力水平要求较高。同时，也面临数据获得、信息安全、个人隐私以及数据真实性方面的问题。

（二）“自贸区＋保税区＋综试区”政策叠加驱动模式

“自贸区＋保税区＋综试区”政策叠加驱动模式的主要特征：利用自贸区的服务业集聚与投资领域开放的政策优惠，发挥保税区税收优惠与通关等方面的功能，结合综试区管理创新、制度创新与服务创新，积极开辟跨境电商发展新模式，从而达到三区联动。代表综试区为深圳。该模式运作机理如图12－3所示。

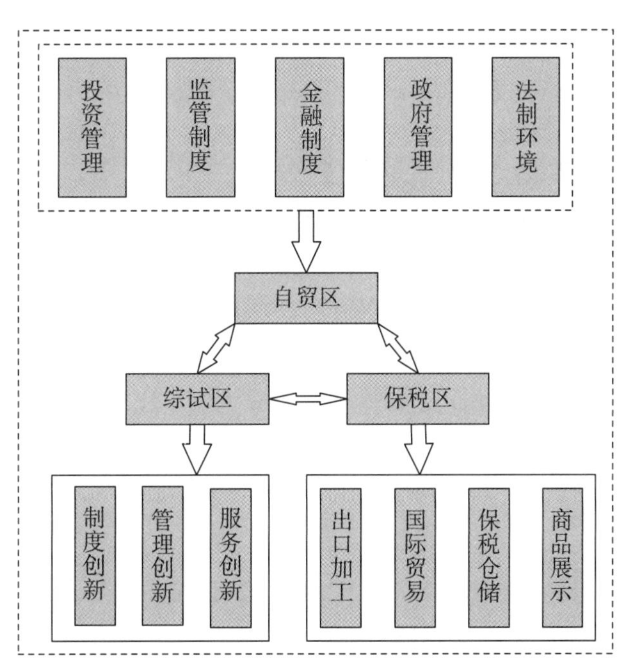

图12－3 “自贸区＋保税区＋综试区”政策叠加驱动模式运作机理

这种模式的主要优势：政策既有独特性，又有交叉性，同时与其他地区相比具有先行先试的优势。

这种模式的主要难点：对政策理解、运用与创新程度要求较高。

（三）“多式联运”协同联动驱动模式

“多式联运”协同联动驱动模式的主要特征：在以多式联运综合物流为基础、以互联网信息技术为支撑构建物流多式联运数据交易平台上，完成通关、交易、支付、物流、退税和结汇等业务，与关联方实现了数据互联互通、物流智慧化，为用户提供了便利化的多式联运的解决方案。代表综试区为郑州。该模式运作机理如图 12－4 所示。

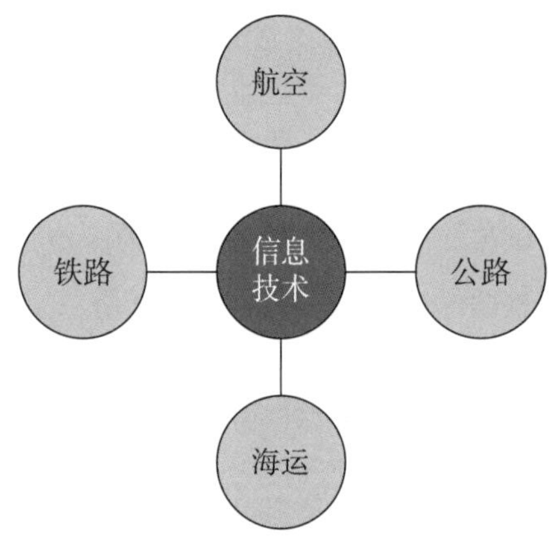

图 12－4 “多式联运”协同联动驱动模式运作机理

这种模式的主要优势：借助信息技术的多式联运使各种运输工具能够高效地衔接与整合，大大提升效率，解决跨境电商的物流困境。

这种模式要求两种以及两种以上运输方式的有效结合，包括基础设施的建设、多式联运标准、服务规则、相关法律等方面的有效衔接。

第二节 我国跨境电商综试区的创新举措

一、监管模式创新

2020 年以来，新冠肺炎疫情在全球蔓延，大量传统贸易订单转为线上成交，跨境电商出口需求进一步增长。海关总署研究推出新的跨境电商出口监管模式，企业通过一次登记、一点对接，享受海关优先查验、一体通关、自动比对、便利退货等优惠措施。

在新的监管方式下，跨境电商货物出口流程简化、效率提升，尤其是中小微企业，单票价值较低的货物，只要单票金额在 5000 元人民币以下，不涉证、不涉检、不涉税，即可选择以清单模式申报，从十位税号简化为六位申报，全程通关无纸化，申报更为便捷。参加试点的某物流企业负责人反映，申报一票电商货物，数据匹配成功之后，5 分钟就可以收到海关的快速放行信息，货物随即将搭乘最近一趟航班出运。例如，广州白云机场海关积极推动口岸跨境电商 B2B 出口业务试点，企业可享受一次登记、一点对接、简化申报、允许转关等便利化措施，有效降低企业的通关成本和运营成本。此外，还创新跨境"空—陆—空"联运监管模式，实现香港机场与内地间转运货物无缝清关，进一步提升了口岸通关效率，促进口岸跨境电商业务的发展；湛江海关采取"先放行后检验""边灌包、边出区""先过卡、后核放""一次申报、分批出区"等监管模式，减少抽样送检货物停留时间。

二、全面推广出口商品退货监管措施

2020 年 1 月，海关总署启动跨境电商出口退货监管试点，探索建立高效、安全、快捷的出口退货渠道，并于 3 月全面推广出口退货政策，支持零售出口、特殊区域出口、出口海外仓三种模式开展退货，解决"退货难"问题。同时，优化跨境电商零售进口退货措施，将跨境电商零售进口退货时限从 30 天延长至 45 天，帮助企业克服疫情导致的物流延迟等影响，助力企业完善售后服务体系。

海关总署通过打通出口退货通道、优化出口退货模式，帮助企业增强信心、提升竞争力。2020 年 1—9 月全国共验放跨境电商出口退货 17546 票，货值 2. 49 亿元。2020 年 6 月，海关总署出台跨境电商企业对企业（B2B）出口监管试点政策，增列专门监管方式代码，为跨境电商 B2B 出口量身打造监管新通道，充分发挥跨境电商出口对稳外贸保就业保市场主体的积极作用。2020 年 7 月启动第一批试点，9 月扩大第二批试点。试点自运行以来，跨境电商 B2B 出口业务总体运行平稳顺畅。2020 年 7 月 1 日至 9 月 30 日，22 个试点海关累计验放跨境电商 B2B 出口 1145. 67 万票。

三、创新跨境电商发展模式

2020 年，我国综试区继续根据自身发展特征不断创新跨境电商发展模式，为全国跨境电商发展提供新动力。2019 年杭州启动跨境电商 1210 邮路保税出口新模式，通过全国首个 eWTP 公共服务平台申报，在得到海关特殊监管区域现场放行指令后，经邮路正式发往海外。2020 年 eWTP 智慧物流枢纽、eWTP 华东智能仓等项目加快推进，开展 eWTP 数字清关监管试点，"菜鸟号"成为新冠肺炎疫情期间中欧双向物资输送的重要通道。此外，整合 38 个国家（地区）的 95 个海外合作园区、合作中心、合作站点、海外仓资源，搭建跨境电商海外服务网络，为企业提供海外仓储、知识产权、合规缴费等服务。2020 年 4 月，国务院批复设立中国（崇左）跨境电子商务综合试验区。作为崇左跨境电子商务综合试验区政策条件最突出的园区，2020 年 5 月 15 日，凭祥综合保税区第一个实行“简化申报、清单核放、汇总统计”模式的跨境电商业务订单完成，直邮进出口“9610”模式、保税备货进口“1210”模式顺利实行，为园区跨境电商发展打开新局面。2020 年 5 月 30 日，新疆首票网购保税进口商品实单测试成功，标志着“综保区 + 跨境电商网购保税进口”模式首次落地新疆，乌鲁木齐市正式成为国务院第五批设立的 46 个跨境电商综试区中首个公共服务平台上线和开通网购保税进口业务的城市。

第三节　我国跨境电商综试区存在问题与未来展望

在经济全球化程度不断加深的大趋势下，跨境电子商务发展如火如荼，成为我国对外贸易中最主要的贸易形式之一。中国跨境电子商务综合试验区经过五年多的创新建设，以高效便捷的新模式释放了市场活力，成为外贸创新发展的新亮点，取得了积极成果。但是其在发展过程中还存在诸多亟待解决的问题。

一、综试区发展存在的问题

（一）法律法规体系不够完善

国内关于跨境电子商务的法律法规相对缺乏，并且监管秩序比较混乱、监管法律不具备强制性。2019 年 1 月 1 日，《中华人民共和国电子商务法》虽然已经正式实施，但是并未对跨境电商的定义、性质、监管原则等方面作出法律界定。跨境电商综试区在政策上允许先行先试，但各地方“放管服”改革推进力度并不均衡，导致跨境电商综试区管理机构与其他监管部门沟通协调不畅。跨境电商综试区在发展的行业标准上也存在一定的不足，需要加快完善行业标准，促进规范化、体系化建设。

（二）监管流程与审批需进一步简化

第一、第二批跨境电商综试区在先行先试的过程中通过制度创新、管理创新和服务创新推出了一系列关、检、税、汇等便利化措施，但仍不能满足跨境电商新业态的发展。跨境电商综试区在简化监管流程，精简审批，完善通关一体化和信息共享等配套政策方面还有较大的创新空间。为给跨境电商综试区发展进一步营造良好环境，还需进一步推进包容、审慎、有效的监管创新，推动建立健全配套支撑体系和促进跨境电商发展的体制机制。

（三）创新动能不足

跨境电商综试区肩负着“大胆探索，创新发展”的重要历史使命。2016 年 1 月 6 日，国务院总理李克强在国务院常务会议明确表示，“试验的核心，是监管模式的创新和发展模式的创新”。目前跨境电商综试区的建设更多的是借鉴杭州跨境电商综试区“六大体系”和“两个平台”的经验做法，还处于复制和推广阶段，结合本地特色，因地制宜的实质性政策创新、制度创新、模式创新等方面的新经验、新做法不多。

针对跨境电商新业态推出的“跨境电商 B2B 出口”举措，虽能促进跨境电商新业态健康可持续发展，但只是在部分试点城市启动，这与党中央、国务院要求跨境电商综试区重点围绕跨境电商 B2B 模式在技术标准、业务流程、监管模式和信息化建设等方面取得突破还有较大的距离。

二、跨境电商综试区的未来展望

（一）拓展合作伙伴，打造国际合作新平台

跨境电商综试区是新时代中国推进对外开放，促进对外贸易转型升级，推动形成全面开放新格局的重要举措。以“一带一路”为契机，我国与沿线国家在电子商务领域开展广泛交流与合作，跨境电商不断深耕。截至 2020 年，我国已与 22 个国家签署电子商务合作备忘录并建立双边电子商务合作机制，既有俄罗斯、巴西、澳大利亚等成熟市场，又有哈萨克斯坦、智利等新兴市场。开展“丝路电商”行动计划，发挥互联网和电子商务的协同作用，为各国企业间深入合作创造条件。通过举办专题会议、政企对话会、企业对接会、能力建设研讨会等方式，促进与“丝路电商”伙伴国政府间、行业组织间、企业间的多层次电子商务合作与交流，为电商企业互利合作搭建平台，不仅有利于传统外贸企业进行定制化生产，助推产业转型升级，而且有利于进一步刺激进口，满足消费升级需求，推动企业创新。随着政策沟通、设施联通、贸易畅通、资金融通和民心相通“五通”的推进，“一带一路”沿线国家和地区的跨境电商蓝海市场将得到充分挖掘。

（二）加速进口发展，做大跨境电商新业态

我国跨境电商交易一直是出口占主导地位，近几年随着消费持续扩张，进口消费走向常态化，跨境电商进口规模增长迅速。为了更好地促进进口发展，我国应顺应消费升级趋势，调降商品进口税率、开展进口博览会、支持国内跨境电商平台等政策措施相继实施，积极开展产业对接、企业交流，促进单向进口和网购便利化，给全球企业带来更多外贸商机，助力跨境电商进口市场的加速发展。此外，跨境电商零售进口

作为重要的新模式、新业态，在零售进口商品清单扩大、进口监管政策完善、跨境电商零售进口试点城市扩展至86个等政策的扶持下平稳发展，旨在解决东、中、西部地区跨境网购不均衡问题。因地制宜，既满足消费者品质化、多元化和个性化需要，进一步释放国内需求，又带动国内同类产品产业升级，有助于国内产业发展和结构调整，推动经济高质量发展。

（三）推动跨境电商 B2B 业态创新

中共中央、国务院高度重视跨境电商等外贸新业态发展。2020 年 11 月 4 日，习近平总书记在第三届中国国际进口博览会开幕式上讲到，“中国将推动跨境电商等新业态新模式加快发展，培育外贸新动能”。跨境电商企业对企业（B2B）出口业务自 2020 年 7 月试点以来，运行平稳有序，成为口岸跨境电商业务发展强有力的引擎。《2019 年度中国跨境电商市场数据监测报告》显示，2019 年我国跨境电商交易规模达 10.5 万亿元，其中 B2B 交易模式交易额 8.45 万亿元，占比达 80.5%，这说明 B2B 模式仍然是我国跨境电商的主导商业模式。因此，肩负先行先试使命的各地跨境电商综试区，需要积极培育跨境电商 B2B 新业态，将大数据、云计算和人工智能等新兴数字技术运用于 B2B 交易中的服务、物流和支付等环节，推进 B2B 业务流程、监管模式的创新发展，推动跨境电商成为中国外贸发展的新增长点和竞争新优势。

第四节　我国跨境电商综试区运营数据分析

2020 年以来，我国外贸进出口持续向好。据我国海关统计，2020 年我国跨境电商进出口总额 1.69 万亿元，同比增长了 31.1%。其中，出口 1.12 万亿元，增长 40.1%，进口 0.57 万亿元，增长 16.5%。通过海关跨境电子商务管理平台验放进出口清单达 24.5 亿票，同比增长 63.3%。跨境电商正成为稳外贸的重要力量，这其中，跨境电商综试区发挥了重要示范引领作用。

一、跨境电商进出口总额及增速

根据海关跨境电商管理平台的数据统计，自 2015 年以来，我国跨境电子商务进出口总额及同比增长率情况如图 12－5 所示。

几年间，通过海关跨境电商管理平台的进出口总额从 2015 年的 360.2 亿元增长到 2019 年的 1862.1 亿元，年均增速达到 50.8%；2019 年进出口增速为 38.3%。2020 年新冠肺炎疫情期间，我国跨境电商更是异军突起，再加上海关新推出了跨境电商 B2B 出口，前三季度通过海关跨境电商管理平台的进出口额 1873.9 亿元，已超 2019 年全年。

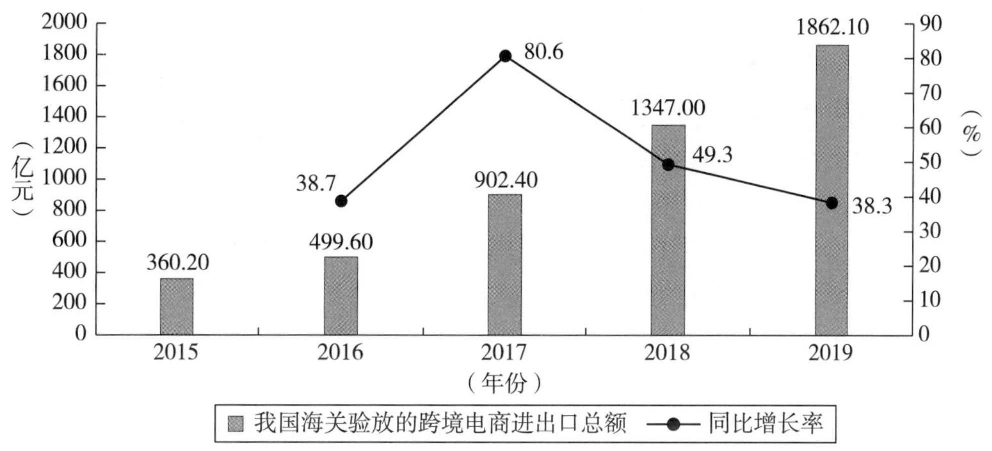

图 12－5　2015—2019 年我国跨境电子商务进出口总额及同比增长率

资料来源：海关总署。

2020 年前三季度我国外贸进出口增长情况如图 12－6 所示，2020 年外贸进出口低迷，至三季度实现由负转正，而跨境电商进出口则逆势增长，前三季度经海关跨境电商管理平台进出口 1873.9 亿元，已超 2019 年全年，同比大幅增长 52.8%，为外贸进出口回稳做出突出贡献。

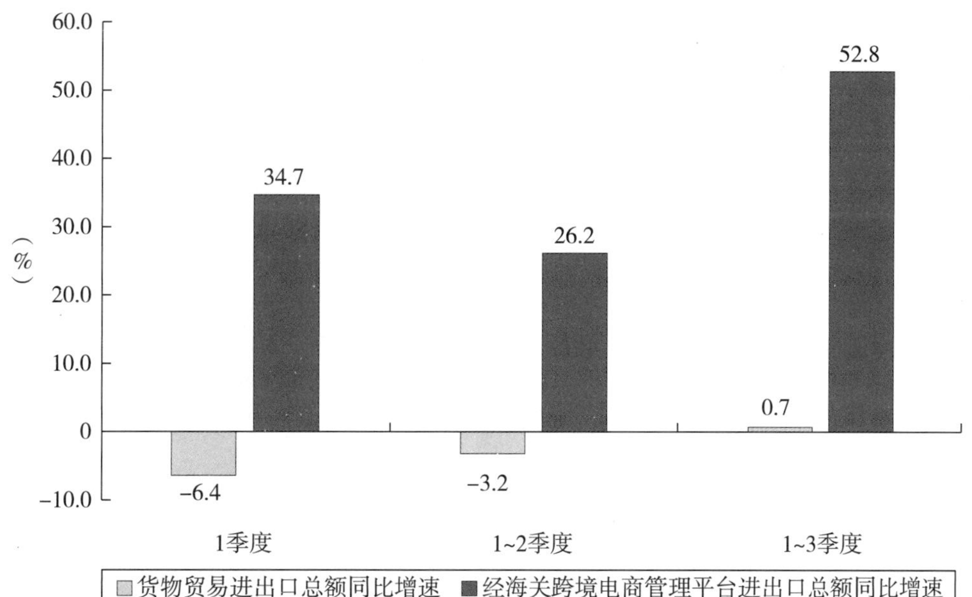

图 12－6　2020 年前三季度我国外贸进出口增长情况

资料来源：海关总署。

分别从跨境电商零售出口总额、进口总额及增速来看，通过海关跨境电商管理平台的出口总额从2017年的336.5亿元增长到2019年的944亿元，年均增速达60.5%，2019年出口同比增速达68.2%，如图12－7所示。2020年1—5月通过海关跨境电商管理平台零售出口商品总额达275.6亿元，同比增长21.6%。

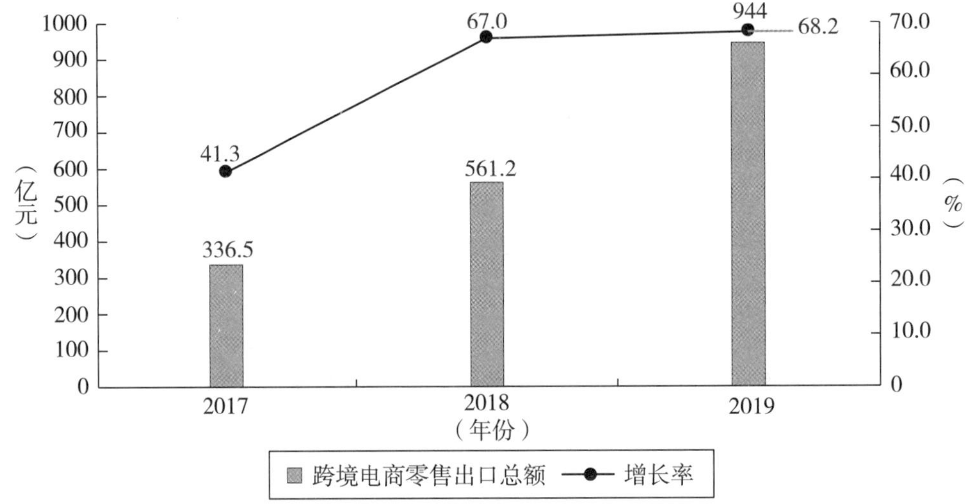

图12－7　2017—2019年中国跨境电商零售出口总额及增速

资料来源：海关总署。

通过海关跨境电商管理平台的进口总额从2017年的565.9亿元增长到2019年的918.1亿元，年均增速达27.4%；2019年进口同比增速为16.8%，如图12－8所示。2020年1—5月通过海关跨境电商管理平台零售进口商品总额达441.7亿元，同比增长23.0%。

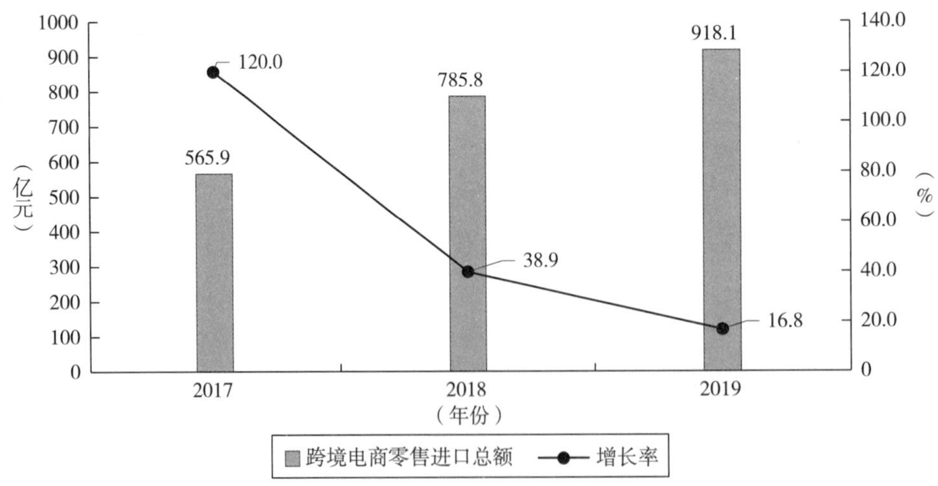

图12－8　2017—2019年中国跨境电商零售进口总额及增速

资料来源：海关总署。

二、跨境电商进出口城市排名

从 2020 年以前获批的 59 个跨境电商综试区来看，2019 年跨境电商零售进出口总额排名前五的城市：东莞市、广州市、深圳市、宁波市、郑州市。

2019 年跨境电商零售出口增速排名前五的城市为唐山市、昆明市、贵阳市、海口市、厦门市，同时芜湖市、长沙市、赤峰市、武汉市等 14 个城市都出现成倍增长。

2020 年设立的 46 个跨境电商综试区已经开始营业。

三、经营数据所表现的特点与趋势分析

2015 年以来，我国陆续在杭州、天津、北京、石家庄、雄安新区等 105 个城市设立了跨境电商综试验区，旨在规划跨境电商交易、支付、物流等环节的流程标准和监管模式，推进制度、管理和服务创新。经过几年的发展，取得了显著的成果，促进了国际贸易的发展。

作为一种先行先试的经济功能区，跨境电商综试区是我国发展跨境电商产业的制度高地，对我国对外贸易的数字化转型具有重要作用。

在当前全球经济复苏乏力的情况下，我国经济已经深度融入全球经济，对外贸易随着全球经济低速增长进入新常态发展阶段。

第五节　开通班列的跨境电商综试区发展概况

近几批跨境电商综试区的设立有一个突出特点，大多数综试区都位于已开通中欧班列的城市。这种布局可以积极引导我国跨境电商重新规划未来发展，把订单更合理地分布于全球市场，而不是集中在某一个国家；可以帮助企业积极开拓多元化市场，促进外贸稳定发展，有利于降低贸易摩擦对我国企业造成的负面影响。

下面对开通班列的部分跨境电商综试区进行简要介绍。

一、中国（上海）跨境电子商务综合试验区

2016 年 1 月 12 日，国务院批复同意在上海等 12 个城市设立第二批国家跨境电子商务综合试验区。3 月 15 日，位于中国（上海）自由贸易试验区保税区域的“上海市跨境电子商务示范园区”在外高桥保税区宣告启动，范围包括外高桥保税区、外高桥保税物流园区、洋山保税港区和浦东机场综合保税区 4 个海关特殊监管区域，从国外家居、童装产品到直升机等各种跨境商品，都可以在示范园区开展保税展示及交易。上海市跨境电子商务示范园区挂牌主体与上海市跨境电商公共服务平台可以进行线上

线下对接机制，能为入驻园区企业提供涵盖商品企业备案、物流通关、对接监管信息等“一站式”的综合配套服务。上海自贸区成立之后，上海海关等积极推进跨境电商监管制度创新，保税区域积极引进跨境电商试点项目，其中“跨境通”平台已吸引入驻商家400余家，日订单达到1万单以上，上线商品近2万种。

上海市跨境电子商务示范园区，作为2016年1月12日国务院批复同意在上海等12个城市设立国家跨境电商综试区之后上海市设立的第一批示范园区，标志着上海市跨境电子商务综合改革试点进入一个新阶段，也是自贸区先行先试、深化改革的又一重大举措。

2018年3月30日，上海首条跨境电商中欧班列“一带一路”（沪欧通）开通运行。跨境电商中欧班列由中国铁路上海局集团有限公司、中铁集装箱运输有限责任公司、中远海运集装箱运输有限责任公司和大洋物流集团有限公司共同推出，12天直达俄罗斯、中亚、欧洲等国家和地区，比海运速度快了近一倍。

二、中国（郑州）跨境电子商务综合试验区

中国（郑州）跨境电子商务综合试验区于2016年1月进入国家综合试点，同时获批的还有天津、上海、重庆等其他11个试点。主要包括以河南保税物流中心为核心区域的跨境贸易电子商务园区，以及政府布局发展跨境贸易电子商务的新郑综合保税区、出口加工区、航空一类口岸、铁路一类口岸、邮政口岸等区域。

2019年3月2日，中欧班列（郑州）首条跨境电商专线“菜鸟号”从郑州铁路集装箱中心站发车，一大批电子产品、服装服饰、小饰品、美妆等商品踏上了奔赴欧洲的旅途。

此条跨境电商专线由菜鸟联合郑州国际陆港开发建设有限公司、中外运等合作伙伴共同运营，是国内中部地区开通的首条跨境电商商品物流专线，也是全国首条按照海关出口9610监管方式阳光清关的铁路班列跨境电商物流专线。

“菜鸟号”的开行，开创了中欧班列（郑州）跨境电商包裹运输的新模式，升级了班列“运贸一体化”创新发展模式，丰富了河南“陆上丝绸之路”的建设内涵，帮助国内中小微企业建立起出口欧洲的新通道，对进一步增强中国品牌、中国制造在欧洲市场的竞争力将起到强有力的促进作用。

三、中国（西安）跨境电子商务综合试验区

2014年3月19日，西安获批跨境贸易电子商务服务试点城市。2018年7月24日，国务院印发《国务院关于同意在北京等22个城市设立跨境电子商务综合试验区的批复》（国函〔2018〕93号），西安获批全国第三批跨境电子商务综合试验区。获批后，

西安跨境电子商务发展进入快车道。目前，西安跨境电商综试区下设7个创新示范先行区，跨境电商及相关企业1000余家，从业人员3万余人。

2019年5月28日，“长安号”（西安—明斯克）跨境电商出口班列开行。这趟跨境电商出口专列行程9717公里，经约13天的运行，抵达终点科里亚季奇车站。全班列42车，装载着来自中国内陆及沿海地区的30大类、上百种跨境电商商品，货物全部由西安国际港务区内企业——陕西丝路城控股集团有限公司组织。

中欧班列“长安号”（西安—明斯克）跨境电商出口专列的开行，为中国与白俄罗斯在农业、食品、电子制造等领域的贸易搭建便捷跨境物流通道，有效提升跨境电商企业配送响应速度和物流运转能力。

四、中国（义乌）跨境电子商务综合试验区

2018年7月13日，义乌获批设立跨境电商综试区。2019年1月7日，义乌正式开启全面建设跨境电商综试区，根据《中国（义乌）跨境电子商务综合试验区实施方案》，实现“三大目标”，即成为跨境电商全球网货中心、创业创新中心和物流枢纽中心，争取5年内跨境电商年交易额达到2000亿元，培育10个以上跨境电商产业集群，引进和培育200家以上销售额过亿元的跨境电商企业，打造20个以上在国际上具有一定知名度的跨境电商品牌。

2019年10月9日，长三角区域首条跨境电商中欧班列——“义新欧”（义乌—列日）eWTP菜鸟号正式开通，标志着中欧班列又添一条全新的运行线路。该班列由浙江义乌始发，途经哈萨克斯坦、俄罗斯、白俄罗斯、波兰和德国，直抵欧洲的地理中心——比利时列日。跨境电商中欧班列的开通，快的不仅是速度，相较于以前中转外地发货，跨境电商包裹由义乌直发欧洲可节约一到两天时间，让国内尤其是长三角地区企业和欧洲消费者感受到跨境物流提速带来的便利。

五、中国（赣州）跨境电子商务综合试验区

2019年12月，国务院发布“国函〔2019〕137号”文件，同意设立中国（赣州）跨境电子商务综合试验区，由江西省人民政府负责印发具体实施方案。自中国（赣州）跨境电商综验区获批以来，赣州综保区在全国第三批24个跨境电商综试区中，率先开通跨境电商“1210”保税进口业务，开启了赣州的跨境电商时代。截至2020年年底，赣州综保区已有拼多多国际平台、壹玖云仓（厦门）供应链管理有限公司等40余家跨境电商企业在平台上注册。同时，成功签约年出口额3000万美元的远程香港实业“智慧零售”跨境电商项目，带动本地“两城两谷两带”产业产品出海；总投资10亿元、总面积16.4万平方米的江西冲天跨境电商产业园项目于2020年11月19日正式开工，

已引进各类跨境电商企业20余家。

2020年5月16日，中国（赣州）跨境电子商务综合试验区首单跨境电商“1210”业务和首趟跨境电商班列正式开通。其中，赣州综合保税区、赣州国际陆港、龙南保税物流中心（B型）三地是赣州跨境电商综试区的主要部分，也是跨境电商进出口的核心载体。首列跨境电商中欧班列满载着灯具、3C类配套产品、生活用品等由南康站开往波兰马拉。消费者从壹玖保税电商平台下单购买的巴西Silbas（斯尔巴斯）冷冻迷你奶酪包，在赣州综合保税区完成通关放行；消费者从拼多多国际电商平台下单购买的美国产品康迪克儿童保温杯，在龙南保税物流中心（B型）完成通关放行。这标志着赣州市首单跨境电商网购保税进口“1210”业务和首趟跨境电商班列正式在赣州落地，赣州跨境电商进出口通道正式打通。

六、中国（重庆）跨境电子商务综合试验区

2016年1月6日的国务院常务会议上决定，在天津、上海、重庆、合肥、郑州、广州、成都、大连、宁波、青岛、深圳、苏州12个城市新设一批跨境电子商务综合试验区，用新模式为外贸发展提供新支撑。重庆成为第二批跨境电子商务综合试验区之一。为全面有效推进中国（重庆）跨境电商综试区建设工作，重庆市人民政府办公厅印发《中国（重庆）跨境电子商务综合试验区实施方案》，确定了将充分发挥“渝新欧”国际铁路联运大通道独特优势，完善跨境电子商务交易服务平台，构建物流仓储、检测认证、支付结算等全方位的跨境电子商务发展生态体系作为其中的发展目标。

2020年9月1日，中欧班列（渝新欧）跨境电商B2B出口专列缓缓驶出重庆团结村车站，标志着全国首班中欧班列跨境电商B2B出口专列成功开行，为外贸货物出口开辟了新路径。该趟班列满载着来自全国各地的43个集装箱跨境电商商品，主要包括服装鞋帽、生活家居、日用百货等，将发往德国、波兰等欧洲国家。

七、中国（银川）跨境电子商务综合试验区

2019年12月，国务院发布“国函〔2019〕137号”文件，同意设立中国（银川）跨境电子商务综合试验区，由宁夏回族自治区人民政府负责印发具体实施方案。2020年7月22日，宁夏回族自治区政府第71次常务会议审议通过《中国（银川）跨境电子商务综合试验区实施方案》，明确力争到2022年培育不少于3个跨境电商示范园区和孵化基地，重点扶持100家以上跨境电商企业，银川跨境电商年交易额增长15%以上，将银川建设成为具有一定影响力的区域性跨境电子商务集聚区、产业示范区，内陆地区对外开放新高地。为加快跨境电商物流体系建设，要重点围绕“一带

一路”沿线国家和地区，拓展银川河东国际机场客货运航线和国际货运班列线路，加快推动中欧公铁快线新模式落地，建立适应跨境电商发展的航空、铁路、公路多式联运物流体系。

2020 年 11 月 12 日，装载着 4000 件跨境电商货物的 2 辆卡车从银川综合保税区跨境电商海关监管中心驶出，标志着宁夏首趟“一带一路”跨境电商国际卡车班列正式发车。这趟卡车班列转关至阿拉山口口岸后将开启 TIR 模式出境，全程运输里程 1.2 万公里，途经哈萨克斯坦、俄罗斯、白俄罗斯、波兰、德国，14 天后抵达目的地比利时，然后将货物分发到欧洲其他国家。

宁夏以中国（银川）跨境电子商务综合试验区建设为载体，探索跨境电商物流新模式，与河南保税集团签约建设“一带一路”国际运输系统银川总部基地项目，开通面向欧亚大陆的 TIR 国际卡车班列。“一带一路”跨境电商国际卡车班列开通后，前期每天固定发车 5 趟，2021 年 4 月起每天发车 15 趟。

八、中国（深圳）跨境电子商务综合试验区

根据《国务院关于同意在天津等 12 个城市设立跨境电子商务综合试验区的批复》（国函〔2016〕17 号）精神，中国（深圳）跨境电子商务综合试验区成为第二批跨境电子商务综合试验区的一员。广东省人民政府印发了《中国（广州）跨境电子商务综合试验区实施方案》和《中国深圳跨境电子商务综合试验区实施方案》。确定要以中国（广东）自由贸易试验区前海蛇口片区为龙头、以电子商务示范基地和电子商务产业园为支撑，到 2020 年，成为亚太地区电子商务投资合作便利、产融创新突出、服务体系健全、营商环境规范的跨境电子商务交易中心、金融服务中心和物流枢纽。

2020 年 12 月 5 日，首趟满载跨境电商货物的“湾区号”中欧班列从深圳平湖南铁路场站发出，经阿拉山口出境，驶向终点站匈牙利布达佩斯。该班列车是“湾区号”中欧班列首趟跨境电商专列，搭载货物涵盖电子产品、电器零配件、家具及工艺品等多个种类，总重量约 430 吨。

第六节　国际贸易“单一窗口”建设与运营数据分析

国际贸易“单一窗口”，通常也简称“单一窗口”，它是国际上口岸管理的先进理念和通行规则，是世界各国促进贸易便利化、提高国际竞争力的重要手段，是我国“促外贸稳增长”和推进“放管服”改革的重要措施，落实口岸“三互”（信息互换、监管互认、执法互助）大通关建设的重要任务。按照国务院要求，2019 年年底前单一窗口标准版实现了全国口岸覆盖，主要申报业务应用率已达到 100%。

一、“单一窗口”的建设背景

（一）国际背景

1. “单一窗口”是国际贸易发展的现实需要

20 世纪后期，随着信息时代的到来，各国都在寻求与信息化发展相适应的有效行政管理模式和服务方式，诸如政府部门联合办公、一站式服务、门户网站等。在多部门管理体制下，以提高政府办事效率和减少管理相对人成本负担为目的的各类政府合作便民措施在世界各地涌现。

进入 21 世纪以来，随着贸易全球化和区域经济一体化趋势的快速发展，各国间的贸易交往更加紧密，传统的贸易通关手续具有通关成本高、办事效率低下等缺陷，不利于国际贸易高效顺利地进行。单一窗口的发展在极大程度上克服了这些不足，越来越受到国际组织和各国政府的重视，成为实现贸易便利化的重要举措，提高国家竞争力的主要手段。

2. “单一窗口”得到国际组织的大力倡导

“单一窗口”最初由联合国贸易便利化与电子商务中心（UN/CEFACT）以建议书的形式向世界各国提出。随后，包括亚太经合组织（APEC）、世界贸易组织（WTO）和世界海关组织（WCO）等在内的诸多国际组织先后提出建立“单一窗口”的构想。

3. 世界各国积极推动本国“单一窗口”建设

世界各国都将“单一窗口”作为提高国家竞争力的一种有效途径，使“单一窗口”建设一开始就受到各国政府的高度重视，并成为世界各国普遍接受的一种口岸管理模式。世界银行调研报告显示，目前全球已经有 70 多个经济体实施了国际贸易“单一窗口”。

世界主要发达国家积极推动本国“单一窗口”建设。例如，日本自 1978 年启动第 1 个电子通关系统 NACCS（日本自动货运清关系统），其后经过 30 多年的努力建成以 NACCS 为核心的“单一窗口”；新加坡最早于 1989 年开始建设“贸易网”，到 2020 年已经发展为国家贸易服务平台（NTP）；美国 1994 年正式建设“国际贸易信息系统（ITDS）”，现已实现将多个信息化系统整合，形成一个单一系统（ACE），实现真正的“单一窗口”及大数据管理。

“一带一路”沿线主要国家和地区也都在积极行动。东盟十国在 2003 年通过《实施“单一窗口”计划建议书》，2005 年 12 月，东盟经济贸易部长会议签署了《建立和实施东盟“单一窗口”的协定》，新加坡最新版的“单一窗口”在 2007 年已经投入使用，文莱、印尼、马来西亚、菲律宾、泰国五国的“单一窗口”都在 2008 年投入使用，“单一窗口”已成为世界贸易改革创新的浪潮。

（二）国内背景

1997 年，为解决社会骗汇问题，海关总署联合外汇局开发应用了“进口报关单联网核查系统”，实现报关单电子数据的联网交换，使外汇部门能够通过报关单电子信息和纸质单证进行核对，彻底解决了骗汇问题，得到国务院领导的充分肯定，也揭开了电子口岸建设的序幕。2002 年，国务院部署启动电子口岸大通关统一信息平台建设，2006 年，国务院办公厅印发《国务院办公厅关于加强电子口岸建设的通知》，明确电子口岸是以口岸通关执法管理为主，逐步向相关物流商务服务延伸的大通关、大物流、大外贸的统一信息平台。2012 年，《电子口岸发展“十二五”规划》将电子口岸作为中国特色的“单一窗口”工程进一步深入。经过二十多年的发展，在中共中央、国务院的领导下，在各有关部门参与和支持下，我国电子口岸建设取得积极进展，中央层面基本实现了大通关核心环节的数据共享和联网核查，地方层面电子口岸建设全面铺开，取得良好的社会和经济效益。可以说，电子口岸建设与发展为“单一窗口”奠定了坚实基础。

中共十八大和十八届三中全会以来，中共中央、国务院针对新时期我国对外经济贸易发展的需要，就我国国际贸易“单一窗口”建设作出一系列决策部署，要求立足电子口岸，加快全国“单一窗口”建设，促进外贸稳定发展，并将其作为我国推进新一轮高水平对外开放的重要措施之一，且先后出台了近 20 个重要文件，都明确要求加快国际贸易“单一窗口”建设，将其作为优化口岸营商环境、促进贸易便利化的重要措施，为“单一窗口”持续深化建设奠定了坚实基础（见表 12 - 3）。

表 12 - 3　“单一窗口”建设国家相关政策文件

序号	政策文件	重点内容
1	《国务院办公厅关于加强电子口岸建设的通知》（国办发〔2006〕36 号）	明确电子口岸是以口岸通关执法管理为主，逐步向相关物流商务服务延伸的大通关、大物流、大外贸的统一信息平台
2	《国务院办公厅关于印发电子口岸发展“十二五”规划的通知》（国办发〔2012〕41 号）	加快推进电子口岸建设，实现具有中国特色的“单一窗口”工程，既是我国积极应对经济全球化和区域经济一体化，有效参与国际经济合作与竞争的客观需要，也是提升贸易便利化水平，促进对外贸易稳定平衡发展的必然要求

续　表

序号	政策文件	重点内容
3	《国务院关于印发落实“三互”推进大通关建设改革方案的通知》（国发〔2014〕68号）	推进“单一窗口”建设。建立国务院口岸工作部际联席会议，统一承担全国及各地方电子口岸建设业务指导和综合协调职责，将电子口岸建设成为共同的口岸管理共享平台
4	《国务院关于改进口岸工作支持外贸发展的若干意见》（国发〔2015〕16号）	积极推进国际贸易“单一窗口”建设。依托电子口岸公共平台，推进国际贸易“单一窗口”建设，加快推进形成电子口岸跨部门共建、共管、共享机制，按照2015年年底在沿海口岸、2017年在全国所有口岸建成“全面实施单一窗口和通关一体化单一窗口”的目标
5	《中共中央关于制定国民经济和社会发展第十三个五年规划的建议》	全面实施单一窗口和通关一体化
6	《国务院关于支持沿边重点地区开发开放若干政策措施的意见》（国发〔2015〕72号）	依托电子口岸平台，推进沿边口岸国际贸易“单一窗口”建设，实现监管信息同步传输，推进企业运营信息与监管系统对接
7	《中共中央 国务院关于构建开放型经济新体制的若干意见》	加快国际贸易“单一窗口”建设，全面推行口岸管理相关部门“联合查验、一次放行”等通关新模式。依托电子口岸平台，推动口岸管理相关部门各作业系统横向互联，建立信息共享共用机制
8	《2016年政府工作报告》	推进贸易便利化，全面推广国际贸易单一窗口
9	《国务院关于促进外贸回稳向好的若干意见》（国发〔2016〕27号）	2016年年底前将国际贸易“单一窗口”建设从沿海地区推广到有条件的中西部地区，建立标准体系，落实主体责任。全面推进通关作业无纸化
10	《国务院批转国家发展改革委关于2017年深化经济体制改革重点工作意见的通知》（国发〔2017〕27号）	推进电子口岸建设，制定单一窗口建设方案和相关制度
11	《2017年政府工作报告》	推广国际贸易单一窗口，实现通关一体化

续 表

序号	政策文件	重点内容
12	《国务院关于做好自由贸易试验区新一批改革试点经验复制推广工作的通知》（国发〔2016〕63 号）	依托电子口岸公共平台建设国际贸易“单一窗口”，推进“单一窗口”免费申报机制
13	《2018 年政府工作报告》	国际贸易“单一窗口”覆盖全国，货物通关时间平均缩短一半以上，进出口实现回稳向好
14	《国务院办公厅转发商务部等部门关于扩大进口促进对外贸易平衡发展意见的通知》（国办发〔2018〕53 号）	加快实施世界贸易组织《贸易便利化协定》，推进全国通关一体化改革，打造具有国际先进水平的国际贸易“单一窗口”
15	《国务院关于印发优化口岸营商环境促进跨境贸易便利化工作方案的通知》（国发〔2018〕37 号）	加强国际贸易“单一窗口”建设。将“单一窗口”功能覆盖至海关特殊监管区域和跨境电子商务综合试验区等相关区域，对接全国版跨境电商线上综合服务平台。加强“单一窗口”与银行、保险、民航、铁路、港口等相关行业机构合作对接，共同建设跨境贸易大数据平台。推广国际航行船舶“一单多报”，实现进出境通关全流程无纸化。2018 年年底前，主要业务（货物、舱单、运输工具申报）应用率达到 80%；2020 年年底前，达到 100%；2021 年年底前，除安全保密需要等特殊情况外，“单一窗口”功能覆盖国际贸易管理全链条，打造“一站式”贸易服务平台
16	《优化营商环境条例》（国令第 722 号）	优化简化通关流程，提高通关效率，清理规范口岸收费，降低通关成本，推动口岸和国际贸易领域相关业务统一通过国际贸易“单一窗口”办理

二、“单一窗口”的发展概况

（一）“单一窗口”的基本概念

1. “单一窗口”的基本定义

联合国贸易便利化与电子商务中心（UN/CEFACT）的 33 号建议书综合各方论断作出了明确的解释：“单一窗口”是指参与国际贸易和运输的各方，通过单一的切入点提交标准化的信息和单证，以满足相关法律、法规及管理要求的平台。

2. “单一窗口”的四个要素

“单一窗口”通常是指由一个机构来协调和集中管理各参与方交换的相关资料数据，实现有关执法要求和管理目的，其四个基本要素：一是一次申报，即贸易相关方只需要一次性向贸易管理部门提交信息和单证；二是通过一个平台申报，即该平台对企业提交的信息数据进行一次性处理；三是使用标准统一的数据元，即贸易经营企业提交的信息为标准化的数据；四是能够满足政府管理部门和企业等相关各方的需求。

（二）“单一窗口”发展的5个层次

“单一窗口”功能建设发展主要有5个层级，分别为“部门单一窗口”“口岸执法单一窗口”“口岸服务单一窗口”“口岸物流单一窗口”“跨国家/地区的区域贸易平台”。5个层级由低到高，逐步面向贸易服务功能扩展覆盖，从最简单的某个核心政府部门开始，到整合其他政府口岸管理部门，逐步整合口岸中介机构和物流机构，最终达到和多个国家/地区信息交互、互联互通。

（三）我国“单一窗口”总体布局

我国“单一窗口”由中央和地方两个层面共同组成。中央层面依托中国电子口岸平台，以“总对总”方式与各口岸管理和国际贸易相关部门系统对接，实现信息数据互换共享，开展国际合作对接。各地原则上以省（区、市）为单位，依托本地电子口岸建设一个省域“单一窗口”，并实现省域“单一窗口”间互联互通，探索建设符合国家区域发展战略要求的区域“单一窗口”。“单一窗口”的总体布局如图12－9所示。

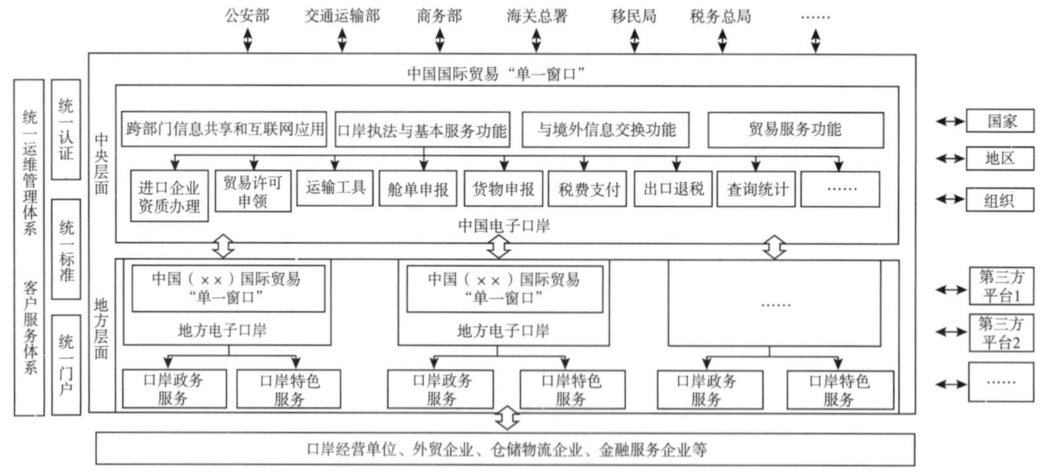

图12－9 “单一窗口”的总体布局

1. 建设目标

中央层面统筹推进“单一窗口”基本功能建设，包括如下功能。

口岸执法与基本服务功能。主要包括货物申报、运输工具申报、税费支付、贸易许可和原产地证书申领、企业资质办理、出口退税申报、查询统计等全流程服务功能，方便企业一次申报和业务办理，满足口岸管理相关部门的要求。

跨部门信息共享和联网应用功能。加强口岸管理相关部门数据的联网共享与综合利用，进一步提高口岸管理相关部门的联合执法和科学决策能力。

与境外信息交换功能。服务国家“一带一路”发展，支持跨境联网合作，开展与“一带一路”沿线国家和地区以及世界主要贸易伙伴国之间的信息互换与服务共享，实现与国际上“单一窗口”的互联互通。

地方层面拓展实施“单一窗口”特色服务，包括以下功能。

口岸政务服务功能。推广应用“单一窗口”标准版，同时结合本地口岸通关业务特色需求，进一步提升和扩展项目的应用功能，建设本地口岸政务服务项目，如物流监管、特殊区域、港澳台贸易等。

口岸物流服务功能。结合本地口岸业务特点与需求，打通港口、机场、铁路、公路等物流信息节点，促进运输、仓储、场站、代理等各类物流企业与外贸企业的信息共享和业务协同，支持水、陆、空、铁及多式联运等多种物流服务方式，积极开展与地方各类物流信息平台的互联合作，推动外贸与物流联动发展。

口岸数据服务功能。以口岸管理相关部门的通关物流状态信息为基础，整合运输工具动态信息、集装箱信息、货物进出港和装卸等作业信息，形成完整的通关物流状态综合信息库，为企业提供全程数据服务，方便企业及时掌握通关申报各环节状态。

口岸特色应用功能。发挥“单一窗口”信息资源、用户资源集聚优势，与金融、保险、电商、通信、信息技术等相关行业对接，为国际贸易供应链各参与方提供特色服务，有效支持地方口岸新型贸易业态发展。

2. 标准体系建设

数据简化和标准化。遵循国际贸易便利化领域相关国际及国家标准，遵照国际通行做法积极开展国际贸易数据简化和标准化，通过数据的获取、定义、分析、协调等过程，分层级、分内容、有步骤地实施数据协调与简化，形成定义明确并经简化处理的“单一窗口”数据源目录，并建立数据协调和简化长效工作机制。

统一门户。统一界面、统一标识、统一域名规范。整体命名为“中国国际贸易‘单一窗口’”，各地平台面对企业的登录界面命名为“中国（××）国际贸易‘单一窗口’”。

统一认证。统一“单一窗口”的用户管理和身份认证，分步实施，最终实现一次注册、全国通用。

统一数据接口标准。中央层面统一接口的管理与发布，参与各方应当向“单一窗口”统一开放接口标准，为“单一窗口”标准版的制定和推广应用提供必要的技术支持和指导。

统一数据管理规范。根据《国务院口岸工作部际联席会议成员单位数据使用与管理办法》，建立数据资源共享目录，建设多边交换的数据共享池，完善数据共享机制，做到数据授权使用和对外许可提供，在确保数据安全的前提下，“以共享为原则、不共享为例外”，全面推进各口岸管理部门间信息共享。

统一信息安全规范。口岸管理相关部门、“单一窗口”承建和运营单位要坚持“安全第一”原则，加强对系统、网络和数据的安全防护和应急管理，编制信息安全管理指南，明确“单一窗口”建设各方的权利和责任，签订安全管理协议，共同做好信息安全管理工作。

统一运维保障体系。充分依托电子口岸现有运维体系，建立健全一体化“单一窗口”运维保障机制，规范服务接入和服务标准，明确各方运维职责，实现各负其责、联合保障。

（四）“单一窗口”建设成果

截至2020年年底，“单一窗口”已经基本覆盖口岸通关执法功能，与25个部委实现系统对接和信息共享，完成货物申报、许可证件申领、出口退税和金融服务等16大类基本服务功能。全面实施免费申报制度，提供服务事项近700多项，服务范围覆盖水运、空运、陆路等各类口岸，以及海关特殊监管区域、自贸区、跨境电商综试区等，惠及绝大部分生产、贸易、仓储、物流、电商、金融等进出口环节的企业。累计注册用户达337万余家，日申报业务量800多万票，可以说“单一窗口”成为与国际接轨、多方成果普惠的我国贸易基础设施平台。

三、“单一窗口”建设功能特点及发挥效益

“单一窗口”的建设解决了我国口岸各部门管理分散、执法不统一、系统不互通、信息不共享等问题，是我国口岸和贸易服务领域的一大创举，同时也是我国电子政务建设的一个重要成功案例。同时，“单一窗口”依托电子口岸平台建设，通过信息化手段极大简化了企业的各类办事手续，大幅降低了企业通关综合成本，为提升我国广大企业的国际贸易竞争力方面作出了重要贡献。

（一）主要功能特点

通过国际贸易“单一窗口”建设，实现企业申报有纸为无纸、线下为线上、串行

为并行、人工为自动，让整个贸易更加自由化、便利化。通过流程优化来打通企业办事全流程中的各种堵点、切中痛点、破除难点，真正实现了“一网通办”“一次录入”“让数据多跑路，企业少跑腿”。

1. 通过单一窗口整合报关单和报检单实现一次货物申报

随着2018年国务院机构改革，通过“单一窗口”将原报关单、报检单的229项完整整合为105项，实现新报关单版式文件、参数代码标准化、一套随附单据格式，实现报关、报检单一次修撤功能，减少修撤环节耗时；向企业提供《进出口货物报关单修改/撤销申请表》打印功能。低值快速货物：将C类快件纳入一体化通关管理，整合差异化申报要求、简化申报项目、获取原始数据、强化数据验证，推进货运渠道与邮寄通道监管协同联动。增加报关单订阅推送功能，可以让境内收发货人随时掌握货物通关状态。疫情期间增加免到场查验功能。系统增加了商品记忆录入、舱单信息调用、快捷导入、法检商品突出高亮提示、出口商品缴税提示、部分字段自动大小写转换、同类单据批量打印、初始值设置等功能。

2. 通过“单一窗口”一单多报、一次性递交满足多个监管部门要求

以国际航行船舶申报为例，使用“单一窗口”前，企业在进行船舶进港申报时，需要使用公安部、交通运输部、海关总署三个部门的三套不同申报系统。企业使用“单一窗口”后，船舶进港申报只需要通过一个系统即可完成。按照“最大公约数”的原则对申报数据项进行简化，简化后申报数据项相较之前减少2/3，从1113项简化至388项，并实现了自动校对。通过“单一窗口”在线办理，变“串联”为“并联”，网络送达，企业无须跑现场办理，突破了时间和空间限制，办理时间由2天降为不超过2小时，真正实现了让数据多跑路，让企业少跑腿。

3. 各部委进出口监管证件全部联网核查，实现各类证件和单证有效精简

“单一窗口”建设过程中，进出口环节监管证件从86种精简为41种，进出口环节申报随附单据从89个减少为52个，并且支持各类监管证件在线办理和证书申领。

企业可通过“单一窗口”向海关或中国国际贸易促进委员会申请办理原产地证书，发证机关审核通过后，企业可直接使用彩色打印设备在A4纸上自行打印带有底纹、企业印章及签名、发证机关印章及签名的原产地证书，足不出户即可办理原产地证书。目前原产地证已实现与韩国、巴基斯坦、新西兰、智利、新加坡、格鲁吉亚之间的证书信息交换。

4. 单一窗口逐步向金融保险、物流服务扩展延伸

为推进国际贸易便利化的金融综合服务，“单一窗口”上线金融服务模块，充分利用“单一窗口”与金融机构直连优势，为进出口企业拓展国际市场提供全方位金融服务，实现足不出户即可通过系统办理开户预约、汇出、汇入、融资贷款、汇总征税保函等银行服务以及出口信用保险、关税保证保险等服务。

为落实《优化口岸营商环境促进跨境贸易便利化工作方案》，加强国际贸易“单一窗口”与民航、铁路、港口等相关行业机构合作，进一步促进跨境贸易便利化，2020年开始，“单一窗口”逐步与航空、铁路、港口等市场主体开展信息对接工作。

（二）发挥的社会与经济效益

1. 社会效益

一是优化口岸营商环境，促进跨境贸易便利化。我国作为世界第一大货物贸易国，“单一窗口”在全国范围内提前充分实施，一方面有助于我国口岸综合治理体系现代化，提高我国产品竞争力和改善吸引外资环境，另一方面普遍提高我国贸易伙伴的贸易便利化水平，为我国产品出口营造便捷的通关环境，使企业广泛受益。世界银行发布的《2019 年营商环境报告：为改革而培训》显示，中国跨境贸易得分排名上升 32 位，是营商环境改善最为显著的经济体之一，在 2018 年 7 月 13 日，世界贸易组织（WTO）对中国进行第七次贸易政策审议，中国“单一窗口”建设成为审议亮点。中国“单一窗口”措施已于2019 年7 月 19 日提前实施，比承诺的2020 年2 月 22 日提前了7 个月，这与我国正在推进的国际贸易“单一窗口”充分实施密不可分。同时应当清醒地认识到，当前我国口岸营商环境现状距中共中央、国务院的要求还有距离，距世界一流营商环境的标准还有距离。推进电子口岸升级改造、助力“单一窗口”发展，将能有效破解营商环境发展难题，支持我国跨境贸易指标排名再上新台阶，实现到2022 年年底在现有基础上提升 5 个位次并保持稳定，进一步打造一流营商环境，促进贸易自由化、便利化，提升我国良好的对外开放形象。

二是增强外贸经济活力，培育经济竞争新优势。在持续开展与各部委单位系统“总对总”对接的基础上，加强与银行、保险、民航、铁路、港口等相关行业机构合作对接，覆盖国际贸易管理全链条，建设跨境贸易大数据平台，汇集口岸管理和国际贸易领域相关部门、企业和行业的海量信息资源。通过数据挖掘分析，实现企业之间智能撮合交易，支持各行业提供创新交叉服务，提高口岸管理和服务的精细化、现代化水平，赋能产业决策和业态创新，推动形成跨境贸易服务生态系统，有助于进一步增强我国外贸经济活力，培育经济贸易发展新优势，增强内生发展动力，从而让“大数据”产生“大能量”，促进我国总体经济质量提升和贸易强国建设。

三是支持“一带一路”建设，提升我国对外影响力。随着“一带一路”倡议实施，我国主要贸易伙伴也逐步由发达经济体向新兴经济体扩展。推进与“一带一路”沿线国家/地区及全球主要贸易伙伴国“单一窗口”之间互联互通建设，是落实国家

“一带一路”建设中关于“设施联通”建设的重要方面。到2022年年底，与“一带一路”沿线开展“单一窗口”互联互通的国家/地区将达到6个。通过“单一窗口”服务“一带一路”和全球贸易商，能够让贸易更畅通，进一步释放我国对外贸易潜力，提升贸易大国影响力，通过统筹利用国内国际两个市场和两种资源，进一步促进我国外向型经济发展。同时，也有利于我国从国际贸易规则的接受者向全球治理规则的主动参与者和制定者转变，做新时代贸易规则的引领者。

2. 经济效益

一是促进企业降本增效。通过将企业到各部门线下办理打单、办证等业务改为线上办理，由此节省的交通、住宿、人工和时间等成本在160亿元以上（按各类申报每天900万票，跑腿需求占比1%，每次办事只跑1次，每次跑腿综合成本500元进行测算）；大的全国性企业可以和“单一窗口”直接对接，更是节省了在各地区分别注册、申请证照和开展报关运营的成本。通过这些措施的实施，企业年总成本减少粗估在几百亿元以上。随着建设工作推进，平台提供申报服务功能增多，操作进一步简化和智能化，更多企业将不需要报关代理，转而实现自行申报，进一步减轻企业负担，激发贸易活力。

二是减少部门行政投入。改革开放至今，中国外贸总额增长了近200倍，以前企业办事经常要跑现场，与执法人员“面对面”，而现在只需要“背对背”，双方不需要见面。进一步加强口岸管理部门“三互”（信息互换、监管互认、执法互助），进一步推进各部门作业协同，减少行政投入，提升执法效率，压缩通关时间，同时也有助于加强口岸领域廉政建设。通过实施“单一窗口”，企业节省费用40%～60%，同时政府机构节省费用50%，实现了企业和政府的双赢。

三是大大释放口岸资源。依托电子口岸实现国际贸易“单一窗口”功能，加快申报通关和物流的速度，大幅减少了口岸在基础设施上的资源投入及人员等待现象。而且“单一窗口”与港口、机场、铁路物流系统对接，能更好地推进港口资源集约化、一体化管理，合理化资源调度调配，并有助于清理和规范港口领域各类收费。全面支持“单一窗口”，能够进一步促进效率提升，改善口岸营商环境，释放港口和监管资源，促进口岸运营提质增效，有力支持我国现代化、国际化口岸建设，提升口岸和港口的国际竞争力，其综合经济效益是无法估量的。

四、我国“单一窗口”建设发展与未来展望

“单一窗口”近三年来的建设取得了一定进展，特别是在改善口岸营商环境、压缩跨境贸易时间和成本方面，尤其在新冠肺炎疫情期间，“单一窗口”实现了货物通关“零延时”、企业办事“零跑腿”、系统运行“零故障”，有力地维护了正常通关秩序，

为落实“六稳”“六保”要求作出了积极贡献。

总体而言，中国作为世界第一大贸易国，从世界银行跨境贸易评分来分析，虽然近几年地位有所提高，但我们和发达国家相比还有非常大的差距，改善营商环境是我国始终努力奋斗的目标。中共中央、国务院高度重视深化“放管服”改革优化营商环境工作，先后出台和发布《优化口岸营商环境促进跨境贸易便利化工作方案》《国务院办公厅关于进一步优化营商环境更好服务市场主体的实施意见》《优化营商环境条例》等系列文件。

近年来，我国营商环境明显改善，但仍存在一些短板和薄弱环节，特别是受新冠肺炎疫情等影响，企业困难凸显，亟须进一步聚焦市场主体关切，对标国际先进水平。平台在改善用户体验，加快与行业对接上还有很多工作要推进，在移动和大数据等新技术应用上还处于摸索试点阶段。既立足当前又着眼长远，更多地采取改革的办法破解企业生产经营中的堵点、痛点，强化为市场主体服务，加快打造市场化、法治化、国际化营商环境。

2021 年，“单一窗口”将继续深化建设，将重点在以下七个方面开展工作。

一是深化“一站式”业务办理，持续优化用户应用体验，优化业务流程，继续推动覆盖率较低的应用功能全国推广。二是扩大金融企业服务对接范围，创新金融服务领域。三是加快与民航、铁路、港口等对接步伐，打造“通关 + 物流”协同服务，减少企业信息孤岛，提升物流作业效率，降低企业通关物流成本。四是建设全国口岸综合管理平台，推进各口岸综合信息展示和决策分析。五是推动跨境贸易大数据平台建设，推动形成国际贸易生态体系。六是加强“单一窗口”国际合作，在探索与新加坡“单一窗口”合作的基础上，扩大与东盟、亚欧各国的“单一窗口”互联互通。七是加强标准体系建设，推动相关成果形成行业及国家标准。

五、我国“单一窗口”运行数据分析

（一）平台注册用户情况

随着落实国务院“放管服”改革部署，进一步配合商事制度改革，海关、市场监管等各部门纷纷推出了简化单证和手续等措施。目前企业可通过“单一窗口”“互联网 +”“多证合一”等渠道完成注册，足不出户方便便捷、手续简单，办理国际贸易业务成本不断降低。国内新冠肺炎疫情得到有效控制，并未影响企业实际业务办理。

2020 年，单一窗口累计注册用户达到 396 万左右，其中注册企业用户 231 万家，占比 58%；注册个人用户 165 万，占比 42%；企业用户中进出口收发货人 153 万，占比 66%；报关企业 18569 个，占比 0.8%；随着外贸持续增长用户数逐年呈现增长趋势。

2020 年，通过“单一窗口”实际办理进出口业务企业 53.1 万家，同比增加 6.2%。其中，民营企业进出口增长 11.1%，占我国外贸总值的 46.6%，比 2019 年提升 3.9 个百分点，第一大外贸主体地位更加巩固，成为稳外贸的重要力量。

在我国国际贸易发达地区，活跃用户仍然以长三角地区和珠三角地区为主，用户数排名前 5 位的地区分别为广东（含深圳）、浙江（含宁波）、江苏、上海、山东，累计用户数达到全国 70% 以上，中西部地区用户数只占 10% 左右，其他地区占到 20% 左右。

（二）平台业务数据特点与分析

我国“单一窗口”上线运行 3 年多，累计交易业务单量 50 多亿票，其中核心业务货物申报、舱单申报、运输工具申报的申报量达到 100% 覆盖，原产地证业务覆盖率接近 90%；核心业务运行情况如表 12－4 所示（截至 2020 年 12 月底）。

表 12－4　“单一窗口”核心业务运行情况

<table>
<tr><th>序号</th><th colspan="2">应用类别</th><th>全国应用率</th><th>累计业务量（万票）</th></tr>
<tr><td>1</td><td colspan="2">货物申报</td><td>100%</td><td>21875</td></tr>
<tr><td rowspan="4">2</td><td rowspan="4">舱单申报</td><td>海</td><td rowspan="4">100%</td><td>54641</td></tr>
<tr><td>空</td><td>14460</td></tr>
<tr><td>陆</td><td>3902</td></tr>
<tr><td>铁</td><td>1204</td></tr>
<tr><td rowspan="3">3</td><td rowspan="3">运输工具申报</td><td>海</td><td rowspan="3">100%</td><td>91967</td></tr>
<tr><td>空</td><td>1215</td></tr>
<tr><td>陆</td><td>957</td></tr>
<tr><td>4</td><td colspan="2">企业资质</td><td>—</td><td>318</td></tr>
<tr><td>5</td><td colspan="2">原产地证</td><td>88.5%</td><td>482</td></tr>
<tr><td>6</td><td colspan="2">许可证件</td><td>99%</td><td>55</td></tr>
<tr><td>7</td><td colspan="2">税费支付</td><td>100%</td><td>4257</td></tr>
<tr><td>8</td><td colspan="2">出口退税</td><td>—</td><td>12</td></tr>
<tr><td>9</td><td colspan="2">加贸保税</td><td>—</td><td>3387</td></tr>
<tr><td>10</td><td colspan="2">物品通关</td><td>—</td><td>58015</td></tr>
<tr><td>11</td><td colspan="2">跨境电商</td><td>—</td><td>389914</td></tr>
</table>

总体而言，2020 年面对严峻复杂的国内外形势和新冠肺炎疫情的严重冲击，我国成为全球唯一实现经济正增长的主要经济体，外贸进出口明显好于预期，外贸规模再

创历史新高。

按照进出口贸易方式对数据进行分析，涉及一般贸易、跨境电商、进料加工、海关特殊监管区域等方式的相比 2019 年继续保持增长，特别是跨境电商、捐赠物资增长明显。

（三）跨境电商业务数据和特点分析

2020 年通过“单一窗口”跨境电子商务管理系统申报进出口清单达 24. 5 亿票，同比增长 63. 3%，跨境电商增长迅猛。2020 年“双 11”期间，全国跨境电商进、出口统一版系统共处理进出口清单 5227 万票，较上年增加 25. 5%；处理清单峰值达 3407 票/秒，增长了 113. 2%，各项指标均创新高。

据海关总署初步统计，2020 年我国跨境电商进出口 1. 69 万亿元，同比增长了 31. 1%，其中出口 1. 12 万亿元，增长 40. 1%，进口 0. 57 万亿元，增长 16. 5%。

按照海关总署政策要求，全面推广跨境电商出口商品退货监管措施，优化跨境电商零售进口退货措施，解决跨境电商出口商品退货难的问题，全力支持跨境电商出口企业“卖全球”，助力国内电商企业迅速发展。全国地方“单一窗口”整体运行情况如表 12 -5 所示。

表 12 -5　　全国地方“单一窗口”整体运行情况　　单位：万票

序号	地区	业务量	序号	地区	业务量	序号	地区	业务量
1	北京	452. 9	13	安徽	101. 9	25	云南	93. 3
2	上海	6845. 8	14	福建	149. 5	26	西藏	3. 0
3	天津	650. 5	15	江西	46. 9	27	陕西	89. 5
4	重庆	289. 9	16	山东	1369. 0	28	甘肃	3. 4
5	河北	36. 9	17	河南	137. 1	29	青海	0. 1
6	山西	13. 3	18	湖北	124. 8	30	宁夏	1. 2
7	内蒙古	101. 4	19	湖南	57. 7	31	新疆	96. 5
8	辽宁	418. 7	20	广东	2560. 8	32	宁波	1317. 9
9	吉林	27. 3	21	广西	129. 0	33	厦门	652. 6
10	黑龙江	51. 9	22	海南	13. 7	34	深圳	3410. 3
11	江苏	1689. 8	23	四川	264. 8			
12	浙江	363. 6	24	贵州	4. 8			

注：截至 2020 年 12 月统计的进出口累计单量。

第十三章　我国自贸区发展现状与运营数据分析

建设自贸区是党中央、国务院在新形势下全面深化改革和扩大开放的战略举措，在我国改革开放进程中具有里程碑意义。在改革进入攻坚期、开放步入新阶段、发展走向新常态的大背景下，党中央、国务院审时度势，从统筹国内和国际两个大局的高度，作出建设自贸区的重大决策，具有重要而深远的意义。

从2013年9月中国（上海）自由贸易试验区（简称“上海自贸区”）的设立开始，我国先后批准设立了21个自贸区，覆盖全国49个城市，基本完成了“由点到线、由线及面”的全方位布局，形成了以自由贸易港为引领，东中西协同、陆海统筹的“雁阵”格局。我国自贸区实施范围大多为120平方公里左右，涵盖3~4个片区，主要包括综合保税区、保税港区、保税物流中心（B型）、保税物流园区、保税区、出口加工区等。其战略定位均以制度创新为核心，以可复制可推广为基本要求。7年来向全国或特定区域复制推广的制度创新成果已达260项。

本章阐述了我国自贸易区发展现状，并探讨了自贸区改革创新成果、存在问题与未来展望。通过对自贸区进出口数据的整理，总结了2020年我国自贸区总体进出口状况，着重对其中主要的11个自贸区自成立以来的进出口额变化情况进行了分析。

第一节　我国自贸区发展概述

一、自贸区相关概念

（一）自由贸易园区（FTZ）——狭义自贸区

Free Trade Zone，FTZ：一国或地区境内设立的实行优惠税收和特定监管政策的小块特定区域。《关于简化和协调海关业务制度的国际公约》（简称《京都公约》）中提道：自由贸易园区（FTZ），指境内的部分领土，进入这一部分的任何货物就进口税费而言，通常视为关境之外，并免于实施通常的海关监管措施。

《京都公约》于1973年5月18日在日本京都签署。内容囊括了各项海关业务制度，被公认为国际海关领域的基础性公约。

（二）自由贸易区 （FTA）——广义自贸区

Free Trade Area，FTA：两个以上国家/地区或单独关税区通过签署协定，在WTO最惠国待遇基础上，相互进一步开放市场，分阶段取消大多数货物的关税和关税壁垒，改善服务和投资的市场准入条件，从而形成的实现贸易和投资自由化的特定区域。如北美自由贸易区、东盟自由贸易区等。

FTZ与FTA最主要的区别是参与的独立主权国数量，一个独立主权国家/地区在境内成立的为FTZ，多个主权国家/地区共同组成的为FTA。但是两者成立的目的都是一样的，即降低关税壁垒和贸易限制以扩大贸易开放。

（三）自贸区

自贸区是指在贸易和投资等方面比世贸组织有关规定更加优惠的贸易安排，在主权国家或地区的关境以外，划出特定的区域，准许外国商品豁免关税自由进出。目前我国共批准设立21个自贸区，它们既不是海关特殊监管区域，也不是FTZ，更不是FTA。

（四）自贸区与海关特殊监管区域的联系与区别

自贸区与海关特殊监管区域既有一定的联系也有区别。

首先，自贸区以海关特殊监管区域与保税物流中心为支撑，是各类海关特殊监管区域与保税监管场所的有机整合。

海关特殊监管区域占地面积较小，除了最大的海关特殊监管区域——洋山特殊综合保税区面积为25.31平方公里以外，其余区域面积均小于10平方公里；而自贸区中除海南自贸区（实施范围为海南岛全岛）、浙江自贸区（2020年8月国务院批准浙江自贸区扩展为约240平方公里）面积差别很大外，其他多为120平方公里左右。

其次，海关特殊监管区域具有三大政策：免税、退税和保税，主要开展货物贸易和生产型服务；而自贸区是以海关特殊监管区域为主体，本身不具有三大政策，它是投资便利化和金融试验区，以开展服务型贸易为主海关特殊监管区域以外。

最后，自贸区与海关特殊监管区域的监管方式也有很大的不同。海关特殊监管区域实行围网、卡口管理，不允许有消费类的设施且不允许有居民居住（除平潭特殊监管区和横琴特殊监管区外）；自贸区只是划定了四至范围，不设一线、二线，无围网、卡口。我国自贸区与海关特殊监管区域的比较如表13－1所示。

表 13-1 我国自贸区与海关特殊监管区域的比较

区域	包含关系	区别		
		面积不同	政策不同	监管方式不同
海关特殊监管区域	21 个自贸区中包含 63 个海关特殊监管区域和 7 个保税物流中心（B 型）	除洋山特殊综合保税区外，其余区域占地面积均小于 10 平方公里	三大政策：免税、退税和保税。主要开展货物贸易和生产型服务	不允许有消费类的设施且不允许有居民居住（除平潭特殊监管区和横琴特殊监管区外）。实行围网、卡口管理。一线放开，二线安全高效管住
自贸区		除海南自贸区和浙江自贸区外，占地面积多为 120 平方公里左右	投资便利化和金融试验区，以开展服务型贸易为主（海关特殊监管区域以外）	只是划定了四至范围，不设一线、二线，无围网、卡口

二、我国自贸区现状

（一）产生与发展

2013 年 7 月，李克强总理主持召开国务院常务会议，肯定了建立上海自贸区的总体规划，不久，国务院正式批准了这一计划。上海自贸区初建面积 28.78 平方公里，涵盖上海外高桥保税区、上海外高桥保税物流园区、洋山保税港区和上海浦东机场综合保税区 4 个海关特殊监管区域。2015 年 4 月，国务院印发《国务院关于印发进一步深化中国（上海）自由贸易试验区改革开放方案的通知》。上海自贸区实施范围扩展至 120.72 平方公里，新增了陆家嘴金融片区（34.26 平方公里）、金桥开发片区（20.48 平方公里）和张江高科技片区（37.2 平方公里）三个片区。2019 年 7 月，国务院批准增设上海自贸区临港新片区，规划范围 119.5 平方公里。

2018 年 11 月，国务院印发《国务院关于支持自由贸易试验区深化改革创新若干措施的通知》，围绕营造优良投资环境、提升贸易便利化水平、推动金融创新服务实体经济、推进人力资源领域先行先试等方面加大改革授权和开放力度，进一步发挥自贸区全面深化改革和扩大开放试验田作用。

2019 年 7 月，李克强总理主持召开国务院常务会议，听取赋予自贸区更大改革创新自主权落实情况汇报，支持自贸区在改革开放方面更多先行先试。

截至 2020 年 9 月，在国家各项利好政策的大力支持下，我国自贸区 5 度扩容，20

位新成员加入，不仅带动了周边地区的经济高质量发展，扩大了对外开放，还形成了更多有国际竞争力的制度创新成果，推动了《区域全面经济伙伴关系协定》（RCEP）的签署，构建起“东中西协调、南北兼顾、江海陆边联动”的对外开放新格局。我国自贸区建设情况如表 13－2 所示。

表 13－2　　　　我国自贸区建设情况

批准时间	数量（个）	自贸区
2013 年	1	上海
2015 年	3	广东、天津、福建
2017 年	7	辽宁、浙江、河南、湖北、重庆、四川、陕西
2018 年	1	海南
2019 年	6	山东、江苏、广西、河北、云南、黑龙江
2020 年	3	北京、湖南、安徽

目前，我国自贸区增至 21 个，分布在全国 21 个省（区、市），形成了“1＋3＋7＋1＋6＋3”的局面。

将全国 21 个自贸区的基本信息汇总，列入表 13－3。由表可知，自贸区（除海南自贸区、浙江自贸区）的实施范围在 120 平方公里左右，涵盖片区的数量为 3 个左右，大都包含保税区、保税港区、综合保税区、出口加工区和保税物流园区等海关特殊监管区域以及保税物流中心（B 型）。

表 13－3　　　　全国 21 个自贸区基本信息

名称	审批时间	批次	实施范围（平方公里）	涵盖片区（平方公里）
中国（上海）自由贸易试验区	2013 年 8 月	第一批	240. 22	上海外高桥保税区 上海外高桥保税物流园区 洋山保税港区 上海浦东机场综合保税区 合计（28. 78） 陆家嘴金融片区（34. 26） 金桥开发片区（20. 48） 张江高科技片区（37. 2） 临港新片区（119. 5）

续 表

名称	审批时间	批次	实施范围（平方公里）	涵盖片区（平方公里）
中国（广东）自由贸易试验区	2015 年 4 月	第二批	116.2	广州南沙新区片区（60） ［含广州南沙保税港区（7.06）］ 深圳前海蛇口片区（28.2） ［含深圳前海湾保税港区（3.71）］ 珠海横琴新区片区（28）
中国（天津）自由贸易试验区	2015 年 4 月	第二批	119.9	天津港片区（30） ［含东疆保税港区（10）］ 天津机场片区（43.1） ［含天津港保税区空港部分（1）和滨海新区综合保税区（1.96）］ 滨海新区中心商务片区（46.8） ［含天津港保税区海港部分和保税物流园区（4）］
中国（福建）自由贸易试验区	2015 年 4 月	第二批	118.04	平潭片区（43） 厦门片区（43.78） ［含象屿保税区（0.6）、 象屿保税物流园区（0.7）、 厦门海沧保税港区（9.51）］ 福州片区（31.26） ［含福州保税区（0.6）、 福州出口加工区（1.14）、 福州保税港区（9.26）］
中国（辽宁）自由贸易试验区	2017 年 3 月	第三批	119.89	大连片区（59.96） ［含大连保税区（1.25）、 大连出口加工区（2.95）、 大连大窑湾保税港区（6.88）］ 沈阳片区（29.97） 营口片区（29.96）
中国（浙江）自由贸易试验区	2017 年 3 月	第三批	119.95 + 119.5（2020 年 8 月拓展区域）	舟山离岛片区（78.98） ［含舟山港综合保税区区块二（3.02）］ 舟山岛北部片区（15.62） ［含舟山港综合保税区区块一（2.83）］ 舟山岛南部片区（25.35） 拓展区域： 宁波片区（46） ［含宁波梅山综合保税区（5.69）、

续　表

名称	审批时间	批次	实施范围（平方公里）	涵盖片区（平方公里）
中国（浙江）自由贸易试验区	2017 年 3 月	第三批	119.95 + 119.5（2020 年 8 月拓展区域）	宁波北仑港综合保税区（2.99） 宁波保税区（2.3）] 杭州片区（37.51） 含杭州综合保税区（2.01） 金义片区（35.99） [含义乌综合保税区（1.34）、 金义综合保税区（1.26）]
中国（河南）自由贸易试验区	2017 年 3 月	第三批	119.77	郑州片区（73.17） [含河南郑州出口加工区 A 区（0.89）、 河南保税物流中心（0.41）] 开封片区（19.94） 洛阳片区（26.66）
中国（湖北）自由贸易试验区	2017 年 3 月	第三批	119.96	武汉片区（70） [含武汉东湖综合保税区（5.41）] 襄阳片区（21.99） [含襄阳保税物流中心（B 型）（0.281）] 宜昌片区（27.97）
中国（重庆）自由贸易试验区	2017 年 3 月	第三批	119.98	两江片区（66.29） [含重庆两路寸滩保税港区（8.37）] 西永片区（22.81） [含重庆西永综合保税区（8.8）、 重庆铁路保税物流中心（B 型）（0.15）] 果园港片区（30.88）
中国（四川）自由贸易试验区	2017 年 3 月	第三批	119.99	成都天府新区片区（90.32） [含成都高新综合保税区区块四 （双流园区）（4）、 成都空港保税物流中心（B 型）（0.09）] 成都青白江铁路港片区（9.68） [含成都铁路保税物流中心（B 型）（0.18）] 川南临港片区（19.99） [含泸州港保税物流中心（B 型）（0.21）]

续 表

名称	审批时间	批次	实施范围（平方公里）	涵盖片区（平方公里）
中国（陕西）自由贸易试验区	2017 年 3 月	第三批	119.95	中心片区（87.76） ［含陕西西安出口加工区 A 区（0.75）、B 区（0.79），西安高新综合保税区（3.64）、陕西西咸保税物流中心（B 型）（0.36）］ 西安国际港务区片区（26.43） ［含西安综合保税区（6.17）］ 杨凌示范区片区（5.76）
中国（海南）自由贸易试验区	2018 年 9 月	第四批	3.54（陆地面积）	海南岛全岛
中国（山东）自由贸易试验区	2019 年 8 月	第五批	119.98	济南片区（37.99） 青岛片区（52） ［含青岛前湾保税港区（9.12）、青岛西海岸综合保税区（2.01）］ 烟台片区（29.99） ［含烟台保税港区区块二（2.26）］
中国（江苏）自由贸易试验区	2019 年 8 月	第五批	119.97	南京片区（39.55） 苏州片区（60.15） ［含苏州工业园综合保税区（5.28）］ 连云港片区（20.27） ［含连云港综合保税区（2.44）］
中国（广西）自由贸易试验区	2019 年 8 月	第五批	119.99	南宁片区（46.8） ［含南宁综合保税区（2.37）］ 钦州港片区（58.19） ［含钦州保税港区（8.81）］ 崇左片区（15） ［含凭祥综合保税区（1.01）］
中国（河北）自由贸易试验区	2019 年 8 月	第五批	119.97	雄安片区（33.23） 正定片区（33.29） ［含石家庄综合保税区（2.86）］ 曹妃甸片区（33.48） ［含曹妃甸综合保税区（4.59）］ 大兴机场片区（19.97）

续 表

名称	审批时间	批次	实施范围（平方公里）	涵盖片区（平方公里）
中国（云南）自由贸易试验区	2019 年 8 月	第五批	119.86	昆明片区（76） ［含昆明综合保税区（0.58）］ 红河片区（14.12） 德宏片区（29.74）
中国（黑龙江）自由贸易试验区	2019 年 8 月	第五批	119.85	哈尔滨片区（79.86） 黑河片区（20） 绥芬河片区（19.99） ［含绥芬河综合保税区（1.8）］
中国（北京）自由贸易试验区	2020 年 8 月	第六批	119.68	科技创新片区（31.85） 国际商务服务片区（48.34） ［含北京天竺综合保税区（5.466）］ 高端产业片区（39.49）
中国（湖南）自由贸易试验区	2020 年 8 月	第六批	119.76	长沙片区（79.98） ［含长沙黄花综合保税区（1.99）］ 岳阳片区（19.94） ［含岳阳城陵矶综合保税区（2.07）］ 郴州片区（19.84） ［含郴州综合保税区（1.06）］
中国（安徽）自由贸易试验区	2020 年 8 月	第六批	119.86	合肥片区（64.95） ［含合肥经济技术开发区综合保税区（1.4）］ 芜湖片区（35） ［含芜湖综合保税区（2.17）］ 蚌埠片区（19.91）

截至 2020 年 9 月底，前四批 12 个自贸区总体方案和深化方案部署的试点任务已基本实施或正在实施。2019 年新设的山东等 6 个自贸区和上海自贸区临港新片区总体方案试点任务实施率已超过 86%。

（二）战略定位与发展目标

在设立自贸区时，全国各个自贸区确定的战略定位和发展目标大致类似，但重点又有所不同。表 13－4 为根据海关总署自贸区和特殊区域发展司公布的有关文件对 21 个自贸区的战略定位和建设目标进行的汇总。

表 13－4 全国 21 个自贸区的战略定位与建设目标

名称	战略定位	建设目标
中国（上海）自由贸易试验区	坚持以制度创新为核心，解放思想、勇于突破、当好标杆，以可复制、可推广为基本要求，主动服务“一带一路”建设和长江经济带发展等国家战略，加强与上海国际经济、金融、贸易、航运中心建设和具有全球影响力的科技创新中心建设的联动，不断放大政策集成效应，在构建开放型经济新体制、深化投资管理体制改革、优化贸易监管服务体系、推进金融开放创新、完善创新促进机制等方面，率先挖掘改革潜力，破解改革难题，建设法治化、国际化、便利化营商环境	到 2025 年，建立比较成熟的投资贸易自由化便利化制度体系，打造一批更高开放度的功能型平台，集聚一批世界一流企业，区域创造力和竞争力显著增强，经济实力和经济总量大幅跃升。到 2035 年，建成具有较强国际市场影响力和竞争力的特殊经济功能区，形成更加成熟定型的制度成果，打造全球高端资源要素配置的核心功能，成为我国深度融入经济全球化的重要载体
中国（广东）自由贸易试验区	依托港澳、服务内地、面向世界，将自贸区建设成为粤港澳深度合作示范区、21 世纪海上丝绸之路重要枢纽和全国新一轮改革开放先行地	到 2020 年，率先对标国际投资和贸易通行规则，建立与国际航运枢纽、国际贸易中心和金融业对外开放试验示范窗口相适应的制度体系，打造开放型经济新体制先行区、高水平对外开放门户枢纽和粤港澳大湾区合作示范区。强化自贸区同广东省改革的联动，各项改革试点任务具备条件的在珠江三角洲地区全面实施，或在广东省推广试验
中国（天津）自由贸易试验区	以制度创新为核心任务，以可复制、可推广为基本要求，努力成为京津冀协同发展高水平对外开放平台、全国改革开放先行区和制度创新试验田、面向世界的高水平自由贸易园区	到 2020 年，率先建立同国际投资和贸易通行规则相衔接的制度体系，形成法治化、国际化、便利化营商环境，努力构筑开放型经济新体制，增创国际竞争新优势，建设京津冀协同发展示范区。强化自贸区改革与天津市改革的联动，各项改革试点任务具备条件的在滨海新区范围内全面实施，或在天津市推广试验

续 表

名称	战略定位	建设目标
中国（福建）自由贸易试验区	围绕立足两岸、服务全国、面向世界的战略要求，充分发挥改革先行优势，营造国际化、市场化、法治化营商环境，把自贸区建设成为改革创新试验田；充分发挥对台优势，率先推进与台湾地区投资贸易自由化进程，把自贸区建设成为深化两岸经济合作的示范区；充分发挥对外开放前沿优势，建设21世纪海上丝绸之路核心区，打造面向21世纪海上丝绸之路沿线国家和地区开放合作新高地	到2020年，率先建立同国际投资和贸易通行规则相衔接的制度体系，形成法治化、国际化、便利化营商环境，打造开放和创新融为一体的综合改革试验区、深化两岸经济合作示范区和面向21世纪海上丝绸之路沿线国家和地区开放合作新高地。强化自贸区改革同福建省改革的联动，各项改革试点任务具备条件的在福州市、厦门市和平潭综合实验区范围内全面实施，或在福建省推广试验
中国（辽宁）自由贸易试验区	以制度创新为核心，以可复制、可推广为基本要求，加快市场取向体制机制改革、积极推动结构调整，努力将自贸区建设成为提升东北老工业基地发展整体竞争力和对外开放水平的新引擎	经过三年至五年改革探索，形成与国际投资贸易通行规则相衔接的制度创新体系，营造法治化、国际化、便利化的营商环境，巩固提升对人才、资本等要素的吸引力，努力建成高端产业集聚、投资贸易便利、金融服务完善、监管高效便捷、法治环境规范的高水平高标准自由贸易园区，引领东北地区转变经济发展方式、提高经济发展质量和水平
中国（浙江）自由贸易试验区	以制度创新为核心，以可复制、可推广为基本要求，将自贸区建设成为东部地区重要海上开放门户示范区、国际大宗商品贸易自由化先导区和具有国际影响力的资源配置基地	经过三年左右有特色的改革与探索，基本实现投资贸易便利、高端产业集聚、法治环境规范、金融服务完善、监管高效便捷、辐射带动作用突出，以油品为核心的大宗商品全球配置能力显著提升，对接国际标准初步建成自由贸易港区先行区

续 表

名称	战略定位	建设目标
中国（河南）自由贸易试验区	以制度创新为核心，以可复制、可推广为基本要求，加快建设贯通南北、连接东西的现代立体交通体系和现代物流体系，将自贸区建设成为服务于“一带一路”建设的现代综合交通枢纽、全面改革开放试验田和内陆开放型经济示范区	经过三年至五年改革探索，形成与国际投资贸易通行规则相衔接的制度创新体系，营造法治化、国际化、便利化的营商环境，努力将自贸区建设成为投资贸易便利、高端产业集聚、交通物流通达、监管高效便捷、辐射带动作用突出的高水平高标准自由贸易园区，引领内陆经济转型发展，推动构建全方位对外开放新格局
中国（湖北）自由贸易试验区	以制度创新为核心，以可复制、可推广为基本要求，立足中部、辐射全国、走向世界，努力成为中部有序承接产业转移示范区、战略性新兴产业和高技术产业集聚区、全面改革开放试验田和内陆对外开放新高地	经过三年至五年改革探索，对接国际高标准投资贸易规则体系，力争建成高端产业集聚、创新创业活跃、金融服务完善、监管高效便捷、辐射带动作用突出的高水平高标准自由贸易园区，在实施中部崛起战略和推进长江经济带发展中发挥示范作用
中国（重庆）自由贸易试验区	以制度创新为核心，以可复制、可推广为基本要求，全面落实中共中央、国务院关于发挥重庆战略支点和连接点重要作用、加大西部地区门户城市开放力度的要求，努力将自贸区建设成为“一带一路”和长江经济带互联互通重要枢纽、西部大开发战略重要支点	经过三年至五年改革探索，努力建成投资贸易便利、高端产业集聚、监管高效便捷、金融服务完善、法治环境规范、辐射带动作用突出的高水平高标准自由贸易园区，努力建成服务于“一带一路”建设和长江经济带发展的国际物流枢纽和口岸高地，推动构建西部地区门户城市全方位开放新格局，带动西部大开发战略深入实施
中国（四川）自由贸易试验区	以制度创新为核心，以可复制、可推广为基本要求，立足内陆、承东启西，服务全国、面向世界，将自贸区建设成为西部门户城市开发开放引领区、内陆开放战略支撑带先导区、国际开放通道枢纽区、内陆开放型经济新高地、内陆与沿海沿边沿江协同开放示范区	经过三年至五年改革探索，力争建成法治环境规范、投资贸易便利、创新要素集聚、监管高效便捷、协同开放效果显著的高水平高标准自由贸易园区，在打造内陆开放型经济高地、深入推进西部大开发和在长江经济带发展中发挥示范作用

续 表

名称	战略定位	建设目标
中国（陕西）自由贸易试验区	以制度创新为核心，以可复制、可推广为基本要求，全面落实中共中央、国务院关于更好发挥“一带一路”建设对西部大开发带动作用、加大西部地区门户城市开放力度的要求，努力将自贸区建设成为全面改革开放试验田、内陆型改革开放新高地、“一带一路”经济合作和人文交流重要支点	经过三年至五年改革探索，形成与国际投资贸易通行规则相衔接的制度创新体系，营造法治化、国际化、便利化的营商环境，努力建成投资贸易便利、高端产业聚集、金融服务完善、人文交流深入、监管高效便捷、法治环境规范的高水平高标准自由贸易园区，推动“一带一路”建设和西部大开发战略的深入实施
中国（海南）自由贸易试验区	发挥海南岛全岛试点的整体优势，紧紧围绕建设全面深化改革开放试验区、国家生态文明试验区、国际旅游消费中心和国家重大战略服务保障区，实行更加积极主动的开放战略，加快构建开放型经济新体制，推动形成全面开放新格局，把海南打造成为我国面向太平洋和印度洋的重要对外开放门户	到2025年，初步建立以贸易自由便利和投资自由便利为重点的自由贸易港政策制度体系。营商环境总体达到国内一流水平，市场主体大幅增长，产业竞争力显著提升，风险防控有力有效，适应自由贸易港建设的法律法规逐步完善，经济发展质量和效益明显改善。到2035年，自由贸易港制度体系和运作模式更加成熟，以自由、公平、法治、高水平过程监管为特征的贸易投资规则基本构建，实现贸易自由便利、投资自由便利、跨境资金流动自由便利、人员进出自由便利、运输来往自由便利和数据安全有序流动。营商环境更加优化，法律法规体系更加健全，风险防控体系更加严密，现代社会治理格局基本形成，成为我国开放型经济新高地。到21世纪中叶，全面建成具有较强国际影响力的高水平自由贸易港
中国（山东）自由贸易试验区	以制度创新为核心，以可复制、可推广为基本要求，全面落实中央关于增强经济社会发展创新力、转变经济发展方式、建设海洋强国的要求，加快推进新旧发展动能接续转换、发展海洋经济，形成对外开放新高地	经过三年至五年改革探索，对标国际先进规则，形成更多有国际竞争力的制度创新成果，推动经济发展质量变革、效率变革、动力变革，努力建成贸易投资便利、金融服务完善、监管安全高效、辐射带动作用突出的高标准高质量自由贸易园区

续 表

名称	战略定位	建设目标
中国（江苏）自由贸易试验区	以制度创新为核心，以可复制、可推广为基本要求，全面落实中央关于深化产业结构调整、深入实施创新驱动发展战略的要求，推动全方位高水平对外开放，加快“一带一路”交汇点建设，着力打造开放型经济发展先行区、实体经济创新发展和产业转型升级示范区	经过三年至五年改革探索，对标国际先进规则，形成更多有国际竞争力的制度创新成果，推动经济发展质量变革、效率变革、动力变革，努力建成贸易投资便利、高端产业集聚、金融服务完善、监管安全高效、辐射带动作用突出的高标准高质量自由贸易园区
中国（广西）自由贸易试验区	以制度创新为核心，以可复制、可推广为基本要求，全面落实中央关于打造西南、中南地区开放发展新的战略支点的要求，发挥广西与东盟国家陆海相邻的独特优势，着力建设西南、中南、西北出海口，面向东盟的国际陆海贸易新通道，形成21世纪海上丝绸之路和丝绸之路经济带有机衔接的重要门户	经过三年至五年改革探索，对标国际先进规则，形成更多有国际竞争力的制度创新成果，推动经济发展质量变革、效率变革、动力变革，努力建成贸易投资便利、金融服务完善、监管安全高效、辐射带动作用突出、引领中国—东盟开放合作的高标准高质量自由贸易园区
中国（河北）自由贸易试验区	以制度创新为核心，以可复制、可推广为基本要求，全面落实中央关于京津冀协同发展战略和高标准高质量建设雄安新区要求，积极承接北京非首都功能疏解和京津科技成果转化，着力建设国际商贸物流重要枢纽、新型工业化基地、全球创新高地和开放发展先行区	经过三年至五年改革探索，对标国际先进规则，形成更多有国际竞争力的制度创新成果，推动经济发展质量变革、效率变革、动力变革，努力建成贸易投资自由便利、高端高新产业集聚、金融服务开放创新、政府治理包容审慎、区域发展高度协同的高标准高质量自由贸易园区
中国（云南）自由贸易试验区	以制度创新为核心，以可复制、可推广为基本要求，全面落实中央关于加快沿边开放的要求，着力打造“一带一路”和长江经济带互联互通的重要通道，建设连接南亚东南亚大通道的重要节点，推动形成我国面向南亚、东南亚的辐射中心和开放前沿	经过三年至五年改革探索，对标国际先进规则，形成更多有国际竞争力的制度创新成果，推动经济发展质量变革、效率变革、动力变革，努力建成贸易投资便利、交通物流通达、要素流动自由、金融服务创新完善、监管安全高效、生态环境质量一流、辐射带动作用突出的高标准高质量自由贸易园区

续　表

名称	战略定位	建设目标
中国（黑龙江）自由贸易试验区	以制度创新为核心，以可复制、可推广为基本要求，全面落实中央关于推动东北全面振兴全方位振兴、建成向北开放重要窗口的要求，着力深化产业结构调整，打造对俄罗斯及东北亚区域合作的中心枢纽	经过三年至五年改革探索，对标国际先进规则，形成更多有国际竞争力的制度创新成果，推动经济发展质量变革、效率变革、动力变革，努力建成营商环境优良、贸易投资便利、高端产业集聚、服务体系完善、监管安全高效的高标准高质量自由贸易园区
中国（北京）自由贸易试验区	以制度创新为核心，以可复制、可推广为基本要求，全面落实中央关于深入实施创新驱动发展、推动京津冀协同发展战略等要求，助力建设具有全球影响力的科技创新中心，加快打造服务业扩大开放先行区、数字经济试验区，着力构建京津冀协同发展的高水平对外开放平台	赋予自贸区更大改革自主权，深入开展差别化探索。对标国际先进规则，加大开放力度，开展规则、规制、管理、标准等制度型开放。经过三年至五年改革探索，强化原始创新、技术创新、开放创新、协同创新优势能力，形成更多有国际竞争力的制度创新成果，为进一步扩大对外开放积累实践经验，努力建成贸易投资便利、营商环境优异、创新生态一流、高端产业集聚、金融服务完善、国际经济交往活跃、监管安全高效、辐射带动作用突出的高标准高质量自由贸易园区。强化自贸区改革同北京市改革的联动，各项改革试点任务具备条件的在中关村国家自主创新示范区全面实施，并逐步在北京市推广试验
中国（湖南）自由贸易试验区	以制度创新为核心，以可复制、可推广为基本要求，全面落实中央关于加快建设制造强国、实施中部崛起战略等要求，发挥东部沿海地区和中西部地区过渡带、长江经济带和沿海开放经济带结合部的区位优势，着力打造世界级先进制造业集群、联通长江经济带和粤港澳大湾区的国际投资贸易走廊、中非经贸深度合作先行区和内陆开放新高地	赋予自贸区更大改革自主权，深入开展差别化探索。对标国际先进规则，加大开放力度，开展规则、规制、管理、标准等制度型开放。经过三年至五年改革探索，形成更多有国际竞争力的制度创新成果，为进一步扩大对外开放积累实践经验，推动先进制造业高质量发展，提升关键领域创新能力和水平，形成中非经贸合作新路径新机制，努力建成贸易投资便利、产业布局优化、金融服务完善、监管安全高效、辐射带动作用突出的高标准高质量自由贸易园区

续　表

名称	战略定位	建设目标
中国（安徽）自由贸易试验区	以制度创新为核心，以可复制、可推广为基本要求，全面落实中央关于深入实施创新驱动发展、推动长三角区域一体化发展战略等要求，发挥在推进“一带一路”建设和长江经济带发展中的重要节点作用，推动科技创新和实体经济发展深度融合，加快推进科技创新策源地建设、先进制造业和战略性新兴产业集聚发展，形成内陆开放新高地	赋予自贸区更大改革自主权，深入开展差别化探索。对标国际先进规则，加大开放力度，开展规则、规制、管理、标准等制度型开放。经过三年至五年改革探索，形成更多有国际竞争力的制度创新成果，为进一步扩大对外开放积累实践经验，推动科技创新、产业创新、企业创新、产品创新、市场创新，推进开放大通道大平台大通关建设，努力建成贸易投资便利、创新活跃强劲、高端产业集聚、金融服务完善、监管安全高效、辐射带动作用突出的高标准高质量自由贸易园区

资料来源：海关总署。

可以看出，各个自贸区的战略定位大致可以总结为三个方面的内容：一是以制度创新为核心，以可复制可推广为基本要求，这是建立各自贸区的出发点。二是充分发挥地理位置优势，带动周边地区经济发展，加强区域间经济合作，如上海自贸区提出要推动长江经济带发展，广东自贸区要加强与港澳的深度合作，天津自贸区提出要京津冀协同发展。三是都着眼于搭建对外开放平台，着力打造开放型经济发展先行区，如浙江自贸区要求将自贸区建设成为东部地区重要海上开放门户示范区、国际大宗商品贸易自由化先导区和具有国际影响力的资源配置基地；海南自贸区旨在发挥海南岛全岛试点的整体优势，把海南打造成为我国面向太平洋和印度洋的重要对外开放门户；云南自贸区则着力打造“一带一路”和长江经济带互联互通的重要通道，建设连接南亚和东南亚大通道的重要节点。

从发展目标来看，各自贸区都紧紧围绕其战略定位提出了一系列目标任务。

进行体制制度创新，对标国际先进规则。如天津市提出的“为国家试制度”；强化自贸区改革与天津市改革的联动，各项改革试点任务具备条件的在滨海新区范围内全面实施，或在天津市推广试验；建立与国际投资贸易管理规则相适应的新体制等。

加强与周边地区的经济联系。如广东、福建自贸区提出要实现粤港澳深度合作和增强闽台经济关联度。上海自贸区致力于打造长江经济带，带动长江沿线的发展。重庆自贸区推动“构建西部地区门户城市全方位开放新格局，带动西部大开发战略深入实施”。

确定具体的目标定位。如涉及建立投资贸易便利、货币兑换自由、金融创新功能突出、服务体系健全、监管高效便捷、法制环境规范、辐射带动效应明显等更为具体的目标，努力开创自贸区贸易投资自由便利、金融服务开放创新的新局面。

（三）功能和特点

自贸区在引领我国对外开放和深化改革方面发挥了重要作用：为促进贸易和投资便利化进行了一系列管理模式创新；在金融领域针对投融资汇兑便利化开展了诸多探索；向全国复制推广了一大批改革创新经验；为推动重大国家战略落地、促进区域协调发展提供了支持。

由于各自贸区所处的发展阶段、地理区位、开放潜力不同，承担的职责与使命也有所不同。如上海自贸区率先全面探索，金融领域开放引领全国；广东、福建自贸区深化内地与港澳台地区的经贸合作，加大服务业开放力度；辽宁自贸区推动东北亚经贸合作，提升东北老工业基地竞争力；广西、云南自贸区加强与东盟的经贸合作，探索跨境贸易新模式；等等。

总体来看，我国自贸区主要有以下三大特点。

1. 重视对接国家重大战略

自 2013 年上海成立第一个自贸区以来，通过“扩容升级”批准了 6 批共 21 个自贸区，自贸区也由少数沿海地区开始向内陆拓展。这些自贸区有一个共同特点，即各自贸区建设的指导思想、战略定位、发展目标重视与国家的“一带一路”倡议、“长江经济带发展”“京津冀协同发展”三大区域经济发展战略对接，以及“东部率先发展”“中部崛起”“西部开发”“东北振兴”四大板块协同发展战略相对接。

2. 以制度创新的复制推广为重点

自贸区设立之初即包含试验示范目的，从自贸区成立以来，各自贸区都特别提出要通过制度创新刺激自贸区内的经济增长，还要将自己的创新制度复制推广给更多的自贸区，带动各地自贸区蓬勃发展。“边试点、边总结、边推广”是自贸区工作的重要原则。如天津自贸区提出要“以制度创新为核心，发挥市场在资源配置中的决定性作用，探索转变政府职能的新途径”；广东自贸区提出要“以制度创新为核心，促进内地与港澳经济合作”；河南自贸区提出要“以制度创新为核心，以可复制可推广为基本要求，加快建设贯通南北、连接东西的现代立体交通体系和现代物流体系”等。

3. 创新贸易和投资便利化管理模式

作为改革开放新高地，自贸区成为稳住外贸外资基本盘的重要阵地。自贸区优化通关和监管手续，提高货物流动效率，同时推动服务贸易创新发展；大幅减少对外商投资的限制，缩减负面清单，在航运、商贸、文化等多领域扩大准入范围。

第二节　我国自贸区改革创新成果、存在问题与未来展望

一、我国自贸区改革创新成果

制度创新是自贸区建设的核心，可复制、可推广是创新制度的基本要求。我国自贸区成立以来，结合自身区位功能定位和特色特点，通过独立制度创新和相互学习借鉴，开展对比试验、互补试验，围绕“投资管理制度便利化”“贸易便利化”“金融制度创新”和“政府职能转变”等制度创新工作进行了积极探索，取得了一系列制度创新成果，并进行了推广。

7 年来，自贸区累计形成 260 项改革试点经验向全国复制推广，在政府职能转变方面，则深入推进简政放权，深化“放管服”改革，推行“多规合一”，推动政府治理由事前审批到事中事后监管转变。这些试点经验持续在贸易、投资、金融、事中事后监管等方面深化探索过程中总结提炼而来，极大激发了市场活力和社会创造力。

（一）贸易和投资便利化管理模式创新成就显著

作为改革开放新高地，自贸区成为稳住外贸外资基本盘的重要阵地。商务部研究院于 2020 年 12 月 14 日发布的《中国自由贸易试验区发展报告（2020）》显示，2019 年，18 个自贸区累计新设企业约 31.9 万家，其中外资企业 6242 家，进出口总额达到 4.6 万亿元，实际利用外资 1435.5 亿元，以不到全国千分之四的国土面积，实现了全国 14.6% 的进出口和 15.2% 的外商投资。

在贸易便利化方面，自贸区积极创新进出口货物监管模式，实施国际贸易“单一窗口”“大通关”建设，推进口岸降本增效。在投资管理方面，实行“准入前国民待遇 + 负面清单”的外商投资准入管理模式，大幅放宽市场准入，负面清单持续缩短。比如，2013 年上海自贸区首次实施外资准入负面清单管理，特别管理措施为 190 项，而 2020 年版自贸区外商投资准入负面清单的特别管理措施已缩减至 30 项，极大提升了自贸区的开放度和透明度。

更短的清单，意味着外商投资准入门槛更低，能投资的领域更多，投资积极性也更高。“减”不仅体现在清单长度变短，还有投资管理和审批环节的精简。比如，天津自贸区推行的“保税航煤出口质量流量计计量新模式”，压缩了 50% 的海关作业时长，节约了 1 ~2 天。“证照‘一口受理、并联办理’审批服务模式”，实现了“最多跑一次”，节约了企业的办证时间。

（二）深入推进金融开放创新，促进金融服务实体经济

在金融开放创新方面，上海推出支持自贸区金融开放创新意见，率先创设了本外币为一体的“分类别、有管理”的自由贸易账户体系，出台了跨境投融资汇兑便利、人民币跨境使用、外汇管理改革等制度。

各自贸区还深入推进金融领域改革创新，助力市场主体降本增效。例如，海南自贸区探索“知识产权证券化”，帮助企业利用版权等无形资产融资，为激励企业创新和促进实体经济发展提供了新路径。天津自贸区试点“绿色债务融资工具创新”，搭建银政企合作桥梁，有效引导资金流向绿色产业。

（三）试点经验复制推广不断深化

制度创新是自贸区建设的核心。商务部数据显示，7 年来，我国自贸区累计形成 260 项改革试点经验向全国复制推广，包括集中复制推广 143 项、“最佳实践案例” 43 个、有关部委自主复制推广 74 项。自贸区试点经验集中复制推广已实现常态化（每年一批）。在地方层面，据不完全统计，自贸区已在内推广了 1151 项制度创新经验。如广东自贸区已先后形成 6 批 133 项成果在省内推广；湖北自贸区分 4 批发布 132 项成果在省内推广；海南自贸区分 7 批发布 77 项成果在省内推广。复制推广制度创新成果推动了各地的改革意识、开放水平、行政效率、发展动能、经济活力不断提升，带动了全国营商环境不断优化。这些改革创新大部分集中在四大方面：以贸易便利化为重点的贸易监管制度；以负面清单管理为核心的投资管理制度；以资本项目可兑换和金融服务业开放为目标的金融创新制度；以政府职能转变为导向的事中事后监管制度。

目前，自贸区试点布局不断完善，不同地区开展对比试验、互补试验，通过差别化探索形成了更加丰富多元的制度创新成果。

（四）重大国家战略落地与区域协调发展速度加快

自贸区既服务于我国对外开放总体布局，也主动服务和融入“一带一路”建设、京津冀协同发展、粤港澳大湾区建设、长三角一体化发展、东北振兴、西部大开发等。

2020 年前 10 个月，我国前 18 家自贸区进出口总额为 3.8 万亿元。占全国的 14.8%；浙江、河南、四川自贸区增速表现亮眼。前 18 家自贸区实际利用外资 1310.1 亿元，占全国的 16.4%，海南、福建、上海自贸区增速显著。当前各自贸区扎实推进方案设定的任务目标情况良好。

如北京、天津、河北自贸区在区域通关一体化、产业和人才承接等方面进行了诸

多创新，推动京津冀协同发展；广东自贸区从紧邻港澳的地区优势出发，着力打造粤港澳大湾区核心示范区；福建自贸区充分发挥沿海近台优势，深耕两岸经贸合作，探索深化两岸经济合作新模式，打造面向21世纪海上丝绸之路沿线国家和地区开放合作新高地；四川、重庆自贸区引领和带动西部地区对外开放；黑龙江自贸区强化与俄罗斯的经贸合作，辽宁、山东自贸区拓展与日韩的经贸合作，都积极打造东北亚开放合作高地，深度参与“一带一路”建设。

同时，部分自贸区推动特色产业加速集聚，对区域经济发展起到了明显的辐射带动作用。如天津自贸区已成为全球融资租赁行业的重要集聚区，浙江自贸区是全国油品企业集聚度最高的地区，河南自贸区的跨境电商产业迅速发展等。

二、我国自贸区存在的主要问题及未来展望

（一）存在的问题

自贸区在发展中存在的问题包括：部分创新经验在复制推广过程中难以落地，金融领域创新成效不及预期，对服务贸易的探索创新相对不足，制度创新受到制约等。

一是创新经验的复制推广有待加强。我国自贸区改革创新主要还是围绕货物贸易领域，以程序性创新和便利化创新为主，已出台的一些改革措施存在同质化、重复化现象，这与自贸区“制度创新高地”的定位存在差距。各自贸区在地理位置、经济发展程度、开放基础等方面存在较大差异，因一些复制推广经验缺乏相关的政策实施环境，实施中不同程度地存在配套措施无法衔接、协调机制不完善等问题，造成一些经验难以落地。

二是金融领域创新成效不及预期。金融开放创新领域，在汇率自由化和利率市场化方面尚没有实质性开放措施，跨境资本流动方面还未有突破性进展。金融领域具备影响力的成功案例仍然较为匮乏，其他地区复制推广时也很审慎，总体上创新成效不及预期。

三是服务贸易的发展潜力有待挖掘。目前，我国自贸区在贸易便利化方面承担的试点任务除了“促进货物贸易便利化”，还包括“推动服务贸易创新发展”。但从实践情况来看，自贸区依托海关特殊监管区域，在货物贸易便利化方面取得了大量改革创新经验，而针对服务贸易创新发展的探索相对不足，服务业改革开放的广度、深度不够。服务贸易的发展潜力有待进一步挖掘。

四是制度创新遇到瓶颈。在国务院推出的6批向全国复制推广的自贸区制度创新经验中，上海自贸区首创的占到了一半，相当于其他所有自贸区创新经验数量之和。

这说明后续成立的五批自贸区在制度创新上面临的难度越来越大，产生的创新效应明显递减。部分自贸区将吸引投资、实现经济增长视为首要目标，在招商引资、指标评比上投入大量精力，而对制度创新的研究与实践缺乏重视。

目前，自贸区改革创新自主权还不够高。自贸区“自下而上”推动改革的方式与我国政府“自上而下”授权管理体制之间存在一定程度的矛盾，导致部分改革措施无法及时落地，一定程度上延缓了创新步伐。

（二）未来发展趋势

经过7年的探索和发展，我国自贸区建设逐渐走向成熟，影响力开始显现。但是整体来看，我国自贸区建设仍有巨大的提升空间和发展潜力。在国内大循环、国内国际双循环的背景下，我国自贸区的建设发展趋势也逐渐明晰。

预计未来自贸区还将不断推出国际货物贸易新模式，加快推动服务贸易创新发展，金融开放创新力度也将不断加大，各自贸区将进一步突出差异化定位，因地制宜形成更多针对性强、实效性强、集成性强的制度创新成果。

2020年11月，全球最大自贸区——区域全面经济伙伴关系协定RCEP正式诞生，以CPTPP（全面与进步跨太平洋伙伴关系协定）、欧日EPA（欧盟—日本经济伙伴关系协定）等为代表的高水平自贸协定，在众多规则领域超越多边贸易体制所规定的水平。也将给我国未来自贸区的创新发展带来更广阔的发展空间。

第三节 我国自贸区运营数据分析

一、2020年我国自贸区进出口总额

根据海关总署统计月报发布的2020年特定地区进出口总值整理得出以下各自贸区进出口总额（注：数据不包括海南自贸区）。

（一）进出口总额

如图13-1所示，2020年自贸区进出口总额排在前三位的是上海自贸区（批准于2013年）、四川自贸区（2017年）和重庆自贸区（2017年）。进出口总额分别为110099867万元、57566580万元和44007289万元。而起步较晚的黑龙江自贸区（2019年）与云南自贸区（2019年）排在末位。

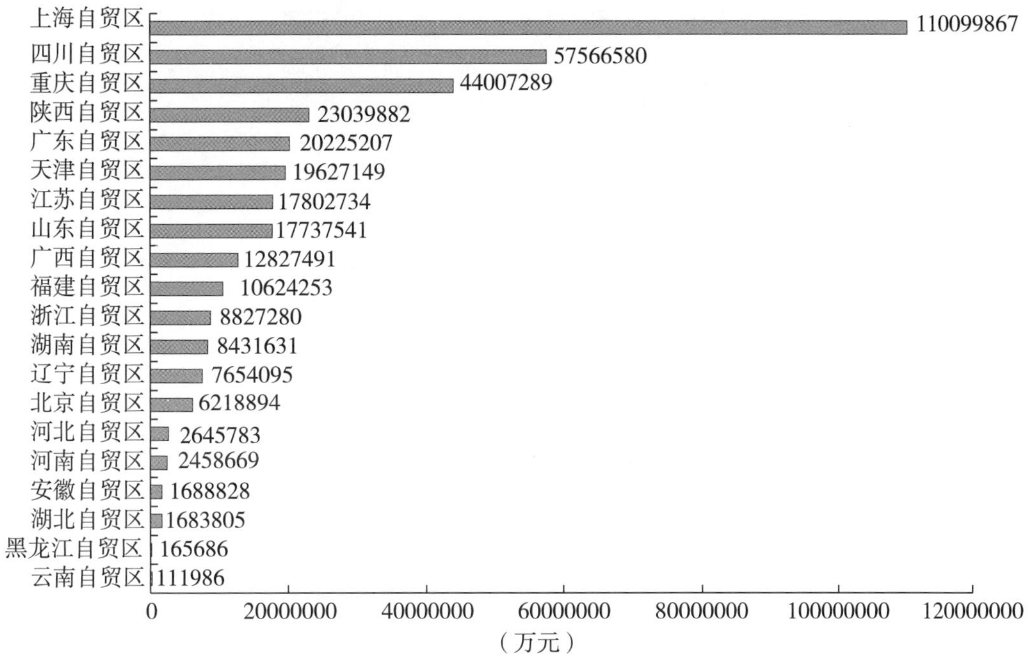

图 13－1　2020 年自贸区进出口总额

资料来源：海关总署。

（二）进口总额

如图 13－2 所示，2020 年自贸区进口总额排在前三位的是上海自贸区（批准于 2013 年）、四川自贸区（批准于 2017 年）和天津自贸区（批准于 2015 年）。进口总额分别为 79997125 万元、25739326 万元和 15558502 万元。成立较晚的黑龙江自贸区（批准于 2019 年）与云南自贸区（批准于 2019 年）排在末位。

（三）出口总额

如图 13－3 所示，2020 年自贸区出口总额排在前三位的是四川自贸区（批准于 2017 年）、上海自贸区（批准于 2013 年）和重庆自贸区（批准于 2017 年）。出口总额分别为 31827255 万元、30102744 万元和 28913286 万元，与排在第四位的陕西自贸区拉开了较大差距。排名前三位的自贸区出口总额占到了所有自贸区（海南自贸区除外）出口总额的一半以上。而起步较晚的北京自贸区（批准于 2020 年）、云南自贸区（批准于 2019 年）与黑龙江自贸区（批准于 2019 年）排在末位。

二、部分自贸区运营情况

根据海关总署发布的特定地区进出口总值表，经整理得出部分自贸区自近年来的

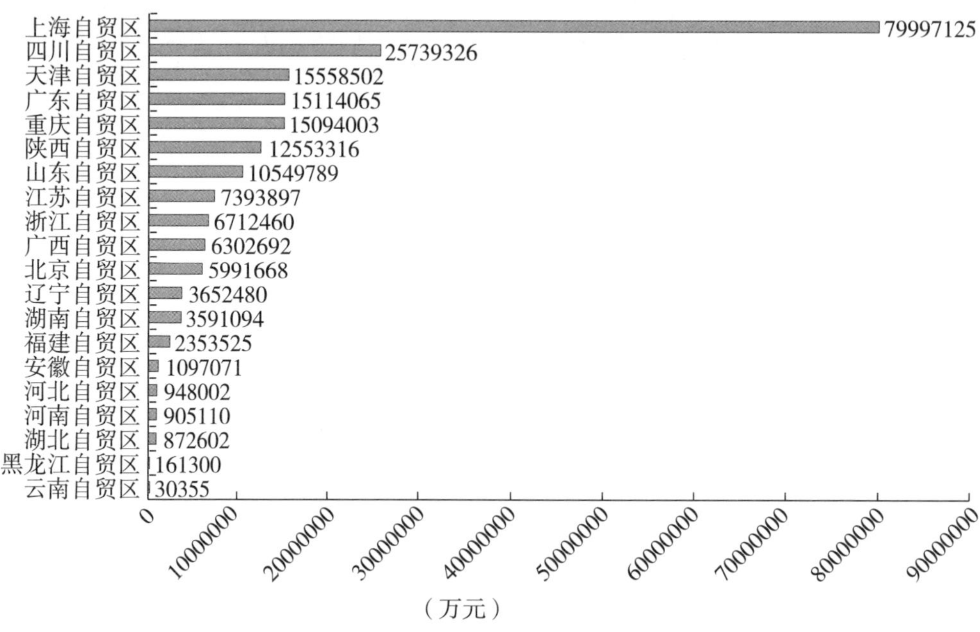

图 13－2　2020 年自贸区进口总额

资料来源：海关总署。

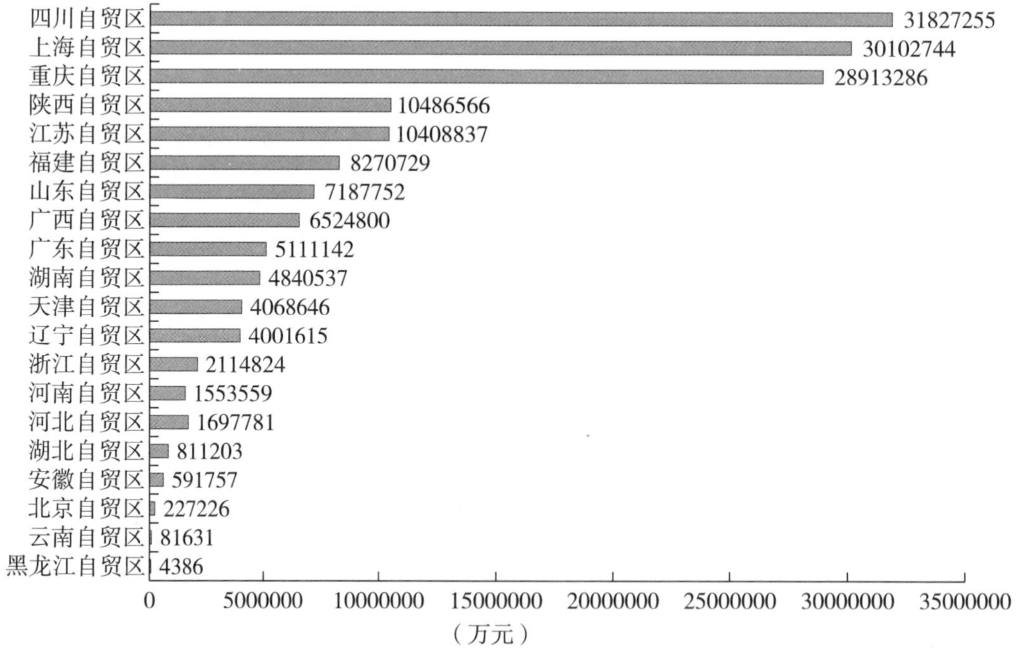

图 13－3　2020 年自贸区出口总额

资料来源：海关总署。

进出口贸易情况，具体数据分析如下。

（一）中国（上海）自由贸易试验区

上海自贸区的进出口数据由上海外高桥保税区、上海外高桥保税物流园区、洋山保税港区和上海浦东机场综合保税区的进出口数据整合得出。2016—2020 年上海自贸区进出口总额及增长率如图 13－4 所示。

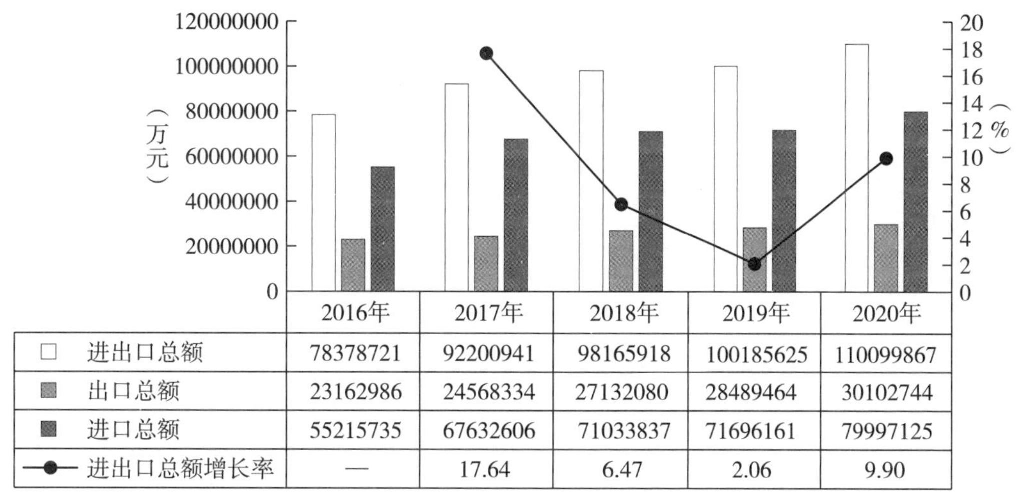

	2016年	2017年	2018年	2019年	2020年
□ 进出口总额	78378721	92200941	98165918	100185625	110099867
■ 出口总额	23162986	24568334	27132080	28489464	30102744
■ 进口总额	55215735	67632606	71033837	71696161	79997125
—●— 进出口总额增长率	—	17.64	6.47	2.06	9.90

图 13－4　2016—2020 年上海自贸区进出口总额及增长率

资料来源：海关总署。

从 2016 年至 2020 年上海自贸区的进出口情况来看，进出口总额总体呈增长趋势，2017 年进出口总额增长率达到 17.64% 的峰值，2018 年至 2019 年增长速度放缓，但在 2020 年增长率回升到 9.90%。进出口总额在 2019 年超过了 1 万亿元。4 年间，上海自贸区进出口总额从 2016 年的 78378721 万元增长至 2020 年的 110099867 万元，增长率为 40.47%。进口总额与出口总额同样呈现逐年增长的态势，进口总额占进出口总额的比重较大，为出口总额的 2.5 倍左右。

（二）中国（广东）自由贸易试验区

广东自贸区的进出口数据由广州南沙保税港区和深圳前海湾保税港区的进出口数据整合得出。2015—2020 年广东自贸区进出口总额及增长率如图 13－5 所示。

广东自贸区进出口总额呈现逐年增长的态势，2017 年进出口总额增长率达到 43.62% 的峰值。6 年间，进出口总额从 7677041 万元增长到 20225207 万元，增长率高达 163.45%。2015—2017 年出口总额多于进口总额，然而在 2018 年之后，进口总额反超出口总额，达到了出口总额的 2～3 倍。

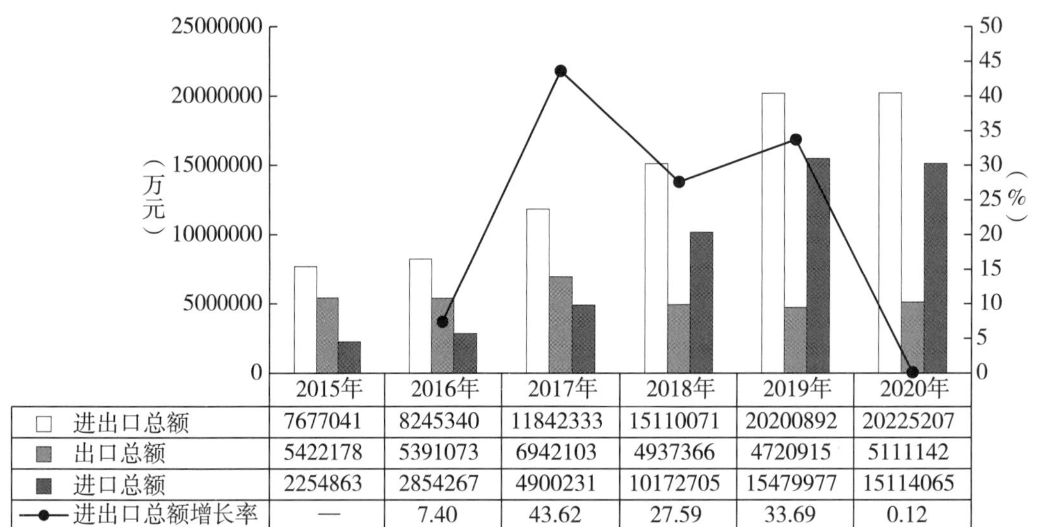

	2015年	2016年	2017年	2018年	2019年	2020年
□ 进出口总额	7677041	8245340	11842333	15110071	20200892	20225207
■ 出口总额	5422178	5391073	6942103	4937366	4720915	5111142
■ 进口总额	2254863	2854267	4900231	10172705	15479977	15114065
—●— 进出口总额增长率	—	7.40	43.62	27.59	33.69	0.12

图 13－5　2015—2020 年广东自贸区进出口总额及增长率

资料来源：海关总署。

（三）中国（天津）自由贸易试验区

天津自贸区的进出口数据由东疆保税港区、天津港保税区、天津保税物流园区和滨海新区综合保税区的进出口数据整合得出。2015—2020 年天津自贸区进出口总额及增长率如图 13－6 所示。

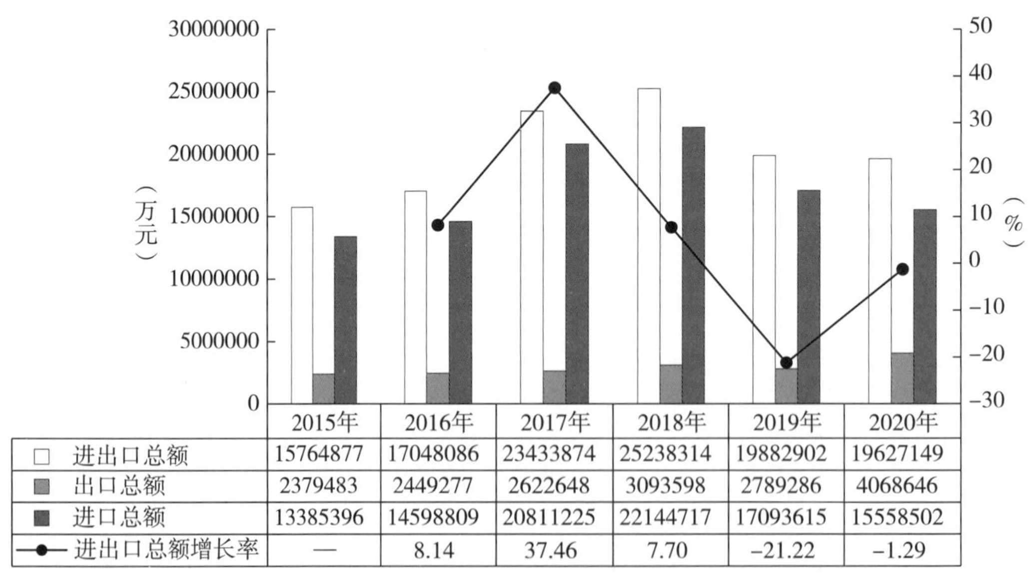

	2015年	2016年	2017年	2018年	2019年	2020年
□ 进出口总额	15764877	17048086	23433874	25238314	19882902	19627149
■ 出口总额	2379483	2449277	2622648	3093598	2789286	4068646
■ 进口总额	13385396	14598809	20811225	22144717	17093615	15558502
—●— 进出口总额增长率	—	8.14	37.46	7.70	-21.22	-1.29

图 13－6　2015—2020 年天津自贸区进出口总额及增长率

资料来源：海关总署。

天津自贸区进出口总额波动较大，在 2018 年达到了峰值 25238314 万元，此后进出口总额连续下降。进出口总额增长率在 2017 年达到 37.46% 的峰值，在 2019 年降到 -21.22% 的最低值。6 年间，出口总额与进口总额存在明显差距，总体上看，平均每年的进口总额占到进出口总额的 80% 左右，是当年出口总额的 4 ~ 8 倍，可见，天津自贸区的贸易以进口为主。

（四）中国（福建）自由贸易试验区

福建自贸区的进出口数据由象屿保税区、象屿保税物流园区、厦门海沧保税港区、福州保税区、福州出口加工区和福州保税港区的进出口数据整合得出。2015—2020 年福建自贸区进出口总额及增长率如图 13 - 7 所示。

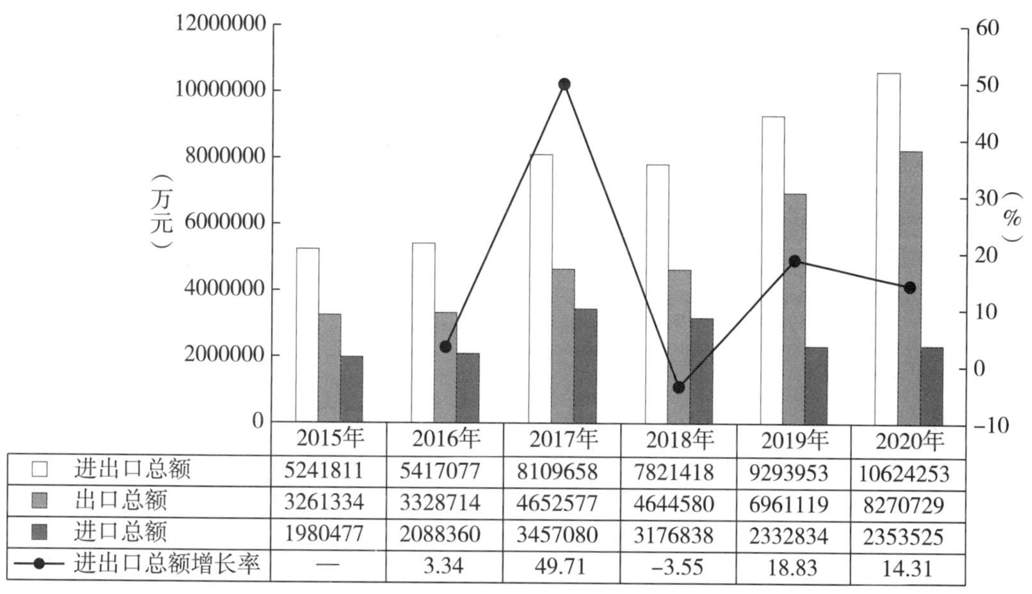

	2015年	2016年	2017年	2018年	2019年	2020年
□ 进出口总额	5241811	5417077	8109658	7821418	9293953	10624253
■ 出口总额	3261334	3328714	4652577	4644580	6961119	8270729
■ 进口总额	1980477	2088360	3457080	3176838	2332834	2353525
—●— 进出口总额增长率	—	3.34	49.71	-3.55	18.83	14.31

图 13 - 7　2015—2020 年福建自贸区进出口总额及增长率

资料来源：海关总署。

总体上看，福建自贸区进出口总额呈现增长的态势，2017 年增长率达到 49.71% 的峰值。进出口总额从 2015 年的 5241811 万元增长到 2020 年的 10624253 万元，增长率为 102.68%。出口总额逐年增长，而进口总额相对平稳，2020 年，出口总额约为进口总额的 3.5 倍，福建自贸区的贸易以出口为主。

（五） 中国（辽宁）自由贸易试验区

辽宁自贸区的进出口数据由大连保税区、大连出口加工区和大连大窑湾保税港区的进出口数据整合得出。2017—2020 年辽宁自贸区进出口总额及增长率如图 13－8 所示。

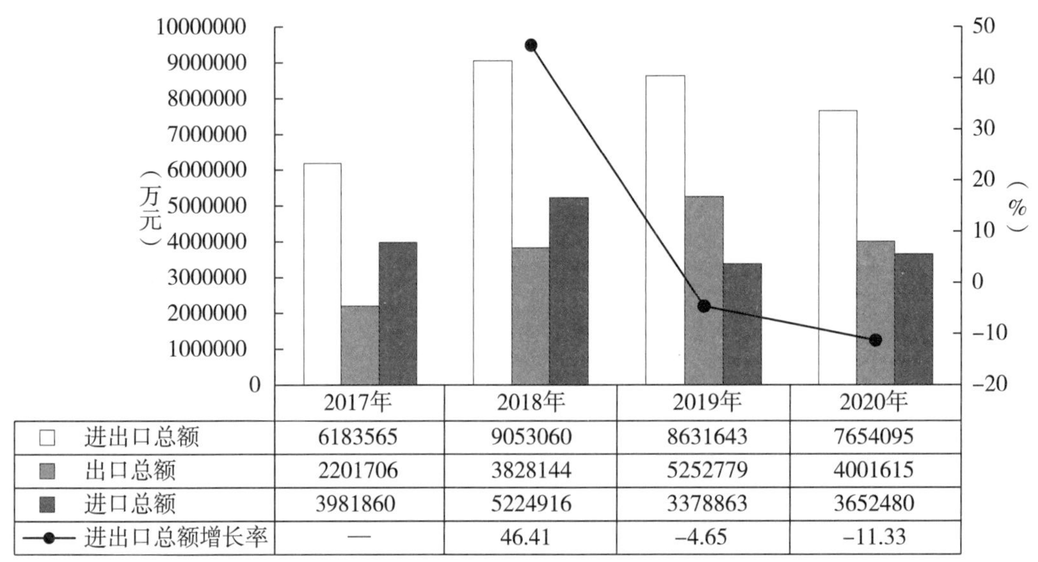

	2017年	2018年	2019年	2020年
□ 进出口总额	6183565	9053060	8631643	7654095
■ 出口总额	2201706	3828144	5252779	4001615
■ 进口总额	3981860	5224916	3378863	3652480
—●— 进出口总额增长率	—	46.41	-4.65	-11.33

图 13－8　2017—2020 年辽宁自贸区进出口总额及增长率

资料来源：海关总署。

辽宁自贸区进出口贸易额波动较大，进出口总额在 2018 年达到 9053060 万元的峰值，此后的两年略有下降。进口总额与出口总额频繁波动，2017 年与 2018 年以进口贸易为主，2019—2020 年以出口贸易为主。

（六）中国（浙江）自由贸易试验区

浙江自贸区的进出口数据由舟山港综合保税区的进出口数据整理得出，2020 年 8 月浙江自贸区扩围后，加入了杭州综合保税区、宁波保税区和金义综合保税区 8 月至 12 月的进出口数据。2018—2020 年浙江自贸区进出口总额及增长率如图 13－9 所示。

浙江自贸区进出口总额逐年递增，增长速度不断加快，从 2018 年的 1000241 万元增长到 2020 年的 8827280 万元，实现了近 9 倍的快速增长。2020 年 8 月，国务院批准浙江自贸区在原 119.95 平方公里的基础上扩展，扩展区域实施范围 119.5 平方公里，涵盖宁波、杭州、金义三个片区。新片区的加入，为自贸区的发展注入了新动能，相较 2019 年，2020 年进出口总额增长率达到 352.75%。进口总额与出口总额也增长较快，2019 年和 2020 年的进口总额分别占到进出口总额的 82.78% 和 76.04%，2018 年进口总额占到进出口总额的 93.37%，是出口总额的 14 倍之多。由此可见，浙江自贸区是以进口贸易为主的。

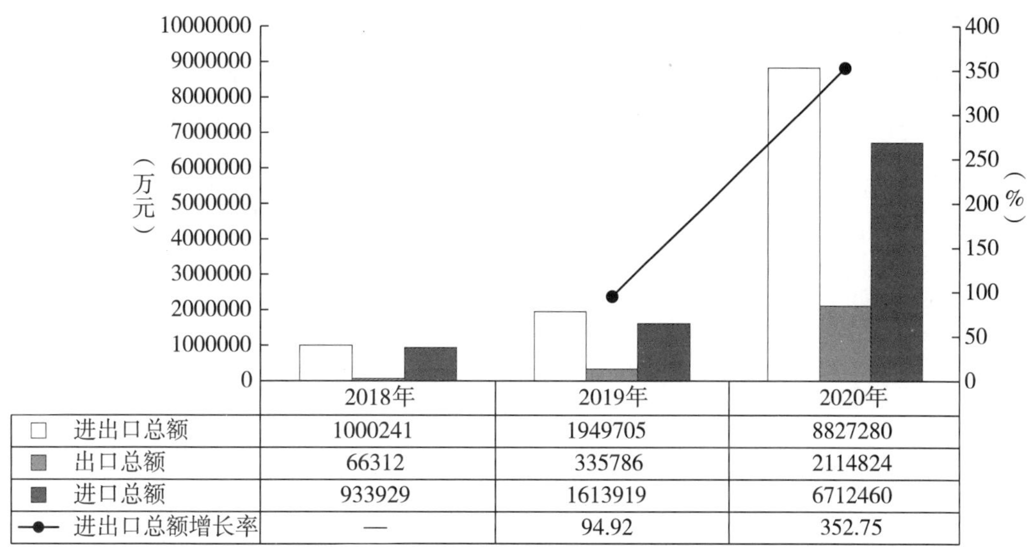

	2018年	2019年	2020年
□ 进出口总额	1000241	1949705	8827280
■ 出口总额	66312	335786	2114824
■ 进口总额	933929	1613919	6712460
—●— 进出口总额增长率	—	94.92	352.75

图 13－9　2018—2020 年浙江自贸区进出口总额及增长率

资料来源：海关总署。

（七）中国（河南）自由贸易试验区

河南自贸区的进出口数据由河南郑州出口加工区和河南保税物流中心（B 型）的进出口数据整合得出。2017—2020 年河南自贸区进出口总额及增长率如图 13－10 所示。

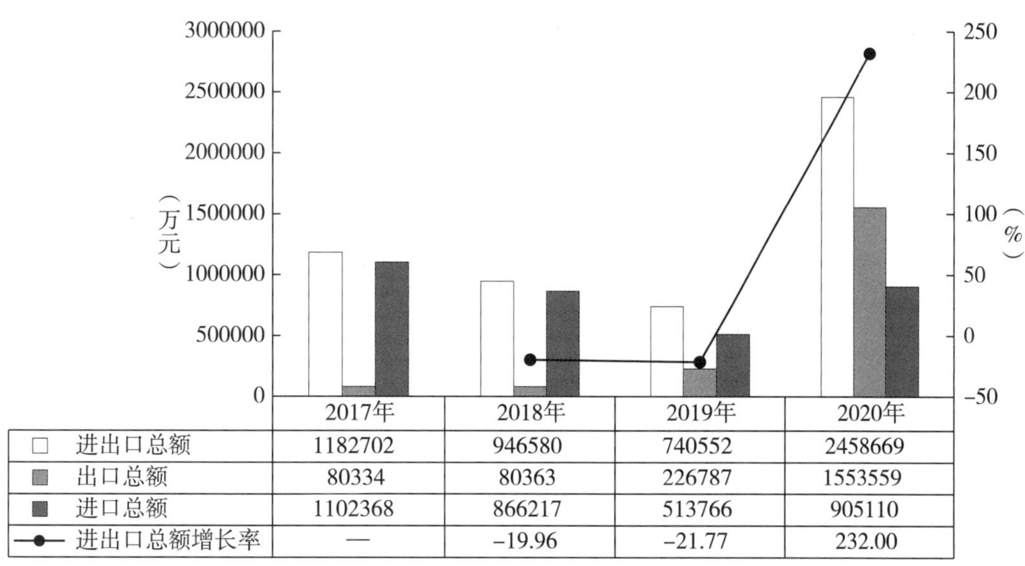

	2017年	2018年	2019年	2020年
□ 进出口总额	1182702	946580	740552	2458669
■ 出口总额	80334	80363	226787	1553559
■ 进口总额	1102368	866217	513766	905110
—●— 进出口总额增长率	—	-19.96	-21.77	232.00

图 13－10　2017—2020 年河南自贸区进出口总额及增长率

资料来源：海关总署。

河南自贸区成立前三年的进出口总额呈逐年减少的趋势，出口总额也处于较低水平。然而在2020年进出口总额急剧上涨，增长率达到232.00%，与前两年的负增长形成了鲜明对比，出口总额也具有相同的增长趋势，另外，2020年的出口总额超过了进口总额，出口总额增长率585.03%。

（八）中国（湖北）自由贸易试验区

湖北自贸区的进出口数据由武汉东湖综合保税区和襄阳保税物流中心（B型）的进出口数据整合得出。2017—2020年湖北自贸区进出口总额及增长率如图13－11所示。

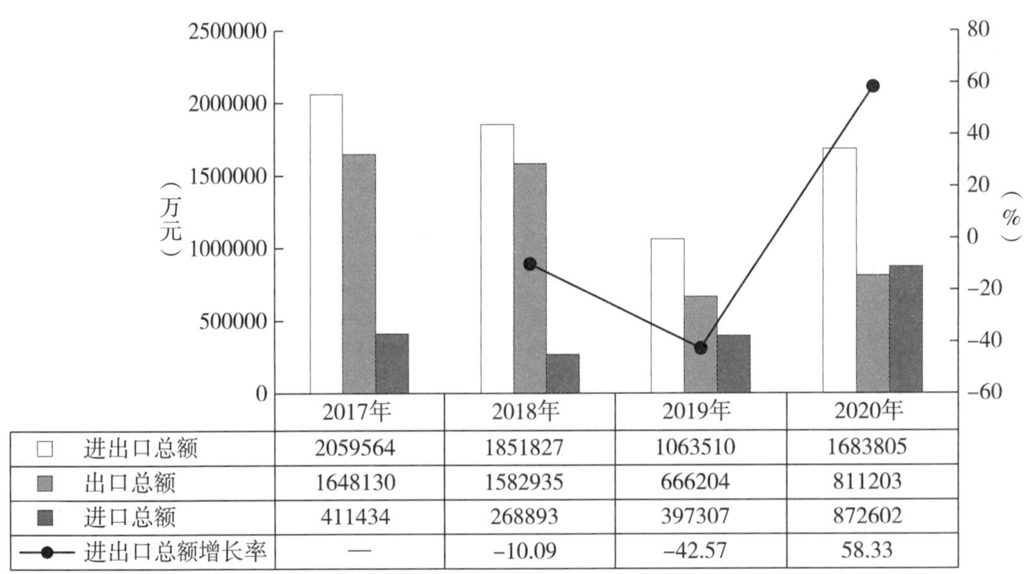

	2017年	2018年	2019年	2020年
□ 进出口总额	2059564	1851827	1063510	1683805
■ 出口总额	1648130	1582935	666204	811203
■ 进口总额	411434	268893	397307	872602
●— 进出口总额增长率	—	−10.09	−42.57	58.33

图13－11 2017—2020年湖北自贸区进出口总额及增长率

资料来源：海关总署。

湖北自贸区进出口总额增长率变化较大，2019年出现42.57%的负增长，而2020年增长率达到58.33%；进出口总额波动也尤为明显，2019年的1063510万元为近四年的最低值。另外，进口总额和出口总额有不同的变化趋势，整体来看，出口总额呈下降趋势，进口总额呈上升趋势，进出口差额不断减小，2020年达到了接近相等的状态。

（九）中国（重庆）自由贸易试验区

重庆自贸区的进出口数据由重庆两路寸滩保税港区、重庆西永综合保税区和重庆铁路保税物流中心（B型）的进出口数据整合得出。2017—2020年重庆自贸区进出口总额及增长率如图13－12所示。

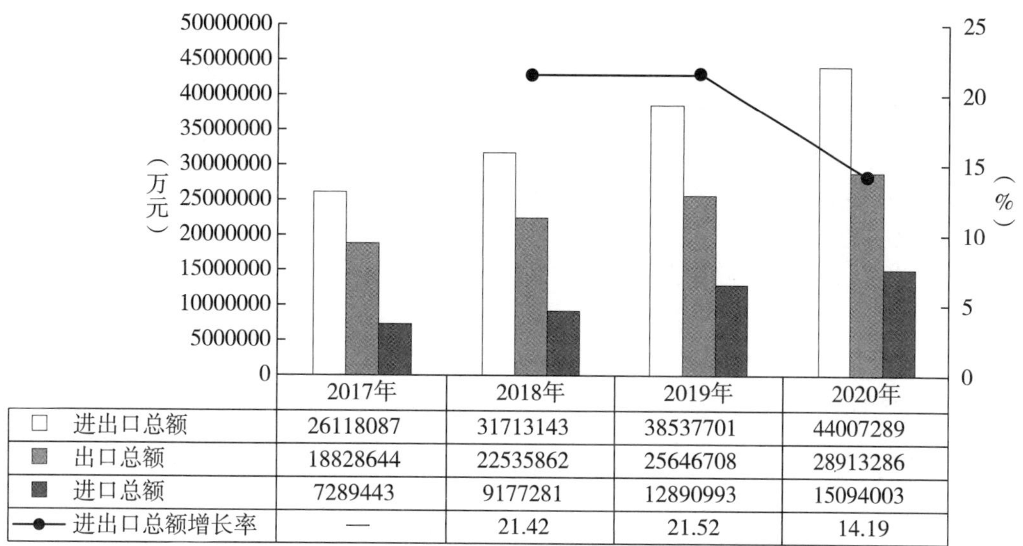

	2017年	2018年	2019年	2020年
□ 进出口总额	26118087	31713143	38537701	44007289
■ 出口总额	18828644	22535862	25646708	28913286
■ 进口总额	7289443	9177281	12890993	15094003
—●— 进出口总额增长率	—	21.42	21.52	14.19

图 13－12　2017—2020 年重庆自贸区进出口总额及增长率

资料来源：海关总署。

近年来，重庆自贸区进出口总额呈稳步上升态势，进出口总额增长率较为稳定，分别为 21.42%、21.52%、14.19%。进出口总额从 2017 年的 26118087 万元增长至 2020 年的 44007289 万元，增长幅度非常明显；出口总额、进口总额也具有稳定的增长趋势，出口总额约为进口总额的二倍。由此可见，重庆自贸区是以出口贸易为主的自贸区。

（十）中国（四川）自由贸易试验区

四川自贸区的进出口数据由成都高新综合保税区、成都空港保税物流中心（B 型）、成都铁路保税物流中心（B 型）和泸州港保税物流中心（B 型）的进出口数据整合得出。2019 年 9 月 25 日，天府新区成都片区保税物流中心（B 型）正式封关运营，因此 2020 年四川自贸区进出口数据还加入了天府新区成都片区保税物流中心（B 型）的数据。2017—2020 年四川自贸区进出口总额及增长率如图 13－13 所示。

自建立以来，四川自贸区的进出口量呈稳步上升趋势，进出口总额增长率较为稳定，维持在 20%～30%。4 年间，四川自贸区的进出口总额从 2017 年的 27677542 万元增长至 2020 年的 57566580 万元，增长率为 107.99%；出口总额和进口总额相差不大，出口总额总体高于进口总额。

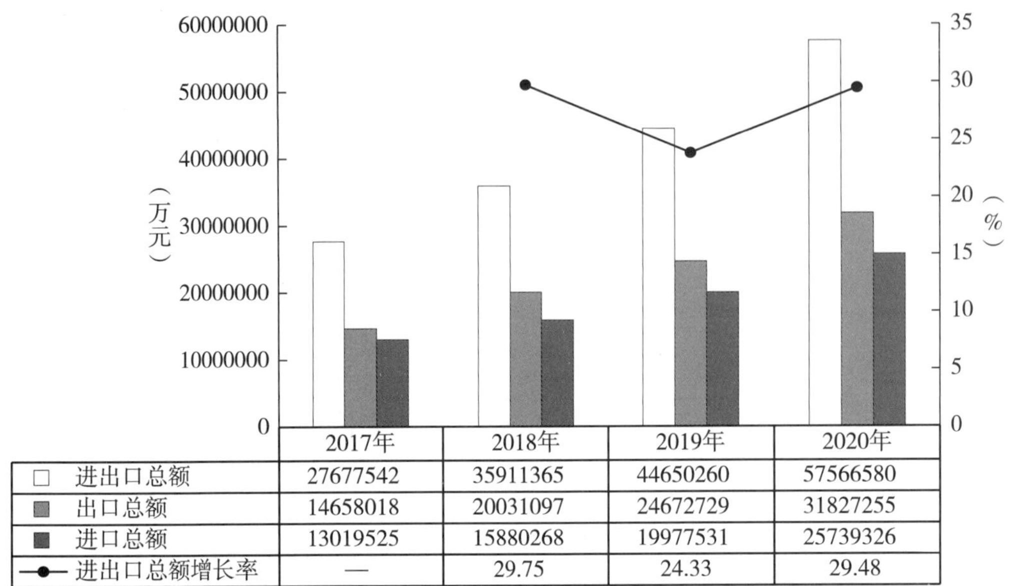

	2017年	2018年	2019年	2020年
□ 进出口总额	27677542	35911365	44650260	57566580
■ 出口总额	14658018	20031097	24672729	31827255
■ 进口总额	13019525	15880268	19977531	25739326
—●— 进出口总额增长率	—	29.75	24.33	29.48

图 13－13　2017—2020 年四川自贸区进出口总额及增长率

资料来源：海关总署。

（十一）中国（陕西）自由贸易试验区

陕西自贸区的进出口数据由陕西西安出口加工区、西安高新综合保税区、陕西西咸保税物流中心（B 型）和西安综合保税区的进出口数据整合得出。2017—2020 年陕西自贸区进出口总额及增长率如图 13－14 所示。

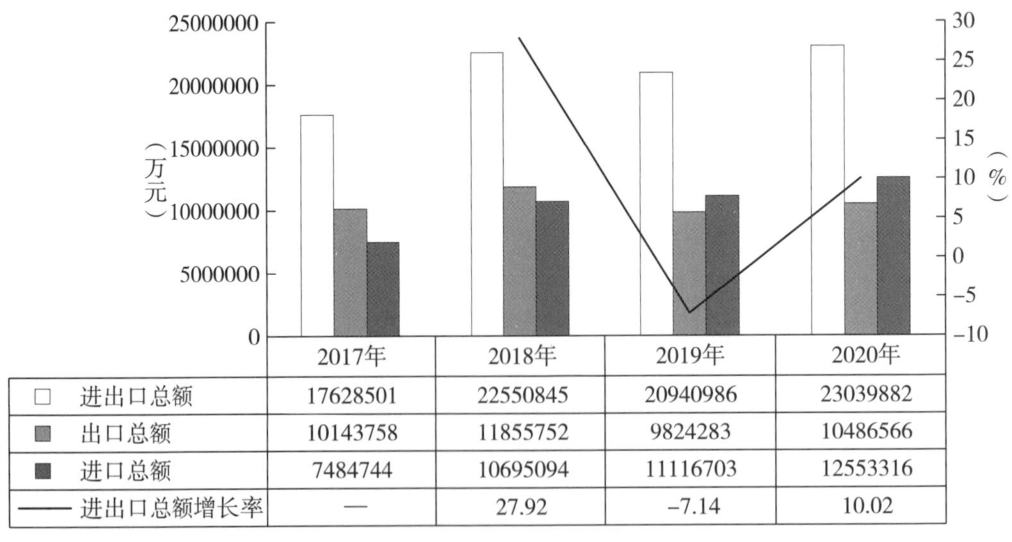

	2017年	2018年	2019年	2020年
□ 进出口总额	17628501	22550845	20940986	23039882
■ 出口总额	10143758	11855752	9824283	10486566
■ 进口总额	7484744	10695094	11116703	12553316
—— 进出口总额增长率	—	27.92	−7.14	10.02

图 13－14　2017—2020 年陕西自贸区进出口总额及增长率

资料来源：海关总署。

2017—2020 年，陕西自贸区的进出口总额维持在一个相对稳定的水平，2018 年进出口总额增长较快，达到 27.92%。出口总额和进口总额也呈现相对稳定的变化趋势，出口总额变化幅度极小，进口总额有缓慢上升的趋势，两者在数量上较为接近；在占进出口总额比例上，出口总额比例逐年降低，进口总额比例逐年增加。

三、自贸区内班列及其他运输方式情况

表 13－5 显示了我国自贸区内班列及其他运输方式情况。

表 13－5　　我国自贸区内班列及其他运输方式情况

自贸区名称	班列及其他运输方式
中国（上海）自由贸易试验区	“南通—上海”海铁联运班列
中国（广东）自由贸易试验区	中欧班列、南亚班列
中国（天津）自由贸易试验区	铁水联运、中欧班列
中国（福建）自由贸易试验区	中欧班列
中国（辽宁）自由贸易试验区	中欧班列
中国（浙江）自由贸易试验区	中欧班列
中国（河南）自由贸易试验区	中欧班列
中国（湖北）自由贸易试验区	中欧班列
中国（重庆）自由贸易试验区	中欧班列、西部陆海新通道
中国（四川）自由贸易试验区	中欧班列、西部陆海新通道
中国（陕西）自由贸易试验区	中欧班列、南亚班列、西部陆海新通道
中国（海南）自由贸易试验区	
中国（山东）自由贸易试验区	中欧班列、海铁联运
中国（江苏）自由贸易试验区	中欧班列、中铁箱铁海快线班列
中国（广西）自由贸易试验区	西部陆海新通道（海铁联运）
中国（河北）自由贸易试验区	中欧班列、中亚/南亚多式联运国际班列、中国—东盟多式联运国际班列
中国（云南）自由贸易试验区	中国—东盟多式联运国际班列
中国（黑龙江）自由贸易试验区	陆海联运、中欧班列
中国（北京）自由贸易试验区	
中国（安徽）自由贸易试验区	中欧班列
中国（湖南）自由贸易试验区	中欧班列

资料来源：中国开发区协会陆港分会整理统计。

从表 13－5 中可以看出，多数自贸区内开行了中欧班列，广东自贸区、陕西自贸区等开行了南亚班列，重庆自贸区、四川自贸区、陕西自贸区和广西自贸区等借助西部陆海新通道开展了多式联运。

依托海运和铁路运输的多式联运在对外贸易过程中发挥了关键作用。如上海自贸区开通了“南通—上海”海铁联运班列，天津自贸区内开展了铁水联运，以及江苏自贸区开行了集装箱铁海快线班列等。

第三篇

典型陆港

第十四章　典型陆港案例分析

案例 1

成都国际陆港多式联运“一单制”创新实践案例

【摘要】

2017 年，成都国际陆港通过整合供应链物流资源、金融资源，成为取得银行和贸易方认可的监管运输方，签发了全国第一单针对中欧班列的多式联运提单，实现了“一单到底 + 全程负责 + 金融创新”。此后，成都国际陆港着眼不同企业贸易融资需求，大力推进多式联运金融服务平台建设，陆续与银行、保险公司、开证公司等合作，探索“一单制”结合供应链金融公司、银担联合体、区块链平台等多方协同、风险共担的陆上贸易结算融资新机制。2019 年，成都国际陆港“一单制”改革成功入选中组部组织编选的《贯彻落实习近平新时代中国特色社会主义思想在改革发展稳定中攻坚克难案例》丛书，这是四川省经济领域唯一入选案例，其创新改革实践取得了良好的经济效益和社会效益。

一、基本情况

成都国际陆港运营有限公司（以下简称“成都国际陆港”）是由政府和铁路部门共同投资成立的成都铁路口岸国有运营平台公司，主要负责成都国际铁路港口岸和相关物流资源的统筹运营，依托铁路骨干优势，整合场站、铁路、汽运、水运资源，建设中欧班列（成都）两端物流服务网络和辐射沿海、沿边、沿江地区的“蓉欧 +”铁路班列通道，搭建统一的内陆港多式联运服务平台，形成“贯通南北、连接东西、通江达海、覆盖全球”的国际物流枢纽。

四川地处西部内陆，与沿海、沿边地区相比，国际贸易物流时间长、综合成本高的劣势制约了外贸产业的发展。在“一带一路”倡议的引领下，跨欧亚铁路联运发展迅猛，中欧班列（成都）2016 年开行 460 列、2017 年开行 858 列、2018 年开行 1587 列、2019 年开行 1551 列，连续 4 年保持中欧班列开行量全国第一位，2020 年 8 月 26 日累计开行量率先突破6000列，为中国与欧洲间国际贸易提供了全新的物流模式，使四川从开放边缘逐步迈向开放前沿。为了进一步深入贯彻落实“一带一路”倡议，推进以陆路运输为主的跨境运输和内陆自贸区的发展，针对多种运输方式单证不统一、运输规则和标准不一致、陆路运输单证缺乏物权属性等不足，成都国际陆港在四川自贸区青白江片区指导下，积极发挥国家自贸区试验田作用，创新多式联运“一单制”，与国际铁路多式联运相衔接，探索推行中欧班列货物运输“一次委托、一口报价、一单到底、一票结算”，并通过与金融机构合作，推进多式联运“一单制”贸易金融和供应链金融功能，着力探索基于国际铁路联运的物流与贸易新规则，以“制度创新高地”支撑“内陆开放高地”，以“一单制”改革为关键切入点，加快打造“硬件设施互联互通、软件规则标准统一”的全方位物流与贸易跨境合作格局，推动内陆与沿海、沿边、沿江协同开放的生动实践，为国家全面开放探索新路径、打造新样本。成都铁路口岸外观如图14－1所示。

图14－1 成都铁路口岸外观

二、主要做法

（一）实施背景

（1）全球经济一体化带来的物流需求为多式联运业务的开展提供了土壤。随着社会发展进步，世界各国和地区之间的经济活动相互依存、相互关联，跨地区、跨国界甚至跨洲的分工协作带来了大量的物流需求，传统的单一运输方式均有自身的优点与不足。因此，大力发展多式联运业务，充分发挥各种运输方式的优势，才能满足全球经济一体化的物流需求。

（2）中欧班列全程使用标准化集装箱为多式联运业务的开展提供了有利条件。目前多式联运大多使用标准化集装箱转运货物，优化货物在多种运输方式之间的衔接和配合，有效提高货物装卸效率，压缩联运时间和成本。中欧班列往返于亚欧大陆，运输过程中需要在标准轨与宽轨间进行转换，而中欧班列全程使用标准化集装箱作为载货单元，提高口岸换装效率，同时也为多式联运业务的开展提供了有利条件。

（3）成都国际陆港资源整合和全程控货能力为多式联运业务的开展提供了坚实基础。成都国际陆港自成立以来就承担了统筹口岸和各种物流资源的职能，自主开发了单一窗口信息系统，秉承“开放合作共赢”理念，通过 EDI（电子数据交换）整合口岸、铁路、公路、港口和船公司等窗口功能，同时不断完善班列订舱、场站操作、货物追踪等信息系统，拓展境内、境外合作“朋友圈”，实现了物流全过程对货物的可控可溯，能够有效保障多式联运“一单制”项下货物的物权，为多式联运业务特别是供应链和物流金融业务的开展提供了坚实基础。

（4）“四向拓展、全域开放”战略定位对多式联运业务的开展提出了更高要求。中共十八大以来，四川省委、省政府提出了“四向拓展、全域开放”立体、全面开放新态势的战略要求，随着中欧班列的开行和南向、东向通道的拓展，成都国际铁路港构建了以成都为枢纽，东联日韩、南接东盟、西达欧洲、北至蒙俄的国际物流网络，串联起国际铁路、国内铁路、公路、水运、海运等多种运输方式和运输单证、运输规则、费用结算、法律责任、金融需求等诸多难题，对多式联运业务的开展提出了更高要求。成都国际陆港中欧班列如图 14－2 所示。

图 14－2　成都国际陆港中欧班列

（二）创新做法

2017 年 4 月 6 日，成都国际陆港通过整合供应链物流资源、金融资源，成为取得银行和贸易方认可的监管运输方，签发了全国第一单针对中欧班列的多式联运提单，实现了“一单到底 + 全程负责 + 金融创新”。此后，成都国际陆港利用自身资源，着眼不同企业贸易融资需求，推进多式联运金融服务平台建设，陆续与银行、保险公司、开证公司等合作，探索“一单制”结合供应链金融公司、银担联合体、区块链平台等多方协同、风险共担的陆上贸易结算融资新机制，为国家层面推进建立相关陆上贸易规则提供了实践经验。

（1）以企业为主体先行先试，构建多式联运运输单证规则体系。一是成都国际陆港获批国家首批多式联运示范工程，取得无船承运人资格，整合多式联运资源。二是构建多式联运“提单”及配套规则体系，借鉴《联合国国际货物多式联运公约》和国际海运提单，设计多式联运“提单”样式和背书条款、相关合同文本、操作流程，引入保险体系完善多式联运权责划分。三是完善“一单到底”的全程物流监管，开发成都国际铁路港信息追踪系统，实现货物运输轨迹可追踪查询。发挥成都国际陆港口岸运营平台优势重构交付流程，进口货物到达后由成都国际陆港统一转运至监管场进行监管，避免货物由承运人直接交付，形成多式联运“一单制”控货闭环。

（2）创新“提单”金融服务，构建多方协同的风险分担机制。人民银行成都分行牵头建立联席会议机制，支持金融机构创新基于多式联运“提单”的金融服务，鼓励银行、担保、供应链金融、商业保理等各类金融主体参与，共建多方协同、风险分担的陆上贸易结算融资新机制。成都国际陆港着眼企业贸易融资需求，与金融机构合作以“一单制”为切入点探索多层次的单证融资，相继开发出“一单制” + “银保联合”“银担联合”利用货物质押融资、“一单制” + 区块链平台利用贸易真实性和贸易数据融资、“一单制” + 供应链金融平台利用行业核心企业融资等多种融资模式。同时，注重风险控制，完善违约货物处置机制，并将“一单制”与区块链、物联网等技术相结合，提高信息的透明性和可追溯性，进一步消除金融机构后顾之忧。

（3）加强统筹协调，建立跟踪评估和政策保障机制。组建由铁路、物流、金融、法律等领域专家构成的“一单制”专家组，开展“一单制”应用研究及法律风险专题研究与跟踪评估。积极探索从法律角度支持改革创新的实施路径，与四川自贸区法院建立对接机制，通过司法实践探索相关司法案例进行司法指导；推动出台《中国（四川）自由贸易试验区条例》，明确提出“推动基于铁路运单多式联运单证的制度创新”“探索多式联运一单制”。充分发挥政府引导机制，出台支持多式联运“一单制”应用的财政支持政策，在创新“一单制”应用、贷款贴息等领域给予支持，助力多式联运

“一单制”试验。

（三）实践案例

（1）控货能力得到银行认可，多式联运提单成为信用证议付单据。2017 年，中国银行锦江支行经过长期对接、考察，对成都国际陆港的控货能力和运输货物的贸易真实性高度认可，在德国不来梅通过纽伦堡发往成都的平行进口车运输过程中，成都国际陆港为银行提供第三方监管控货，以陆港签发的多式联运提单作为唯一交货凭证，认可陆港签发的多式联运提单作为银行信用证主要议付单据，从而创新实现了以中欧班列为主的多式联运贸易新方式。

（2）物流数据验证贸易真实性，多式联运“一单制”成为融资授信依据。2019 年 3 月，成都国际陆港与浩通供应链公司合作，依托陆港在物流全过程对货物的有效控制，为平行进口车企业提供多式联运提单项下在途货物（平行进口汽车）质押融资，当年合作试点签发 38 单，货值金额 7459 万元。同年 12 月，成都国际陆港携手中国银行成都青白江支行、成都新怡融资担保有限责任公司，联合打造了基于多式联运“一单制”的在途货物质押融资模式，为成都列布卡木业有限公司提供 300 万元循环额度的金融支持。以多式联运“一单制”为媒介，优化银行和企业的融资模式，利用货物或项目驱动而非企业身份驱动，使小微贸易企业无须提供反担保即可获得银行授信，增进了贸易与金融的融合，提升了自贸区中小企业的融资能力。2020 年 1 月，成都国际陆港与中国农业银行青白江支行、宜海供应链公司合作，将多式联运提单融入国内信用证质押开立国际信用证流程，为公司开展俄罗斯锌精矿进口业务提供了资金支持，该模式下国际贸易企业无须额外获批授信即可开展贸易融资业务。

（3）推进跨境区块链平台落地，多式联运“一单制”受到广泛关注。通过几年的努力，成都国际陆港逐渐成为验证贸易真实性和真实货物运输监管的核心企业，在贸易方、银行等金融方以及物流方等多方衔接中，陆港签发的多式联运“一单制”成为有效串联多方的媒介，促进国际供应链中物流、商流、信息流的高速流转。2019 年 10 月，工商银行四川省分行与成都国际陆港合作，落地全球首个基于“一单制”的跨境区块链平台——中欧 e 单通，并于当年 11 月在第二届中国国际进口博览会上发布。2019 年该平台业务 109 单，货值金额 1.75 亿元，累计为上链企业办理融资 2000 多万美元、为某中小企业办理了纯信用线上贷款 90 万元。同时，该项目受到工行总行高度关注，正在推进区块链二期合作。

（4）推进陆运提单立法进程，多式联运提单实现与国际接轨。2019 年 12 月，商务部、联合国贸法会在重庆联合主办了“国际贸易中的铁路运单使用及未来法律框架高级别研讨会”，成都国际陆港介绍了实践经验，获得参会的国际商会、国际铁路运输委员会等国际组织及最高人民法院、国家发展改革委等国家部委的广泛关注。2020 年 7 月，成都国际陆港受邀参加国际铁路合作组织物权凭证临时工作组会议，对国家铁路局修改《国际货协》相关条款，推进单证物权属性提出了实践建议。2020 年成都国际陆港与中国国际货运代理协会签署了共同推进多式联运“一单制”的战略合作协议，通过多维度对标国际一流规则，衔接多式联运节点、整合多种运输方式运输条款，以中欧班列为核心，探索公路、跨境铁路、国内铁路、海运相结合的复杂环境下的多式联运，并于2020 年9 月初签发中欧班列首张 CIFA 多式联运提单，本次试点的3 个集装箱从波兰沙夫马克公路运送至罗兹，搭乘中欧班列到达成都后接续“蓉欧 +”班列到达日照，再通过日照海运前往韩国，真正意义地实现了跨区域的多式联运门到门整合，货物直抵目标市场。

三、创新成果

2017 年成都国际陆港签发首张多式联运“一单制”，至 2020 年 9 月总计签发 6000 余单，其中 2670 单有金融属性，涉及金额 8809. 64 万元。服务品类涵盖平行进口汽车、木材、红酒、奶粉、锌精矿等，金融服务形式拓展到货物质押融资、大数据白名单授信融资等方式，联运产品包括中欧班列国际铁路联运、公铁联运、海铁联运等多种方式，实现了多产品多通道的“一单到底”“全程负责”的物流监管模式，在交通运输部、发改委第一批多式联运示范工程验收中得到了专家组的高度评价。2019 年 7 月，成都国际陆港“一单制”改革作为四川省经济领域唯一案例入选中组部组织编选的《贯彻落实习近平新时代中国特色社会主义思想在改革发展稳定中攻坚克难案例》丛书。2019 年 10 月与工商银行合作建立了全球首个基于多式联运“一单制”的跨境区块链平台，由工行总行在第二届进博会上作为成果发布。

（1）对于企业而言，成都国际陆港“一单制”创新解决了多种运输方式整合难、责任划分难和融资难的问题。一是多式联运“一单制”串联跨境多式联运的组织、安排、协调等环节，成都国际陆港发挥资源整合优势，将多种运输方式的单据处理由原有的“多头接洽”转变为“一窗受理”，极大提高了运输效率、沟通效率，有效提高了贸易便利性。二是通过多式联运“一单制”明确全程运输责任主体，并引入保险全程参与，大大降低了货物运输赔付风险和责任认定难等难题。

（2）对于银行、担保等金融机构而言，成都国际陆港“一单制”创新解决了陆运贸易物权缺失、轻资产贸易企业融资难的问题。一是通过多式联运“一单制”验证贸易真实性和稳定性，设立贸易企业白名单，将货物运输变成移动的监管仓库，解决了货物全程监管问题，并完善供应链上货物回购及处置流程，降低了金融机构向中小企业放款的风险，为轻资产贸易型企业融资助力。二是通过“一单制”创新整合资源，突破传统信贷模式，降低了中小企业信贷准入门槛，不仅可以拓展金融机构获客能力，还可以为贸易经济提质增效提供基础，让低成本资金参与供应链流转，支持中小微企业的发展，切实履行国家支持民营、支持普惠社会责任。

四、未来目标

下一步，成都国际陆港将继续推进多式联运基础设施、多式联运网络建设，拓展多式联运多元化运输渠道，为客户提供更便捷、更节约、更省心的多式联运服务。

（1）强化多式联运枢纽整合能力。一是借鉴新加坡、芝加哥等国际枢纽经济发展的经验，同时考虑国家政策导向，结合四川及成都的区域定位，以打造一流国际型枢纽为方向，推动具有全球资源整合配置能力的“蓉欧＋”枢纽建设，通过资源整合将“蓉欧＋”业务拓展至船公司、港口，实现海铁联运的全链条服务。二是精准定位适合铁路运输与欧洲、中亚、东盟等联系紧密的产业，强化不同区域和部门、产业间的统筹协调，谋划枢纽、产业与贸易的融合发展，将综合全程成本核算、联运方案企划、全程保险产品、政策等相结合，打造区域经济发展的新动能，提升资源集聚辐射能力。三是提高资源配置效率，不断优化信息系统建设，以铁路港为核心发展供应链平台，在未来物联网、区块链、人工智能等创新驱动下，大力发展智能物流，提高物流组织运作效率与供应链服务水平，降低中转、集疏、分拨时间成本与流通费用，吸引更多企业加入供应链平台，形成规模优势，进一步降低成本，形成良性循环。

（2）打造多式联运和供应链联盟体系。一是理顺业务结构，明确职责分工。以“一单制”贯穿供应链全过程，明确业务联盟需整合的资源，如银行、保险、境外货代、关务、境内货代、报关行等，筛选配合度高、服务能力强的企业，明确每项业务参与企业的责任及分工。二是建立业务闭环，规范操作流程。明确“一单制”使用过程中各节点的具体操作内容和流程，如境外货代提供什么信息，提单签发后保险如何购买，银行依据什么资料付款，最后提货环节如何交付等。三是搭建信息平台，优化数据共享。基于对供应链全流程各个环节的实际可控，并通过数据评级筛选更为合适的供应商，扩大合作紧密度。一方面为“一单制”的标准化提供工具和信息反馈，判断组织和流程是否执行到位，分析时效和成本等方面存在的问题，逐步提高效率；另一方面在自贸区为服务于贸易的金融相关抵押物提供支撑，增加可信度、可视度，并在关键环节确保企业内部衔接顺利、高效，降低风险。通过建立客户和供应商以及货物数据库，对于未来港区产业布局、金融拓展、领导决策等提供支撑。

（3）逐步建立风险防控机制。在多式联运“一单制”推进过程中，依据加快构建国际供应链体系的思路，整合资源从站到站逐步拓展至更为全面的门到门，为避免多种运输方式权责复杂化，将引入保险体系分担风险。一是全程物流保险服务，从接受货物签发提单开始，到货物交付收回提单的整个运输过程中的货物损失由保险机构提供意外保险。二是推进设立风险资金池，利用政府、担保、保险公司资源对自贸区企业建立资金池，对重点项目建立审核、追偿和风险共担机制，设立先行赔付再追偿模式，分摊风险减少金融机构顾虑。三是开发具备内陆港特色的保险产品，如履约保证保险、陆港操作责任险、陆港服务供应商操作责任险等，通过保险机构的参与不断降低整体供应链风险，为“一单制”的发展和突破提供保障。

（4）持续推进法律层面认可。法律层面的认可是多式联运“一单制”能否持续推广的关键，经过三年多的发展，“一单制”在国内突破了中小微企业的无抵押融资和区块链平台融资，初步得到了银行、担保公司等金融机构的认可，引起了国家层面高度关注，而后被商务部、国家铁路局、联合国贸法会邀请参加国际层面的相关规则、制度的研讨。下一步将通过实践创新与学术科研结合的方式，推进“一单制”相关课题研究，与有影响力的行业协会合作，不断完善单证条款及背书的适应性，为国内和国际的多式联运“一单制”提供实践经验及案例，推进“一单制”相关签发身份认定、物权属性认可、标准制定等相关法治进程。

案例 2

义乌国际陆港公铁多式联运物流体系创新实践案例

【摘要】

2020 年，突如其来的新冠肺炎疫情影响巨大。为了推进企业复工复产、市场内销外贸，义乌国际陆港依托铁路口岸开放优势，通过“水改陆”“陆转铁”等方式，保障物流“动脉畅通”“支流通达”，为广大企业渡难关谋发展保驾护航，取得了显著的创新成果。

一、基本情况

义乌市国际陆港集团有限公司（简称义乌国际陆港）为义乌市属国有企业，注册资金 2 亿元，总资产 120 亿元，现有员工 400 余人。2014 年，伴随着义乌国际贸易综合改革试点的深入推进，义乌国际陆港改制设立，肩负着国内物流园区、保税物流园区、铁路口岸、陆港电商小镇等产业项目的投资、建设、管理，并负责陆港新区约 32. 14 平方公里的基础设施配套工程（道路、综合管线、园林绿化）的投资与建设。

下属企业有 15 家：其中分公司 1 家；全资子公司 11 家，分别是义乌保税物流中心有限公司、义乌市跨境电子商务园区有限公司、义乌市陆港进出口有限公司、义乌公共保税仓储管理有限公司、义乌市陆港电子商务园区有限公司、义乌市陆港铁路口岸发展有限公司、义乌市陆港旅游发展有限公司、义乌市陆港投资开发有限公司、义乌市国内公路港有限公司、义乌市陆港信息技术有限公司和义乌市陆港国际班列有限公司；合资公司3家，分别是义乌市跨境电商供应链管理有限公司、义乌市京港物流有限公司和浙江华捷投资发展有限公司。

2020年，在新冠肺炎疫情影响之下，为积极响应国家落实“六稳”“六保”工作任务部署，义乌国际陆港成立了新的运营平台，进一步完善公铁联运物流体系。依托铁路口岸开放优势，积极发挥铁路、公路多式联运优势，打出“组合拳”，通过“水改陆”“陆转铁”等方式，化“疫情之危”为“转型之机”。

二、实施背景

（一）发展优势

1. 义乌拥有全省唯一临时对外开放的陆地口岸

2015年，国家口岸管理办公室正式发文同意义乌铁路西站作为临时口岸对外开放，标志着义乌铁路西站正式成为浙江省唯一的铁路临时对外开放口岸。口岸临时开放，叠加了全球小商品集散中心海量货源优势，每年吸引50多万人次的境外客商前来义乌采购商品。这对于深化义乌国际贸易综合改革试点、打通国际贸易通道、构建国际贸易便利化体系、推进全球小商品贸易中心和国际陆港城市建设具有重要意义。与此同时，义乌已开通了“义新欧”中欧班列，该班列成为亚欧大陆互联互通的重要纽带，有力地推动了浙江省与丝绸之路沿线国家的全方位交流合作。义乌至宁波北仑港之间还开通了铁海联运集装箱班列。

2. 义乌具备物流体系建设得天独厚的优势

一是地理位置优越。义乌位于浙江中心，南接广东、福建，北连上海经济区，东邻东方大港——宁波港，海陆空交通发达。以公路和铁路为主体框架，依托“义甬舟”与“义新欧”连接点优势，义乌物流可以形成陆海内外联动、东西双向互济的生动格局，因此，完善公铁联运物流体系建设是必然要求。

二是货物吞吐量大，货源充足。近年来，义乌物流量快速增长，义乌物流中心“零距离”服务外贸出口企业，将口岸服务功能直接延伸到义乌。越来越多的外商，通过国际物流中心把货物输送到世界各地。

三是物流布局科学高效。目前，由义乌国际陆港建设的四大物流园区——国内公路港物流中心、江北下朱物流场站、青口物流中心、福田物流中心相继投入使用，与义乌铁路口岸形成进出口联动的物流布局，能牢牢把握稳内需与扩出口并重的战略基点，为促进义乌市场繁荣提供强有力的物流支撑。

3. 政府为物流体系发展注入信心

义乌坚持走改革开放的道路，致力创新创业，“买全球、卖全球”，不断丰富“世界小商品之都”的内涵。2020 年 3 月，义乌综合保税区获国务院批准设立，这意味着义乌开放层级再上一个台阶，所有外贸进出口企业、跨境电商企业、市场主体都迎来一个“黄金时代”。另外，义乌市人民政府办公室也印发了《义乌市物流业财政扶持办法》等扶持政策，鼓励义乌物流行业向纵深发展。

（二）制约瓶颈

1. 多式联运耦合程度不高

义乌公路、铁路、海运、航空等不同运输方式之间衔接还不够畅通，部分领域、环节的市场化程度还不高，一定程度上影响物流效率。

2. 物流成本较高

受新冠肺炎疫情影响，运输通道实施了“硬隔离”，物流领域一度出现环节增多、人手不足、供给短缺等情况，在出口领域审批更严、时间更长，一定程度上阻碍了广大物流企业的经营活动，物流成本趋于高位、难以下降。

3. 智慧物流建设滞后

义乌对城市物流业空间布局进行了梳理和完善，物流场站建设如火如荼，充分发挥了物流战略性、基础性作用。但当前物流信息化建设较为滞后，信息不够透明、匹配不够精准、组织不够科学，造成了物流体系不够智慧高效，对城市交通、城市环境造成了一定的干扰和压力。

4. 缺乏物流拔尖人才

近年来，义乌市场对现代物流需求日益强烈，物流整体作业水平也有所提高，但随着科学技术的进步、观念的更新，也面临着人才匮乏的状况，很多时候是“一将难求”。因此，亟待吸纳众多物流人才，支撑物流体系建设。

三、主要做法

（一）成果内涵

义乌国际陆港目前公路转关、铁路转关业务不断壮大，为广大跨境电商企业创造了新的物流通道。“义新欧”eWTP 菜鸟号这一长三角区域首条跨境电商中欧班列，实现义乌到比利时列日两大 eWTP 之城的铁路干线直联。2020 年 1—9 月，跨境电子商务监管中心处理 9610 出口票件量达 646 万件，同比增长 410.74%；货值 2451 万美元，同比增长657.23%。“义新欧”班列往返运行超628列，日发运量最高达6列，发运频次创历史新高。进口肉类28150吨，总货值约8000万美元。义乌“世界货架”搭建提速增效。义乌打破进口产品只能依赖沿海沿边和空港口岸转关的现状，真正具备国际物流集散中心的功能，打造全球日用消费品进入中国的桥头堡。2020年新冠肺炎疫情期间，通过公铁多式联运，义乌国际陆港积极组织货源，为“一带一路”沿线国家送去抗疫物资和生活用品，在很大程度上缓解了疫情压力，助力沿线国家恢复生活秩序、发展经济。另外，也为社会提供2000多个就业岗位。

（二）创新多式联运物流体系

依托沪昆铁路、浙赣铁路建设，作为全国首个承担国家级国际贸易综合改革的县级市，义乌抓住国家级国际贸易综合改革试验区和综合保税区优势的战略机遇，抢抓“义新欧”班列与“义甬舟”大通道连接点优势，以中欧班列、中亚班列和“义乌—宁波北仑”的铁海联运为载体，义乌国际陆港充分发挥智能物流服务平台优势，服务制造企业、商贸企业，持续引进、培育、赋能中小物流企业，努力实现区域制造企业、商贸企业、物流企业降本增效，助力区域招商引资及经济快速发展。

1. 打造“节约型”公铁多式联运物流体系

公铁多式联运是复合型的运输组织模式，不仅可以有效提高运输效率、实现长距离绿色安全运输，而且可以降低物流成本、减轻企业负担，是构建综合交通运输体系的关键。义乌国际陆港的义乌铁路口岸、义乌公路港等是公铁多式联运物流的重要节点，能很好保障物流园区货运场站发挥铁路运输、信息服务、快速中转等功能，实现公铁联运无缝衔接，进一步缓解城市道路拥挤，确保货物运输高效快捷。

2. 打造“智慧型”公铁多式联运物流体系

义乌国际陆港积极推进智慧物流建设，开启“大数据+公铁联运”模式，加快智能化硬件设施建设与软件系统开发，结合云计算、大数据、移动互联、区块链等先进信息技术的应用和推广，进一步推动信息资源互通共享，实现经营主体、行业部门、货运车辆、场站枢纽之间的有机连接，集聚物流、商流、信息流、资金流等，最大限度提升物流体系运转效率。

3. 打造“集约型”公铁多式联运物流体系

义乌国际陆港以多式联运监管中心为阵地，加强资源整合，优化功能布局，完善指定口岸集中查验区、出口区、进口中转分拨区、多式联运功能区。多式联运监管中心集政策突破、功能试验、成品宣传于一体，具备总部基地、商务办公、生活休闲、物流金融及辅助服务等功能，并根据区域特色与口岸优势，打造货运代理、信息中心、零担快运、仓储配送、停车场、汽修及汽配、堆场、大型停车场、生产作业调度中心、综合配套服务区等服务性产业链条。

4. 打造“服务型”公铁多式联运物流体系

服务好“一带一路”倡议。“一带一路”倡议是义乌依托铁路口岸实现扩大开放的重要举措，公铁多式联运将发挥积极作用，有效促进与沿线国家合作。2020 年，义乌国际陆港会同义乌海关、市场发展委和铁路部门成立工作专班，以战时状态抓班列运营，化危为机、攻坚克难，组建陆港国际班列公司作为“义新欧”班列义乌平台班列运行主体，变服务商为运营商，全力保障班列“应运尽运、应发尽发”。

服务好市场主体发展。科学高效、价廉的物流体系，是市场主体快速发展的关键，既可以扩大内需，又可以增加出口，为培育进口市场、壮大出口市场注入坚强动力。

（三）六大具体措施

1. 夯实基础设施建设，不断提升承载能力

义乌国际陆港把物流业作为战略产业加以重视、培育和发展，通过加快基础设施建设，力求突破瓶颈制约，构建物流高地。目前国内物流场站主要有义乌国内公路港物流中心（义乌公路港）、青口物流中心、福田物流中心、江北下朱物流场站等。义乌国内公路港物流中心鸟瞰图如图 14 -3 所示。

图 14 -3 义乌国内公路港物流中心鸟瞰图

义乌国内公路港物流中心集专线运输、城市配送、集货中转、供应链中心等物流业态于一体，是国内干线物流集疏运中心，是义乌实现国内物流转型升级和物流出城最主要的承载主体，也是全国单体面积最大的物流枢纽项目。已吸纳 245 家干线企业共 423 个档口入驻经营，直达全国大中小城市 499 个，物流“神经末梢”基本遍及全国各地。

义乌国内公路港物流中心总用地面积约744亩，总建筑面积达69万平方米，投资约28亿元，其中一期总占地557亩，并于2019年4月30日正式投用。

江北下朱货运场位于310省道与城北路交叉口以东、义乌江以北，占地200多亩，总投资3000多万元。江北下朱货运场建筑面积27000多平方米，有经营用房465间，于2009年7月12日投入运营。江北下朱货运场是义乌国内物流的重要临时场站，现有经营户157家，其中托运处152家，卸货点5家。货运网络齐全，专线达140多条。

青口物流中心位于义乌市阳光大道与甬金高速交叉处西侧白莲塘和观音塘地块，总用地规模约310亩，其中北侧地块约122亩，南侧地块约189亩，总建筑面积约为10.8万平方米，包含集货中转区、零担快运区、辅助及管理用房等。有经营用房约231间，共招入物流企业221家，其中零担快运区211家（南侧137家、北侧74家）、卸货点10家。南侧区块设有零担快运区8栋共140间，北侧区块设有零担快运区5栋共76间，卸货点1栋共15间，还设有2层集货中转区，一楼可用于集货中转，二楼可用于仓储。

福田物流中心位于义乌市阳光大道东侧、天宝路南侧地块，规划总用地约177亩，计划总投资1.5亿元，总建筑面积约5.68万平方米，经营用房137间（零担快运区共10栋共118间、卸货点1栋共19间）。共招入物流企业126家，其中零担快运区115家，卸货点11家。

青口物流中心南北两侧和福田物流中心分别设有2栋辅助用房作为配套服务区，主要功能包括办公、商业服务（超市、餐厅）、汽车服务、客户服务中心，面向园区物流企业提供办公、餐饮、汽修汽配等一站式服务。

由子公司义乌市陆港铁路口岸发展有限公司经营的义乌铁路口岸是义乌市落实浙江省“一带一路”倡议的支点、城市向西发展的新增长点、国际陆港物流园区的多式联运示范点、铁路国际集装箱运输的重要节点。初期采用集约式发展模式，实现铁路集装箱运输、堆存、装卸、口岸通关等基础核心功能。近期逐步实现综合发展模式，积极开展出口监管、进口保税、多式联运和综合配套等功能。

义乌铁路口岸规划总用地约1616亩，按年吞吐量40万标箱设计，分为两个阶段建设：一期项目占地215亩，投资约1.5亿元，于2015年5月开工，2016年11月正式投入使用，建有联检大楼、查验平台、监管仓库、集装箱空箱重箱堆场、熏蒸场地、停车场等设施；二期仓储区已正式投入运营。

2. 强化运输服务延伸，构建干线分拨网络

一是拓展“义新欧”班列线路。目前，义乌铁路口岸已开通义乌至中亚、义乌至伊朗、义乌至阿富汗、义乌至拉脱维亚、义乌至俄罗斯、义乌至白俄罗斯、义乌至英国伦敦、义乌至捷克布拉格、义乌至西班牙马德里、义乌至法国杜尔日、义乌至比利时列日等十几条线路，主要出口方向在中亚和欧洲，途经哈萨克斯坦、俄罗斯、白俄罗斯、波兰、德国、法国、西班牙7个国家。班列运行线路全长1.3万多公里，从义乌到马德里需17～18天。常态化开行“义新欧”吉利号、温州号、诸暨号，开通了长三角地区首条跨境电商中欧班列——eWTP菜鸟号，实现了铁路运输跨境电商包裹的模式突破，为线上、线下中小企业提供便利、高效、阳光的跨境贸易物流解决方案。

二是加强公铁物流无缝衔接。为提升运输服务质量、强化物流通道建设、延长辐射半径，义乌公路港在“义新欧”回程货物集散中转上，进一步发挥公路干线对于周边商贸市场的集聚和分拨功能，其业务基本覆盖全国主要城市，全省89个县级行政区可实现当日“门到门”服务。同时，依托灵活便利的运输特性，通过零担快运服务提供浙江省乃至全国的区域物流分拨，实现“义新欧”回程货物国内段的集中分拨。当前已引进浙江金斯顿供应链集团有限公司、义乌市香罗供应链管理有限公司等企业。

三是提高短驳物流运营效率。为深入把握智慧物流发展趋势，构建交通物流产业新经济的形态，义乌国际陆港在对国内及义乌同城配送业态做了深入的调研和业务模式分析后，整合多方优势资源，成立了“义乌好运”城市配送平台。

以降本增效、服务民生为使命，致力于构建“绿色、高效、集约”的商贸物流同城配送服务体系。“义乌好运”城市配送平台整合线下城配运力、仓储等资源，陆续开通城配专线和即时送达两大主营业务，服务城市主要商贸区、工业区和物流园区。平台通过区块链、人工智能、大数据、云计算等先进技术，将闲散的货源、同城运力以及干线物流等物流资源进行整合，实现车货匹配、智能调度、动态集拼等智能化功能，提升货物物流效率，降低城市拥堵状况。“义乌好运”城市配送平台部分车辆外观如图14－4所示。

图14－4　“义乌好运”城市配送平台部分车辆外观

3. 整合公路干线资源，促进绿色物流发展

一是引进现有公铁联运线路。通过引进现有公铁联运线路，整合公路干线的运力、货物资源，增加优势线路，提升干线物流的服务品质，形成拥有多种运输方式、能满足不同物流需求的干线物流新体系，现已引进义乌至昆明、拉萨、成都、乌鲁木齐等多条公铁联运线路。

二是积极培育干线物流企业公铁联运模式发展。通过在园区管理、场地供应、部门协调等方面提供支持保障，新开公铁联运线路，增加新运力。培育入驻企业开通义乌至石家庄线路等。

三是积极配合交通部门落实《加快推进老旧营运车辆淘汰实施意见》，加大对淘汰政策宣传，引导入驻企业提前淘汰。目前入驻企业已淘汰各型国三及以下营运柴油货车共计 40 余辆，新购营运重型牵引车 20 余辆，新购新能源货车 30 余辆。同时，为创建一流绿色物流园区，满足新能源汽车的充电需求，强化场站内新能源汽车的便捷性，公路港与国家电网合作，建设 1 处新能源充电桩。

4. 加强交通组织规划，保持物流通道畅通

对义乌铁路口岸及义乌公路港各类进出口进行科学规划，采取控规模、抑需求、优路网、均流量、严管控的措施。一是将公路港一层 372 个档口和二层省内物流专线 130 个档口作为货运经营模式运营，平稳保障高峰时期每小时 5500 余车次进出；二是优化路网通行，在目前四海大道货车流量较大、东西向主流量远大于交叉口转换流量，而龙海路、圣达街利用率不高的情况下，及时对四海大道进行了改造，并且将圣达街和龙海路进行合理规划使用；三是对义乌铁路口岸和公路港内部交通组织进行了有序管控，形成主通道双向大小货车进出分离、横向单向诱导的规则，保障整体交通情况井然有序，所有物流企业运行高效。

5. 加强资源整合配置，降低物流企业成本

依托义乌商贸服务型国家物流枢纽建设的大背景，义乌公路港积极推动义乌物流行业向智能化全面升级，在发挥六大中心功能的基础上，整合提供现场监管服务、技术支持服务、生活服务，形成平台为进驻单位服务、进驻单位为货主企业服务、货主企业为最终客户服务的服务链条和相互依托关系。在完成智能化新基建体系建设的基础上，积极谋划“智慧园区管理 + 智能物流 + 产业互联网 + 供应链金融”的产业发展模式，形成一站式服务体系，有效整合义乌及周边地市商流、物流、信息流、资金流，实现供应链一体化、物流电商化、供应链管理外包化、仓储智能化、运输可视化，全面提高供应链的整体运作效率，帮助商贸企业降低物流成本。

搭建 1556 国内物流信息平台。平台采用区块链、人工智能、物联网、大数据、云计算等新技术，对车辆、货物、道路、司机、商家、物流园区等业务要素进行数字化赋能，将发货需求、社会运力、运输线路等情况进行实时智能化分析与匹配，实现智能调度、订单分单等功能，进一步提升物流智能化服务水平。将传统零散的发货时间、发货地点、物流运力等元素进行聚合，实现车货实时动态匹配、一键智能拼单、在途拼单等功能，进一步加强短驳物流业务车、货、路的集约化管理。

6. 坚持人才发展战略，提升建设管理水平

一是加强物流人才引进。高度重视人才工作，坚持云端招才、线下引智，面向社会与高校吸纳物流专业人才。与恒信人才网、千里马人才网保持紧密联系，与长安大学、西安邮电大学、合肥工业大学等十余所电商相关专业所在院校签订校企合作协议，为物流体系建设输送人才。

二是加强人才技术培训。把培养培训当成人才素质提升的关键一招，通过常态化开展陆港大讲堂、网络学习，夯实基础知识，指导变革创新。加强教育辅导，积极鼓励员工考证。目前，义乌国际陆港共有高级物流师 28 人、中级物流师 5 人。设置技术岗，让物流师干专业事。

四、创新成果

（一）经济效益

1. 跨境电商行业迎来黄金发展期

义乌国际陆港进一步做大公路转关、铁路转关业务，为广大跨境电商企业创造新的物流通道，发挥铁路运输“比空运便宜、比海运省时”优势。长三角区域首条跨境电商中欧班列“义新欧”（义乌—列日）eWTP 菜鸟号的货物通关环节，实现了中国义乌到比利时列日两大 eWTP 之城的铁路干线直联。自义乌跨境电子商务监管中心投入使用以来共处理票件量约 1200 万件，单日最高票件量超过 24 万件。

2. 义乌“世界货架”搭建提速增效

依托强大的口岸功能，义乌将打破进口产品只能依赖沿海沿边和空港口岸转关的现状，真正具备国际物流集散中心的功能，打造全球日用消费品进入中国的桥头堡，形成出口、进口并重的全方位贸易格局。截至 2020 年 10 月，义乌保税物流中心（B型）内货物来自西班牙、德国、格鲁吉亚、日本、韩国、智利、阿根廷等 60 多个国家，种类达到 7000 多个。2020 年跨境电商（1210）业务逆势而上，截至 2020 年 10 月累计实现 1210 跨境进口核放单量超 1700 万票，位列第三批试点城市第一，为浙中地区国际贸易的培育和发展提供了强有力的支撑。

3. 物流业发展强劲，出现井喷式增长

开展了干线物流整合试点，以“政企协同、以点带面、精准结对”为原则，开通了线上申报平台和服务专线，牵线搭桥助企抱团拼车。积极调研公铁多式联运的运营模式，设立青口物流中心警企合作示范点，形成园区内部保安“引导”、交警外部协同长效管理机制，有效缓解园区及周边区域的交通拥堵问题。2020年1—9月，义乌国内公路港物流中心等四大物流园月均车流量超41000辆，累计货物吞吐量944万吨。

（二）社会效益

1. 深度融入“一带一路”倡议

2020新冠肺炎疫情期间，通过公铁多式联运，义乌国际陆港积极组建货源，为“一带一路”沿线国家送去抗疫物资和生活用品，在很大程度上缓解了疫情压力，助力沿线国家恢复生活秩序、经济发展。“义新欧”中欧班列不仅成为一条“运输线”，而且成为加快促进共建、共享、共融、共赢的“贸易线”，更是确保沿线国家人民安全稳定的“生命线”。在开放式的公铁多式联运体系下，“义新欧”班列的去程和返程数量进一步增多，义乌与“一带一路”沿线国家合作基础更加扎实。

2. 间接增加就业岗位

因跨境物流通道畅通，跨境电商企业恢复生产需求强烈，但遭遇了“用工荒”的困境。义乌国际陆港开启“村企匹配”，与城西街道七一、八一等村对接，为企业输送工人2000余人，且该模式得到了复制推广。

案例3

乌鲁木齐国际陆港区创新实践案例

【摘要】

近年来，新疆国际陆港（集团）有限责任公司（以下简称陆港集团）全面贯彻落实丝绸之路经济带核心区建设系列决策部署，按照新疆维吾尔自治区党委“1+3+3+改革开放”的工作部署，认真贯彻落实“把乌鲁木齐国际陆港区打造成为核心区标志性工程”的指示要求，围绕“集货、建园、聚产业”的总体发展思路，不断加快乌鲁木齐国际陆港区基础设施建设，打造中欧班列乌鲁木齐集结中心，积极开行国际货运班列，大力吸引产业聚集，带动新疆发展更高层次、更高质量的开放型经济，推动新疆由“通道经济”向“港口经济”迈进。

一、基本情况

乌鲁木齐国际陆港区（以下简称陆港区）位于乌鲁木齐经济技术开发区（头屯河区），于2015年11月启动规划建设，是丝绸之路经济带交通枢纽中心和商贸物流中心的主要承载区。自治区党委关于丝绸之路经济带核心区建设“一港、两区、五大中心、口岸经济带”对外开放布局中的“一港”，即乌鲁木齐国际陆港，是着力打造的丝绸之路经济带核心区标志性工程。

在以习近平同志为核心的党中央亲切关怀下，在国家相关部委的指导帮助下，在新疆维吾尔自治区党委的坚强领导下，在乌鲁木齐市委、经开区委的正确指导下，随着丝绸之路经济带核心区建设的深入推进，2017 年，乌鲁木齐市将陆港区建设确定为参与丝绸之路经济带核心区建设的主要抓手，提出了“集货、建园、聚产业”的发展思路。2019 年乌鲁木齐国际陆港区被确定为国家物流枢纽（23 个之一），2020 年又被确定为全国首批中欧班列集结中心示范工程（5 个之一）。陆港区建设在“一带一路”物流发展领域已纳入国家战略序列。

陆港区规划面积 67 平方公里，空间布局“突出一核、区内配套、区外联动”，“一核”就是中欧班列（乌鲁木齐）集结中心，发挥中欧班列集结、集拼集运等物流集散分拨枢纽作用，推进“集货”；“区内配套”就是依托乌鲁木齐综合保税区、北站仓储交易产业区等功能区，发挥保税、商贸、物流、仓储、加工等功能作用，加快“建园”；“区外联动”就是协同联动乌鲁木齐市多个实体产业园区一体发展，带动“聚产业”。

二、主要做法

（一）实施背景

1. 高层的决策部署

2014 年第二次中央新疆工作座谈会召开，会议提出把新疆建设成丝绸之路经济带核心区。2015 年，国家发展改革委、外交部、商务部联合发布的《推动共建丝绸之路经济带和 21 世纪海上丝绸之路的愿景与行动》明确提出，发挥新疆独特的区位优势和向西开放重要窗口作用，深化与中亚、南亚、西亚等国家交流合作，形成丝绸之路经济带上重要的交通枢纽、商贸物流和文化科教中心，打造丝绸之路经济带核心区。

2. 良好的基础条件

新疆是我国西北的战略屏障、对外开放的重要门户、实施西部大开发战略的重点地区、战略资源的重要基地。特别是核心区的明确定位，让新疆在对外开放格局中由“末梢”变为“前沿”，面临着千载难逢的历史性机遇。

（二）发展定位

陆港区是以西站国际口岸贸易区、北站商贸物流集聚区及综合保税区为主要区域，以亚欧国际运输通道、综合交通枢纽和国际物流设施平台为基础支撑，集成班列集结组织和多式联运、国际供应链组织、开放型产业发展和体制机制创新功能的陆向开放驱动引擎、组织枢纽和产业高地。

（三）经营举措

1. 围绕“集货”，推进班列高质量发展

一是中欧班列稳步开行。截至2020年12月，陆港区累计开行中欧班列——新疆西行国际货运班列4000余列。运载货物由最初的日用百货、服装产品拓展至汽车零件、机械设备、水暖建材、电子配件以及地产农产品等200多个品类。目前日均集货量80TEU以上，高峰时达200TEU，班列日均发运量保持在3～4列，累计开行数量同比增长约45%。实现了乌西至塔什干、阿拉木图、比什凯克集装箱班列“站到站”常态化定点发运，初步形成了乌鲁木齐集结中心至哈萨克斯坦（阿腾科里）“枢纽对枢纽”的“全国集结、重装倒短”班列组织模式。

二是国内外物流网络体系不断完善。国内方面，疆内推进与石河子、吐鲁番、喀什、库尔勒、阿拉山口、霍尔果斯等地的合作，加快建设覆盖面更加广泛的新疆国际陆港体系。开行和田—喀什—乌鲁木齐的“集拼集运”班列，初步建立了以陆港为核心的疆内“集拼集运”体系。加强与长三角、珠三角及成渝等地物流合作，增强区域协调联动。加强与天津港、青岛港等东部沿海港口合作，重点面向日韩方向，大力发展东西双向的海铁联运线路。

境外加快与哈铁、俄铁等境外铁路公司的接洽合作，降低班列境外段运输价格。推动运输通道多元化，进一步完善跨“两海”（里海、黑海）至西亚、高加索地区、欧洲的铁海联运线路，加快推进中欧班列与西部陆海新通道融合发展。

三是积极开展运贸一体化业务。立足新疆产业优势以及进出口市场需求，大力推进沥青、番茄酱、木材等运贸一体化业务开展，重点开行中西亚、俄罗斯、意大利等精品班列线路，重点发展俄罗斯（大豆、木材）回程班列、伊朗（沥青等）回程班列，实现班列重去重回，进一步降低综合运输成本，提升竞争优势。

四是口岸功能日臻完善。乌鲁木齐铁路口岸临时对外开放连年顺利延期，多式联运中心封关运营，建成西北地区首个集约封闭式集装箱查验场地，保税仓库已经获批，肉类进口口岸通过验收并开展业务。乌鲁木齐跨境电子商务公共清关中心正式运营，日均处理单量位居西北五省首位。粮食、汽车整车进境指定口岸、保税物流中心（B型）相关条件已基本具备，正积极争取国家审批设立。

2. 围绕“建园”，完善设施及平台功能

一是调整优化工业结构。乌鲁木齐在全市范围内打造了14个实体工业产业园，确定连续三年每年实现1000亿元工业投资的目标。已经有正威集团、百纳威电子、莱沃科技等代表世界先进制造业的企业落户并部分投产，既对调整优化先进制造业结构起到了决定性作用，也为促进班列开行提供了产业支撑。

二是重点项目加快建设。累计投资约70亿元，相继完成了综合保税区、多式联运中心、中欧班列乌鲁木齐集结中心等一批支撑性项目，特别是投资8.4亿元的中欧班列乌鲁木齐集结中心扩建工程已建设完成，成为全国首个中欧班列专业发运场站，其硬件设施、智能化管理等承载能力处于全国领先水平，班列发运能力每年可达7000列，年作业能力达60万TEU，使陆港区班列集结、编组发运能力得到极大提升，可满足全国西向中欧班列在此集拼集运。铁路口岸商务商贸区、国际快件中心、全国纱线电子交易市场及布料展示项目等西站片区、北站片区、综合保税区功能性基础设施及中欧班列集结中心基础道路配套等近100亿元项目正在全力推进，功能性项目和口岸区配套市政基础设施不断完善。

3. 围绕“聚产业”，加快重点产业发展

一是招商引资力度不断增强。先后引进了以百世物流、华铁联达、环世物流为代表的商贸物流企业，以邮政速递、河南保税集团等为代表的国际大型跨境电商企业入驻。积极发挥铁路口岸快件中心等项目筑巢引凤作用，与众维股份、布古鲁电商等单位达成初步合作意向。以陆港为核心的交通、商贸物流中心作用逐步发挥，成为吸引工业投资加快增长的重要引擎。截至2020年10月，陆港区现有企业2200余家。其中，集结中心片区和综合保税区片区累计招商企业注册入驻180家，2020年1—9月新增注册企业40家（其中集结中心片区25家、综合保税区片区15家）。

二是跨境电商产业加快发展。依托已获批的中国（乌鲁木齐）跨境电商综合试验区和陆港区自治区级跨境电商产业园，积极配合邮局海关等单位，创新跨境电商监管模式，在原有9610+邮政小包业务基础上，突破了中欧方向9610+货运包机商业线路，实现了全国首票中欧9610+TIR运输，目前每周3车常态化发运。跨境电商在陆港区外贸行业中的占比持续提高，2020年1—9月，根据乌鲁木齐邮局海关数据，陆港区跨境电商（9610）出口商品达170余万件，已超2019年全年总量2倍多。

（四）发展思路

以“集货、建园、聚产业”为总体发展思路。“集货”，即吸引货物聚集，扩大物流组织能力和影响；“建园”，即整合资源，建设规划统一、布局合理、功能完善的国际陆港区，为企业落地创造条件；“聚产业”，即吸引相关产业在陆港区、在新疆落地聚集，打造外向型产业集群。

三、模式创新

（一）物流模式创新

在陆港区开行的中欧（中亚）班列中，部分开行的内地中欧班列受制于“五定”班列（定点、定线、定车次、定时、定价）、“一票到底”和“一站到底”的运营模式；或是因货源支撑不足，而内地陆港为了完成开行任务，以空载一部分集装箱的情况开行；再加上各地开行的班列线路严重重复，造成往返空载率居高不下、资源浪费、物流成本增加，也导致对外谈判铁路运价难度增加，不利于行业健康发展。而海关对班列实行整列监管，所以内地虽有发往乌鲁木齐的货物或在乌鲁木齐达成了货物的集结，但最终无法搭载。

为此，乌鲁木齐海关与陆港集团解放思想、开拓创新，提出了中欧班列“集拼集运”构想。所谓“集拼集运”是指，海关对中欧班列的监管从原来的整列监管，细化为对一节车厢监管，允许中欧班列由始发地加挂“内贸箱”，在乌鲁木齐开展“内贸箱”换“外贸箱”等补货作业操作，之后直接发运至欧洲。“集拼集运”可降低中欧班列空载率、降低运输成本、提高班列经济效益和竞争力。

乌鲁木齐海关向海关总署提出了《关于依托多式联运海关监管中心支持和促进中欧班列创新发展的报告》。在乌鲁木齐海关、中铁乌鲁木齐局集团公司、新疆维吾尔自治区相关厅局等单位大力支持下，陆港集团和成都及相关企业以“蓉欧快铁”为依托分别进行了“集拼集运”业务去程和返程实单测试。具体操作如下。

2017 年 12 月 17 日，“蓉欧快铁”去程测试班列（由成都—乌鲁木齐—荷兰蒂尔堡）搭载 46 车集装箱（36 车外贸货、5 车内贸货、5 车空载集装箱）由成都启运，2017 年 12 月 20 日班列抵达乌鲁木齐，卸载 5 车内贸货和 5 车空载集装箱、加挂 5 车新疆产出口货物后，形成完整的 41 车班列驶向出境地阿拉山口口岸。12 月 21 日班列顺利出境。

2018 年 2 月 12 日，“蓉欧快铁”返程测试班列（荷兰蒂尔堡—乌鲁木齐—成都）自荷兰蒂尔堡始发，搭载 41 车集装箱（其中 4 车发往乌鲁木齐、7 车发往成都的外贸货、30 车空箱），2 月 25 日到达乌鲁木齐，卸载了 4 车发往乌鲁木齐的外贸货，装载了由乌鲁木齐发往成都的 4 车内贸货。其间在乌鲁木齐停留 2 小时 10 分钟，比一般班列多停留 1 小时。2 月 27 日顺利抵达成都。

实单测试中遵循两个基本原则：一是“三个坚持”原则，坚持功能互补，提高运营整体性；坚持业务创新，实现发展新格局；坚持互联互通，提高信息化水平。二是“三个不改变”原则，不改变现有作业流程、不改变各地班列名称、不改变各地补贴标准。这样可以充分调动各省区和企业的积极性，形成各省区市优势互补、合作共赢的局面，共同推动中欧班列市场化运作、持续健康发展。

（二）技术模式创新

1. 大数据创新应用

一是全网安全监测预警与处置体系建设。通过建设网络安全态势感知平台，全方位采集大数据中心的各类数据资源，通过大数据分析、情报共享、通告预警等方式形成覆盖本项目全部信息系统的网络安全态势感知与预警能力，并形成快速告警与响应机制，提升大数据中心安全风险处置能力。

二是集装箱管理。智慧货场管理平台实现对货物集装箱全程监控跟踪管理，包括集装箱基本信息、堆放位置、装卸时间等操作环节全程跟踪。同时将集装箱信息数据存入数据库进行统计分析，利用大数据技术对生产系统数据、货场资源数据、历史作业数据进行深度整合、优化，进行数据挖掘，整合货场资源并优化调度。

三是构建陆港集团空间信息数据库。通过智能管理的基础信息，在提高陆港智能管理、物流信息化和大数据分析的精准性和高效性方面发挥作用，是无人仓储、智慧物流的基础。

四是跨境贸易大数据。基于陆港集团跨境公共服务大数据平台构建的数据服务域，以跨境贸易业务基础组成跨境贸易闭环，进行数据沉淀积累，体现云化及微服务化的特性。旨在将平台的管理和服务进行精简、优化、整合，体现数据服务能力。

五是构建多式联运物流信息共享交换服务平台。以云平台为基础设施、以大数据平台为应用支撑、以订单为起点，利用大数据技术对仓储、物流、联运等作业系统的数据进行深度整合、优化，通过对数据进行深度挖掘，形成数据资产。

2. 物联网创新应用

一是智能无人装卸载系统。利用5G、物联网等技术实现集结中心水平运输、垂直运输以及中欧班列进出集结中心等系统的智慧化转型升级。重点开展现场多路视频回传的远程控制，完成集结中心和多联中心自动理货、封闭区域内集卡自动驾驶等，助力货物转运效率和作业时长优化，实现降本增效。智能无人装卸载系统如图14－5所示。

二是构建感知网络。围绕行业领域生产安全监测、区域风险隐患监测、应急救援现场实时动态监测等应用需求，利用物联网、卫星遥感、视频识别等技术，汇集感知信息，建设全域覆盖的感知网络。实现对集结中心领域全方位、立体化、无盲区动态监测，为多维度全面分析风险信息提供数据源。

图 14－5 智能无人装卸载系统

三是智慧货场管理平台。智慧货场管理平台采用高精度北斗定位、遥感、空间可视化、物联网等技术实现货场各要素信息的实时监控和状态感知，对人员、车辆实现精准调度和管理，可实现各类数据快速传输和交换，能准确标注货场货物的停放状态及位置、货位的使用等详细情况。

3. 云计算创新应用

一是陆港云管理平台。云计算管理平台基于大数据中心陆港云对运维、运营等功能需求，将业务逻辑、数据、界面显示分离，满足对原有存量云以及后续建设的 AK 云等异构云的统一集中化管理。

二是陆港 5G 智能安防。构建陆港区立体安防体系，依托 5G 网络，在云端搭建远程安防指挥中心，基于 AR/3D 全景高清大屏，提供 5G 无人机、无人车、智能摄像头监控安防设备，形成空、天、地全方位的、高速的监控网络。在云端基于 AI 云计算能力，远程自动布防、调度摄像头、无人车等设备，快速反应，远程处理。

4. 人工智能创新应用

一是人工智能服务平台。依托陆港区数据中心基础设施服务云计算平台，部署多语种人工智能服务平台各组件。依托陆港区数据中心分布式存储，由各个融合单元的固态硬盘和机械硬盘提供性能和容量；通过虚拟化技术实现创建云主机，其数据存放在分布式存储中；管理各个单元的资源分配与调度。

二是“丝路 e 单证”平台集成开发。平台将深度整合区块链技术、物联网技术、人工智能分析、影像识别技术和大数据技术等前沿技术应用到贸易金融服务中，集成贸易、物流、监管、金融等几个业务领域的功能，打通创新链、应用链、价值链，以“物权化”为切入点探索推动单证融资，实现“一单到底+一票结算”“全程控货+金融创新”。

三是跨境公共服务智慧单证平台（见图14-6）。多种不同形式、不同语种的单证，通过后台人工智能处理，实现单证的文字识别、翻译，实现一键单证电子化，赋能云报关、云贸易、云签约等新模式，推进中国—中亚、中国—欧洲的跨国贸易便利化，同时以互联网形式开放给公众，提升“一带一路”贸易协同效率。

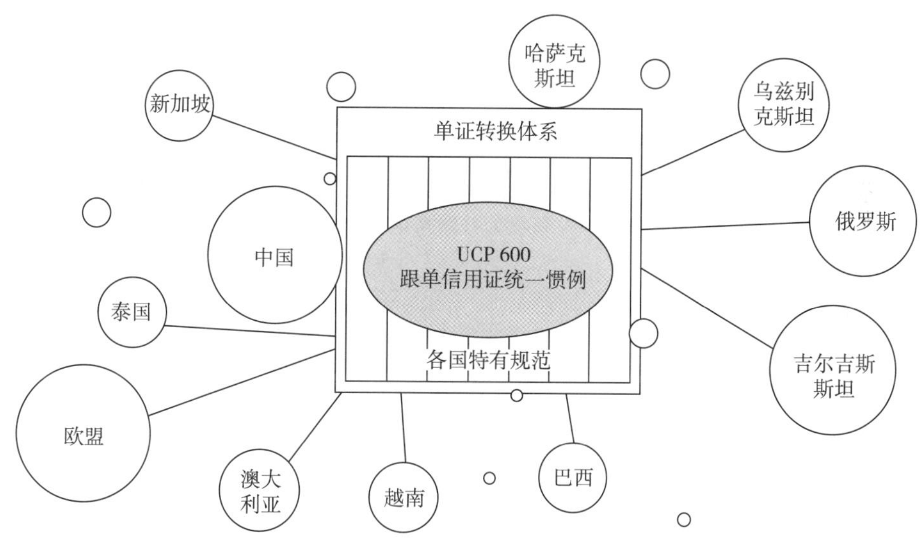

图14-6 跨境公共服务智慧单证平台

5. 移动互联创新应用

一是跨境电子商务公共服务平台。跨境电子商务公共服务平台一方面是线上贸易的作业覆盖和支撑，另一方面将各类作业场站、监管场所衔接在一起，快速推进智慧通关、智慧物流的报关行、货代、监管车司机、卡口等全面作业联动、流程串联，快速推进跨境供应链仓、货、管、运四大方向的移动端便捷作业。

二是多式联运管理平台。通过班列货物的联运、集结、调度、分拨、通关、换装一系列业务运行，系统间用户角色、作业场景繁多且复杂，通过应用业务全线全链在线支撑的移动互联系统，实现了“统一入口、多级联动、业务整合、数据贯通”的一体化移动端作业协同体系。

6. 区块链创新应用

跨境公共服务电子合同体系（见图14-7）。跨境公共服务电子合同体系通过区块链技术建立起数据存证、透明监管、链条追溯、作业协同和数据佐证，在企业身份认证、诸多商事认证等方面提供全流程服务，全贸易环节具备可追溯效力，将贸易进程提速至终极状态。

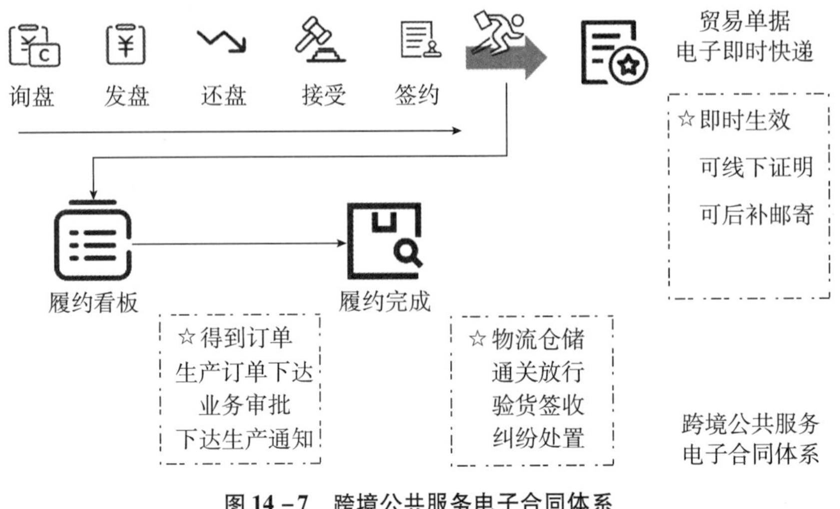

图 14－7　跨境公共服务电子合同体系

四、创新成果

（一）发展成果

1. 改变了海关监管模式和铁路物流组织模式

集拼集运的创新模式从根本上改变了海关监管模式和铁路物流组织模式，突破了“五定”（定点、定线、定车次、定时、定价）、“六统一”（统一品牌标志、统一运输组织、统一全程价格、统一服务标志、统一经营团队、统一协调平台）的限制，改变了中欧班列之前“一票到底”“一站到底”的运营模式，对进一步提升铁路运输物流组织效率和铁路运输能力、降低班列运营物流成本、提升中国货物出口的竞争力有着深远的现实意义。

2. 构建了以信息化系统为支撑、多方协同联动的工作机制

陆港集团开发建设的“智能场站”服务平台作为开展中欧班列集拼集运业务的重要支撑，其功能在实单测试过程中得到了全面检验，实现了海关、铁路、企业等部门信息数据的互联互通、共享共用，能够满足管理部门实施管理的需要，以及企业线上办理报关、报检、订舱等相关业务的需求，并推动构建了政府、联检单位、铁路、企业等多方协同联动、密切配合的新机制。同时，乌鲁木齐海关开发建设的中欧班列“互联网＋E 物流系统”，在测试中实现了对中欧班列国内段全程物流动态信息的实时掌控。

3. 提升企业市场核心竞争力

通过核心技术应用与创新，极大限度地降低了陆运物流过程中报关、通关、检验

检疫等环节出现的交流和信息交换成本，提升了物流效率和质量，降低了乌鲁木齐货物进出口的运输成本和时间成本，有利于扩大全疆地区的进出口量，有助于提升陆港乃至全疆外向型经济发展水平；有助于提升进出口贸易的运作效率和资金周转率，通过物流充分导引商流、资金流，打通境内境外贸易和资金市场形成高效运作的外贸生态系统。

4. 实现企业可持续性发展

在项目进程与企业发展中不断探索，从个例性到普遍性过渡，逐渐向标准化、规模化演进，由技术索引带动陆港至区至市发展。信息科技的创新与应用是企业发展的“常青树”和主要方向，是实现经济高质量发展的新动力，陆港区将以更开放的态度推进科技产业、丝绸之路经济带建设，从而更好地实现优势互补、互利共赢。通过带动相关产业发展，更好地促进集团、经开区、乌鲁木齐市经济社会可持续性健康发展。

（二）社会效益与经济效益

1. 降低了中欧班列运行物流成本

推动中欧班列开展集拼集运，根本目的就是释放班列运力资源、降低班列运行成本。该运营模式，对于铁路部门来说，提高了铁路运力资源使用效率；对中欧班列运营方来说，提高重载率 10% 以上，节约运营成本 10% 以上；对新疆外贸企业来说，货物搭载测试班列出口，每节车厢运费由 8330 美元降至 7600 美元，节约了 8. 8% 的运费成本；进口运费由 5000 美元降至 3900 美元，节约了 22% 的运费成本。而且去程和返程测试班列在乌鲁木齐实施集拼集运作业的过程，有效控制在 2 小时以内，未对班列整体运行产生明显影响。总体情况来看，取得了圆满成功。

2. 优化改善项目设计方案

通过技术创新，一是可以整合已有资源，降低数据采集和购置难度，减少因传统数据采集技术耗费的人力、物力、财力资源；二是减少以往的纯人工排查的工作方式，节约配置人力资源带来的成本；三是提高相关业务部门的办公效率，提高社会公信度；四是通过掌握新技术、新方法，大大提升相关业务部门的办公水平；五是可以改善互联网环境，改变物联网现状，提升绿色经济发展实力。

五、未来目标

依托“四场站”、突出“一核心”、联动“多园区”，以打造中欧班列（乌鲁木齐）集结中心为核心，推动“集货”，建设全面开放的国家物流枢纽；以乌鲁木齐火车西站、火车北站、集装箱中心站、国际机场“四场站”为硬件载体基础，加快“建园”，布局建设西站商贸服务产业区、北站仓储交易产业区、综合保税区等功能区域；以提升综合营商环境为宗旨，依托独特的区位优势、良好的基础条件、优惠的政策措施、完善的配套服务，促进“聚产业”，联动经开区、高新区、甘泉堡等全市范围内先进制造产业区、高端服务产业区、电子商务产业区、国际纺织品服装商贸中心、食品加工产业区等“多园区协同发展”，促进外向型产业整体提升。

案例 4

山东港口多式联运内陆港模式创新实践案例

【摘要】

山东港口物流集团充分利用港口纽带作用，联合各地政府、海关、铁路、船公司及代理，在乌鲁木齐、兰州、西安、郑州及山东省内地区等“一带一路”“黄河流域”沿线区域物流枢纽城市设点、连线、成网、布局，推动港口功能前置至内陆地区，打通、扩展并稳固多式联运物流国际大通道，加快陆海联动、推进东西互济，在深度融入国内大循环为主体、国内国际双循环相互促进的新发展格局中走出了一条特色创新之路。

一、基本情况

山东省港口集团有限公司（以下简称山东港口）是山东省人民政府批准成立的省属国有骨干企业，2019 年 8 月 6 日在青岛市挂牌成立，拥有青岛港、日照港、烟台港、渤海湾港口四大港口集团，经营物流、金控、港湾建设、产城融合、航运等 11 个业务集团；串联 3345 公里海岸线，运营主要港区 17 个、生产性泊位 300 余个，员工 6 万余名。2019 年，完成货物吞吐量 13. 2 亿吨，同比增长 10. 9%，居全国沿海港口第一位；完成集装箱 2956 万标准箱，同比增长 9. 7%，居全国沿海港口第二位。

山东港口陆海国际物流集团有限公司（以下简称山东港口物流集团）是山东港口着力打造的全资子公司，2019 年 12 月 27 日在济南自贸区注册成立，承担着山东港口整合港口物流资源、构建全程物流体系、创新发展现代物流业态的重要任务，深入聚焦“平台物流 + 智慧物流”发展目标，致力打造“全程、全域、全链条”的世界领先综合物流服务供应商。深入践行“东西双向互济、陆海内外联动”的发展路径，统筹发展海铁联运及内陆港建设，推动山东港口内陆物流网络布局。2019 年，山东港口海铁联运箱量突破 160 万标准箱，居全国沿海港口第一位。

二、建设背景与定位

（一）建设内陆港背景

山东港口位于“一带一路”的十字交汇点上，山东自贸区、上合组织地方经贸合作示范区、交通强国建设试点、黄河流域生态保护和高质量发展等国家战略持续赋能、红利叠加，连接南北、贯通东西的枢纽作用更加突出；同时也是我国沿黄流域和中西部地区重要的出海口，已在全球开通了200余条集装箱航线，连通全球180多个国家和地区。

“不靠海”“出海难”历来是困扰内陆地区进出口企业发展的“痛点”。为内陆地区解决发展“痛点”，一直是山东港口秉承的担当与使命。山东港口持续加快全省港口一体化改革发展，制定“与地方党委政府的关系更加密切、融入地方经济社会发展的程度更加深入、助力地方经济增长的贡献更加突出”的对外发展思路、“东西双向互济、陆海内外联动；海向增航线、扩舱容、拓中转，陆向开班列、建陆港、拓货源”的发展路径，以及“以青岛港为龙头，日照港、烟台港为两翼，渤海湾港为延展，众多内陆港为依托”的一体化发展格局，将海铁联运及内陆港发展上升到山东港口“十位一体”发展战略体系之中。在港口现代物流版图上，陆港既是不可或缺的一环，也是港口转型升级、高质量发展的战略元素。随着国家“一带一路”建设和新旧动能转换等政策赋能，实施“腹地战略”、加快陆港及海铁联运发展，已经成为港口现代物流发展最重要的任务。

2014年，山东港口青岛港率先启动陆港建设，提出要把“出海口”搬到内陆企业的“家门口”，用班列将海与陆连接，为腹地进出口企业提供更好的服务。当时港口虽然有着运行多年海铁联运班列的经验，但是建设真正意义的陆港，既没有成型、可借鉴的业务模式，也没有成熟、专业的业务系统；物流通道的打通必须有当地政府的支持，需要路局、海关、船公司、相关企业的协作，需要客户转变意识和积极配合，这都使得完成港口功能“复制”到内陆地区这项重任并非易事。港口进一步壮大陆港攻坚团队，一个地方接一个地方地搞调研、出方案，耐心细致地对接当地政府、路局、海关、企业、船公司，反复测算路线、价格、时间等物流要素，最终成功打造具有历史开创意义的“胶州模式”以及更加完备的“枣庄模式”。这些可复制、可推广的山东港口“内陆港”模板，直接加速各地市具备海关监管场所资质及属地报关、运抵发送、箱务管理等功能的物流园区建设。

经过不懈努力，山东港口陆港的“群组”由少到多，由弱变强，从鲁南到省内再到全国，一个个带有港口功能的内陆园区相继建成，一条条联通港口和内陆的直达班列相继开通。

（二）山东港口内陆港发展定位

山东港口多式联运及内陆港发展战略以积极响应国家“一带一路”倡议、“黄河流域生态保护和高质量发展”重要国家战略为使命，以“东西双向互济、陆海内外联动”为发展路径，以“陆向开班列、建陆港、拓货源”为工作方向，以建设一站式“端到端”多式联运协同服务平台为阶段性目标，在乌鲁木齐、兰州、西安、郑州及山东省内地区等“一带一路”“黄河流域”沿线区域物流枢纽城市设点、连线、成网、布局，推动港口功能前置至内陆地区，打通、扩展并稳固多式联运物流国际大通道，努力建设“港通四海、陆联八方、口碑天下、辉映全球”的世界一流海洋港口，积极助力制造业物流业深度融合创新发展、全面推动现代流通体系建设，深度融入国内大循环为主体、国内国际双循环相互促进的新发展格局。

三、主要做法

（一）创新发展“山东港口多式联运内陆港”运营模式

1. 模式定义

山东港口物流集团具体围绕“规划发展一盘棋、管理服务一张网、资源开发一张图”的战略部署，充分发挥港口纽带作用，利用当地铁路设施、堆场、政策及资源等优势，联合各地政府、海关、铁路、船公司及代理，将港口功能前置到内陆合作的物流园区，使普通堆场具备海铁联运、场站操作、仓储分拨、冷链物流、订舱代理及金融贸易、查验熏蒸、期货交割、海关监管以及全程提单等内陆港口功能，实现人流、物流、商流、信息流、资金流在内陆港集聚，进一步延伸完善口岸功能、降低区域综合性物流成本，加快陆海联动、推进东西互济。

2. 模式特点及优势

一是海铁联运功能。通过与铁路、内地企业全面合作，开通以“山东港口为轴心”、辐射全国的海铁联运网络。目前在山东省内已基本形成“一市一线、一地一港、覆盖山东、面向全国”的网络布局。内陆港通过海铁联运班列与山东港口全面对接，进出口货物在内陆港集聚、分拨，使内陆港成为区域性物流枢纽。

二是场站操作功能。具备运抵报告发送功能，通过山东港口海铁联运操作系统实现在内陆港出口货物的运抵发送；具备船公司存放箱及与船公司系统对接功能，与船公司均签订场站操作协议，借助山东港口多式联运箱管系统，实现主要船公司在内陆港的管理功能；具备集疏港功能，不仅所有集装箱均可在内陆港预检及修洗箱，同时内陆港可通过海铁联运班列实现码头分箱直进内陆、出口重箱直入码头。

三是仓储服务功能。与内陆港仓储企业合作，借助山东港口各口岸进出口纸浆、橡胶、棉花、硼砂等大宗散货及散改集运输优势，通过海铁联运班列将港口大宗货物疏运至内陆港入库仓储分拨、贸易交割。出口货物在内陆港仓库进行堆存、保管，根据订单及船期通过海铁联运班列发运至港口装船。

四是冷链物流功能。利用进出口班列运力、时效性及内陆港场地冻柜插电、堆存功能，与当地进出口企业及贸易商配合开展进出口货物的冷链运输及配送业务。

五是订舱代理及金融贸易功能。借助山东港口各订舱、航线、押箱换单等下属公司集团化管理优势，积极开展订舱、报关、报检等业务，不断完善内陆港自身功能优势，为客户提供全程物流一站式服务。

六是查验熏蒸功能。通过在内陆港堆场设置检验检疫办公区、查验区，可以直接受理内陆企业属地的报关查检等业务，并可根据需要对货物进行熏蒸和无害化处理，为当地企业节省时间及综合物流成本。

七是期货交割功能。借助山东港口保税物流中心期货交割库资质及内陆港仓储企业班列运输、仓库、场地、资质优势，实现双方优势互补、信息共享，共同针对大宗货物开展期货交割业务。

八是全程提单及多式联运监管功能。通过将山东港口多式联运操作系统、船公司操作系统引入内陆港，加强与海关、铁路、船公司的合作，推动港口、海关、铁路、船公司系统互联互通，实现内陆地区进出口货物多式联运全程信息管控，在内陆港签发船公司全程联运提单。

（二）创新发展全程联运“一单制”及“船公司专列”模式

1. 模式定义

全程联运“一单制”模式，即指只要一个提单就能完成全程运输。当货物运输全程需要由不同运输工具共同完成时，承运人将签发一份全程联运提单，如海铁联运、海河联运、海空联运、海海联运、公铁海联运等；当货物到达转运港后，由前一程承运代理将货物交给下一段运输的承运代理，继续运往目的地。重点在于其全程单据不再进行更换，实现一单到底的运输模式。

2. 发展历程

山东港口依托海铁联运发展经验，较早便对“一单制”进行了尝试摸索。随着海关通关一体化的推进，海关总署令第 232 号《中华人民共和国海关监管区管理暂行办法》对区域通关等事宜进行约定之后，山东港口于 2018 年 10 月携手马士基航运公司，在聊城临清地区正式启动全程联运提单操作。“青岛港—临清马士基全程提单”班列以当地出口企业三和纺织为货源基础，货物从临清内陆港装箱，在属地签发提单，通过铁路运输至青岛港，装船出运；货物到达国外目的港，客户在属地换提货单提货已成为国内“一单制”海公铁多式联运提单签署的成功实例。

3. 当前突破

2020 年，山东港口依托自身操作全程联运提单模式的充足经验，以及与长荣船公司长期良好的合作基础，以“陆海通”多式联运平台为联通纽带，相继在河南郑州、山东泰安发运“长荣船公司专列”，为参与各方提供了技术先进、数据互通、安全可靠、高效便捷的公共服务操作平台，为华中地区、鲁中地区进出口企业打造流程更简、时效更高、成本更低的全程联运提单班列。

4. 模式特点及优势

经过多年发展，山东港口多式联运“一单制”模式相比常规海铁联运业务操作模式的诸多优势已经凸显。

一是用箱便捷性。进出口货物可在属地“内陆港”完成提箱和返空，大幅缩短客户的用箱周期，重箱返回内陆监管场所完成交付，既能提高用箱时效，也能避免产生超期箱使费。

二是舱位优越性。客户直接在内陆地区完成订舱，特别是在舱位紧张情况下，船公司会优先保证全程联运提单的货物舱位。

三是价格竞争性。公路 + 铁路 + 海运的全程联运模式，比多环节、多代理、多过程的原始操作模式更加节约成本、提高时效。

四是服务专业性。全程提单模式由内陆港公司专业团队负责，为企业提供专职高效全程服务，确保货物安全、便捷、高效发运。

五是物权稳定性。多式联运全程提单具有物权的唯一特性，不受下一程运输模式变化的影响，可确保物权一单到底。

5. 发展成果

“船公司专列”模式下，山东港口协同船公司、铁路、海关、进出口企业突破信息壁垒、发挥各方优势，为参与各方提供数据互通、安全可靠、高效便捷的“陆海通”多式联运公共服务平台；船公司则在山东港口内陆港签发全程提单，将海运箱引入内陆，从根源上解决进出口企业用箱难、用箱贵的物流痛点；铁路方面负责提报专列号，减少铁路运输环节、降低成本、保证时效。

下一步，山东港口将充分发挥港口多式联运平台的纽带作用，加强与山东省内外铁路公司的合作，同时吸引中远海运、达飞、地中海、赫伯罗特、阳明等船公司复制推广“船公司专列”模式，进一步推动全程联运提单业务发展壮大。

（三）创新发展山东港口“陆海通”多式联运平台

1. 发展背景

山东港口物流集团依托先进的数据中台技术，搭建“陆海通”公共服务平台，其中多式联运操作平台致力于为山东港口贯穿东西间的“海铁快线”提供“端到端”的互联网协同服务，解决进出口企业“调箱难、用箱贵”的问题。利用平台化、高效化、实时化、科学化的管理手段，打造可一站使用、多站可用，一站配载、多站公用，一站通关、全程直通全新多式联运操作平台。

2. 模式特点及优势

一是火车装卸管理，提高火车装卸效率。平台接入铁路信息，提供火车装卸计划管理功能，班列与箱信息一键绑定，装卸生产清晰明了，提高了火车的装卸效率。

二是收发箱管理，简化客户提箱、回箱手续。制订收发箱计划，实操收发箱时，平台提供准确、透明、实时的信息，保证计划制订的准确性，避免出现漏箱、错箱的情况，简化客户提箱、回箱手续。

三是打造3D云堆场，实现可视化管理。平台引进3D云可视化技术，突破实现3D云堆场的配置与数据的实时更新，模拟现实环境下的集装箱堆码场景，为箱管人员提供第一和第三视角的集装箱盘存功能，有效减少翻倒，提高场地的周转率和利用率。

四是海关全程监管，全覆盖高效协同。平台与海关、码头、铁路无缝对接。在内陆港当地发送属地运抵报告，货物到码头后直接转运装船，实现即到达即放行、即到港即装船的作业流程，有效规避了甩船风险和应急操作费用，实现一站托运、一份单证、一次申报、一次通关。

五是物流节点全程跟踪，数据互联互通。平台推动数字要素资源的创新集聚和高效配置，有效整合海铁联运过程中的动态作业数据，提供铁路线路查询、运单查询、货物追踪等物流节点的查询功能，实现贸易互通、数据互联。

四、创新成果

山东港口始终着力建设“东西互济、陆海联动”物流大通道，已陆续在山东省外兰州、西安、银川等丝绸之路经济带重要节点城市，山东省内枣庄、济宁、德州、菏泽等地布局建设18个内陆港、开通68条集装箱班列，形成了“一市一线、一地一港，覆盖山东、面向全国”的集装箱大列网络布局，全面服务广大进出口企业。2020年前三季度，海铁联运操作箱量155万标准箱，同比增长17.2%；全年计划完成200万标准箱，同比增长突破25%。

山东港口内陆港通过引入港口的信息系统、场站功能、通关查验、全程提单、仓储分拨、代理服务等综合物流资源，可以为内陆进出口企业提供“端到端”全程物流服务，有效解决客户“多头委托、成本叠加”的问题，提升物流组织效能20%以上，降低社会综合物流成本10%以上。同时，能够有效实现物流、商流、人流、资金流、信息流在内陆地区集聚，助推内陆地区开放发展。

五、未来目标

（一）延伸布局，推动存量增长

在稳定各港口传统物流业态基础上，推动山东港口集团多式联运业务融合发展、延伸布局、扩大业务规模。创新性地在省内、省外复制推广山东港口“枣庄内陆港”模式，加快在途监管、查验、运抵发送等多式联运陆港功能落地，积极集聚周边货源，合力推进内陆地区存量稳定增长。

（二）搭建平台，实现技术赋能

依托港口大数据、区块链、物联网等信息手段，强力推进“互联网+”战略，逐步完善、推广多式联运公共服务平台，在提高物流智慧化水平的同时，带头优化营商环境、减少物流环节、降低社会综合物流成本，加快现代综合交通运输体系建设，实现多式联运融合快速发展。

（三）创新业态，力争增量突破

要立足专业化多式联运物流建设，充分依托各港口集团大宗散货等优势货种，促进大宗货物运输从公路向成本更低的铁路和水路运输合理回归，提升货物在不同运输方式之间的换装转运效率和运输链综合效率，以更小的经济和时间成本更大限度地满足运输需求，促进物流业降本增效，实现增量突破发展。

（四）依托优势，建设跨境枢纽

山东省已启动济南、青岛等作为欧亚班列集结站点，山东港口物流集团作为“齐鲁号”欧亚班列运营公司股东，以山东省、市政策为引导，加快物流新通道建设，助推欧亚班列快速发展。2020年10月16日，“齐鲁号”全年开行累计突破1200列，同比增长46.3%；城市间线路增至36条，可直达14个国家42个城市。山东港口物流集团借助山东港口跨境班列的成熟运营经验，与中远海运共同拓展“齐鲁号”回程货源，截至2020年10月已实现进出口货值超100亿元。同时，借鉴全程联运提单模式经验做法，创新“班列+”模式，积极探索欧亚班列“一单制”，全面促进欧亚货物跨境双向流动。

立足青岛，支持上合示范区多式联运中心建设。积极对接上合组织国家和“一带一路”沿线国家重要铁路、港口、公路的主要节点城市，提升互联互通水平，建立以“一单制”为核心的多式联运服务体系，优化提升多式联运综合服务平台功能；同时全面支持上合示范区申建商贸服务型国家物流枢纽，并于2020年10月28日正式获得批复，后续将进一步推动形成立足青岛、服务省内、辐射沿黄流域、对接融入上合组织国家和“一带一路”沿线国家的多式联运综合物流网络。

立足济南，积极打造中欧班列集结中心。深度融入国家“一带一路”建设，推动济南内陆港与郑州、西安、兰州、乌鲁木齐等省外重要物流枢纽节点合作，发挥济南作为国际陆港网络的重要节点作用，实现辐射功能延伸；拓展现有中欧班列业务，加密班次、延长线路、增加运量，扩大至中亚、东盟、欧洲的国际班列通道，在济南打造山东省中欧班列区域集结中心。

下一步，山东港口集团将继续加快推进“内陆港”建设，沿丝绸之路经济带与郑州、西安、青海、宁夏、乌鲁木齐内陆枢纽城市政府及当地物流企业联手建设海铁联运中转基地，打造东、中、西三个核心区，全面增强山东港口作为“丝绸之路经济带”沿线地区“出海口”和“桥头堡”的竞争实力，形成“西联中亚欧洲、南通南亚东盟、东接日韩亚太”的国际多式联运贸易大通道，为腹地客户架起与世界各地无缝衔接、高效运转的海铁联运“黄金通道”。

案例5

甘肃（兰州）国际陆港建设运营创新案例

【摘要】

作为甘肃省承载国家“一带一路”建设要求的核心载体，近年来，甘肃（兰州）国际陆港在甘肃省委、省政府和兰州市委、市政府的高度重视和全力推动下，在中央相关部委和省市相关部门的大力支持下，紧密围绕兰州市委、市政府“建设大平台、构建大通道、形成大枢纽、发展大产业”的总体部署，以核心功能和基础设施项目建设为重点、以畅通国际贸易通道为关键，合理布局功能空间，全面提升综合服务能力，充分发挥“一带一路”物流集散节点作用，成为兰州市乃至甘肃省经济发展的引擎。

一、基本情况

甘肃（兰州）国际陆港（以下简称兰州陆港）位处24个全国性综合交通枢纽、18

个铁路集装箱中心站之列，处于亚欧大陆桥的重要节点上，是连接亚欧国际货运班列必经之地，汉唐以来一直是贯穿东西走廊的重要战略支点。甘肃省政府将兰州陆港确定为全省实施“十三五”规划的标志性工程，定位为服务国家对外开放的重要平台，“一带一路”重要的国际物流中转枢纽、国际贸易物资集散中心。

截至2020年10月，兰州陆港已实施核心功能项目、基础道路设施及物流配套项目195个，累计完成固定资产投资345亿元，兰州陆港区内货运吞吐量达2000万吨。天津港、曹妃甸港、山东港口集团先后在兰州陆港设立内陆港，西安国际港务区、成都国际铁路港、重庆国际物流枢纽园区等国际陆港分别与兰州陆港建立了长期合作伙伴关系。兰州陆港逐步成为沿海港口在内陆经济中心城市的支线港口和现代交通物流的枢纽中心，成为兰州发挥后发优势、实现换道超车的重大机遇。甘肃（兰州）国际陆港保税物流中心（B型）外观如图14－8所示。

图14－8　甘肃（兰州）国际陆港保税物流中心（B型）外观

二、主要做法

（一）构建对外开放平台

1. 项目建设稳步推进

围绕国家陆港型物流枢纽建设，已实施核心功能项目、基础道路设施及物流配套项目195个，累计完成固定资产投资340亿元。

2. 核心功能建设情况

东川铁路物流中心、兰州铁路口岸、整车进口口岸、冷链市场已全面建成运营；保税物流中心（B型）项目主体已基本建成，正向国家部委申办启用手续；多式联运物流园项目于2020年年底建成。

3. 口岸功能逐步完善

发挥国内市场优势，依托兰州汽车整车进口口岸，积极开展进口汽车业务，加快形成以国内大循环为主体、国内国际双循环相互促进的新发展格局，计划完成首批50辆汽车进口。

4. 口岸功能逐步完善

发挥国内市场优势，依托兰州汽车整车进口口岸，积极开展进口汽车业务。

5. 服务水平不断提高

进一步简化通关程序、优化检验流程、增强服务意识，在原有基础上大幅缩短通关时间。在各环节推行便利化服务，为陆港园区企业提供良好的营商环境。

（二）完善物流枢纽功能

1. 国际班列走出特色

发挥兰州陆港枢纽和陆路运输优势，走出一条特色化国际班列发运路子。中欧班列“中吉乌”国际货运班列双向贯通，实现了点到点、重去重回往返运输；中亚粮食（大麦）回程班列实现零突破；南亚班列作为兰州陆港的品牌线路，在业内具有一定影响；西部陆海新通道班列全省龙头地位凸显。

2. 集散分拨渐成规模

兰州陆港东川铁路物流中心特货作业区平均每天汽车内贸班列2~3列，吞吐量约1500辆，辐射甘肃、青海、宁夏等省区市。其中，2020年重庆汽车内贸班列共发运85列2451组。西部陆海新通道兰州班列如图14-9所示。

3. 联动发展成效显著

加强与成都国际铁路港、重庆国际物流枢纽园区等国际陆港和天津港、曹妃甸港、山东港、连云港等海港的业务合作，目前在兰州陆港设立10个无水港；利用与武威陆港合资成立的甘肃兰武国际陆港管理运营有限责任公司的平台作用，开展肉类、木材等进出口贸易。

（三）打造产业发展引擎

坚持“走出去、引进来”发展战略，全方位扩大对外经贸合作。借助酒钢集团、金川公司、方大炭素等大型骨干企业建设的分支机构，全力推进大宗商品集散分拨；

发挥甘肃特色农产品原产地优势，将省内洋葱、苹果、马铃薯等特色农产品组团“出海”；引进中国外运、重庆中集、捷时特等国际物流企业参与陆港运营发展。

图 14－9 西部陆海新通道兰州班列

三、创新成果

2019 年，兰州陆港升级为甘肃省级开发区，连续两年被评为全国优秀物流园区；兰州陆港作为兰州陆港型国家物流枢纽主枢纽被纳入 2019 年国家物流枢纽建设名单；兰州南亚国际班列公铁联运示范工程被命名为“国家多式联运示范工程”；兰州陆港成为尼泊尔可以使用与其他国家进行贸易往来的三个国内陆港之一。

兰州陆港抢抓“一带一路”倡议机遇，在已有成熟运行线路的基础上，按照“发运特色班列，打造精品线路”的工作理念，全面做好“巩固东连、向西为主、深耕南向、促进北拓”，深度融入“东西双向互济、陆海内外联动”对外开放新格局。截至 2020 年 10 月，共发运国际货运班列 586 列、货重约 45 万吨、货值约 82 亿元。2020 年由于受新冠肺炎疫情期间尼泊尔封国、吉隆口岸关闭、樟木口岸通关能力有限等因素影响，班列发运量与上年同期相比有所下降。

四、未来目标

下一步，兰州陆港将抢抓“一带一路”和国家推进西部大开发形成新格局等重大机遇，凭借兰州陆港型国家物流枢纽建设主阵地这一国家级“金字招牌”，坚持稳中求进工作总基调，坚持新发展理念，统筹推进通道建设和经济社会发展需要，高质量推动"一带一路"建设。

一是深入拓展大平台功能。在甘肃省、兰州市政府的支持下，依托陆港核心资源，先行先试，积极探索兰州自贸区建设可复制可推广的创新成果，申报第二批国家中欧班列集结中心示范工程，加快国际贸易"单一窗口"建设。

二是积极提升大通道效能。积极开行市州专列和农产品冷链物流班列，增加从新加坡、越南等东南亚国家进口海产品、热带水果等回程班列。同时，发挥冷链仓储优势，全力保障市级储备肉市场供应。

三是不断强化大枢纽效应。按照"存量设施整合提升为主、增量设施补短板为辅"原则，着力推进物流中心、多式联运中心和陆港信息中心建设，为兰州陆港型国家物流枢纽建设提供强有力支撑。

四是努力夯实大产业支撑。全力以赴推进中新（兰州）国际物流产业园、菜鸟网络中国智能骨干网甘肃枢纽中心、新能源丝路智汇港项目顺利开工建设，力促上海宇培冷链物流园、万科智慧物流产业园等意向项目落地。

目前，兰州陆港正处在多种政策叠加的机遇期和加快发展的黄金期，前景十分广阔。兰州陆港将按照甘肃省兰州市的总体要求，因时而变、随事而动，深度融入"一带一路"建设，大力发展通道物流产业，不断提升口岸、保税、多式联运功能，构建对外开放平台，努力刷新"陆港建设速度"，创造甘肃物流"奇迹"，打造产业和政策聚集洼地，将自身建设成西北对外开放的重要贸易港口、国际货运班列中转枢纽和国际贸易物资集散中心。

案例 6

宁波舟山港推进海铁联运高质量发展创新实践案例

【摘要】

近年来，宁波舟山港大力推进集装箱海铁联运发展，以"夯实基础、创新产品、提升服务"为主线，全力打造海铁联运宁波舟山港新模式，成为调整运输结构、转变发展方式、促进降本增效、实现高质量发展的重要举措，也成为浙江省海港集团、宁波舟山港集团完善集疏运体系、建设世界一流强港、更好地服务长三角一体化发展和浙江省交通强国建设试点的重要途径。

一、基本情况

2016 年 11 月 24 日，浙江省海港集团与宁波舟山港集团合并，实行"两块牌子、一套班子"一体化运作。经过整合融合浙江省全省港口资源，目前已形成以宁波舟山港为主体、浙东南沿海港口和浙北环杭州湾港口为两翼、联动发展义乌港及其他内河港口的“一体两翼多联”港口发展格局。

宁波舟山港是我国大陆重要的集装箱远洋干线港、国内重要的铁矿石中转基地和原油转运基地、国内重要的液体化工储运基地和华东地区重要的煤炭、粮食储运基地，是国家的主枢纽港之一。宁波舟山港由镇海、北仑、大榭、穿山、梅山、金塘、衢山、六横、岑港、洋山等19个港区组成。现有生产泊位超600座，其中万吨级以上大型泊位近200座，5万吨级以上的大型、特大型深水泊位115座，是中国大陆大型和特大型深水泊位最多的港口。主要进港航道水深在22.5米以上，30万吨级巨轮可自由进出港，40万吨级以上的超级巨轮可候潮进出，可以接卸目前世界上最大的集装箱船、油轮、矿船。

宁波舟山港位于“一带一路”交汇枢纽位置，紧邻全球最繁忙的国际主航道，区位优势突出，目前已与世界上190多个国家和地区的600多个港口通航，全球前20名的集装箱班轮公司均已登陆宁波舟山港，开通了覆盖全国、辐射全球的集装箱航线240多条，是世界上最繁忙的港口之一。2019年，宁波舟山港完成货物吞吐量11.2亿吨，连续11年位居世界第一；集装箱吞吐量2753万标准箱，稳居全球港口第三。

2020年3月29日至4月1日，习近平总书记在浙江考察并发表重要讲话，其中3月29日考察首站为宁波舟山港，这也是他第10次到宁波舟山港。在总书记的重要讲话中有三个关键词：“优异”“硬核”“强港”。习近平总书记肯定宁波舟山港率先恢复生产，也希望宁波舟山港在战胜各种困难之后，仍然能够取得优异的成绩。总书记指出宁波舟山港在国家战略中具有重要地位，是“硬核”力量。总书记强调宁波舟山港要坚持一流标准，把港口建设好、管理好，努力打造世界一流强港，为国家发展作出更大贡献。

二、主要做法

（一）政府相关部门大力支持

在交通运输部、国铁集团、浙江省委浙江省政府、宁波市政府及口岸单位、行业协会等关心重视和大力支持下，宁波舟山港充分发挥港口优势，发展海铁联运，助推内陆腹地经济发展，融入“一带一路”倡议，服务“长江经济带”“长三角一体化”等国家战略。

宁波舟山港海铁联运从2004年规划，到2009年进入常态化、规模化运输，2019年箱量达到80.9万标准箱，10年年均增长率91.9%，占港口集装箱吞吐量比例提升至2.7%，箱量位列全国第二，宁波舟山港成为我国南方海铁联运第一大港。2020年集装箱海铁联运业务量突破100万标箱，为历年来首次迈上“百万箱”台阶，同比增长25%。

为支持宁波舟山港海铁联运的发展需要，宁波市政府连续出台海铁联运财政扶持政策，同时内陆省区市政府也积极响应国家“一带一路”号召，出台海铁联运配套政策。宁波舟山港也对海铁联运集装箱在港口端的相关费用给予优惠减免。

（二）提升基础设施建设水平

1. 改造北仑港站六股道

宁波舟山港铁路直通北仑港区、镇海港区。按照能力先行原则，2017 年投资近亿元，完成北仑港站 6 条集装箱作业线路改造，新投入 4 台轨道吊，年作业能力增加 43.2 万标准箱。至此，北仑港站拥有 10 条集装箱铁路作业线，镇海港站拥有 2 条集装箱铁路作业线，北仑、镇海海铁联运集装箱作业能力达到 100 万标准箱。

2. 建设新线路及配套工程

穿山港铁路支线于 2015 年 12 月开工，于 2019 年年底建成通车。2020 年 4 月 15 日配套的铁路穿山港站正式启用，实现铁路直通宁波舟山港最大的“千万级”单体集装箱码头，近、远期设计运量分别为 60 万标准箱和 80 万标准箱。截至 2020 年 10 月底，铁路穿山港站装卸箱量已突破 4 万标准箱。

（三）创新业务模式

1. 点对点循环班列产品

宁波舟山港加强与中国铁路上海局集团合作，先后运行义乌、金华、绍兴、萧山、湖州、长兴、合肥等点对点循环班列，稳定货物运输时间，有效提高班列运行效率，深受客户称赞。2018 年下半年起，义乌单日发送重列稳定在 3 班，连续刷新月度箱量历史纪录，单月突破 1 万标准箱，成为全国最大的海铁联运外贸班列线路。

2. 双层集装箱铁路运输

宁波舟山港与中国铁路上海局集团一起开展运载线路技术改造，研发双层集装箱加固锁具。2018 年 12 月 18 日，全国首条双层集装箱海铁联运班列在宁波至绍兴间成功首发。双层集装箱铁路运输作为一种先进的多式联运组织方式，可大幅提高铁路运输能力，推动海铁联运实现了高运能、高效率、新模式的飞跃。

3. “35 吨开顶箱”公改铁煤炭项目

响应“深化运输供给侧结构性改革、推进运输结构调整”号召，宁波舟山港经过与国铁部门、货主企业的充分沟通，首次创新使用“35 吨开顶箱”新箱型，采取煤炭水铁中转“散改集”模式，2019 年 5 月成功开通绍兴地区煤炭“公转铁”专列，为客户优化物流环节、降低物流成本，同时具有装车方便、环保标准高的特色。

4. 特色物流项目

一是铁路集装箱无轨站设立。在中国铁路上海局集团的支持指导下，2019 年 9 月

25 日，全国首个海港铁路集装箱无轨站在舟山港综保区码头揭牌成立，为舟山区域"散改集"等特色业务提供箱源保障，有助于开发舟山区域铁水多式联运业务。

二是铁路箱下水出境。在先期成功运作安徽铁路箱下水出境至台湾高雄的基础上，宁波舟山港与船公司合作运行河南铁路箱下水出境至泰国林查班、湖北铁路箱下水出境至印尼三宝垄、重庆铁路箱下水出境至越南海防和日本东京。

三是冷链物流项目。宁波舟山港成功开通内陆进口冷藏箱海铁专列，为客户提供了宁波口岸至中西部地区的海铁冷链物流新通道。

5. "最后一公里"甩挂运输

2009 年起，宁波舟山港实施甩挂运输，2012 年被列为部级甩挂运输试点项目。目前下属集运公司投入海铁联运箱转场短驳的挂板总数达到 200 多块。集运公司实施海铁箱甩挂运输后，在义乌、金华等海铁的"最后一公里"服务中，广泛采用甩挂运输模式，有效减少车辆场站等候时间、提高车辆周转效率、节约运输成本，同时也节省了车辆购置费、运输费用。

（四）多式联运单证无纸化

宁波舟山港新研发司机易卡通 App，司机提箱进港前根据预约号填入对应箱号等即可直接进港，实现海铁空箱进场无纸化、电子化。引进智能手持终端，新研发装卸车 App，港站货运员确认装卸车厢号、车号等重要信息，实现装卸作业全程无纸化操作。宁波舟山港—绍兴双层集装箱班列首发仪式如图 14 - 10 所示。

图 14 - 10　宁波舟山港—绍兴双层集装箱班列首发仪式

三、创新成果

（一）示范引领效果显著

2011 年，宁波—华东地区被交通运输部、原铁道部选定为全国开展集装箱铁水联运示范项目的 6 条示范通道之一。2012 年，宁波舟山港建设国家集装箱海铁联运物联网应用示范工程，2017 年 6 月底通过交通运输部主持的竣工验收。2016 年 5 月 27 日，“宁波舟山港—浙赣湘（渝川）”集装箱海铁公多式联运示范工程是交通运输部公布的首批 16 个多式联运示范工程之一，并于 2019 年 9 月初通过国家部委专家组验收。2019 年 11 月，交通运输部、国家发展改革委联合发文，“宁波舟山港—浙赣湘（渝川）”集装箱海铁公多式联运示范工程被命名为“国家多式联运示范工程”。

（二）助推腹地经济发展

宁波舟山港积极推进内陆各业务点至港口的海铁物流通道建设。目前宁波舟山港海铁联运已开通班列 17 条，业务辐射 15 个省（区、市）、56 个地级市，基本形成北接古丝绸之路、中汇长江经济带、南攘千里浙赣线的三大物流通道。

特别是 2018 年开行的渝甬班列，提升宁波舟山港西南区域海铁联运品牌效应，逐步成为宁波舟山港海铁联运的一条精品线路。当地货物搭乘渝甬班列只需 57 小时即可到达宁波舟山港，大大缩短了内陆运输时效，提高了重庆地区外贸企业对国外市场的快速反应率。2020 年 9 月 18 日，渝甬班列双向双重突破 500 列。双向双重班列的成功开行，进一步联通长江经济带及西南物流高地，形成东西双向互济开放格局；同时规避长江拥堵，让重庆地区内外贸企业有了快速通道选择，提高了产品国外市场的快速反应率。

（三）品牌效应日益良好

基本形成宁波舟山港海铁联运品牌效应，为附加值较高、时效性要求强、批量大、集中出货的客户群体提供物流方案和海铁产品。据统计，年海铁联运出口箱量中外贸箱量比例达到了 95% 以上。

为更好地提升海铁联运服务质量，宁波舟山港股份有限公司与中国铁路上海局集团有限公司成立上铁浙港海铁联合物流有限公司，进一步探索路港合作方式，打造以港口和铁路为核心的全程供应链物流。此外积极培养港口专业海铁联运团队，提升个人业务水平和操作技能，提高港口海铁联运服务水平。

（四）降本增效成效明显

发展海铁联运，有序推动集装箱从公路运输转移到铁路运输上来，在节省运输时间、提升运输水平的同时，进一步降低企业物流成本。同时由于铁路运输自身的技术特性，在合理运输范围内，与公、水相比，海铁联运更能压缩运输耗时，也更加适应集装箱运输时效性高的要求，直接提高货主企业的经济效益。

（五）节能减排成果突出

铁路具有运量大、占地少、能耗低、环境污染较小、安全保障好的优势。加快发展以铁路运输方式为主的海铁联运，符合国家科学发展、节能环保、优化资源配置的战略需求，实现经济社会可持续发展的战略目标。

（六）社会效益有效提升

宁波舟山港海铁联运提高了宁波市知名度。随着海铁联运产业的不断壮大，海铁联运相关业务单位，尤其是班列运营企业、海铁货代企业数量越来越多、规模越来越大，为社会提供了较多的工作岗位。同时也有效缓解了城市交通压力，减少了交通运输事故的发生。

四、未来目标

“十四五”期间，宁波舟山港将继续依托港口优势，发挥硬核力量，持续加大海铁联运发展力度，加快运输结构调整，对标世界先进港口打造多式联运枢纽中心，全力推进海铁联运高质量发展，为国家、省市战略的实施做好服务。

新时代新起点新机遇，宁波舟山港将准确把握做好运输结构调整工作的要求，推动港口海铁联运业务快速发展，力争在打造世界一流强港、推进交通运输高质量发展、建设港口型国家物流枢纽和交通强国的奋斗征程中作出更大贡献。

案例 7

东方红（洛阳）国际陆港建设运营实践案例

【摘要】

一拖（洛阳）物流有限公司以“创新发展、开放合作”为引领，以高标准规划建设东方红（洛阳）国际陆港为载体，按照1+2+N总体规划，通过整合盘活现有资源，倾力打造洛阳生产服务型国家物流枢纽，开展以多式联运+商贸物流+保税物流为主体的综合物流业务，培育国际化产业园区，搭建国际化合作平台，打造国际多式联运枢纽+城市新型物流综合体。充分融入以国内大循环为主体、国内国际双循环相互促进新格局发展和洛阳市对外开放体系建设，全面提升一体化物流服务能力与水平，在持续为客户创造全新价值的进程中加速实现企业的转型升级和高质量发展。

一、基本情况

一拖（洛阳）物流有限公司隶属于中国最大的现代化农业装备制造企业——中国一拖集团有限公司，始建于1954年6月，前身是第一拖拉机制造厂运输处。2006年5月，企业更名为一拖（洛阳）物流有限公司（以下简称一拖物流）。

经过60多年的发展，目前已成为集公路运输、铁路运输、公铁海多式联运、仓储配送、设备安装、物流装备制造、机动车维修、汽车租赁及驾驶员培训等为一体的综合性物流服务企业。

一拖物流秉承“体贴、快捷、专业、增值”的理念，致力于为客户提供优质高效的物流服务，竭诚满足客户多样化的物流服务需求，多次获得全国及河南省先进物流企业、先进物流园区、物流行业诚信企业等荣誉称号，是国家第四批物流试点重点企业、河南省物流50强企业、河南省多式联运示范工程单位、中国物流市场安全/快捷/诚信AAAA级企业。一拖物流业务范围示意如图14－11所示。

图14－11　一拖物流业务范围示意

一拖物流以“创新发展、开放合作”为引领，抢抓国家“一带一路”建设和河南省加快洛阳副中心城市建设机遇，以高标准规划建设东方红（洛阳）国际陆港为载体，倾力打造洛阳生产服务型国家物流枢纽，更加主动地融入以国内大循环为主体、国内国际双循环相互促进新格局发展和洛阳市对外开放体系建设，全面提升一体化物流服务能力与水平，在持续为客户创造全新价值的进程中加速实现企业的转型升级和高质量发展。

二、主要做法

（一）独特优势

洛阳是国家老工业基地，“一带一路”重要节点城市、“中国制造2025”试点示范城市、“中原城市群”副中心城市，河南省经济增长双引擎之一，拥有中国（河南）自由贸易试验区洛阳片区、郑洛新国家自主创新示范区，建设东方红（洛阳）国际陆港，对创新制造业发展模式，推动老工业基地新旧动能转换，促进中原城市群产业互动、协同发展，服务“一带一路”内陆开放型经济体系建设具有重要意义。

中共十八大以来，国家实施“一带一路”、大气环境治理、运输结构调整等，鼓励大型央企利用现有的铁路专用线及场站，大力发展多式联运，为老工业基地释放闲置铁路枢纽存量资源、规划建设陆港经济带来了新机遇，注入了新动力。

作为项目建设主体的一拖铁路编组站，始建于20世纪50年代，位于洛阳市涧西区先进制造业集聚区中心地带，曾见证了新中国洛阳现代工业从零起步的艰辛历程，也为国家现代工业和经济建设发挥了重要的铁路枢纽作用。

站内布有9股列车编组作业线、多条站区货场铁路专用线和大型集装箱作业堆场，并拥有自备机车及铁路自用车辆。铁路线通过陇海铁路直接并入全国铁路网，可一站式办理全国所有站点的铁路货运和集装箱到发业务。

在充分调研论证的基础上，一拖物流通过增添必要设备设施、完善服务功能，满足了集装箱场站运营要求，开行了集装箱国际货运班列。同时，依托洛阳先进制造业产业集聚，充分挖掘、深度整合洛阳生产制造、物流及大型企业铁路枢纽存量资源，规划建设东方红（洛阳）国际陆港，将支撑和带动上下游产业集聚发展，构筑起立足中原、服务全国、辐射全球的现代物流运行网络。

（二）发展定位

功能定位：以服务洛阳生产服务型和商贸型国家物流枢纽城市创建、加快洛阳老工业基地的转型为目标，以工业原辅材料、大宗工业品等生产性物资和城市生活性物资为服务对象，通过整合盘活现有资源，开展以多式联运＋商贸物流＋保税物流为主体的综合物流业务，培育国际化产业园区，搭建国际化合作平台，打造国际多式联运枢纽＋城市新型物流综合体。

总体规划：1 +2 + N。

一个中心：东方红（洛阳）国际陆港。

两个板块：国际多式联运枢纽 + 城市新型物流综合体。

“N”种业态：多式联运、铁路口岸、城市配送、仓储式商贸、保税物流、跨境电商、冷链物流、供应链金融等 N 种业态。一拖物流发展规划示意如图 14 – 12 所示。

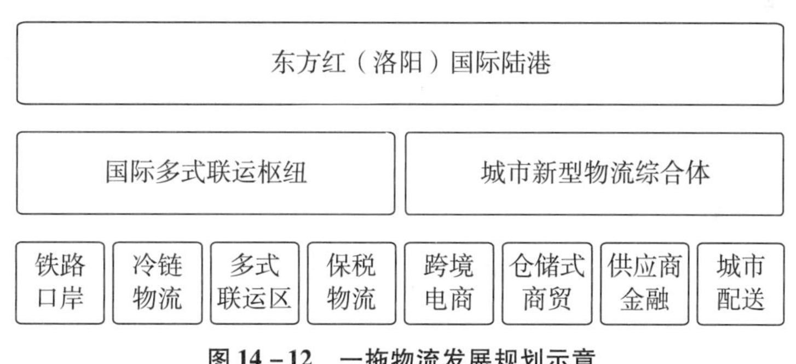

图 14 – 12　一拖物流发展规划示意

（三）创新内容

1. 盘活和发挥企业存量资源，探索企业由传统制造业向制造服务业转型发展

一拖铁路编组站于 1954 年 6 月建成并投入使用，位于洛阳先进制造业集聚区核心地带，铁路专用线直达洛阳市涧西区几大企业［中国一拖、中信重工（原洛矿）、洛轴集团 LYC、中铝洛铜、中钢洛耐、河柴重工］厂区，是涧西区工业企业的铁路枢纽，铁路专用线 11 条，总长达 56 公里。

随着经济环境的发展，曾在洛阳工业和经济发展中作出重要贡献的一拖铁路编组站及周边大型企业的铁路专用线，自 21 世纪初开始，相继沉寂下来，相关资产闲置。与此同时，由于产业结构升级和规划布局调整，老工业基地原有的部分厂房、土地等也成了闲置资产，如何盘活、最大限度地释放资产潜能，成为一个新课题。

2017 年以来，公司抓住国家政策机遇，对一拖铁路编组站进行改造，建设多式联运物流中心，发展国际多式联运，不仅使一拖编组站重新焕发了生机，而且通过进一步整合一拖编组站及周边的铁路、土地资源，升级打造东方红（洛阳）国际陆港，盘活了周边几家大型老国有企业闲置资产，成为发挥央企（国企）主导作用、有效撬动和配置社会资源的一个示范。

东方红（洛阳）国际陆港周边大型制造企业环绕，又集聚着洛阳高新技术开发区、河南省洛阳工业园集聚区、洛新产业集聚区、孟津华阳产业集聚区等多个产业区，推动物流业与制造业的深度融合，具有天然的区位优势和产业基础。

2. 适应国家运输业优化调整政策，完善区域多式联运体系

2017 年 11 月，按照河南省洛阳市“西进东联”战略，首趟“洛阳至中亚”国际集装箱货运班列从一拖铁路编组站开出。

2018 年，又相继开行了“洛阳至青岛”“洛阳至宁波”铁海联运班列，并实现常态化运行。

2020 年 8 月 26 日，洛阳首趟中欧班列从东方红（洛阳）国际陆港驶出，满载中国一拖生产的大马力轮式拖拉机，经满洲里出境后驶向俄罗斯。

截至 2020 年 10 月，累计开行多式联运班列 558 列，集装箱吞吐量达 42850TEU，货值 12.8 亿美元。

3. 研制特种集装箱运载单元，实现装载、联运模式创新

一拖物流根据不同运输货物类别，通过研制双层铁架、单层铁架、工艺轮、铁支腿、防翻架等多种集装箱装载工艺，具有良好的经济和示范效应。

通过开行多式联运班列，实现快捷便利的公铁海集装箱运输，改变了以往洛阳及周边企业出口产品要先经公路运输到达港口后，再进行报关、装箱、短驳至码头装船的物流模式，运输成本大幅降低，产品竞争力得到提升。中欧班列从一拖铁路编组站开出情形如图 14－13 所示。

图 14－13　中欧班列从一拖铁路编组站开出情形

东方红（洛阳）国际陆港的规划建设和集装箱班列常态化运营，成为洛阳融入国家“一带一路”建设的标志性成果，得到了河南省、洛阳市的高度重视和大力支持，先后被河南省、洛阳市列入支持洛阳加快建设中原城市群副中心城市项目。

2020 年 10 月，以东方红（洛阳）国际陆港为基础申报的《洛阳生产服务型国家物流枢纽建设方案》成功获批。

三、创新成果

（一）建设东方红（洛阳）国际陆港，体现着大型央企的责任担当

一拖铁路编组站是计划经济时期国家赋予大型央企的宝贵资源，但随着经济环境变化，铁路枢纽资源一度处于闲置状态。

借助国家政策和地方政府大力支持，将一拖铁路编组站打造成为东方红（洛阳）国际陆港，承接国家物流枢纽功能，盘活闲置国有资产，服务国家战略，助力中原城市区域发展和洛阳副中心城市建设，充分体现出央企的政治站位和责任担当。

（二）建设东方红（洛阳）国际陆港，促进了制造业和物流业的深度融合

洛阳已形成装备制造、新材料、机器人及智能制造 3 个千亿级产业集群，工业对经济增长的贡献率始终在 65% 以上，有着雄厚的工业基础和科研优势。

东方红（洛阳）国际陆港依托洛阳老工业基础优势和制造业物流需求，以产销关联密切、链条相对完整、公共服务健全为前提，以先进制造业物流标准为引领，通过打造集制造、采购、供应、销售、贸易、信息、物流于一体的先进制造业供应链体系，促进制造业价值链向中高端迈进，实现陆港周边先进制造业与现代物流业的深度融合、联动发展。

（三）东方红（洛阳）国际陆港建设成为中原城市群、洛阳副中心城市建设新的增长极

洛阳作为老工业基地，在加快中原城市群建设、实现中原城市群崛起中有着举足轻重的地位。河南省委、省政府要求城市群副中心城市建设把洛阳综合交通枢纽建设摆在突出位置，建好通道平台，提升开放势能。

在新的机遇和背景下，规划建设东方红（洛阳）国际陆港，是创新制造业发展模式、推动老工业基地新旧动能转换、促进中原城市群产业互动和协同发展，服务“一带一路”内陆开放型经济体系建设的重要路径，对打造黄河流域生态保护和高质量发展样板城市、增强洛阳产业辐射带动能力、加快洛阳都市圈建设、推动区域高水平开放、打造河南省经济高质量发展新的增长极，均具有重要的基础和引领作用。

（四）东方红（洛阳）国际陆港建设符合构建以国内大循环为主体、国内国际双循环相互促进新发展格局的战略要求

中共十九届五中全会提出，加快构建以国内大循环为主体、国内国际双循环相互

促进的新发展格局。东方红（洛阳）国际陆港建设为落实好中央的战略要求提供了平台网络支撑。

加快东方红（洛阳）国际陆港建设，通过构建“通道＋枢纽＋网络”的现代物流运行体系，带动制造、物流、大数据、供应链金融、智能制造、服务制造等全服务链条畅通，支撑先进制造业集群规模化、智能化；通过培育和发展物流、商贸、产业、信息、金融等服务平台，建设陆港经济集聚区，打造“港产城”经济创新发展动力新引擎；依托铁路口岸、公路港和沿海港口发展多式联运，形成连接国内、畅通欧亚的干线物流服务网络，进一步打通洛阳及周边地区出海出境物流通道，打造洛阳乃至中原地区对外开放的新高地。从而更好地促进洛阳融入以国内大循环为主体、国内国际双循环相互促进的新发展格局。

四、未来目标

按照生产服务型国家物流枢纽的战略使命和基本功能，结合东方红（洛阳）国际陆港与区域物流运行、周边产业布局的关系，从全球制造业发展格局、产业组织、中原城市群协同以及城市发展的维度，东方红（洛阳）国际陆港制定了下一步发展目标：“一带一路”大宗商品核心物流组织枢纽、促进价值链迈向中高端的制造业供应链组织中心、中原物流资源要素优化配置示范区、城市枢纽经济创新发展动力引擎。

（一）“一带一路”大宗商品核心物流组织枢纽

依托洛阳工业基础优势，围绕先进制造、新材料（有色金属）、煤炭、矿产、粮食等大宗商品国内外物流集散，以陆桥物流大通道为核心，串联畅通南北沿海、西南出海、二连浩特—北部湾等物流大通道，构建国际互通、多式联运、物流一体、金融创新、服务增值、智慧高效、信息共享的“一站式”大宗商品综合物流服务体系，打造成为具有较大国际影响力的大宗物资集散交易中心、物流中心以及价格形成中心。

（二）促进价值链迈向中高端的制造业供应链组织中心

发挥洛阳地处“中国之中”的区位优势以及“一五”期间超前谋划布局的国之重器的产业先发优势，通过构建“通道＋枢纽＋网络”的现代物流体系，推动物流组织方式变革，提高物流整体运行效率和现代化水平，打造与现代产业发展特征相匹配的低成本、高效率的物流枢纽服务网络及组织平台，进一步促进贸易结算、金融创新、信息服务、商务服务等综合服务体系的建立与完善，形成集制造与贸易、采购与供应，以及交易于一体的先进制造业供应链体系，实现先进制造业在枢纽周边的集群化发展。

（三）中原物流资源要素优化配置示范区

作为新中国成立后重点建设的八大工业城市之一，发挥工业化建设的先行优势以及长期积累的存量资源优势，整合制造产业供应链组织资源，盘活闲置土地及物流设施，充分利用中国一拖集团有限公司等总部企业在全球布局的研发、生产、贸易网络，进行高效配置，转换为物流网络优势提供社会化服务，实现资源围绕市场需求的集约利用和效益最大化，为地处中原交通区位相近、产业结构趋同、发展阶段一致的广大城市群创造示范效应。

（四）城市枢纽经济创新发展动力引擎

加强东方红（洛阳）国际陆港与周边产业集聚区的业务联动，通过陆港的物流环境营造、供应链体系构建和政策制度创新，集聚产业要素资源、提升产品辐射能级，以存量产业提升、增量产业培育为路径，推动现代物流、国际商贸、先进制造和高端服务的创新集聚发展，探索基于陆港环境营造和供应链服务体系支撑、实现现代产业集聚发展的创新路径，建设成为洛阳枢纽经济发展的动力引擎。

案例 8

合肥国际陆港中欧班列创新实践案例

【摘要】

合肥中欧班列积极贯彻落实“一带一路”倡议和长三角高质量一体化发展战略，通过高标准组建运营平台，高起点纳入国家规划，高站位实施顶层设计，高效率开辟多条全国首开线路，创新“坐商变行商”营销模式，推出多个去向、不同品类的定制班列等措施大力推动中欧班列高质量发展，走出了一条结构优、质量好、效益高的发展之路，带动了国际贸易，带来了产业转型和产能转移，促进了本地产业发展，取得了良好的经济效益和社会效益。

一、基本情况

合肥国际内陆港发展有限公司（以下简称合肥国际陆港）是经合肥市委、市政府批准设立的国有口岸运营公司，成立于 2017 年，注册资本 5 亿元，隶属于合肥市产业投资控股（集团）有限公司。

按照合肥市委、市政府决策部署，合肥国际陆港是在合肥原有中欧班列运营平台基础上，以“新起点、高标准”模式重新组建，按照海陆空联运立体化模式运作。

主要经营范围：一是组织国际班列的运营；二是承担合肥国际内陆港规划区域的建设及运营；三是国家口岸对外开放申报、口岸功能拓展、招商引资、商贸开发、参与国际贸易和供应链管理服务等工作。

主要运行线路：中欧往返班列，即合肥北—马拉舍维奇—德国汉堡/杜伊斯堡的往返中欧班列（运行时长不超过 18 天）；中欧班列亚洲方向，即合肥北—阿拉木图的中亚优化线路班列、合肥北—塔什干的点对点中亚班列、合肥北—多斯特克的中亚班列；铁海联运班列，即合肥北—宁波北仑港。此外，根据企业的特点和需求，还可以提供定制班列的服务，如奇瑞定制专列、江淮汽车专列、美的定制专列等。

二、主要做法

（一）运营特点

合肥中欧班列自 2014 年开行以来，积极贯彻落实“一带一路”倡议和长三角高质量一体化发展战略，大力推动中欧班列高质量发展，走出了一条结构优、质量好、效益高的发展之路，带动了国际贸易，带来了产业转型和产能转移，促进了本地产业发展。特别是近几年，通过高起点融入国家规划、高水平组建平台公司、高质量组织班列运营，合肥中欧班列已成为本土企业对外贸易的“黄金班列”、人民幸福生活的“美好班列”和合肥聚力打造“五高地一示范”的有力抓手。

合肥中欧班列聚焦国际市场，不断扩大“朋友圈”，不断提升品牌力，不断取得新成效。

一是强规模。截至 2020 年 11 月，累计发运突破 1340 列，海铁联运近 10 万箱，进出口贸易额突破 400 亿元。2019 年发运 368 列，超出前 5 年发运总和；截至 2020 年 11 月已开行 552 列，增速居全国前列。

二是进位次。开行量由 2017 年在全国 36 个开通班列城市中第 13 位，上升到 2018 年在全国 56 个开通班列城市中第 9 位、2019 年全国 63 个开通班列城市中第 8 位，跻身全国第一方阵。

三是高质量。单列货值屡超千万美元，满载率始终保持 100%，货值、货重、满载率、回程占比等关键性高质量发展指标始终保持全国前列。

四是拓线路。已开通 33 条线路，点对点直达 10 个国家、35 个国际节点城市。其中合肥到芬兰赫尔辛基、德国杜塞尔多夫是全国首开。

五是优服务。践行“立足合肥、服务安徽、辐射长三角”的总体思路，城市定向，开辟合新欧“+阜阳”“+芜湖”“+宣城”等城际定向班列。企业定制，开通企业定制专列，开行了“江淮号”“安凯号”“美的号”“康宁号”等 140 余列企业定制班列。

六是强联动。联动全市，综保区、水港、空港、跨境电商园，联动全省，赴安徽省16个地市开展推介，累计服务600余家省内企业。海铁联运，牵手宁波、上海，积极开行铁海联运班列，降本增效；联动长三角，与苏州、义乌班列平台公司共商共建长三角中欧班列发展联盟；联动五口岸，绥芬河、满洲里、二连浩特、阿拉山口、霍尔果斯实现全线贯通。

（二）重要举措

合肥中欧班列立足合肥、服务全省、辐射长三角，是“一带一路”上的“钢铁驼队”，是沟通世界的桥梁和纽带。

一是高标准组建运营平台。2017年11月30日，为加快提升合肥中欧班列运营平台的协调运作和市场化运营能力，合肥市在原新站高新区老平台的基础上，新起点、高标准组建成立合肥国际内陆港发展有限公司。该公司成立以来，从货源、资金与组织合作多方面入手，改变单纯依赖货代公司组织货源的传统模式，积极探索国际邮件、跨境电商、国际贸易、拼箱班列等多元化业务。注重引进专业化人才，以专业化服务能力提升核心竞争力，团队多人拥有国外留学背景，能熟练地进行英语、俄语、西班牙语等口语交流，平台公司规范化、制度化、市场化运作能力进一步提升。

二是高起点纳入国家规划。合肥中欧班列提升了合肥市“一带一路”节点城市地位。合肥市被国家发展改革委列为12个中欧班列内陆主要货源地节点城市和23个主要铁路枢纽城市之一，是全国17个区域性物流节点城市，中铁上海局将合肥列为中欧国际班列核心区域之一，中欧班列运输协调委员会将合肥列为重要成员，合肥东是长三角区域去往阿拉山口口岸唯一的中欧班列编组集结中心。特别是合肥作为长三角区域唯一入选城市，被国家赋予了打造长三角区域中欧班列集结中心的重任。

三是高站位实施顶层设计。合肥中欧班列围绕“打造国家级中欧班列集结中心”的发展定位，聚焦“强规模、强基地、强口岸、强贸易、强联动、强服务、强推介”发展主线，坚持“以运带贸、以贸促运、运贸一体”的经营策略，实施“4211”发展战略，即创建四个国字号品牌（陆港型国家物流枢纽、国家多式联运示范工程、国家中欧班列集结中心示范工程、国家铁路场站对外开放）、建设两个中心（国际物流中心、国际贸易中心）、打造一个产业集群（临港产业集群）、谋划一个招引（海关进驻办公）。

四是高效率开辟多条全国首开线路。与德铁、俄铁、哈铁、波兰国家铁路、德国RTSB、荷兰GVT等密切合作，相继开通合肥—阿拉木图首条中亚“点对点”班列、合肥—汉堡中欧精品线路、合肥—赫尔辛基全国首趟北欧新线路以及合肥—杜塞尔多夫全国首开线路等 33 条线路，覆盖 10 个国家、35 个国际节点城市。2019 年 9 月和 2020 年 4 月，芬兰驻华大使两次给合肥市政府来函表达谢意，指出开通合肥至赫尔辛基铁路货运班列，对于加强中芬经济关系、促进两国经济发展具有重要战略意义。

五是高水平提供专业化服务。合肥中欧班列创新“坐商变行商”营销模式，组织营销小分队主动对接省内开发园区等重点区域，江淮汽车、京东方等重点企业，提供“站到站”“门到门”全流程服务，累计服务省内 600 余家企业。实施“合肥中欧班列 +”战略，先后与阜阳、芜湖、宣城等省内兄弟城市开展合作。特别是新冠肺炎疫情期间，合肥中欧班列根据安徽省重点外贸企业需求，科学定制班列，越来越多的货物从“拼车”转为“专车”。先后开行“康宁号”“奇瑞号”“美的号”“江淮号”“马钢号”等 140 余列多个去向、不同品类的定制班列。

六是高层次构建全生态产业链。依托合肥中欧班列，积极申报国家陆港型物流枢纽、国家多式联运示范工程，推动安徽省进一步提升在“一带一路”中的重要腹地和枢纽作用。谋划建设合肥国际陆港项目，实现海关、口岸、国际贸易、陆港型物流枢纽等“四位一体”发展。围绕货运代理、国际贸易、物流仓储、供应链金融等业务板块，加强全生态产业链延伸拓展，努力实现自我造血和可持续发展。合肥陆港供应链、合肥陆港多式联运 2 个子公司已经正式挂牌成立并开展了业务。合肥中欧班列合肥—波兰首发如图 14－14 所示。

图 14－14　合肥中欧班列合肥—波兰首发

三、创新成果

全国首开合肥—赫尔辛基北欧线路。2018 年 11 月，合肥国际陆港全国首发开行合肥—芬兰（赫尔辛基）线路。2019 年 1 月，首趟赫尔辛基—合肥回程班列顺利抵达，成功实现了去回平衡，将以往赫尔辛基与合肥间长达 45 天的货运时间缩短至 15 天内，有力促进了合肥及周边地区与北欧国家贸易的高度互联互通。该线路社会效益明显，将合肥中欧班列的影响力和辐射面扩大到芬兰、挪威、瑞典等北欧国家，为安徽省乃至华东地区的企业开辟北欧市场提供了一个新的物流通道，北欧地区的优质纸浆、电子产品零部件、机械产品和设备的零部件也可以通过合肥中欧班列运输到国内。

全国首开合肥—杜塞尔多夫线路。2019 年 7 月 4 日，合肥国际陆港在国内首开合肥北至德国杜塞尔多夫（诺伊斯多式联运站）线路，本次共发运 94TEU，货重 526045. 54 千克，主要发运货物为光伏并网逆变器、移动空调机、脱水机、排气罩等，包含来自合肥、芜湖、滁州等多城市本地货物。该条线路的全国首发，给客户带来了获得感和良好体验，也是合肥国际陆港发展“运 + 贸”一体，依托中欧班列进行国际贸易业务，将欧洲商品带回国内，让合肥市民不出国门就能够享受到质优价美的进口商品。

首次实现与综保区货物快速流转。2020 年 6 月 5 日上午，一批价值约 34. 3 万欧元的离心式鼓风机搭乘中欧回程班列自芬兰赫尔辛基运抵合肥，并在合肥综保区成功申报入区，标志着合肥中欧班列首次完成关区“二次转关”，打通了“物流一体化”通道，在保障了中欧班列运输便利的同时，提高了货物流转效率，实现了综保区的保税优势。

首开合肥至荷兰蒂尔堡专列。2020 年 6 月 6 日下午，一列满载冰箱和冷柜的“美的号”企业专列缓缓驶出合肥北站物流基地，经二连浩特口岸出境直奔荷兰蒂尔堡车站，全程运时约 15 天，共计发运 82 个 TEU，货重 424. 63 吨。该班列是在全球战“疫”特殊时期，合肥国际陆港为合肥华凌股份有限公司量身定制的“美的号”企业专列。合肥至荷兰蒂尔堡新线路的开行，是安徽省深度融入“一带一路”建设的重要举措，是对合肥中欧班列打造欧洲精品化、多元化境外线路布局的有力延伸，为安徽本土乃至长三角区域进出口外贸企业开拓荷兰市场，搭建了一座便捷、高效、安全的“贸易通道”和“绿色通道”。

首发安徽邮政中欧班列（合肥—汉堡）。2020 年 6 月 10 日下午，安徽邮政首批通过合肥中欧班列发运的货物从合肥北站顺利发出，开往万里之外的德国汉堡，货物主要是陶瓷杯，货重达 22. 7 吨，标志着安徽邮政与合肥国际陆港成功开启“合新欧 + 运邮”合作模式的新里程、新业态、新通道，为新冠肺炎疫情期间安徽邮件运往国外开辟了一条“绿色通道”。带动安徽省跨境电商邮包业务与合肥中欧班列的融合发展，彰显中欧班列的运输优势和邮政网络优势，集合成核心物流运输竞争力，促进“合新欧+运邮”业态的高水平、高质量发展。合肥中欧班列首趟中亚回程班列如图14－15所示。

图14－15 合肥中欧班列首趟中亚回程班列

开行首列中亚回程专列。2020年7月9日，满载棉纱的中亚（塔什干—合肥）回程班列抵达合肥北站。合肥中亚回程班列实现零的突破。此趟班列从乌兹别克斯坦塔什干开出，承运进口棉纱82TEU，货重195余吨，采取“国际+国内公铁联运”运输模式，全程5522公里，经霍尔果斯口岸入境，历时8天到达合肥。此趟合新欧棉纱回程专列的顺利开行，标志着“乌兹别克斯坦—霍尔果斯—合肥”回程运输通道已打通，至此，合肥中欧班列实现“中欧去回程+中亚去回程”的“双线双向”，运输品种进一步丰富、服务能力进一步提高、班列效应进一步扩大。

四、未来目标

合肥市将以开展中欧班列集结中心示范工程为契机，大力实施中欧班列“4211”发展战略，进一步明确方向、厘清思路、瞄准目标，坚决将中央决策部署和安徽省委、省政府关于建设“五高地一示范”的要求落到实处。

一是强班列。稳定开行合肥—杜伊斯堡/汉堡、合肥—阿拉木图、合肥—莫斯科、合肥—赫尔辛基班列，形成公共班列为核心、定制班列为特色的产品体系。加大与宁波港、上海港合作，做大海铁联运规模，实现货畅其流。

二是搭网络。对外以汉堡、莫斯科和阿拉木图等为中心，尽快设立海外办事处，通过公共班列、公铁联运实现对欧盟市场的有效覆盖以及对中亚、西亚、西伯利亚地区的覆盖。对内进一步扩大省内客户覆盖面，提高省内客户进出口货物的订舱比例，力争省内货物比例达50%以上，实现国内国际双循环相互促进的新发展格局。

三是强基地。加快合肥国际陆港项目建设，打造“中欧班列展示、陆港一站式服务、海关一站式服务、国际贸易交易展示”四个窗口，切实担负长三角区域国家级中欧班列集结中心功能引领作用。

四是强口岸。积极组织申报国家铁路对外开放口岸，拓展大宗商品进口和去回程货源，形成长三角区域义乌小商品铁路口岸、合肥大宗商品铁路口岸的差异化功能布局。

五是建枢纽。加快建设陆港型国家物流枢纽，参与国家物流枢纽联盟构建，在国家层面加快打造形成长三角区域合肥陆港型，上海、南京、宁波港口型，杭州、义乌商贸服务型物流枢纽布局。

六是延服务。积极申报国家多式联运示范工程，加快形成空铁、水铁、公铁的多式联运运输结构。探索与综保区、电商产业园等区域联动，拓展保税仓储、保税物流、保税加工、跨境电商等业务，做大新成立的陆港多式联运公司、供应链公司业务规模，加快构建全生态产业链，提升造血功能。

七是塑品牌。主动出击、精准营销，在全球范围内持续推进合肥中欧班列的宣传推广工作，持续提升合肥中欧班列的市场知名度，打造国际知名铁路联运品牌。

案例9

满洲里口岸中欧班列创新实践案例

【摘要】

近年来，满洲里口岸积极融入“一带一路”建设，不断优化营商环境，强化信息化建设，提升口岸服务功能，同时积极组建中欧班列集结中心，提升组织开行能力，在亚欧物流体系中的作用日益凸显，已开通进出境中欧班列线路57条，成为亚欧陆海联运链条中不可替代、最为关键的重要节点，辐射国内外近百个城市和地区，口岸疏运优势突出，经满洲里口岸的集装箱国际物流线路已成为国内外众多商家的首选。此外，满洲里口岸积极实施“口岸+产业”发展模式，为企业到口岸投资兴业搭建平台，助力产业发展。

一、基本情况

满洲里口岸是全国最大的边境陆路口岸，素有“东亚之窗”的美誉，在内蒙古自治区和我国对外开放中占有举足轻重的战略地位。满洲里口岸由公路、铁路和航空口岸组成，是我国目前唯一的集公、铁、空于一体的立体化国际口岸。

铁路口岸是目前我国规模最大、年通过能力最高的铁路口岸，直接与西伯利亚大铁路连接，是通往欧洲的铁路大动脉。铁路口岸站场布局合理、口岸功能完备、查验设备先进、信息化程度高，口岸年综合换装能力 8000 万吨。

公路口岸是我国唯一允许俄罗斯自驾车辆进出境的国际公路口岸。口岸封闭区分为旅检区和货检区两个部分。旅检区实行 24 小时通关制度，货检区实行 12 小时通关制度。口岸通关设施齐全，口岸通关环境优美，口岸年通过能力：人员 1000 万人次、车辆 100 万辆次、货物 1000 万吨，居全国沿边口岸第一位。

航空口岸于 2009 年 2 月经国务院批准正式对外开放，开通了满洲里至俄罗斯赤塔、伊尔库茨克、克拉斯诺亚尔斯克以及满洲里至蒙古国乔巴山、乌兰巴托等多条国际航线，机场标准 4D 级，年吞吐能力 100 万人次。满洲里口岸外观如图 14－16 所示。

图 14－16　满洲里口岸外观

二、主要做法

（一）强化信息化建设，完善口岸通关服务等功能

满洲里口岸有百年以上的历史，口岸联检联运部门级别高，外贸基础雄厚。口岸现代化换装设施齐全，查验及配套设施先进，拥有全国一流的电子口岸，口岸信息化水平高。2011 年，满洲里电子口岸开始起步建设，2012 年投入使用。

2016 年，满洲里口岸在全国沿边口岸率先启动建设“单一窗口”。通过 2016 年、2017 年两年的建设，满洲里公路口岸进出境客车卡口自动核放系统、自助通关一体机和进出境货车信息查询管理系统、公路口岸进出境货车卡口自动核放系统、“单一窗口”通关监控调度指挥系统、在途监管等系统相继上线运行，实现了与海关、边防检查、交通运管、旅游等部门的数据共享，各部门将处理回执反馈给智能卡口系统，实现一次性共同放行。

2018 年，开始与金关二期智能卡口系统进行对接，对原有的满洲里公路口岸货车卡口自动核放系统进行升级改造，与满洲里海关对应改造的车辆管理系统进行同步，实现了与海关总署的数据交换。

2019 年，系统上线运行后，实现了跨地域、跨平台、跨系统电子通关毫秒级的数据交换，通过网络实现了满洲里和北京海关总署的数据交换，跨满洲里口岸“单一窗口”货车卡口自动核放系统、满洲里海关运输工具管理系统、内蒙古电子口岸云卡口、海关总署金关二期智能卡口系统及平台进行数据交换；实现了满洲里口岸出入境货车通道内秒级验放，大大提高了出入境货车卡口验放速度和放行时效，进一步提高了满洲里口岸出入境货车的整体通关效率。

（二）部门协调联动，优化营商环境，促进通关便利化

口岸联检联运等部门协调联动，大力优化口岸营商环境，落实口岸通关便利化改革，积极营造高效顺畅的口岸通关环境。

一是开辟公路口岸旅游通关绿色通道，提高了出境“一日游”旅行团的通关效率。

二是协调海关采取了为自驾游车辆提前办理海关备案的政策，有效减少了自驾游车辆的口岸通关时间。

三是口岸联检单位在口岸现场公布各自单位的服务热线电话，为进出境人员提供便利。

四是对公路口岸货运北卡口采取动态管理，增加人手疏导进出境货车通关。

五是协调海关放开海关对木材申报与查验数据的误差限制。

六是协调海关查验部门降低进出口货物查验率、扩大非侵入式查验比例、降低人工干预比例，进一步提升监管科技化、信息化水平，利用大型集装箱检查设备、移动查验单兵设备提升查验整体效能。

七是协调海关创新报关模式，允许进口木材代理企业以俄罗斯码单或货主提供的检尺数据为报关依据。

八是积极推广海关关税保证保险政策，规避企业在海关申报不一致情况下带来的负面影响，同时也解决了企业资金不足、无法及时缴税带来的相关问题。

九是配合海关优化了部分内部管理、监管办法，为现场海关执法、提速创造了条件。

十是牵头建立了海关、铁路车站“三级协调机制”，与各企业建立了微信联络工作群，及时解决企业通关过程中遇到的问题。

十一是协调铁路部门进一步深入挖掘工作潜力，压缩推线、换装、落地的时间，积极组织生产作业，提高铁路工人工作效率。

十二是协调铁路车站在集装箱进口落地后免除 3 天滞留费用，并把海关查验期间免收滞留费政策扩展到口岸进出口全面货品，真正为口岸相关企业减轻负担。

通过推行一系列举措，促进了口岸通关便利化，压缩了口岸通关时间，降低了口岸通关成本，全面优化口岸通关环境，为企业提供高效、顺畅、优质的运输、换装、仓储、通关、货代、金融等各项口岸服务。满洲里口岸货运班列如图 14 – 17 所示。

图 14 – 17　满洲里口岸货运班列

（三）运力充足，口岸通过能力大，高效运转欧亚物流

满洲里口岸作为第一亚欧大陆桥重要节点，境内外途经地区铁路网发达，国内哈（哈尔滨）大（大连）铁路、滨（哈尔滨）洲（满洲里）铁路的年通过能力均达到了1.2亿吨以上，并且即将实现全程电气化，境外俄罗斯西伯利亚铁路双线电气化，巨大的通过能力和充足的运力，为货物快速经满洲里口岸过境到俄罗斯和欧洲各国提供了有力保障。

一是欧亚物流运转流畅，班列运行时间短。通过满洲里口岸到欧洲各国的铁路货运班列一般运输时间在14天左右。常态化开通的“苏满欧”班列，从苏州发车到达波兰华沙的运输时间仅为13天，班列通过满洲里口岸的时间（包含办理通关、调车、发运等）不足3小时。

满洲里口岸依托国际贸易“单一窗口”，口岸联检联运部门与承运人、货代企业等相关主体之间以及各沿线节点之间实现了信息共享和电子数据传输交换，大大提高了无纸化通关水平和全链条运作效率。海关积极落实总署及时出台的10条措施，结合满洲里口岸实际情况，从减少报关次数、降低报关成本、支持枢纽站点建设、加强信息共享互联互通以及促进多式联运业务发展等方面细化了20项相应措施，同时尽最大可能防止新冠肺炎疫情通过中欧班列传播。

满洲里海关还与17个中欧班列始发地海关、重要港口海关履行便利化通关协议，建立起“满洲里海关—哈尔滨铁路局”“口岸海关—口岸站”和联络员三个层级线上定期通报机制，不断简化中欧班列运输和通关手续。坚持预约通关、专人专岗、夜间值岗、随到随验等行之有效的措施，确保班列通关时间不超过3小时。快速物流配送，为企业抢占市场、减少库存以及灵活机动地适应市场提供了重要保证。

二是物流运价相对较低，口岸通关环节少。货物通过第一亚欧大陆桥经满洲里口岸到欧洲各国，较其他线路少经过一个国家，少一次换装和办理通关手续，并且过境国俄罗斯政治经济环境均比较好，能最大限度地保证货物运输的安全，同时过境费较蒙古、哈萨克斯坦等国家都低，能够为企业节省更多的物流成本。

三、创新成果

近年来，凭借独特优势，满洲里口岸积极融入和服务“一带一路”建设，通过探索和实践，口岸在亚欧物流体系中的作用日益凸显，已经形成进出境中欧班列线路57条，其中“五定”中欧班列线路29条，国内始发地遍布苏州、天津、武汉、长沙、广州、营口、大连、沈阳等60个城市，辐射西南、华南、华东、东北等多个地区，国外到达欧洲11个国家的28个城市，主要辐射俄罗斯的车里雅宾斯克、圣彼得堡、莫斯科和波兰华沙、荷兰鹿特丹等地区。

同时，满洲里口岸大力组织开行始发和到站中欧班列，依托口岸优势，积极组建中欧班列集结中心，以提升满洲里中欧班列组织开行能力，集聚落地加工能力，变“酒肉穿肠过”为“金银腹中生”。满洲里口岸已成为亚欧陆海联运链条中不可替代、最为关键的重要节点，经满洲里口岸的集装箱国际物流线路已成为国内外众多商家的首选。2019 年，满洲里口岸进出境中欧班列 2167 列，19 万标箱，总货值 261 亿元。

2020 年以来，面对新冠肺炎疫情的冲击，满洲里口岸坚持“外防输入、内防扩散”的整体防控策略，一手防疫情输入，一手保口岸运行，全力优化口岸营商环境，积极实施“口岸 + 产业”口岸发展模式，成功引进京东集团合作建设满洲里跨境电子商务综合试验区，为满洲里市跨境电商、现代物流等产业发展注入了强大动力。满洲里口岸不仅在口岸疫情防控工作中取得很好的成绩，荣获了“全国抗击新冠肺炎疫情先进集体”，也实现了中欧班列破疫前行和逆势增长，2020 年前三季度，满洲里口岸进出境中欧班列达到 2171 列，同比增长 32%。

四、未来目标

满洲里口岸作为第一亚欧大陆桥的桥头堡，不仅联通着亚欧，承接着亚欧经济交往，面对国内外两种资源和两个市场，满洲里口岸具有无可比拟的地缘优势。毗邻的俄罗斯西伯利亚地区是 21 世纪人类自然资源的宝库，煤炭、森林、矿产品、石油、天然气等资源蓄积量居世界前列，进口资源开发前景十分广阔；辐射国内各重要省区市，物美价廉的中国商品能够满足国际市场需求，深得包括俄罗斯在内的欧洲市场青睐，出口商品贸易潜力巨大。

近两年来，满洲里口岸全力优化口岸营商环境，积极实施“口岸 + 产业”发展模式，口岸面貌焕然一新、生机盎然、活力勃发，为企业到口岸投资兴业搭建了广阔的发展平台。站在新的口岸发展起点上，满洲里口岸将进一步完善公、铁、空三位一体的口岸基础设施，优化口岸营商环境，提升口岸服务水平，依托立体化口岸优势和整体效能，加强口岸区域合作，提升口岸开放层次，以更完备的口岸功能、更优化的口岸环境、更优质的口岸服务为广大中外企业开展口岸合作提供了广阔的发展空间。

案例 10

苏州工业园区综保区物流模式创新实践案例

【摘要】

苏州工业园区航港物流有限公司作为苏州工业园综合保税区口岸经营人，近年来，在以虚拟空港 SZV、园区空运直通港为主的物流模式、技术模式和服务模式创新等方面进行了积极实践探索，打造了全国首批直通式陆路口岸、全国首家海关保税物流中心（B）型、全国首家综合保税区，并取得了显著的社会效益和经济效益。

一、基本情况

苏州工业园区航港物流有限公司（SIPPL）（以下简称航港物流）于2009年注册成立，前身是苏州物流中心有限公司业务部，定位为物流服务平台，是苏州工业园综合保税区口岸经营人，提供口岸物流、保税物流、保税加工、国际贸易以及管理咨询等多重服务，是功能全面、辐射面广、以进出口通关为主的大型综合性物流平台企业。航港物流从1997年起开始协助苏州工业园区管委会打造了全国首批直通式陆路口岸、全国首家海关保税物流中心（B）型、全国首家综合保税区，是政府进行物流改革的一个重要抓手，开创了一系列的物流改革创新。

在对综保区多年的建设运营中，航港物流不断探索进取，顺应形势发展和服务企业需求，配合苏州工业园区发展战略，一方面，航港物流运用先进的信息化技术手段不断提升综保区物流通关效率，打造全国领先的智慧综保区；另一方面，航港物流不断创新开发业务新模式，如虚拟空港进出口业务（空陆联程、陆空联运）、虚拟海港进出口业务（区港联动、水水中转）、食品（化妆品）口岸业务、药品口岸业务、管理输出、园区直通港等模式。

航港物流在场站系统需求分析、业务流程设计优化、综保区功能区域规划等方面有着丰富的理论经验与实践经验。多年来，航港物流不断优化功能区域划分，保证了车流和货流的顺畅，为加快通关速度提供了有力的支持。航港物流在车辆分流设计、单证业务区域划分、查验区域设计、监管仓库内部区域划分等海关特殊监管区的功能区域规划上具有自身独到的眼光和专业的知识；在公路口岸、公共型保税仓库、出口加工区、保税物流中心、综合保税区、贸易功能区、跨境电商综合试验区和自贸片区，摸索和实践了多种业务流程模式；在特殊监管区域海关货物作业流程设计、流程优化等方面积累了丰富的经验。从2010年开始，航港物流凭借多年的综保区管理运营、物流园规划经验，在传统口岸服务的基础上，响应苏州工业园区管委会“走出去”的战略号召，向全国各地推广与复制苏州工业园区综保区运营管理经验。

二、主要创新做法

（一）物流模式创新——虚拟空港 SZV

2007年8月，《民航总局关于同意在苏州工业园综合保税区开展陆空联运业务试点的函》发布，虚拟空港出口陆空联运模式开启。该模式将苏州工业园区视为一虚拟国际空港，使用国际航空组织（IATA）规定的苏州城市代码 SZV 为标识，并以苏州作为“目的港”和“始发港”。货物通过卡车航班到周边机场办理中转手续直接运至苏州工业园区，出口货物在苏州工业园区完成报关手续，通过卡车航班直接运至机场，装机离港。

近年来，航港物流充分运用苏州虚拟空港 SZV，积极开展与周边国际机场的合作与对接，形成了多套涵盖长三角、中西部以及华中地区国际机场，形式丰富多样的空运进出口服务方案。结合产业发展需要以及新的通关、物流政策变化，及时优化卡车航班、国际机场的合作模式，不断拓展苏州虚拟空港的航空物流网络，助力江苏自贸区苏州片区企业发展。航港物流运用 SZV 模式作业示意如图 14－18 所示。

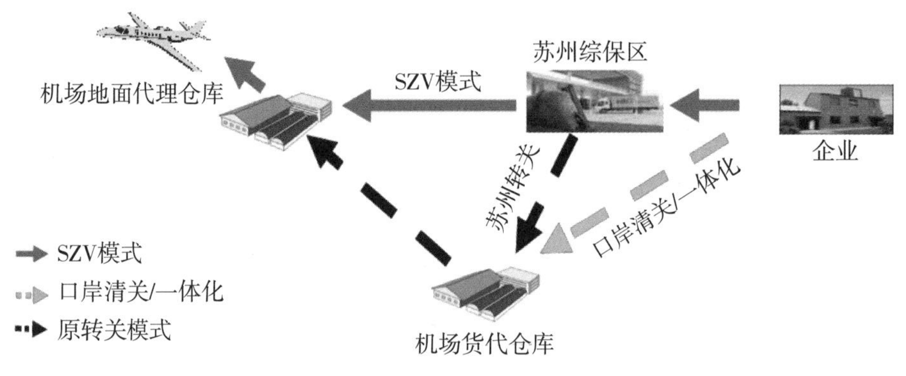

图 14－18　航港物流运用 SZV 模式作业示意

1. 主要做法

多式联运全程运单。航空公司签发目的地为苏州的多式联运运单，进口货物抵达周边实体机场后，机场海关按照有关规定办理中转手续，货物采用联程中转模式转运至苏州虚拟货站，满足了企业属地“一次申报、一次放行、一次查验”的诉求，直接在“家门口”完成空运物流。

卡车航班代替航空器。通过使用国际航空组织（IATA）规定的苏州城市代码 SZV 为标识，将苏州虚拟空港作为航空货运单的始发港和目的港，货物通过具有“航空巴士”之称的卡车航班代替航空器直接对接周边国际机场，将实体机场跑道延伸至苏州虚拟机场，将航空公司航线运力服务延伸至苏州货源地。

整合实体机场资源。统筹协调全国各大实体机场及国际航线资源，实现苏州虚拟空港与八大国际机场的互联互通，为苏州企业织成一张四通八达的“航空网”。同时定期汇总各大机场的航线计划，借助建设银行“跨境撮合平台”以及外管“海关特殊监管区域外汇监测服务系统”平台定期推送给企业，让企业能第一时间获知有效的空运资源。

2. 取得成效

虚拟空港联程中转模式为企业提供“家门口”的空运服务，既满足了广大企业对属地通关的强烈需求，又践行了有关部门推广应用多式联运运单、加快发展“一单制”多式联运服务的要求，有力赋能江苏自贸区苏州片区建设。

该模式与传统清关、转关相比，省却了进入上海一级代理仓库的环节，货代可直接从苏州出主单，并直接交货至陆空联运仓库，货物在苏州办理报关、报检以及实货查验手续，到达周边机场后由地面代理办理中转手续登机。通关时间从 48 小时缩短到 8 小时，进一步提高了通关便利和通关时效。

2020 年 6 月 2 日，航港物流又实现了南昌昌北机场至苏州虚拟空港的联程中转业务首票操作，这是对冲疫情影响，稳定航空供应链、物流链的有力之举。

截至目前，虚拟空港已覆盖 60 多个国家的百余个港口，包括欧洲主要国家、美国、日本、韩国、东南亚、澳大利亚等国家和地区的主要机场和城市。虚拟空港已累计操作企业 1520 家、货代企业 60 家、航空公司 43 家。2019 年 1 月至 2020 年 7 月，虚拟空港累计操作总单 2451 票、分单 3955 票、件数 15437 件，重量 1641 吨。

（二）物流模式创新——园区空运直通港

航港物流根据企业需求不断优化业务流程和服务体系，在新的通关背景下，充分借鉴苏州虚拟空港 SZV 的成功经验，进一步打薄沪苏空运物流链，将浦东机场东航货站功能移至苏州虚拟空港，创新园区空运直通港，为企业降本增效。

1. 主要做法

优化流程打薄物流链。通过在航空总运单的“收货人”栏目（Consignee's Name and Address）内注明“PVG - SZV”字样，实现货物在机场货站留场操作，直接在机场货站完成运抵报告和舱单传送，苏州货站作为东航物流唯一指定的平台，直接对接上海机场货站，取消现有上海货代监管仓库作业环节。

集约化运输降本增效。海关放行后通过专用的卡车航班，根据客户需求采用拼车或专车的形式，统一将货物从机场货站运输至苏州货站进行分拨。通过多家客户货物的集拼，充分发挥集约化运输优势实现降本增效。

系统对接高效跟踪。通过与东航 NCargo 操作系统的对接，可满足企业自行查询航班信息、货物信息以及上海入库及理货时间节点，打破了上海物流信息的“黑匣子”，企业全程掌控货物的实时动态，并支持后续异常节点的货物追溯，实现物流系统的一体化。

全程冷链满足生物医药温控需求。苏州着力打造生物医药产业，建成国际知名，国内极具标识度、影响力和竞争力的“中国药谷”。针对生物医药产品依赖于冷链运输的温控特性，空运直通港可提供全程冷链的配套服务。航班到港后通过机坪配置专用温控 Dolly 车，满足机坪至机场货站的冷链运输需求，从而实现从航班落地到货送企业的全程无缝冷链。

2. 取得成效

园区空运直通港快速分拨模式是一种全新的空运物流模式，是以虚拟空港为载体打造的空运物流“新干线”，较原有模式在物流时效上至少压缩 6 小时，物流成本节省 15% ~25%，成为提效降费助力苏州自贸片区企业发展的“新通道”。空运直通港模式下，每票货物从海关放行到送至工厂平均时间为 4 小时 23 分钟。从航班落地至送至企业的整体通关时效均值为 11.5 小时（2019 年和 2020 年两年的平均数据），比企业原有模式下提速至少 6 小时，比南京海关公布的 2019 年进口货物整体通关时间 48.1 小时提速为 36.6 小时。

充分利用园区空运直通港已成为苏州工业园区乃至周边企业进一步提效降费的有效举措之一。截至目前，空运直通港已累计操作业务总单 168 票、分单 177 票、件数 1032 件、重量 111.4 吨。

（三）技术模式创新和服务模式创新——智慧综保区

航港物流根据海关关于“智慧海关”建设的要求，以信息化、智能化为杠杆，利用“互联网 +”，创新监管查验机制、优化作业流程、减少纸面作业、实现信息共享，提高监管服务效能和通关物流水平、降低通关成本，充分提升园区物流环境综合竞争力。通过对苏州工业园区综保区硬件设施和信息化进行一系列改造，以建设智慧综保区为目标，实现海关监管场所内人、车、货、物流作业相关的多系统之间数据互联互通，达到智能化识别和严密监管的目标，实现物流监管工作的全覆盖、便捷化、可追溯和智能化，全面提升海关的区内物流监管能力水平，丰富监管手段和扩大监管范围。

1. 主要做法

“智慧综保区”项目是一个系统化、集成化项目，通过宁关 e 通、贸易功能区物流管理系统、智能机器人、场站无纸化项目、智能卡口系统无感卡口、“慧眼通”、自助核验智能泊位系统等十几个子项目的建设，进一步提高苏州工业园区综保区通关便利化，保证了车流和货流的顺畅，为加快通关速度提供了有力的支持。

一是掌上物流（推广宁关 e 通）。掌上物流新模式流程示意如图 14 - 19 所示。

“宁关 e 通”公众号是南京海关注册开发的南京海关物流通关信息发布及查询平台，通过此平台推送物流状态。掌上物流新模式推出后，卡口只需扫一扫手机二维码，即可完成对卡口车辆货物的识别验放，驾驶员全程可以不用下车。目前掌上物流在苏州工业园区综保区业务覆盖率已达 100%，日均二维码运行车次达 2500 余辆，相比传统物流模式下车辆等待时间至少20分钟，掌上物流模式缩短到2~5分钟，大大缩短了入区车辆等待时间，提高了企业物流效率，提升了场站车辆分流效率。

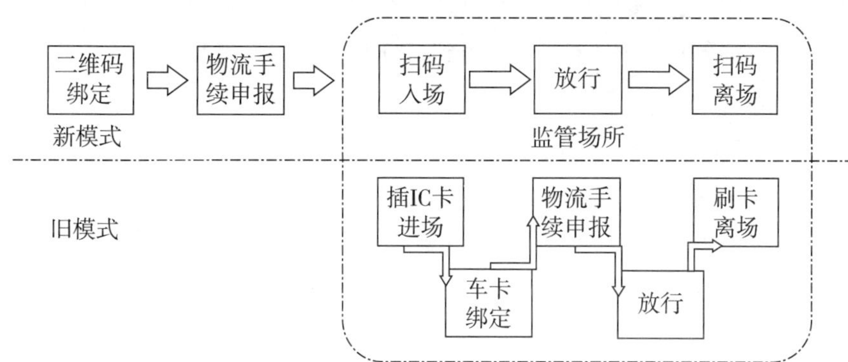

图14－19 掌上物流新模式流程示意

二是贸易功能区物流管理系统。

航港物流按照苏州工业园区管委会及高贸区的改革创新精神指示，创新综保区保税、非保税货物监管模式，探索保税货物和非保税货物的融合管理，有效防范风险，提升监管效能，于2020年7月10日上线贸易功能区物流管理系统。

该系统应用信息化技术、企业自律和风险管理理念，可以缩小贸易功能区内企业与区外企业的差距，进一步提升贸易功能区货物进出区的时效性和便利度，以吸引开展内贸业务的企业在贸易功能区内长足发展。目前贸易功能区物流管理平台移动端已开发完成，正在进行物流管理系统与企业库存系统的对接。

三是智能机器人。

航港物流智能机器人“航小萌”于2020年年底正式上线。通过智能机器人，企业可以快速、准确地完成业务办理，提升客户体验；智能引导司机通过手机二维码自助办理业务，缩短客户排队等候时间，提高业务办理速度；智能提示客户正确的停车区域，减少客户停车难、停车违规带来的不必要麻烦。

四是场站无纸化项目。

无纸化项目是在原有的场站系统基础上，对系统架构等进行升级优化。该项目引入移动端设备和电子支付功能，实现场站业务运作的无纸化；客户可以通过移动端设备进行业务申请和电子支付并申请电子发票，节省排队缴费和业务办理的时间，简化了业务流程，提升了业务效率；智慧仓仓储模式实现自动接单、智能派单功能；设计开发“苏州工业园区综合保税区场站业务繁忙度”展示平台，引导企业有序进行业务办理。

五是智能卡口系统。

智能卡口系统与综合保税区场站信息管理系统对接，实现对通过智能卡口的车辆进行管理，为车卡单自动关联、海关新业务“两单一审，运抵验放”提供基础。

企业在车辆入区前可提前申报，车辆入区后实现车卡单自动关联，查进验情况下，车辆在场站滞留时间由原来的4小时缩短到5分钟，进一步提高了通关效能。

六是无感卡口。

对场站海关监管卡口进行信息化改造，使车牌识别、地磅称重、信息比对和电子抬杆业务流程一次性完成，保证车辆以正常速度平稳通行进出卡口，实现货物自动验放、车辆快速分流，在卡口通道上给予直观的信息提醒。苏州工业园区综保区西区作为智慧综保区项目试点开展区域，于2021年2月10日完成海关系统联调，现已正式投入使用。

该功能改进了海关原有监管方式，在实现“无感监管、无感通关”的同时，突出监管重点，做到最大限度提高货车快进快出卡口的通行效率，节约时间成本，为企业提供更加便捷、更加高效、更加优质的通关服务。

七是“慧眼通”。

“慧眼通”利用物联网和移动互联网技术，以及电子围栏、三维建模、视频跟踪分析、车牌识别、卡口联动控制、大数据分析等手段，实现对不同监控级别的货物进行智能跟踪。

“慧眼通”创新监管模式主要依托视频数据信息化，并综合多种技术手段形成组合式严密监管，通过软硬一体的系统集成和静态、动态识别技术，辅以灵活可配的监控策略，建立起多系统联动的智慧监管平台。

“慧眼通”系统结合海关特殊监管区实际情况，通过货物类型与监控级别自定义匹配，全面提升海关的区内物流监管能力水平，丰富监管手段和扩大监管范围，未来也能满足自贸区建设部分需求，具备可复制可推广的意义。

八是自助验核。

在区内监管场地选择合适地点设置半封闭自助验核区，新增非申报货物验放通道，如需验核引导车辆进入自助验核区，通过屏幕提示、语音提示等方式显示验核要求，并引导企业人员完成车辆、货物验核展示动作，由监控摄像头完成验核对象信息采集，并将相关数据传输至物流系统。

根据海关监管需要，被抽核指令选中的车辆、货物，在非工作时间内，由企业使用海关智能交互设备完成自助验核，解决了一直以来企业货物因异常情况延迟至非工作日而无法验核的困扰，缓解了企业异常情况处理的紧迫感，节省了异常情况带来的额外成本，提升了企业货物的通关效率。

九是智能泊位系统。

系统主要实现为车辆自动分配泊位，通过电子感应模块自动判别车辆驶入、驶离泊位的状态，验证车辆是否正确靠泊，车辆超时检测并处理等一系列功能。

项目可提升约20%的平台泊位管理效率。采用LED、LCD大屏显示加短信等一系列通知方式最大限度地为客户提供了便利，节省了靠泊时间。

2. 取得成效

综保区主卡口每天进出的车辆超过6000辆，而监管场站内的停车位只有300多个，场站经常出现拥堵，直接影响物流效率的提升，进而关系到企业的生产运作，影响企业实现“零库存”以及物流、仓储成本控制。智慧综保区项目的实施，在苏州工业园区综保区场站实现了“三个智能化”，有效解决了这一问题，提升了综保区信息化智能化水平，为园区贸易便利化和营商环境建设作出积极贡献。

卡口智能化——智能卡口和无感卡口项目利用RFID电子车牌管理，应用物联网技术，在车辆通过主卡口时直接提示“查验”或“放行”，一是使卡口信息处理时间缩短到6秒，使通关车辆快速无感通过；二是加快实货放行速度，车辆在场站内滞留时间可缩短到5分钟。

管理智能化——掌上物流对接海关系统实现智能识别验放；智能机器人引导企业通过终端快速进行业务办理；智能泊位系统引导车辆有序停车；场站无纸化系统实现业务流程无缝对接，实现自动接单、自动派单，企业可自助缴费、自助开票等；站内通过统一的后台调度体系，依靠短信推送、大屏显示等多渠道发布信息指引车辆行驶、停靠及离场，指引货物查验、入库及放行出区。

监管智能化——“慧眼通”整合车辆与物流信息，以区内350个视频监控系统为依托，对不同级别的货物进行智能监管；企业在规定区域内，根据提示完成规定步骤实现自助验核；建立查验移动作业系统，实时采集和传输现场查验作业信息，及时录入查验结果，提高查验效率和质量。

在实现智能化监管的基础上，将整个作业链条上的时间进行切分，评估各个作业方的耗用时间，或某时间段、某企业、某票单证的作业时效，通过“国际商务区公共服务平台”进行展示，便于海关、企业实行过程控制、责任界定和效率改进，也可以了解综保区的繁忙度，掌握整体态势，进行后续分析，为其决策参考提供依据支撑。

三、创新成果

通过以虚拟空港SZV、园区空运直通港为主的物流模式、技术模式和服务模式创新等方面的实践探索，取得了显著的创新成果。这其中，园区空运直通港模式在中国（江苏）自由贸易试验区苏州片区成立一周年的成果汇报会上被评选为“十大优秀创新案例”之一。而虚拟空港已覆盖60多个国家的百余个港口，包括欧洲主要国家、美国、日本、韩国、东南亚、澳大利亚等国家和地区的城市。智慧综保区项目的实施，大幅提升了苏州工业园区综保区信息化、智能化水平，为园区贸易便利化和营商环境建设作出了积极贡献。

四、未来目标

一是主动融入长三角区域一体化互联互通和综合性立体化国际运输大通道建设，建立与上海协同发展的业务新模式，同时做好与周边空港、陆港、海港的对接，发展飞地经济，加强与其他片区的互动，特别是与上海临港、保税区的合作。

二是围绕虚拟空港和空运直通港，以苏州自贸片区发展建设为依托，以多式联运发展为导向，积极探索，扎实推进，为苏州自贸片区企业织成一张四通八达的“航空网”。无缝连接起长三角城际空运物流体系，逐步打造成为国际空运销售服务中心、空运出口集贸中心，引领苏州航空物流达到崭新高度。

三是探索物流信息共享、提高物流效率的信息化建设思路和模式，通过物联网、大数据的技术手段，实现各个功能系统间的数据交互与决策共享，提升贸易便利化水平，形成更有活力、更富效率、更加开放、更具便利的苏州工业园区营商环境。

四是以创新为指导、以信息化手段为支撑，持续推进智慧综保区项目，实现物流监管工作的全覆盖、便捷化、可追溯和智能化，切实推进企业降本增效。

五是积极进行高新技术企业申报，致力于知识产权的研发，将知识产权融入公司管理输出业务，向国内各地进行推广。

案例 11

格尔木陆港型国家物流枢纽创新实践案例

【摘要】

作为西部地区重要的交通和物资集散中心以及青海省“西融两廊、东联一带”向西开放的重要节点城市和41个陆港型国家物流枢纽承载城市之一，近年来，格尔木以夯实交通基础设施建设为中心，以做好运输服务为重点，全面融入“一带一路”建设，努力进行物流园构建及物流大通道建设，全方位加快推进综合交通枢纽和国际陆港建设。

一、基本情况

格尔木地处青藏高原腹地，位于青藏甘新四省（区）的交界，历史上就是进藏进疆的重要驿站和物资中转地，战略位置十分重要，被国家列为37个全国性综合交通枢纽、41个陆港型国家物流枢纽承载城市之一。为助推格尔木陆港型国家物流枢纽承载城市建设，形成我国西部地区交通枢纽和物流节点承载城市，格尔木以加快融入国家“一带一路”发展为重点，打造辐射西部地区开放的大型物流集散地，推动区域物流业发展，并引入相关产业，从而拉动建筑、汽运、金融等产业的发展，旨在形成服务设施完善、业态高度整合的西部五省（区）交通物流集散中心和格尔木“一带一路”交通枢纽中心。

二、主要做法

（一）高标准建设南郊综合物流园

为充分发挥格尔木市区位优势、交通优势、资源优势与产业优势，提升现代服务业发展水平，加快青藏高原区域性现代物流基地建设步伐，2016 年，格尔木市规划建设南郊综合物流园（以下简称物流园）。物流园位于格尔木市区以南，依托青藏铁路、格库铁路及 109 国道等重点交通干线，根据物流功能衔接，集“商业展示”“物流运输”和“仓储”功能于一体，发展定位为集“公路港、城市配送、甩挂运输、多式联运、商贸交易、商务平台”于一体的现代化综合物流园区，已形成主要面向新疆、西藏的两个物流方向。截至 2020 年 10 月，物流园目前入驻企业 6 家，实施项目 6 个，总投资 19. 44 亿元，累计完成投资 8. 44 亿元。

（二）面向未来，打造全国性新枢纽

随着国家“一带一路”倡议和新时代西部大开发深入推进，国际陆港立足青藏高原、辐射西北、面向国际，依托铁路、公路综合交通运输优势，紧扣全省副中心城市、全国性综合交通枢纽的定位，格尔木以多式联运、区域分拨及配送、公路港等基本物流服务功能为基石，以冷链、工程、大宗商品、应急等专业物流和保税、海关、边检等国际物流服务功能为拓展，提升枢纽综合服务力，增强枢纽服务品质和经济价值，对内衔接西北和内陆地区之间的干支线运输，对外为大西北地区和大西南部分地区搭建印度洋便捷的出海通道，加快推进格尔木国际陆港及综合保税区项目建设，打造成为西北地区领先的辐射区域更广、集聚效应更强、服务功能更优、运行效率更高的公铁联运综合服务型的高原国际陆港。

（三）优化服务，助力企业发展

一是加大资金支持力度。通过申报物流企业发展项目，积极争取国家、省、州、市各类专项资金，优化物流企业发展专项资金支持方向，支持物流企业长期发展，加快推进物流项目落实落地，提高针对性和主动性，进一步加大物流企业帮扶力度，推动项目建设。项目建成以来共争取各项专项资金 230 万元；自 2020 年新冠肺炎疫情暴发以来，及时解读青海省政府支持复工复产专项资金申报政策，为企业争取房租减免补助 124 万元；同时对照国家对新冠肺炎疫情防控重点保障企业信贷资金利率优惠政

策，拓宽融资渠道，协调中国邮储银行格尔木分行为物流园企业争取信用贷款500万元用于复工复产。二是强化工作重点。坚持需求导向、问题导向、效果导向，着力推进落实“放管服”改革，不断优化流程、减少环节、缩短时间、提高效率、改进服务，提升营商环境。积极协调各相关部门，通过召开现场协调会共同协商，解决企业间争议问题，同时简化办理流程，为企业快速办理各项手续，加快项目落实落地。三是优化营商环境。积极与物流企业进行座谈、交流，通过召开现场会、协调会的方式建立与企业的信息互通渠道，及时跟进项目建设进展，了解企业情况。组织协调各相关单位，帮助企业解决困难、破解困境。加强与企业服务、沟通和协调，吃透政策精神，正确把握政策方向，尽最大可能给予企业扶持。

三、创新成果

（1）截至2020年10月，物流园入驻商户约1026家，从业人员约4100人，日平均发布货运信息15000条，平均每日进出车辆约4300台/次，货物吞吐量约1.5万吨。物流园的建成，为当地居民创造更多的就业机会，对带动和促进社会建设和经济发展具有积极作用。

（2）物流园项目在备案之初，由于入驻企业从原本的单一运输业务向物流园多元化发展，对项目的申报及相关办理流程不了解，工作人员耐心讲解办事流程及注意事项，为企业解除疑惑；同时积极主动了解企业规划思路，有序推进物流园项目建设。

（3）在项目备案、选址及规划用地过程中存在争议的地方，格尔木市工信局积极协调当地发展改革委、自然资源局等部门，通过召开现场协调会共同协商，解决企业间争议问题，同时简化办理流程，为企业快速办理各项手续，加快项目落实落地。

（4）第一时间推送各种扶持政策，办理多种资金补助，项目建成以来共争取各项专项资金230万元；自2020年新冠肺炎疫情暴发以来，及时解读青海省政府支持复工复产专项资金申报政策，为企业争取房租减免补助124万元；同时对照国家对新冠肺炎疫情防控重点保障企业信贷资金利率优惠政策，协调中国邮储银行格尔木分行为物流园企业争取信用贷款500万元用于复工复产。

四、未来目标

（一）高标准启动格尔木国际陆港建设

为进一步提升物流枢纽综合服务功能，编制了《格尔木市综合交通枢纽和国际陆港建设发展规划》，把南郊物流园作为公路港纳入国际陆港建设中，按照“存量设施整合提升、增量设施补齐短板”的原则，紧扣全省副中心城市、全国性综合交通枢纽的定位，以多式联运、区域分拨及配送、公路港等基本物流服务功能为基石，以冷链、工程、大宗商品、应急等专业物流和保税、海关、边检等国际物流服务功能为拓展，全面推动格尔木陆港建设。

（二）加大项目扶持力度，争取资金政策支持

积极争取国家、省、州专项资金，用于国际陆港和综合保税区基础设施建设、陆港功能区建设；将格尔木国际陆港纳入全省经济社会发展“十四五”规划及相关专项规划，列入全省重点建设项目。为便于招商引资，建议省级部门参照全国各综合保税区、国际陆港相关优惠政策，按照国家级开发区标准对格尔木市拟建设的国际陆港进行管理和支持，在项目审批、资金支持、产业发展、用地供给、重大项目布局等方面给予优惠政策。

（三）进一步优化企业投资营商环境

发挥政府服务职能，结合新旧动能转换，加大对优质企业的扶持力度，帮扶企业做大做强。发挥政府搭桥功能，推动银企对接，切实帮助企业解决资金困难，缓解融资压力。鼓励金融机构对效益好、背景真实的物流企业加大融资扶持力度。强化与海关等涉外部门的沟通联系，定期对接、信息共享，充分享用优惠政策，提高企业政策利用率。

案例 12

晋江陆地港双口岸并行创新实践案例

【摘要】

晋江陆地港项目是福建省委、省政府研究确定的推动外经贸发展方式转型升级的四大陆地港项目之一。经过几年的实践探索与创新，晋江陆地港具备了国际陆港、保税物流、国际快件、跨境电商、国际邮件、冷链物流、产业园等功能，构建了完整的外贸及跨境物流服务场景，形成了以“国际陆港口岸”“跨境服务口岸”双口岸并行的服务体系。2017 年，晋江陆地港获批海关总署关区代码 3726。2019 年获批国际代码“CNJJD”，升级为国际港口。

一、基本情况

福建陆地港集团有限责任公司（以下简称福建陆地港集团）成立于 2009 年 12 月，以综合物流服务、临港园区建设、供应链服务为主营核心业务，以推动临港商贸发展、

促进第三产业发展为己任，致力于成为国内陆港建设运营的排头兵。2009 年，福建陆地港集团开始投建并运营福建省重点口岸项目——泉州晋江国际陆地港。项目以“外贸公共服务平台”为定位，以“为合作伙伴提供最可信赖的外贸及跨境物流服务”为目标。

泉州晋江国际陆地港（以下简称晋江陆地港）项目是福建省委、省政府研究确定的推动外经贸发展方式转型升级的四大陆地港项目之一。项目地处海峡西岸经济区最具活力的城市之一——泉州市，项目毗邻晋江高铁货运站，总规划面积达 2500 亩，总投资 70 亿元，按照“政府支持、规划先行、市场运作、企业主体”的原则，由福建陆地港集团开发、建设与运营，将建设成集港口、保税、快件、专业仓储、信息服务、交易、金融、商业配套等物流服务功能于一体的现代化内陆口岸。

以创新的“超港口”模式，晋江陆地港为泉州外向型企业搭建起了多元化的通关服务平台以及内联外通的现代化国际贸易大通道。经过几年探索与创新，晋江陆地港具备了国际陆港、保税物流、国际快件、跨境电商、国际邮件、冷链物流、产业园等功能，构建了完整的外贸及跨境物流服务场景，形成了“国际陆港口岸”“跨境服务口岸”双口岸并行的服务体系。经过短短几年发展，晋江陆地港实现了跨越式发展，成为全国陆地港口岸服务功能比较齐全的平台。2017 年，晋江陆地港获得海关总署支持，获批关区代码 3726。2019 年获联合国贸易便利化与电子业务中心（UN/CEFACT）批准国际代码“CNJJD”，晋江陆地港升级成为国际港口。

二、主要做法

（一）民营企业建设，颠覆国内陆港发展模式

陆地港属于基础设施，在全国其他省区市大多由政府或国企承建运营，而晋江陆地港是国内民营企业运营的国际陆港平台。以民营企业敢为人先的创新意识，晋江陆地港在全国没有成功经验可以借鉴的情况下，创新国内内陆港发展模式，打造出具有泉州特色的“近海近产业集群的陆港样板”。

（二）立足产业创新模式，实现国际物流大联通

基础设施的互联互通是“一带一路”发展的重要支撑条件。福建省现有的口岸资源分散，晋江陆地港致力于创新发展模式，为福建贸易企业提供优质的外贸及跨境物流服务。近年来，晋江陆地港实现了国际陆港、保税物流、国际快件、跨境电商、国际邮件、冷链物流、产业园等功能落地，构建了完整的外贸及跨境物流服务场景，形成了“国际陆港口岸”“跨境服务口岸”双口岸并行的服务体系。晋江陆地港如

图 14－20 所示。

图 14－20 晋江陆地港

（三）顺应国家战略，开放发展激发新动能

晋江陆地港这几年的发展，一直顺应国家对外开放的战略发展部署，从晋江陆地港的发展中，可以看到具体的“一带一路”倡议、“自贸区”“跨境电商”“海关区域通关一体化”这些国家政策落地举措。政策红利源源不断地给晋江陆地港发展带来新的动能，推动着晋江陆地港业务高速发展。

作为泉州海丝先行区发展的支撑平台，早在 2013 年，晋江陆地港便率先将乌兹别克斯坦的棉花通过铁路运输方式转关至泉州，供货给泉州制造企业，实现“一带”与“一路”的有机衔接。2017 年，晋江陆地港进一步拓展“虚拟空港”服务功能，落地了南航（晋江）城市货站项目，将机场的国际货运功能延伸至晋江陆地港，为福建及周边地区跨境电商的发展开辟新的“空中丝绸之路”。2019 年，晋江陆地港通过推动泉州国际邮件互换局启动运营，开辟跨境物流专线，与跨境平台、境外货代物流公司进行深度合作等举措，充分发挥核心节点作用，助力泉州跨境电商拓展国际市场的同时，服务“买全球”。

为进一步强化口岸服务功能，晋江陆地港建设了泉州地区首个高端多温层冷链物流中心。中心目前投用冷库库容为 1 万吨，分三个分体库，其中 2 个冷冻库库容 6600 吨，温度在－20℃左右，1 个冷藏库库容约 3400 吨，冷藏库温度在 0℃～6℃。主要储存的商品有果蔬、肉类等。目前，晋江陆地港正港冷链物流中心已获批进口水产品备案存储冷库、进口食品指定储存场所等资质。

（四）提升信息化水平，打造“智慧陆港”

作为企业运营的公共服务平台，晋江陆地港在快速发展的同时，坚持严格按照海关等监管部门的监管要求，从监管场所的配置，到监管规范的执行，再到主动联动监管部门运用技术及数据手段分析风险，力求实现在风险可控的前提下，推动业务不断高速发展。根据业务发展需求，晋江陆地港先后上线了综合物流管理系统、仓储管理系统、智慧场站管理系统等业务现场管理系统，与海关对接了放行、运抵、新舱单、两仓管理、同屏比对等业务监管系统，同时还主动与入驻海关配合，开发相关的跨境监管辅助系统，运用技术及数据手段分析风险，实现卡口、场地、落地配送等管理。晋江陆地港通过打造智慧陆港，利用科技手段强化监管流程，助力监管部门“向科技要效益、向科技要监管”。

（五）供应链拓展

福建陆地港集团未来将依托晋江总部的产业发展特色经济，打造以“服务区域外向型经济发展”为核心，以“多式联运”为载体，以“社会协同物流服务”为价值导向，深耕产业供应链，具有区域特色的“晋江样本”。

三、创新成果

经过几年创新发展，晋江陆地港实现了跨越式发展，打造了“国际陆港口岸”“跨境服务口岸”双口岸并行的服务体系，成为全国陆地港口岸服务功能比较齐全的平台。目前，晋江陆地港通过推动关检创新通关监管方式、提供“一条龙”通关服务，以电子关锁“直通关”的模式实现了与11个外贸海港、7个空港口岸直通放行，整合了数百条国际外贸航线资源，构建了高效便捷的通关环境，打造了多样化的“口岸+物流”平台模式，有效地为外贸企业的进出口提速减负，服务泉州产业走出去。

通过一系列创新举措，晋江陆地港整合了海港、空港、邮路口岸等国际物流通道，从传统的内陆口岸拓展成为“海陆空铁邮”的多式联运国际陆港，引领泉州国际物流和跨境服务的拓展，成为海峡两岸便捷的公共服务平台，以及建设21世纪海上丝绸之路经贸文化合作先行区的重要平台。

案例 13

山西方略内陆港创新实践案例

【摘要】

经过十余年探索实践，山西方略内陆港在投资治理体制、商业（运营）模式、服务模式、技术模式、金融模式等多方面积极创新，走出了一条契合当地特点、体系成熟、功能完备、成效显著的陆港产业发展之路，形成了独具特色的“方略创新模式”。

一、基本情况

（一）成立背景与发展沿革

山西方略保税国际陆港口岸园区，又称山西方略内陆港，位于有着“国家五大物流重镇”之称的山西省临汾市侯马市。这里曾是春秋时期晋国的都城，素有“南来北往商贾地、千车百货旱码头”的美誉。现如今，更是晋陕豫区位要地、公铁空交叉重地、改革开放前沿阵地、冶炼铸造与机加煤化工重要基地，商贸物流兴盛。

山西方略内陆港成立于国家“十一五”发展规划时期的 2007 年，发端于当时国家为鼓励黄河金三角跨省战略合作示范区、中部内陆地区的改革开放和现代物流业发展需要而批准设立的山西方略保税物流中心（A 型）。后在 2008 年 12 月升级为山西方略保税物流中心（B 型），又于 2011 年成功升级为具有复合功能的内陆港，于 2020 年跨入临汾市陆港型国家物流枢纽的建设梯队。山西方略内陆港如图 14－21 所示。

图 14－21　山西方略内陆港

（二）区位优势与建设情况

山西方略内陆港西邻侯马北铁路编组站和侯马市合欢街，北邻晋韩高速公路入口，距离临汾、运城机场都只有70公里，距离最近海上、陆上出境口900多公里，附近20公里范围内有侯马、曲沃、新绛等开发区。

港区规划占地3000亩，目前占地2600余亩，并全部连片建设。现已建有600亩左右的保税物流及保税商品展示区、1700亩左右的口岸作业区、300亩左右的综合服务区。在口岸作业区建有10.09公里长的6条万吨大列专用线及8个高、低站台，20万余平方米的仓库，50万平方米的堆场，1000余个货位，1万余平方米的停车场；保税物流及保税商品展示区建有13个商品展示馆，1万平方米的海关监管仓库，10万余平方米的海关监管堆场；综合服务区建有建筑面积3.5万余平方米的联检办公大楼。拥有自营集装箱400个、常规集散存储集装箱2000个、各种专业设备300多套、运输车辆2000多台。建有自己的综合信息平台——黄河金三角工业品交易中心，具有一体化处理内部办公、业务受理、协同合作、社会监管等信息的功能。

在北京、上海、香港、二连浩特、成都、沿海港口、德国汉堡、新加坡等地设立了多个服务网络节点。集聚了临汾海关、太原铁路局、济南铁路局、青岛港、天津港、日照港、连云港港、二连浩特口岸、中铁集装箱公司、铁龙公司、中远海运、兴侯运输等20多个节点企业，共同围绕港区核心企业实施服务集成，开展一体化、网络化、平台化、智慧化流通供应链管理服务。

（三）发展定位与运营特色

山西方略内陆港的发展定位，体现在发展愿景上，即“全面发展陆港产业，最终成为国内大宗商品生产流通企业陆港服务的专业优质供应商”；体现在发展使命上，即“聚焦‘三供’、降本增效、让区域大宗产业更兴旺”。

通过十余年坚守和探索实践，山西方略内陆港走出了一条契合地方特点、具有自身路线、体系成熟、功能完备、成效显著、示范标杆的陆港产业发展道路，形成了完善的产业体系、功能体系、业务体系、网络体系、信息体系。

在产业体系上，聚集了交通运输业、仓储业、搬运装卸业、简单加工与增值业、货运代理业、批发零售业、信息服务业、商务服务业等十余个服务业；在功能体系上，拥有现代物流的全部功能，另外还叠加了商贸、融资等重要延伸功能；在业务体系上，可以承接大宗产业所需的供应链采购、销售、库存、运输、融资、保税存储、报关报检、信息咨询、场所租赁等业务外包；在网络体系方面，形成了国内国际多节点布局、网络化运营的局面；在信息体系方面，形成了自有综合性信息平台，实现了企业内部沟通、供应链节点企业沟通、外部监管沟通的畅通渠道。

山西方略内陆港的发展独具特色。

一是投资主体民营化，即内陆港的投资来自民间资本自筹或融资。

二是运营主体自营化，即内陆港的建设和运营都是依赖投资者。

三是陆港功能一体化，即内陆港的保税物流、口岸服务、公铁运输、产业招商引资、陆港管理等功能在这里全部实现了有机聚合、统筹兼顾、整体划一、持续增值。

四是服务对象专一化，即内陆港的目标用户定位很清晰，专注为地方大宗产业而服务。

五是服务战略供应链化，即内陆港的经营采取供应链战略，通过相关企业集群实施抱团服务，开展大兵团、多兵种作战。

六是运营管理的现代化，即内陆港的经营手段倡导标准化、信息化、网络化，努力做到管理规范、服务标准、技术领先、线上与线下联动、点网结合。

七是运营管理的全球化，即内陆港的经营格局一直瞄准省外、国外、全球布局、运筹并展开服务。

八是政商关系的和谐化，即政府负责规划引导、服务监督、帮扶支持，港区负责建设运营、集聚优势、担当作为。山西临汾—德国慕尼黑首发班列如图 14－22 所示。

图 14－22　山西临汾—德国慕尼黑首发班列

二、主要做法

山西方略内陆港的生产、运营以及相应的管理活动不断创新变革，形成独具特色的“方略创新模式”。

（一）投资体制创新

山西方略内陆港所依托的口岸开放功能来自山西方略保税物流中心（B 型），而山西方略保税物流中心（B 型）则是全国最早以民营资本方式投资建设的；其陆港物流枢纽功能也一改以往的全部国有或以国有为主的投资体制，彻底实现了投资体制的重大创新，达到了利用民间资本办大事、办成事的积极效果。

（二）治理体制创新

山西方略内陆港的治理体制，采取的是自主经营、自我管理的治理模式，而不是“地产开发＋招商引资”式的治理体制。这种自建自用自运营的新体制，有助于统一战略、统一规划、统一运营、统一获益，自负盈亏、自我约束、自我激励，更好地实现资本的保值增值和持续投入。

（三）商业（运营）模式创新

山西方略内陆港的商业模式创新首先体现在所服务市场的用户群定位上很专一，即为周边大宗企业服务，而不是为所有企业服务。在产品线的定位上，重点解决企业的保税物流、原料采购、产品销售、配套物流、资金融通等；在产品的长度、深度和广度定位上，更加注重高端引领、低端补充，比如物流方面重在发展保税物流、集装箱物流、循环物流、口岸物流、国际物流等。在服务的方法上，注重采取新物流、新零售方式，比如实施互联网物流、O2O 电商、网络货运等。在总体服务战略上，采取自建供应链体系模式，以本身企业为同盟群体的核心，将相关节点企业予以集聚成链，整合各自优势，统一标准、统一行动为客户服务，平台上集聚了港口服务、口岸服务、集装箱服务、公铁海运服务、电商平台服务、报关报检服务等多个优势服务。

（四）服务模式创新

一是供应链服务的标准化。在内陆港的核心企业内部和所有节点企业间形成统一的合作标准和服务标准，比如物流活动的集装箱化服务，所有联盟企业都要在合作中注重以集装箱为运载单元的承载方式，公路运输供应商必须要有集卡车运输能力，铁路运输供应商的车底必须可承载集装箱运输，作业场站服务商必须提供可操作集装箱的正面吊等装卸设备、堆场；集装箱供应商能在现场及时维修损毁的集装箱。

二是采取订单拉动下的准时化服务。即一切经营活动皆来自订单拉动，有订单才作业，有订单就按时间周期倒排各节点协同作业，通过柔性服务最终实现精准服务、高效集约服务。比如开展化肥的多式联运，就是以最终客户收货时效为标准然后倒排上游生产、上站、装车环节的服务时效，最终实现整体服务的最优化、效率的高效化、效益的最大化。

（五）技术模式创新

山西方略内陆港作为一个提供现代陆港服务的产业园，对“科学技术是第一生产力”的认识十分坚定，因而高度重视在这方面的投入。这些投入包括作业装备的技术投入、各方面管理手段的技术投入等。比如内陆港为加强自营集装箱的区外管理，开发运用定位锁；为加强车辆的出入港管理，开发运用智能门禁；为有效调度场站作业，开发运用场站智能调度系统；为了适应准时化服务，积极通过运用大数据、物联网、云计算、人工智能等现代信息技术支撑流程再造、服务优化；为融资各方实时掌握监管货物库存情况，积极推广手机 App 远程可视化系统。

针对新技术的研发，山西方略内陆港采取自研为主、委外开发为辅的灵活操作模式。这一模式的运用使企业实现了较低投入、技术可控、减少外部依赖、核心竞争优势增强的发展效果。

（六）金融模式创新

陆港服务连着制造商、贸易商、物流商、平台商、供应商，他们在运营中都会有对资金周转的强烈需求。尤其是在对服务用户的“黏性”增加上，通过金融赋能，有了结算快捷、风险最低、取得周转资金等“获得感”，成为除价格、交货期之外更能吸引和留住客户的重要手段。因此，山西方略内陆港很早就重视和金融机构、社会资金供应商的战略合作，把资金供应嫁接到平台的公共服务链条上，为所需要的供应链节点企业或服务用户提供所需的资金支持，并从中获益。目前山西方略内陆港可与合作资金方开展仓单质押、动产质押、保税存储、设施租赁、保险办理、资金托管、小额贷款、应收账款融资、购车贷款等金融服务。据统计，截至 2020 年 10 月已累计提供融资服务 40 多亿元。

（七）文化模式创新

山西方略内陆港一直倡导建立自立自强、开放包容、改革创新、敬业敬畏的核心价值观，牢固树立“服务先行、抱团前行、科技兴港、产业报国”的经营理念，不断创新企业文化模式，激发着整个团队一往无前、自发工作、追求卓越。

三、创新成果

在物流服务上，山西方略内陆港港区已开行了直达欧洲德国、意大利、波兰、俄罗斯等国的多趟去返中欧班列，至沿海港口、边境口岸的多趟普通路箱和35吨敞顶箱循环大列，至国内20多个省区市的铁路大列，至多个生产制造工厂的“门与站”集散配送服务；其他业务上，能给周边几乎所有大宗企业提供原料集采、物资存储、产品网销、境内外物流支持、资金支持、优惠政策落地等服务。

通过管理创新，山西方略内陆港于2012年荣获国家标准委“国家级服务业标准化试点单位”；通过技术创新，山西方略内陆港现拥有国家专利四项；通过产品创新，山西方略内陆港被国家交通运输部、国家发展改革委授予全国多式联运示范基地；通过质量创新，山西方略内陆港还荣获全国质量信誉AAA级品牌企业、山西省质量信誉AA级企业、“山西省名牌产品”称号等。

目前，山西方略内陆港资产规模达60亿元，年实现货物吞吐量600万吨左右，实现收入50亿元左右，带动就业人员2000人以上，服务企业200多家，是山西省名副其实的对外开放领头雁、现代物流的排头兵、物资进出的大枢纽、经济转型升级和高质量发展的新引擎。

四、未来目标

山西方略内陆港作为一个口岸开放平台、对外开放和现代物流高地，将在以国内大循环为主体、国内国际双循环相互促进的新发展格局下，继续本着“卓越服务、福祉各方”的愿景，不忘“降本增效、服务大宗”使命，不忘客户、用户重托，继续继承和变革既有战略思路，确立符合新时期新需要的战略目标，带领联盟企业和广大员工再出发，全面融入临汾侯马综合保税区、临汾市陆港型国家物流枢纽、临汾市省域副中心城市等重大战略建设中，继续加大各项投入，锐意创新、培植优势，抓住有利机会，大踏步前进，为努力实现年货物吞吐量2000万吨、年收入100亿元以上的伟大目标继续奋斗。

（本案例作者：卫跟上，山西方略陆港集团副总裁）

案例14

宝象物流集团物流与供应链一体化创新实践案例

【摘要】

云南宝象物流集团以云南省公路、铁路骨架网及泛亚铁路建设为依托，按照“一核、三轴、多节点”的发展思路，打造各具功能又相互协同的点轴式物流服务网络，同时大力强化物流信息化建设，构建线上品牌宝象智慧供应链云平台，并探索引入区块链技术、路径优化模型等实现平台功能迭代升级，为生产制造、商贸流通、物流、金融等各类供应链上下游企业打造开放协同平台，实现向物流与供应链一体化综合服务企业转型发展。

一、基本情况

云南宝象物流集团有限公司（以下简称宝象物流集团）成立于2009年，是昆明钢铁控股有限公司（以下简称昆钢）旗下云南省物流投资集团下属全资子公司。是云南省大型国有物流龙头企业，具备提供专业第三方物流服务能力，涵盖运输仓储、多式联运等供应链全过程。拥有仓储面积100余万平方米，管控运输车辆30000余辆，运输规模达3000万吨/年（其中多式联运600万吨/年）以上，物流运输网络覆盖云南16个州市、西南地区及中老泰通道，业务涵盖第三方物流、园区投资管理、供应链管理、大宗商品贸易、电子商务、物流科技信息等领域，依托昆钢产业优势，确定了物流带动商贸流通、科技信息、金融保险等协同发展的供应链服务模式。2019年企业收入实现136亿元。

宝象物流集团以云南省公路、铁路骨架网及泛亚铁路建设为依托，按照“一核、三轴、多节点”的发展思路，打造各具功能又相互协同的点轴式物流服务网络。

一核：滇中城市圈（面积1000亩），发挥昆明王家营铁路口岸优势，投资近10亿元打造千亩商贸服务型枢纽园区王家营宝象物流中心，启动宝象临空园区（面积1700亩）、安宁工业物流园区（面积1600亩）、安宁大龙山铁路专用线项目，打通了18条进出省物资公铁联运线路，联运总里程超过1.5万公里，年运量达100万吨，通过园区枢纽集散功能节约社会物流成本超300万元/年。

三轴：围绕泛亚铁路中线、西线，投资大理物流园区（面积524亩）、磨憨物流园区（面积660亩）以点轴模式打造北向昆明—上海的沪昆公铁联运出省通道、南向经玉溪—磨憨口岸—万象的中老泰通道、西向大理—瑞丽—皎漂的印度洋出海通道三条跨境（区域）商贸物流示范通道。

多节点：以昆钢遍布全省的产业布局为节点，构建多级运输网络。截至目前，宝象物流集团物流网络布局已实现云南省16个地州市全辐射，园区总面积超5000亩。

先进的物流信息综合服务平台。宝象物流集团积极推进信息化建设，构建线上品牌宝象智慧供应链云平台，并探索引入区块链技术、路径优化模型等实现平台功能迭代升级，为生产制造、商贸流通、物流、金融等各类供应链上下游企业打造开放协同平台，实现向物流与供应链一体化综合服务企业转型发展。

目前，昆钢已搭建并成功运营多年的泛亚商贸电商平台、宝象智慧物流平台（含大宗、运网、商城、金融四个平台）、东盟运宝、信亿公司信息平台、和谐租车等物流信息化平台，为今后打造统一的智慧信息化平台和智慧物流产业中心奠定了坚实基础。昆钢依托磨憨口岸、信亿公司、国贸公司、昆明宝象临空国际产业园、王家营片区（中欧班列）、老挝等国内外物流节点发展跨境商贸业务，同时积极利用昆明中心城区商铺布局境外商品线下物流节点（线下体验店），加快搭建跨境电商全球购平台，打造境内外线上采购、线下体验平台，将实现内联外通的跨境商贸服务平台。

宝象物流集团奉行“优质、高效、安全、快捷”的服务理念，以“安全物流、信息物流、绿色物流、和谐物流”为发展目标，响应“人才兴企”战略，塑造“天宝万象，载德同享”的企业文化，积极推进物流供应链行业标准化、制度化建设，通过内强管理、外拓业务、注重创新，致力于推进云南省物流产业可持续发展。

二、典型业务创新实践

（一）“干支配”业务

1. 枢纽区域物流资源情况

云南宝象物流集团旗下昆明王家营宝象物流中心位于云南自由贸易试验区昆明片区，紧邻昆明铁路口岸、昆明集装箱中心站及王家营货运站，为云南省重要的铁路货运枢纽，是昆明国家级商贸服务型物流枢纽承载区域。王家营宝象物流中心年货物吞吐量约为1000万吨/年。铁路专用线5条，主要接轨南昆线，目前办理品类主要有钢材、沥青、化肥、白糖、军用物资等大宗商品以及粮油副食产品、日用百货等，年货运规模300万吨。

2. 枢纽干支配运输网络布局

王家营商贸物流枢纽干支配业务以宝象物流集团在全省乃至全国的三级运输物流网络节点为支撑。

——一级物流枢纽节点。主要为王家营宝象物流中心，以及上海市、广州市、南宁市的铁路货运站。一方面，以王家营宝象物流中心为主、临空国际产业园为辅，负责承接通过沪昆物流大通道进入云南省的产品，并转运至云南省内的二级物流节点，负责昆明市辐射范围内的配送业务；另一方面，枢纽负责将云南省内的高原特色农产品进行集散，并通过沪昆物流大通道、西南出海物流大通道运输至上海、山东省、广西壮族自治区、广东省等省区市。

——二级物流节点。主要为宝象物流集团在云南省内玉溪、大理、红河等城市群核心城市所布局的物流园区，也包括物流枢纽园区。以上物流园区作为铁路运输和公路运输的衔接点，承担区域货物仓储及分拨配送的功能。

——三级物流节点。负责区域内货源的组织工作，并向上一级物流节点上报当地货源的组织情况，二级物流节点根据货源信息，对运力进行指挥调度，形成区域循环运输，增强运力可控程度。王家营物流网络节点布局如图 14－23 所示。

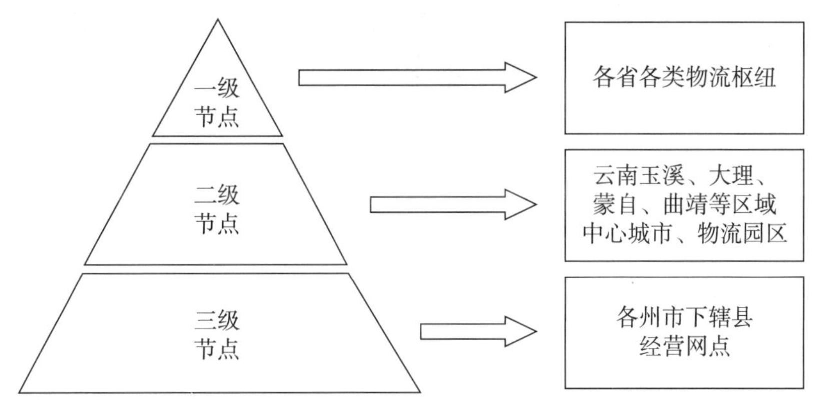

图 14－23 王家营物流网络节点布局

至 2017 年 12 月 7 日，宝象物流集团在国内外共有物流园区、运输网点、贸易网点、配送网点、油品经营网点等 104 个营业网点，其中国外网点有 4 个，国内网点有 100 个。国内网点中，省外网点共 5 个，分别为内蒙古、上海、厦门、广西防城、攀枝花，无成都、重庆、广州等省市营业网点。其余为省内网点，共 95 个。

3. 干支配业务运营模式

一是干线运输。

干线运输主要为跨越省的运输线路，是联通全国各物流枢纽承载城市和南亚东南亚国家的物流网络骨干，基于王家营铁路口岸优势和国家运输结构调整三年行动计划，干线运输主要选择铁路直达运输或班列进行，将小批量多频次的运输资源进行有效整合，以班列或直达运输方式将来自全国的货物运输到王家营和王家营西站。

（1）铁路运输

依托多式联运物流中心及铁路口岸作业区，衔接云南省“八出省、五出境”铁路骨架网络，完成枢纽内货物的铁路干线运输。其中，国内运输线路服务区域主要为贵阳、武汉、上海、广州，国外运输线路服务区域主要为南亚东南亚。货物流向如表 14－1 所示，运输模式如图 14－24 所示。

表 14－1　　枢纽铁路干线货物流向

发运站	去程物资	回程物资	终到站
王家营	粮食水果、鲜花	生活物资、钢材	上海虹桥
王家营	云南特产、钢材	生活物资、矿石	湛江
王家营	高原水果、设备建材	矿石、焦炭、生活物资	泛亚铁路终点

图 14－24　干线运输模式

（2）公路运输

依托王家营商贸物流枢纽，衔接云南省“七出省”公路骨架网络，完成枢纽内货物的公路干线运输。国内运输线路服务区域主要为西南区域，公路干线运输货物流向如表 14－2 所示。

表 14－2　　枢纽公路干线货物流向

发运站	去程物资	回程物资	终到站
王家营	蔬菜、水果、鲜花	汽配、快消品	成都、重庆
王家营	蔬菜、水果、鲜花	生活物资、矿石	北海

二是支线运输。

支线运输主要为王家营商贸物流枢纽至云南省玉溪、大理、曲靖、蒙自等二级节点中心城市，运输方式根据云南省交通基础设施条件采取“铁路＋公路”方式进行，滇中城市经济圈范围主要以公路运输为主，对于中长距离的集装箱、冷链物资运输以铁路运输为主。

（1）铁路运输

依托多式联运物流中心，完成枢纽内货物的铁路支线运输，服务区域主要为滇西、滇东南区域。

（2）公路运输

依托多式联运物流中心，完成枢纽内货物的公路支线运输，服务区域主要为云南省全省。

三是配送业务。

末端配送主要为二级节点城市至下辖各县市和村镇，运输方式以公路运输为主，如图 14－25 所示。

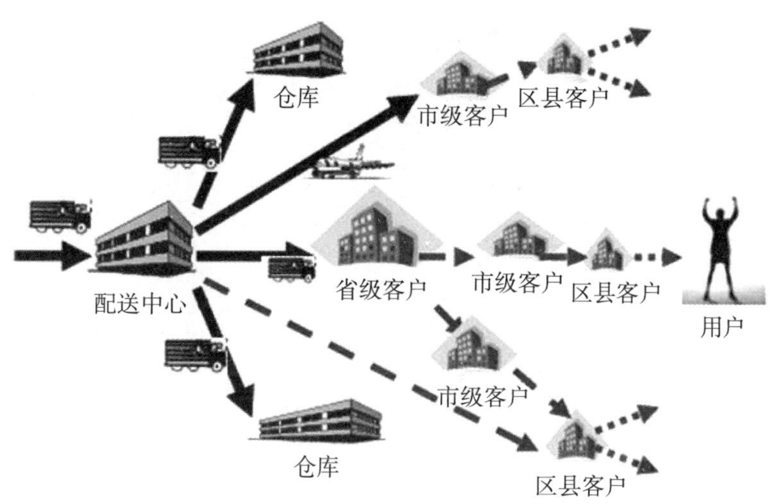

图 14－25　配送模式

配送业务以“一城多集散”的总体思路，采用“物流公交车”等模式在城市集散点进行接驳，将干支线与城市配送深度融合，开展昆明市内的货物配送业务，主要依托外部运力开展城市配送。

（二）供应链集成业务

王家营宝象物流中心为王家营片区的生产、贸易和流通等企业提供供应链库存管理、供应链协同储运、供应链金融等供应链集成服务，形成现代供应链服务产业聚集高地。以宝象物流为主体的王家营商贸服务型物流枢纽的供应链集成业务如下：

——供应链库存管理服务。充分发挥宝象物流集团枢纽主体的核心作用，为王家营片区的生产、贸易和流通等企业提供供应链库存管理服务。通过应用基于云计算、大数据、物联网构建的智慧供应链云平台，为供应链上下游企业提供销售预测、协同补货、库存分配、货物盘点等服务。目前宝象物流集团正在建设的智慧供应链云平台已经为云南钛业股份有限公司、云南公投建设集团有限公司等提供了供应链库存管理服务，每年能为云南钛业节约采购成本约 1000 万元。供应链库存管理模式如图 14－26 所示。

——供应链金融服务。以宝象物流集团为核心，为王家营片区的生产、贸易和流通供应链上下游企业提供代理采购、代理销售、全供应链融资、仓储质押、运费保理等供应链金融服务，所有服务集中在宝象智慧供应链云平台，线上线下有机结合，实现集交易、仓储、运输、增值配套、结算支付、融资等全流程一体化服务。目前，平台已实现由支付手段（宝通）和融资服务（宝融）为核心，链接交易、仓储、运输、商城配套为一体的运营体系。宝融为平台开展供应链融资服务，现已为平台用户实现融资金额 3720 万元，如图 14－27 所示。

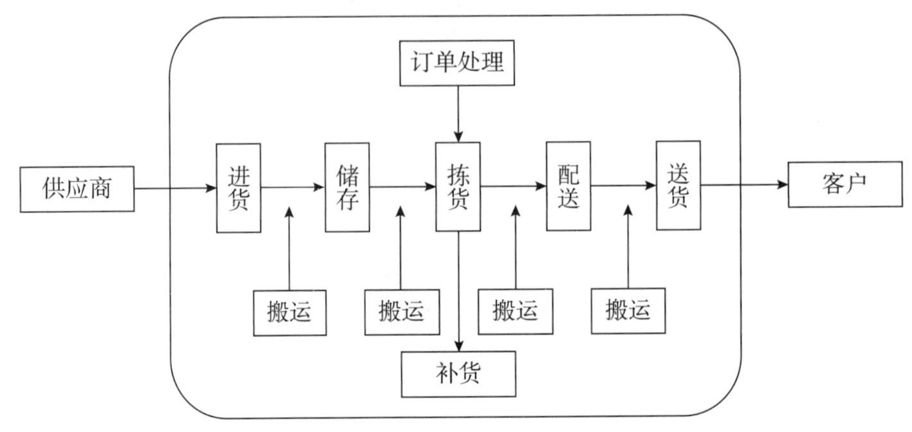

图 14－26　供应链库存管理模式

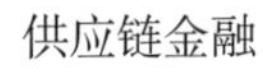

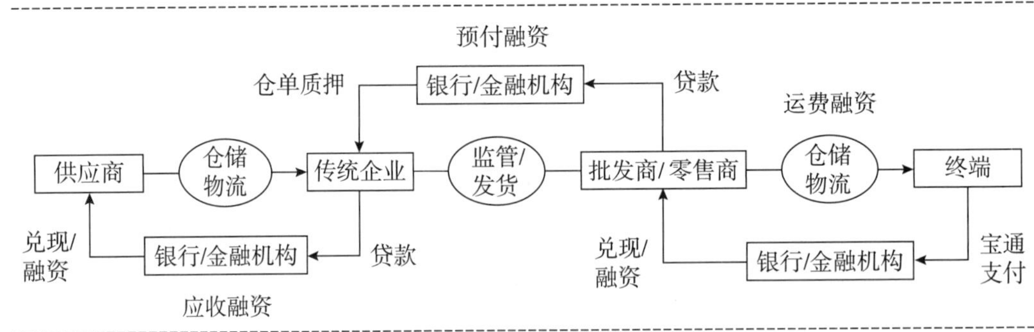

图 14－27　供应链金融服务模式

——跨境商贸供应链服务。以王家营国家物流枢纽为核心，依托王家营铁路中心站、铁路口岸、铁路集装箱站等铁路交通优势，以及通过同磨憨、瑞丽、河口等国家级边境口岸型物流枢纽等进行协同，开展面向南亚东南亚的鲜花、果蔬、电子信息、机电、木材、建材、日用百货等生产和生活用品的跨境商贸供应链服务，通过将南亚东南亚的优质原材料进口到国内，经过物流园区的分拣、包装、流通加工等业务，嵌入供应链上游，提高产品附加值。目前宝象物流集团已开展了面向东南亚的跨境商贸供应链业务，通过向泰国南部、中部、东部、东北部的橡胶木加工厂采购橡胶木原料，在磨憨进行加工，然后运输到王家营进行面向沿海及西南地区的铁路干线运输以及面向昆明市区的分拨配送，提高了泰国橡胶木跨境贸易的供应链集成水平。宝象物流集团已开展的橡胶木跨境供应链服务模式如图 14－28 所示。

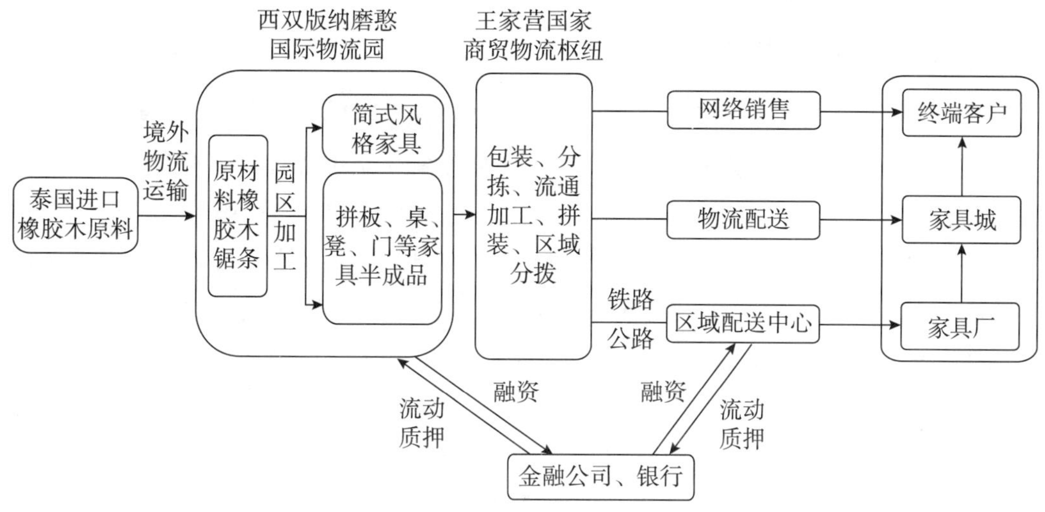

图 14－28　宝象橡胶木跨境供应链服务模式

——供应链协同储运服务。传统的生产制造业供应链采用层层分发的方式，效率不高。王家营商贸服务型物流枢纽采用将整合经销商仓库与经销商合并，在此综合功能区提供仓库的储存中转功能和经销商的商业调拨功能。综合功能区划分出订单大小，大单直送终端。配送次数多的小量订单统一配送到距离终端客户较近的前置仓，通过前置仓实现的高频小单能快速满足终端客户需求，并且降低了物流环节终端配送的费用总和。未来将在此基础上将工厂中的成品仓独立出来，合并到综合功能区，构建综合工厂成品仓、整合经销商仓库和经销商为一体的多功能综合区，为制造企业提供生产环节的仓储功能，并根据实际需求实时进行配送，有效协同了生产制造供应链上游的生产制造与下游的仓储运输。如图 14－29 所示。

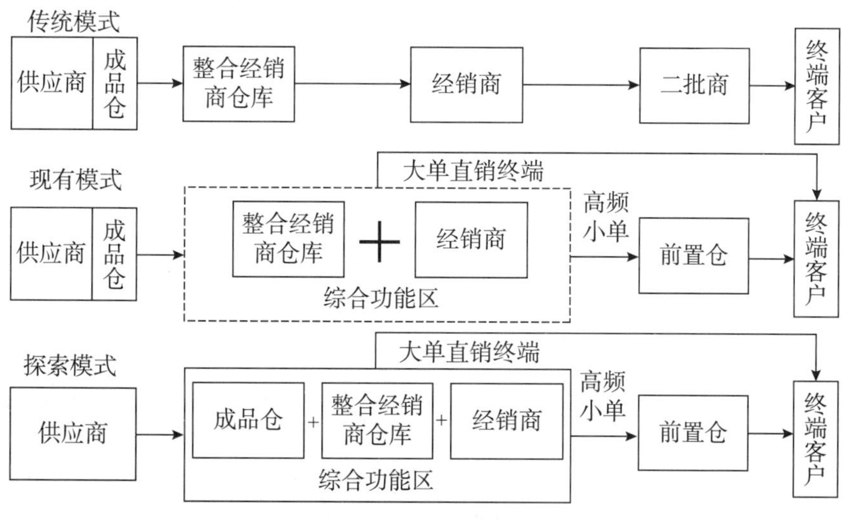

图 14－29　供应链协同储运服务模式

（三）平台支撑运行体系

宝象物流集团以构筑中国面向南亚东南亚的重要国际商贸服务型物流枢纽为使命，综合利用移动互联网、大数据、区块链、云计算等先进互联网信息技术，在现有智慧供应链云平台的基础上，开放数据端口，构建云平台生态圈，全面服务于云南“南亚东南亚辐射中心”和昆明“区域性国际中心城市”建设，将业务从王家营片区延伸至面向南亚东南亚的公共智慧服务平台，为王家营片区乃至次湄公河区域的生产、贸易、加工和流通企业提供能满足贸易、金融和物流一体化的第四方公共服务平台。平台的支撑运行体系如下。

（1）平台功能。平台主要有三大服务功能：一是线上供应链服务，以集采、竞价、招投标等多模式的现货交易为基础，将传统线下交易转移到线上，进而提供以宝通为支付手段和融资工具的供应链金融及配套服务，提高交易服务效率，降低交易成本；二是线下物流配套服务，线上实现实时的仓储交易、运力交易等高效服务的同时，线下配套完善的物流资源，提供资源和信息共享一站式服务，引导整合物流企业发挥规模经济效益，向现代物流企业发展；三是产业互联全流程服务，通过打通不同的产业从交易、物流、结算支付等全流程服务，熟悉和深入不同产业供应链，进而提供针对产业特点的增值配套及融资服务。

目前，贸易板块已实现线上交易，累计交易额已达700亿元，交易品种涵盖：有色金属（锌锭）、黑色金属（镀锌管）、农副产品（咖啡豆、天然橡胶）、石化品种（润滑油）等；运输板块业务也已取得实质进展，车辆注册3万辆，具备组织5000万吨/年运输量的专业化运输能力，实现全流程打通。如图14－30所示。

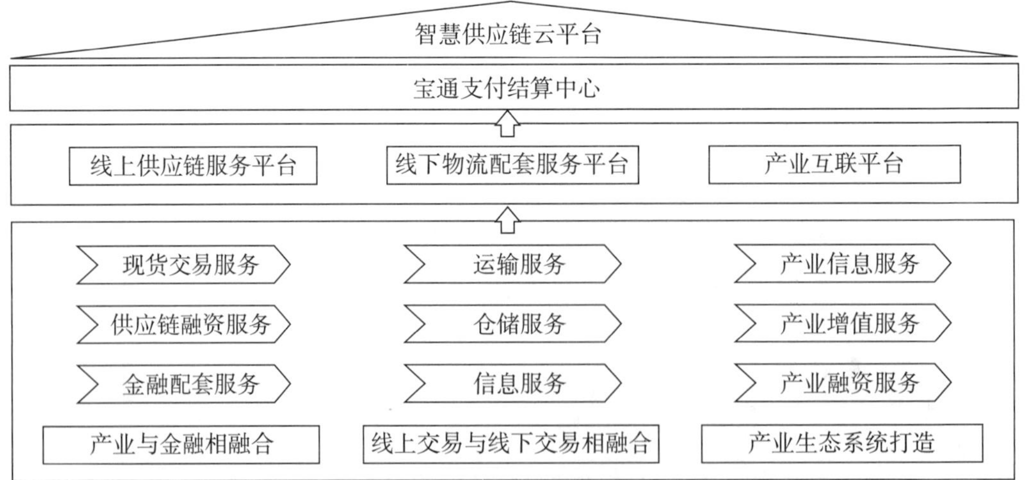

图14－30　王家营商贸服务型国家物流枢纽平台功能

（2）平台构成。宝象物流集团在建的智慧供应链云平台向王家营枢纽综合信息平台延伸，主要由现货交易平台、运力交易平台、智慧园区综合管理平台、智能云仓平台、智慧物流大数据平台以及配套商城服务平台和供应链金融服务平台等子系统构成。

各系统的功能如下：

现货交易平台。以昆明市钢材、大宗商品、粮油、日用百货等生产和生活商贸物资为基础，通过现货交易平台，整合供应链上下游资源，为广大生产商、贸易商、采购商等用户提供大宗物资线上交易、仓储物流、供应链融资、信息咨询等多项服务。

运力交易平台。依靠云计算、大数据等信息基础，结合 GIS（地理信息系统）、GPS（卫星定位终端）、北斗定位等技术的应用，面向中小物流企业及司机，提供多种运力交易模式，实现运力高效配置、运价充分竞争、运输资源充分共享。同时，运网协同各角色主体，满足订单及运输全流程可视化管理，实现 GPS 辅助调度、车辆状态实时监控、货物流向预警、预到货确认、车辆远程调配等应用，使得车辆调度过程可视、方向可控。目前平台综合定位成功率已达 85% 以上。

智慧园区综合管理平台。以“网上交易、业务管理、业务协同”为核心，面向物流产业链，整合上游货运厂商、下游物流公司客户，结合物流产业链，通过系统集成、平台整合，配以传感器、RFID、无线视频传送、GIS 地理服务、GPS 监控等移动通信技术，以全程电子商务为载体，融入园区物业、智能停车、公共管理等服务，全面提升园区价值及竞争力，建设高效智慧节点。

配套商城服务平台。配套商城服务为平台用户提供运输过程中保险的选购及汽修汽配、ETC 充值等服务，以及园区客户的公共信息服务，为用户提供更完整、更全面的一体化服务体验。2019 年 1 月，宝象商城已正式上线运营，商城的前期推广和培训工作已全面展开，得到了用户一致认可好评。

智能云仓平台。智能仓储信息平台根据产品类型、功能各异的产品，利用云计算等技术，依托仓储设施基础，搭建货物流通的全新物流仓储体系，达到仓内作业的高时效以及精细化的管理，同时，将自有以及外部仓储资源有效整合，实现为仓找货、为货找仓的功能。

智慧物流大数据平台。大数据平台对各业务数据进行整合处理、数据治理，从大量的低价值数据中进行快速复杂处理与分析，使其提炼为高价值高可用数据，建立新型的集团大数据存储、处理及服务于应用的数据服务体系，形成面向经营管理和企业决策的数据协同能力和数据服务能力，支撑各类物流服务、运营管理和决策应用。

供应链金融服务平台。以片区生产、贸易和流通企业为核心，为供应链上下游企业提供仓储质押融资、运费结算融资、第三方支付等综合性的供应链金融服务。同时，通过大数据分析与挖掘，联合高校与研究机构，为片区企业提供物流与供应链设计、管理咨询、信息共享、产学研合作等物流与供应链的增值服务。

（3）平台业务流程。以宝象智慧供应链云平台为基础构建的枢纽综合信息服务平台将着力打造“交易 + 物流 + 金融”供应链共享经济生态圈，最终实现“运输 + 追踪 + 信用 + 金融 + 商贸”等业务的有机融合。

（4）平台开放基础。宝象物流集团致力于打造提供开放 API 的平台，平台将通过应用程序编程接口（API）来允许外部平台进行数据、资源、功能的交互。

三、枢纽协同发展创新实践

（一）国家物流枢纽间的干线网络协同

作为国家物流枢纽成网的最重要组成部分，昆明具备了与其他枢纽间进行干线连接的综合运输通道，处于国家物流十纵十横通道中两纵两横的枢纽节点，在对内融入长江经济带、连接“渝新欧”大陆桥，对外辐射南亚东南亚。

此外，昆钢及宝象物流集团以交通骨架网为支撑，以遍布云南省 16 个州市的物流园区、产业基地、贸易网点为基础，以昆钢及宝象物流集团强大的物流资源、运输车辆、技术人才、合作伙伴整合能力为带动，在云南省内构建“一个中心、三个支撑、四个区域、五条通路、百个网点”的点轴式物流网络。昆明市也成了昆钢云南物流网络布局中的重要一环。

（二）跨区域枢纽间的业务协同

根据昆钢物流产业发展规划，未来昆钢将利用云南独特的区位优势，依托物流枢纽节点，利用沪昆物流大通道、西南出海物流大通道两条国家级物流大通道，打造三条线路，开展跨区域的多式联运业务，而这三条多式联运示范线路也入选了交通运输部多式联运示范工程，业务涉及鲜花、粮食、蔬菜、水果、钢材、日用百货等物资，将与国家物流枢纽布局规划的磨憨、瑞丽、河口、广州、上海、长沙、南宁、贵阳等枢纽承载城市协同。

这三条多式联运示范线路如下所列。

线路一：沪昆物流大通道示范线（昆明—贵阳—长沙—南昌—杭州—上海），物流枢纽协同城市包括贵阳、长沙、南昌、杭州和上海，昆明去程物资为鲜花、粮食和果蔬等，回程物资为钢材、生活物资、冷鲜肉、海鲜等。

线路二：西南出海物流大通道示范线（昆明—防城港—广州）；物流枢纽协同城市为防城港和广州，昆明去程物资为钢材、云南特产等，回程物资为生活物资以及矿石。

线路三：辐射东南亚通道示范线路（昆明—瑞丽—缅甸，昆明—磨憨—老挝—泰国—新加坡，昆明—河口—越南）。物流枢纽协同城市为云南的国家陆上边境口岸型物流枢纽瑞丽、磨憨和河口，昆明去程物资为高原特色果蔬、设备、建材等，回程物资为矿石、焦炭、生活物资等。

以上三条多式联运示范线路，均重点需要同贵阳、长沙、南宁、广州等国家物流枢纽承载城市的枢纽运营主体进行业务对接，通过业务合作、企业联盟、战略合作、股权合作等多种模式形成国内物流枢纽承载城市间相同或不同类型枢纽项目的有机协同。

（三）基于互联网平台的信息互联互通

宝象物流集团投入运营的智慧供应链云平台随着智慧运输、云仓业务的平台化已经正式投入运营，为昆钢物流产业在王家营、大理、宝象临空、磨憨等物流园区项目中提供平台支持，形成“地上一张网，天上一朵云”的平台体系。各项业务在平台化的过程中，逐渐实现了标准化，尤其是业务信息的标准化，为大规模的信息互联互通提供了有力支撑。借助互联网平台，宝象物流集团已经在内部实现了业务随时随地下单，信息及时准确传递。

下一步，宝象物流集团智慧供应链云平台将通过吸引更多平台客户、连锁经营和枢纽战略联盟的方式，实现与外部企业枢纽间的网络化。智慧供应链云平台通过公开应用程序编程接口（API）来使外部的程序可以增加该程序的功能或使用平台的功能；在外部信息获取与共享方面，平台也提供了相应的 API，可与其他运营主体实现相互的业务与信息的资源开放共享。

四、未来目标

未来，宝象物流集团积极融入国家、云南和昆钢公司各级物流产业发展战略规划，把握跨境经济合作区、自贸区建设时机，加快线下物流节点、枢纽园区和线上智慧供应链云平台的联动布局建设，加大供应链业务和人才体系培育力度，以内生发展和资本运作双轮驱动，通过多元化整合重组方式逐步实现从大宗工业品物流向冷链物流、跨境物流和电商物流的综合转型发展，构建大型区域性国际综合型物流企业。

案例 15

德坤物流平台供应链创新实践案例

【摘要】

德坤物流坚持以客户服务为中心，以联合专线发展为核心，共建“中国公路物流智能骨干网”，致力打造中国最大的物流企业集约化服务平台，共享集约化效率提升和运输网络发展价值。德坤平台供应链一直致力于四流合一的探索，通过信息系统的有机结合，使商流、物流、信息流、资金流得以打通。

一、基本情况

深圳德坤物流有限公司（简称德坤物流）是深圳德坤供应链控股的全资子公司之一，成立于2016年4月，坚持以客户服务为中心，以联合专线发展为核心，共建“中国公路物流智能骨干网”，致力打造中国最大的物流企业集约化服务平台，共享集约化效率提升和运输网络发展价值。公司业务覆盖全国，是一家集干线运输、快线业务、整车业务、仓储配送于一体的多元化综合性物流服务商。2018年4月19日，获得海尔资本数亿元A轮融资，同年10月，获银联金融授信额度5亿元；2020年5月，德坤物流完成B轮融资达5亿元，中银投等知名投资机构领投。

德坤物流现有员工3300多人，日均货量35000余吨，日发车量700余台，分拨场地面积50多万平方米，网点1000多家，自有运输车辆2500余台。德坤物流坚持大票零担、点点直达、科技赋能的宗旨，已在全国范围内构建完成12个一级核心枢纽和40多个操作中心。

德坤物流主要服务项目及服务产品/领域如下。

（1）公路/铁路/国内陆路运输，整车运输、大件物流、零担快运。

（2）电子商务、网络平台、综合供应链管理。

（3）物流地产、物流园区运营管理、租赁管理。

（4）仓储管理、区域配送、物流包装加工、装卸服务。

（5）物流方案策划、物流信息咨询等。

二、德坤物流独特优势

德坤物流具有以下发展优势：

（一）全国全网优势

截至目前，德坤物流现有直营网点近1000家，网络覆盖率达到90%以上，主要分布于华南区域（广东珠三角区域、广西、海南、香港、福建）；华中区域（江西、湖北、湖南、河南）；华东区域（浙江、江苏、上海、安徽、山东）；华北区域（河北、北京、天津、山东、内蒙古）；东北区域（黑龙江、沈阳、辽宁）；西北区域（陕西、山西、宁夏、青海、甘肃、新疆）；西南区域（贵州、重庆、四川、昆明、西藏），网点覆盖率达到100%。

（二）高效分拨体系

点点直达。部分二、三线城市可实现点点直达，极大地缩短了运输时效，减少了货物中间中转及流通环节，提升了货物流通效率，并且在一定程度上降低了货物的运输风险。

分拨中心分布。德坤物流以华南珠三角区域、华中（武汉、南昌、长沙、郑州、合肥）、华东（宁波、无锡、上海）、华北（青岛、北京）、西南（成都）为核心，向全国范围发车，并在各区域之间设置双向互甩运营模式，为全国范围内货物的运输提供了高效的、快捷的服务。

（三）项目制团队服务优势

德坤物流在项目管理上有20余年的项目制管理经验，并定期对项目操作、客服人员进行相关培训，以提升服务水平及能力，给客服提供更优质的服务。

德坤物流根据客户的需求，建立专职项目管理团队，对项目实行专门化管理，保障项目有序进行，解决客户在物流端口的后顾之忧。

（四）丰富的车辆资源

德坤物流为重资产型企业，自有车辆资源丰富，在保障自身货物运输吞吐量的同时，经过长期的运输合作，目前已有大量长期稳定合作的社会车辆资源，作为运力的补充，为各分拨中心、各项目提供高效、便捷的服务。

此外，德坤物流成立运力服务中心，专门负责车辆的调拨，车辆司机的管理，为德坤物流车辆使用、运输安全提供服务。

（五）优质的服务质量

在为客户服务过程中，由于优质的服务质量及认真的服务态度，德坤物流赢得了众多客户的认可。在项目运作过程中，始终把客户放在第一位，将承运货物的时效、运输质量放在第一位，并不断改进货物运输的流程及各节点注意事项，以便更好地服务客户。目前，德坤物流现有客户中，有30余家合作长达10余年的客户。凭借德坤物流员工的共同努力，赢得了客户的认可与支持。

三、德坤高效的信息化系统

（一）KMS系统——自主研发经营管理系统

德坤集团自行研发的KMS管理系统，贴合自身运营实际需求，通过信息化、技术化、系统化的管理软件，提高运营效率，实现降本增效。

KMS 管理系统集合了从订单管理—运营管理（调度管理、在途跟踪、终端操作等）—项目管理—财务管理等全过程的信息化处理功能。

KMS 系统含 PC 客户端及手机客户端，根据客户需要，可实现与客户系统的链接，达到信息互通、提升双方运作效率、衔接更顺畅的效果。

德坤在途跟踪可视化系统，可实现从客户现场发车至终端客户收货的全过程跟踪。车辆在运行中的轨迹每五分钟反馈一次，若有异常，客服可查看到对应的车辆在途状况并与之联系。

（二）TMS 系统——运力管理系统

德坤 TMS 系统针对车辆、用车管理，车辆在途信息跟踪，以及车辆相关数据与结算费用方面进行不同维度的统计分析，并对集团体系内所有运行车辆进行可视化展示，方便运力部门实时把控公司运力状态，及时跟进补充不足运力，并监控车辆在途安全及时效。

（三）E－3PL 德坤无车承运人平台

德坤旗下控股无车承运人平台，为德坤目前各项目提供强有力的运力补充。目前，该网络货运平台拥有社会运力资源逾 30 万台。

（四）3－PL 系统——供应链系统

供应链 3PL 系统，实现了订单管理—在途运输跟踪—回单签收—财务一条龙服务体系的构建，3PL 通过自身协调能力、设计和重组能力、咨询能力、管理多个节点能力、提供增值服务能力的优势，为客户更加有效的运作降低企业运行成本；提高客户的服务水平和市场竞争力；不断提高企业的资金回报率；避免自建系统不断升级带来的繁杂的工作和成本。

（五）管理模式

德坤物流全面贯彻大平台、小组织的管理方针，具体如图 14－31 所示。

四、德坤的平台供应链

德坤集团副总裁苏明常认为，提升供应链管理是企业成功的关键。

现代企业有三条腿：市场占有率、研发技术、供应链管理。一个企业，如果任何一个环节的供应商出现了问题，又找不到合适的替代者，它还能正常运行吗？显然是

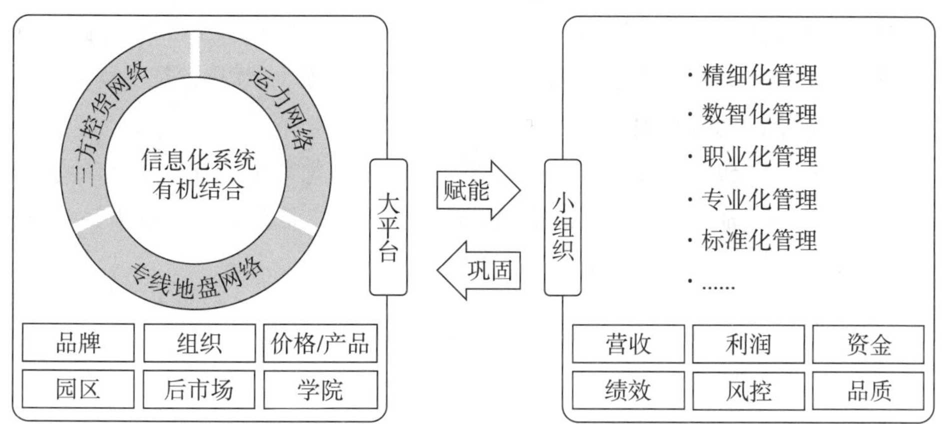

图 14－31　大平台、小组织管理方针

不行的。所以说供应链管理对于企业来说，是成功的关键。

从供应链的整个模型可以看出，从纵向来看，供应链是一条协同链，它使得企业间的关系变得更加紧密，整个产业的分工更加明确；从横向来看，在整个供应链中，每一个环节都是在为消费者提供使用价值而服务的，供应链实现了商品从原材料的价值到最终为消费者带来使用价值的正向增长，所以说，供应链也是一条价值链。

那么，德坤物流要怎么做？德坤物流要进行数字化的改造，各系统间通过 BI 数据中心（见图 14－32），进行透明化、报表化、系统化的管理。

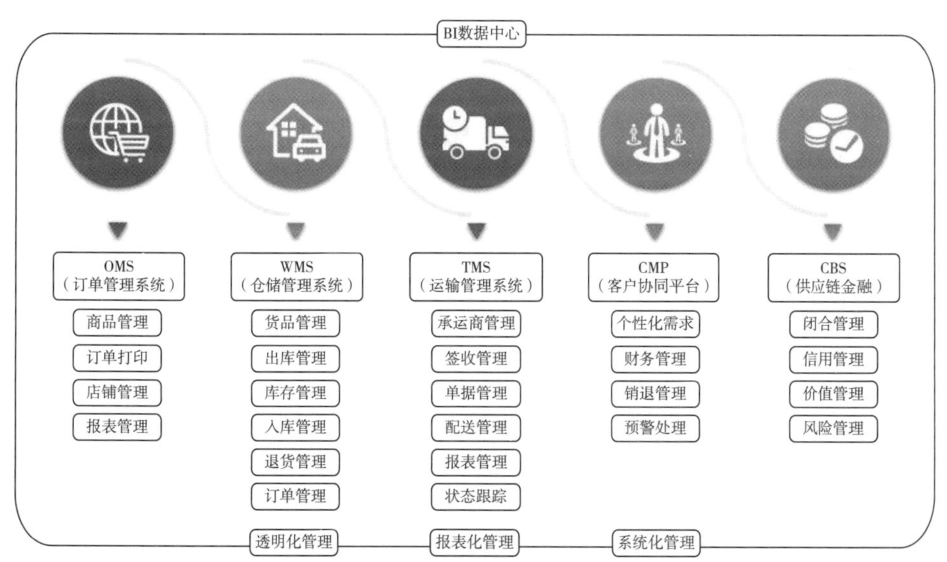

图 14－32　德坤物流 BI 数据中心

从技术和国家战略的角度来看，供应链未来的趋势主要以政策为导向，向着产业商圈、深度互联、数据驱动、高度智能等方向发展。

德坤物流要如何做平台供应链呢？首先，德坤物流要拥有健全的物流生态体现，包括产品与服务生态，功能生态以及网络生态。其次，德坤物流还要了解自身的产品优势有哪些，精准地为客户提供服务。

德坤供应链一直致力于四流合一的探索，通过信息化系统的有机结合，使得商流、物流、信息流、资金流得以打通。期望通过精细化管理、四流合一；成为一个科、工、贸一体化的企业，实现公司的使命，真正为中国增效。

【附录】

附录一　陆港大事记

一、2013年9月7日和2013年10月3日，习近平主席分别提出建设“丝绸之路经济带”和“21世纪海上丝绸之路”，即“一带一路”倡议。

二、《政府间陆港协定》于2013年11月7—8日在泰国曼谷、2013年11月11日—2014年12月31日在纽约联合国总部开放，供联合国亚洲及太平洋经济社会委员会成员国签署。

三、2018年11月5—10日，首届中国国际进口博览会在国家会展中心（上海）举行。

四、2018年12月，国家发展改革委和交通运输部联合发布127个国家物流枢纽承载城市名单，规划建设212个国家物流枢纽，其中陆港型41个。

五、2019年8月，国务院批复推进西部陆海新通道建设，规划期为2019—2025年，展望到2035年。

六、2019年9月，23个物流枢纽城市入选2019年国家物流枢纽建设名单，其中8个为陆港型。

七、2019年10月交通运输部公布在13个省区市开展第一批交通强国建设试点工作。

八、截至2019年10月底，我国与137个国家、30个国际组织签署197份共建“一带一路”合作文件。另据商务部2021年1月29日对外公布数据，我国已与171个国家和国际组织，签署了205份共建“一带一路”合作文件。

九、2019年12月22日，中国开发区协会陆港分会成立，这是我国陆港行业唯一一家社会团体组织。

十、2020年10月，国家发展改革委、交通运输部联合印发《关于做好2020年国家物流枢纽建设工作的通知》（发改经贸〔2020〕1607号），共有22个物流枢纽入选2020年国家物流枢纽建设名单，其中5个陆港型城市入选。

附录二　全国陆港基本情况统计

序号	地区	陆港名称	年份		投资金额（亿元）	园区性质	规划总面积（亩）
			规划	运营			
1	北京市	平谷国际陆港	2008	2010	2	国有	1000
2		北京通州物流产业园区	2002	2003	10	国有	7556
3	河北省	石家庄内陆港	—	2003	1. 6	国有	300
4		石家庄国际陆港	—	2018	52	国有	3000
5		邯郸国际陆港	—	2011	11. 4	国有	635
6		武安保税物流中心	—	2014	26. 3	国有	1600
7		邢台内陆港	2010	2013	10	国有	140
8		保定陆港物流产业园	—	2009	0. 5	民营	57
9		张家口内陆港	2010	2011	5. 24	国有	300
10		承德内陆港物流产业聚集区	—	2011	10. 72	国有	7500
11		衡水内陆港	2013	2014	6. 6	国有	2600
12		衡水国际陆港	2020	—	37	民营	2250
13		青岛保税港区邯郸（鸡泽）功能区	—	2016	25	国有	9750
14		定州陆港	2020	—	20. 6	民营	2098
15	山西省	大同国际陆港	2017	2018	56	民营	6707
16		侯马宝特无水港	2017	2019	1. 26	合资	1100
17		五台陆港	2020	2021	21	民营	2000
18		方略保税国际陆港	2018	2020	56. 34	民营	3000
19		平鲁内陆港	2017	2018	200	国有	29460
20		中鼎物流园	2016	2018	60	国有	4000

续 表

序号	地区	陆港名称	年份		投资金额（亿元）	园区性质	规划总面积（亩）
			规划	运营			
21	山西省	山东港口集团中铁集介休无水港	2019	2019	—	国有	100.5
22		山西能投蔡家崖无水港	2019	2019	—	—	—
23		晋北铁路物流园	2019	—	23	国有	2500
24		孝义现代物流园无水港	2019	2019	10	国有	1174
25	内蒙古自治区	内蒙古北方陆港国际物流中心	2015	2017	11.35	国有	734
26		乌兰察布万益综合物流园区	2015	2017	9.7	国有	2000
27		乌兰察布综合物流产业园区	2010	2015	400	国有	150000
28		七苏木中欧班列物流枢纽基地	2017	2020	9.76	国有	242
29		赤峰国际陆港（红山物流园）	—	2012	1.13	国有	450
30		包头国际陆港物流园区	2009	2011	300	国有	9500
31		九原（国际）物流园区多式联运中心	—	2019	2.4	国有	24
32		二连浩特公路口岸汇通进口物流园	2011	2018	9.86	国有	709
33		二连浩特铁路国际物流园	2010	2017	30	国有	10350
34		巴彦淖尔陆港（现代农畜产品物流园区）	2016	2017	1	国有	103
35		阿拉善国际陆港	—	2019	1.87	国有	675
36		乌海国际陆港公用型保税仓	2016	2020	0.2	国有	146
37		科尔沁工业园区陆港保税物流园	2015	2019	30	国有	2000
38		盘锦港通辽内陆港	2010	2017	2.6	国有	225
39	辽宁省	沈阳国际陆港快递物流区	2018	—	—	国有	2400
40		沈阳综合保税区（近海园区）	—	2011	10	国有	6300
41		营口港法库内陆港	2011	—	10	国有	450
42		铁岭国际陆港	—	2014	0.6	国有	150
43		沈阳东站陆港	—	2014	1.5	国有	84

续 表

序号	地区	陆港名称	年份		投资金额（亿元）	园区性质	规划总面积（亩）
			规划	运营			
44	吉林省	通化国际内陆港务区	—	2016	53	国有	119475
45		长春国际陆港	—	2015	202	民营	81000
46		四平内陆港	—	2016	100	国有	1800
47		珲春国际港	2019	—	10	国有	1275
48	黑龙江省	哈尔滨国际陆港	2016	2018	7.35	国有	540
49		齐齐哈尔国际陆港	2020	2023	6.2	国有	4140
50		黑河月星中俄跨境物流枢纽	2019	—	30	国有	30000
51		营口港绥化陆港（北林物流内陆港）	2012	—	4.2	国有	300
52		牡丹江陆港物流园区	2020	—	23	国有	1224
53		绥芬河国际综合物流园区	2020	2021	3.98	国有	272
54		齐齐哈尔国际物流园区	2020	—	7.2	国有	1336
55		绥芬河富民铁路互市贸易物流园区	2020	2020	0.8	国有	61
56		东宁互市贸易物流园区	2020	2021	2	国有	210
57		绥芬河互市贸易加工物流园区	2021	—	4	国有	570
58		黑河国际综合物流园区	2021	2023	7.2	国有	1245
59		黑河公铁水联运物流园区	2021	2023	2	国有	240
60		同江公铁换装联运物流园区	2021	2025	8.54	国有	1530
61		哈尔滨国际空港物流园区	2021	2025	3.9	国有	225
62	江苏省	徐州淮海国际陆港	—	2019	425	国有	8850
63		江苏太仓港苏州高新区无水港	—	2010	0.1	国有	30
64		苏州工业园区陆港（苏州综合保税区）	—	2009	0.7	国有	7920
65	浙江省	台州智慧陆港新区	2021	—	51.7	国有	1700
66		余姚无水港	—	2002	0.1	国有	—
67		丽水无水港	—	2017	2	国有	83

续　表

序号	地区	陆港名称	年份		投资金额（亿元）	园区性质	规划总面积（亩）
			规划	运营			
68	浙江省	浙西铁路物流园区	2020	—	12.02	国有	630
69		金华无水港	2002	2003	0.1	国有	93
70		衢州无水港	2006	2009	1.2	国有	190
71		义乌国际陆港	—	2005	134.15	国有	48200
72		萧山无水港	2012	2013	5	国有	200
73		绍兴无水港	—	2002	0.2	国有	120
74		慈溪无水港	—	2006	6	国有	1000
75		柯桥无水港	2008	2010	4	国有	278
76		永康无水港	2014	2015	0.1	股份	45
77	安徽省	合肥国际内陆港	2017	2018	10	国有	449
78		蚌埠（皖北）铁路无水港	2013	2014	0.51	国有	53
79		淮北青龙山铁路无水港	2015	2020	1	国有	550
80		宣城无水港	2015	2016	1	国有	91
81	福建省	福建泉州晋江陆地港	—	2009	70	民营	2500
82		龙岩陆地港	2013	—	2.3	国有	8733
83		三明陆地港	2012	—	20	国有	979
84		福建武夷山陆地港	—	2010	50	民营	1500
85		福建翔孚国际物流园	—	2015	18	民营	516
86	江西省	南昌向塘国际陆港	2020	—	115.5	国有	50730
87		赣州国际陆港	2014	2015	100	国有	5500
88		鹰潭无水港	—	2008	1	国有	200
89		上饶无水港	2008	2009	0.35	国有	249
90		吉安陆地港	—	2014	3	国有	250
91		鹰潭市现代物流园区	—	2012	40	国有	10135
92		江西鹰潭国际综合港经济区	2020	—	55	国有	18000
93	山东省	临沂国际陆港	2019	—	191	国有	39900
94		聊城冠县内陆港	2020	—	65	国有	3000
95		阳信县陆港物流园区	2019	—	10	国有	200

续 表

序号	地区	陆港名称	年份		投资金额（亿元）	园区性质	规划总面积（亩）
			规划	运营			
96	山东省	枣庄内陆港	2018	2019	1	国有	250
97		济宁内陆港	2016	2019	5.2	国有	235
98		淄博内陆港	2018	2020	38	国有	1673
99		港汇国际物流园	2020	2021	20.5	股份	1200
100		德州内陆港	2013	2016	1	民营	156
101		青岛国际陆港	2016	2017	50	国有	90000
102		济南国际内陆港	2018	—	300	国有	85500
103		滨州（博兴）内陆港	2019	2020	0.89	合资	79
104		兖州国际陆港	2018	2020	20	国有	2850
105		潍坊国际陆港	2016	2019	8.36	民营	690
106		菏泽陆港产业新城	2019	—	50	国有	55500
107		泰安陆港	—	2019	10	国有	750
108		泰山内陆港	—	2020	5.37	国有	1000
109	河南省	郑州国际陆港	2013	2016	60	国有	86666
110		郑州“无水港”（河南保税物流中心）	2012	2012	20	国有	825
111		郑州上街中部陆港	2019	—	180	国有	23088
112		开封国际陆港	2019	—	5	国有	636
113		东方红（洛阳）国际陆港中心	2017	2017	10	国有	2700
114		南阳国际陆港	2020	—	10	国有	1400
115		商丘国际陆港	2020	—	45	国有	—
116		鹤壁国际陆港	2010	2011	6	民营	336
117		平顶山国际陆港	2020	—	50	国有	18186
118		国家（安阳）陆港物流枢纽新区	2019	—	12.2	民营	1244
119		安阳象道无水港	2019	—	12	民营	883
120		新乡国际陆港	2017	2018	17.8	国有	10000
121		巩义无水港	2020	—	—	股份	300
122		濮阳无水港	2018	—	20.2	国有	300
123		豫中陆路口岸综合物流港	2020	—	50	国有	2937

续 表

序号	地区	陆港名称	年份		投资金额（亿元）	园区性质	规划总面积（亩）
			规划	运营			
124	湖北省	汉口北商贸物流枢纽区	2012	2020	400	国有	75000
125		汉口北国际多式联运物流港	2020	—	30	国有	1080
126		武汉汉欧国际综合物流园	2016	—	23	国有	1012
127		武汉卓尔陆港	2016	—	40	股份	1400
128		潜江无水港	2019	—	2	股份	100
129		襄阳国际陆港	2015	2017	5. 1	国有	421
130		荆门国际内陆港	2019	2020	18. 12	国有	43500
131	湖南省	长沙国际铁路港	2015	2018	26	国有	1900
132		中南国际陆港集装箱拼箱基地	2020	—	3. 16	国有	178
133		怀化国际陆港	2018	2019	30	国有	4500
134		衡阳铁路口岸综合物流园	2018	2020	7	国有	520
135		郴州湘南国际物流园（无水港）	2008	—	41. 4	国有	9292. 65
136		衡阳无水港	—	2012	1. 2	国有	375
137		株洲中车物流基地	—	2019	3. 63	国有	573
138	广东省	梅州国际无水港	2017	—	5. 3	国有	1000
139		韶关无水港	—	2015	15	国有	4448
140		佛山国际陆地港	2019	—	12	合资	5121
141		鹤山国际陆港	2020	—	4. 73	国有	1000
142		廉江陆港物流产业新城	2020	—	20	国有	2728
143	广西壮族自治区	南宁国际铁路港	—	2018	130	国有	8140
144		中新南宁国际物流园	2018	—	100	合资	4273
145		南宁国际综合物流园	2008	2010	25	国有	5490
146		南丹陆港保税物流园区	2020	—	21. 02	国有	2724. 7
147		柳州铁路港	2019	—	142. 91	国有	11000
148		河池无水港	2011	—	25	民营	3000
149		桂林苏桥无水港	2020	—	10	民营	1200
150		广西崇左（东盟）国际物流园	2015	—	30	民营	2200

续 表

序号	地区	陆港名称	年份		投资金额（亿元）	园区性质	规划总面积（亩）
			规划	运营			
151	重庆市	重庆国际物流枢纽园区	—	2010	120	国有	53250
152		重庆东盟国际物流园	2014	—	38	国有	1100
153		重庆两路寸滩保税港区（果园港）	—	2019	500	国有	12555
154		泸州港务荣昌无水港	—	2015	15	国有	80
155	四川省	成都国际铁路港	—	2010	500	国有	109800
156		西南（自贡）国际陆港	2020	—	360	国有	61110
157		德阳国际铁路物流港	2017	—	30	国有	61500
158		西部铁路物流园	2018	—	12	民营	1300
159		秦巴（达州）国际无水港	2020	—	1	国有	38250
160		广安无水港	2019	—	60	国有	3000
161		雅安市无水港凤鸣物流园	2019	—	3.95	国有	360
162		峨眉无水港	—	2017	1	民营	100
163		内江国际物流港	2020	—	50	国有	18750
164	贵州省	贵阳改貌铁路口岸	2018	2021	5.18	国有	2403
165		清镇陆海国际物流港	2020	—	15	国有	1900
166		贵州铁投都拉营国际陆海通物流港	2018	2021	25	国有	910
167		贵州昌明国际陆港	2015	2018	15	国有	3800
168		福泉无水港（国际陆港）	2015	—	5	国有	430
169		贵州毕节国际内陆港	2016	—	60	国有	7121
170		贵州东部陆港	2016	2017	2.2	股份	262
171		黔东南州陆港	2014	2017	3.5	股份	94
172		贵州黔北现代物流新城	2016	—	152	国有	9400
173		贵州（安顺）国际商旅陆港	2018	—	23	国有	14993
174	云南省	滇西祥云国际物流港	2018	—	160	国有	51885
175		昆明南亚国际陆港物流园	2014	2020	72.29	国有	19500
176		昆明宝象万吨冷链港	2019	—	25	国有	700
177		腾俊国际陆港	2012	2019	90.6	民营	3669

续　表

序号	地区	陆港名称	年份		投资金额（亿元）	园区性质	规划总面积（亩）
			规划	运营			
178	云南省	磨憨口岸国际物流园	2014	—	9	国有	618
179		瑞丽陆港新城	2020	—	194	国有	65400
180	陕西省	西安国际港务区	2008	2010	900	国有	180000
181		宝鸡港务区	—	2019	31.6	国有	137100
182		延安高新区现代物流园区	2019	—	7.79	国有	800
183		商洛陆港（商山物流园）	—	2015	10.69	国有	500
184		靖边现代综合物流园区（西北国际陆港）	2012	2020	300	国有	30000
185		榆林陆港口岸海荣物流园区	2016	2021	10.35	民营	1500
186		安康上港无水港	—	2020	13.98	国有	800
187	甘肃省	巨龙农业物流港	2013	—	18.4	民营	850
188		甘肃（兰州）国际陆港	—	2016	362	国有	109500
189		兰州新区中川北站物流园	—	2014	20	国有	12000
190		甘肃（天水）国际陆港	2016	—	167.4	民营	27195
191		甘肃（武威）国际陆港	2016	—	43	国有	255000
192		甘肃（岷州）国际陆港	2018	—	58.48	国有	8800
193	青海省	青海双寨丝绸之路（国际）物流城	2016	—	96.98	—	2160
194		格尔木陆港	2020	—	114.1	国有	16425
195	宁夏回族自治区	银川国际公铁物流港	2009	2020	0.76	国有	123
196		灵武陆港物流园区	2008	2019	3.04	民营	1300
197		银川陆港物流中心金桥物流园区	—	2008	0.05	民营	344
198		中卫国际陆港	—	2017	1	民营	1701
199		惠农陆港口岸	—	2009	0.1	民营	90
200	新疆维吾尔自治区	霍尔果斯口岸国际物流中心	2012	—	3	国有	1071
201		南疆国际陆港（库尔勒）	—	2017	0.45	国有	65
202		乌鲁木齐国际陆港区	—	2018	3	国有	100500
203		哈密北公铁联运物流园	2020	—	0.6	国有	9000

（中国开发区协会陆港分会根据公开数据整理统计）

附录三　全国保税物流中心（B型）基本情况统计（截至2020年年底）

序号	地区	名称	年份		规划面积（亩）
			批复	运营	
1	北京市	北京亦庄保税物流中心	2011	2011	300
2	天津市	天津经济技术开发区保税物流中心	2009	2010	49500
3		蓟州保税物流中心	2017	2019	455
4	河北省	河北武安保税物流中心	2014	2016	1600
5		唐山港京唐港区保税物流中心	2015	2017	150
6		辛集保税物流中心	2018	2019	388. 19
7	山西省	山西方略保税物流中心	2009	2009	3345
8		山西兰花保税物流中心	2014	2016	102
9		大同国际陆港保税物流中心	2019	2020	205. 65
10	内蒙古自治区	巴彦淖尔市保税物流中心	2017	2019	103
11		包头市保税物流中心	2017	2020	192
12		七苏木保税物流中心	2019	2020	179
13		内蒙古赤峰保税物流中心	2013	2015	2145
14	辽宁省	营口港保税物流中心	2008	2009	975
15		盘锦港保税物流中心	2016	2017	750
16		铁岭保税物流中心	2014	2016	150
17		锦州港保税物流中心	2019	2021	46. 12
18	吉林省	吉林市保税物流中心	2014	2017	114
19		延吉国际空港经济开发区保税物流中心	2019	2020	200. 4
20	黑龙江省	黑河保税物流中心	2019	2020	450
21		牡丹江保税物流中心	2018	2019	480

续　表

序号	地区	名称	年份		规划面积（亩）
			批复	运营	
22	上海市	上海西北物流园保税物流中心	2009	2010	225
23		虹桥商务区保税物流中心	2019	2019	76.5
24	江苏省	连云港保税物流中心	2009	2010	2085
25		徐州保税物流中心	2014	2016	244.2
26		如皋港保税物流中心	2014	2015	525
27		大丰港保税物流中心	2015	2017	645
28		江苏海安保税物流中心	2016	2017	178.35
29		新沂保税物流中心	2017	2019	425.25
30		靖江保税物流中心	2018	2020	246.3
31		南京空港保税物流中心	2019	2019	303
32	浙江省	杭州保税物流中心	2009	2011	750
33		义乌保税物流中心	2014	2014	195
34		温州保税物流中心	2014	2017	315
35		湖州保税物流中心	2018	2020	151.5
36		湖州德清保税物流中心	2020	—	120
37		宁波栎社保税物流中心	2008	2009	243
38		宁波镇海保税物流中心	2014	2016	435
39	安徽省	蚌埠（皖北）保税物流中心	2014	2014	294
40		安庆（皖西南）保税物流中心	2015	2017	102
41		合肥空港保税物流中心	2016	2018	175
42		安徽皖东南保税物流中心	2017	2019	159
43		铜陵（皖中南）保税物流中心	2019	2020	102
44	福建省	厦门火炬（翔安）保税物流中心	2008	2009	3750
45		漳州台商投资区保税物流中心	2017	2020	145
46		泉州石湖港保税物流中心	2020	2021	255.8
47		翔福保税物流中心	2016	2018	46.05
48	江西省	龙南保税物流中心	2016	2018	154
49	山东省	青岛西海岸新区保税物流中心	2017	2019	638
50		烟台福山回里保税物流中心	2018	2020	660

续 表

序号	地区	名称	年份		规划面积（亩）
			批复	运营	
51	山东省	菏泽内陆港保税物流中心	2019	2020	960
52		淄博保税物流中心	2017	2011	1582
53		鲁中运达保税物流中心	2013	2014	600
54		青岛保税港区诸城功能区保税物流中心	2014	2017	750
55	河南省	河南德众保税物流中心	2014	2014	1500
56		河南保税物流中心	2010	2011	825
57		河南商丘保税物流中心	2016	2017	200
58		河南民权保税物流中心	2019	—	88
59		河南许昌保税物流中心	2020	—	150
60	湖北省	黄石棋盘洲保税物流中心	2014	2015	238
61		宜昌三峡保税物流中心	2015	2016	304
62		襄阳保税物流中心	2016	2017	421
63		仙桃保税物流中心	2018	2019	354
64		荆门保税物流中心	2017	2019	361
65	湖南省	长沙金霞保税物流中心	2008	2009	1500
66		株洲铜塘湾保税物流中心	2016	2017	238
67	广东省	佛山国通保税物流中心	2014	2015	149
68		东莞保税物流中心	2008	2010	670
69		东莞清溪保税物流中心	2014	2017	351
70		深圳机场保税物流中心	2009	2010	172
71		汕头保税物流中心	2015	2018	127
72		中山保税物流中心	2008	2010	801
73		湛江保税物流中心	2014	2016	585
74		江门大广海湾保税物流中心	2018	2020	390
75	广西壮族自治区	防城港保税物流中心	2018	2019	750
76		柳州保税物流中心	2019	2020	297.9
77	海南省	三亚市保税物流中心	2020	—	73.644
78	重庆市	重庆铁路保税物流中心	2014	2015	225
79		重庆南彭公路保税物流中心	2015	2017	205
80		重庆果园保税物流中心	2018	2019	300

续 表

序号	地区	名称	年份		规划面积（亩）
			批复	运营	
81	四川省	成都空港保税物流中心	2014	2014	135
82		泸州港保税物流中心	2014	2016	314
83		成都铁路保税物流中心	2015	2016	270
84		宜宾港保税物流中心	2015	2016	231
85		天府新区成都片区保税物流中心	2018	2019	200
86		南充保税物流中心	2020	2021	310
87	云南省	昆明高新保税物流中心	2015	2017	40
88		腾俊国际陆港保税物流中心	2015	2018	4000
89	陕西省	陕西西咸保税物流中心	2014	2016	540
90	甘肃省	武威保税物流中心	2014	2014	734
91	青海省	青海曹家堡保税物流中心	2015	2016	109. 5
92	宁夏回族自治区	石嘴山保税物流中心	2016	2018	246. 3
93	新疆维吾尔自治区	奎屯保税物流中心	2013	2014	1009
94		伊宁保税物流中心	2016	2019	400

（中国开发区协会陆港分会根据公开数据整理统计）

附录四　全国现有海关特殊监管区域分布及名单统计（截至2020年年底）

序号	省区市	关区	名称	年份		规划面积（亩）
				批准设立	封关运营	
1	北京	北京	北京天竺综合保税区	2008	2009	8912
2			北京大兴国际机场综合保税区	2020	—	6522
3	天津	天津	天津东疆综合保税区	2020	—	15435
4			天津滨海新区综合保税区	2008	2009	2934. 45
5			天津港综合保税区	1991	2002	330600
6			天津港保税区	2020	2020	—
7			天津泰达综合保税区	2019	2020	1590
8	河北	石家庄	曹妃甸综合保税区	2012	2014	13650
9			秦皇岛综合保税区	2019	2020	3060
10			廊坊综合保税区	2018	2019	750
11			石家庄综合保税区	2014	2016	7500
12	山西	太原	太原武宿综合保税区	2012	2013	4410
13	内蒙古	呼和浩特	呼和浩特综合保税区	2018	2020	1320
14			鄂尔多斯综合保税区	2017	2019	1815
15		满洲里	满洲里综合保税区	2015	2016	2160
16	辽宁	大连	大连大窑湾综合保税区	2020	—	2730
17			大连湾里综合保税区	2020	—	—
18			大连保税区	1992	—	1875
19			营口综合保税区	2017	2018	2775
20		沈阳	沈阳综合保税区	2009	2011	10797. 3
21	吉林	长春	长春兴隆综合保税区	2011	2013	7335
22			珲春综合保税区	2018	2019	1560

续 表

序号	省区市	关区	名称	年份		规划面积（亩）
				批准设立	封关运营	
23	黑龙江	哈尔滨	绥芬河综合保税区	2009	2009	2700
24			哈尔滨综合保税区	2016	2017	4935
25	上海	上海	洋山特殊综合保税区	2020	2020	37965
26			上海浦东机场综合保税区	2009	2010	5385
27			上海外高桥港综合保税区	2020	2021	1545
28			上海外高桥保税区	1990	1990	15000
29			松江综合保税区	2018	2019	6225
30			金桥综合保税区	2018	2019	2286
31			青浦综合保税区	2018	2019	2370
32			漕河泾综合保税区	2018	2019	1210
33			奉贤综合保税区	2018	2019	2820
34			嘉定综合保税区	2020	2020	1425
35	江苏	南京	张家港保税港区	2008	2009	228000
36			苏州工业园综合保税区	2006	2007	7920
37			昆山综合保税区	2009	2010	8790
38			苏州高新技术产业开发区综合保税区	2010	2010	5265
39			无锡高新区综合保税区	2012	2013	5245. 5
40			盐城综合保税区	2012	2012	3420
41			淮安综合保税区	2012	2013	7380
42			南京综合保税区	2012	2013	7545
43			连云港综合保税区	2018	2019	4455
44			镇江综合保税区	2015	2015	3795
45			常州综合保税区	2016	2015	2490
46			吴中综合保税区	2015	2015	4500
47			吴江综合保税区	2015	2015	1500
48			扬州综合保税区	2016	2017	3300
49			常熟综合保税区	2015	2016	1410
50			武进综合保税区	2015	2015	1725

续 表

序号	省区市	关区	名称	年份		规划面积（亩）
				批准设立	封关运营	
51	江苏	南京	泰州综合保税区	2015	2016	2640
52			南通综合保税区	2013	2014	7935
53			太仓港综合保税区	2013	2014	3105
54			江阴综合保税区	2016	2019	5400
55			徐州综合保税区	2017	2018	2850
56	浙江	宁波	宁波梅山综合保税区	2020	2020	8550
57			宁波保税区	1992	1994	3450
58			宁波北仑港综合保税区	2020	2020	4485
59			宁波前湾综合保税区	2020	2020	1065
60		杭州	舟山港综合保税区	2012	2014	8775
61			杭州综合保税区	2018	2019	3010. 5
62			嘉兴综合保税区	2015	2016	2990
63			金义综合保税区	2015	2017	2685
64			温州综合保税区	2020	—	2160
65			义乌综合保税区	2020	—	2010
66			绍兴综合保税区	2020	—	2581
67	安徽	合肥	芜湖综合保税区	2015	2015	3253
68			合肥经济技术开发区综合保税区	2019	2019	2068
69			合肥综合保税区	2014	2015	3840
70			马鞍山综合保税区	2016	2018	2954
71			安庆综合保税区	2020	—	3343
72	福建	厦门	厦门海沧港综合保税区	2008	2010	9405
73			泉州综合保税区	2016	2016	3070. 8
74			厦门象屿综合保税区	2004	2005	945
75			厦门象屿保税区	1992	2004	2250
76		福州	福州保税区	1992	2010	138
77			福州综合保税区	2020	2021	2700
78			福州江阴港综合保税区	2020	2021	3960

续 表

序号	省区市	关区	名称	年份		规划面积(亩)
				批准设立	封关运营	
79	江西	南昌	九江综合保税区	2018	2019	2715
80			南昌综合保税区	2016	2017	3000
81			赣州综合保税区	2014	2015	6000
82			井冈山综合保税区	2020	2021	720
83	山东	济南	潍坊综合保税区	2011	2013	18555
84			济南综合保税区	2012	2013	4770
85			东营综合保税区	2015	2016	4650
86			济南章锦综合保税区	2020	2020	2280
87			淄博综合保税区	2020	2021	2760
88		青岛	青岛前湾综合保税区	2020	2020	13680
89			烟台综合保税区	2020	2020	9270
90			威海综合保税区	2016	2018	3435
91			青岛胶州湾综合保税区	2003	2004	2370
92			青岛西海岸综合保税区	2018	2019	3015
93			临沂综合保税区	2014	2015	5550
94			日照综合保税区	2018	2019	4320
95			青岛即墨综合保税区	2019	未运营	1800
96	河南	郑州	郑州新郑综合保税区	2010	2011	7496
97			郑州经开综合保税区	2017	2017	4733
98			南阳卧龙综合保税区	2014	2016	4476
99			洛阳综合保税区	2020	—	4594
100			开封综合保税区	2020	—	2637
101	湖北	武汉	武汉东湖综合保税区	2011	2013	7991
102			武汉经开综合保税区	2018	2019	1889
103			武汉新港空港综合保税区	2016	2017	5982
104			宜昌综合保税区	2020	—	2084
105	湖南	长沙	衡阳综合保税区	2012	2014	3855
106			郴州综合保税区	2016	2018	1590
107			湘潭综合保税区	2013	2015	4680

续 表

序号	省区市	关区	名称	年份		规划面积（亩）
				批准设立	封关运营	
108	湖南	长沙	岳阳城陵矶综合保税区	2014	2016	4470
109			长沙黄花综合保税区	2016	2017	2985
110	广东	广州	广州南沙综合保税区	2020	2020	7346
111			广州白云机场综合保税区	2010	2014	10792
112		深圳	深圳前海综合保税区	2020	2020	4348
113			深圳盐田综合保税区	2014	2016	3253
114			福田保税区	1991	1993	2024
115			深圳坪山综合保税区	2020	—	4498
116		黄埔	广州黄埔综合保税区	2020	—	766
117			广州保税区	1992	1993	2999
118			广东广州出口加工区	2000	2001	4573
119			东莞虎门港综合保税区	2018	2020	3354
120		拱北	珠海保税区	1996	1999	4498
121			珠澳跨境工业区珠海园区	2003	2006	435
122			珠海高栏港综合保税区	2018	—	3769
123		汕头	汕头综合保税区	2020	—	4033
124			梅州综合保税区	2020	—	3778
125		湛江	湛江综合保税区	2020	—	3133
126	广西	南宁	钦州综合保税区	2008	2011	15000
127			广西凭祥综合保税区	2008	2011	12750
128			北海综合保税区	2018	2019	3420
129			南宁综合保税区	2015	2017	3555
130	海南	海口	海南洋浦保税港区	2007	2008	13809. 45
131			海口综合保税区	2008	2011	2895
132	重庆	重庆	重庆西永综合保税区	2010	2010	15450
133			重庆两路寸滩综合保税区	—	2021	12555
134			重庆江津综合保税区	2017	2018	41850
135			重庆涪陵综合保税区	2018	2019	4050

续　表

序号	省区市	关区	名称	年份		规划面积（亩）
				批准设立	封关运营	
136	四川	成都	成都高新综合保税区	2010	2011	7020
137			成都高新西园综合保税区	2018	2020	2085
138			绵阳综合保税区	2020	2021	210
139			成都国际铁路港综合保税区	2019	2021	50790
140			泸州综合保税区	2019	2021	1503
141			宜宾综合保税区	2020	2021	1335
142	贵州	贵阳	贵阳综合保税区	2013	2014	4513
143			贵安综合保税区	2015	2016	3298
144			遵义综合保税区	2017	2018	1664
145	云南	昆明	昆明综合保税区	2016	2017	870
146			红河综合保税区	2013	2015	4935
147	陕西	西安	西安综合保税区	2011	2013	9255
148			西安关中综合保税区	2020	—	2310
149			西安高新综合保税区	2012	2013	5460
150			西安航空基地综合保税区	2018	2019	2250
151			宝鸡综合保税区	2019	2020	3330
152			陕西西咸空港综合保税区	2019	2020	2581. 8
153	甘肃	兰州	兰州新区综合保税区	2014	2015	5085
154	宁夏	银川	银川综合保税区	2012	2013	12255
155	新疆	乌鲁木齐	阿拉山口综合保税区	2011	2013	8400
156			乌鲁木齐综合保税区	2015	2018	3615
157			霍尔果斯综合保税区	2020	—	5415
158			喀什综合保税区	2014	2015	5340
159	青海	西宁	西宁综合保税区	2019	—	1386
160	西藏	拉萨	拉萨综合保税区	2020	—	1260

（中国开发区协会陆港分会根据公开数据整理统计）

附录五　我国跨境电商综试区基本情况统计（截至 2020 年 5 月）

序号	所属地区	名称	获批时间	批次
1	浙江省	中国（杭州）跨境电子商务综合试验区	2015 年 3 月 7 日	第一批
2		中国（宁波）跨境电子商务综合试验区	2016 年 1 月 6 日	第二批
3		中国（义乌）跨境电子商务综合试验区	2018 年 7 月 24 日	第三批
4		中国（温州）跨境电子商务综合试验区	2019 年 12 月 24 日	第四批
5		中国（绍兴）跨境电子商务综合试验区		
6		中国（湖州）跨境电子商务综合试验区	2020 年 4 月 27 日	第五批
7		中国（嘉兴）跨境电子商务综合试验区		
8		中国（衢州）跨境电子商务综合试验区		
9		中国（台州）跨境电子商务综合试验区		
10		中国（丽水）跨境电子商务综合试验区		
11	河南省	中国（郑州）跨境电子商务综合试验区	2016 年 1 月 6 日	第二批
12		中国（洛阳）跨境电子商务综合试验区	2019 年 12 月 24 日	第四批
13		中国（南阳）跨境电子商务综合试验区	2020 年 4 月 27 日	第五批
14	天津市	中国（天津）跨境电子商务综合试验区	2016 年 1 月 6 日	第二批
15	上海市	中国（上海）跨境电子商务综合试验区	2016 年 1 月 6 日	第二批
16	重庆市	中国（重庆）跨境电子商务综合试验区	2016 年 1 月 6 日	第二批
17	安徽省	中国（合肥）跨境电子商务综合试验区	2016 年 1 月 6 日	第二批
18		中国（芜湖）跨境电子商务综合试验区	2019 年 12 月 24 日	第四批
19		中国（安庆）跨境电子商务综合试验区	2020 年 4 月 27 日	第五批
20	广东省	中国（广州）跨境电子商务综合试验区	2016 年 1 月 6 日	第二批
21		中国（深圳）跨境电子商务综合试验区	2016 年 1 月 6 日	第二批
22		中国（珠海）跨境电子商务综合试验区	2018 年 7 月 24 日	第三批

续 表

序号	所属地区	名称	获批时间	批次
23	广东省	中国（东莞）跨境电子商务综合试验区	2018 年 7 月 24 日	第三批
24		中国（汕头）跨境电子商务综合试验区	2019 年 12 月 24 日	第四批
25		中国（佛山）跨境电子商务综合试验区		
26		中国（梅州）跨境电子商务综合试验区	2020 年 4 月 27 日	第五批
27		中国（惠州）跨境电子商务综合试验区		
28		中国（中山）跨境电子商务综合试验区		
29		中国（江门）跨境电子商务综合试验区		
30		中国（湛江）跨境电子商务综合试验区		
31		中国（茂名）跨境电子商务综合试验区		
32		中国（肇庆）跨境电子商务综合试验区		
33	四川省	中国（成都）跨境电子商务综合试验区	2016 年 1 月 6 日	第二批
34		中国（泸州）跨境电子商务综合试验区	2019 年 12 月 24 日	第四批
35		中国（德阳）跨境电子商务综合试验区	2020 年 4 月 27 日	第五批
36		中国（绵阳）跨境电子商务综合试验区		
37	辽宁省	中国（大连）跨境电子商务综合试验区	2016 年 1 月 6 日	第二批
38		中国（沈阳）跨境电子商务综合试验区	2018 年 7 月 24 日	第三批
39		中国（抚顺）跨境电子商务综合试验区	2019 年 12 月 24 日	第四批
40		中国（营口）跨境电子商务综合试验区	2020 年 4 月 27 日	第五批
41		中国（盘锦）跨境电子商务综合试验区		
42	山东省	中国（青岛）跨境电子商务综合试验区	2016 年 1 月 6 日	第二批
43		中国（威海）跨境电子商务综合试验区	2018 年 7 月 24 日	第三批
44		中国（济南）跨境电子商务综合试验区	2019 年 12 月 24 日	第四批
45		中国（烟台）跨境电子商务综合试验区		
46		中国（东营）跨境电子商务综合试验区	2020 年 4 月 27 日	第五批
47		中国（潍坊）跨境电子商务综合试验区		
48		中国（临沂）跨境电子商务综合试验区		
49	江苏省	中国（苏州）跨境电子商务综合试验区	2016 年 1 月 6 日	第二批
50		中国（南京）跨境电子商务综合试验区	2018 年 7 月 24 日	第三批
51		中国（无锡）跨境电子商务综合试验区		
52		中国（徐州）跨境电子商务综合试验区	2019 年 12 月 24 日	第四批

续 表

序号	所属地区	名称	获批时间	批次
53	江苏省	中国（南通）跨境电子商务综合试验区	2019 年 12 月 24 日	第四批
54		中国（常州）跨境电子商务综合试验区	2020 年 4 月 27 日	第五批
55		中国（连云港）跨境电子商务综合试验区		
56		中国（淮安）跨境电子商务综合试验区		
57		中国（盐城）跨境电子商务综合试验区		
58		中国（宿迁）跨境电子商务综合试验区		
59	北京市	中国（北京）跨境电子商务综合试验区	2018 年 7 月 24 日	第三批
60	内蒙古自治区	中国（呼和浩特）跨境电子商务综合试验区	2018 年 7 月 24 日	第三批
61		中国（赤峰）跨境电子商务综合试验区	2019 年 12 月 24 日	第四批
62		中国（满洲里）跨境电子商务综合试验区	2020 年 4 月 27 日	第五批
63	吉林省	中国（长春）跨境电子商务综合试验区	2018 年 7 月 24 日	第三批
64		中国（珲春）跨境电子商务综合试验区	2019 年 12 月 24 日	第四批
65		中国（吉林市）跨境电子商务综合试验区	2020 年 4 月 27 日	第五批
66	黑龙江省	中国（哈尔滨）跨境电子商务综合试验区	2018 年 7 月 24 日	第三批
67		中国（绥芬河）跨境电子商务综合试验区	2019 年 12 月 24 日	第四批
68		中国（黑河）跨境电子商务综合试验区	2020 年 4 月 27 日	第五批
69	江西省	中国（南昌）跨境电子商务综合试验区	2018 年 7 月 24 日	第三批
70		中国（赣州）跨境电子商务综合试验区	2019 年 12 月 24 日	第四批
71		中国（九江）跨境电子商务综合试验区	2020 年 4 月 27 日	第五批
72	湖北省	中国（武汉）跨境电子商务综合试验区	2018 年 7 月 24 日	第三批
73		中国（黄石）跨境电子商务综合试验区	2019 年 12 月 24 日	第四批
74		中国（宜昌）跨境电子商务综合试验区	2020 年 4 月 27 日	第五批
75	湖南省	中国（长沙）跨境电子商务综合试验区	2018 年 7 月 24 日	第三批
76		中国（岳阳）跨境电子商务综合试验区	2019 年 12 月 24 日	第四批
77		中国（湘潭）跨境电子商务综合试验区	2020 年 4 月 27 日	第五批
78		中国（郴州）跨境电子商务综合试验区		
79	广西壮族自治区	中国（南宁）跨境电子商务综合试验区	2018 年 7 月 24 日	第三批
80		中国（崇左）跨境电子商务综合试验区	2020 年 4 月 27 日	第五批
81	海南省	中国（海口）跨境电子商务综合试验区	2018 年 7 月 24 日	第三批
82		中国（三亚）跨境电子商务综合试验区	2020 年 4 月 27 日	第五批

续　表

序号	所属地区	名称	获批时间	批次
83	贵州省	中国（贵阳）跨境电子商务综合试验区	2018 年 7 月 24 日	第三批
84		中国（遵义）跨境电子商务综合试验区	2020 年 4 月 27 日	第五批
85	云南省	中国（昆明）跨境电子商务综合试验区	2018 年 7 月 24 日	第三批
86		中国（德宏）跨境电子商务综合试验区	2020 年 4 月 27 日	第五批
87	陕西省	中国（西安）跨境电子商务综合试验区	2018 年 7 月 24 日	第三批
88		中国（延安）跨境电子商务综合试验区	2020 年 4 月 27 日	第五批
89	甘肃省	中国（兰州）跨境电子商务综合试验区	2018 年 7 月 24 日	第三批
90		中国（天水）跨境电子商务综合试验区	2020 年 4 月 27 日	第五批
91	福建省	中国（厦门）跨境电子商务综合试验区	2018 年 7 月 24 日	第三批
92		中国（福州）跨境电子商务综合试验区	2019 年 12 月 24 日	第四批
93		中国（泉州）跨境电子商务综合试验区		
94		中国（漳州）跨境电子商务综合试验区	2020 年 4 月 27 日	第五批
95		中国（莆田）跨境电子商务综合试验区		
96		中国（龙岩）跨境电子商务综合试验区		
97	河北省	中国（唐山）跨境电子商务综合试验区	2018 年 7 月 24 日	第三批
98		中国（石家庄）跨境电子商务综合试验区	2019 年 12 月 24 日	第四批
99		中国（雄安新区）跨境电子商务综合试验区	2020 年 4 月 27 日	第五批
100	山西省	中国（太原）跨境电子商务综合试验区	2019 年 12 月 24 日	第四批
101		中国（大同）跨境电子商务综合试验区	2020 年 4 月 27 日	第五批
102	青海省	中国（海东）跨境电子商务综合试验区	2019 年 12 月 24 日	第四批
103		中国（西宁）跨境电子商务综合试验区	2020 年 4 月 27 日	第五批
104	宁夏回族自治区	中国（银川）跨境电子商务综合试验区	2019 年 12 月 24 日	第四批
105	新疆维吾尔自治区	中国（乌鲁木齐）跨境电子商务综合试验区	2020 年 4 月 27 日	第五批

（中国开发区协会陆港分会根据公开数据整理统计）

附录六　全国对外开放口岸分地区情况统计（截至 2020 年年底）

序号	省区市	数量（个）	水运口岸	航空口岸	铁路口岸	公路口岸
1	北京	2	—	北京	北京	—
2	天津	3	天津、渤中	天津	—	—
3	河北	4	秦皇岛、唐山、黄骅	石家庄	—	—
4	山西	3	—	太原、大同、运城	—	—
5	内蒙古	19	—	呼和浩特、海拉尔、满洲里、鄂尔多斯、包头	二连浩特、满洲里	满洲里、二连浩特、珠恩嘎达布其、阿日哈沙特、阿尔山、额布都格、甘其毛都、满都拉、策克、黑山头、室韦、乌力吉
6	辽宁	13	大连、营口、丹东、庄河、葫芦岛、旅顺新港、锦州、长兴岛、盘锦	沈阳、大连	丹东	丹东
7	吉林	16	—	长春、延吉	集安、图们、珲春	珲春、集安、圈河、临江、开山屯、三合、南坪、长白、古城里、沙坨子、双目峰

续 表

序号	省区市	数量（个）	水运口岸	航空口岸	铁路口岸	公路口岸
8	黑龙江	27	哈尔滨、富锦、佳木斯、同江、黑河、漠河、呼玛、逊克、抚远、孙吴、萝北、嘉荫、饶河	哈尔滨、佳木斯、齐齐哈尔、牡丹江	绥芬河、哈尔滨、同江	绥芬河、东宁、密山、虎林、黑瞎子岛、黑河（索道）、黑河
9	上海	3	上海	上海	上海	—
10	江苏	26	连云港、张家港、南通、南京、镇江、江阴、扬州、泰州、常熟、太仓、常州、如皋、靖江、大丰、如东、启东、盐城	南京、盐城、徐州、常州、淮安、无锡、扬泰、南通、连云港	—	—
11	浙江	10	温州、宁波、舟山、台州、嘉兴	杭州、宁波、温州、义乌、舟山	—	—
12	安徽	7	芜湖、铜陵、安庆、池州、马鞍山	合肥、黄山	—	—
13	福建	11	福州、厦门、泉州、漳州、宁德、莆田、平潭	厦门、福州、泉州、武夷山	—	—
14	江西	2	九江	南昌	—	—
15	山东	18	青岛、烟台、威海、龙口、石岛、日照、东营、蓬莱、莱州、龙眼、潍坊、董家口、滨州	青岛、济南、烟台、威海、临沂	—	—
16	河南	3	—	郑州、洛阳	郑州	—
17	湖北	4	（武汉、黄石）	武汉、宜昌	—	—
18	湖南	3	（城陵矶）	长沙、张家界	—	

续 表

序号	省区市	数量（个）	水运口岸	航空口岸	铁路口岸	公路口岸
19	广东	58	广州、湛江、汕头、汕尾、九洲、广海、蛇口、莲花山、赤湾、惠州、妈湾、盐田、茂名、阳江、大亚湾、珠海、潮州、万山、南沙、潮阳、虎门、深圳、大铲、新会、揭阳、湾仔、三埠、江门、肇庆、南海、斗门、鹤山、中山、容奇、高明、新塘	广州、深圳、揭阳、湛江、梅州	深圳、广州、佛山、肇庆、东莞、广深港	文锦渡、沙头角、皇岗、罗湖、深圳湾、福田、港珠澳、莲塘、拱北、横琴、珠澳工业园、青茂
20	海南	8	海口、三亚、八所、洋浦、清澜	三亚、海口、博鳌	—	—
21	广西	18	防城港、北海、钦州、梧州、柳州、贵港	南宁、桂林、北海	凭祥	友谊关、东兴、水口、龙邦、平孟、爱店、峒中、硕龙
22	四川	1	—	成都	—	—
23	重庆	2	重庆	重庆	—	—
24	贵州	2	—	贵阳、遵义	—	—
25	云南	20	思茅、景洪、关累	昆明、西双版纳、丽江、芒市	河口	瑞丽、磨憨、打洛、河口、天保、都龙、勐康、金水河、畹町、腾冲、孟定、田蓬
26	西藏	5	—	拉萨	—	吉隆、普兰、樟木、里孜
27	陕西	1	—	西安	—	—
28	甘肃	3	—	兰州、敦煌	—	马鬃山

续　表

序号	省区市	数量（个）	水运口岸	航空口岸	铁路口岸	公路口岸
29	新疆	19	—	乌鲁木齐、喀什、伊宁	阿拉山口、霍尔果斯	红其拉甫、霍尔果斯、伊尔克什坦、吉木乃、巴克图、卡拉苏、都拉塔、吐尔尕特、塔克什肯、老爷庙、红山嘴、乌拉斯台、木扎尔特、阿黑土别克
30	宁夏	1	—	银川	—	—
31	青海	1	—	西宁	—	—
合计		313	129	80	22	82

（海关总署）

附录七　我国自贸区基本情况统计（截至2020年年底）

序号	名称	设立时间	实施范围（km^2）	涵盖片区数量	涵盖片区名称	功能定位
1	中国（上海）自由贸易试验区	2013年	240.22	8个	上海市外高桥保税区、外高桥保税物流园区、上海浦东机场综合保税区、张江高科技片区、金桥开发片区、洋山保税港区、陆家嘴金融贸易区、临港新片区	外高桥保税区：做大做强酒类、钟表、汽车、工程机械、机床、医疗器械、生物医药、健康产品、化妆品、文化产品十大专业贸易平台，其中文化贸易平台被文化部授予全国首个“国家对外文化贸易基地”。 外高桥保税物流园区：依托“区区联动”“进区退税”等政策功能优势，保税物流园区与外高桥保税区相辅相成、联动发展，是现代国际物流发展的重要基地。 浦东机场综合保税区：实行保税物流区域与机场西货运区一体化运作，充分发挥亚太航空复合枢纽港优势，是上海临空服务产业发展的先导区。已引进包括电子产品、医疗器械、高档消费品等全球知名跨国公司空运分拨中心以及百多个融资租赁项目，逐步形成空运亚太分拨中心、融资租赁、快件转运中心、高端消费品保税展销等临空功能服务产业链。 张江高科技片区：是上海贯彻落实创新型国家战略的核心基地。推动上海自贸试验区建设与张江国家自主创新示范区建设深度联动，提升张江园区创新力，重点在国家科学中心、发展“四新”经济、科技创新公共服务平台、科技金融、人才高地和综合环境优化等重点领域开展探索创新。

续 表

序号	名称	设立时间	实施范围（km^2）	涵盖片区数量	涵盖片区名称	功能定位
1	中国（上海）自由贸易试验区	2013 年	240.22	8 个	上海市外高桥保税区、外高桥保税物流园区、上海浦东机场综合保税区、张江高科技片区、金桥开发片区、洋山保税港区、陆家嘴金融贸易区、临港新片区	金桥开发片区：上海的先进制造业核心功能区、生产性服务业集聚区、战略性新兴产业先行区和生态工业示范区。以创新政府管理和金融制度、打造贸易便利化营商环境、培育能代表国家参与国际竞争的战略性新兴产业为重点，提升经济发展活力和创新能力。 洋山保税港区：主要发展和提供集装箱港口增值、进出口贸易、出口加工、保税物流、采购配送、航运市场等产业和服务功能。 陆家嘴金融片区：是上海国际金融中心的核心区域、上海国际航运中心的高端服务区、上海国际贸易中心的现代商贸集聚区。探索建立与国际通行规则相衔接的金融制度体系，与总部经济等现代服务业发展相适应的制度安排，持续推进投资便利化、贸易自由化、金融国际化和监管制度创新，加快形成更加国际化、市场化、法治化的营商环境。 临港新片区：对标国际上公认的竞争力最强的自由贸易园区，在适用自由贸易试验区各项开放创新措施的基础上，实施具有较强国际市场竞争力的开放政策和制度，加大开放型经济的风险压力测试，实现新片区与境外之间的投资经营便利、货物自由进出、资金流动便利、运输高度开放、人员自由执业、信息快捷联通。鼓励国际优质资本进入教育、医疗、养老、文化体育、园区建设、城市运行等公共服务领域，加强各类基础设施建设管理，提升高品质国际化的城市服务功能，打造开放创新、智慧生态、产城融合、宜业宜居的现代化新城。 （注：2019 年 7 月，在实施范围 120.72 平方公里基础上，国务院批准增设中国（上海）自由贸易试验区临港新片区，规划范围 119.5 平方公里）

续 表

序号	名称	设立时间	实施范围（km^2）	涵盖片区数量	涵盖片区名称	功能定位
2	中国（广东）自由贸易试验区	2014 年	116.2	3 个	广州南沙新区片区、深圳前海蛇口片区、珠海横琴新区片区	广州南沙新区片区：重点发展航运物流、特色金融、国际商贸、高端制造等产业，建设以生产性服务业为主导的现代产业新高地和具有世界先进水平的综合服务枢纽。 深圳前海蛇口片区：重点发展金融、现代物流、信息服务、科技服务等战略性新兴服务业，建设我国金融业对外开放试验示范窗口、世界服务贸易重要基地和国际性枢纽港。 珠海横琴新区片区：珠海横琴新区片区重点发展旅游休闲健康、商务金融服务、文化科教和高新技术等产业，建设文化教育开放先导区和国际商务服务休闲旅游基地，打造促进澳门经济适度多元发展新载体
3	中国（天津）自由贸易试验区	2014 年	119.9	3 个	天津港片区、天津机场片区、滨海新区中心商务片区	天津港片区：重点发展航运物流、国际贸易、融资租赁等现代服务业。 天津机场片区：重点发展航空航天、装备制造、新一代信息技术等高端制造业和研发设计、航空物流等生产性服务业。 滨海新区中心商务片区：重点发展以金融创新为主的现代服务业
4	中国（福建）自由贸易试验区	2014 年	118.04	3 个	厦门片区、福州片区、平潭片区	厦门片区：重点建设两岸新兴产业和现代服务业合作示范区、东南国际航运中心、两岸区域性金融服务中心和两岸贸易中心。 福州片区：重点建设先进制造业基地、21 世纪海上丝绸之路沿线国家和地区交流合作的重要平台、两岸服务贸易与金融创新合作示范区。 平潭片区：重点建设两岸共同家园和国际旅游岛，在投资贸易和资金人员往来方面实施更加自由便利的措施

续　表

序号	名称	设立时间	实施范围（km^2）	涵盖片区数量	涵盖片区名称	功能定位
5	中国（辽宁）自由贸易试验区	2017年3月	119.89	3个	大连片区、沈阳片区、营口片区	沈阳片区：重点发展装备制造、汽车及零部件、航空装备等先进制造业和金融、科技、物流等现代服务业，提升国家新型工业化示范城市、东北地区科技创新中心发展水平，建设具有国际竞争力的先进装备制造业基地。 大连片区：重点发展港航物流、金融商贸、先进装备制造、高新技术、循环经济、航运服务等产业，推动东北亚国际航运中心、国际物流中心建设进程，形成面向东北亚开放合作的战略高地。 营口片区：重点发展商贸物流、跨境电商、金融等现代服务业和新一代信息技术、高端装备制造等战略性新兴产业，建设区域性国际物流中心和高端装备制造、高新技术产业基地，构建国际海铁联运大通道的重要枢纽
6	中国（浙江）自由贸易试验区	2017年，2020年8月扩展区域	239.45	4个	舟山片区、宁波片区、杭州片区、金义片区	舟山片区：聚焦大宗商品配置基地建设，重点发展油气储运、加工、贸易、交易及海事服务等全产业链，积极发展化工新材料、能源金融、矿石中转、农产品贸易、航空、健康旅游、临港制造等产业。 宁波片区：聚焦大宗商品资源配置建设，重点发展油气全产业链、大宗商品贸易、新型国际贸易、新材料、跨境电子商务、航运服务、智能制造等产业。 杭州片区：聚焦数字经济，重点发展数字贸易、跨境电子商务、数字服务贸易、智能制造、总部经济、智能物流、人工智能、金融科技、数字识别（安防）、临空高端服务、生命健康、保税贸易等产业。

续 表

序号	名称	设立时间	实施范围（km^2）	涵盖片区数量	涵盖片区名称	功能定位
6	中国（浙江）自由贸易试验区	2017年，2020年8月扩展区域	239.45	4个	舟山片区、宁波片区、杭州片区、金义片区	金义片区：聚焦新型国际贸易，重点发展数字贸易、跨境电子商务、保税展贸、国际商务、贸易金融、现代物流、高端制造、信息技术等产业，推进“标准+”等市场赋能。 （注：2020年8月，国务院批准浙江自贸试验区在原119.95平方公里上扩展区域。扩展区域实施范围119.5平方公里，涵盖宁波、杭州、金义三个片区）
7	中国（河南）自由贸易试验区	2016年	119.77	3个	郑州片区、开封片区、洛阳片区	郑州片区：重点发展智能终端、高端装备及汽车制造、生物医药等先进制造业以及现代物流、国际商贸、跨境电商、现代金融服务、服务外包、创意设计、商务会展、动漫游戏等现代服务业。 开封片区：重点发展服务外包、医疗旅游、创意设计、文化传媒、文化金融、艺术品交易、现代物流等服务业，提升装备制造、农副产品加工国际合作及贸易能力。 洛阳片区：重点发展装备制造、机器人、新材料等高端制造业以及研发设计、电子商务、服务外包、国际文化旅游、文化创意、文化贸易、文化展示等现代服务业，打造国际智能制造合作示范区
8	中国（湖北）自由贸易试验区	2017年	119.96	3个	武汉片区、襄阳片区、宜昌片区	武汉片区：重点发展新一代信息技术、生命健康、智能制造等战略性新兴产业和国际商贸、金融服务、现代物流、检验检测、研发设计、信息服务、专业服务等现代服务业。 襄阳片区：重点发展高端装备制造、新能源汽车、大数据、云计算、商贸物流、检验检测等产业。 宜昌片区：重点发展先进制造、生物医药、电子信息、新材料等高新产业及研发设计、总部经济、电子商务等现代服务业

续 表

序号	名称	设立时间	实施范围（km^2）	涵盖片区数量	涵盖片区名称	功能定位
9	中国（重庆）自由贸易试验区	2017 年	119.98	3 个	两江片区、西永片区、果园港片区	两江片区：着力打造高端产业与高端要素集聚区，重点发展高端装备、电子核心部件、云计算、生物医药等新兴产业及总部贸易、服务贸易、电子商务、展示交易、仓储分拨、专业服务、融资租赁、研发设计等现代服务业，推进金融业开放创新，加快实施创新驱动发展战略，增强物流、技术、资本、人才等要素资源的集聚辐射能力。 西永片区：着力打造加工贸易转型升级示范区，重点发展电子信息、智能装备等制造业及保税物流中转分拨等生产性服务业，优化加工贸易发展模式。 果园港片区：着力打造多式联运物流转运中心，重点发展国际中转、集拼分拨等服务业，探索先进制造业创新发展
10	中国（四川）自由贸易试验区	2017 年	119.99	3 个	成都青白江铁路港片区、成都天府新区片区、川南临港片区	成都青白江铁路港片区：重点发展国际商品集散转运、分拨展示、保税物流仓储、国际货代、整车进口、特色金融等口岸服务业和信息服务、科技服务、会展服务等现代服务业，打造内陆地区联通丝绸之路经济带的西向国际贸易大通道重要支点。 成都天府新区片区：重点发展现代服务业、高端制造业、高新技术、临空经济、口岸服务等产业，建设国家重要的现代高端产业集聚区、创新驱动发展引领区、开放型金融产业创新高地、商贸物流中心和国际性航空枢纽，打造西部地区门户城市开放高地。 川南临港片区：重点发展航运物流、港口贸易、教育医疗等现代服务业，以及装备制造、现代医药、食品饮料等先进制造和特色优势产业，建设成为重要区域性综合交通枢纽和成渝城市群南向开放、辐射滇黔的重要门户

续 表

序号	名称	设立时间	实施范围（km^2）	涵盖片区数量	涵盖片区名称	功能定位
11	中国（陕西）自由贸易试验区	2017 年	119.95	3 个	中心片区、西安国际港务区片区、杨凌示范区片区	中心片区：重点发展战略性新兴产业和高新技术产业，着力发展高端制造、航空物流、贸易金融等产业，推进服务贸易促进体系建设，拓展科技、教育、文化、旅游、健康医疗等人文交流的深度和广度，打造面向“一带一路”的高端产业高地和人文交流高地。 西安国际港务区片区：重点发展国际贸易、现代物流、金融服务、旅游会展、电子商务等产业，建设“一带一路”国际中转内陆枢纽港、开放型金融产业创新高地及欧亚贸易和人文交流合作新平台。 杨凌示范区片区：以农业科技创新、示范推广为重点，通过全面扩大农业领域国际合作交流，打造“一带一路”现代农业国际合作中心
12	中国（海南）自由贸易试验区	2018 年	3.54 万（陆地面积）	1 个	海南岛全岛	发展旅游业、现代服务业、高新技术产业为主导，科学安排海南岛产业布局。按发展需要增设海关特殊监管区域，在海关特殊监管区域开展以投资贸易自由便利化为主要内容的制度创新，主要开展国际投资贸易、保税物流、保税维修等业务
13	中国（山东）自由贸易试验区	2019 年	119.98	3 个	济南片区、青岛片区、烟台片区	济南片区：重点发展人工智能、产业金融、医疗康养、文化产业、信息技术等产业，开展开放型经济新体制综合试点试验，建设全国重要的区域性经济中心、物流中心和科技创新中心。 青岛片区：重点发展现代海洋、国际贸易、航运物流、现代金融、先进制造等产业，打造东北亚国际航运枢纽、东部沿海重要的创新中心、海洋经济发展示范区，助力青岛打造我国沿海重要中心城市。 烟台片区：重点发展高端装备制造、新材料、新一代信息技术、节能环保、生物医药和生产性服务业，打造中韩贸易和投资合作先行区、海洋智能制造基地、国家科技成果和国际技术转移转化示范区

续 表

序号	名称	设立时间	实施范围（km^2）	涵盖片区数量	涵盖片区名称	功能定位
14	中国（江苏）自由贸易试验区	2019 年	119.97	3 个	南京片区、苏州片区、连云港片区	南京片区：建设具有国际影响力的自主创新先导区、现代产业示范区和对外开放合作重要平台。 苏州片区：建设世界一流高科技产业园区，打造全方位开放高地、国际化创新高地、高端化产业高地、现代化治理高地。 连云港片区：建设亚欧重要国际交通枢纽、集聚优质要素的开放门户、“一带一路”沿线国家（地区）交流合作平台
15	中国（广西）自由贸易试验区	2019 年	119.99	3 个	南宁片区、钦州港片区、崇左片区	南宁片区：重点发展现代金融、智慧物流、数字经济、文化传媒等现代服务业，大力发展新兴制造产业，打造面向东盟的金融开放门户核心区和国际陆海贸易新通道重要节点。 钦州港片区：重点发展港航物流、国际贸易、绿色化工、新能源汽车关键零部件、电子信息、生物医药等产业，打造国际陆海贸易新通道门户港和向海经济集聚区。 崇左片区：重点发展跨境贸易、跨境物流、跨境金融、跨境旅游和跨境劳务合作，打造跨境产业合作示范区，构建国际陆海贸易新通道陆路门户
16	中国（河北）自由贸易试验区	2019 年	119.97	4 个	雄安片区、正定片区、曹妃甸片区、大兴机场片区	雄安片区：重点发展新一代信息技术、现代生命科学和生物科技、高端现代服务业等产业，建设高端高新产业开放发展引领区、数字商务发展示范区、金融创新先行区。 正定片区：重点发展临空产业、生物医药、国际物流、高端装备制造业等产业，建设航空产业开放发展聚集区、生物医药产业开放创新引领区、综合物流枢纽。 曹妃甸片区：重点发展国际大宗商品贸易、港航服务业、能源储备、高端装备制造等产业，建设东北亚经济合作引领区、临港经济创新示范区。

续 表

序号	名称	设立时间	实施范围（km^2）	涵盖片区数量	涵盖片区名称	功能定位
16	中国（河北）自由贸易试验区	2019 年	119.97	4 个	雄安片区、正定片区、曹妃甸片区、大兴机场片区	大兴机场片区：大兴机场片区重点发展航空物流、航空科技、融资租赁等产业，建设国际交往中心功能承载区、国家航空科技创新引领区、京津冀协同发展示范区
17	中国（云南）自由贸易试验区	2019 年 8 月	119.86	3 个	昆明片区、红河片区、德宏片区	昆明片区：加强与空港经济区联动发展，重点发展高端制造、航空物流、数字经济、总部经济等产业，建设面向南亚东南亚的互联互通枢纽、信息物流中心和文化教育中心。 红河片区：加强与红河综合保税区、蒙自经济技术开发区联动发展，重点发展加工及贸易、大健康服务、跨境旅游、跨境电商等产业，全力打造面向东盟的加工制造基地、商贸物流中心和中越经济走廊创新合作示范区。 德宏片区：重点发展跨境电商、跨境产能合作、跨境金融等产业，打造沿边开放先行区、中缅经济走廊的门户枢纽
18	中国（黑龙江）自由贸易试验区	2019 年	119.85	3 个	哈尔滨片区、黑河片区、绥芬河片区	哈尔滨片区：重点发展新一代信息技术、新材料、高端装备、生物医药等战略性新兴产业，科技、金融、文化旅游等现代服务业和寒地冰雪经济，重点建设对俄及东北亚全面合作的承载高地和联通国内、辐射欧亚的国家物流枢纽，打造全面振兴全方位振兴的增长极和示范区。 黑河片区：重点发展跨境能源资源综合加工利用、绿色食品、商贸物流、旅游康养、沿边金融等产业，建设跨境产业集聚区和边境城市合作示范区，打造沿边口岸物流枢纽和中俄交流合作重要基地。 绥芬河片区：重点发展木材、粮食、清洁能源等进口加工业和商贸金融、现代物流等服务业，重点建设商品进出口储运加工集散中心和面向国际陆海通道的陆上边境口岸型国家物流枢纽，打造中俄战略合作及东北亚开放合作的重要平台

续　表

序号	名称	设立时间	实施范围（km^2）	涵盖片区数量	涵盖片区名称	功能定位
19	中国（北京）自由贸易试验区	2020年	119.68	3个	科技创新、国际商务服务、高端产业片区	科技创新片区：重点发展新一代信息技术、生物与健康、科技服务等产业，打造数字经济试验区、全球创业投资中心、科技体制改革先行示范区。 国际商务服务片区：重点发展数字贸易、文化贸易、商务会展、医疗健康、国际寄递物流、跨境金融等产业，打造临空经济创新引领示范区。 高端产业片区：重点发展商务服务、国际金融、文化创意、生物技术和大健康等产业，建设科技成果转换承载地、战略性新兴产业集聚区和国际高端功能机构集聚区
20	中国（安徽）自由贸易试验区	2020年	119.86	3个	合肥片区、芜湖片区、蚌埠片区	合肥片区：重点发展高端制造、集成电路、人工智能、新型显示、量子信息、科技金融、跨境电商等产业，打造具有全球影响力的综合性国家科学中心和产业创新中心引领区。 芜湖片区：重点发展智能网联汽车、智慧家电、航空、机器人、航运服务、跨境电商等产业，打造战略性新兴产业先导区、江海联运国际物流枢纽区。 蚌埠片区：重点发展硅基新材料、生物基新材料、新能源等产业，打造世界级硅基和生物基制造业中心、皖北地区科技创新和开放发展引领区
21	中国（湖南）自由贸易试验区	2020年	119.76	3个	长沙片区、岳阳片区、郴州片区	长沙片区：重点对接“一带一路”建设，突出临空经济，重点发展高端装备制造、新一代信息技术、生物医药、电子商务、农业科技等产业，打造全球高端装备制造业基地、内陆地区高端现代服务业中心、中非经贸深度合作先行区和中部地区崛起增长极。

续 表

序号	名称	设立时间	实施范围（km^2）	涵盖片区数量	涵盖片区名称	功能定位
21	中国（湖南）自由贸易试验区	2020 年	119.76	3 个	长沙片区、岳阳片区、郴州片区	岳阳片区：重点对接长江经济带发展战略，突出临港经济，重点发展航运物流、电子商务、新一代信息技术等产业，打造长江中游综合性航运物流中心、内陆临港经济示范区。 郴州片区：重点对接粤港澳大湾区建设，突出湘港澳直通，重点发展有色金属加工、现代物流等产业，打造内陆地区承接产业转移和加工贸易转型升级重要平台以及湘粤港澳合作示范区

（中国开发区协会陆港分会根据公开数据整理统计）

附录八　我国进境冰鲜水产品指定监管场地名单

序号	关区		指定监管场地名称	邮政地址	经营单位名称	场所/场地编码
1	北京	首都机场	首都机场海关查验中心	北京市顺义区南法信镇北京天竺综合保税区 E03 库	北京综合保税区开发管理有限公司	CNBJS01S001
2	北京	天竺	北京天竺综保区指定监管场地	北京市顺义区保汇二街 15 号院	北京天保佳畅物流有限公司	CNBJS01S008
3	天津	滨海机场	中外运跨境电商物流有限公司天津分公司进境冰鲜水产品指定监管场地	天津自贸试验区（空港经济区）空港国际物流区第三大街 29 号	中外运跨境电商物流有限公司天津分公司	CNTSN02S609
4	天津	东疆	天津东疆港大冷链进境冰鲜水产品指定监管场地	天津东疆保税港区邯郸道 601 号	天津东疆港大冷链商品交易市场有限公司	CNDJG02S613
5	大连	大窑湾	大连港毅都冷链有限公司二期	辽宁省大连市保税区物流园区港六路 12 号	大连港毅都冷链有限公司	CNDYW090083
6	大连	大窑湾	大连（獐子岛）进境冰鲜水产品指定监管场地	辽宁省大连市保税物流园区振港路 3－1 号	大连獐子岛中央冷藏物流有限公司	CNDYW09S004
7	大连	周水子机场	大连国际机场海关监管一级库	辽宁省大连市甘井子区迎客路 100 号	大连国际机场集团有限公司	CNDLC090088

续 表

序号	关区		指定监管场地名称	邮政地址	经营单位名称	场所/场地编码
8	沈阳	桃仙机场	沈阳空港物流有限公司海关监管作业场所	沈阳市浑南新区桃仙镇桃仙机场	沈阳空港物流有限公司	CNSHE080027
9	长春	珲春	珲春兴阳水产进境冰鲜水产品指定监管场地	吉林省延边州珲春市珲春出口加工区	珲春兴阳水产有限公司	CNHCG15S006
10	长春	图们	图们中兴水产进境冰鲜水产品指定监管场地	吉林省延边州图们市经济开发区亲商大街 30 号	图们中兴水产有限公司	CNTME15S006
11	长春	兴隆	长春兴隆生活服务有限公司进境冰鲜水产品指定监管场地	吉林省长春市机场大路 7299 号长春兴隆综合保税区	长春兴隆综合保税区隆通供应链管理有限公司	CNCGC15S005
12	哈尔滨	太平机场	哈尔滨机场货运海关监管作业场所	哈尔滨太平国际机场空港五路	黑龙江省机场管理集团有限公司货运销售分公司	CNHRB190125
13	哈尔滨	同江	同江丰林达海关监管仓库	同江市工业街经济开发区	同江丰林达进出口贸易有限公司	CNTOJ190083
14	哈尔滨	绥芬河	绥芬河鑫东燕进境冰鲜水产品指定监管场地	绥芬河市边境经济合作区	绥芬河市鑫东燕经济贸易有限公司	CNSFH19S061
15	哈尔滨	抚远	抚远进境冰鲜水产品指定监管场地	抚远市正阳路 241 号	抚远江海港国际仓储有限公司	CNFUY19S062
16	哈尔滨	饶河	饶河新阳进境冰鲜水产品指定监管场地	黑龙江省饶河县饶河镇新阳北路 2 号	饶河县互贸区服务中心	CNROH19S063
17	哈尔滨	虎林	虎林吉祥进境冰鲜水产品指定监管场地	虎林吉祥口岸	虎林市商务局服务管理站	CNHUL19S064

续 表

序号	关区		指定监管场地名称	邮政地址	经营单位名称	场所/场地编码
18	上海	浦东机场	上海机场浦虹国际物流有限公司冷链查验点	上海市浦东机场航油路25号	上海机场浦虹国际物流有限公司	CNPVG33S050
19	上海	青浦	上海西郊国际农产品交易有限公司查验点	上海市青浦区华新府中路1288号	上海西郊国际农产品交易有限公司	CNQGP22S050
20	上海	青浦	上海名联冷冻仓储有限公司冷链查验点	上海闵行华漕镇纪丰路159号	上海名联冷冻仓储有限公司	CNQGP22S051
21	南京	禄口机场	南京禄口国际机场国际货运中心	江苏省南京市南京禄口国际机场国际货运中心	东部机场集团有限公司	CNNKG230011
22	南京	徐州	徐州市观音国际机场有限公司	江苏省徐州市睢宁县双沟镇104国道	徐州市观音国际机场有限公司	CNFAX230004
23	南京	常州	常州机场物流有限公司空运货栈	江苏省常州市新北区罗溪镇西村村	常州国际机场物流有限公司	CNCZX230037
24	南京	无锡	江苏省无锡市苏南硕放国际机场进境冰鲜水产品指定监管场地	江苏省无锡市新区空港七路1号	无锡空港物流有限公司	CNWUX230001
25	杭州	舟山	舟山港综合保税区进境冰鲜水产品指定监管场地	舟山港综合保税区内	舟山海洋产业发展股份有限公司	CNZOS29S064
26	杭州	萧山机场	杭州萧山国际机场航空物流有限公司监管场所	杭州萧山国际机场内	杭州萧山国际机场航空物流有限公司	CNHGH290077

续 表

序号	关区		指定监管场地名称	邮政地址	经营单位名称	场所/场地编码
27	杭州	温州	温州航空货站有限公司龙湾机场海关监管作业场所	浙江省温州市龙湾国际机场	温州航空货站有限公司	CNWNZ290311
28	杭州	义乌	浙江省义乌市进境冰鲜水产品指定监管场地	浙江省义乌市城西街道西站大道 800 号	义乌市陆港铁路口岸发展有限公司	CNYIU290323
29	宁波	机场	宁波栎社国际机场国际货运区	宁波栎社国际机场货运区	宁波机场集团有限公司	CNNGB310207
30	合肥	新桥机场	合肥空港进境指定监管场地	安徽省合肥市合肥新桥国际机场南工作区玉兰花路 8 号	合肥周谷堆大兴农产品国际物流园有限责任公司	CNHFE33S003
31	福州	平潭	平潭综合试验区港务发展有限公司澳前客货滚装码头	福建省平潭县澳前镇澳前港区域	平潭综合实验区港务发展有限公司	CNPTJ350186
32	福州	长乐机场	福州国际航空港有限公司海关监管仓库	福州长乐国际机场货运站	元翔（福州）国际航空港有限公司	CNFOC350172
33	福州	榕城	福清市海峡经贸有限公司海关监管作业场所	福建省福清市东瀚镇赤表村码头	福清市海峡经贸有限公司	CNMAW350214
34	福州	榕城	福州松下码头有限公司海关监管场所	福建省福州市长乐区松下镇牛头湾	福州松下码头有限公司	CNFQX350043
35	福州	宁德	霞浦县三沙中心渔港码头海关监管场所	霞浦县松城街道共青路 13 号	福建省霞浦县三沙（中心）渔港开发有限公司	CNCHE350152
36	福州	平潭	福建省平潭港口岸金井港区进口冰鲜水产品指定监管场地	福建平潭综合试验区金井湾片区	平潭综合实验区港务发展有限公司	CNPTU350145

续 表

序号	关区		指定监管场地名称	邮政地址	经营单位名称	场所/场地编码
37	厦门	泉州	福建港闽台农市场有限公司进境冰鲜水产品指定监管场地	福建省泉州市南安市石井镇延平大道1号	福建闽台农产品市场有限公司	CNSIJ370247
38	厦门	东渡	厦门万翔冷链物流中心	福建省厦门市湖里区高崎北路427－429号	厦门万翔物流管理有限公司	CNXAM370252
39	厦门	机场	厦门高崎机场进境冰鲜水产品指定监管场地	福建省厦门市湖里区高崎北路427－429号	厦门万翔物流管理有限公司	CNXAM37S047
40	青岛	荣成	荣成泰广进出口有限公司	荣成市凭海东路189号	荣成泰广进出口有限公司	CNSHD42S101
41	青岛	胶州	青岛天驰仓储有限公司进境冰鲜水产品指定监管场地	青岛胶州市李哥庄镇魏家屯村	青岛天驰仓储有限公司	CNJZH42S201
42	青岛	威海	威海金琳水产有限公司进境冰鲜水产品查验场	山东省威海市青岛南路391－1号	威海金琳水产有限公司	CNWEI42S101
43	青岛	荣成	石岛集团有限公司第一冷藏厂	荣成市石岛管理区渔贸路18号	石岛集团有限公司第一冷藏厂	CNSHD420314
44	青岛	流亭机场	中外运（青岛）空港物流园有限公司查验库	青岛市城阳区天河路70号中国外运长航物流园4号仓库1号门	中外运（青岛）空港物流园有限公司	CNTAO42S201
45	青岛	威海	威海海纳食品有限公司进口水产品存储冷库	威海市文登区天润路802号	威海海纳食品有限公司	CNWEH42S202

续 表

序号	关区		指定监管场地名称	邮政地址	经营单位名称	场所/场地编码
46	青岛	烟台	烟台蓬莱国际机场货站仓库 B 区	烟台蓬莱国际机场空港一路 5 号机场货站	烟台国际机场集团货运销售有限公司	CNYAT420003
47	青岛	烟台	烟台综保区综合性指定监管场地	山东省烟台市芝罘区环海路 89 号出口加工区 C4. 5. 6. 7 小区	烟台保税港区海华国际冷链物流有限公司	CNYAT42S403
48	济南	机场	山东机场有限公司监管仓库	山东省济南市历城区济南遥墙国际机场空港北路	济南国际机场股份有限公司	CNTNA430201
49	郑州	机场	郑州新郑国际机场进境冰鲜水产品指定监管场地	郑州新郑国际机场	河南航空货运发展有限公司	CNCGO46S003
50	武汉	天河机场	武汉天河机场监管作业场所	湖北省武汉市天河机场北货运区横六路	湖北空港航空地面服务有限公司	CNWUH470061
51	长沙	黄花机场	长沙黄花国际机场空港国际货运站	湖南省长沙市长沙县黄花镇机场大道长沙黄花国际机场空港国际货运站	湖南空港实业股份有限公司	CNCSX491014
52	长沙	张家界	张家界荷花机场进境冰鲜水产品指定监管场地	湖南省张家界市永定区南庄坪办事处三眼桥居委会张家界荷花机场内	湖南空港实业股份有限公司张家界分公司	CNDYG491052
53	广州	佛山	佛山国通海峡冷冻链管理有限公司一号冷库	佛山市顺德区陈村镇白陈公路石洲段	佛山国通海峡冷冻链管理有限公司	CNSUD51S012
54	广州	白云机场	白云机场国际 1 号货站	广州白云国际机场北工作区空港北二路特殊商品集中查验场	广州白云国际机场股份有限公司航空物流服务分公司	CNCAN510196

续 表

序号	关区		指定监管场地名称	邮政地址	经营单位名称	场所/场地编码
55	广州	白云机场	广州白云机场国际航空货运站	广州新白云国际机场北出口大道西空港物流园区内	广州白云国际物流有限公司	CNCAN510136
56	广州	海珠	广州远洋冷库	广州市海珠区新港东路2842号	广州市远洋渔业公司	CNGGZ51S003
57	广州	荔湾	广州市盈旺食品有限公司冷库	广州市荔湾区环翠南路南漖工业园7栋3楼	广州市盈旺食品有限公司	CNGGZ51S002
58	深圳	深圳湾	深圳湾口岸货运进出境海关监管现场	广东省深圳市南山区东滨路1号	市口岸办	CNSNZ53S004
59	深圳	文锦渡	文锦渡口岸货运进出境海关监管现场	广东省深圳市罗湖区沿河南路1188号	市口岸办	CNSNZ53S008
60	深圳	机场	深圳机场国际货站	广东省深圳市宝安区航站四路国际货站	市口岸办	CNSZX530124
61	深圳	皇岗	皇岗口岸货运进出境海关监管现场	广东省深圳市福田区福田南路	市口岸办	CNSNZ53S002
62	拱北	横琴	横琴口岸进境冰鲜水产品指定监管场地	珠海市横琴新区琴海东路与顺景路交汇处西150米	珠海大横琴口岸实业有限公司	CNHGQ570126
63	黄埔	老港	广东万纬冷链物流有限公司冷库	广州市黄埔区港前路2号	广东万纬冷链物流有限公司	CNYZU52S011
64	汕头	潮汕揭阳	揭阳潮汕机场海关监管仓库	广东省揭阳市空港经济区登岗镇揭阳潮汕机场云湖路航空货站	广东省机场管理集团公司	CNSTG601055

续 表

序号	关区		指定监管场地名称	邮政地址	经营单位名称	场所/场地编码
65	南宁	水口	水口口岸货场	广西龙州县龙州镇康平街 028 号	龙州县边境贸易服务中心	CNSKO720149
66	南宁	友谊关	广西凭祥综合保税区进口冰鲜水产品指定监管场地	广西凭祥综合保税区申报中心	广西凭祥综合保税区开发投资有限公司	CNYYG72S004
67	南宁	东兴	东兴边民互市贸易区海关监管作业场	广西壮族自治区防城港市东兴市冲卜路 66 号	广西北投建设投资有限公司	CNDOX720060
68	南宁	吴圩机场	南宁吴圩机场新货运海关监管仓	南宁吴圩国际机场 T2 航站区空港北三路货运站内	广西民航产业发展有限公司	CNNNG720122
69	重庆	江北机场	重庆顺锦和水产品商贸行	重庆市渝北区三亚湾水产品综合交易市场 A6 幢 - 12 底层 - 23 号	顺锦和水产品商贸行	CNCKG80S020
70	重庆	江北机场	重庆江北机场国际快件监管中心	重庆市渝北区机场西五路 2 号	重庆空港航空地面服务有限公司	CNCKG800032
71	重庆	江北机场	重庆凯尔国际冷链物流发展有限公司	重庆市江北区港桂路 57 号	重庆凯尔国际冷链物流发展有限公司	CNCKG80S023
72	成都	双流机场	成都双流国际机场进口冰鲜水产品指定监管场地	成都市双流区西航港街道航枢大道 489 号	成都双流国际机场航空地面服务有限公司	CNCDU790046
73	昆明	畹町	瑞丽市畹町隆兴国际边民互市交易场所	瑞丽市畹町经济开发区和平街拱桥巷 2 号	瑞丽市畹町经济开发区海丰有限责任公司	CNWAN860173

续 表

序号	关区		指定监管场地名称	邮政地址	经营单位名称	场所/场地编码
74	昆明	河口	河口北山边民互市市场	云南省红河州河口县北山边民互市市场	河口滇越货场物流有限责任公司	CNHKM860140
75	昆明	天保	天保口岸边民互市市场	云南省文山州麻栗坡县天保镇天保口岸	麻栗坡农业开发投资有限责任公司	CNTBO860167
76	昆明	勐腊	磨憨中汇国际商贸物流中心	云南省西双版纳州勐腊县磨憨经济开发区紫薇路57号	西双版纳中劲投资有限责任公司	CNMHN868602
77	兰州	中川机场	兰州中川国际机场监管作业场所	兰州市永登县中川镇中川机场货运国际部	甘肃省民航航空物流有限责任公司	CNHLW950021
78	乌鲁木齐	喀什	中亚南亚冷藏仓储中心	喀什市中亚南亚北一路246号	喀什伊克萨克商贸有限公司	CNKHG940056
79	乌鲁木齐	吉木乃	吉木乃口岸01海关监管仓库	吉木乃县吉木乃镇186团友好路一号货场	吉木乃县野马仓储有限公司	CNJEM940015
80	乌鲁木齐	吉木乃	吉木乃县宏泰商贸海关监管场所	新疆阿勒泰地区吉木乃县边岸街北十六区16-043号	吉木乃县宏泰商贸有限责任公司	CNJEM940168
81	乌鲁木齐	吉木乃	吉木乃口岸02海关监管仓库	新疆北屯市工业物流园区公共服务中心青年（大学生）创业园三楼	新疆安达物流有限责任公司	CNJEM940046
82	乌鲁木齐	地窝堡机场	新疆机场集团进出口监管仓库	乌鲁木齐迎宾路46号	新疆机场（集团）有限责任公司	CNURC940036
83	乌鲁木齐	阿拉山口	阿拉山口进境冰鲜水产品指定监管场地	新疆维吾尔族自治区博尔塔拉蒙古自治州阿拉山口综合保税区综三路11号	阿拉山口综合保税区金港开发有限责任公司	CNAKL04S015

（海关总署）

附录九　我国进境粮食指定监管场地名单

序号	关区	指定监管场地名称	邮政地址	经营单位名称	类型	进口品种	场所（场地）海关编码
1	天津	天津临港佳悦粮油进境粮食指定监管场地	天津市滨海新区临港经济区渤海三十七路5号	天津临港佳悦粮油码头有限公司	A	—	CNDGN02S619
2	天津	天津港第一港埠有限公司进境粮食指定监管场地	天津市滨海新区塘沽新港二号路2750号	天津港第一港埠有限公司	A	—	CNTXG020051
3	天津	天津临港港务集团进境粮食指定监管场地	天津市滨海新区临港经济区浑河道529号	天津临港港务集团有限公司	A	—	CNDGN02S620
4	天津	天津港第四港埠公司进境粮食指定监管场地	天津市滨海新区塘沽新港二号路2750号	天津港第四港埠有限公司	A	—	CNTXG020448
5	天津	新港北疆进境粮食指定监管场地	天津市滨海新区塘沽新港二号路2750号	天津港第四港埠有限公司	A	—	CNTXG020413

续 表

序号	关区	指定监管场地名称	邮政地址	经营单位名称	类型	进口品种	场所（场地）海关编码
6	天津	天津港进境粮食指定监管场地	天津市塘沽区东海路6199号	天津港国际物流发展有限公司	B	高粱、玉米、芝麻	CNTXG020051
7	石家庄	京唐港杂货码头进境粮食指定监管场地	唐山市海港开发区9号路	中央储备粮唐山直属库有限公司	A	—	CNTGS040165
8	石家庄	秦皇岛港杂货码头进境粮食指定监管场地	秦皇岛市海港区滨海路35号	秦皇岛港股份有限公司	A	—	CNSHP040121
9	石家庄	秦皇岛新港湾进境粮食集装箱查验场	秦皇岛港西港区已西路新港湾集装箱码头有限公司公路库查验区域	秦皇岛港新港湾集装箱码头有限公司	B	—	CNSHP04S008
10	石家庄	黄骅港冀海码头进境粮食指定监管场地	沧州市渤海新区黄骅港综合港区一港池西岸线南端	河北冀海港务有限公司	A	—	CNHUH040175
11	石家庄	曹妃甸港区进境粮食指定监管场地	曹妃甸综合保税区保税道与宁海路西南侧	曹妃甸保税进出口集团有限公司	B	大豆、玉米、小麦、大麦、杂粮	CNCFD04S006
12	石家庄	唐山港京唐港区集装箱进境粮食指定监管场地	河北省唐山市唐山港京唐港区21#～22#泊位	津唐国际集装箱码头有限公司	B	木薯干、大豆、玉米、大麦、小麦、杂粮（含高粱、荞麦、燕麦、豌豆、绿豆、红小豆等）	CNJTG040176

续 表

序号	关区	指定监管场地名称	邮政地址	经营单位名称	类型	进口品种	场所（场地）海关编码
13	呼和浩特	二连浩特进境粮食指定监管场地	二连浩特市友谊路北2051号	二连浩特市金古源粮油有限公司	C	—	CNERC070036
14	满洲里	满洲里铁路口岸进境粮食指定监管场地	内蒙古自治区满洲里市外环路满洲里站铁路货场东区装卸一车间	哈铁局满洲里车站	C	—	CNMLX06S008
15	满洲里	阿尔山公路口岸进境粮食指定监管场地	内蒙古自治区兴安盟阿尔山市口岸公路与912县道交叉口西50米	阿尔山市睦邻口岸开发有限公司	C	—	CNARS06S030
16	满洲里	满洲里铁路口岸内蒙古伊泰生态农业有限公司进境粮食指定监管场地	内蒙古呼伦贝尔市满洲里市国际物流产业园区	内蒙古伊泰生态农业有限公司	D	小麦、玉米、水稻、大豆、油菜籽、亚麻籽、荞麦、燕麦等	CNMLX06S040
17	大连	大连北良港码头进境粮食指定监管场地	辽宁省大连市开发区海青区柳柴沟（北良港区）	中国华粮物流集团北良有限公司	A	—	CNDYW090108
18	大连	大连港散粮码头进境粮食指定监管场地	辽宁省大连市开发区大窑湾港区海洋路1号	大连港股份有限公司	A	—	CNDYW090085
19	大连	大连港集装箱码头进境粮食指定监管场地	辽宁省大连市保税区保税港区港六路32-1号	大连集装箱码头物流有限公司	B	—	CNDYW090084
20	大连	丹东港粮食码头进境粮食指定监管场地	辽宁省东港市观海路187号	丹东港集团有限公司	A	—	CNDDG09S004

续 表

序号	关区	指定监管场地名称	邮政地址	经营单位名称	类型	进口品种	场所（场地）海关编码
21	大连	营口港中储粮码头进境粮食指定监管场地	辽宁省营口市鲅鱼圈区营口港内	中储粮营口储运有限责任公司	A	—	CNBYQ09S002
22	大连	营口港粮食公司码头进境粮食指定监管场地	辽宁省营口市鲅鱼圈区营口港内	营口港粮食分公司	A	—	CNBYQ09S003
23	大连	盘锦港进境粮食指定监管场地	辽宁省盘锦辽东湾新区盘锦港区	中储粮（盘锦）物流有限公司	A	大豆、玉米、高粱、大麦、小麦、油菜籽	CNPAJ09S001
24	沈阳	锦州港粮食码头进境粮食指定监管场地	锦州经济技术开发区锦港大街一段 1 号	锦州港股份有限公司	A	—	CNJNZ080023
25	长春	圈河口岸进境粮食指定监管场地	吉林省延边州珲春市珲春国际合作示范区通关服务中心货场	珲春国际合作示范区通关服务中心	C	—	CNHCG150041
26	长春	珲春口岸进境粮食指定监管场地	吉林省延边州珲春市珲春国际合作示范区通关服务中心货场	珲春国际合作示范区通关服务中心	C	—	CNHCG150041
27	长春	古城里口岸进境粮食指定监管场地	吉林省延边州和龙市崇善镇古城里海关	和龙市龙运口岸服务有限公司	C	—	CNGCL150028
28	哈尔滨	绥芬河铁路口岸进境粮食指定监管场地	绥芬河市站前路 36 号	哈尔滨铁路局绥芬河站	C	—	CNSFH19S054

续 表

序号	关区	指定监管场地名称	邮政地址	经营单位名称	类型	进口品种	场所（场地）海关编码
29	哈尔滨	绥芬河公路口岸进境粮食指定监管场地	绥芬河市乌苏里大街 254 号	绥芬河市口岸办	C	—	CNSFH19S055
30	哈尔滨	黑河口岸进境粮食指定监管场地	黑河市海兰街 1 号	黑河鸿运港航有限公司	C	—	CNHEK190052
31	哈尔滨	东宁口岸进粮食指定监管场地	黑龙江省牡丹江市东宁市三岔口镇	东宁长城仓储有限责任公司	C	—	CNDON190044
32	哈尔滨	密山口岸进境粮食指定监管场地	密山市永固路 339 号	密山市大华经济贸易有限公司	C	农业“走出去”返销粮	CNMIS190117
33	哈尔滨	同江口岸进境粮食指定监管场地	佳木斯同江市横江口	同江港务局	C	—	CNTOJ190039
34	哈尔滨	抚远口岸进境粮食指定监管场地	抚远市正阳路 241 号	抚远江海港国际仓储有限公司	C	—	CNFUY19S056
35	哈尔滨	萝北口岸进境粮食指定监管场地	萝北县名山镇	萝北县兴萝物流有限公司	C	—	CNLBB19S057
36	哈尔滨	虎林口岸进境粮食指定监管场地	虎林吉祥口岸	虎林市商务局服务管理站	C	—	CNHUL19S058
37	哈尔滨	逊克口岸进境粮食指定监管场地	逊克县奇克镇繁荣街 135 号	逊克县港务局	C	—	CNXUK19S059

续　表

序号	关区	指定监管场地名称	邮政地址	经营单位名称	类型	进口品种	场所（场地）海关编码
38	上海	外高桥良友码头进境粮食指定监管场地	上海浦东新区东靖路5755号	上海良友（集团）有限公司	A	—	CNSGH220328
39	上海	洋山港西郊国农进境粮食指定监管场地	上海市青浦区华新府中路1288号	上海西郊国际农产品交易有限公司	B	—	CNQGP22S050
40	上海	洋山港深水港进境粮食指定监管场地	芦潮港镇顺通路8号	上海深水港国际物流有限公司	B	—	CNYSA48S053
41	上海	外高桥依飞驰进境粮食指定监管场地	浦东新区杨高北一路16号	上海外高桥依飞驰集装箱储运有限公司	B	—	CNWIG25S050
42	南京	南京港（集团）有限公司新生圩港务分公司进境粮食指定监管场地	江苏省南京市栖霞区新港大道1号	南京港（集团）有限公司新生圩港务分公司	A	—	CNNJG231922
43	南京	南京港龙潭集装箱码头进境粮食指定监管场地	江苏省南京市栖霞区龙潭大道9号	南京港龙潭集装箱有限公司	B	—	CNNJG231010
44	南京	张家港港东海进境粮食指定监管场地	江苏省苏州市张家港市金港镇南京路1号	中粮东海粮油工业（张家港）有限公司	A	—	CNZJG230033
45	南京	张家港港江海进境粮食指定监管场地	江苏省苏州市张家港市金港镇宝岛路1号	江海粮油（张家港）产业有限公司	A	—	CNZJG230030
46	南京	镇江港中储粮进境粮食指定监管场地	江苏省镇江市谏壁镇粮山村	中储粮镇江粮油有限公司	A	—	CNZHE230019

续 表

序号	关区	指定监管场地名称	邮政地址	经营单位名称	类型	进口品种	场所（场地）海关编码
47	南京	镇江港务码头进境粮食指定监管场地	江苏省镇江新区大港临江路4号	镇江港务集团大港分公司	A	—	CNZHE230012
48	南京	镇江港润华进境粮食指定监管场地	江苏省扬中市西来桥镇幸福北路2号	江苏润华物流有限公司	A	—	CNZHE230008
49	南京	大丰港北港一号码头进境粮食指定监管场地	江苏省盐城市大丰港中央大道12号港务公司大楼	大丰海港港口有限责任公司	A	—	CNDFG230522
50	南京	泰州港永安进境粮食指定监管场地	江苏省泰州市高港区永安洲镇育才路1号	泰州永安港务有限公司	A	—	CNTZU230015
51	南京	泰州港过船进境粮食指定监管场地	江苏省泰兴市经济开发区疏港路2号	泰州市过船港务有限公司	A	—	CNTZU230012
52	南京	泰州港永安二期进境粮食指定监管场地	江苏省泰州市高港区永安洲镇育才路1号	泰州永安港务有限公司	A	—	CNTZU230015
53	南京	靖江港龙威进境粮食指定监管场地	江苏省靖江经济开发区新港园区安宁村岳怀埭160号	靖江龙威粮油港务有限公司	A	—	CNTSI230007
54	南京	连云港港东泰进境粮食指定监管场地	江苏省连云港市连云区大港路99号	江苏连云港港口股份有限公司	A	—	CNLYG230034
55	南京	连云港港新东润进境粮食指定监管场地	江苏省连云港市连云区庙岭港区	连云港东粮码头有限公司	A	—	CNLYG232305

续 表

序号	关区	指定监管场地名称	邮政地址	经营单位名称	类型	进口品种	场所（场地）海关编码
56	南京	连云港港新海湾进境粮食指定监管场地	江苏省连云港市赣榆区柘汪镇响石村	连云港新海湾码头有限公司	A	木薯干	CNLYG232303
57	南京	连云港港新东方货柜进境粮食指定监管场地	江苏省连云港市连云区庙岭港区	连云港新东方国际货柜码头有限公司	B	—	CNLYG230022
58	南京	连云港港新东方集装箱进境粮食指定监管场地	江苏省连云港市连云区庙岭港区	连云港新东方集装箱码头有限公司	B	—	CNLYG230026
59	南京	连云港港新圩港进境粮食指定监管场地	江苏省连云港市中山东路99号	江苏连云港港口股份有限公司	A	木薯干	CNLYG230668
60	南京	连云港港东联进境粮食指定监管场地	江苏省连云港市徐圩新区海堤1号	连云港新圩港码头有限公司	A	木薯干	CNLYG230035
61	南京	江阴港中粮进境粮食指定监管场地	江苏省江阴市萧山路1号	中粮麦芽（江阴）有限公司	A	—	CNJIA230016
62	南京	江阴港苏南进境粮食指定监管场地	江苏省江阴市滨江西路2号	江阴苏南国际集装箱码头有限公司	B	—	CNJIA230017
63	南京	南通港华粮进境粮食指定监管场地	江苏省南通市崇川区任港路62号	中国华粮物流集团南通粮油接运有限责任公司	A	—	CNNTG230040
64	南京	南通港嘉达进境粮食指定监管场地	江苏省南通市开发区通富南路2号	嘉达港务南通有限公司	A	—	CNNTG230024

续 表

序号	关区	指定监管场地名称	邮政地址	经营单位名称	类型	进口品种	场所（场地）海关编码
65	南京	南通港一德进境粮食指定监管场地	江苏省南通市经济技术开发区海堡路111号（通常汽渡西侧）	南通一德物流有限公司	A	—	CNNTG230008
66	南京	太仓港万方进境粮食指定监管场地	江苏省太仓市璜泾镇荡茜村	太仓万方国际码头有限公司	A	木薯干	CNTAC230009
67	南京	太仓港现代进境粮食指定监管场地	江苏省太仓市浮桥镇通港东路1号	苏州现代货箱码头有限公司	B	—	CNTAC230013
68	南京	常州港录安进境粮食指定监管场地	江苏省常州市新北区春江镇录安洲港区大道18号	常州录安洲长江码头有限公司	A	—	CNCZX230035
69	南京	如皋进境粮食指定监管场地	江苏省如皋市长江镇环岛西路	如皋苏中国际集装箱码头有限公司	B	大豆、大小麦、高粱、玉米等粮食饲料	CNRUG230041
70	杭州	舟山港老塘山进境粮食指定监管场地	浙江舟山市临城新区翁山路555号B座港务大厦	宁波舟山港舟山港务有限公司	A	—	CNZOS290280
71	宁波	宁波港金光进境粮食指定监管场地	宁波经济技术开发区黄河北路1号	宁波金光粮油码头有限公司	A	—	CNNBO310107
72	宁波	宁波港光明进境粮食指定监管场地	宁波北仑白峰镇白中线峙北段368号	宁波光明码头有限公司	A	—	CNNBO310202

续 表

序号	关区	指定监管场地名称	邮政地址	经营单位名称	类型	进口品种	场所（场地）海关编码
73	宁波	宁波港大亚进境粮食指定监管场地	宁波市北仑区北极星路 2 号	宁波大亚中创国际物流有限公司	B	—	CNNBO310205
74	合肥	芜湖港朱家桥进境粮食指定监管场地	安徽省芜湖市鸠江区武夷山路 1 号集装箱码头	芜湖港务有限责任公司	B	—	CNWHI330105
75	合肥	安庆港进境粮食指定监管场地	安徽省安庆市广济圩路 11 号	安庆港有限公司	B	—	CNAQG330108
76	福州	福州港松下进境粮食指定监管场地	福建省福州市长乐区松下镇牛头湾	福州松下码头有限公司	A	—	CNFQX350043
77	福州	莆田港秀屿进境粮食指定监管场地	福建省莆田市秀屿区东庄镇莆头村	莆田秀屿港口有限公司	A	—	CNPUT350026
78	福州	福州港江阴港区进境粮食指定监管场地	福建省福清市江阴镇新江路 1 号	福州新港国际集装箱码头有限公司	B	油菜籽、木薯干、大豆、玉米、小麦、大麦、杂粮（含高粱、荞麦、燕麦、豌豆、绿豆、红小豆等）	CNFZH350042
79	厦门	泉州港肖厝进境粮食指定监管场地	福建省泉州市泉港区南埔镇沙格村福建肖厝港物流有限责任公司	福建肖厝港物流有限责任公司	A	—	CNXCU370196

续 表

序号	关区	指定监管场地名称	邮政地址	经营单位名称	类型	进口品种	场所（场地）海关编码
80	厦门	厦门海隆进境粮食指定监管场地	福建省厦门市海沧区沧江路 98 号	厦门海隆码头有限公司	A	—	CNXAM370158
81	厦门	厦门港海天进境粮食指定监管场地	福建省厦门市自贸区厦门片区象屿路 8 号	厦门集装箱码头集团有限公司	B	—	CNXAM370226
82	厦门	厦门海沧进境粮食指定监管场地	福建省厦门市海沧区角嵩路 1698 号	厦门海投物流有限公司	B	—	CNXAM370250
83	厦门	漳州招银港综合码头进境粮食指定监管场地	福建省漳州招商局经济技术开发区成功大道黄山路 25 号	漳州招商局码头有限公司	A	—	CNZZU370230
84	厦门	漳州招银港区 7 ~ 9 号泊位进境粮食指定监管场地	福建省漳州招商局经济技术开发区成功大道黄山路 26 号	漳州招商局码头有限公司	A	—	CNZZU370116
85	南昌	九江港进境粮食指定监管场地	九江市城西港区港城大道 68 号滨港路 1 号	上港集团九江港务有限公司	B	—	CNJIU400052
86	青岛	青岛港大港进境粮食指定监管场地	青岛市北区港青路	青岛港国际股份有限公司大港分公司	A	—	CNQGD420132
87	青岛	青岛前湾港进境粮食指定监管场地	青岛经济技术开发区前湾港内	青岛前湾港集装箱码头有限责任公司	B	—	CNQGD42S301

续 表

序号	关区	指定监管场地名称	邮政地址	经营单位名称	类型	进口品种	场所（场地）海关编码
88	青岛	青岛港国际进境粮食指定监管场地	青岛黄岛区前湾港经三路3号	青岛港国际股份有限公司物流分公司	B	—	CNQGD42S302
89	青岛	董家口码头进境粮食指定监管场地	青岛市黄岛区泊里镇董家口港区港润大道88号	青岛港国际股份有限公司董家口分公司	A	—	CNQIN420305
90	青岛	烟台港41号、42号泊位进境粮食指定监管场地	山东省烟台市芝罘区烟台港三突堤南路41号、42泊	烟台港股份有限公司	A	—	CNYAT420297
91	青岛	日照港裕廊码头进境粮食指定监管场地	山东省日照市海滨五路南首	日照港裕廊股份有限公司	A	—	CNRZH420073
92	青岛	日照港集发进境粮食指定监管场地	山东省日照市东港区上海路南海滨五路东001幢（日照港生产调度楼）	日照港集装箱发展有限公司	B	—	CNRZH420073
93	青岛	日照港岚山进境粮食指定监管场地	日照市岚山区圣岚路1号	日照港集团岚山港务有限公司	A	—	CNLSN420065
94	青岛	龙口港11号粮食码头进境粮食指定监管场地	龙口市环海中路1899号	龙口港集团有限公司	A	—	CNLKU420306
95	济南	潍坊综合保税区进境粮食指定监管场地	潍坊滨海经济开发区辽河西七街00237号	潍坊保税物流有限公司	B	玉米、小麦	CNWEF43S021
96	郑州	郑州铁路东站进境粮食指定监管场地	河南省郑州市经济技术开发区经北四路156号	郑州良运粮食口岸发展有限公司	D	大豆、绿豆、小麦、芝麻、亚麻籽、其他杂粮	CNCGZ460047

续 表

序号	关区	指定监管场地名称	邮政地址	经营单位名称	类型	进口品种	场所（场地）海关编码
97	郑州	郑粮雏鹰进境粮食指定监管场地	河南省郑州市新郑市薛店镇孟新公路西侧	郑粮雏鹰粮油食品有限公司	C	小麦、高粱、大豆、玉米	CNZGZ46S011
98	武汉	武汉阳逻港进境粮食指定监管场地	湖北省武汉市新洲区阳逻经济开发区平江西路特8号	武汉国际集装箱有限公司	B	—	CNWHG470003
99	武汉	武汉阳逻新港进境粮食指定监管场地	湖北省武汉市新洲区阳逻经济开发区平江西路特9号	武汉港集装箱有限公司	B	—	CNWHG470034
100	武汉	黄石港口岸棋盘洲港区进境粮食指定监管场地	湖北省黄石市黄石新港（物流）工业园区管委会新港大道特1号	黄石新港港口股份有限公司	B	大豆、玉米、小麦、高粱、大麦	CNHSI470056
101	长沙	岳阳城陵矶新港进境粮食指定监管场地	湖南省岳阳市临港新区城陵矶新港	岳阳城陵矶新港有限公司	B	—	CNYYA491016
102	广州	南沙粮食通用码头进境粮食指定监管场地	广州市南沙区万顷沙龙穴岛南沙粮食通用码头	广州港股份有限公司南沙粮食通用码头分公司	A	—	CNGZG510200
103	广州	南沙港二期码头进境粮食指定监管场地	广州市南沙区万顷沙镇龙穴岛龙穴大道	广州南沙海港集装箱码头有限公司	B	—	CNGGZ510121
104	广州	肇庆三榕港码头进境粮食指定监管场地	肇庆市端州八路西三榕峡口东	肇庆港务有限公司	B	—	CNGGZ510084

续 表

序号	关区	指定监管场地名称	邮政地址	经营单位名称	类型	进口品种	场所（场地）海关编码
105	广州	顺德北滘港货运码头进境粮食指定监管场地	佛山市顺德区北滘镇工业园港前路南8号	佛山市顺德区北滘港货运联营有限公司	B	—	CNBIJ510098
106	广州	番禺莲花山货运港进境粮食指定监管场地	番禺区石楼镇港前路5号	广州市番禺莲花山番港货运有限公司	B	—	CNPNY510150
107	广州	佛山三水港码头进境粮食指定监管场地	佛山市三水区西南街道进港大道1号	佛山三水中外运货运港口有限公司	B	小麦、大豆、玉米、大麦、其他杂粮	CNSJQ510082
108	深圳	蛇口招商港务码头进境粮食指定监管场地	广东省深圳市南山区蛇口港湾三路3号	招商局港口集团股份有限公司	A	—	CNSHK530111
109	深圳	蛇口集装箱码头进境粮食指定监管场地	广东省深圳市南山区西港路4号	招商局港口集团股份有限公司	B	—	CNSHK530196
110	深圳	深圳赤湾码头进境粮食指定监管场地	广东省深圳市南山区右炮台路7号赤湾六号库	招商局港口集团股份有限公司	A	—	CNCWN530071
111	深圳	赤湾集装箱码头进境粮食指定监管场地	广东省深圳市南山区右炮台路7号（赤湾集装箱码头）	招商局港口集团股份有限公司	B	—	CNSHK530197
112	深圳	盐田港码头进境粮食指定监管场地	广东省深圳市盐田区进港一路盐田国际集装箱码头	盐田国际集装箱码头有限公司	B	—	CNYTN530200
113	拱北	中山港神湾进境粮食指定监管场地	中山市神湾镇海港村神湾路161号	中山市神湾港货运联营有限公司	B	—	CNSNW570119

续　表

序号	关区	指定监管场地名称	邮政地址	经营单位名称	类型	进口品种	场所（场地）海关编码
114	拱北	中山港中外运进境粮食指定监管场地	中山市火炬开发区沿江东一路17号	中山中外运仓码有限公司	B	—	CNZSN570112
115	拱北	高栏国际货柜码头进境粮食指定监管场地	珠海市南水镇高栏经济开发区环岛西路733号	珠海国际货柜码头（高栏）有限公司	A	玉米	CNZUH570142
116	汕头	汕头广澳码头进境粮食指定监管场地	广东省汕头市濠江区南端广澳港内	广东汕头招商局港口集团有限公司	A、B	大米、玉米、燕麦及其他粮食等	CNSTG601040
117	黄埔	广州港新沙港区进境粮食指定监管场地	东莞市麻涌镇新沙港区	广州港新沙港务有限公司	A	—	CNGZG520615
118	黄埔	广州新港港务公司进境粮食指定监管场地	广州市经济技术开发区宝石路1号	广州港股份有限公司新港港务分公司	A	—	CNGZG521820
119	黄埔	广州黄埔港务公司进境粮食指定监管场地	广州市黄埔区港前路400号	广州港股份有限公司黄埔港务分公司	A、B	—	CNGZG520613
120	黄埔	黄埔集司码头进境粮食指定监管场地	广州经济技术开发区黄埔新港路1号	广州集装箱码头有限公司	B	—	CNGGZ521813
121	黄埔	黄埔东江仓码头进境粮食指定监管场地	广州经济技术开发区东江大道66号、68号	广东中外运东江仓码有限公司	B	—	CNGGZ521818
122	黄埔	黄埔东江口码头进境粮食指定监管场地	广州经济技术开发区东江大道188号	广州东江口码头有限公司	B	—	CNGGZ521819

续 表

序号	关区	指定监管场地名称	邮政地址	经营单位名称	类型	进口品种	场所（场地）海关编码
123	黄埔	黄埔外运仓码头进境粮食指定监管场地	广州市黄埔区港前路713号	广东中外运黄埔仓码有限公司	B	—	CNGGZ521804
124	黄埔	黄埔广裕码头进境粮食指定监管场地	广州市黄埔区庙沙围	广州广裕仓码有限公司	B	—	CNGGZ521835
125	黄埔	虎门港深赤湾进境粮食指定监管场地	东莞市虎门港麻涌港区2#～5#泊位	东莞深赤湾港务有限公司	A	—	CNHMN521810
126	黄埔	虎门港宏业进境粮食指定监管场地	东莞市虎门镇沙角管理区河仔村	东莞市虎门宏业货柜码头有限公司	B	—	CNHMN520611
127	黄埔	虎门港海腾进境粮食指定监管场地	东莞市沙田镇福禄沙村	东莞海腾港务有限公司	A	木薯干	CNSTI521829
128	江门	新会港江门天马码头进境粮食指定监管场地	广东省江门市新会区今古洲江裕路天马港区	广东新会港国际货运码头有限公司	A、B	木薯干	CNXIN680007
129	江门	阳江良港码头进境粮食指定监管场地	广东省阳江市江城区平冈镇大槐村委会第四地段之五	阳江良港码头有限公司	A	—	CNYJI680018
130	湛江	湛江港霞山港区进境粮食指定监管场地	广东省湛江市霞山区友谊路1号	湛江港（集团）股份有限公司	A	—	CNZNG670116
131	湛江	湛江港宝满集装箱进境粮食指定监管场地	湛江市霞山区宝港大道3号	湛江港国际集装箱码头有限公司	B	—	CNZNG670119

续 表

序号	关区	指定监管场地名称	邮政地址	经营单位名称	类型	进口品种	场所（场地）海关编码
132	南宁	广西防城港码头进境粮食指定监管场地	广西壮族自治区防城港市港口区东港区大道1号	北部湾港防城港码头有限公司	A	—	CNFAN720139
133	南宁	广西钦州港中粮码头进境粮食指定监管场地	广西钦州市钦州港建港路39号	中粮油脂（钦州）有限公司	A	—	CNQZH720134
134	南宁	广西钦州港勒沟作业区进境粮食指定监管场地	广西钦州市钦州港勒沟西大街11号库场队	北部湾港钦州码头有限公司	A	—	CNQZH720045
135	南宁	广西钦州港大榄平码头进境粮食指定监管场地	广西钦州市钦州保税港区港务集团大楼北部湾港钦州码头有限公司综合部	北部湾港钦州码头有限公司	A	—	CNQZH72S030
136	南宁	北海港铁山港码头进境粮食指定监管场地	广西壮族自治区北海市铁山港区金港大道1号	北部湾港股份有限公司	A	—	CNSTB720126
137	南宁	北海港石步岭码头进境粮食指定监管场地	广西壮族自治区北海市成都路1号	北部湾港股份有限公司	A	木薯干	CNBIH720040
138	南宁	梧州港李家庄码头进境粮食指定监管场地	广西梧州市西江四路李家庄10号	广西梧州中外运仓码有限公司	B	—	CNWUZ720042
139	南宁	广西水口口岸进境粮食指定监管场地	广西龙州县龙州镇康平街028号	龙州县口岸办公室	C	—	CNSKO720149
140	南宁	凭祥综合保税区进境粮食指定监管场地	广西凭祥综合保税区申报中心	广西凭祥综合保税区开发投资有限公司	C	—	CNYYG72S031

续 表

序号	关区	指定监管场地名称	邮政地址	经营单位名称	类型	进口品种	场所（场地）海关编码
141	南宁	贵港进境粮食指定监管场地	广西壮族自治区贵港市南平路 33 号	北部湾港贵港集装箱码头有限公司	B	小麦、高粱、玉米、大麦、燕麦、大豆、豌豆、木薯干	CNGUG720150
142	海口	海南洋浦港进境粮食指定监管场地	海南省洋浦经济开福安全吉浦路 9 号	国投裕廊洋浦港有限公司	A、B	—	CNYPG64S007
143	成都	泸州港进境粮食指定监管场地	四川省泸州市龙马潭区高坝工业园区集装箱码头	泸州港务有限责任公司	B	—	CNCDU790030
144	成都	宜宾港进境粮食指定监管场地	四川省宜宾市翠屏区沙坪街道宜宾港大道 1 号	四川宜宾港（集团）有限公司	B	—	CNCDU790040
145	成都	成都铁路场站进境粮食指定监管场地	四川省成都市青白江区香岛大道 1509 号	成都国际陆港运营有限公司	D	小麦、大麦、玉米、绿豆、高粱、大豆及其他粮食杂粮	CNCTU790045
146	昆明	瑞丽口岸联检中心进境粮食指定监管场地	云南省德宏州瑞丽市姐告联检中心	瑞丽市宝玉物业管理有限公司	C	—	CNRUI860145
147	昆明	瑞丽利民边民互区进境粮食指定监管场地	云南省德宏州瑞丽市勐卯镇弄喊二社	利民集团瑞丽市利民边民互市交易市场有限公司	C	—	CNRUI860151

续 表

序号	关区	指定监管场地名称	邮政地址	经营单位名称	类型	进口品种	场所（场地）海关编码
148	昆明	畹町边民互市区进境粮食指定监管场地	云南省德宏州瑞丽市畹町经济开发区民主街51号	瑞丽市远达储运物流有限公司	C	—	CNWAN860172
149	昆明	天保口岸进境粮食指定监管场地	云南省文山州麻栗坡县天保镇天保口岸查验货场	国营天保农场	C	木薯干	CNTBO860142
150	昆明	磨憨口岸锦亿进境粮食指定监管场地	云南省西双版纳州磨憨经济开发区磨本村旁	磨憨锦亿进出口贸易有限责任公司	C	—	CNMHN860136
151	昆明	孟定口岸南大进境粮食指定监管场地	云南省临沧市耿马县孟定镇南大公司货场	临沧南大进出口有限责任公司	C	—	CNMDN860121
152	昆明	河口口岸北山货场进境粮食指定监管场地	云南省红河州河口县河口北山国际货场	河口滇越货场物流有限责任公司	C	—	CNHKM860139
153	昆明	腾冲猴桥进境粮食指定监管场地	云南省保山市腾冲市猴桥镇下街查验货场	腾冲县贸兴进出口贸易有限公司	C	—	CNTCH860124
154	西安	西安铁路口岸进境粮食指定监管场地	西安综保区口岸作业区	西安国际陆港保税物流投资建设有限公司	C	—	CNSIA900024
155	兰州	兰州铁路中川北站进境粮食指定监管场地	甘肃省兰州新区中川镇中川北站物流园	兰州新区商贸物流投资集团有限公司	D	小麦、大麦、玉米、杂粮、亚麻籽、葵花籽、大豆、杂豆	CNLAZ950019

续　表

序号	关区	指定监管场地名称	邮政地址	经营单位名称	类型	进口品种	场所（场地）海关编码
156	乌鲁木齐	阿拉山口铁路 3 号线进境粮食指定监管场地	阿拉山口铁路换装区 3 号线换装场地	中国铁路乌鲁木齐局集团有限公司阿拉山口站	C	—	CNAKL04S010
157	乌鲁木齐	阿拉山口铁路 5 号线进境粮食指定监管场地	阿拉山口铁路换装区 5 号线换装场地	中国铁路乌鲁木齐局集团有限公司阿拉山口站	C	—	CNAKL04S011
158	乌鲁木齐	阿拉山口铁路 6 号线进境粮食指定监管场地	阿拉山口铁路换装区 6 号线换装场地	中国铁路乌鲁木齐局集团有限公司阿拉山口站	C	—	CNAKL04S012
159	乌鲁木齐	阿拉山口地平线进境粮食指定监管场地	阿拉山口综合保税区粮食进口专用换装线	阿拉山口地平线石油天然气股份有限公司	C	—	CNAKL04S013
160	乌鲁木齐	阿拉山口 04 库进境粮食指定监管场地	阿拉山口准葛尔路	中外运阿拉山口公司	C	—	CNAKL940042
161	乌鲁木齐	巴克图口岸进境粮食指定监管场地	新疆塔城地区塔城市文化南路 997 号	塔城储绿粮油集团面粉加工有限公司中心粮库	C	—	CNBKT05S005
162	乌鲁木齐	霍尔果斯铁路换 3 线进境粮食指定监管场地	新疆伊犁州霍尔果斯六十二团六连霍尔果斯火车站	中国铁路乌鲁木齐局集团有限公司霍尔果斯站	C	—	CNHRS02S008
163	乌鲁木齐	霍尔果斯铁路口岸进境粮食指定监管场地	新疆伊犁州霍尔果斯六十二团六连霍尔果斯火车站	中国铁路乌鲁木齐局集团有限公司霍尔果斯站	C	—	CNHRS02S009
164	乌鲁木齐	霍尔果斯九鼎隆进境粮食指定监管场地	新疆伊犁州霍尔果斯市炎黄路 16 号	霍尔果斯九鼎隆贸易有限公司	C	—	CNHRS940074

注：A：水运散装；B：水运集装箱；C：边境陆运；D：铁路集装箱（海关总署）

附录十　我国进境食用水生动物指定监管场地名单

序号	关区	指定监管场地名称	邮政地址	经营单位名称	允许进境类别	场所/场地编码
1	北京	首都机场进境食用水生动物指定监管场地	北京市顺义区顺平路 566 – 5	北京天竺综合保税区开发管理有限公司	鱼类、甲壳类、软体类	CNBJS01S001
2	天津	天津滨海国际机场进境食用水生动物指定监管场地	天津市空港经济区国际物流区第三大街 8 号	天津云商智慧物流股份有限公司	鱼类、甲壳类、软体类	CNTSN02S610
3	大连	大连国际机场进境食用水生动物指定监管场地	辽宁省大连市甘井子区迎客路 100 号	大连国际机场集团有限公司货运公司	鱼类、甲壳类、软体类	CNDLC090009
4	大连	丹东港进境食用水生动物指定监管场地	辽宁省东港市观海路 187 号	丹东港集团有限公司	鱼类、甲壳类、软体类	CNDDG090018
5	大连	旅顺新港进境食用水生动物指定监管场地	辽宁省大连市旅顺经济开发区兴港路 24 号	大连港旅顺港务有限公司	鱼类、甲壳类、软体类	CNLSH090022
6	大连	大连港散杂货码头进境食用水生动物指定监管场地	辽宁省大连市甘井子区大连湾街道新街 4 号	大连港散杂货码头公司	鱼类、甲壳类、软体类	CNDAL090105

续 表

序号	关区	指定监管场地名称	邮政地址	经营单位名称	允许进境类别	场所/场地编码
7	大连	大连湾新港进境食用水生动物指定监管场地	辽宁省大连市甘井子区大连湾街道188号	辽渔集团有限公司港务分公司	鱼类、甲壳类、软体类	CNDAL090112
8	沈阳	沈阳桃仙国际机场进境食用水生动物指定监管场地	沈阳市浑南新区桃仙镇桃仙机场	沈阳空港物流有限公司	鱼类、甲壳类、软体类	CNSHE080027
9	长春	吉林珲春口岸进境食用水生动物指定监管场地	吉林省延边州珲春市合作区太阳村长岭子口岸	珲春市口岸办公室	鱼类、甲壳类、软体类	CNHCG15S005
10	长春	吉林珲春圈河口岸进境食用水生动物指定监管场地	吉林省延边州珲春市敬信镇圈河村圈河口岸	珲春市口岸办公室	鱼类、甲壳类、软体类	CNHCG15S004
11	长春	吉林长白口岸进境食用水生动物指定监管场地	吉林省白山市长白县长白口岸顺通监管货场	长白朝鲜族自治县绿江山食品有限公司	鱼类、甲壳类、软体类	CNCGB150039
12	长春	吉林图们公路口岸进境食用水生动物指定监管场地	吉林省延边州图们市友谊街159号	图们市口岸管理服务中心	鱼类、甲壳类、软体类	CNTME15S005
13	哈尔滨	东宁口岸进境食用水生动物指定监管场地	黑龙江省牡丹江市东宁市三岔口镇	东宁长城仓储有限责任公司	鱼类、甲壳类、软体类	CNDON190044
14	哈尔滨	绥芬河公路口岸进境食用水生动物指定监管场地	绥芬河市高级中学北800米	绥芬河市合益物流有限公司	鱼类、甲壳类、软体类	CNSFH19S051
15	哈尔滨	抚远进境食用水生动物指定监管场地	抚远市正阳路241号	抚远江海港国际仓储有限公司	鱼类、甲壳类、软体类	CNHUY19S052
16	上海	上海浦东机场浦虹进境食用水生动物指定监管场地	上海市浦东机场航油路25号	上海机场浦虹国际物流有限公司	鱼类、甲壳类、软体类	CNPVG33S050

续 表

序号	关区	指定监管场地名称	邮政地址	经营单位名称	允许进境类别	场所/场地编码
17	上海	上海浦东机场西郊国农进境食用水生动物指定监管场地	上海市青浦区华新府中路1288号	上海西郊国际农产品交易有限公司	鱼类、甲壳类、软体类	CNQGP22S050
18	上海	上海长兴岛进境食用水生动物指定监管场地	上海市长兴岛长兴镇渔港环路377弄1号	上海长兴岛渔港有限公司	鱼类、甲壳类、软体类	CNCGM220472
19	南京	苏南硕放国际机场进境食用水生动物指定监管场地	江苏省无锡市新区空港七路1号	无锡空港物流有限公司	鱼类、甲壳类、软体类	CNWUX230001
20	南京	南京禄口国际机场进境食用水生动物指定监管场地	江苏省南京市南京禄口国际机场国际货运中心	东部机场集团有限公司	鱼类、甲壳类、软体类	CNNKG230011
21	南京	徐州观音国际机场进境食用水生动物指定监管场地	江苏省徐州市睢宁县双沟镇104国道	徐州市观音国际机场有限公司	鱼类、甲壳类、软体类	CNFAX230004
22	南京	连云港新东方集装箱码头进境食用水生动物指定场地	江苏省连云港市连云区庙岭港区	连云港新东方集装箱码头有限公司	鱼类、甲壳类、软体类	CNLYG230026
23	南京	常州国际机场进境食用水生动物指定场地	江苏省常州市新北区罗溪镇西村村	常州国际机场物流有限公司	鱼类、甲壳类、软体类	CNCZX230037
24	南京	苏州现代货箱码头进境食用水生动物指定场地	江苏省太仓市浮桥镇通港东路1号	苏州现代货箱码头有限公司	鱼类、甲壳类、软体类	CNTAC230013
25	杭州	杭州萧山国际机场进境食用水生动物指定监管场地	杭州萧山国际机场内	杭州萧山国际机场航空物流有限公司	鱼类、甲壳类、软体类	CNHGH290077
26	杭州	温州龙湾国际机场进境食用水生动物指定监管场地	浙江省温州市龙湾国际机场	温州航空货站有限公司	鱼类、甲壳类、软体类	CNWNZ290311

续 表

序号	关区	指定监管场地名称	邮政地址	经营单位名称	允许进境类别	场所/场地编码
27	杭州	舟山沈家门港区进境食用水生动物指定监管场地	浙江省舟山市朱家尖西南涂围垦区域	舟山市普陀台贸物流中心有限公司	鱼类、甲壳类、软体类	CNZOS290248
28	宁波	宁波栎社国际机场进境食用水生动物指定监管场地	宁波栎社国际机场货运区	宁波机场集团有限公司	鱼类、甲壳类、软体类	CNNGB310207
29	宁波	宁波石浦港区进境食用水生动物指定监管场地	象山县石浦镇新港区域	宁波石浦新港对台贸易区投资开发有限公司	鱼类、甲壳类、软体类	CNXSP310151
30	合肥	合肥新桥国际机场进境食用水生动物指定监管场地	安徽省合肥市合肥新桥国际机场南工作区玉兰花路 8 号	合肥周谷堆大兴农产品国际物流园有限责任公司	鱼类、甲壳类、软体类	CNHFE33S005
31	福州	福州长乐国际机场进境食用水生动物指定监管场地	福州长乐国际机场货运站	元翔（福州）国际航空港有限公司	鱼类、甲壳类、软体类	CNFOC350172
32	福州	平潭港口岸澳前港区进境食用水生动物指定监管场地	福建省平潭综合试验区澳前镇澳前港区域	平潭综合实验区港务发展有限公司	鱼类、甲壳类、软体类	CNPTJ350186
33	福州	福建省平潭港口岸金井港区进境食用水生动物指定监管场地	平潭县北厝镇吉钓路 1 号	平潭综合试验区港务发展有限公司	鱼类、甲壳类、软体类、棘皮类	CNPTJ350145
34	厦门	漳州东山港进境食用水生动物指定监管场地	福建省漳州市东山县铜陵镇大沃街水仙宫 1 号	漳州市东山港兴码头有限公司	鱼类、甲壳类、软体类	CNDSN370195
35	厦门	泉州晋江国际机场进境食用水生动物指定监管场地	福建省泉州市晋江市和平路 118 号	泉州机场航空物流发展有限公司	鱼类、甲壳类、软体类	CNJJN370233
36	厦门	厦门高崎国际机场进境食用水生动物指定监管场地	福建省厦门市湖里区埭辽路 22 号	厦门航空有限公司	鱼类、甲壳类、软体类	CNXAM370220

续 表

序号	关区	指定监管场地名称	邮政地址	经营单位名称	允许进境类别	场所/场地编码
37	厦门	厦门东渡港区现代进境食用水生动物指定监管场地	福建省厦门现代物流园区港兴一路 6 号	厦门现代码头有限公司	鱼类、甲壳类、软体类	CNXAM370173
38	厦门	厦门东渡港区同益码头进境食用水生动物指定监管场地	福建省厦门市湖滨北路 2 号	厦门同益码头有限公司	鱼类、甲壳类、软体类	CNXAM370227
39	厦门	厦门海沧港远海码头 13 号泊位进境食用水生动物指定监管场地	福建省厦门市海沧区港南路 316 号	厦门远海集装箱码头有限公司	鱼类、甲壳类、软体类	CNXAM370239
40	青岛	青岛中外运集装箱仓码进境食用水生动物指定监管场地	青岛市市北区港华路	青岛中外运集装箱仓码有限公司	鱼类、甲壳类、软体类	CNQGD420170
41	青岛	青岛流亭机场中外运进境食用水生动物指定监管场地	青岛市城阳区天河路 70 号中国外运长航物流园 4 号仓库 1 号门	中外运（青岛）空港物流园有限公司	鱼类、甲壳类、软体类	CNTAO42S201
42	青岛	青岛前湾港鲁海丰进境食用水生动物指定监管场地	青岛市黄岛区九龙山路 1596 号	青岛鲁海丰食品集团有限公司	鱼类、甲壳类、软体类	CNQGD42S401
43	青岛	山东荣成龙眼港进境食用水生动物指定查验场地	荣成市成山镇西霞口社区海港路 7 号	荣成市西霞口集团	鱼类、甲壳类、软体类	CNLGY420319
44	青岛	山东威海港进境食用水生动物查验场	威海市经济技术开发区海埠路 288 号	山东威海港股份有限公司	鱼类、甲壳类、软体类	CNWEI420298
45	青岛	山东荣成石岛新港进境食用水生动物指定监管场地	荣成市石岛管理区海港路 19 号	石岛新港港务股份有限公司	鱼类、甲壳类、软体类	CNSHD420314

续 表

序号	关区	指定监管场地名称	邮政地址	经营单位名称	允许进境类别	场所/场地编码
46	青岛	山东威海机场进境食用水生动物指定监管场地	威海文登区大水泊镇机场路18号国际机场货运仓库区	威海市航空服务有限公司	鱼类、甲壳类、软体类	CNWEH42S401
47	青岛	烟台蓬莱国际机场进境食用水生动物指定监管场地	烟台蓬莱国际机场空港一路5号机场货站	烟台国际机场集团货运销售有限公司	鱼类、甲壳类、软体类	CNYAT420299
48	青岛	烟台芝罘湾港区进境食用水生动物指定监管场地	烟台市芝罘区北马路155号	烟台港股份有限公司	鱼类、甲壳类、软体类	CNYAT42S402
49	青岛	烟台综保区综合性指定监管场地	山东省烟台市芝罘区环海路89号	杰仕（烟台）供应链管理有限公司	甲壳类、软体类	CNYAT42S403
50	青岛	日照中盛进境食用水生动物指定监管场地	山东省日照市海滨三路与上海路交汇处	山东中盛幸福电子商务有限公司	甲壳类、软体类	CNRZH420219
51	济南	济南机场进境食用水生动物指定监管场地	山东省济南市历城区济南遥墙国际机场空港北路	济南国际机场股份有限公司	鱼类、甲壳类、软体类	CNTNA430201
52	郑州	郑州新郑国际机场进境食用水生动物指定监管场地	郑州新郑国际机场	河南航空货运发展有限公司	鱼类、甲壳类、软体类	CNCGO46S004
53	武汉	武汉天河国际机场进境食用水生动物指定监管场地	湖北省武汉市天河机场北货运区横六路	湖北机场集团航空物流有限公司	鱼类、甲壳类、软体类	CNWUH470061
54	长沙	长沙黄花国际机场进境食用水生动物指定监管场地	湖南省长沙市长沙县黄花镇机场大道长沙黄花国际机场空港国际货运站	湖南空港实业股份有限公司	鱼类、甲壳类、软体类	CNCSX491014
55	长沙	长沙黄花综合保税区进境食用水生动物指定监管场地	长沙黄花综合保税区监管仓库北面	长沙海嘉建设有限公司	鱼类、甲壳类、软体类	CNCSX49S306

续 表

序号	关区	指定监管场地名称	邮政地址	经营单位名称	允许进境类别	场所/场地编码
56	长沙	张家界荷花国际机场进境食用水生动物指定监管场地	湖南省张家界市永定区南庄坪办事处三眼桥居委会荷花机场内	湖南空港实业股份有限公司张家界分公司	鱼类、甲壳类、软体类、棘皮类	CNDYG491052
57	广州	广州白云机场广州新运进境食用水生动物指定监管场地	广州白云国际机场北工作区空港北二路特殊商品集中查验场	广州新运国际货运代理有限公司	鱼类、甲壳类、软体类	CNCAN510196
58	广州	广州白云机场国际航空货运站进境食用水生动物指定监管场地	广州市花都区花东镇机场北出口西面国际航空货运站	广州白云国际物流有限公司	鱼类、甲壳类、软体类	CNCAN510136
59	广州	广州白云机场联邦快递亚太转运中心进境食用水生动物指定监管场地	广州市花都区花东镇联邦大道 777 号	联邦快递（中国）有限公司广州分公司	鱼类、甲壳类、软体类	CNCAN510003
60	深圳	深圳湾口岸进境食用水生动物指定监管场地	广东省深圳市南山区东滨路 1 号	市口岸办	鱼类、甲壳类、软体类	CNSNZ53S004
61	深圳	文锦渡口岸进境食用水生动物指定监管场地	广东省深圳市罗湖区沿河南路 1188 号	市口岸办	鱼类、甲壳类、软体类	CNSNZ53S008
62	深圳	皇岗口岸进境食用水生动物指定监管场地	广东省深圳市福田区福田南路	市口岸办	鱼类、甲壳类、软体类	CNSNZ53S002
63	深圳	深圳机场口岸进境食用水生动物指定监管场地	广东省深圳市宝安区航站四路国际货站	深圳机场国际货站有限公司	鱼类、甲壳类、软体类	CNSZX530124

续 表

序号	关区	指定监管场地名称	邮政地址	经营单位名称	允许进境类别	场所/场地编码
64	拱北	珠澳跨境工业区专用口岸进境食用水生动物指定监管场地	珠海珠澳跨境工业区珠海园区 5－2 地益源大厦七层北边	珠海达明仓储有限公司	鱼类、甲壳类、软体类	CNZHU57S020
65	汕头	揭阳潮汕机场进境食用水生动物指定监管场地	广东省揭阳市空港经济区登岗镇揭阳潮汕机场云湖路航空货站	广东省机场管理集团公司	鱼类、甲壳类、软体类	CNSTG601055
66	湛江	湛江机场进境食用水生动物指定监管场地	广东省湛江市机场路 24 号	广东省机场管理集团有限公司湛江机场公司	鱼类、甲壳类、软体类	CNZNG67S301
67	南宁	南宁吴圩机场进境食用水生动物查验场	南宁吴圩国际机场 T2 航站区空港北三路货运站内	广西民航产业发展有限公司南宁航空物流分公司	鱼类、甲壳类、软体类	CNNNG72S022
68	南宁	广西东兴边民互市贸易区进境食用水生动物指定监管场地	广西壮族自治区防城港市东兴边民互市贸易区内	广西北投建设投资有限公司	鱼类、甲壳类、软体类、棘皮类	CNDOX720060
69	海口	三亚凤凰机场进境食用水生动物指定监管场地	海南省三亚市天涯区三亚凤凰国际机场	三亚凤凰国际机场货运有限公司	鱼类、甲壳类、软体类	CNSYX640071
70	海口	海口美兰机场进境食用水生动物指定监管场地	海南省海口市美兰国际机场二街 1 号	海南美兰国际机场货运有限责任公司	鱼类、甲壳类、软体类	CNHAK64S003
71	重庆	重庆江北国际机场进境食用水生动物指定监管场地	重庆市渝北区机场东路 9 号	重庆空港航空地面服务有限公司	鱼类、甲壳类、软体类	CNCKG80S025

续 表

序号	关区	指定监管场地名称	邮政地址	经营单位名称	允许进境类别	场所/场地编码
72	成都	成都双流国际机场进境食用水生动物指定监管场地	成都双流物流园区航枢大道489号	成都双流国际机场航空地面服务有限公司	鱼类、甲壳类、软体类	CNCDU790046
73	昆明	昆明长水机场东方航空进境食用水生动物指定监管场地	云南省昆明市长水机场	东方航空物流股份有限公司云南分公司	鱼类、甲壳类、软体类	CNKMG860170
74	昆明	昆明长水机场云南空港进境食用水生动物指定监管场地	云南省昆明市长水机场	云南空港物流股份有限公司	鱼类、甲壳类、软体类	CNKMG860168
75	昆明	畹町口岸广发进境食用水生动物指定监管场地	云南省德宏州瑞丽市畹町经济开发区民主街3号附2号	瑞丽市畹町经济开发区广发贸易有限公司	鱼类、甲壳类、软体类	CNWANS86004
76	西安	西安咸阳国际机场进境食用水生动物指定监管场地	陕西省西咸新区空港新城空港西三路006号	西部机场集团航空物流有限公司	鱼类、甲壳类、软体类	CNSIA900027

（海关总署）

附录十一　我国进境原木指定监管场地名单

序号	关区		口岸区域	指定监管场地名称	邮政地址	经营单位名称	场所/场地编码	检疫处理方式	来源国	涉及的特殊产品	备注
1	大连海关	大连长兴岛海关	大连长兴岛港区	辽宁长兴岛进境原木指定监管场地	大连长兴岛港	大连长兴岛港口有限公司	CNDAL09S008	熏蒸处理（溴甲烷）	美国 加拿大 俄罗斯	美国阿拉斯加州、加拿大 BC 省、俄罗斯原木	
2	石家庄海关	曹妃甸海关	唐山港曹妃甸港区	唐山曹妃甸文丰码头有限公司件杂货码头水路运输类海关监管作业场所	唐山市曹妃甸工业区装备制造园区文丰码头港区内	唐山曹妃甸文丰码头有限公司	CNCFD040144	熏蒸处理（溴甲烷）	美国 加拿大 俄罗斯	美国阿拉斯加州、加拿大 BC 省、俄罗斯原木	
3	南京海关	太仓海关	太仓港	太仓国际集装箱码头有限公司	江苏省太仓港港口开发区北环路 1 号	太仓国际集装箱码头有限公司	CNTAC230020	熏蒸处理	美国 加拿大 俄罗斯	美国阿拉斯加州、加拿大 BC 省、俄罗斯原木	
4	南京海关	盐城海关	大丰港	大丰港通用码头	大丰港经济开发区中港区通用码头	大丰海港港口有限责任公司	CNDFG230520	熏蒸处理	美国 加拿大 俄罗斯	美国阿拉斯加州、加拿大 BC 省、俄罗斯原木	
5	福州海关	莆田海关	莆田港口岸秀屿港区	福建省莆田港口岸秀屿港区进境原木指定监管场地	福建省莆田市秀屿区东庄镇莆头村	莆田港务集团有限公司	CNPUT350028	熏蒸处理（溴甲烷）	美国 加拿大 俄罗斯	美国阿拉斯加州、加拿大 BC 省、俄罗斯原木	

续 表

序号	关区		口岸区域	指定监管场地名称	邮政地址	经营单位名称	场所/场地编码	检疫处理方式	来源国	涉及的特殊产品	备注
6	南昌海关	赣州海关	赣州港	赣州进境木材指定监管场地	赣州国际陆港	赣州市南康区口岸发展有限责任公司	CNGZH40S506	熏蒸处理	芬兰、瑞典、俄罗斯、越南、印度尼西亚、泰国、马来西亚、波兰、智利	仅限经过热处理（71.1℃ 75 分钟）的板材	
7	青岛海关	日照海关	日照港岚山港区南作业区	山东岚山进境原木检疫处理区	日照市岚山区圣岚路1号	日照港集团岚山港务有限公司	CNLSN420065	熏蒸处理	美国 加拿大 俄罗斯	美国阿拉斯加州、加拿大 BC 省、俄罗斯原木	
8	青岛海关		日照港岚山港区中作业区	山东日照岚桥港进境原木检疫处理区	日照市岚山区滨海路66号	山东岚桥港有限公司	CNLSN420202	熏蒸处理	美国 加拿大 俄罗斯	美国阿拉斯加州、加拿大 BC 省、俄罗斯原木	
9	兰州海关	金昌海关	—	武威进境木材指定监管场地	甘肃省武威市古浪县土门镇新丰村	武威国有资产投资经营有限责任公司	CNLAZ950021	热处理	俄罗斯	仅限密闭集装箱方式运输的白桦、落叶松、樟子松、油松、冷杉、云杉、山植和花楸 8 种树种的去皮板材	

（海关总署）

附录十二　我国进境植物种苗指定监管场地名单

序号	关区		指定监管场地名称	邮政地址	经营单位名称	场所/场地编码
1	北京海关	首都机场海关	首都机场海关查验中心	天竺综合保税区首都机场海关查验中心北区	北京综合保税区开发管理有限公司	CNBJS01S001
2	北京海关	天竺海关	北京天竺综保区指定监管场地	北京市顺义区天竺综保区一区天竺海关查验中心（北区）	北京天保佳畅物流有限公司	CNBJS01S008
3	北京海关	北京朝阳海关	北京朝阳口岸查验作业场地	朝阳区东四环南路甲 1 号	北京和记京泰物流有限公司	CNBJS01S004
4	天津海关	天津新港海关	天津港强集团有限公司	天津港保税区海滨九路 187 号	天津港强集团有限公司	CNTXG02S608
5	天津海关	天津滨海机场海关	中外运跨境电商物流有限公司天津分公司进口水果（冰鲜、种苗）指定监管场地	天津自贸试验区（空港经济区）空港国际物流区第三大街 29 号	中外运跨境电商物流有限公司天津分公司	CNTSN02S609

续 表

序号	关区		指定监管场地名称	邮政地址	经营单位名称	场所/场地编码
6	大连海关	周水子机场海关	辽宁省大连市国际机场种苗指定监管场地	辽宁省大连市甘井子区迎客路100号	大连国际机场集团有限公司	CNDLC090088
7	大连海关	大窑湾海关	辽宁省大连市大连港毅都冷链二期种苗指定监管场地	辽宁省大连市保税区物流园区港六路12号	大连港毅都冷链有限公司	CNDYW090083
8	哈尔滨海关	太平机场海关	哈尔滨太平国际机场进境植物种苗指定监管场地	黑龙江省哈尔滨市太平国际机场空港5路	黑龙江省机场管理集团有限公司货运销售分公司	CNHRB190125
9	上海海关	洋山海关	上海深水港国际物流有限公司查验点	芦潮港镇顺通路8号	上海深水港国际物流有限公司	CNYSA48S053
10	南京海关	南京禄口机场海关	南京禄口国际机场国际货运中心	南京禄口国际机场国际货运中心	东部机场集团有限公司	CNNKG230011
11	南京海关	连云港海关	连云港新东方集装箱码头	江苏省连云港市连云区庙岭港区	连云港新东方集装箱码头有限公司	CNLYG230026
12	南京海关	连云港海关	江苏中荷花卉股份有限公司苗圃	江苏省连云港市海州开发区	江苏中荷花卉股份有限公司	CNLYG23S006
13	南京海关	连云港海关	连云港外贸冷库有限责任公司	江苏省连云港市连云区中山中路482号	连云港外贸冷库有限责任公司	CNLYG23S012
14	杭州海关	杭州萧山机场海关	杭州萧山国际机场航空物流有限公司监管场所	浙江省杭州市萧山区翔飞路杭州萧山国际机场航空货站B区	杭州萧山国际机场航空物流有限公司	CNHGH290077
15	宁波海关	大榭海关	大亚中创	宁波市北仑区北极星路2号	宁波大亚中创国际物流有限公司	CNNBO310205

续　表

序号	关区		指定监管场地名称	邮政地址	经营单位名称	场所/场地编码
16	宁波海关	梅山海关	*浙江省宁波市梅山进口罗汉松种苗类指定监管场地	宁波市梅山岛梅兴码头西侧	宁波梅山保税港区物流有限公司	CNNBO310209
17	福州海关	福州长乐机场海关	福州国际航空港有限公司海关监管仓库	福州长乐国际机场货运站	元翔（福州）国际航空港有限公司	CNFOC350172
18	福州海关	马尾海关	福州青州集装箱码头有限公司	马尾罗星东路3号	福州青州集装箱码头有限公司	CNMAW350020
19	福州海关	榕城海关	福州新港国际集装箱码头有限公司海关监管码头	福建省福清市江阴镇新江路1号	福州新港国际集装箱码头有限公司	CNFZH350042
20	福州海关	平潭海关	福建平潭港进境植物种苗指定监管场地	平潭综合实验区平潭港澳前港区	平潭综合实验区港务发展有限公司	CNPTJ350186
21	福州海关	平潭海关	福建省平潭港口岸金井港区进境种苗指定监管场地	福建省福州市平潭综合试验区金井片区吉钓路1号	平潭综合实验区港务发展有限公司	CNPTJ350145
22	厦门海关	东渡海关	*厦门集装箱码头集团有限公司海天码头监管场所	福建省厦门市自贸区厦门片区象屿路8号	厦门集装箱码头集团有限公司	CNXAM370226
23	厦门海关	机场海关	厦门航空有限公司货运监管仓库	福建省厦门市湖里区埭辽路22号	厦门航空有限公司	CNXAM370220
24	厦门海关	机场海关	元翔货服国际进港仓库	福建省厦门市湖里区翔云一路42号	元翔空运货服（厦门）有限公司	CNXAM370218
25	青岛海关	大港海关	青岛中外运集装箱仓码有限公司	山东省青岛市市北区港华路	青岛中外运集装箱仓码有限公司	CNQGD420170

续 表

序号	关区		指定监管场地名称	邮政地址	经营单位名称	场所/场地编码
26	青岛海关	烟台海关	烟台国际集装箱码头有限公司监管作业场所	山东省烟台市芝罘区港湾大道158号	烟台国际集装箱码头有限公司	CNYAT420286
27	青岛海关	流亭机场海关	中外运（青岛）空港物流园有限公司查验库	山东省青岛市城阳区天河路70号中国外运长航物流园4号仓库1号门	中外运（青岛）空港物流园有限公司	CNTAO42S201
28	武汉海关	天河机场海关	武汉天河机场监管作业场所	武汉天河机场北货区C3国际库	湖北空港航空地面服务有限公司	CNWUH470061
29	广州海关	番禺海关	*广州市番禺区莲花山港	广州市番禺区石楼镇港前路5号	广州市番禺莲花山番港货运有限公司	CNPNY510150
30	广州海关	佛山海关驻顺德办事处	*佛山市顺德区勒流港	佛山市顺德区勒流港货柜码头	佛山市顺德区勒流港货柜码头有限公司	CNSUD510099
31	广州海关	佛山海关驻南海办事处	*佛山市南海区三山港	广东省佛山市南海区桂城街道三山大道1号	南海国际货柜码头有限公司	CNNHS510088
32	广州海关	白云机场海关	广州新运国际货运代理有限公司进境植物种苗指定监管场地	广州白云国际机场北工作区空港北二路特殊商品集中查验场	广州白云国际机场股份有限公司航空物流服务分公司	CNCAN510196
33	广州海关	南沙海关	南沙港进境植物种苗监管场地	广州市南沙区龙穴大道南9号	广州南沙海港集装箱码头有限公司	CNGGZ510121
34	深圳海关	沙头角海关	*沙头角口岸货运进出境海关监管现场	广东省深圳市盐田区沙头角沙深路51号	深圳市口岸办	CNSNZ53S006

续　表

序号	关区		指定监管场地名称	邮政地址	经营单位名称	场所/场地编码
35	深圳海关	蛇口海关	*蛇口集装箱码头	广东省深圳市南山区西港路4号	蛇口集装箱码头有限公司	CNSHK530196
36	深圳海关	蛇口海关	*赤湾集装箱码头	广东省深圳市南山区右炮台路7号	赤湾集装箱码头有限公司	CNSHK530197
37	深圳海关	蛇口海关	*广东省深圳市妈湾集装箱码头进境植物种苗指定监管场地	广东省深圳市南山区妈湾大道1007号	招商局港口集团股份有限公司	
38	深圳海关	大鹏海关	盐田国际集装箱码头进境植物种苗指定监管场地	广东省深圳市盐田区进港一路盐田国际集装箱码头	盐田国际集装箱码头有限公司	CNYTN530200
39	汕头海关	汕头港海关	汕头国际集装箱码头	汕头市中山东路珠池港7号及8号泊位	汕头国际集装箱码头有限公司	CNSTG601018
40	汕头海关	广澳海关	汕头招商局港口集团有限公司广澳港区	广东省汕头市濠江区广澳湾内	汕头招商局港口集团有限公司	CNSTG601040
41	黄埔海关	黄埔新港海关	广州集装箱码头	广州经济技术开发区黄埔新港路1号	广州集装箱码头有限公司	CNGGZ521813
42	南宁海关	东兴海关	*东兴名贵园林进境植物种苗指定监管场地	广西东兴市马路镇竹围村那批组	东兴名贵园林投资有限公司	CNDOX72S005
43	海口海关	海口美兰机场海关	海口美兰国际空运货栈	海南省海口市美兰国际机场二街一号	海南美兰机场国际货运有限责任公司	CNHAK640083
44	海口海关	三亚海关	三亚凤凰国际机场进境植物种苗指定监管场地	海南省三亚市天涯区凤凰路578号	三亚凤凰国际机场货运有限公司	CNHAK640071

续 表

序号	关区		指定监管场地名称	邮政地址	经营单位名称	场所/场地编码
45	成都海关	成都双流机场海关	成都双流国际机场货站	成都双流区航枢大道489号	成都双流国际机场航空地面服务有限公司	CNCDU790046
46	昆明海关	瑞丽海关	瑞丽市口岸联检中心查验货场	云南省德宏州瑞丽市姐告联检中心	瑞丽市宝玉珠宝街管理有限公司	CNRUI860145
47	昆明海关	勐腊海关	*磨憨口岸国际物流中心	云南省西双版纳州勐腊县磨憨经济开发区磨本村旁	磨憨金孔雀交通运输有限责任公司	CNMHN860136
48	昆明海关	河口海关	河口北山国际货场	云南省红河州河口县河口北山国际货场	河口滇越货场物流有限责任公司	CNHKM860139
49	昆明海关	昆明长水机场海关	东航物流云南分公司海关监管作业场所	云南省昆明市东方航空物流有限公司云南分公司	东方航空物流股份有限公司云南分公司	CNKMG860170
50	昆明海关	昆明长水机场海关	云南空港物流海关监管作业场所	云南省昆明市云南空港物流有限公司	云南空港物流股份有限公司	CMKMG860168
51	西安海关	咸阳机场海关	西安咸阳国际机场进境植物种苗指定监管场地	陕西省西咸新区空港新城空港西三路006号	西部机场集团航空物流有限公司	CNSIA900027
52	兰州海关	兰州中川机场海关	兰州中川国际机场监管作业场所	甘肃省兰州新区空港路16号	甘肃省民航航空物流有限责任公司	CNLHW950021
53	贵阳海关	贵阳龙洞堡机场海关	贵阳龙洞堡国际货运海关监管作业场所	贵阳市南明区货运1号路国际货运部	贵州航空港物流产业发展有限公司	CNKWE830011
54	乌鲁木齐海关	阿拉山口海关	阿拉山口进境种苗指定监管场地	新疆博州阿拉山口市综合保税区园区综三路11号	阿拉山口综合保税区金港开发有限责任公司	CNAKL04S009

注：标*场地为可承接进口罗汉松监管业务的特定监管场地。（海关总署）

附录十三　2018 年至 2021 年 2 月我国陆港部分相关政策一览表

发布时间	发布单位	文件名称	文件号	相关内容
2021 年 2 月	中共中央、国务院	《国家综合立体交通网规划纲要》	—	优化国家综合立体交通布局；推进综合交通统筹融合发展；推进综合交通高质量发展。到 2035 年，基本建成便捷顺畅、经济高效、绿色集约、智能先进、安全可靠的现代化高质量国家综合立体交通网，实现国际国内互联互通、全国主要城市立体畅达、县级节点有效覆盖，有力支撑“全国 123 出行交通圈”和“全球 123 快货物流圈”。交通基础设施质量、智能化与绿色化水平居世界前列。交通运输全面适应人民日益增长的美好生活需要，有力保障国家安全，支撑我国基本实现社会主义现代化
2021 年 2 月 22 日	国务院	《国务院关于加快建立健全绿色低碳循环发展经济体系的指导意见》	国发〔2021〕4 号	健全绿色低碳循环发展的生产体系健全绿色低碳循环发展的流通体系。打造绿色物流。积极调整运输结构，推进铁水、公铁、公水等多式联运，加快铁路专用线建设。加强物流运输组织管理，加快相关公共信息平台建设和信息共享，发展甩挂运输、共同配送。推广绿色低碳运输工具。建立绿色贸易体系。积极优化贸易结构，大力发展高质量、高附加值的绿色产品贸易，从严控制高污染、高耗能产品出口。加强绿色标准国际合作等

续 表

发布时间	发布单位	文件名称	文件号	相关内容
2021年2月18日	国务院	《国务院关于虹桥国际开放枢纽建设总体方案的批复》	国函〔2021〕21号	立足新发展阶段、贯彻新发展理念、构建新发展格局，紧扣“一体化”和“高质量”两个关键，着力建设国际化中央商务区，着力构建国际贸易中心新平台，着力提高综合交通管理水平，着力提升服务长三角和联通国际能力，以高水平协同开放引领长三角一体化发展等
2021年2月	国务院应对新型冠状病毒肺炎疫情联防联控机制综合组	《国务院应对新型冠状病毒肺炎疫情联防联控机制综合组关于进一步做好应对新冠肺炎疫情交通管控与运输保障工作的通知》	联防联控机制（综发〔2021〕29号）	分级分类实行交通管控，保障交通网络畅通；坚持防疫与保畅并重，做好重点物资运输保障；因时因势解除交通管控措施，有序恢复交通运输秩序；健全完善交通管控工作机制，强化应急指挥调度等
2021年2月9日	交通运输部办公厅	《交通运输部办公厅关于以违规经营收费案例为戒进一步规范港口收费行为的通知》	交办水函〔2021〕241号	严厉打击违规行为；加强监督检查；强化自查自纠等
2021年1月	中共中央办公厅、国务院办公厅	《建设高标准市场体系行动方案》	—	夯实市场体系基础制度；推进要素资源高效配置；改善提升市场环境和质量；实施高水平市场开放；完善现代化市场监管机制。通过5年左右的努力，基本建成统一开放、竞争有序、制度完备、治理完善的高标准市场体系，为推动经济高质量发展、加快构建新发展格局、推进国家治理体系和治理能力现代化打下坚实基础

续 表

发布时间	发布单位	文件名称	文件号	相关内容
2021 年 1 月 29 日	交通运输部	《交通运输部关于服务构建新发展格局的指导意见》	交规划发〔2021〕12 号	完善综合交通网络，扩大循环规模；构建现代物流体系，提高循环效率；坚持创新驱动发展，增强循环动能；推进更高水平对外开放，保障循环安畅；优化政府治理，降低循环成本等
2021 年 1 月	交通运输部	《交通运输部关于印发〈港口及其一线人员新冠肺炎疫情防控工作指南（第五版）〉的通知》	交水明电〔2021〕31 号	为有效应对新冠肺炎疫情在全球蔓延，特别是因船员换班、国际航行船舶船员感染和进口冷链食品以及进口高风险非冷链集装箱货物造成港口一线人员和登轮人员感染的风险，进一步抓紧抓实抓细境外疫情输入防控工作，强化对疫情防控工作的指导而制定
2021 年 1 月 14 日	海关总署	《关于实施铁路进出境快速通关业务模式的公告》	海关总署公告 2021 年第 5 号	铁路运营企业可根据自身需要申请开展快通业务，并由进出境铁路列车负责人按照规定向海关传输铁路舱单电子数据。还在进出境快通业务方面做了具体规定
2021 年 1 月 7 日	海关总署	《关于修订〈海关监管作业场所（场地）设置规范〉〈海关监管作业场所（场地）监控摄像头设置规范〉和〈海关指定监管场地管理规范〉的公告》	海关总署公告 2021 年第 4 号	为贯彻落实生态环境部、商务部、国家发展改革委、海关总署发布的《关于全面禁止进口固体废物有关事项的公告》有关要求，满足海关进境动物检疫监管工作需要，海关总署对《海关监管作业场所（场地）设置规范》《海关监管作业场所（场地）监控摄像头设置规范》和《海关指定监管场地管理规范》进行了修订

续 表

发布时间	发布单位	文件名称	文件号	相关内容
2021 年 1 月 7 日	海关总署	《关于保税物流中心统计办法的公告》	海关总署公告 2021 年第 3 号	对物流中心与境外间的进出货物、物流中心与境内间的进出货物统计办法进行了公告
2020 年 12 月 31 日	国家发展改革委、商务部	《海南自由贸易港外商投资准入特别管理措施（负面清单）（2020 年版）》	中华人民共和国国家发展和改革委员会 中华人民共和国商务部令 2020 年第 39 号	《海南自由贸易港外商投资准入特别管理措施（负面清单）》统一列出股权要求、高管要求等外商投资准入方面的特别管理措施，适用于海南岛全岛。《自由贸易港负面清单》之外的领域，按照内外资一致原则实施管理
2020 年 12 月 20 日	交通运输部	《交通运输部关于修改〈港口经营管理规定〉的决定》	中华人民共和国交通运输部令 2020 年第 21 号	《港口经营管理规定》根据本决定作相应修正，重新发布
2020 年 12 月 30 日	交通运输部	《交通运输部关于发布〈公铁联运货运枢纽功能区布设规范〉等 39 项交通运输行业标准的公告》	交通运输部公告第 104 号	对公铁联运货运枢纽功能区布设规范等 39 项交通运输行业标准进行了公布
2020 年 12 月 23 日	国务院	《国务院关于扩大昆山深化两岸产业合作试验区范围的批复》	国函〔2020〕168 号	围绕构建以国内大循环为主体、国内国际双循环相互促进的新发展格局，加强两岸产业合作，支持台资企业转型升级，促进两岸中小企业深度合作，在两岸贸易便利、科技交流、金融合作等方面先行先试，推动两岸人才交流合作，进一步促进两岸产业融合发展

续　表

发布时间	发布单位	文件名称	文件号	相关内容
2020 年 12 月 21 日	海关总署	《关于公布〈中华人民共和国海关进出口货物减免税管理办法〉的令》	署令〔2020〕245 号	对进出口货物减征或者免征关税、进口环节税事务实施管理
2020 年 12 月 21 日	国家邮政局、国家发展改革委、交通运输部、商务部、海关总署	《关于促进粤港澳大湾区邮政业发展的实施意见》	国邮发〔2020〕78 号	构建畅通高效寄递网络；树立高端优质服务标杆；推动创新驱动转型发展；打造产业协同发展高地；培育壮大多元市场主体；优化湾区开放发展环境；推进绿色低碳循环发展；完善安全应急管理体系；推动人才文化交流互动等
2020 年 12 月 15 日	国务院	《国务院关于同意设立新疆塔城重点开发开放试验区的批复》	国函〔2020〕166 号	以推进丝绸之路经济带核心区建设为驱动，充分发挥新疆对中亚合作的独特优势，解放思想、先行先试，着力创新体制机制，加强基础设施互联互通，发展特色优势产业，深化经贸交流合作，优化营商环境，推进生态文明建设，统筹城乡一体化发展，努力把试验区建成丝绸之路经济带的重要支点、深化与中亚国家合作的重要平台、沿边地区经济发展新的增长极、维护边境和国土安全的重要屏障等
2020 年 12 月 11 日	交通运输部	《交通运输部关于中国交通建设集团有限公司开展综合交通基础设施全产业链一体化实施能力提升等交通强国建设试点工作的意见》	交规划函〔2020〕786 号	原则同意在综合交通基础设施全产业链一体化实施能力提升、交通基础设施“平安百年品质工程”建设、关键技术研发应用、投融资模式创新、交通运输服务质量提升等方面开展试点

续 表

发布时间	发布单位	文件名称	文件号	相关内容
2020 年 12 月 11 日	交通运输部	《交通运输部关于内蒙古自治区开展交通运输高水平对外开放等交通强国建设试点工作的意见》	交规划函〔2020〕787 号	原则同意在交通运输高水平对外开放、智慧物流枢纽、交通与旅游融合发展、特色冷链物流、“四好农村路”高质量发展等方面开展试点
2020 年 12 月 11 日	交通运输部	《交通运输部关于厦门市开展综合交通枢纽辐射能力提升等交通强国建设试点工作的意见》	交规划函〔2020〕788 号	原则同意在提升综合交通枢纽辐射能力、公共交通车路协同应用、打造立体化丝绸之路服务品牌、提升重点领域现代治理能力、提升运输服务智慧和绿色发展水平等方面开展试点
2020 年 12 月 11 日	交通运输部	《交通运输部关于中国邮政集团有限公司开展邮政快递枢纽优化提升等交通强国建设试点工作的意见》	交规划函〔2020〕789 号	加强邮政快递枢纽的建设、工艺设施优化和自动化装备配置，促进枢纽转型升级。完善国际寄递网络布局，建立健全跨境电商、全球快递、综合物流和增值服务四大产品体系。优化寄递流程，提高寄递自动化水平，建设国际邮件、国际快件、跨境电商监管“三关合一”综合性口岸，强化国际邮件时效稳定性
2020 年 12 月 11 日	交通运输部	《交通运输部关于云南省开展大滇西环线交旅融合发展等交通强国建设试点工作的意见》	交规划函〔2020〕790 号	加快推进国际国内通道建设。以大滇西旅游环线区域为核心，加快推动公路网与省内各地、周边省域、毗邻国家互联互通。加快孟中印缅、中国—中南半岛国际公路运输走廊建设，推动中缅印、中缅、中老泰、中越通道境内段贯通，加快建设墨江至临沧和临沧至清水河高速公路，以及大理至临沧、云县至保山、腾冲至猴桥、文山至天保、景洪至打洛等国家高速公路建设。推进京昆公路通道建设，提升沪昆、汕昆、银昆、杭瑞公路通道能力，加快广昆公路通道建设，稳步推进滇藏公路通道，实施沿边公路通道贯通工程

续　表

发布时间	发布单位	文件名称	文件号	相关内容
2020 年 11 月 26 日	交通运输部	《交通运输部关于完善综合交通法规体系的意见》	交法发〔2020〕109 号	综合交通法规体系由跨运输方式法规系统、铁路法规系统、公路法规系统、水路法规系统、民航法规系统和邮政法规系统六个系统构成。到 2035 年，基本形成系统完备、架构科学、布局合理、分工明确、相互衔接的综合交通法规体系。跨运输方式、铁路、公路、水路、民航、邮政等各领域“龙头法”和重点配套行政法规制修订工作基本完成，覆盖交通运输各领域的法规体系主骨架基本建立；不同运输方式的法律制度有效衔接，支撑各种运输方式一体化融合发展，保障现代化综合交通体系建设；交通运输各方面法律制度更加成熟、更加定型，支撑交通运输治理体系和治理能力现代化基本实现
2020 年 12 月 4 日	交通运输部	《交通运输部关于四川省开展成渝地区双城经济圈交通一体化发展等交通强国建设试点工作的意见》	交规划函〔2020〕714 号	原则同意在成渝地区双城经济圈交通一体化发展，高原山区公路建设创新，推动公园城市交通绿色发展，提升交通防灾减灾体系韧性，车路协同技术发展，推进交通与旅游、文化融合发展等方面开展试点
2020 年 12 月 4 日	交通运输部	《关于山西省开展交通运输与旅游融合发展等交通强国建设试点工作的意见》	交规划函〔2020〕712 号	原则同意在交通运输与旅游融合发展、高密度中等城市交通拥堵治理与绿色出行、智能网联重载货运车路协同发展、绿色高效物流服务体系建设、普通公路重载运输建设等方面开展试点

续　表

发布时间	发布单位	文件名称	文件号	相关内容
2020年12月4日	交通运输部	《交通运输部关于招商局集团有限公司开展集装箱码头智能化升级改造等交通强国建设试点工作的意见》	交规划函〔2020〕711号	原则同意在集装箱码头智能化升级改造、基于绿色能源的智慧高速公路关键技术研究与应用、智能航运管理平台与大宗货物贸易运输数字服务平台建设、多式联运一体化解决方案、长江绿色航运建设、高端邮轮自主设计与建造等方面开展试点
2020年11月30日	交通运输部	《交通运输部关于上海市开展推进长三角交通一体化等交通强国建设试点工作的意见》	交规划函〔2020〕693号	原则同意在推进长三角交通一体化、打造世界一流国际航运中心、提升城市交通服务体系系统协同能力、提升交通创新发展能力、提高交通运输治理体系精细化管理能力等方面开展试点
2020年11月30日	交通运输部	《交通运输部关于广东省开展交通基础设施高质量发展等交通强国建设试点工作的意见》	交规划函〔2020〕694号	原则同意在交通基础设施高质量发展、交通与旅游等产业融合发展、智慧交通建设、枢纽服务效率提升、综合交通运输管理体制机制改革等方面开展试点
2020年11月30日	交通运输部	《交通运输部关于福建省开展苏区老区“四好农村路”高质量发展等交通强国建设试点工作的意见》	交规划函〔2020〕695号	原则同意在苏区老区“四好农村路”高质量发展、交通运输治理能力现代化建设、区域交通协调发展、交通运输新业态新模式发展、公路水运“平安百年品质工程”建设等方面开展试点
2020年11月30日	交通运输部	《交通运输部关于江西开展赣州革命老区交通运输高质量发展等交通强国建设试点工作的意见》	交规划函〔2020〕696号	加快建设综合立体交通网；打造商贸服务型物流枢纽；打造绿色高效城市配送体系；提升智慧化管理服务水平等

续 表

发布时间	发布单位	文件名称	文件号	相关内容
2020 年 11 月 30 日	交通运输部	《交通运输部关于安徽省开展推进皖南交旅融合发展等交通强国建设试点工作的意见》	交规划函〔2020〕697 号	原则同意在推进皖南交旅融合发展、提升合肥综合交通枢纽辐射能力、支撑乡村振兴发展、推动智慧交通技术应用等方面开展试点
2020 年 11 月	海关总署	《关于发布进出境及境内承运海关监管货物的水运和空运运输工具申报电子报文格式 V1.4 的公告》	海关总署公告 2020 年第 119 号	对进出境水空运运输工具申报报文中部分数据项进行调整，制定了进出境及境内承运海关监管货物的水运和空运运输工具申报电子报文格式 V1.4 版，本公告自 2020 年 12 月 1 日起施行。2018 年第 135 号公告同时废止
2020 年 11 月 20 日	交通运输部	《交通运输部关于宁波市开展双层集装箱海铁联运创新等交通强国建设试点工作的意见》	—	原则同意在双层集装箱海铁联运创新、沪甬通道创新发展、提升交通综合监管质量、提升末端投递电动配送车辆管控水平、提升交通工程工业化水平、城乡交通运输一体化等方面开展试点
2020 年 11 月 20 日	交通运输部	《交通运输部关于天津市开展打造世界一流港口等交通强国建设试点工作的意见》	—	原则同意在打造世界一流港口、打造新型监管机制、交通运输大数据共享交换及应用、全生命周期工程质量安全溯源技术研发应用、特殊场景智慧交通应用等方面开展试点
2020 年 11 月 20 日	交通运输部	《交通运输部关于陕西省开展现代化国际一流航空枢纽建设等交通强国建设试点工作的意见》	—	原则同意在现代化国际一流航空枢纽建设、打造现代多式联运区域物流中心、秦岭隧道安全防控体系建设、打造陕南交通旅游山水画卷、提升高速公路建设运营智能化水平等方面开展试点

续　表

发布时间	发布单位	文件名称	文件号	相关内容
2020 年 11 月 17 日	交通运输部	《交通运输部关于发布〈港口危险货物集装箱堆场设计规范〉的公告》	交通运输部公告 2020 年第 86 号	《港口危险货物集装箱堆场设计规范》为水运工程建设强制性行业标准，标准代码为 JTS 176—2020，自 2020 年 12 月 1 日起施行
2020 年 11 月 13 日	交通运输部	《交通运输部关于印发〈公路、水路进口冷链食品物流新冠病毒防控和消毒技术指南〉的通知》	交运明电〔2020〕292 号	结合本地实际，在当地应对新冠肺炎疫情联防联控机制领导下，抓好贯彻落实，切实防止新冠病毒通过冷链物流渠道传播
2020 年 11 月 13 日	交通运输部	《交通运输部关于印发〈港口及其一线人员新冠肺炎疫情防控工作指南（第四版）〉的通知》	交水明电〔2020〕294 号	有效应对疫情仍在全球蔓延、特别是因船员换班以及冷藏集装箱和散装冷藏货物造成船员及港口一线人员感染新冠肺炎的风险，进一步抓紧抓实抓细境外疫情输入防控工作
2020 年 11 月 12 日	财政部、海关总署、税务总局	《关于海南自由贸易港原辅料“零关税”政策的通知》	财关税〔2020〕42 号	对海南自由贸易港原辅料“零关税”政策进行了规定
2020 年 11 月 9 日	国务院办公厅	《国务院办公厅关于推进对外贸易创新发展的实施意见》	国办发〔2020〕40 号	创新开拓方式，优化国际市场布局；发挥比较优势，优化国内区域布局；加强分类指导，优化经营主体；创新要素投入，优化商品结构；创新发展模式，优化贸易方式；创新运营方式，推进国家外贸转型升级基地建设；创新服务模式，推进贸易促进平台建设；创新服务渠道，推进国际营销体系建设；创新业态模式，培育外贸新动能等

续 表

发布时间	发布单位	文件名称	文件号	相关内容
2020 年 11 月 3 日	财政部、海关总署、税务总局	《关于因新冠肺炎疫情不可抗力出口退运货物税收规定的公告》	财政部　海关总署　税务总局公告 2020 年第 41 号	对自 2020 年 1 月 1 日起至 12 月 31 日申报出口，因新冠肺炎疫情不可抗力原因，自出口之日起 1 年内原状复运进境的货物，不征收进口关税和进口环节增值税、消费税，出口时已征收出口关税的，退还出口关税
2021 年 11 月 18 日	交通运输部	《交通运输部关于国际航行船舶临时进出宁波舟山港金塘港区中澳现代产业园项目 3 万吨级配套码头期限的批复》	交海批（2021）30 号	同意国际航行船舶临时进出宁波舟山港金塘港区中澳现代产业园项目 3 万吨级配套码头，期限自批复之日起至 2022 年 3 月 14 日
2021 年 9 月 6 日	交通运输部	《交通运输部关于国际航行船舶临时进出福州港三都澳港区漳湾作业区部分码头泊位期限的批复》	交海批（2021）24 号	经征询国家检查检验机构和军委联参意见，同意国际航行船舶临时进出福州港三都澳港区漳湾作业区 8 号、9 号、10 号泊位，期限延长至 2022 年 3 月 22 日。
2020 年 10 月	国家发展改革委、交通运输部	《关于做好 2020 年国家物流枢纽建设工作的通知》	发改经贸〔2020〕1607 号	共有 22 个物流枢纽入选 2020 年国家物流枢纽建设名单。相关国家物流枢纽要围绕推动形成新发展格局，支撑“一带一路”建设和京津冀协同发展、长江经济带发展、粤港澳大湾区建设、长三角区域一体化发展、西部陆海新通道等重大战略实施，对内系统整合区域内分散的物流资源，提高区域内、跨区域物流活动规模化组织能力和效率，支撑带动上下游产业集聚发展，推动形成国内统一大市场；对外衔接主要国际物流通道和干线运力，加强与全球重要物流枢纽、能源与原材料产地、制造业基地、贸易中心等的密切联系，为推动构建现代流通体系，保持产业链供应链稳定，促进经济高质量发展提供战略支撑。重点抓好落实强化枢纽功能、完善服务网络、加强互联互通、发展枢纽经济四方面任务

续 表

发布时间	发布单位	文件名称	文件号	相关内容
2020 年 10 月 26 日	交通运输部	《国际航空运输价格管理规定》	中华人民共和国交通运输部令 2020 年第 19 号	国际航空运输价格，是指公共航空运输企业经营中华人民共和国境内地点与境外地点间的定期航空运输业务时，运送旅客、货物的价格及其适用条件。自 2021 年 1 月 1 日起施行
2020 年 10 月 24 日	交通运输部	《交通运输部关于推进交通运输治理体系和治理能力现代化若干问题的意见》	交政研发〔2020〕96 号	建立健全交通运输法治体系；完善交通运输行政管理体系；完善交通运输市场治理体系；完善交通运输社会协同共治体系；建立健全交通基础设施高质量发展政策体系；完善交通出行保障政策体系；建立健全现代物流供应链体系；完善交通运输安全与应急管理体系；完善交通运输科技创新体系；完善交通运输绿色发展体系；完善交通运输开放合作体系；完善高素质交通运输人才体系等
2020 年 9 月 29 日	国家发展改革委	《海南现代综合交通运输体系规划》	—	建设现代综合交通枢纽。优化港口分工格局，重点支持海口、洋浦港做优做强，提高现代化、集约化水平。将洋浦港打造成为区域性国际集装箱中转以及油气化工等专业化码头为主的枢纽港，加强与西部陆海新通道衔接。进一步提升海口作为综合性港口，三亚以邮轮旅游为主的港口，洋浦以集装箱等外贸进出口为主的港口，八所港、清澜港、三沙港作为地区性港口的服务功能，形成层次清晰、分工合理、互补协同的港口格局。强化港口与铁路、航空等联程联运和无缝衔接，完善海口、八所、清澜等港口疏港公路通道等多项措施
2020 年 9 月	中国人民银行、工业和信息化部、司法部、商务部、国资委、市场监管总局、银保监会、外汇局	《中国人民银行 工业和信息化部 司法部 商务部 国资委 市场监管总局 银保监会 外汇局关于规范发展供应链 金融　支持供应链 产业链稳定循环和优化升级的意见》	银发〔2020〕226 号	准确把握供应链金融的内涵和发展方向；稳步推动供应链金融规范、发展和创新；加强供应链金融配套基础设施建设；完善供应链金融政策支持体系；防范供应链金融风险；严格对供应链金融的监管约束等

续 表

发布时间	发布单位	文件名称	文件号	相关内容
2020 年 9 月	交通运输部、海关总署、外交部	《交通运输部 海关总署 外交部关于加强国际航行船舶船员疫情防控的公告》	交通运输部公告 2020 第 78 号	为切实维护国际航行船舶在船船员身体健康，防止新冠肺炎疫情通过国际航行船舶船员跨境传播，对所有拟来华的国际航行船舶等有关事宜进行公告
2020 年 9 月 21 日	国务院	《国务院关于印发北京、湖南、安徽自由贸易试验区总体方案及浙江自由贸易试验区扩展区域方案的通知》	国发〔2020〕10 号	建立北京、湖南、安徽 3 个自由贸易试验区，并进一步扩展浙江自贸试验区区域
2020 年 9 月 18 日	交通运输部	《交通运输部关于在中国（海南）自由贸易试验区深化改革开放调整实施有关规章规定的公告》	交法规〔2020〕11 号	根据中共中央、国务院印发的《海南自由贸易港建设总体方案》和《国务院关于在中国（海南）自由贸易试验区暂时调整实施有关行政法规规定的通知》（国函〔2020〕88 号）要求，交通运输部决定，自即日起至 2024 年 12 月 31 日，暂时调整实施《中华人民共和国国际海运条例实施细则》《船舶检验管理规定》有关规定
2020 年 9 月 9 日	国家发展改革委、工业和信息化部、公安部、财政部、自然资源部、交通运输部、农业农村部、商务部、市场监管总局、银保监会、国家铁路局、民航局、国家邮政局、中国国家铁路集团有限公司	《关于印发〈推动物流业制造业深度融合创新发展实施方案〉的通知》	发改经贸〔2020〕1315 号	紧扣关键环节，促进物流业制造业融合创新；突出重点领域，提高物流业制造业融合水平。发挥国际物流协调保障机制、全国现代物流工作部际联席会议等作用。加强顶层设计，构建现代国际物流体系，保障进口货物进得来，出口货物出得去；加强统筹引导，优化融合发展的政策环境；等等

续 表

发布时间	发布单位	文件名称	文件号	相关内容
2020年9月2日	交通运输部	《交通运输部关于深圳市开展高品质创新型国际航空枢纽建设等交通强国建设试点工作的意见》	交规划函〔2020〕585号	原则同意在高品质创新型国际航空枢纽建设、都市圈轨道交通和站城一体化发展、港口城市近距离内陆港体系建设、高度城市化地区高速公路立体复合改扩建及自由流收费体系建设、智慧交通科技创新应用等方面开展试点
2020年9月2日	交通运输部	《交通运输部关于重庆市开展内陆国际物流枢纽高质量发展等交通强国建设试点工作的意见》	交规划函〔2020〕586号	原则同意在内陆国际物流枢纽高质量发展、成渝地区双城经济圈交通一体化发展、重庆东站站城一体化发展、山水城市交旅融合发展、内河水运集约绿色发展等方面开展试点
2020年9月2日	交通运输部	《交通运输部关于广西壮族自治区开展推进交通运输高水平对外开放等交通强国建设试点工作的意见》	交规划函〔2020〕587号	原则同意在推进交通运输高水平对外开放、打造多层次国际枢纽、推动国际运输便利化、推进智慧交通发展、提升科技兴安水平等方面开展试点
2020年9月2日	交通运输部	《交通运输部关于浙江省开展构筑现代综合立体交通网络等交通强国建设试点工作的意见》	交规划函〔2020〕588号	原则同意在构筑现代综合立体交通网络、打造义甬舟陆海统筹双向开放大通道、打造美丽经济交通走廊、打造一流枢纽城市、推进新技术与交通行业深度融合、推动交通产业创新发展、打造世界一流港口、打造平安交通、推动综合交通改革创新、优化调整交通运输结构、推进城市交通拥堵治理、绿色交通发展等方面开展试点

续 表

发布时间	发布单位	文件名称	文件号	相关内容
2020 年 9 月 2 日	交通运输部	《交通运输部关于江苏省开展品质工程建设等交通强国建设试点工作的意见》	交规划函〔2020〕589 号	原则同意在品质工程建设、多层次轨道网融合发展、打造新亚欧陆海联运通道、“四好农村路”高质量发展、打造枢纽经济新格局、智慧交通关键技术攻关、提升科技兴安水平、打造平安交通工程、推动综合交通改革创新、长江经济带运输结构调整、打造运河绿色文化带等方面开展试点
2020 年 9 月	商务部电子商务司	《关于 2020 年增补国家电子商务示范基地的通知》	商电函〔2020〕324 号	增补义乌陆港电商小镇等 15 家国家电子商务示范基地
2020 年 8 月	交通运输部	《交通运输部关于进一步加强危险货物港口作业安全管理的通知》	交水明电〔2020〕243 号	从严从实从细开展风险隐患排查治理。严格爆炸品及硝酸铵类物质港口作业安全管理，严格港口危险货物储罐安全管理，严格重点环节和重要部位安全管理；着力建立健全安全管理长效机制等
2020 年 8 月 28 日	交通运输部	《交通运输部关于进一步加强冷链物流渠道新冠肺炎疫情防控工作的通知》	交运明电〔2020〕241 号	严格运输装备消毒，坚决防止病毒通过交通运输渠道传播。切实强化国际冷链集装箱运输管理，全力做好冷链货物运输船舶、车辆等运输装备消毒工作。从事冷链物流运输的厢式车辆，在每次重新装载货物前均要对厢体内外部进行重新消毒。同时，各地交通运输主管部门要充分依托本地疫情防控工作机制，加强与卫生健康、海关、市场监管等部门的沟通协调，推动实施跨境冷链物流道路货运司机在口岸点、作业点、居住点的闭环管理，鼓励采用跨境甩挂运输等新组织模式，严防境外疫情输入等
2020 年 8 月 13 日	海关总署	《关于扩大跨境电子商务企业对企业出口监管试点范围的公告》	海关总署公告 2020 年第 92 号	增加上海、福州、青岛、济南、武汉、长沙、拱北、湛江、南宁、重庆、成都、西安 12 个直属海关开展跨境电商 B2B 出口监管试点

续 表

发布时间	发布单位	文件名称	文件号	相关内容
2020 年 8 月 12 日	国务院办公厅	《国务院办公厅关于进一步做好稳外贸稳外资工作的意见》	国办发〔2020〕28 号	支持贸易新业态发展。充分利用外经贸发展专项资金、服务贸易创新发展引导基金等现有渠道，支持跨境电商平台、跨境物流发展和海外仓建设等。鼓励进出口银行、中国出口信用保险公司等各类金融机构在风险可控前提下积极支持海外仓建设。进一步提升通关便利化水平。持续优化口岸营商环境，继续巩固压缩货物整体通关时间成效，进一步推动规范和降低进出口环节合规成本，在有条件的口岸推广口岸收费“一站式阳光价格”，提升口岸收费透明度和可比性等
2020 年 8 月 6 日	交通运输部	《交通运输部关于推动交通运输领域新型基础设施建设的指导意见》	交规划发〔2020〕75 号	主要任务包括：一是打造智慧公路、智能铁路、智慧航道、智慧港口、智慧民航、智慧邮政、智慧枢纽等融合高效的智慧交通基础设施。二是助力信息基础设施建设。三是完善行业创新基础设施等
2020 年 7 月	工业和信息化部办公厅、公安部办公厅、交通运输部办公厅、国家市场监督管理总局办公厅	《工业和信息化部办公厅、公安部办公厅、交通运输部办公厅、国家市场监督管理总局办公厅关于开展货车非法改装专项整治工作的通知》	工信厅联通装函〔2020〕180 号	通过集中排查、重点检查、突击抽查、专项治理等方式，强化危险货物运输车辆、自卸货车、半挂车、轻型载货汽车、混凝土搅拌运输车 5 类重点货车生产改装监管，严把车辆生产制造源头质量关，落实货运企业对车辆安全监管的主体责任，严厉打击“大吨小标”“百吨王”及倒卖合格证等违法违规行为，从严查处取缔一批严重违法违规生产企业、维修企业、货运企业、检验机构和非法改装“黑窝点”，依法严肃追究相关违法违规企业和人员法律责任，健全和完善货车生产改装监管机制
2020 年 7 月 22 日	交通运输部	《关于印发〈港口及其一线人员新冠肺炎疫情防控工作指南（第三版）〉的通知》	交水明电〔2020〕221 号	从加强信息管理和报告、规范和严格作业程序、作业人员防护要求、做好应急处置等方面提出具体要求

续　表

发布时间	发布单位	文件名称	文件号	相关内容
2020 年 7 月 21 日	国务院办公厅	《关于进一步优化营商环境更好服务市场主体的实施意见》	国办发〔2020〕24 号	提出了六个方面政策措施：一是持续提升投资建设便利度。二是进一步简化企业生产经营审批和条件。三是优化外贸外资企业经营环境。四是进一步降低就业创业门槛。五是提升涉企服务质量和效率。六是完善优化营商环境长效机制等
2020 年 7 月	国家发展改革委、交通运输部	《国家发展改革委 交通运输部关于加快天津北方国际航运枢纽建设的意见》	发改基础〔2020〕1171 号	立足天津港有机衔接丝绸之路经济带和 21 世纪海上丝绸之路的区位优势，加强海上通道与中蒙俄、新亚欧大陆桥走廊的互动联系，深化与沿线国家的务实合作，使天津北方国际航运枢纽成为促进陆海内外联动、东西双向互济的北方重要支点。具体包括推进港口合理分工、精准完善基础设施、创新多式联运体系、提升开放服务水平和智能化水平、促进安全绿色发展、促进港城融合发展等
2020 年 7 月	商务部办公厅	《商务部办公厅关于加强协作联动 推动加大金融支持稳外贸稳外资促消费力度的工作通知》	商办财函〔2020〕170 号	及时摸排企业金融需求；加强与金融机构信息共享；努力创造良好政策环境等
2020 年 7 月 9 日	交通运输部	《关于发布〈国际道路货物运输车辆选型技术要求〉等 7 项交通运输行业标准外文版的公告》	交通运输部 2020 年第 49 号	《国际道路货物运输车辆选型技术要求》等 7 项交通运输行业标准外文版审查通过，并公布

续 表

发布时间	发布单位	文件名称	文件号	相关内容
2020年7月7日	国务院	《关于做好自由贸易试验区第六批改革试点经验复制推广工作的通知》	国函〔2020〕96号	明确了在全国范围内复制推广的改革事项和在特定区域复制推广的改革事项等
2020年7月3日	交通运输部	《交通运输部关于新疆维吾尔自治区开展交通运输高水平对外开放等交通强国建设试点工作的意见》	交规划函〔2020〕409号	原则同意在交通运输高水平对外开放、跨区域综合运输大通道建设、综合交通枢纽一体化发展、交通与旅游等产业融合发展等方面开展试点
2020年7月3日	交通运输部	《交通运输部关于河北雄安新区开展智能出行城市等交通强国建设试点工作的意见》	交规划函〔2020〕410号	原则同意在打造智能出行城市、通道资源综合利用、打造现代综合交通枢纽、智慧高速公路建设运营、点对点全程快递物流服务、绿色交通发展、新业态新模式培育等方面开展试点
2020年7月21日	交通运输部	《交通运输部关于湖北省开展现代内河航运建设等交通强国建设试点工作的意见》	交规划函〔2020〕411号	原则同意在现代内河航运、"四好农村路"、智慧交通、交通运输领域信用体系建设、投融资体制改革、多式联运等方面开展试点
2020年6月29日	交通运输部、国家发展改革委	《交通运输部 国家发展改革委关于延续阶段性降低港口收费标准有关事项的通知》	交水发〔2020〕67号	明确2020年3月1日至6月30日，对实行政府定价的货物港务费、港口设施保安费两项港口经营服务性收费标准降低20%，为服务稳外贸工作发挥了积极作用。根据2020年《政府工作报告》有关精神，交通运输部、国家发展改革委研究决定，将阶段性降低港口收费政策延续到2020年12月31日

续　表

发布时间	发布单位	文件名称	文件号	相关内容
2020 年 6 月 28 日	国务院	《国务院关于在中国（海南）自由贸易试验区暂时调整实施有关行政法规规定的通知》	国函〔2020〕88 号	对《中华人民共和国海关事务担保条例》《中华人民共和国进出口关税条例》《中华人民共和国国际海运条例》《中华人民共和国船舶和海上设施检验条例》《国内水路运输管理条例》等有关条款暂时调整
2020 年 6 月 23 日	国家发展改革委、商务部	《自由贸易试验区外商投资准入特别管理措施（负面清单）（2020 年版）》	中华人民共和国国家发展和改革委员会 中华人民共和国商务部令 2020 年第 33 号	自 2020 年 7 月 23 日起施行。2019 年 6 月 30 日发布的《自由贸易试验区外商投资准入特别管理措施（负面清单）（2019 年版）》同时废止
2020 年 6 月 18 日	交通运输部	《交通运输部关于进一步强化交通运输疫情防控措施坚决防止疫情反弹的通知》	交运明电〔2020〕202 号	加强物资运输保障和防疫管理。强化道路货运行业疫情防控。严格落实进出京道路货运从业人员封闭管理措施。做好北京地区生活必需品等重点物资运输保障。切实做好交通运输“外防输入、内防反弹”工作等
2020 年 6 月 17 日	交通运输部	《交通运输部关于印发〈道路货运车辆、从业人员及场站新冠肺炎疫情防控工作指南〉的通知》	交运明电〔2020〕199 号	制定了道路货运车辆、从业人员及场站新冠肺炎疫情防控工作指南
2020 年 6 月 12 日	海关总署	《关于开展跨境电子商务企业对企业出口监管试点的公告》	海关总署公告 2020 年第 75 号	在北京海关、天津海关、南京海关、杭州海关、宁波海关、厦门海关、郑州海关、广州海关、深圳海关、黄埔海关开展跨境电商 B2B 出口监管试点。增列海关监管方式代码“9710”，适用于跨境电商 B2B 直接出口的货物。增列海关监管方式代码“9810”，适用于跨境电商出口海外仓的货物

续　表

发布时间	发布单位	文件名称	文件号	相关内容
2020 年 6 月 3 日	海关总署	《关于发布〈中华人民共和国海关对洋浦保税港区监管办法〉的公告》	海关总署公告 2020 年第 73 号	对进出海南洋浦保税港区的货物，除禁止进出口和限制出口以及需要检验检疫的货物外，试行“一线放开、二线管住”的货物进出境管理制度，特制定《中华人民共和国海关对洋浦保税港区监管办法》
2020 年 6 月 2 日	国务院办公厅	《国务院办公厅转发国家发展改革委 交通运输部关于进一步降低物流成本实施意见的通知》	国办发〔2020〕10 号	《意见》提出六个方面政策措施：一是深化关键环节改革，降低物流制度成本。二是加强土地和资金保障，降低物流要素成本。三是深入落实减税降费措施，降低物流税费成本。四是加强信息开放共享，降低物流信息成本。五是推动物流设施高效衔接，降低物流联运成本。六是推动物流业提质增效，降低物流综合成本
2020 年 6 月 1 日	中共中央、国务院	《海南自由贸易港建设总体方案》	—	以贸易投资自由化便利化为重点，以各类生产要素跨境自由有序安全便捷流动和现代产业体系为支撑，以特殊的税收制度安排、高效的社会治理体系和完备的法治体系为保障，在明确分工和机制措施、守住不发生系统性风险底线的前提下，构建海南自由贸易港政策制度体系。2025 年前重点任务：围绕贸易投资自由化便利化，在有效监管基础上，有序推进开放进程，推动各类要素便捷高效流动，形成早期收获，适时启动全岛封关运作。2035 年前重点任务：进一步优化完善开放政策和相关制度安排，全面实现贸易自由便利、投资自由便利、跨境资金流动自由便利、人员进出自由便利、运输来往自由便利和数据安全有序流动，推进建设高水平自由贸易港
2020 年 5 月 29 日	海关总署	《综合保税区发展绩效评估办法（试行）》	—	发展绩效评估指标体系涵盖五类 27 项量化指标和 8 项辅助指标。包括规模效益、质量效益、开发利用、辐射服务、业态创新等方面。辅助考核指标包括拓展国际国内市场工作情况、地方落实主体责任情况、监管部门落实监管服务责任情况和创新发展情况 4 个加分项以及地方落实安全环保管理责任情况、区域建设情况、区内企业规范运作情况和统计工作规范开展情况 4 个减分项

续　表

发布时间	发布单位	文件名称	文件号	相关内容
2020 年 5 月	商务部	《关于支持中国（湖北）自由贸易试验区加快发展若干措施的通知》	商自贸发〔2020〕102 号	提升贸易发展质量；优化营商环境；完善市场运行机制；深化国际经贸合作等
2020 年 5 月 19 日	海关总署	《关于调整进出境铁路列车及其所载货物、物品舱单电子数据申报传输有关事项的公告》	海关总署公告 2020 年第 68 号	对进出境铁路列车及其所载货物、物品舱单电子数据申报传输的有关事项进行了公告
2020 年 5 月 17 日	中共中央、国务院	《中共中央 国务院关于新时代推进西部大开发形成新格局的指导意见》	—	以共建“一带一路”为引领，加大西部开放力度：一是积极参与和融入“一带一路”建设。二是强化开放大通道建设。三是构建内陆多层次开放平台。四是加快沿边地区开放发展。五是发展高水平开放型经济。六是拓展区际互动合作
2020 年 5 月 7 日	国务院复工复产推进工作机制、国际物流工作专班	《关于公布第一批国际物流运输重点联系企业名单的通知》	—	交通运输部会同外交部、工业和信息化部、商务部等 12 个部门，在国务院复工复产推进工作机制下成立了国际物流工作专班，协调解决当前疫情期间国际物流中存在的问题，统筹各种运输方式，全面提升国际货运能力，做好保通保运保供工作。按照运力资源充足、网络覆盖健全、运输组织高效、经营信誉良好的原则，经各有关部门及沿边省份交通运输主管部门推荐，确定 54 家企业作为第一批国际物流运输重点联系企业，其中，综合物流企业 4 家、中欧班列运营企业 10 家、国际航运企业 1 家、国际航空货运企业 2 家、国际寄递物流企业 2 家、国际道路运输企业 35 家

续 表

发布时间	发布单位	文件名称	文件号	相关内容
2020 年 5 月 6 日	国务院	《国务院关于同意在雄安新区等 46 个城市和地区设立跨境电子商务综合试验区的批复》	国函〔2020〕47 号	同意在雄安新区、大同市、满洲里市、营口市、盘锦市、吉林市、黑河市、常州市、连云港市、淮安市、盐城市、宿迁市、湖州市、嘉兴市、衢州市、台州市、丽水市、安庆市、漳州市、莆田市、龙岩市、九江市、东营市、潍坊市、临沂市、南阳市、宜昌市、湘潭市、郴州市、梅州市、惠州市、中山市、江门市、湛江市、茂名市、肇庆市、崇左市、三亚市、德阳市、绵阳市、遵义市、德宏傣族景颇族自治州、延安市、天水市、西宁市、乌鲁木齐市 46 个城市和地区设立跨境电子商务综合试验区
2020 年 4 月 27 日	国务院	《国务院关于中韩（长春）国际合作示范区总体方案的批复》	国函〔2020〕45 号	着力构建产业、科技、贸易、人文、环保等多领域开放合作格局，着力创新中外合作体制机制，着力建设现代产业体系，打造营商环境法治化国际化便利化、管理服务更协调更高效的国际合作示范区，为共建“一带一路”、推动东北全面振兴全方位振兴注入新动能
2020 年 4 月	国家发展改革委	《国家发展改革委关于印发江西内陆开放型经济试验区建设总体方案的通知》	发改经贸〔2020〕669 号	促进贸易和投资自由化便利化；降低综合物流成本；承接境内外产业集群转移；支持老区与大湾区产业合作；推进科技创新体制机制改革；加强对外文化交流合作等
2020 年 4 月 20 日	交通运输部、商务部、海关总署、国家铁路局、中国民用航空局、国家邮政局、中国国家铁路集团有限公司	《交通运输部 商务部 海关总署 国家铁路局 中国民用航空局 国家邮政局 中国国家铁路集团有限公司关于当前更好服务稳外贸工作的通知》	交水明电〔2020〕139 号	深入贯彻落实习近平总书记重要指示批示精神和党中央、国务院决策部署，在国务院复工复产推进工作机制、外贸外资协调机制下，统筹做好新冠肺炎疫情防控和经济社会发展工作，发挥交通运输“先行官”作用，保障国际国内运输通道畅通便利，优化运输市场环境，提高运输服务效率，更好地服务稳外贸工作：一是畅通外贸运输通道。二是促进外贸运输便利化。三是降低进出口环节物流成本。四是营造良好外部环境。五是强化机制保障

续　表

发布时间	发布单位	文件名称	文件号	相关内容
2020 年 4 月 17 日	国家发展改革委	《国家发展改革委关于促进枢纽机场联通轨道交通的意见》	发改基础〔2020〕576 号	强化规划引导。以问题和需求为导向，科学规划机场轨道交通集疏运系统。国家铁路网、城际铁路网、市域（郊）铁路、城市轨道交通规划与机场布局规划之间要加强衔接，促进各种交通规划融合推进。加强建设协作；提升运营水平等
2020 年 4 月 13 日	国务院	《国务院关于同意设立江西内陆开放型经济试验区的批复》	国函〔2020〕36 号	主动融入共建“一带一路”，积极参与长江经济带发展，对接粤港澳大湾区建设、长三角一体化发展，以体制机制改革为重点，挖掘区域合作潜力，推动资源要素自由高效流动，加快构建内外并举、全域统筹、量质双高的开放格局，努力走出一条内陆省份双向高水平开放，以开放促改革、促发展、促创新的新路子
2020 年 4 月 10 日	商务部、工业和信息化部、生态环境部、农业农村部、人民银行、市场监管总局、银保监会、中国物流与采购联合会	《商务部等 8 部门关于复制推广供应链创新与应用试点第一批典型经验做法的通知》	商建函〔2020〕110 号	在探索政府公共服务和治理新模式方面；提升供应链管理和协同水平方面；加强供应链技术和模式创新等方面复制推广典型经验和做法
2020 年 4 月 7 日	国务院	《国务院关于同意设立广西百色重点开发开放试验区的批复》	国函〔2020〕34 号	充分发挥试验区对东盟特别是对越南合作的独特优势，推进体制机制创新，提升基础设施互联互通水平，推动产业深度开放合作，构建沿边高质量开放型经济体系，全力推进脱贫攻坚和乡村振兴，促进边境地区繁荣发展，加强生态环境保护修复与跨境合作，开展人文交流合作，努力将试验区建设成为我国与东盟高质量共建“一带一路”的重要平台、辐射带动周边经济发展的重要引擎、稳边安边兴边模范区、生态文明建设示范区，为构建全面开放新格局作出新的重要贡献

续　表

发布时间	发布单位	文件名称	文件号	相关内容
2020年4月	商务部	《商务部关于应对疫情进一步改革开放做好稳外资工作的通知》	—	全力支持外资企业恢复正常生产经营秩序；推动更高水平对外开放；进一步推进商务领域“放管服”改革；加强外商投资服务和促进工作；持续优化外商投资环境
2020年3月31日	国务院	《国务院关于支持中国（浙江）自由贸易试验区油气全产业链开放发展若干措施的批复》	国函〔2020〕32号	引进油品贸易国际战略投资者；加快推进石化炼化产业转型升级；进一步完善油气全产业链，打造液化天然气接收中心；提升油品流通领域市场化配置能力；健全船用低硫燃料油供应市场；支持航运业务创新发展；推动大宗商品期现市场联动发展；提升大宗商品跨境贸易金融服务与监管水平；实施有利于油气全产业链发展的财税政策；加强信息互联互通；加强海洋生态文明建设等
2020年3月28日	海关总署	《关于跨境电子商务零售进口商品退货有关监管事宜的公告》	海关总署公告2020年第45号	明确了跨境电子商务零售进口商品退货海关监管事宜
2020年3月	财政部、税务总局	《关于继续实施物流企业大宗商品仓储设施用地城镇土地使用税优惠政策的公告》	财政部　税务总局公告2020年第16号	自2020年1月1日起至2022年12月31日止，对物流企业自有（包括自用和出租）或承租的大宗商品仓储设施用地，减按所属土地等级适用税额标准的50%计征城镇土地使用税
2020年3月24日	商务部办公厅	《关于统筹做好新冠肺炎疫情防控和经济发展全面做好国家级经开区工作的通知》	—	从积极应对疫情有序推动企业复工复产、加大政策支持和落实力度、完善考核评价工作机制、深入推进“放管服”改革、加强投资促进工作等十个方面提出工作要求
2020年3月23日	商务部办公厅、中国进出口银行办公室	《关于应对新冠肺炎疫情支持边境（跨境）经济合作区建设促进边境贸易创新发展有关工作的通知》	—	商务主管部门和进出口银行统筹疫情应对和稳住外贸外资基本盘，发挥政策引导和金融职能作用，为边境（跨境）经济合作区及区内企业提供优质服务，促进解决复工复产面临的资金周转和扩大融资等迫切问题，保障边境贸易产业链、供应链畅通运转，将疫情带来的影响降到最小

续 表

发布时间	发布单位	文件名称	文件号	相关内容
2020 年 3 月 13 日	海关总署	《关于延长受疫情影响的暂时进出境货物期限的公告》	海关总署公告 2020 年第 40 号	对已办理过 3 次延期、受疫情影响无法按期复运进出境的暂时进出境货物，主管地海关可凭暂时进出境货物收发货人、ATA 单证册持证人的延期办理材料，办理不超过 6 个月的延期手续
2020 年 3 月	商务部、国家开发银行	《商务部、国家开发银行联合印发关于应对新冠肺炎疫情发挥开发性金融作用支持高质量共建“一带一路”的工作通知》	商合函〔2020〕61 号	对于符合条件的高质量共建“一带一路”项目和企业，国家开发银行将通过提供低成本融资、外汇专项流动资金贷款，合理设置还款宽限期，开辟信贷“绿色通道”和提供多样化本外币融资服务等方式给予支持。商务部、国家开发银行、省级商务主管部门、各中央企业建立联合工作机制，加强横向协作、纵向联动等
2020 年 2 月 25 日	交通运输部	《交通运输部关于加强中欧班列运行保障工作的通知》	交规划明电〔2020〕74 号	一是在疫情防控期间，将中欧班列集装箱运输车辆纳入应急运输“绿色通道”。二是各地要组织集卡车司机和相关人员尽快返岗，对短期向疫情重点区域运送物资的中欧班列集装箱运输车辆司机、装卸工等提供保障的人员，经过体温检测符合规定的，在采取戴口罩等必要防护措施的前提下，原则上不需采用隔离 14 天的措施。三是地方交通运输主管部门加强与中欧班列运营平台公司和相关企业的工作对接。四是有序推动物流园区等物流枢纽节点复工复产，特别是涉及中欧班列的重要物流枢纽节点，优先推动复工复产。五是加强部门协作，提升中欧班列运输便利化水平，减少中转换装，降低损耗，提高中欧班列货物运输服务水平和运营效率。六是谋划推动一批大型枢纽站点集结中心（物流园区）、铁路专用线项目等规划建设，优化中欧班列开行总体布局。七是铁路局要加强与铁路合作组织的沟通联系，并充分发挥与俄罗斯、哈萨克斯坦等国政府铁路主管部门合作机制的作用，保障中欧班列国际运输正常化。邮政局要推动做好中欧班列运邮工作等多方面内容

续 表

发布时间	发布单位	文件名称	文件号	相关内容
2020 年 2 月	海关总署	《关于新型冠状病毒肺炎疫情期间海关查验货物时收发货人可免于到场的公告》	海关总署公告 2020 年第 24 号	收发货人在收到海关货物查验通知后，可选择不同方式，不到场协助海关实施查验等
2020 年 1 月 19 日	海关总署	《共同推进“智慧海关、智能边境、智享联通”建设与合作的倡议》	—	智慧海关倡导各国（地区）海关聚焦新一代科技应用，结合自身发展水平和实际需求，加强硬件设施和软件系统建设，实现监管过程的自动化和智能化，提高内部运转效能。智能边境倡导各国（地区）海关在智慧海关建设或相关领域智能化管理均取得一定进展的基础上，将智能化合作拓展至跨界、跨境的其他边境管理部门，创新边境治理理念，配备智能软硬件设施，通过信息共享、风险联防联控、执法互助，打造边境治理新格局。智享联通倡导在 WTO 和 WCO 合作框架下，协调各国（地区）海关之间、海关与全球供应链相关各方之间，以智能化协同治理理念为指导，运用新科技设备，建立互联互通、实时协作关系，进而实现全球供应链点对点的无缝管理，共同促进全球贸易安全与便利
2020 年 1 月 17 日	国务院办公厅	《国务院办公厅关于支持国家级新区深化改革创新加快推动高质量发展的指导意见》	国办发〔2019〕58 号	一是着力提升关键领域科技创新能力。二是加快推动实体经济高质量发展。三是持续增创体制机制新优势。四是推动全方位高水平对外开放。鼓励新区在政府职能转变、投资贸易便利化等重点领域加大改革力度，充分发挥引领示范作用。支持新区结合实际按程序复制推广自贸试验区改革创新经验。支持在确有发展需要、符合条件的新区设立综合保税区，建设外贸转型升级基地和外贸公共服务平台，推进关税保证保险改革。推动国际货运班列通关一体化，在有效监管、风险可控的前提下，研究依托内陆国家物流枢纽实行启运港退税的可行性。支持新区发展跨境电子商务，复制推广成熟经验做法。五是高标准推进建设管理等

续 表

发布时间	发布单位	文件名称	文件号	相关内容
2020 年 1 月	商务部、国家发展改革委、财政部、海关总署、税务总局、市场监管总局	《商务部 国家发展改革委 财政部 海关总署 税务总局 市场监管总局关于扩大跨境电商零售进口试点的通知》	—	将石家庄等 50 个城市（地区）和海南全岛纳入跨境电商零售进口试点范围
2019 年 11 月 4 日	海关总署	《关于发布〈中华人民共和国海关对洋山特殊综合保税区监管办法〉的公告》	海关总署公告 2019 年第 170 号	依照本办法对进出洋山特殊综保区的运输工具、货物、物品以及洋山特殊综保区内企业进行监管
2019 年 12 月 24 日	国务院	《国务院关于同意在石家庄等 24 个城市设立跨境电子商务综合试验区的批复》	国函〔2019〕137 号	同意在石家庄市、太原市、赤峰市、抚顺市、珲春市、绥芬河市、徐州市、南通市、温州市、绍兴市、芜湖市、福州市、泉州市、赣州市、济南市、烟台市、洛阳市、黄石市、岳阳市、汕头市、佛山市、泸州市、海东市、银川市 24 个城市设立跨境电子商务综合试验区
2019 年 12 月 23 日	海关总署	《关于简化保税物流中心（B 型）延续有效期工作的公告》	海关总署公告 2019 年第 210 号	海关总署决定自 2020 年 1 月 1 日起，将保税物流中心（B 型）延续有效期审批工作委托各直属海关办理。保税物流中心（B 型）经营企业应当在《保税物流中心（B 型）注册登记证书》有效期届满 30 日前向所在地直属海关递交延续有效期申请。经直属海关审查合格的，由直属海关作出准予延续有效期 3 年的决定
2019 年 12 月 23 日	海关总署	关于发布《海关指定监管场地管理规范》的公告	海关总署公告 2019 年第 212 号	对海关指定监管场地管理进行了规范

续 表

发布时间	发布单位	文件名称	文件号	相关内容
2019年12月	海关总署、交通运输部、国家移民管理局	《关于统一通过国际贸易“单一窗口”办理主要申报业务的公告》	海关总署 交通运输部 国家移民管理局公告2019年第197号	自2019年12月16日起，进出口货物申报、舱单申报和运输工具申报业务统一通过国际贸易“单一窗口”办理，其他申报通道仅作为应急保障使用
2019年12月	银保监会、商务部、外汇局	《关于完善外贸金融服务的指导意见》	银保监发〔2019〕49号	银行保险机构应认真贯彻落实国家外贸发展政策，继续做好大宗商品、机电设备、劳动密集型产品、加工贸易等传统优势领域金融服务，持续加大对服务贸易、跨境电子商务、制造业转型升级和梯度转移、国际产能和装备制造合作、国际营销和售后服务体系建设、企业产业链全球布局、外贸品牌建设、中欧班列发展和铁路运单（提单）应用、通关便利化、市场采购贸易方式、国家进口贸易促进创新示范区建设等新业态、新领域的服务力度，培育外贸竞争新优势
2019年11月28日	中共中央、国务院	《中共中央 国务院关于推进贸易高质量发展的指导意见》	—	一是加快创新驱动，培育贸易竞争新优势。二是优化贸易结构，提高贸易发展质量和效益。三是促进均衡协调，推动贸易可持续发展。四是培育新业态，增添贸易发展新动能。五是建设平台体系，发挥对贸易的支撑作用。六是深化改革开放，营造法治化国际化便利化贸易环境。七是坚持共商共建共享，深化“一带一路”经贸合作。八是坚持互利共赢，拓展贸易发展新空间。九是加强组织实施，健全保障体系
2019年11月19日	海关总署	《关于调整优惠贸易协定项下进出海关特殊监管区域（场所）货物申报要求的公告》	海关总署公告2019年第178号	调整优惠贸易协定项下进出海关特殊监管区域（场所）货物申报要求

续　表

发布时间	发布单位	文件名称	文件号	相关内容
2019 年 11 月 15 日	国务院	《国务院关于在自由贸易试验区开展“证照分离”改革全覆盖试点的通知》	国发〔2019〕25 号	自 2019 年 12 月 1 日起，在上海、广东、天津、福建、辽宁、浙江、河南、湖北、重庆、四川、陕西、海南、山东、江苏、广西、河北、云南、黑龙江等自由贸易试验区，对所有涉企经营许可事项实行全覆盖清单管理，按照直接取消审批、审批改为备案、实行告知承诺、优化审批服务四种方式分类推进改革，为在全国实现“证照分离”改革全覆盖形成可复制可推广的制度创新成果等
2019 年 11 月 15 日	国家发展改革委、工业和信息化部、中央网信办、教育部、财政部、人力资源社会保障部、自然资源部、商务部、人民银行、市场监管总局、统计局、版权局、银保监会、证监会、知识产权局	《关于推动先进制造业和现代服务业深度融合发展的实施意见》	发改产业〔2019〕1762 号	探索重点行业重点领域融合发展新路径。促进现代物流和制造业高效融合，鼓励物流、快递企业融入制造业采购、生产、仓储、分销、配送等环节，持续推进降本增效。优化节点布局，完善配套设施，加强物流资源配置共享。鼓励物流外包，发展零库存管理、生产线边物流等新型业务。推进智能化改造和上下游标准衔接，推广标准化装载单元，发展单元化物流。鼓励物流企业和制造企业协同“走出去”，提供安全可靠服务；培育融合发展新业态新模式；发挥多元化融合发展主体作用等
2019 年 11 月 7 日	国务院	《国务院关于进一步做好利用外资工作的意见》	国发〔2019〕23 号	深化对外开放。支持外商投资新开放领域。继续压减全国和自由贸易试验区外商投资准入负面清单，全面清理取消未纳入负面清单的限制措施，保障开放举措有效实施，持续提升开放水平；加大投资促进力度。提升自由贸易试验区建设水平。支持地方和部门聚焦市场主体期盼，提出支持自由贸易试验区进一步扩大开放和创新发展的具体措施等

续 表

发布时间	发布单位	文件名称	文件号	相关内容
2019 年 10 月	国家税务总局	《国家税务总局关于跨境电子商务综合试验区零售出口企业所得税核定征收有关问题的公告》	国家税务总局公告 2019 年第 36 号	就跨境电子商务综合试验区内的跨境电子商务零售出口企业（以下简称“跨境电商企业”）核定征收企业所得税有关问题等进行了公告
2019 年 10 月 16 日	海关总署	《关于分段实施准入监管　加快口岸验放的公告》	海关总署公告 2019 年第 160 号	对进口货物分段实施准入监管，加快口岸验放等
2019 年 10 月 12 日	海关总署	《关于综合保税区内开展保税货物租赁和期货保税交割业务的公告》	海关总署公告 2019 年第 158 号	支持在综合保税区发展租赁和期货保税交割业务等相关内容
2019 年 10 月	国家发展改革委、市场监管总局	《国家发展改革委、市场监管总局关于新时代服务业高质量发展的指导意见》	发改产业〔2019〕1602 号	扩大对外开放。赋予自贸试验区更大改革自主权。积极引进全球优质服务资源，增强服务业领域国际交流与合作，以“一带一路”建设为重点，引导有条件的企业在全球范围配置资源、拓展市场，推动服务业和制造业协同走出去。大力发展服务贸易，巩固提升旅游、建筑、运输等传统服务贸易等十项任务
2019 年 10 月 8 日	国务院	《国务院关于中国—上海合作组织地方经贸合作示范区建设总体方案的批复》	国函〔2019〕87 号	以习近平新时代中国特色社会主义思想为指导，全面贯彻党的十九大和十九届二中、三中全会精神，统筹推进“五位一体”总体布局，协调推进“四个全面”战略布局，坚持以人民为中心的发展思想，牢固树立新发展理念，按照党中央、国务院决策部署，打造“一带一路”国际合作新平台，拓展国际物流、现代贸易、双向投资、商旅文化交流等领域合作，更好发挥青岛在“一带一路”新亚欧大陆桥经济走廊建设和海上合作中的作用，加强我国同上海合作组织国家互联互通，着力推动形成陆海内外联动、东西双向互济的开放格局等

续 表

发布时间	发布单位	文件名称	文件号	相关内容
2019 年 9 月	中共中央、国务院	《交通强国建设纲要》	—	一是基础设施布局完善、立体互联。二是交通装备先进适用、完备可控。三是运输服务便捷舒适、经济高效。四是科技创新富有活力、智慧引领。五是安全保障完善可靠、反应快速。六是绿色发展节约集约、低碳环保。七是开放合作面向全球、互利共赢。八是人才队伍精良专业、创新奉献。九是完善治理体系，提升治理能力
2019 年 9 月 19 日	国务院办公厅	国务院办公厅关于做好优化营商环境改革举措复制推广借鉴工作的通知	国办函〔2019〕89 号	推广应用国际贸易“单一窗口”，公开口岸收费目录清单，口岸通关提前申报；建立“基本解决执行难”联动机制等改革举措
2019 年 8 月 27 日	国务院办公厅	《国务院办公厅关于加快发展流通促进商业消费的意见》	国办发〔2019〕42 号	拓展出口产品内销渠道。推动扩大内外销产品“同线同标同质”实施范围，引导出口企业打造自有品牌，拓展内销市场网络。在综合保税区积极推广增值税一般纳税人资格试点，落实允许综合保税区内加工制造企业承接境内区外委托加工业务的政策。允许在海关特殊监管区域内设立保税展示交易平台。统筹考虑自贸试验区、综合保税区发展特点和趋势，扩大跨境电商零售进口试点城市范围，顺应商品消费升级趋势，抓紧调整扩大跨境电商零售进口商品清单
2019 年 8 月 26 日	国务院	《国务院关于印发 6 个新设自由贸易试验区总体方案的通知》	国发〔2019〕16 号	设立山东、江苏、广西、河北、云南、黑龙江 6 个自由贸易试验区及发布实施方案
2019 年 8 月 15 日	国家发展改革委	《国家发展改革委关于印发〈西部陆海新通道总体规划〉的通知》	发改基础〔2019〕1333 号	加快运输通道建设；加强物流设施建设；提升通道运行与物流效率；促进通道与区域经济融合发展；加强通道对外开放及国际合作等

续 表

发布时间	发布单位	文件名称	文件号	相关内容
2019年8月6日	国务院	《国务院关于同意设立中国（上海）自由贸易试验区临港新片区的批复》	国函〔2019〕68号	同意设立中国（上海）自由贸易试验区临港新片区。先行启动区域面积为119.5平方公里等
2019年8月6日	国务院	《国务院关于印发中国（上海）自由贸易试验区临港新片区总体方案的通知》	国发〔2019〕15号	建立以投资贸易自由化为核心的制度体系。建立全面风险管理制度。建设具有国际市场竞争力的开放型产业体系等
2019年7月25日	交通运输部	《交通运输部关于印发〈数字交通发展规划纲要〉的通知》	交规划发〔2019〕89号	构建数字化的采集体系；构建网络化的传输体系；构建智能化的应用体系；培育产业生态体系；健全网络和数据安全体系；完善标准体系；完善支撑保障体系等
2019年7月	商务部、自然资源部	《商务部 自然资源部关于推动边境经济合作区探索“小组团”滚动开发的通知》	商资函〔2019〕410号	重点发展1平方公里以内、产业定位清晰、功能配套灵活、龙头企业带动性强的“小组团”。通过加大开放力度，优化发展模式，激发内生动力，夯实发展根基，优化投资环境，力争用3~5年的时间，推动承接一批产业转移项目，形成一批边贸产品落地加工基地，培育壮大沿边特色优势产业，逐步形成投入产出平衡的可持续发展模式，提升土地节约集约利用水平，实现“开发一片、成熟一片、收益一片”的良性循环，促进“小组团”滚动开发取得实际成效等
2019年6月20日	交通运输部	《交通运输部关于修改〈道路货物运输及站场管理规定〉的决定》	中华人民共和国交通运输部令2019年第17号	《道路货物运输及站场管理规定》根据本决定作相应修正，重新发布

续　表

发布时间	发布单位	文件名称	文件号	相关内容
2019 年 6 月 30 日	国家发展改革委、商务部	《自由贸易试验区外商投资准入特别管理措施（负面清单）（2019 年版）》	中华人民共和国国家发展和改革委员会 中华人民共和国商务部令第 26 号	自 2019 年 7 月 30 日起施行。2018 年 6 月 30 日国家发展改革委、商务部发布的《自由贸易试验区外商投资准入特别管理措施（负面清单）（2018 年版）》同时废止
2019 年 5 月	交通运输部	《交通运输标准化管理办法》	交通运输部令 2019 年第 12 号	为规范交通运输标准化工作，提升产品和服务质量，促进交通运输行业高质量发展，依据《中华人民共和国标准化法》，制定本办法
2019 年 5 月 28 日	国务院	《国务院关于推进国家级经济技术开发区创新提升打造改革开放新高地的意见》	国发〔2019〕11 号	提升开放型经济质量。支持符合条件的国家级经开区申请设立综合保税区；赋予更大改革自主权。支持开展自贸试验区相关改革试点；打造现代产业体系；完善对内对外合作平台功能；加强要素保障和资源集约利用等
2019 年 5 月 7 日	国务院办公厅	《国务院办公厅转发交通运输部等部门关于加快道路货运行业转型升级促进高质量发展意见的通知》	国办发〔2019〕16 号	深化货运领域“放管服”改革；推动新旧动能接续转换。深入推进多式联运示范工程、城乡交通运输一体化示范工程、城市绿色货运配送示范工程，推广应用先进运输组织模式；加快车辆装备升级改造；改善货运市场从业环境；提升货运市场治理能力等
2019 年 4 月 30 日	国务院	《国务院关于做好自由贸易试验区第五批改革试点经验复制推广工作的通知》	国函〔2019〕38 号	明确了在全国范围内复制推广的改革事项和在自贸试验区复制推广的改革事项等

续 表

发布时间	发布单位	文件名称	文件号	相关内容
2019年4月	海关总署	《关于发布〈海关监管作业场所（场地）设置规范〉的公告》	海关总署公告2019年第68号	对水路运输类海关监管作业场所、公路运输类海关监管作业场所、航空运输类海关监管作业场所、铁路运输类海关监管作业场所、快递类海关监管作业场所等海关监管作业场所（场地）及海关集中作业场地等进行了明确规范
2019年3月23日	国务院	《国务院关于同意银川航空口岸对外国籍飞机开放的批复》	国函〔2005〕20号	同意银川航空口岸对外国籍飞机开放；同意银川航空口岸设立海关、边检、检验检疫等查验机构等
2019年3月23日	国务院	《国务院关于同意合肥航空口岸扩大对外国籍飞机开放的批复》	国函〔2005〕19号	同意合肥航空口岸扩大对外国籍飞机开放；合肥航空口岸扩大开放后，检查检验工作由现有机构承担等
2019年3月23日	国务院	《国务院关于同意宁波航空口岸扩大对外国籍飞机开放的批复》	国函〔2005〕18号	同意宁波航空口岸扩大对外国籍飞机开放；宁波航空口岸扩大开放后，检查检验工作由现有机构承担等
2019年3月23日	国务院	《国务院关于同意广东惠州港口岸扩大开放有关问题的批复》	国函〔2004〕95号	同意惠州港口岸港口碧甲作业区和亚婆角作业区对外国籍船舶开放；两个作业区开放后，查验工作由现有机构承担等
2019年3月23日	国务院	《国务院关于同意海南海口港口岸扩大开放范围的批复》	国函〔2004〕87号	同意海口港口岸扩大开放范围，扩大开放后的海口港口岸分海口港区和马村港区等

续　表

发布时间	发布单位	文件名称	文件号	相关内容
2019 年 3 月 23 日	国务院	《国务院关于同意云南孟定清水河口岸对外开放的批复》	国函〔2004〕86 号	同意云南孟定清水河口岸对外开放，暂时限持中国和缅甸有效护照、签证或边境通行证的双方公民及货物通行等
2019 年 3 月 23 日	国务院	《国务院关于同意山东威海航空口岸对外开放的批复》	国函〔2004〕81 号	同意威海航空口岸对外国籍飞机开放等
2019 年 3 月 23 日	国务院	《国务院关于同意太原航空口岸扩大对外国籍飞机开放的批复》	国函〔2004〕3 号	同意太原航空口岸扩大对外国籍飞机开放等
2019 年 3 月	海关总署	《关于简化综合保税区进出区管理的公告》	海关总署公告 2019 年第 50 号	简化综合保税区货物、物品进出区管理，推进贸易便利化等
2019 年 3 月 19 日	国务院办公厅	《国务院办公厅关于印发国家电子口岸建设协调指导委员会工作制度的通知》	国办函〔2006〕87 号	电子口岸委主要职责：贯彻国务院关于加强电子政务和电子口岸建设的各项部署；指导全国电子口岸建设工作，协调解决电子口岸建设中的重大问题；审定电子口岸建设中长期发展规划、年度计划；承办国务院交办的其他有关工作
2019 年 3 月 19 日	国务院	《国务院关于同意西宁航空口岸对外国籍飞机开放的批复》	国函〔2006〕105 号	同意西宁航空口岸对外国籍飞机开放等
2019 年 3 月 19 日	国务院	《国务院关于设立天津东疆保税港区的批复》	国函〔2006〕81 号	同意在天津港东北部设立天津东疆保税港区，规划面积 10 平方公里等相关内容

续 表

发布时间	发布单位	文件名称	文件号	相关内容
2019年3月19日	国务院	《国务院关于设立大连大窑湾保税港区的批复》	国函〔2006〕80号	同意设立大连大窑湾保税港区，规划面积6.88平方公里（含原批准设立的大连保税物流园区面积，不再保留大连保税物流园区）等相关内容
2019年3月19日	国务院	《国务院关于同意福建泉州港口岸围头港区对外开放的批复》	国函〔2006〕76号	同意泉州港口岸围头港区对外国籍船舶开放等
2019年3月19日	国务院	《国务院关于同意辽宁大连旅顺新港口岸对外开放的批复》	国函〔2006〕74号	同意大连旅顺新港口岸对外国籍船舶开放等
2019年3月19日	国务院	《国务院关于同意内蒙古珠恩嘎达布其口岸扩大对外开放的批复》	国函〔2006〕64号	同意内蒙古珠恩嘎达布其口岸扩大为国际性常年开放的边境陆路口岸等
2019年3月19日	国务院	《国务院关于同意广东珠澳跨境工业区专用口岸对外开放的批复》	国函〔2006〕56号	同意广东珠澳跨境工业区专用口岸对外开放。口岸性质为：客货公路口岸，全天24小时开放等
2019年3月19日	国务院	《国务院关于同意江苏大丰港口岸对外开放的批复》	国函〔2006〕50号	同意江苏大丰港口岸对外国籍船舶开放；同意大丰港口岸设立边检机构，规格为处级；海关和检验检疫业务由现有的盐城海关、盐城出入境检验检疫局承担
2019年3月19日	国务院	《国务院关于同意广东深圳湾口岸对外开放的批复》	国函〔2006〕13号	同意深圳湾口岸对外开放。口岸性质为：国际客货公路口岸，全天24小时开放

续 表

发布时间	发布单位	文件名称	文件号	相关内容
2019年3月19日	国务院	《国务院关于同意上海港口岸洋山深水港区对外开放的批复》	国函〔2005〕91号	同意上海港口岸洋山深水港区对外国籍船舶开放等相关内容
2019年3月19日	国务院	《国务院关于同意湖北宜昌三峡机场对外开放的批复》	国函〔2005〕62号	同意湖北宜昌三峡机场对外开放，限中国籍飞机出入境等相关内容
2019年3月19日	国务院	《国务院关于同意安徽池州港口岸对外开放的批复》	国函〔2005〕61号	同意安徽池州港口岸对外国籍船舶开放等相关内容
2019年3月15日	国家邮政局、商务部、海关总署	《国家邮政局 商务部 海关总署关于促进跨境电子商务寄递服务高质量发展的若干意见（暂行）》	国邮发〔2019〕17号	深化放管服改革，激发市场活力；坚持创新驱动发展，构建保障机制；优化行业发展环境，促进协同共进；加强全过程监管，坚持依法行政等
2019年3月	国家发展改革委、中央网信办、工业和信息化部等24部委	《关于推动物流高质量发展 促进形成强大国内市场的意见》	发改经贸〔2019〕352号	构建高质量物流基础设施网络体系；提升高质量物流服务实体经济能力；增强物流高质量发展的内生动力；完善促进物流高质量发展的营商环境；建立物流高质量发展的配套支撑体系；健全物流高质量发展的政策保障体系等
2019年2月	国家发展改革委、交通运输部	《关于开展物流降本增效综合改革试点的通知》	发改经贸〔2019〕325号	试点工作重点围绕7个方面展开，包括：优化物流营商环境、鼓励物流新技术应用和新业态新模式发展、培育物流运作网络体系、加强转运衔接发展多式联运、推动解决物流企业“用地难”“融资难”问题、提高物流标准化水平、健全物流行业统计和运行监测等

续　表

发布时间	发布单位	文件名称	文件号	相关内容
2019 年 2 月 21 日	国家发展改革委、市场监管总局	《国家发展改革委 市场监管总局关于进一步清理规范铁路货物运输相关收费的通知》	发改价格〔2018〕1959 号	深入清理规范地方政府收费；继续清理简化铁路货运杂费；加强专用线代维等服务收费管理；合理降低地方铁路运价水平；进一步规范经营者收费行为等相关内容
2019 年 2 月	商务部、科技部、工业和信息化部、财政部、自然资源部、住房城乡建设部、人民银行、海关总署、税务总局、市场监管总局、银保监会、证监会	《商务部等 12 部门关于推进商品交易市场发展平台经济的指导意见》	商建函〔2019〕61 号	构建平台生态，激发市场活力；加强分类引导，促进商产融合；发挥集聚优势，推动协同发展。推动内外贸融合发展。统筹国际国内两个市场两种资源，促进重点商品市场与“一带一路”沿线国家核心市场互联互通，打造特色鲜明的区域或国际商品集散中心。扎实推进市场采购贸易方式试点，推动边境地区商品市场建设。支持在自贸试验区依法合规建设国际贸易平台，创新海关监管模式，优化通关流程，促进跨境贸易便利化发展，实现优进优出，提升国内供给体系质量等
2019 年 1 月 25 日	国务院	《国务院关于促进综合保税区高水平开放高质量发展的若干意见》	国发〔2019〕3 号	一是统筹两个市场，打造加工制造中心。二是推动创新创业，打造研发设计中心。三是推进贸易便利化，打造物流分拨中心。四是延伸产业链条，打造检测维修中心。五是培育新动能新优势，打造销售服务中心等
2018 年 12 月 24 日	国家发展改革委、交通运输部	《国家发展改革委 交通运输部关于印发〈国家物流枢纽布局和建设规划〉的通知》	发改经贸〔2018〕1886 号	加强宏观层面的系统布局，依据区域经济总量、产业空间布局、基础设施联通度和人口分布等，统筹考虑国家重大战略实施、区域经济发展、产业结构优化升级等需要，结合“十纵十横”交通运输通道和国内物流大通道基本格局，选择 127 个具备一定基础条件的城市作为国家物流枢纽承载城市，规划建设 212 个国家物流枢纽，包括 41 个陆港型、30 个港口型、23 个空港型、47 个生产服务型、55 个商贸服务型和 16 个陆上边境口岸型国家物流枢纽等重要内容

续 表

发布时间	发布单位	文件名称	文件号	相关内容
2018 年 12 月 10 日	海关总署	《关于跨境电子商务零售进出口商品有关监管事宜的公告》	海关总署公告 2018 年第 194 号	从适用范围，企业管理，通关管理，税收征管，场所管理、检疫、查验和物流管理，退货管理等方面提出监管事宜
2018 年 12 月 3 日	国务院	《国务院关于授权香港特别行政区实施管辖的深圳湾口岸港方口岸区范围和土地使用期限的批复》	国函〔2006〕132 号	深圳湾口岸港方口岸区范围包括港方查验区和与之相连接的深圳湾公路大桥部分桥面等相关内容
2018 年 11 月 30 日	商务部、国家发展改革委、财政部、海关总署、税务总局、市场监管总局	《商务部 发展改革委 财政部 海关总署 税务总局 市场监管总局关于完善跨境电子商务零售进口监管有关工作的通知》	商财发〔2018〕486 号	跨境电商零售进口商品应符合以下条件：属于《跨境电子商务零售进口商品清单》内、限于个人自用并满足跨境电商零售进口税收政策规定的条件。通过与海关联网的电子商务交易平台交易，能够实现交易、支付、物流电子信息“三单”比对。未通过与海关联网的电子商务交易平台交易，但进出境快件运营人、邮政企业能够接受相关电商企业、支付企业的委托，承诺承担相应法律责任，向海关传输交易、支付等电子信息
2018 年 11 月 23 日	国务院	《国务院关于支持自由贸易试验区深化改革创新若干措施的通知》	国发〔2018〕38 号	一是营造优良投资环境。二是提升贸易便利化水平。三是推动金融创新服务实体经济。四是推进人力资源领域先行先试等

续 表

发布时间	发布单位	文件名称	文件号	相关内容
2018 年 11 月	海关总署	《关于启动实施中哈海关“关铁通”项目试运行有关事项的公告》	公告〔2018〕166 号	中哈“关铁通”项目试运行路线为：重庆—多斯特克—阿拉木图、乌鲁木齐—多斯特克—阿拉木图的中欧班列路线，以及相应中欧班列回程路线。旨在通过应用数据交换平台和符合共同制定标准的安全智能锁开展数据共享，加快中欧班列沿线国家海关的信息互换和监管互认步伐，增强中欧班列沿线国家间的互惠互利和边境监管合作；同时，建立区域性海关与铁路运营人、货运代理人、收发货人的商界合作伙伴关系，提高中欧班列的全程通关效率和便利化水平等
2018 年 11 月	国家发展改革委、国家能源局、工业和信息化部、财政部	《关于印发〈提升新能源汽车充电保障能力行动计划〉的通知》	发改能源〔2018〕1698 号	重点任务包括提高充电设施技术质量；提升充电设施运营效率；优化充电设施规划布局；强化充电设施供电保障；推进充电设施互联互通；完善充电设施标准体系等
2018 年 11 月	海关总署	《关于启用进出境邮递物品信息化管理系统有关事宜的公告》	公告〔2018〕164 号	海关总署决定自 2018 年 11 月 30 日起在全国海关推广使用进出境邮递物品信息化管理系统。提出海关总署与中国邮政集团公司通过建立总对总对接的方式实现进出境邮件全国联网传输数据等事宜
2018 年 11 月 1 日	交通运输部、国家发展改革委、工业和信息化部、公安部、财政部、自然资源部、生态环境部、国家铁路局、中国铁路总公司	《交通运输部等九部门贯彻落实国务院办公厅〈推进运输结构调整三年行动计划（2018—2020 年）〉的通知》	交运发〔2018〕142 号	细化分解铁路增量运输任务；着力打造运输结构调整示范区。将在北京、天津、河北、河南、山东、山西、辽宁、内蒙古 8 省（区、市），组织实施铁路专用线建设工程、铁路货运服务提升工程、港口大宗货物“公转铁”工程、工矿企业大宗货物“公转铁”工程、集装箱铁水联运拓展工程、多式联运信息互联互通工程、货运车辆超限超载治理工程、城市配送新能源车辆推广工程、城市生产生活物资公铁联运试点工程等“九大工程”，并加快推进港口集疏运铁路以及物流园区、大型工矿企业铁路专用线项目建设等相关内容

续　表

发布时间	发布单位	文件名称	文件号	相关内容
2018 年 10 月 19 日	国务院	《国务院关于印发优化口岸营商环境促进跨境贸易便利化工作方案的通知》	国发〔2018〕37 号	工作任务包括：一是简政放权，减少进出口环节审批监管事项。二是加大改革力度，优化口岸通关流程和作业方式。三是提升通关效率，提高口岸物流服务效能。四是加强科技应用，提升口岸管理信息化智能化水平。五是完善管理制度，促进口岸营商环境更加公开透明等
2018 年 10 月 19 日	海关总署	《关于发布进出境及境内承运海关监管货物的水运和空运运输工具申报电子报文格式 V1.3 的公告》	公告〔2018〕135 号	制定了进出境及境内承运海关监管货物的水运和空运运输工具申报电子报文格式 V1.3 版，主要对进出境水空运运输工具申报报文中的部分数据项进行调整。本公告自 2018 年 11 月 15 日起执行。海关总署 2018 年第 41 号、第 83 号公告同时废止
2018 年 10 月 16 日	国务院	《国务院关于同意设立中国（海南）自由贸易试验区的批复》	国函〔2018〕119 号	同意设立中国（海南）自由贸易试验区；中国（海南）自由贸易试验区实施范围为海南岛全岛等相关内容
2018 年 10 月 16 日	国务院	《国务院关于印发中国（海南）自由贸易试验区总体方案的通知》	国发〔2018〕34 号	对标国际先进规则，持续深化改革探索，以高水平开放推动高质量发展，加快建立开放型生态型服务型产业体系。按发展需要增设海关特殊监管区域，在海关特殊监管区域开展以投资贸易自由化便利化为主要内容的制度创新，主要开展国际投资贸易、保税物流、保税维修等业务。在三亚选址增设海关监管隔离区域，开展全球动植物种质资源引进和中转等业务
2018 年 10 月 12 日	商务部、海关总署	《公布货物进口许可证件申领和通关无纸化作业有关事项》	商务部　海关总署公告 2018 年第 82 号	自 2018 年 10 月 15 日起，在全国范围内对属于自动进口许可管理的货物和属于进口许可证管理的货物（除消耗臭氧层物质以外）实行进口许可证件申领和通关作业无纸化等

续　表

发布时间	发布单位	文件名称	文件号	相关内容
2018 年 10 月 9 日	国务院办公厅	《国务院办公厅关于印发〈推进运输结构调整三年行动计划（2018—2020 年）〉的通知》	国办发〔2018〕91 号	具体包括铁路运能提升行动、水运系统升级行动、公路货运治理行动、多式联运提速行动、城市绿色配送行动、信息资源整合行动等几方面
2018 年 8 月	交通运输部办公厅	《交通运输部办公厅关于印发深入推进长江经济带多式联运发展三年行动计划的通知》	交办水〔2018〕104 号	主要任务包括：一是着力补齐联运基础设施短板。二是着力强化联运服务模式创新。三是着力提升多式联运装备水平。四是着力增强联运发展新动能。五是着力优化联运市场营商环境等
2018 年 8 月 7 日	国务院	《国务院关于同意在北京等 22 个城市设立跨境电子商务综合试验区的批复》	国函〔2018〕93 号	在北京市、呼和浩特市、沈阳市、长春市、哈尔滨市、南京市、南昌市、武汉市、长沙市、南宁市、海口市、贵阳市、昆明市、西安市、兰州市、厦门市、唐山市、无锡市、威海市、珠海市、东莞市、义乌市 22 个城市设立跨境电子商务综合试验区
2018 年 7 月	财政部、税务总局、工业和信息化部、交通运输部	《关于节能 新能源车船享受车船税优惠政策的通知》	财税〔2018〕74 号	对节能汽车，减半征收车船税；对新能源车船，免征车船税等
2018 年 7 月 9 日	国务院办公厅	《国务院办公厅转发商务部等部门关于扩大进口促进对外贸易平衡发展意见的通知》	国办发〔2018〕53 号	以“一带一路”建设为统领，以提高发展质量和效益为中心，统筹国内国际两个市场两种资源，加快实施创新驱动发展战略，在稳定出口的同时，主动扩大进口，促进国内供给体系质量提升，满足人民群众消费升级需求，实现优进优出，促进对外贸易平衡发展。具体包括优化进口结构促进生产消费升级、优化国际市场布局。积极发挥多渠道促进作用、改善贸易自由化便利化条件等方面

续 表

发布时间	发布单位	文件名称	文件号	相关内容
2018 年 7 月	海关总署	《关于调整进出境及境内承运海关监管货物的水运和空运运输工具申报电子报文格式的公告》	海关总署公告 2018 年第 83 号	调整了进出境及境内承运海关监管货物的水运和空运运输工具申报电子报文格式，主要对运输工具单证报文中的部分数据项进行调整等重要内容
2018 年 6 月 30 日	国家发展改革委、商务部	《自由贸易试验区外商投资准入特别管理措施（负面清单）（2018 年版）》	中华人民共和国国家发展改革委员会 中华人民共和国商务部令 2018 年第 19 号	自 2018 年 7 月 30 日起施行，适用于所有自由贸易试验区。《自由贸易试验区外商投资准入特别管理措施（负面清单）（2017 年版）》同时废止等相关内容
2018 年 6 月 15 日	国务院	《国务院关于积极有效利用外资推动经济高质量发展若干措施的通知》	国发〔2018〕19 号	一是大幅度放宽市场准入，提升投资自由化水平。二是深化“放管服”改革，提升投资便利化水平。三是加强投资促进，提升引资质量和水平。四是提升投资保护水平，打造高标准投资环境。五是优化区域开放布局，引导外资投向中西部等地区。六是推动国家级开发区创新提升，强化利用外资重要平台作用等
2018 年 6 月	交通运输部、国家发展改革委	《关于进一步放开港口部分收费等有关事项的通知》	交水发〔2018〕77 号	进一步放开港口部分收费；加强和规范拖轮费管理等
2018 年 6 月 8 日	国务院	《国务院关于同意深化服务贸易创新发展试点的批复》	国函〔2018〕79 号	深化试点任务包括进一步完善管理体制、进一步扩大对外开放、进一步培育市场主体、进一步创新发展模式、进一步提升便利化水平、进一步完善政策体系、进一步健全统计体系、进一步创新监管模式等

续 表

发布时间	发布单位	文件名称	文件号	相关内容
2018 年 6 月 1 日	海关总署	《关于海关特殊监管区域和保税物流中心（B 型）保税货物流转管理的公告》	海关总署公告 2018 年第 52 号	转入、转出保税核注清单按 10 位商品编码进行汇总比对，商品编码比对一致且法定数量相同的，双方核注清单比对成功；系统比对不成功的，按双方核注清单商品编码前 8 位进行汇总比对，商品编码比对一致且法定数量相同的，转人工比对。商品编码比对不一致或法定数量不同的，对转出保税核注清单予以退单，由转入转出双方协商，并根据协商结果对保税核注清单进行相应修改或撤销。流转双方对同一商品的商品编码协商不一致时应按转入地海关依据商品归类的有关规定认定的商品编码确定。转入、转出保税核注清单均已审核通过的，企业进行实际收发货，并按相关要求办理卡口核放手续等
2018 年 5 月	海关总署	《关于发布进出境及境内承运海关监管货物的水运和空运运输工具申报电子报文格式 V1.2 的公告》	海关总署公告 2018 年第 41 号	制定了进出境舱单水运、空运货物舱单电子报文格式 V1.2 版，主要变更了进出境水运、空运“原始舱单”、“预配舱单”报文格式。本公告自 2018 年 6 月 1 日起执行。海关总署公告 2010 年第 77 号同时废止等相关内容
2018 年 5 月	财政部、税务总局、工业和信息化部	《关于对挂车减征车辆购置税的公告》	财政部公告 2018 年第 69 号	自 2018 年 7 月 1 日至 2021 年 6 月 30 日，对购置挂车减半征收车辆购置税等
2018 年 5 月	财政部办公厅、商务部办公厅	《关于开展 2018 年流通领域现代供应链体系建设的通知》	财办建〔2018〕101 号	主要任务：一是强化物流基础设施建设，夯实供应链发展基础。二是发展单元化流通，提高供应链标准化水平。三是加强信息化建设，发展智慧供应链。四是聚焦重点行业领域，提高供应链协同化水平。五是推广绿色技术模式，提高供应链绿色化水平等相关内容

续　表

发布时间	发布单位	文件名称	文件号	相关内容
2018 年 5 月 24 日	国务院	《国务院关于印发进一步深化中国（福建）自由贸易试验区改革开放方案的通知》	国发〔2018〕15 号	具体包括对标国际先进规则，深入推进各领域改革创新；持续推进简政放权，进一步提升政府治理水平；加强改革系统集成，形成更多可复制可推广的制度创新成果；进一步发挥沿海近台优势，深化两岸经济合作；加强交流合作，加快建设 21 世纪海上丝绸之路核心区等内容
2018 年 5 月 24 日	国务院	《国务院关于印发进一步深化中国（天津）自由贸易试验区改革开放方案的通知》	国发〔2018〕14 号	具体包括对标国际先进规则，构筑开放型经济新体制；培育发展新动能，增创国际竞争新优势；深化协作发展，建设京津冀协同发展示范区等内容
2018 年 5 月 24 日	国务院	《国务院关于印发进一步深化中国（广东）自由贸易试验区改革开放方案的通知》	国发〔2018〕13 号	具体包括对标国际先进规则，建设开放型经济新体制先行区；争创国际经济合作竞争新优势，打造高水平对外开放门户枢纽；开拓协调发展新领域，打造粤港澳大湾区合作示范区等方面内容
2018 年 5 月 23 日	国务院	《国务院关于做好自由贸易试验区第四批改革试点经验复制推广工作的通知》	国发〔2018〕12 号	明确了在全国范围内复制推广的改革事项和在特定区域复制推广的改革事项等
2018 年 5 月	民航局	《民航局关于促进航空物流业发展的指导意见》	民航发〔2018〕48 号	着力优化航空资源配置。优化货运基础设施建设。盘活既有机场存量资源，加强货运设施改造，优化机场货运设施布局和货物流线。支持航空货运枢纽建设。促进航空物流企业转型发展等

续　表

发布时间	发布单位	文件名称	文件号	相关内容
2018年4月	国家发展改革委、工业和信息化部、财政部、人民银行	《关于做好2018年降成本重点工作的通知》	发改运行〔2018〕634号	持续降低税费负担；合理降低融资成本；着力降低制度性交易成本；延续“五险一金”缴存比例等政策降低人工成本；有效降低用能用地成本；加快降低物流成本；提高资金周转效率；激励企业内部挖潜；加强长效机制建设等
2018年4月17日	国务院	《国务院关于“九五”期间上海浦东新区开发开放有关政策的通知》	国函〔1995〕61号	关于外贸管理和保税区管理问题，海关要进一步完善对外高桥保税区的监管办法，简化手续。外高桥保税区内可以开展除零售业务外的保税性质的商业经营活动，并逐步扩大服务贸易等；还规定了财政、税收及金融政策等方面内容
2018年4月	商务部、工业和信息化部、生态环境部、农业农村部、人民银行、市场监管总局、银保监会、中国物流与采购联合会	《商务部等8部门关于开展供应链创新与应用试点的通知》	商建函2018年第142号	试点城市重点任务：一是推动完善重点产业供应链体系。二是规范发展供应链金融服务实体经济。三是融入全球供应链打造“走出去”战略升级版。四是发展全过程全环节的绿色供应链体系。五是构建优质高效的供应链质量促进体系。六是探索供应链政府公共服务和治理新模式。试点企业重点任务包括一是提高供应链管理和协同水平。二是加强供应链技术和模式创新。三是建设和完善各类供应链平台。四是规范开展供应链金融业务。五是积极倡导供应链全程绿色化等
2020年4月	商务部、工业和信息化部、生态环境部、农业农村部、人民银行、市场监管总局、银保监会、中国物流与采购联合会	《商务部等8部门关于进一步做好供应链创新与应用试点工作的通知》	商建函〔2020〕111号	推动供应链协同复工复产；完成好新形势下试点各项工作任务，具体包括加强供应链安全建设，加快推进供应链数字化和智能化发展，促进稳定全球供应链，助力决战决胜脱贫攻坚，充分利用供应链金融服务实体企业等

续　表

发布时间	发布单位	文件名称	文件号	相关内容
2018 年 3 月	国家发展改革委	《国家发展改革委关于印发辽宁省与江苏省对口合作实施方案的通知》	发改振兴〔2018〕432 号	深化改革扩大开放。搭建经贸合作平台。协同参与“一带一路”建设，联合开展面向东北亚地区的开放合作，共同搭建对外开放平台，开拓周边市场；开展产业务实合作。促进港口联动发展；提升创业创新水平；推动人才交流；推进平台载体建设。探索合作产业园区共建等
2018 年 3 月	国家发展改革委	《国家发展改革委关于印发吉林省与浙江省对口合作实施方案的通知》	发改振兴〔2018〕433 号	推动两省重点在体制机制、产业发展、基础设施、平台建设、创新创业、干部人才 6 个方面开展深层次实质性交流与合作。推动吉林省“内贸外运”航线、中欧班列（长春）与宁波舟山港等浙江省相关港口对接合作，推动合作开发俄罗斯扎鲁比诺港等。重点推动长春兴隆综合保税区、珲春国际合作示范区吉林保税物流园区与宁波保税区，和龙边境经济合作区与义乌经济技术开发区对接合作等
2018 年 3 月	国家发展改革委	《国家发展改革委关于印发黑龙江省与广东省对口合作实施方案的通知》	发改振兴〔2018〕434 号	加强改革经验交流，推进两省体制机制创新；开展产业务实合作，加快结构调整步伐。加强跨区域物流业合作，开辟更多物流通道等；搭建合作平台载体，探索共赢发展新路。加强两省国家级新区、国家自主创新示范区、全面创新改革试验区域、综合保税区、国家级经济技术开发区、国家高新技术产业开发区、新型工业化产业示范基地、服务贸易创新发展试点地区等重点开发开放平台的经验交流，推动中国（广东）自由贸易试验区有关经验做法在黑龙江省复制推广等相关内容
2018 年 3 月	国家发展改革委	《国家发展改革委关于印发北京市与沈阳市对口合作实施方案的通知》	发改振兴〔2018〕435 号	鼓励北京企业在沈阳重点物流产业聚集区建设物流电子信息平台、区域性物流中心、地区分拨中心，促进两市物流枢纽的衔接。两市合作开拓周边市场，积极推动京津冀地区与东北地区融合发展。以中国（辽宁）自由贸易试验区沈阳片区建设为契机，共同探索推进区域投资和贸易便利化创新。协同参与“一带一路”建设，共同推进中蒙俄经济走廊建设，共建中欧班列（沈阳）等对外开放载体等相关内容

续　表

发布时间	发布单位	文件名称	文件号	相关内容
2018 年 3 月	国家发展改革委	《国家发展改革委关于印发上海市与大连市对口合作实施方案的通知》	发改振兴〔2018〕436 号	协同参与“一带一路”沿线国家和地区的重点项目、基础配套设施、境外经贸合作区建设，深化国际产能合作。鼓励引导上海有实力的园区和企业共同参与大连金普新区、自贸试验区建设。推进国际航运中心和物流中心建设。加强两地港航合作，共建物流网络，搭建长三角和辽宁沿海城市间物流通道等
2018 年 3 月	国家发展改革委	《国家发展改革委关于印发天津市与长春市对口合作实施方案的通知》	发改振兴〔2018〕437 号	协同推进对内对外开放。借鉴天津航空港和港口建设经验，推进长春空港和陆港建设，加快长春市对外开放临时口岸和多式联运中心建设，打造长春国际陆港，联合开展面向东北亚的开放合作。加强两市跨区域物流业合作，开辟更多物流通道，改善长春市航空、陆港物流硬件条件等
2018 年 3 月	国家发展改革委	《国家发展改革委关于印发哈尔滨市与深圳市对口合作实施方案的通知》	发改振兴〔2018〕438 号	充分发挥哈尔滨对俄合作区位优势、口岸资源条件和深圳对外开放窗口优势，共同搭建对俄合作贸易平台，拓展两地产品对接俄罗斯、东北亚等国际市场的通道。合作开展服务贸易创新发展试点等
2018 年 3 月 1 日	交通运输部办公厅	《关于推进通关一体化改革提升海事港口服务效率的意见》	交办海〔2018〕31 号	主要任务包括推进“单一窗口”建设；提升船舶和货物通关效率；提升港口物流服务水平等
2018 年 1 月 23 日	国务院办公厅	《国务院办公厅关于推进电子商务与快递物流协同发展的意见》	国办发〔2018〕1 号	强化制度创新，优化协同发展政策法规环境；强化规划引领，完善电子商务快递物流基础设施；强化规范运营，优化电子商务配送通行管理；强化服务创新，提升快递末端服务能力；强化标准化智能化，提高协同运行效率；强化绿色理念，发展绿色生态链等

续　表

发布时间	发布单位	文件名称	文件号	相关内容
2018 年 1 月	国家税务总局、财政部、海关总署	《国家税务总局 财政部 海关总署关于扩大赋予海关特殊监管区域企业增值税一般纳税人资格试点的公告》	国家税务总局公告 2018 年第 5 号	将赋予海关特殊监管区域企业增值税一般纳税人资格试点（以下简称一般纳税人资格试点）扩大到浙江宁波出口加工区等 17 个海关特殊监管区域。建立一般纳税人资格试点退出机制等
2018 年 1 月 9 日	国务院	《国务院关于在自由贸易试验区暂时调整有关行政法规、国务院文件和经国务院批准的部门规章规定的决定》	国发〔2017〕57 号	根据自由贸易试验区改革开放措施的试验情况，对《中华人民共和国船舶登记条例》《中华人民共和国国际海运条例》等多项规章规定进行了调整

参考文献

［1］朱长征，董千里．国际陆港功能定位与业务模式研究［J］．物流技术，2010，29（Z1）：23－24，28.

［2］席平．内陆地区建设国际陆港的思考［J］．综合运输，2007（2）：39－41.

［3］谢天生，崔迪．基于“无水港”架构的水路应急物流网络研究［J］．交通企业管理，2012，27（2）：62－63.

［4］李颖祖．基于服务水平的突发疫情应急物流网络优化设计研究［D］．南京：南京理工大学，2019.

［5］毛海军，孙佳然，邓泷．着力打造高能级物流枢纽网络［J］．群众，2020（16）：25－27.

［6］丁保国．保税物流中心的概念与建设意义［J］．商情，2009（9）：9.

［7］袁丹妮．跨境电商发展新形势下的保税区物流中心发展策略研究——以汕头市保税区物流中心B型为例［D］．汕头：汕头大学，2019.

［8］宋倩，介文凝．我国保税物流中心发展现状研究［J］．明日风尚，2017（21）：81.

［9］张颖．浅析我国保税物流中心发展现状［J］．现代营销（下旬刊），2017（8）：232－233.

［10］刘伟，贺兴东，刘文华．加快内陆地区综合保税区高质量发展建议［J］．中国经贸导刊，2020（13）：58－60.

［11］梅冠群．推动中欧班列高质量发展的若干建议［J］．中国发展观察，2020（24）：31－32.

［12］韦大宇，张建民．中国跨境电商综合试验区建设成果与展望［J］．国际贸易，2019（7）：18－24.

［13］王素．我国跨境电商综合试验区加速扩容［J］．进出口经理人，2020（2）：53.

［14］汪宏程．跨境电商综合试验区的经验［J］．中国金融，2020（10）：27－28.

［15］王坤，吴崑．基于扎根理论的跨境电商综合试验区发展模式研究［J］．电子商务，2020（9）：25－28，30.

［16］施佳烨．关于我国跨境电商发展情况的分析［J］．中国商论，2020（21）：5－7.

［17］陆燕．自贸区建设成效、问题及发展方向［J］．人民论坛，2020（27）：16－19.

央企担当、践行责任，助力“一带一路”倡议
——逆势前行的沈阳中欧班列平台

沈阳中欧班列平台是沈阳市政府与招商局集团共同签署全面战略合作协议后，为贯彻落实国家“一带一路”倡议，抓住国家大力发展中欧班列有利契机而落实的重要项目。沈阳中欧班列充分发挥招商局集团旗下中国外运股份有限公司现代物流行业领先的综合实力，依托沈阳市区位、产业、资源和政策优势，努力建设沈阳对外开发新通道，搭建高质量经济贸易发展平台，聚集国内外优质资源，培育新经济新产业增长点，打造以沈阳中欧班列为龙头的产业生态圈，促进沈阳产业转型创新发展，发挥沈阳东北亚国际物流枢纽中心城市作用。

发展历程

随着国家“一带一路”建设不断推进，我国与欧洲及沿线国家的经贸往来发展迅速、需求旺盛，贸易通道和贸易方式不断丰富和完善，为中欧班列带来了难得的发展机遇。沈阳中欧班列也乘势而上，充分发挥政府、市场、企业的联动作用，将自身打造成为具有国际竞争力和良好商誉度的知名中欧班列品牌，成为沈阳市“一带一路”建设的亮丽名片。

班列大事件

中国外运股份有限公司 SINOTRANS LIMITED

2017.6.10

招商局集团与沈阳市政府签署战略合作框架协议

2017.8.9

招商局集团副总经理与沈阳市长进行会商，就9月初开行“沈连欧”中欧双向班列达成一致

2017.9.9

沈阳至杜伊斯堡的中欧班列首列开行标志着中欧班列合作项目正式启动

2017.10.12

沈阳至俄罗斯出口班列首发

2017.12.1

杜伊斯堡至沈阳回程班列到站

2018.1.31

俄罗斯至沈阳回程班列首发，实现双线、双向运行

2019.1.10

开行“沈—满—欧”进出口线路，实现班列进出口双线四向路线，保持平稳运行

2019.2.8

华晨宝马搭乘沈阳中欧进口班列试运行取得成功，并于4月实现常态化运行

2019.4.20

深挖小微企业的业务需求，推出欧洲出口拼箱产品

2019.10.10

首列由虎门经海运至营口的海铁联运班列到达沈阳，实现海铁联运业务的试行成功

2020.3.19

新增奥地利恩斯（Enns）目的站，沈阳中欧班列欧洲境内目的站增至5个

2020.4.28

首列经绥芬河口岸入境的中欧班列顺利抵运沈阳东站，标志着沈阳中欧班列成功开通绥芬河口岸新通道

行业地位

在 2019 年中欧班列质量评价指标中，沈阳中欧班列全年开行 210 列，实现常态化运行，重箱率 100%，位列东北部地区（包括黑吉辽、内蒙古东部）第一，市场占有率 51.2%。关键运营指标“兑现率”达到 90.12%，位列全国平台第一；开行总量位列全国第十一；2019 年承运总货值 8.86 亿美元，其中沈阳本地货值 4.25 亿美元，占比 47.97%。

2020 年 1—6 月，在新冠肺炎疫情全球蔓延的背景下，沈阳中欧班列平台实现逆势增长，半年累计开行 162 列，同比增长 60.4%，根据中铁多联公司发布的质量评价指标统计，总发运量位列全国第八。

沈阳中欧班列平台作为全国中欧班列平台中的后起之秀，是沈阳地区“一带一路”建设的名片，为促进沈阳地区经济建设、推动东北老工业基地振兴以及东北亚物流枢纽中心建设起到了重要作用。

区位优势

沈阳地处东北亚腹地，是东北亚地区重要经济中心和交通枢纽中心，处于环渤海地区中心，面向京津冀经济圈，沈阳中欧班列具有得天独厚的地理优势和路网优势。沈阳市是我国的传统制造业基地，地势相对平坦。拥有公路、铁路和航空的立体综合交通运输网，辐射营口港、大连港、盘锦港、锦州港、丹东港等港口资源，便于开展海铁、公铁联运等多式联运，有利于集聚货源和快速运输。沈阳市是《中欧班列建设发展规划（2016—2020年）》明确提出的中欧班列枢纽节点中的“内陆主要货源地节点”和“主要铁路枢纽节点”，是《国家物流枢纽布局和建设规划》明确提出的“陆港型国家物流枢纽承载城市”“生产服务型国家物流枢纽承载城市”和“商贸服务型国家物流枢纽承载城市”，是中欧班列东通道和中通道的重要枢纽节点，对促进我国东北、华北等地区外向型经济发展起到积极的支撑作用。

沈阳中欧班列具备多通道运行的条件，目前已开通经过满洲里口岸、二连浩特口岸和绥芬河口岸三条对欧通道，未来将探索阿拉山口、同江等口岸开通的可行性，多通道运行将更加凸显沈阳中欧班列平台的区位优势，大大提高沈阳中欧班列运行时效、提升沈阳中欧班列的竞争力。

同时，沈阳中欧班列辐射范围较广，可基于东北三省，辐射京津冀，通过海铁联运连通华南、华东、东南亚及日韩地区，具备干支结合和区域分拨功能，充分发挥货源集疏能力，可促进服务区域的外向型经济快速发展。

业务产品与特色服务

沈阳中欧班列以高质量的发展和高效率的运营、以优质的服务和创新优化发展模式，自2017年9月9日开行至今基本形成布局合理、设施完善、运量稳定、便捷高效、安全畅通的中欧班列综合服务体系。业务操作不断规范、服务体系不断优化、业务产品不断增加，运行稳定性逐步提升。以形成大物流网络为基础，以开展多式联运和全程物流服务为方向，将沈阳打造成为具有集疏功

能的“内陆港”，以此作为吸引货源、延伸服务链条的前沿阵地和骨干力量，改进货运组织方式、整合资源、建设一体化的物流配送体系。

主营业务包括：

出口整箱：

沈阳—满洲里 / 二连浩特 / 绥芬河—欧洲

沈阳—满洲里 / 二连浩特 / 绥芬河—俄罗斯

进口整箱：

欧洲—满洲里 / 二连浩特 / 绥芬河—沈阳

俄罗斯—满洲里 / 二连浩特 / 绥芬河—沈阳

海铁联运：

华东 / 华南 / 华中—营口 / 大连—沈阳—欧洲 / 俄罗斯

出口拼箱：

沈阳—满洲里 / 二连浩特 / 绥芬河—汉堡

同时，平台通过一系列的特色服务，不断延伸服务链条，其中包括聚焦“最后一公里”，为客户提供端到端的配送服务；打造“数字班列”，实现货物运输全程可视化；提供多元化配套服务，围绕中欧班列业务为客户提供拆装箱、货物加固包装、报关报检、短驳运输等多元化服务，提供全程铁路供应链物流方案。

社会责任

2020 年年初，在新冠肺炎疫情防控形势依然严峻的特殊时期，沈阳中欧班列安全稳定发运，主动承担社会责任，发挥平台优势，建立快速响应机制，一手抓疫情防控、另一手保班列平稳运行。通过加强对境外节点及网络的建设（恩斯站）、开通新口岸（绥芬河口岸）等一系列延伸价值链的有益举措，实现了线路多元化的转变，提升了中欧班列跨境运输便利化水平，释放了中欧班列运能，为东北地区通往欧洲提供了便捷、高效的物流通道，确保了重点企业进出口货物和国计民生重点物资运输的畅通无阻，保证了生产企业应急生产的需要，为东北地区及华北、华中、华南部分企业复工复产提供可靠运输保障，助力开辟“经济快车道”。

面对全球新冠肺炎疫情的蔓延，中国外运东北有限公司运营的沈阳中欧班列平台承担了央企的社会责任。不但在国内疫情防控形势最严峻的初期，通过中国外运强大的海外网络协助沈阳市购买了大量的 N95 口罩和医用防护服，而且在欧洲疫情暴发阶段，通过沈阳中欧班列向俄罗斯、白俄罗斯以及德国陆续发运了 100 多万只防护口罩、20 余万件医用隔离衣、1 万余张医疗病床以及 100 多万只一次性输液器，为全球疫情防控做出重要贡献。

发展方向

未来，沈阳中欧班列平台将建设以沈阳中欧班列为枢纽的多式联运通道。将华东、华中、华南至辽宁港口的内贸海运，日韩和东南亚国家至辽宁港口的国际海运，辽宁港口至沈阳的城际班列以及始发于沈阳的中欧班列通道有机结合起来，进而组建陆海联运的多式联运大通道。通道建成后，将以沈阳作为枢纽节点，使华东、华中、华南及日本、韩国、东南亚各国和地区通过沈阳中欧班列直接连通欧洲及俄罗斯，实现上述地区的互联互通，充分发挥中国外运海运通道和陆运通道的网络优势，扩大沈阳中欧班列辐射范围，进而提升全程铁路供应链服务能力，做到客户“一次委托，乐享全程”。

沈阳中欧班列平台将不断探索高质量发展道路，优化提升基础设施保障能力，加强智慧物流信息平台建设，建立协同高效的运输组织体系。在沈阳市政府的大力支持下，依托中国外运国际网络优势打造中欧班列集结中心示范工程，助力沈阳市加快城市转型和创新发展，为辽宁经贸发展提质增效注入新动力。

宝湾产城
中国南山产城综合开发运营平台
宝湾产城发展（安徽）有限公司
宝湾产城发展（安徽）有限公司成立于2018年4月18日，注册资本3亿元，是中国南山集团产城事业平台——宝湾产城发展（深圳）有限公司的全资子公司，负责中国南山·合肥岗集综合交通物流港项目的投资、建设和运营。

中国南山·合肥岗集综合交通物流港项目简介

项目位于合肥市长丰县岗集镇，占地面积约 3 平方公里，总投资约 200 亿元，建筑面积约 300 万平方米。

项目位于安徽省蚌合高速与沪陕高速两大物流通道的交会处，属于合肥市“一环六射、六大物流集聚区”的北射主通道和北部枢纽物流承载区，紧邻 206 国道，距合肥绕城高速岗集出口约 5 公里，距蚌合高速吴山出口约 4 公里，距新桥国际机场约 10 公里，距离规划的岗集铁路物流园约 500 米。

项目以“产业、生态、生活”多元和谐共生的产城融合发展为理念，立足合肥、辐射中东部地区，建设以陆路枢纽为基础，多式联运为补充，以培育智慧物流产业为主导、物流资源整合为核心、物流科技应用为支撑，以数字化应用、现代化展示、智能化配送为特色，依托中国南山集团物流产业优势，通过灵活多样的方式，与各级政府、行业协会、物流及相关产业链优秀企业形成广泛合作，将项目共同打造成“绿色、开放、共享”的物流服务平台、科技型国家级综合物流基地及区域示范园、全国多式联运和甩挂运输基地、产城一体化的国家级综合交通物流港。

项目整体开发期 10 年。一期打造以公路港为主体，与合肥铁路、空港联动的综合型物流枢纽；二期建设智慧物流组团，打造安徽智慧物流产业基地；三期建设冷链物流组团和农特产品商贸组团。

项目已列入安徽省 2019 年省级调度重大项目计划。宝湾产城发展（安徽）有限公司入选中国开发区协会陆港分会理事单位、安徽省物流与采购联合会理事单位。项目纳入合肥陆港型国家物流枢纽增量范畴。

公路：紧邻 206 国道，距岗集出口约 5 公里，距吴山出口约 4 公里

铁路：距建设中的宁西外绕线岗集站约 8 公里，距规划的岗集铁路物流园约 500 米

航空：距新桥国际机场约 10 公里

航运：距合肥港江淮运河港区新桥作业区约 17 公里

项目定位

PROJECT POSITIONING

项目总占地面积约 3 平方公里（4500 亩），总投资约 200 亿元人民币，总建筑面积约 300 万平方米。项目定位为科技型国家级综合物流基地及区域示范园、全国多式联运及甩挂运输基地、产城一体化的国家级综合交通物流港。

· 生活配套区

· 冷链

冷链加工

冷链交易

· 仓储

集装箱堆场

期货仓储交割

· 电子商务产业园

电商企业仓储、办公、运营一体化平台

小微企业孵化

冷链仓、绿色园区

· 物流科技会展中心

AI 实验室

科技装备成果转化、交易中心

· 智能运链中心

数字化配送场站

甩挂、共享装备智能化

新能源物流装备研发、生产

特色产业仓配中心

· 绿色配送枢纽

共享物流装备场站

数字仓配场站

无人分拨

新能源配送

· 二类公路口岸

保税仓

进出口加工

海关设施

· 无人驾驶装备

封闭测试区

· 多式联运

铁路、空港

买全球仓展中心

出口电商聚集区

出口无人仓

中国南山集团简介

中国南山开发（集团）股份有限公司成立于 1982 年，是经国务院批准由招商局集团、中海油总公司以及广东省国资委、深圳市国资委等共同组建的大型国有企业集团，大股东是招商局集团，最终控制人是国务院国资委；是中国第一家中外合资股份制企业，是推动中国企业体制改革、探索国有资产经营的改革开放先锋企业。

中国南山集团以深圳赤湾为总部，拥有深圳自贸区赤湾片区 3.4 平方公里土地，旗下拥有上市南山控股（证券代码：002314），业务涉及综合物流、产城综合开发、金融服务、资产管理等领域。业务覆盖长三角、珠三角、环渤海、中部及成渝地区等 30 多个热点城市，积极参与"一带一路"沿线国家的特色园区建设，客户遍布全球。

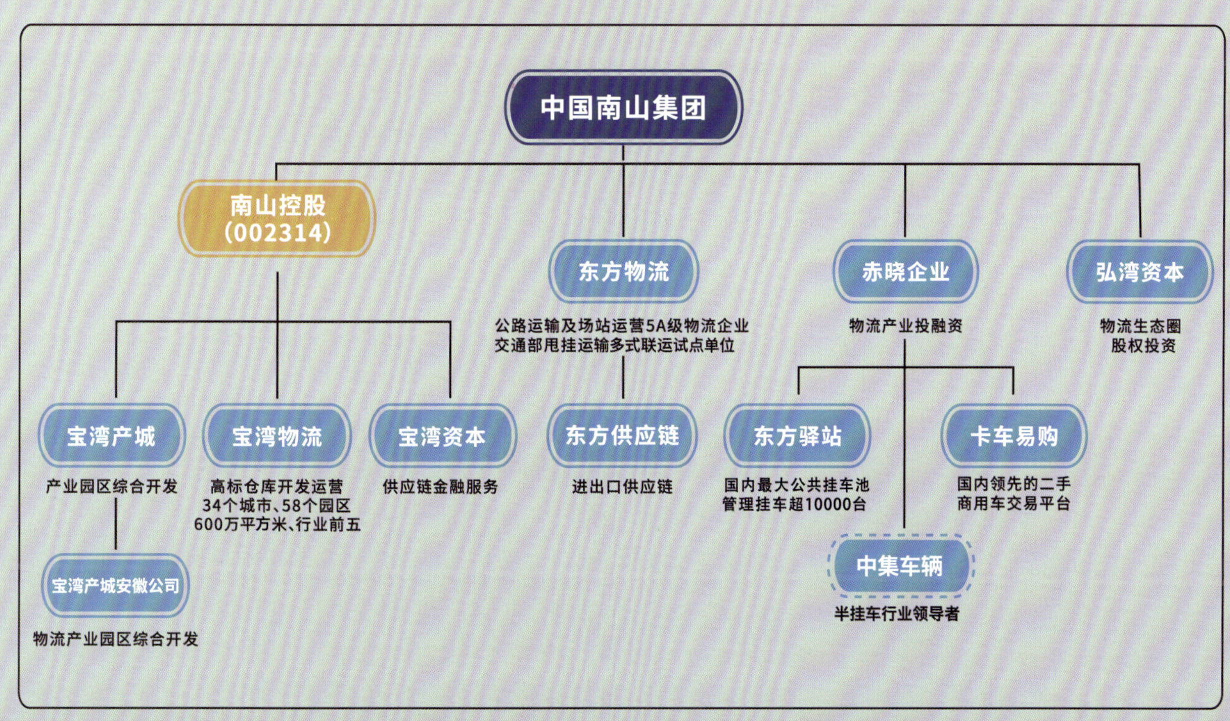

中国中元国际工程有限公司

中国中元国际工程有限公司是集工程咨询、工程设计、工程总承包、项目管理、设备成套和技工贸为一体的大型工程公司。

公司具有工程设计综合资质甲级、建筑工程施工总承包壹级、专业承包壹级(电子与智能化工程、建筑装修装饰工程、消防设施工程、建筑机电安装工程)及对外承包工程资格证书及其相关资质，可以承接全行业、各等级的工程设计业务和从事工程设计资质标准划分的建筑、机械、医药、船舶、兵器、市政、商业、化工、能源、建材、轻工等21个行业的工程总承包、项目管理等业务及境外工程承包等业务；承接建筑工程施工总承包壹级资质范围内的施工总承包、工程总承包和项目管理业务。

公司具有城乡规划编制甲级资质、工程设计综合甲级资质、工程咨询甲级资质、工程造价咨询甲级资质；具有压力管道设计资格；具有独立的进出口经营贸易权、对外经济合作资格证书、进出口企业资格证书、自理报关单位注册登记证书、工程招标代理机构资质证书、施工图设计文件审查许可证书及建筑装饰工程设计与施工资质证书。

公司现拥有各类人员3100余人，各学科博士、硕士等800余人，高级工程师及以上人员800余人。公司的组织机构设置有20个直属生产单位，12个职能管理部门，在北京、海南、厦门、上海、长春、南京设有7个二级法人单位，在广东、湖北、安徽、陕西、浙江等地设有分公司。公司在境外先后设立了驻乌兹别克斯坦、马其顿、多米尼加、古巴等境外办事处。

公司秉承“质量是生命，精心设计、创优工程、诚信服务，保护环境、珍爱生命，是我们对顾客、社会、员工始终不渝的承诺”的管理方针，质量、环境、职业健康安全管理体系健全，数十年来一直跻身于全国勘察设计综合实力、工程承包和项目管理百强单位的行列。

中国中元在物流与工业工程领域形成了集科研、设计、施工承包三位一体的服务模式，拥有全国物流工程中实力最强、规模最大的全过程服务团队。在综合保税区、航空货运与快件、航空食品、智能仓储与配送建筑、机场行李系统等方面处于国内领先地位，主编《物流建筑设计规范》、参编《建筑设计防火规范》等多项国家标准及行业规范，参与了国内所有Ⅰ类、Ⅱ类民用机场的建设，完成项目近千项，是该领域的技术开创者。

项目展示

项目名称：北京大兴机场货运区与货运区服务设施工程；规划面积206.6公顷

项目名称：北京大兴机场综合保税区规划及工程设计；用地规模387公顷

项目名称：北京首都机场航空货运大通关基地；用地规模185公顷

项目名称：天津航空口岸大通关基地规划与设计；用地规模82公顷

项目名称：重庆两路寸滩空港区港联动流程规划；用地规模245.8 公顷

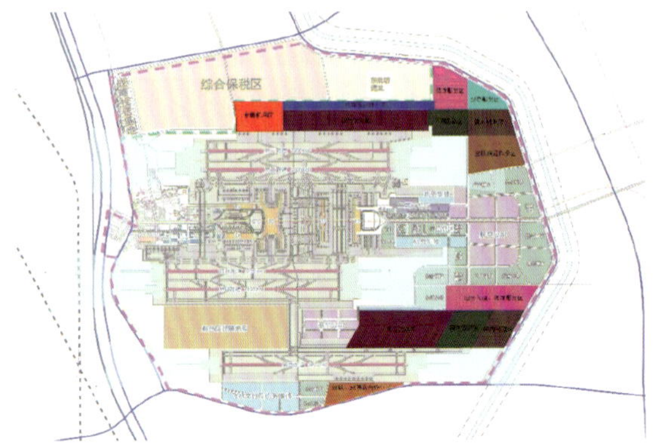

项目名称：郑州综合保税区区港联动流程规划；用地规模9.58 平方公里

项目名称：新疆喀什综合保税区规划及工程设计；用地规模356 公顷

项目名称：北京亦庄保税物流中心；用地规模14 公顷

项目名称：杭州萧山保税物流中心；用地规模690 亩

项目名称：南充现代物流园保税物流中心；用地规模690 亩

项目名称：中白商贸物流园首发区；用地规模29.23 公顷

项目名称：温州保税物流中心 (B) 型；用地规模20.22 公顷

华远陆港

华远国际陆港集团有限公司于2020年4月经山西省委省政府批准，是由山西能源交通投资有限公司整体改组设立的国有独资企业。注册资本金181.9亿元，注册地位于山西转型综改示范区。

山西能源交通投资有限公司成立于2009年。十年里，建成铁路11条、在建1条，累计完成铁路资本金出资550亿元，带动山西铁路投资2510亿元，推动山西全面进入高铁时代；构建起公铁集运、仓储配送和信息服务的物流三大基础体系，打造了大宗商品、生活资料、智慧出行“三大电商平台”，成为山西最大的综合型现代物流集团；积极融入“一带一路”大商圈，开行9条中欧班列常态化线路，覆盖11个国家26个城市，助力“山西制造”走出国门。

华远陆港

2020 年 4 月改组设立以来，华远国际陆港集团有限公司深入贯彻习近平总书记视察山西重要讲话、重要指示，按照山西省委、省政府全方位推进高质量发展的要求，坚持“融入大战略、优化大通道、搭建大平台、实施大通关、实现大开放”的发展思路，聚焦“六新”突破，全面推进“155689”发展战略，全力向一流国际陆港综合运营服务商、国内现代陆港物流产业“旗舰”“劲旅”目标不断攀登。

优化陆港空间布局。全面完成陆港“一核三港五园六中心”布局，基本形成“陆港基地 + 无水港 + 物流枢纽 + 专业物流园区”的空间体系。立体化构建大物流格局。按照公铁水航一体化思路，构建立体联网、内外互通、多式联运、有机接驳的大物流格局。高水平推动全产业链发展。在横向上积极拓展、在纵向上垂直整合，形成集多式联运、园区运营、跨境电商、综合保税、制造服务为一体的现代物流产业体系。深层次提升对外开放能级。紧抓国家加入 RCEP 等战略机遇，推动中欧班列实现“重去重回”常态化，搭建了山西省外贸综合服务平台。

“十四五”期间，华远陆港集团有限公司将坚定扛起加快山西铁路投资建设、引领物流业高质量发展、打造对外开放新窗口三大战略使命，积极争当山西高质量发展的领跑者、融入新发展格局的先锋队、转型出雏形的排头兵、发展蓝色经济的开拓者、提升现代治理体系和治理能力的示范者，不断向一流企业迈进！

山西晋欧物流有限公司

山西晋欧物流有限公司（以下简称“晋欧公司”）全面贯彻国家“三大战略”部署，全面落实中部崛起的国家战略，加快推进山西省“东融南承西联北拓”战略，充分发挥山西省及太原市综合交通枢纽优势。公司于 2017 年 12 月 5 日组建成立，是中欧班列运输协调委员会成员，山西中欧班列唯一运营平台。

业务板块

- 中欧（中亚）班列运营、跨境购物体验店、木材贸易、供应链金融

经营理念

- 优质服务，树立品牌

运营线路

- 中鼎物流园（太原）—莫斯科、明斯克、马拉舍维奇
- 中鼎物流园（太原）—阿拉木图、塔什干
- 大同 —明斯克
- 大同 —塔什干
- 俄罗斯—中鼎物流园

发展定位

“多式联运枢纽+商贸集散，物流干线+境内外网络，物流服务+供应链金融，内陆口岸+新型贸易区”的综合型物流企业。

地址：山西省晋中市榆次区迎宾西街中鼎物流园综合楼6层

总经理：何国栋

手机号：15834079337

新疆国际陆港（集团）有限责任公司

“一带一路”倡议是国家对外开放发展的升级版，也是实现中华民族伟大复兴梦的重要举措。2017 年，“一带一路”倡议首次写入中共十九大报告中：要以“一带一路”建设为重点，坚持引进来和走出去并重，遵循共商共建共享原则，加强创新能力开放合作，形成陆海内外联动、东西双向互济的开放格局。

第二次中央新疆工作座谈会确定，把新疆建设成丝绸之路经济带核心区。自治区党委认真贯彻落实“一带一路”倡议，提出“一港、两区、五大中心、口岸经济带”的核心区建设战略布局，要求把乌鲁木齐国际陆港区（以下简称“陆港区”）打造成核心区建设的标志性工程。乌鲁木齐市委按照自治区党委的要求，围绕陆港区建设提出“集货、建园、聚产业”的发展思路，突出中欧班列乌鲁木齐集结中心，凭借区位、交通、政策、后发优势，全方位打造丝绸之路经济带商贸物流和交通枢纽中心。

陆港区规划建设面积 67 平方公里，是以乌鲁木齐铁路西站国际口岸贸易区、北站商贸物流集聚区和三坪综合保税服务区为主要区域，以亚欧国际运输通道、综合交通枢纽和国际物流设施平台为基础支撑，集成班列集结和多式联运、国际供应链组织、开放型产业发展和体制机制创新功能的陆向开放驱动引擎、组织枢纽和产业集聚高地。为加快推进陆港区建设发展，2018 年 2 月 14 日，成立了新疆国际陆港（集团）有限责任公司（以下简称“陆港集团”），注册资本金 6 亿元。在自治区党委、政府，乌鲁木齐市委、市政府的坚强领导下，围绕“集货、建园、聚产业”的发展思路，陆港区发展取得阶段性成效，已成为丝绸之路经济带核心区建设的标志性工程。

作用

Effect

作为负责陆港区投资、建设和运营的平台公司，陆港集团按照自治区党委和人民政府关于丝绸之路经济带核心区建设系列决策部署，围绕乌鲁木齐市委“集货、建园、聚产业”的发展思路，以打造中欧班列（乌鲁木齐）集结中心为核心，建设全面开放的国家物流枢纽；以乌鲁木齐铁路西站、铁路北站、集装箱中心站、国际机场“四场站”为硬件载体基础，布局建设西站国际口岸贸易区、北站商贸物流集聚区、综合保税服务区等功能区域；以提升综合营商环境为宗旨，依托独特的区位优势、良好的基础条件、优惠的政策措施、完善的配套服务，联动经开区、高新区、甘泉堡等全市范围内先进制造产业区、高端服务产业区、电子商务产业区、国际纺织品服装商贸中心、食品加工产业区等“多园区”协同发展，促进外向型产业整体提升。

成效
Effectiveness

陆港区位于乌鲁木齐经济技术开发区，地处新疆最具发展实力的天山北坡经济带，是承东启西的重要核心节点，拥有中欧班列西通道最后一个编组站，是我国西出通道中距离中亚、西亚、欧洲最近的铁路枢纽。紧邻高铁站和国际机场，连霍高速、乌昌高速及兰新铁路贯区而过，形成立体化综合交通体系，连接东西、通达欧亚，区位优势显著。

按照“集货、建园、聚产业”的发展思路，陆港区空间布局为“突出一核、区内配套、区外联动”。“突出一核”就是突出中欧班列（乌鲁木齐）集结中心，发挥中欧班列集结、集拼集运等物流集散分拨枢纽作用，推进“集货”；“区内配套”就是依托综合保税区、北站仓储交易产业区等功能区，发挥保税、商贸、物流、仓储、加工等功能作用，加快“建园”；“区外联动”就是协同联动乌鲁木齐市多个实体产业园区一体发展，带动“聚产业”。

成立两年来，陆港集团按照陆港区既定的战略规划，完成了基本的产业布局，在基础设施、物流商贸、现代服务业等方面储备和建设了一批具有良好经济效益和社会效益的项目，团队建设也逐步齐整。2020年陆港集团进行重新定位，构建八大业务板块，分别为物流板块、园区开发板块、园区服务板块、贸易与供应链板块、粮食板块、纺服中心板块、投资与金融服务板块、物联信息板块。将陆港集团原有的10个部门重新优化及调整，构建了五大总部职能中心，即战略决策中心、人才管理中心、风险控制中心、财务管理中心、共享服务中心。设置10个职能部门，分别为组织部（人力资源部）、纪检监察部、集团办公室、战略投资部、财务运营部、招商运营部、项目开发部、信息科技部、风控审计部、安全生产部，下属参控股公司达19家。

（一）“集货”提质，中欧班列开行持续增长

自2014年首次开行，截至2020年6月，累计开行3678列，开行线路增至21条，通达亚欧19个国家、26个城市。

货源范围稳步拓展，与国内100余家企业形成稳定合作关系，运载货物由日用百货、服装产品拓展至机械设备、汽车零配件等200多个种类。班列运行规模处于全国领先梯队，受到国务院第五次大督查通报表扬。业务模式持续开拓，创新“集拼集运”业务模式，分别与成都、重庆合作开行“集

拼集运”往返程测试班列，被列入国务院自贸区第五批改革试点经验在全国复制推广。强化与天津港、青岛港等沿海港口合作，畅通多式联运通道，逐步形成国内节点枢纽联动网络和班列沿途阶梯挂运的货源组织新模式。完成全国首票内陆进口 TIR（《国际公路运输公约》）测试，推动打通中欧第四物流通道。积极与西部 12 省区市、海南省及广东省湛江市的平台公司协同发展，共建陆海新通道，构筑服务西南地区和珠三角的国际陆港物流通道。

（二）“建园”提速，基础设施加快建设

陆港型国家物流枢纽、全国中欧班列集结中心示范工程获批并加快建设，中欧班列（乌鲁木齐）集结中心、多式联运中心、综合保税区等一批功能性项目建成投入使用，建成西北地区首个集约封闭式集装箱查验场地。铁路口岸商务商贸区、国际快件中心、北站仓储交易产业区、中欧班列集结中心综合信息化平台、多式联运中心集疏运设施等共约 100 亿元重点项目正全力推进。功能平台不断完善，保税仓库、肉类进境指定口岸投入运营。保税物流中心（B 型），进口汽车整车、粮食、木材进境指定口岸等功能平台正在积极申建。

（三）“聚产业”提效，持续加强招商引资力度

先后引进商贸物流、跨境电商等企业 150 余家，以陆港为核心的交通、商贸物流中心作用逐步发挥，成为吸引工业投资加快增长的重要引擎。跨境电商快速发展，依托已获批的中国（乌鲁木齐）跨境电子商务综合试验区，推进跨境电商相关业务开展。全国首单“跨境电商（9610）+TIR”监管模式测试成功，乌鲁木齐跨境电商综试区公共服务平台正式上线，新疆首单 1210 业务正式开通。2020 年跨境电商（9610）出口井喷式增长，仅 5 月单量就达 72.37 万件，超过 2019 年全年。

陆港集团作为负责陆港区投资、建设和运营的平台公司，未来将依托《乌鲁木齐国际陆港区总体发展规划（2018—2035 年）》和《乌鲁木齐国际陆港区建设三年行动计划（2018—2020 年）》，按照“集货、建园、聚产业”的发展思路，着力提升集货能力，加快区域规划建设，扎实推进好陆港区建设发展工作，通过三年至五年时间，努力建成现代化的中欧班列（乌鲁木齐）集结中心，打造技术领先、理念先进、管理高效、运转协调的中欧班列国际货运综合服务平台，进一步增强中欧班列（乌鲁木齐）集结中心的集结、分拨和发运的吸引力、竞争力，成为建设丝绸之路经济带商贸物流中心和交通枢纽中心的主要支撑，成为丝绸之路经济带核心区建设的重要载体和驱动引擎，为全新疆开放型经济发展提供引领示范。

山西东义煤电铝集团煤化工有限公司

SHANXI DONGYI COAL ELECTRICITY ALUMINUM GROUP COAL CHEMICAL CO., LTD

企业概况 ENTERPRISE PROFILE

山西东义煤电铝集团煤化工有限公司位于孝义经济开发区，是一家集选煤、炼焦、煤化工、物流于一体的循环经济企业。

2013年12月经山西省焦化行业兼并重组工作领导组办公室批准成为焦化行业兼并重组主体企业，系山西省政府设立的孝义1500万吨新型煤化工园区的重要组成部分，全省煤焦化示范性企业，是东义循环经济产业链条中的重要一环。

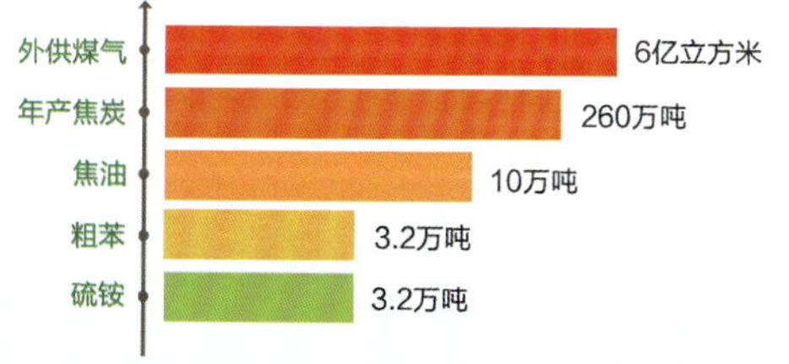

公司拥有焦化产能 260 万吨。其中，一期 JNDK55—05 型每年能完成 120 万吨焦化项目；二期每年能完成 140 万吨焦化项目，采用国内最先进的 6.25 米捣固焦炉及 SCP 一体机技术，目前已全部投产达效。同时，配套有 180 万吨 / 年重介洗煤设备，年发运能力 300 万吨的铁路专用线。

目前，公司生产规模年产焦炭 260 万吨、焦油 10 万吨、粗苯 3.2 万吨、硫铵 3.2 万吨、外供煤气 6 亿立方米，年可实现销售收入 60 亿元。

专利及荣誉情况：拥有发明专利 1 项，实用新型专利 3 项。2018 年被山西省科技厅、财政厅，国家税务总局山西税务局联合认定为高新技术企业；2019 年被山西省工业和信息化厅等单位联合认定为省级企业技术中心；获评山西省民营百强企业。

在东义大经济循环体系内实现各板块上下联动、优势互补、闭路循环，形成了“煤—焦—气—化—电—镁”的产业链，基本实现废物减量化、资源化、无害化，固体废物和液体废物零排放的循环经济发展模式。

企业地址：山西省孝义经济开发区　网址：www.dongyijt.com

致力于运输物流行业智能化建设
提供全局化人工智能解决方案

专业服务

个性化的服务理念、系统的服务体系、可靠的服务质量，使用户享受最佳的服务体验。

持续提升核心竞争力 · 为用户创造更大价值

徐州 淮海国际港务区

——“一带一路”重要节点城市——

建设徐州淮海国际陆港，打造东西双向开放的内陆型国际中转枢纽港，是江苏省委、省政府贯彻落实习近平总书记视察江苏重要讲话精神、着眼推动“一带一路”交会点建设作出的重大决策，是省委、省政府赋予徐州的重大任务和光荣使命，是徐州建设淮海经济区中心城市、“一带一路”重要节点城市和江苏向东向西开放门户的战略支撑。

在市委、市政府的坚强领导下，徐州淮海国际港务区于 2020 年 7 月 30 日正式成立，下辖“1 镇 3 街道”，面积 110 平方公里，户籍人口 12.8 万人，实行一体化管理体制。徐州淮海国际港务区实施“双核多点”联动发展策略，以铁路货运中心、亿吨大港为“双核”，综保区、高铁货运中心、跨境电商产业园、国际邮件互换局等八大开放平台为“多点”，港务区将打造信息化平台，统筹“双核多点”发展，充分发挥多式联运和开放平台优势，全面提升徐州市对外开放能级。港务区将围绕建设“国际化、全功能、现代化”的国际陆港，创新体制机制，优化发展环境，发挥枢纽优势，做强开放功能，坚持“设区育港、以港聚产、以产兴城”的发展思路，全面开启“港产城”一体化发展新征程，着力建成“开放创新、产城融合、智慧生态、宜业宜居”的现代化陆港新城。

港务区成立以来坚持边组建、边规划、边建设、边招商，统筹推进徐州淮海国际陆港建设和经济社会发展，圆满完成了港务区组建任务，陆港建设取得突破性进展。徐州淮海国际港务区区位独特、资源富集，发展潜力巨大，热烈欢迎有品牌、有实力的优质企业投资入驻、共赢发展。

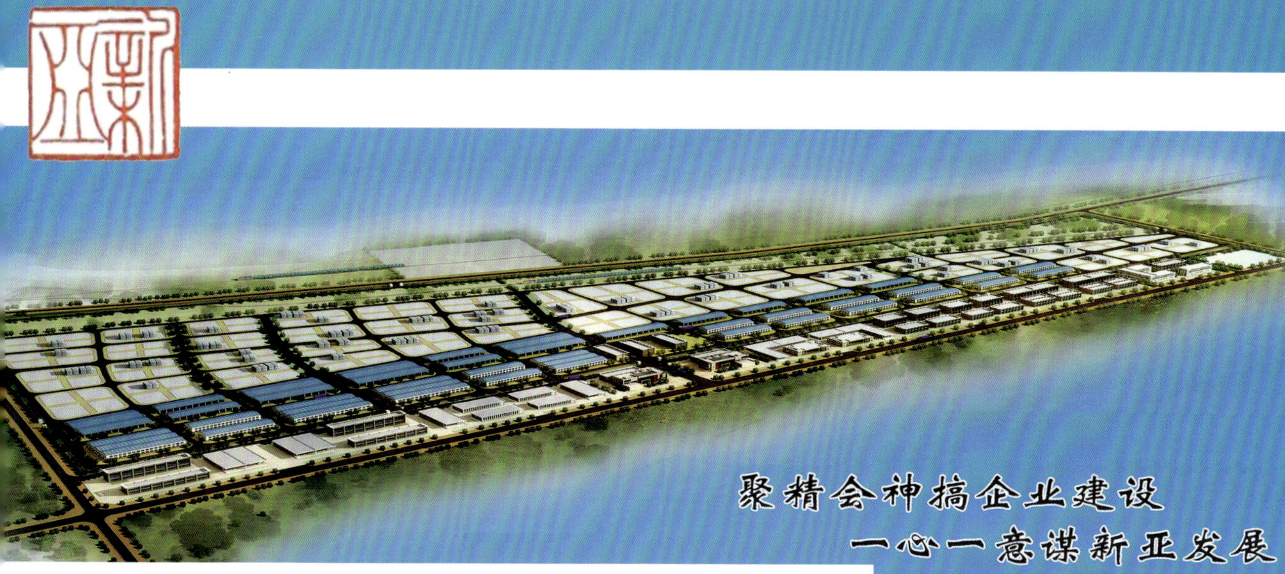

奎屯新亚科工贸有限公司

Kui Tun Xin Ya Ke Gong Mao You Xian Gong Si

奎屯新亚科工贸有限公司，于2008年12月12日经奎屯市人民政府批准，在奎屯市工商局注册成立，注册资本6000万元。是集公铁多式联运、仓储物流、大宗物资交易、电子商务信息等业务于一体的现代化、综合性物流企业。是中国储备棉管理总公司、全国棉花交易市场、中华棉花集团有限公司、中国中纺集团有限公司、中国石化集团、神华集团有限责任公司、乌鲁木齐铁路局、中国铁路集装箱总公司等多家国有大型企业的战略合作伙伴。

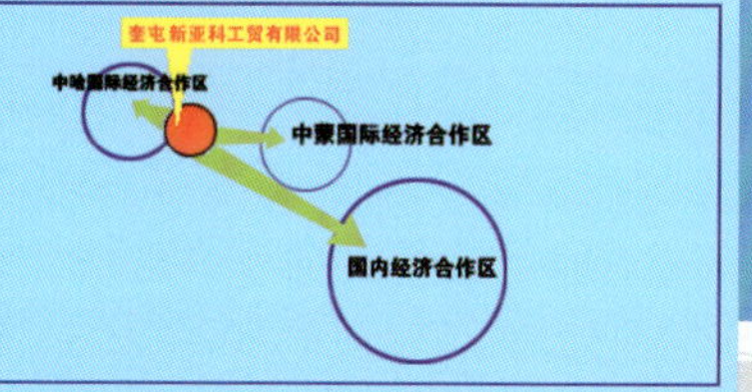

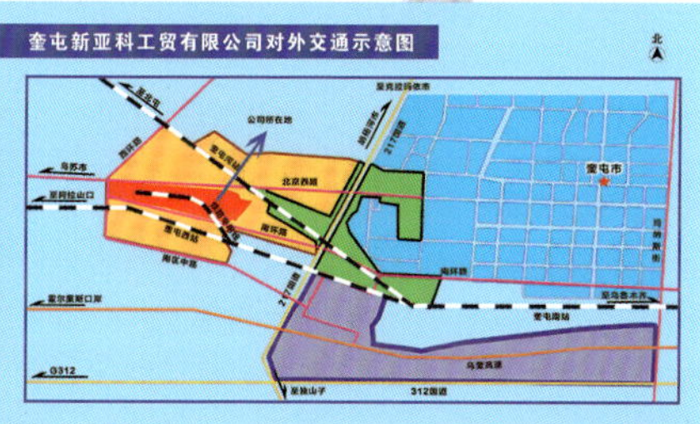

公司地处新疆维吾尔自治区伊犁哈萨克自治州奎屯市保税物流中心区域内，是“一带一路”的重要节点和中国向西开放的重要桥头堡。交通位置优越，毗邻奎屯西站，312国道、乌奎高速公路、奎赛高等级公路、217国道、奎克高速公路等形成“四横四纵”的公路网；兰新铁路、精伊霍铁路、奎北铁路三条国铁干线在此交会。“四横四纵”的公路网和国铁干线形成高效、便捷的公铁、公铁海联运的网络体系，可为客户提供四通八达、东联西出、辐射国内外的物流运输服务。

公司占地面积1662177.1平方米（约2493亩），总投资5.8亿元，划为车辆服务区、零担配载区、综合办公区、生活配套区、堆场服务区、普仓储区、煤炭仓储区、集装箱作业区和公铁联运区九大功能区域。建有铁装卸车站1个、850米的铁路装卸专用线5条，可实现年运量300万吨以；建设有国内先进的“快速卸车系统”，可实现年储运煤炭近百万吨；集箱业务能实现年装卸1万TEU约80万吨货物；120万平方米的仓储库区，储存货物约100万吨；26万平方米的“四大专业”交易市场：棉花、矿及化工原料、钢铁及建材、农资农副产品市场，可容纳近千家商户。并通综合信息平台的建设实现物流、信息流、资金流的有机结合，形成可持续展的态势，已逐步建设成具有一定规模、技术设备先进、货物转运高效、理科学绿色环保、服务南北疆和服务“一带一路”发展的多式联运型物流区。2017年被评为奎屯市供应链创新与应用试点企业；2018年，获得国级多式联运示范物流园区称号，并于同年获得国家级双向开放、多点支撑物流大通道多式联运示范工程称号。

奎屯新亚科工贸有限公司

Kui Tun Xin Ya Ke Gong Mao You Xian Gong Si

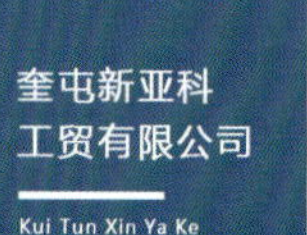

奎屯新亚科工贸有限公司

Kui Tun Xin Ya Ke Gong Mao You Xian Gong Si

中交水规院

中交水运规划设计院有限公司（原交通部水运规划设计院），成立于 1951 年，是中华人民共和国成立后设立的第一家水运勘察、规划与设计机构，隶属中国交通建设股份有限公司，社会品牌统称“水规院”。现拥有中交水运规划设计院、中交发展研究院、中交建筑设计研究院三大行业品牌。

成立近 70 多年来的风雨历程，使水规院硕果累累，为国内外客户提供了 6000 多项交通建设工程的规划、设计、管理和工程总承包等成果。业务纵贯产业研究、投融资、规划、设计、工程总承包与工程监理全产业链，涉及水运、信息、铁路、建筑、市政、水利、海洋、环保、节能、物流等领域，形成了纵横一体化的业务结构，足迹遍布祖国三江两河 18000 多公里海岸线和世界 60 多个国家和地区，是国内业务类型齐全、专业结构完整的知名国家级综合设计院。走出了 2 名院士，培养了 5 名国家级设计大师、1 名“国家百千万人才”，累计有 52 名享受政府特殊津贴的国家级专家、60 多名教授级高工等。连续多年进入全国设计企业 50 强、ENR 中国工程设计企业 60 强。

继往开来，机遇与挑战并存，水规院将以“在交通与城市建设领域内成为国际领先的咨询公司”为企业愿景，以“咨询发展，设计未来，推动交通与城市可持续发展”为企业使命，以“发展企业、服务社会、报效祖国、实现自我”为核心价值观，紧紧围绕中国交建“五商中交”发展战略，为全面建成“五型水规院”、打造国际一流工程咨询公司而不懈奋斗。

贵州昌明经济开发区

贵州昌明经济开发区于 2011 年 7 月 23 日被批准为省级经济开发区，属黔中经济圈核心区，规划面积 44.36 平方公里。近年来，开发区基础设施初具规模、产业项目不断增多、发展环境日益优化，已初步形成以商贸物流业为引领，特色食品加工、装备制造、新型建材三个产业为主导的“1+3”产业结构，成为连接贵阳、都匀两个区域板块的重要经济增长极。目前，已有贵定卷烟厂、海螺水泥、老干妈、茅台集团等知名企业相继入驻。2019 年，实现规模工业总产值 107.76 亿元，完成税收 28.04 亿元，进出口总额达 1342 万美元。2019 年在全省 98 个产业园区考核中列第 21 位。

贵州昌明经济开发区局部图

开发区位于黔中经济区的重要节点城市，是大西南、大西北通往珠三角和长三角地区的战略咽喉，也是南昆经济带、成渝经济带、泛长三角、泛珠三角的经济合作区和中国东盟自由贸易区的重要交通枢纽，更是西部陆海新通道及连接“一带一路”的关键节点。开发区拥有 3 条高速铁路（贵阳至广州、上海至昆明、贵阳至南宁）、3 条普速铁路（湘黔、黔桂、株六）、4 条高速公路（厦门至成都、兰州至海口、都匀至香格里拉、贵阳至黔东南州黄平县）、4 个铁路车站（贵定县站、贵定站、贵定南站、贵定北站），以及距离龙洞堡国际机场 30 公里的交通网络优势。

贵州（昌明）国际陆港项目鸟瞰图

贵州（昌明）国际陆港现状图

茅台（昌明）装配产业园项目鸟瞰图

老干妈油制辣椒产业园项目鸟瞰图

公司概况

Company profile

黄石新港港口股份有限公司成立于 2014 年 12 月，由深圳市盐田港股份有限公司与黄石市交通资产经营有限公司合资成立。按照黄石市委、市政府“一城一港一主体”的港口发展原则，对黄石市辖区 79 公里长江岸线进行整体开发、建设和运营。

黄石新港区位优势明显，公、铁、水多种运输方式无缝衔接，是全国 28 个内河主要港口之一、国家一类开放口岸。黄石新港正在建设和运营的棋盘洲港区是黄石港的核心港区，按照“亿吨大港、百万标箱”标准进行规划，分为棋盘洲作业区和火山作业区，共规划布置 57 个货运泊位。当前，黄石新港一期工程 1#~9# 泊位已建成投产，2019 年全年综合吞吐量突破 2000 万吨；二期工程 11#~13#、21#~23# 共 6 个泊位已于 2018 年 11 月 28 日开工，2020 年 7 月完成交工验收，年内投入试运营；三期工程计划新建 8 个万吨级泊位，后方陆域已于 2019 年 12 月 28 日开工。黄石新港一期、二期、三期工程建成后，将具备约 5000 万吨、30 万标准箱通过能力。

YTP 黄石新港港口股份有限公司
HUANGSHI XINGANG PORT CO.,LTD.

多式联运 >>>

依托沿长江物流大通道、京港澳（台）物流大通道等，借助盐田港的海铁联运经验、棋应链整合优势以及黄石新港良好的区位优势和集疏运体系，全面实施“西进、东出、北上、南下、中心开花”战略，在盘活黄石本地 300 多公里地方铁路线的同时积极开通向大西南、大西北、华北、华南等地的货运通道，并借助盐田港在长江沿线的布局，联动沿海沿江港口，推动黄石新港由节点向枢纽转变。

黄石新港多式联运辐射图

阿拉山口
西南地区
黄石新港
盐田港
营口港
曹妃甸港
大连港
烟台港
青岛港
连云港港
上海港
厦门港
惠州港

深圳市盐田港保税区投资开发有限公司

企业简介

深圳市盐田港保税区投资开发有限公司（以下简称“保开公司”）成立于1997年10月，以盐田港为依托，在国内率先从事保税区专业开发运营工作。保开公司成立后，坚持统一开发、统一建设、统一管理、统一服务，实现当年建设当年运营，成为全国保税区开发建设行业的标杆。

面对综合保税区改革开放新使命，保开公司二十年后再出发，在盐田综合保税区一期、二期成功案例的基础上布局全国，与绥芬河、喀什、赣州、兰州等地综合保税区合作，通过模式复制、管理输出、产业导入，充分发挥粤港澳大湾区和先行示范区的“双区驱动效应”，打造集团保税特色品牌。

国际供应链项目
International Supply Chain Project

保开公司率先试行混合所有制改革，与有实力的民营企业合作，创新开拓供应链业务。本项目致力于开展保税金融和大宗商品进口贸易全过程供应链管理等综合服务，成为辐射华南区域乃至全国的保税金融与大宗商品供应链综合服务引领者。

跨境电商监管场所项目
Cross-border E-commerce Supervision Site Project

保开公司通过承接跨境贸易电子商务进出口通关监管场所的建设，打造涵盖“9610”“9710”“9810”以及国际快件分拨业务的项目，实现海、空、铁、陆全路径联运，为跨境电商平台企业提供全面的物流解决方案。

拖车服务中心项目
Trailer Service Center Project

为解决拖车停车难、交通不畅、扰民等问题，深圳市政府拟在全市规划几处拖车综合服务中心项目，目前保开公司主导的盐田拖车服务中心项目作为试点项目，旨在提升盐田港区域拖车运转效率、减少排放，为深圳的绿色环保及生态文明建设贡献力量。

“中外中”跨境运输项目
Cross-boundary Transportation Project

本项目通过利用俄罗斯符拉迪沃斯托克港和东方港等远东港口借港出海，将黑龙江、吉林两省内贸货物进行跨境运输，构建起黑龙江陆海联运大通道，开启中国南北货物的快速航线，推动“一带一路”建设和地方经济发展。

喀什综合保税区项目
Kashgar Comprehensive Bonded Zone Project

喀什作为国家西部开放的门户，是国家战略向西发展的重要节点，具有深远政治、经济意义。喀什综合保税区项目是深圳重点对口支援项目，保开公司进驻喀什综保区，是盐田港集团向西发展布局、抢占国家战略高地的重要环节。

贵州铁投都拉物流有限公司

GUIZHOU RAILWAY INVESTMENT DULA LOGISTICS CO.,LTD.

贵州铁投都拉物流有限公司成立于 2018 年 7 月，是贵州铁路投资集团有限责任公司下属全资子公司，一期注册资本金为 6.43 亿元，主要负责物流园投资、建设、运营和管理。

贵州铁投贵阳都拉营国际陆海通物流港项目是贵州铁投都拉物流有限公司实施的首个以公铁联运为主的现代多式联运物流项目，列入 2018 年贵州省级重点工程和重大项目。2019 年国家发展改革委在《西部陆海新通道总体规划》中明确，贵州铁投贵阳都拉营国际陆海通物流港是国家重点培育的物流园区中的大型货运场站，同时也是“西部陆海新通道”上重要的物流枢纽。

项目位于贵阳市北部高新技术产业经济带，地处贵阳综合保税区，处于观山湖区、云岩区、南明区、白云区、乌当区几何中心，地理位置优势明显。

项目一期用地 910 亩，投资约 25 亿元，有货运铁路线 7 条、货物站台 1 座，货物仓库、配套建筑及相关附属设施约 20 万平方米，年运输量约 500 万吨。主要设铁路作业场、粮油交易市场、散粮铁路专线及仓储设施、钢材交易市场、冷链配套设施、城市配送区、配套仓储区、配套服务区及配套办公区等业务板块。二期拟规划用地约 2000 亩，投资约 50 亿元，主要围绕动车货运（高铁物流）、国际进出口货物、多式联运、商贸加工等打造产业链板块业务。

贵州铁投贵阳都拉营国际陆海通物流港的建成投运，可弥补贵阳北部综合性铁路物流基础设施的不足，实现北接渝新欧班列、南连北部湾港、中部衔接长江经济带，成为“西部陆海新通道”重要的“无水港”，可有效降低区域物流总体成本，为贵州深入融入“一带一路”建设、实现贵阳市乃至贵州省经济高质量发展起到积极的助力作用。

北京京津港国际物流有限公司

北京京津港国际物流有限公司是京、津两地共同投资建设的海陆联运口岸——北京平谷国际陆港的唯一运营主体。公司成立于2009年，其股东分别是北京马坊物流基础设施开发建设有限公司、天津港（集团）有限公司旗下天津港陆海物流有限公司，公司注册资本12885万元。公司在自身优越的地理位置、先进的仓储设施、完善的运输能力基础上，建设高标准、高效率配套的食材共配中心，以生鲜食品、农副产品等为主导，保障首都城市人民日常生活多样化需求，服务商贸流通节点和保障通道，助力京津冀协同发展。

地址：北京市平谷区马坊物流基地电子商务大楼

微信公众号

简　介

石家庄内陆港 2003 年经河北省政府批准建立，是河北省第一个内陆港口和第一批物流示范项目，注册资本 1.5988 亿元。占地 260 余亩，仓储面积 2.8 万平方米，钢材堆场 1.5 万平方米，铁路、集装箱堆场 10 万平方米，办公大楼 9585 平方米，并配有铁路专用线汽运车辆和吊装设备。石家庄内陆港有限公司先后获得了 2011 中国能源物流最佳示范基地、2013 年度中国物流创新企业、河北省物流行业先进单位、河北省物流企业 50 强，石家庄市运输质量优秀单位、石家庄市文明单位、石家庄市交通系统双文明建设先进单位等荣誉称号。

园区业务：

集装箱中转、铁路集装箱及大宗货物上下站、钢材存储配送、汽车集装箱运输、订船订舱、仓储租赁、医药仓储配送

大宗贸易业务：

煤炭、焦炭、水渣、 LNG、钢材、石墨电等

发展规划

按照“内拓外延、强基固本、创新发展”的工作思路，石家庄内陆港积极探索产业结构调整和业务转型升级，依托园区优势，打造现代医药物流园区，形成以园区物流服务为基础、贸易为链条、金融为纽带的物流聚集区，打造集物流、贸易、金融服务于一体的综合物流平台。

汇通京雄园区建设发展有限公司

汇通京雄园区建设发展有限公司位于河北省高碑店市，是汇通集团旗下专业从事京津冀城市生活智慧港园区项目投资运营的企业。汇通集团创立于1998年，位于河北省高碑店市，现已发展成为一家大型、多元化发展的民营企业集团，业务涵盖基础设施投资、路桥施工、现代物流、环保水务、地产开发、PPP项目投资和商业服务等多项板块，具备公路工程施工总承包特级资质，集团现有员工2000余人，综合年产值约50亿元，解决就业人口近万人，是保定市的知名企业，有着良好的社会美誉度和社会基础。

京津冀城市生活智慧港园区项目一期（又名北京二商河北产业园项目）总投资21.6亿元，总占地711亩，位于高碑店市双辛产业集中区东湾连接线西侧、高固公路北侧。规划建设内容包括保税物流中心（B型）、农产品及食品生产加工区、冷链物流储运配送服务基地、展示交易市场、健康中央大厨房、城市配送中心、大数据中心、国际贸易与电商服务平台、总部经济办公区、供应链体系与金融服务平台、商业综合体、综合配套服务区等。

延安新投集团

延安新区市政公用有限公司

转型升级 探索创新 融合发展 助力延安外向型经济振兴

延安保税物流中心（B型）项目由延安新区市政公用有限公司负责建设，位于陕西省延安市新区延州大道东北角，总占地102.126亩，总建筑面积12.2万平方米，总投资5.93亿元。园区主要经营内容为海关监管、检验、检疫、银行金融服务、自由贸易、物流仓储、配送加工、综合办公、商品展示交易、信息服务和生活配套服务等。其中海关特殊监管区域占地39.64亩，主要包括保税仓库、卡口、海关监管仓库、管网、绿化及室外工程，建筑面积4.09万平方米，概算投资2.23亿元；监管区域外占地62.49亩，主要包括4个丙二类标准仓库、综合服务中心、地下车库、展示中心、管网、绿化及室外工程，建筑面积8.09万平方米，概算投资3.7亿元。

保税物流中心是延安对外开放经济发展的重要服务平台，致力于打造区域进出口商品集散交易承载区、延安对外贸易转型升级先行区、延安市内外贸易融合发展试验区、海关监管服务模式创新探索区，构建符合延安外向型经济发展的专项服务载体，提升延安本土企业与国际市场的对话能力，探索制度创新、商业模式创新、发展模式创新，形成内陆地区跨境电商特色产业专项框架规范，全力建设西北地区高水平、多层次、高质量的对外开放平台。

昆仑物流园一期介绍

为了积极响应国家“一带一路”倡议的号召，2017 年，格尔木昆仑物流运业有限公司在西部交通枢纽格尔木市投资建设了昆仑物流园一期，项目总投资 3 亿元，占地 403 亩，建筑面积 8.6 万平方米，于 2017 年 4 月开工建设，2018 年 8 月正式投入运营，被列入交通运输部“十三五”货运枢纽（物流园区）建设项目库，属于《青海省“十三五”综合交通运输体系发展规划》中的枢纽项目，是《格尔木国家公路运输枢纽总体规划》中确定的三大物流园区之一，是格尔木市重点项目工程，2019 年 3 月正式通过了交通运输部专家组验收，确定为通用集散型货运枢纽（物流园区），享受车购税补贴 3500 万元。青海省电视台曾对园区做过专题报道，《经济日报》《格尔木日报》也对园区做过专版报道。

现已初步形成包含物流仓储、信息、商贸办公、综合服务、酒店、整车销售、维修保养、汽配交易、甩挂站场、汽车检测、加油、加气、充电站以及大型公共停车场等的完整生态产业链，其中园区内“蓝恒酒店”是交通运输部与中华全国总工会共同在全国开展的 100 家“司机之家”试点中海西州的唯一一家。

目前园区运营状况良好，入驻各类物流服务企业近 400 家，每天接待各类货运车辆 2500 台以上，为进藏进疆物资和运输车辆提供了基本的服务与保障。

同时承接格尔木物流公共信息平台和格尔木农村电子商务物流配送及仓储服务的建设和运营，2019 年公司营业额近 1 亿元，其中物流运输收入 5300 万元，贸易收入 1680 万元，园区房租收入 1500 万元，酒店营业额 700 万元，物业收入 350 万元，其他收入 280 万元。2020 年预计收入可实现 1.5 亿元，2021 年加油、加气、充电、网络货运、城乡配送、国际贸易等项目全部启动后收入可实现翻番。

昆仑物流园二期规划

为贯彻落实国家“十三五”规划和口岸规划的精神和要求，贯彻落实青海省委、省政府的重大战略决策，响应格尔木推动国际陆港、综合交通枢纽和全省副中心城市建设的路径措施，构建大通道、大枢纽、大物流、大商贸、大旅游发展格局，公司拟于 2020—2026 年在格尔木市陆港规划核心区域内继续投资 10.8 亿元新建占地面积 1500 亩的“昆仑国际商贸物流园”；主要发展“一带一路”向南、向西沿线国家的国际贸易与物流业务，以“走出去、引进来”“两国双园”为战略布局，紧紧围绕国际贸易、国际货代，规划建设五大板块：一是格尔木昆仑冷链物流基地；二是格尔木昆仑国际多式联运物流中心；三是格尔木昆仑国际商贸交易中心；四是格尔木昆仑电商快递物流中心；五是新能源设施。从而形成援藏、援疆及集运、转拨、加工、包装、仓储和配送于一体的青藏高原区域性现代商贸物流基地。

青海海西格尔木区域优势如下。

青海海西格尔木为“一带一路”节点城市，是稳藏固疆的战略支点，是“丝绸之路经济带”青海节点的开放前沿和出入口，也是青海省“西融两廊、东联一带”向西开放的重点地区。

青藏、青新、格敦三条公路干线在此交会，青藏铁路穿城而过，格敦、格库铁路即将通车，格成铁路已经纳入建设规划，格尔木机场开通了至西宁、西安、郑州、成都、拉萨的航班，已经形成以公路、铁路、民航和管道运输等为主的立体交通网络，是中国西部的重要交通枢纽，将与国内“一带一路”沿线地区及京津冀经济圈、长江经济带和珠三角经济圈等建立联动机制，着力打造“一带一路”节点城市和国际通道枢纽，谋求与“一带一路”沿线国家在综合物流、承接产业转移、区域合作上实现优势互补、合作共赢。

当前正在建设配合“一带一路”倡议的国际物流中心基础设施——青藏国际陆港口岸，以推动整个大西北和周边地区在产业、物流上互通互联，进而融入新丝绸之路经济带和印度、巴基斯坦、尼泊尔等中亚和南亚经济带。

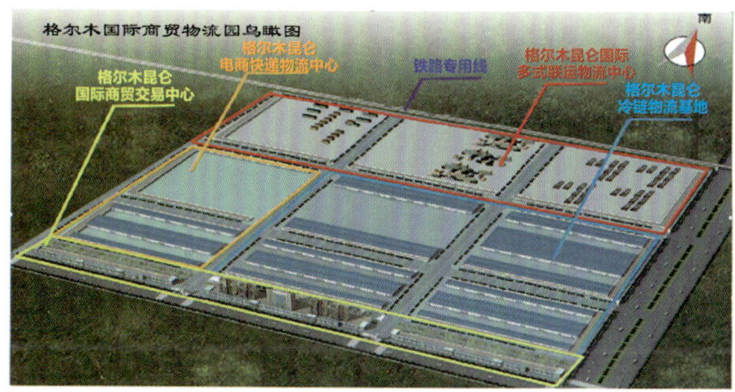

贵州东部陆港运营有限责任公司

贵州东部陆港运营有限责任公司成立于 2017 年 5 月 27 日。

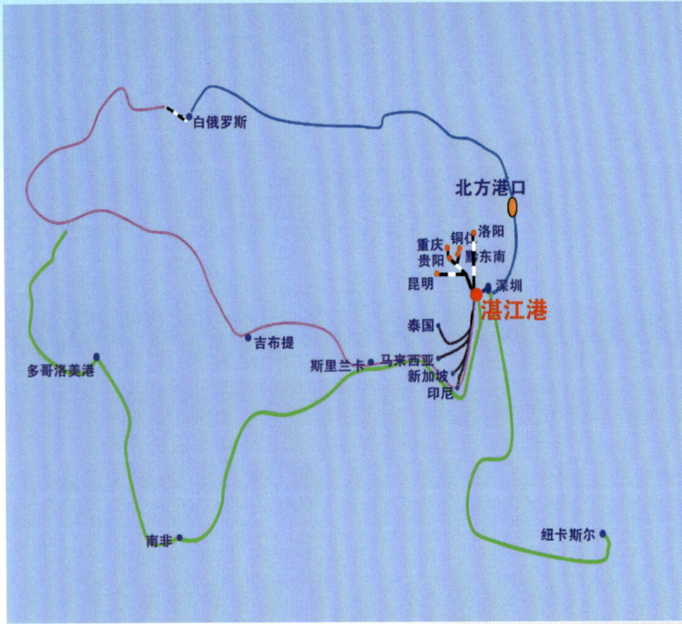

享省级大龙经济开发区的政府政策及项目支持，依托贵州东部进出口物流资源、铁路运输资源，高度连接湛江港出海口，利用得天独厚的交通优势和区位优势，使贵州东部陆港成为一个具备陆港功能，集铁运、汽运、海运等于一体的多式联运平台。

业务范围包括运输、仓储、装卸、集装箱装（拆）箱、集装箱维修清洗、城市配送、冷链物流、产品加工包装、国内国际货运代理、代办报关报检、信息咨询等，为客户提供准确、及时、安全、优质的物流服务。

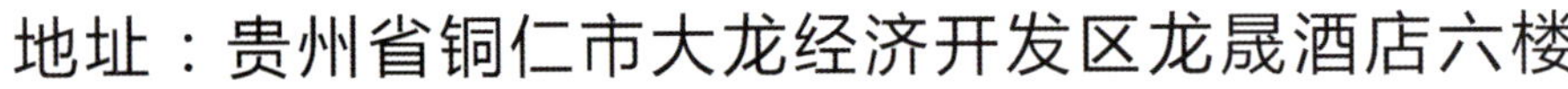
地址：贵州省铜仁市大龙经济开发区龙晟酒店六楼

微信公众号

北京启达乔泰咨询有限公司（Leader CT Systems Corp.）是国内知名的专业从事冷链物流供应链规划的咨询服务机构。

公司成立于2005年，由国内多名资深冷链行业咨询师合力创办，团队咨询师均有20年以上经验，凭借丰富的专业知识深获同业认同与尊重。成立十几年以来，公司专注于冷链物流供应链战略规划、项目定位及冷链方案设计、冷链工程监管、供应链运营辅导领域，在冷链咨询领域取得了显著成果，实施并成功落地的项目数量领跑行业。积累了丰富的行业经验与客户群体。

服务客户包括中粮集团、联想增益供应链、中铁铁龙、铁越集团、哈铁物流集团、广铁集团、中铁设计集团、中交四航局、中交冷链、广西物资集团、广西北部湾集团、贵州省供销集团、供销普洛斯、际华集团、中船九院、罗牛山股份、京客隆超市、寿康永乐、银座股份、新世纪百货、人本集团、美特好、吉门供应链、吉野家、呷哺呷哺、小肥羊、李先生、满佳食品（满宝馄饨）、绝味、千味央厨等众多知名企业。

罗牛山冷链物流园区投入使用时间：一期2015年12月，二期2017年6月

铁越集团大连城市共同配送中心投入使用时间：一期2016年3月

营运顾问

区域冷链定位与规划

冷链园区、基地总体规划与平面布局

单体建筑功能及工艺设计

功能性建筑工程施工顾问

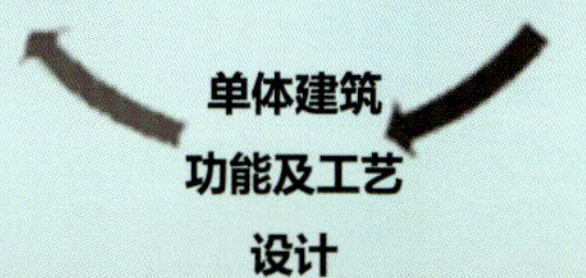

北京启达乔泰咨询有限公司

网址：www.leader-ct.com

电话：13910019335/15910831648

010-89506635

地址：北京市通州区京贸国际公寓F座

河北省口岸科技有限公司

HEBEI PORT TECHNOLOGY CO., LTD

企业简介

COMPANY PROFILE

河北省口岸科技有限公司于2021年1月27日在唐山市路北区注册成立，注册资金1000万元，是由河北省电子口岸发展股份有限公司控股的国有企业。公司成立后，获得了河北省及各市、区等各级政府的高度重视，公司以推动中国（河北）国际贸易单一窗口与港口、机场、铁路、公路等物流信息节点对接及拓展口岸通关、金融、跨境电商等创新服务为目标，为当地政府及企业提供各类综合服务。

公司地址：河北省唐山市路北区朝阳西道601号融通大厦24层2409室

发展战略

ENTERPRISE STRATEGY

目前，公司已完成唐山口岸集装箱防疫监控平台和口岸物流车辆服务平台的开发工作。其中，唐山口岸集装箱防疫监控平台已实现“集装箱统计”“集装箱流向查询”“货物分类”“集装箱检验”“消杀统计”等基础应用，系统对省内进口贸易的冷链集装箱及高危非冷链集装箱货物进行“人、物、地”的全天候、全方位监控，协助政府及各查验单位打造全链条可溯源、可监管、可追踪的“一体化”监督管理系统。口岸物流车辆服务平台以中国（河北）国际贸易单一窗口为依托，通过与港航、货代、物流等企业的互联互通及与口岸查验单位、政府机关的数据交换共享，向承运人和托运人提供全流程物流运输服务。为政府及查验单位的有效监管提供了保障，节约了承托运人运营成本，提升了港区物流集疏运效率。

河北省口岸科技有限公司坚持“政府主导、企业运作”的经营模式，严格按照国家构建以国内大循环为主体、国内国际双循环相互促进的新发展格局要求，紧密围绕口岸业务发展需要，坚持创新驱动发展，全面激发创新活力，打造“智慧口岸”服务新模式和多元化口岸生态圈。作为全省重点项目，公司明确以立足唐山，服务河北、辐射京津冀的行业定位，致力于为华北地区口岸经济发展提供服务和支撑，在国家雄安新区、河北自贸区、“京津冀”一体化建设中发挥独特优势与积极作用。

中咨海外咨询有限公司

中咨海外咨询有限公司成立于 1996 年，是中国国际工程咨询有限公司下属面向经济社会发展一线的前沿智力服务企业。公司 20 余年来心无旁骛，坚定不移形成特色服务优势，善于谋划、策划，系统提供整体解决方案，是国内有影响力的高端智库。

公司具备工程咨询综合资信甲级、7 个专业资信甲级（包括建筑，农业、林业，公路，电子、信息工程，石化、化工、医药，机械，市政公用工程）、PPP 专项资信甲级、建筑工程设计甲级、城乡规划编制乙级、旅游规划设计乙级、林业调查规划设计丙级等专业资质。通过国家高新技术企业认定和军工涉密业务咨询备案。

中咨海外

战略谋划

重大发展战略研究、重大政策机制研究、重大项目策划

规划设计

概念性规划、城市总体规划、城镇规划、控制性详细规划、修建性详细规划、特色小镇规划、建筑工程设计

设计优化

项目功能优化、项目方案优化、项目成本优化、项目工期优化

全过程咨询

投资决策综合咨询、项目实施全过程咨询

投资策划

投资机会研究、投融资咨询、PPP 咨 询、EPC 咨询、资金平衡方案

投资策划

国民经济与社会发展规划、区域规划、产业规划、园区元规划、前期研究、实施方案、规划评估

咨询评估

项目建议书、可行性研究、项目申请报告、资金申请报告、项目验收总结报告、项目实施方案、节能专篇及节能评估、社会稳定风险分析及评估、项目评估咨询，项目后评价

工程管理

项目管理、项目代建、造价咨询、招标代理、工程监理

管理咨询

战略咨询、公司治理研究、合规审查

公司概况

COMPANY PROFILE

公司由湛江港国际集装箱码头有限公司、贵州陆港实业运营管理有限责任公司、黔东南州开发投资（集团）有限责任公司以及贵州省镇远县黔东工业经济开发有限责任公司合资设立。

通过产业布局，整合铁路沿线货场资源，利用湛江港港口优势，通过区域联动和“大物流资源”，将海港口岸功能延伸进入内陆，实现“港口后移、就地办单、海铁联运、无缝对接”，做大做强公共物流综合服务平台，促进现代物流功能聚集，加快推进区域外向型发展。

公司大力发展多式联运、海铁联运、公铁联运和网络货运业务等多种物流模式的拓展，实现物流和贸易的深度贯通，有效降低生产企业物流成本。同时，公司通过自主建设开发黔东南州供应链物流大数据平台，以信息云、运力云（多式联运平台、网络货运平台、站场管理系统）、商贸云、金融云及供应链数据智能分析平台、供应链数据智能可视化平台、供应链数据开放平台实现物流的交互融合，更好地服务于客户、回馈社会。

地址：黔东南州镇远县黔东经济开发区

公司简介 /Company Profile

合肥国际内陆港发展有限公司是经合肥市委、市政府批准设立的国有口岸运营公司，负责合肥国际内陆港的建设与运营。公司成立于 2017 年，注册资本 5.4 亿元，隶属于合肥市产业投资控股（集团）有限公司。

按照市委、市政府决策部署，合肥国际内陆港发展有限公司是在合肥原有中欧班列运营平台基础上，以“新起点、高标准”模式重新组建，按照海陆空联运立体化模式运作。2014 年 6 月至 2021 年 6 月，合肥中欧班列累计开行量已突破 1600 列，海铁联运发送超 13 万标准箱，进出口贸易额达 460 亿元。开辟合肥中欧班列“+ 阜阳”“+ 芜湖”“+ 宣城”等城际定向班列、“江淮号”“奇瑞号”“美的号”“美菱号”“康宁号”等企业定制专列，开展从“站到站”向“门到门”的全流程、保姆式、定制化服务。切实服务本土企业走出去，助推地区产业经济发展。截至 2021 年 6 月，合肥中欧班列已开辟合肥—阿拉木图、合肥—汉堡、合肥—赫尔辛基等 48 条线路，覆盖 14 个国家、44 个国际城市。

联系我们

地址：合肥市庐阳区工投创智天地A2楼17层

网址：www.hfgjlg.com